主编 魏彦红
副主编 曹迎春 卫立冬 耿春红
　　　 李建明 崔明稳

董仲舒与儒学研究

第十一辑

巴蜀书社

图书在版编目（CIP）数据

董仲舒与儒学研究．第十一辑／魏彦红主编．—成都：巴蜀书社，2021.6
ISBN 978-7-5531-1491-0

Ⅰ．①董… Ⅱ．①魏… Ⅲ．①董仲舒（前179-前104）－哲学思想－思想评论－文集②儒学－研究－文集
Ⅳ．①B234.55-53②B222.05-53

中国版本图书馆CIP数据核字（2021）第105916号

## 董仲舒与儒学研究（第十一辑） 魏彦红 主编

| 责任编辑 | 陈亚玲 |
|---|---|
| 出　　版 | 巴蜀书社 |
| | 成都市槐树街2号　邮编610031 |
| | 总编室电话：(028)86259397 |
| 网　　址 | www.bsbook.com |
| 发　　行 | 巴蜀书社 |
| | 发行科电话：(028)86259422　86259423 |
| 经　　销 | 新华书店 |
| 照　　排 | 四川胜翔数码印务设计有限公司 |
| 印　　刷 | 成都蜀通印务有限责任公司 (028) 64715762 |
| 版　　次 | 2021年6月第1版 |
| 印　　次 | 2021年6月第1次印刷 |
| 成品尺寸 | 148mm×210mm |
| 印　　张 | 22 |
| 字　　数 | 700千 |
| 书　　号 | ISBN 978-7-5531-1491-0 |
| 定　　价 | 128.00元 |

本书若有印装质量问题，请与工厂调换

2020年暑假,《春秋繁露》研学班在枣强县大原书院举办,魏彦红代表主办方在开班仪式上致辞

上海交通大学余治平教授在《春秋繁露》研学班开幕式上做主题讲座

《春秋繁露》研学班学习现场

《春秋繁露》研学班人员合影

董子学院王文书博士(左二)参加衡水文物考察活动

"2020中国·衡水董仲舒与儒家思想国际学术研讨会"开幕式

衡水市市委书记赵革在"2020中国·衡水董仲舒与儒家思想国际学术研讨会"开幕式上讲话

衡水市政协党组书记、主席李洪林在"2020中国·衡水董仲舒与儒家思想国际学术研讨会"上主持开幕式

衡水学院党委书记王守忠在"2020中国·衡水董仲舒与儒家思想国际学术研讨会"开幕式上致辞

中国实学研究会副会长涂可国在"2020中国·衡水董仲舒与儒家思想国际学术研讨会"上致辞

中华孔子学会董仲舒研究委员会会长、董子学院首席专家、上海交通大学余治平教授在"2020中国·衡水董仲舒与儒家思想国际学术研讨会"开幕式上致辞

北京师范大学周桂钿教授做主题演讲

中山大学李宗桂教授做主题演讲

中国人民大学黄朴民教授做主题演讲

复旦大学谢遐龄教授做主题演讲

陕西师范大学刘学智教授做主题演讲

清华大学丁四新教授做主题演讲

复旦大学郭晓东教授做主题演讲

河北师范大学秦进才教授做主题演讲

韩国高丽大学申昌镐教授做视频主题演讲

日本北九州大学邓红教授做视频主题演讲

台湾南华大学陈德和教授做视频主题演讲

安徽大学解光宇教授做主题演讲

浙江大学何善蒙教授做主题演讲

中国社会科学院大学刘国民教授做主题演讲

衡水学院特聘韩国专家金周昌教授做主题演讲

德州学院季桂起教授做学术总结

分组研讨(一)

分组研讨(二)

分组研讨(三)

分组讨论(四)

分组讨论(五)

分组研讨(六)

# 目 录

序　盛世文化的代表 …………………………………… 周桂钿（001）
序 ………………………………………………………… 蒋重跃（004）
《董仲舒与儒学研究》专栏特约主持人按语 …………… 余治平（001）
儒学研究 ………………………………………………………（015）
　《中庸》与董仲舒思想
　　——《中庸》的思想特点与成书时代 …………… 金春峰（017）
　儒学的创造性转化：历程和地域
　　——在中华孔子学会2020年年会上的致辞 ……… 王中江（034）
　天人之际：中国传统文化中的"边界"意识 ………… 董　平（037）
　国家治理现代化：弃儒不用则不接地气
　　——2019年首届"儒学演进与创新"学术会议开幕致辞
　　 ……………………………………………………… 余治平（068）
　儒学为生活变革而自我变革 …………………………… 黄玉顺（075）
　西汉礼学的分化与特征 ………………………………… 任蜜林（086）
　两汉儒学家庭人际关系理念的变迁与实践
　　——以夫妻关系为视角 ……………… 张志娟　乔彦贞（097）
董仲舒历史影响、当代价值研究 ……………………………（111）
　内圣外王之道的创造性构建
　　——董仲舒思想的特质及其影响 …………………… 李宗桂（113）

当疫情遇上"大一统"
　　——2020年中国·衡水董仲舒与儒家思想国际学术研讨会
　　　开幕致辞 ………………………………………… 余治平（117）
董仲舒思想的历史贡献与当代价值观关系研究 ……… 钟邦定（121）
论董仲舒思想对中华民族精神的影响 ………………… 迟成勇（131）

## 董仲舒政治思想研究 ……………………………………………（147）

如何对待盛世的社会问题 ……………………………… 周桂钿（149）
董仲舒"天人合一"的"理性"内核与制衡精神刍议
　　…………………………………… 黄朴民　李檠璐（152）
司马迁与董仲舒
　　——白鱼赤乌与天命传承 ………………………… 邓　红（168）
"成德"与"成性"：董仲舒与张载人性论之比较 …… 刘学智（182）
董仲舒思想系统的结构性还原
　　——《天人三策》的政治哲学解读 ……………… 黄玉顺（189）
略论董仲舒的"王道"观的国家治理思想 …………… 季桂起（210）
试论春秋大一统 ………………………………………… 安鲁东（229）
信仰、仪式与政治合法性建构
　　——董仲舒论郊祀与宗庙祭礼 …………………… 张树业（240）
董仲舒的"无为"与经世致用思想 …………………… 何大海（256）
董仲舒"大一统"理论对中华统一多民族国家的历史作用
　　…………………………………………………… 刘丹忱（272）
董仲舒公羊学的大一统王权合法性叙事 ……………… 路高学（284）
董仲舒廉政思想概述 …………………………………… 郭付军（296）
一个理想主义者的政治宿愿
　　——从大一统社会理想看董仲舒的性格特征 …… 郭付军（335）
"了解之同情"：董仲舒"君权"思想辨正 ………… 吴　杰（362）
董仲舒"君主论"：君主身份的二重性及其对君主的限制
　　…………………………………………………… 刘晓婷（378）
董仲舒治世思想的现代价值 …………………………… 高春菊（389）
试论董仲舒的德教治国 ………………………………… 李占稳（396）

董仲舒的治国理政思想 …………………………… 刘贵生（404）
　　董仲舒的危机意识与治理思路 …………………… 崔锁江（413）
　　董仲舒的盛世之忧 ………………………………… 曹迎春（431）
**董仲舒经学思想研究** ………………………………………（451）
　　论董仲舒《春秋》学之"异外内"：以何休为参照系
　　　………………………………………………… 郭晓东（453）
　　"十指""五行"与"三之道"
　　　——董仲舒的"天下"观 ……………………… 张丰乾（469）
　　董仲舒："先经而后权，贵阳而贱阴"
　　　——公羊经权观念天道化、德性化的双重改造 …… 唐　艳（490）
　　从董仲舒与何休的诠释看《公羊传》的怨道 …… 于超艺（536）
**董仲舒哲学思想研究** ………………………………………（551）
　　大一统政治原则的普遍主义基础
　　　——董仲舒"天"观念疏解 …………………… 干春松（553）
　　董仲舒的思想是否为"宇宙论中心"哲学 ……… 杨祖汉（582）
　　董仲舒的"天人合一"论：内在逻辑与积极意义
　　　………………………………………………… 孟祥才（595）
　　董仲舒人学论要 …………………………………… 涂可国（606）
　　《春秋繁露》论"命" ……………………………… 何善蒙（621）
　　董仲舒阴阳学说评析 ……………………………… 解光宇（635）
　　董仲舒的哲学思想对文学的影响 ………………… 刘国民（644）
　　中国感应论初探
　　　——从董仲舒的天人感应论谈起 ……………… 孙福万（662）
　　董仲舒儒家天人哲学与生态建设及疫病防控 …… 常会营（675）

# 序　盛世文化的代表

周桂钿

两千多年前的儒家提出了最高的社会理想和现实的社会理想。最高理想是"大道之行也，天下为公"的大同社会。最高理想很难实现，现实社会是"大道既隐，天下为家"的家天下。家天下也有兴衰成败的问题，兴盛时，社会安定，经济发展，人民安居乐业。这叫小康社会。如果天下分裂，社会大乱，战争爆发，经济崩溃，人民流离失所。这就是乱世。中国历史上经常出现乱世与治世的交替。大乱后有大治，治以后又乱，分久必合，合久必分。治理得好，可以安定数百年。治理不好，连续动乱，难有安定的日子。中国人的梦想首先是实现小康的现实理想，而最高理想只是追求的目标，时过两千多年，还没实现，再过两千年，也未必能实现。因此，我们要争取的首先是现实理想，那就是小康社会。

儒家认为尧、舜之前是公天下的大同社会，就是公有制的原始社会。从禹开始出现家天下，这是私有制的社会。儒家还认为，在禹、汤、文武、成王、周公执政时期是小康社会。这时的家天下，社会安定，没有战争，秩序良好。这是三代的前期。接着后来就逐渐变坏了。夏桀和商纣当政都是乱世，才被汤、武所取代。特别在周朝末期，天下大乱，周天子没有权威，礼崩乐坏，各诸侯分裂割据，年年纷争，大国强国吞并小国弱国，最后七强纷争进入战国时代，最终由秦国吞并六国统一天下，建立秦朝，筑长城，统一文字与度量衡，改封建制度为郡县制度。秦虽然统一了，由于执政缺乏德教，不久又陷入大乱，很快又灭亡了。继承秦朝的是汉朝，虽然改朝了，而家天下的格局没有改变，一直延续到清朝，达四千五百多年。家天下在四千多年中，虽然不断改朝换代，家天下的格局没有变化，虽有改革与创新，只是在完善这种制度。新朝代刚建立往往比较好，社会安定，经济发展，人民安居乐业，呈现盛世状况。延续一段时间后，就逐渐腐败，进入乱世，被人民推翻，被有德者取代。在中国历史上有汉唐盛世。汉朝与唐朝的前期与三代前期相似，都可以称为盛世即小康社会。

大同是儒家的最高理想，很难达到，小康则是可以实现的现实的理想社会。大同与小康就成为古今中国人的共同之梦。

尧舜之前还没有出现私有制的原始社会，儒家称为"天下为公"的时代。当时社会状况，我们不清楚。夏、商、周三代，孔子对于夏、商的社会制度已经不太清楚，礼制大概已经出现。后代考古可以确定商代有甲骨文和祭祀文化。至于周代，孔子有比较多的了解，主要的有周公制礼作乐，创造礼乐文化，又实行分封建国的封建制度，细节保存在儒家的典籍中。秦王朝建立时，实行郡县制，取代封建制，同时废除许多礼乐细节。春秋时代已经礼崩乐坏，这时改朝的冲击，使礼乐细节荡然无存。

汉代秦之后，许多儒生企图恢复周礼，由于资料不全，他们收集残篇断简，加上想象猜测，重新创造出与时代相适应的礼乐制度来。"礼之用，和为贵"，礼乐的作用最重要的就是使社会和谐。汉初统治者为了巩固得来不易的政权，采取了一系列措施，协调各种社会关系，消除危险因素。在稳定的条件下，发展生产，保障供给，让人民安居乐业。人民富裕以后，就开始奢侈，而当官的就抢先腐败，教育就变得特别重要。正如孟子所说，生活好了，不接受教育，就会变得与禽兽差不多。刘邦巩固政权，文、景时代使百姓富裕，汉武帝开始独尊儒术，大办教育，发展文化事业。汉初这三阶段形成了盛事景象：社会稳定，经济发展，文化提高。

文化提高，培育了史学家。史学家记述了盛世景象。司马迁、班固等著名史学家，记录了汉代社会的状况。在盛世之下有许多社会问题，是动乱的萌芽，任其发展，就会毁灭这个盛世。这里有丰富的经验与教训。还有一些著作，如陆贾《新语》，贾谊《新书》，桓宽《盐铁论》等，都从不同角度阐述了治理天下的深刻理论。特别是董仲舒，不置产业，专心理论探索，提出一些重要思想，对后代有深刻的影响，如"大一统论"，形成民族意识。为民族统一做出贡献的，是民族英雄；分裂民族，出卖民族利益的，是民族败类、汉奸卖国贼。又如"独尊儒术"，奠定了以儒学为主干的中华民族精神。因此，董仲舒被称为经学大师，"为儒者宗"，"为群儒首"，上承孔子，下启朱熹，堪称中华文明史上三大圣之一。

孔子生于春秋时代的乱世，朱熹生于南宋末世，只有董仲舒生于西汉前期的盛世。因此，董仲舒哲学即董学不愧为盛世文化的代表。

董仲舒故里广川，今属河北衡水市，衡水学院的学者们重视本地先贤，潜心研究，又组织全国性会议，交流研究成果和体会。现将这些论文汇集出版，编辑邀我作序，我以为好事，当即应允，在视力很差的情况下，闭目思考，写下以上文字，权充序，请读者指正！

# 序

## 蒋重跃

《衡水学院学报》主编魏彦红教授要我为他们将要出版的《董仲舒与儒学研究》系列文集作一篇序,其中的文章多出自他们学报的特色专栏"董仲舒与儒学研究"。我欣然接受了这项任务。为什么呢?一来是因为这个主题与我的学术领域相关,对于它的学术意义和价值,我多少还能有所了解;二来是因为办特色栏目对于高校社科学术期刊的发展具有重要的意义,作为全国高等学校文科学报研究会理事会的负责人,我的确感到有话可说。

毫无疑问,董仲舒是中国古代历史上第一流的学者和思想家。在他生活的时期,王朝统治正在从"清静无为"向"以孝治天下"(其实是"以霸王道杂之")过渡,很自然地,学术思想上也就要从黄老之学向儒学转向。董仲舒的思想就是儒学向意识形态最高地位攀升的代表。他的"天人三策"对于汉武帝实施思想统治产生了重大影响;他对《春秋》学的研究继承了先秦公羊家传统,被当时的思想界和学术界公认为一家,并进而规范了两汉公羊学的基本走向。董仲舒在当时的政治、思想、文化、教育、学术等诸多方面都留下了影响。他在世时就受到最高统治者和学界的隆重礼遇,身后长期受到尊崇。不过,在特定的历史时期,他也会遭遇相反的命运,受到世人的批评、误解,甚至污蔑和谩骂。时至今日,关于董仲舒,仍有许多问题需要不断地探索和研究。例如，他对天人关系的认识究竟是毫无价值的宗教迷信，还是饱含真知灼见的理性反省？他的一统思想、三统论、三世说究竟是稀奇古怪的歪理邪说，还是别有会心的奇思妙想？他对公羊家法有怎样的贡献？他的学术活动在人类知识发展史上占有怎样的地位？他的思想在今天还有哪些意义和价值？这些问题的确大有研究的必要。

在中国历史上，像董仲舒这样的大思想家并不多见，如果回念两千多年的悠久历程，放眼中国乃至全世界的广袤地域，这个话题就更显得弥足珍贵了。在我国当下的中等学校和高等院校文史哲的相关教材和学术著作中，是不会丢掉董仲舒的。专以董仲舒为题的学术著作也有十几种出版，学术论文就更多了，以董仲舒本人为题的论文每年都会有五十篇左右在正式学术期刊发表，但却没有一种学术期刊是专以董仲舒及与董仲舒相关的思想文化现象为主题的，这不能不说是一个缺憾。怎么办呢？

2007年，就在董仲舒的家乡，《衡水学院学报》创设了"董仲舒研究"专栏，弥补了学术界的这个缺憾。为了办好这个栏目，《衡水学院学报》的主编和编辑不辞辛劳，做了大量工作。他们在全国范围内发出征稿函和约稿函，专程拜访董学专家，参加相关学术研讨会，举办全国董仲舒思想高端学术论坛，还通过网络（博客、微博等）挖掘稿源。他们的努力得到了丰厚的回报，许多著名的董学专家学者纷纷把自己的研究心得贡献出来。在短短的几年里，他们与众多董学研究知名学者建立并保持了良好的合作关系，专栏共刊登了一百多篇董仲舒研究论文，其中不乏精品力作，所以才有本文集的系列出版。

《衡水学院学报》创办"董仲舒与儒学研究"专栏是一个有代表性的案例，它说明，综合性学术期刊创办特色栏目是必要的，更是可行的。

首先，在我国的学术研究和学术期刊界，有一个问题一直困扰着人们，即一方面是有许多学术专题研究成果需要发表，另一方面却是没有足够的与之相应的专题期刊以供论文发表。这样的研究课题和领域有许多，历史人物方面涉及思想家、教育家、文学家、政治家、军事家等等，地域文化方面涉及齐鲁、闽越、河海、三晋、关陇、巴蜀、岭南等等，行业文化方面涉及盐铁、纺织、印刷、演艺等等。与此相适应，各个主题下的研究队伍也相对集中。但与之相对应的专题性学术刊物却不多。那么，怎样才能更有效地把众多优秀的专题论文发表出来，以满足学术研究的需要呢？在现有的管理体制下，唯有在综合期刊中考虑创办专题栏目这条路可走。

其次，随着高等教育的快速发展，如何为提高高校的学术研究水平和教学的学术含量服务，也成了摆在高校学术期刊人面前的一个大问题。要做到这一点，提高自身的学术水平就是当务之急。除了少数办刊历史悠久、学术资源丰厚的"大刊""名刊"，对于众多创刊时间短、经验相对欠缺、资源相对薄弱的学术期刊来说，要想在短时间内取得整体进步是不现实的。如果结合各自的实际，发挥某一方面的优势，创办特色栏目，先把一个或少数几个栏目办好，然后再把优势扩展到全刊，最终推动全刊整体进步，倒是切实可行的。

正是因为瞄准了以上两点，2003年以来，教育部哲学社会科学名刊建设工程中才专门设立名栏建设计划，至今已经评选出三批共五十余家学报。同时，全国高等学校文科学报研究会在三届评优活动中，专门设立"特色栏目"一项，2014年，共评选出217个优秀特色栏目，鼓励高校学术期刊在创办特色栏目上大胆探索。其中《衡水学院学报》的"董仲舒与儒学研究"专栏连续两届入选研究会评选的特色栏目。政府主管部门和行业组织的这些举措，极大地激发了高校学术期刊创办特色栏目的积极性。目前，许多高校学术期刊都在出点子、想办法，一个争相创办、办好特色栏目的活动正在蓬蓬勃勃地开展起来。《衡水学院学报》的"董仲舒与儒学研究"毫无疑问是其中的一个优秀代表。

创办特色栏目当然要有热情。不过，话又说回来了，创办特色栏目不能脱离实际，要认真研究选题的可行性，切实掌握研究基础和学术队伍的实际情况，保证刊发的学术成果是水到渠成的，而不是揠苗助长出来的。简单说，要在特色和学术水平两者之间形成一种合理的张力或平衡，这才叫质量，才值得去做，才有望获得成功。从本系列文集所选的论文可以看出,《衡水学院学报》在追求特色和水平之间的平衡上做出了他们的努力,应该给予充分肯定。

  以上就我所知,对本系列文集的缘起和背景略做介绍,希望对读者的阅读和了解有所助益。

# 《董仲舒与儒学研究》专栏特约主持人按语

余治平

传世文献《春秋繁露》的真伪性一直存有争议，美国学者 S. A. 桂思卓《从编年史到经典：董仲舒的春秋诠释学》（*From Chronicle to Canon: The Hermeneutics of the Spring and Autumn, According to Tung Chung-shu*）一书专门研究《春秋繁露》文本真实性的问题，考证具体到每一篇，国内董学界多有征引。旅居日本的邓红教授，治董学有年，著述丰硕，在海内外都颇有学术影响，目前已是董学界年轻的前辈。其研究团队近年来致力于日文迻译工作，相继在本栏目发表，增进了我们对日本董仲舒研究状况的了解。这里他一改以往《春秋繁露》文献研究仅仅辨伪的做法，而开创一种根据可靠文献确定"真篇"具体位置的新方法。他以《董仲舒传》的"贤良对策"检索《春秋繁露》，凡与"对策"文本有互见关系、思想趋向又基本一致而互不矛盾的文字，皆可确定为"董仲舒真篇"。与"对策"的文献思想一致、高度文字重合的，24篇；标明为董仲舒回答胶西王的策问，其内容又和《董仲舒传》大致相同的，1篇；与《史记》《汉书》记载事件相吻合的，1篇；标明是董仲舒的策对文，但却无法证之于《汉书》而存疑的，2篇。这样便可以初步确定28篇是"董仲舒真篇"。其关于《五行对》篇的判断则显然有别于桂思卓的研究结论。其以《止雨》篇之"二十一年八月甲申朔丙午，江都相仲舒告内史中尉"之文符合于《董仲舒传》"对既毕，天子以仲舒为江都相，事易王"的事迹，因而断定《止雨》也是"董仲舒真篇"，则显然与历来各家的考辨相左。"江都相仲舒告内中尉"的文字，则不可能是董仲舒本人之亲署，多是后世篡入。

这些年来，我一直呼吁要从经学理路切入董学研究。任蜜林研究员长期从事汉代学术研究，他试图还原汉初经学升格的历史场景，而指出，在董仲舒之前，西汉儒者就已开始积极参与政治活动，争取正统地位，虽然得到上层阶级的一些青睐，但遭到了黄老道家、刑名法家等思想的排斥，最终都以失败告终。董仲舒对策则取得了一定成效，使得汉代春秋学博士"就成为董仲舒一系的春秋公羊学了"，这对以后的春秋学则产生重要影响。董仲舒还能够用《春秋》思想来讨论政治，检讨当时的政治活动，处理现实问题，以经义诠释辽东高祖庙、高祖园火灾，给予武帝谏言；还能够运用《春秋》处理诉讼案件，断定是非，因而对两汉政治产生重要影响。这些都奠定了董仲舒在汉代经学中的地位，已成董学界同仁之共识。

"大一统"学说是董学之一大核心，它曾为中华民族文化认同和国家认同做出过不可磨灭的巨大贡献。陆元祥讲师从欧洲启蒙思想家的视角，反思董仲舒的"大一统"观念。伏尔泰看到了儒家的智慧，给予充分肯定，赞扬中国"在伦理道德和治理国政方面堪称首屈一指"，并主张以中国式"理性宗教"代替基督教式的"启示宗教"，可以避免宗教狂热。大一统观念推进了启蒙学者对中国道德与政治相结合治国理邦成功之道的研究，让他们看到了儒家"和而不同"的价值，使"孔子成了教育和守护18世纪启蒙运动的圣人"。杨柳新教授以为，董仲舒儒学的主体和核心应该是"大一统"王道政治思想，蕴含着"一元"统率阴阳、五行、万物的"道"论，是对《易经》"道"论的创造性转化与发展，是中华德性文明"共同体主义"政治实践的哲学根据。可惜后来却被许多人附会了"君主专制主义"或"专制王权"的想象。董仲舒有思想统一的意图，但并不必然为君主专制主义服务。某种形态的"思想的一元化"是正常社会生活的思想基础。董仲舒王道思想和他的天人三策活动是在春秋战国思想"多元化"、诸子百家"道术为天下裂"之后，肇造"罢黜百家，独尊儒术"之大势,成就"道术为天下合"之大功。这些观点能够被公共话语系统所接受,也说明董学界这些年来的纠偏努力和学术普及还是富有成效的。

很多人以为,儒家歧视妇女。强调阳尊阴卑的董仲舒,是怎么看待女人的呢?律璞教授的论文显然对董学研究具有面向开创之功。在她看来,董仲舒对女性是充满悲悯情怀的,他受三统历史循环论影响而提出天正十一月、地正十二月、人正十三月之时,任何怀有身孕的妇女及产妇不论犯有何种罪行,均可以得到国家法律的赦免,犯罪行为人不论犯有何种罪行也都能够不处以死刑,而予以宽大处理。因此则强化了对女子权益的法律保护,这对我们深入理解董仲舒的女性保护思想具有深远的价值和意义。葛跃辉研究生则开辟出董学研究的"圣人"面向。以《春秋繁露》文本为基础,通过圣人与天道、天道与阴阳、圣人与阴阳三条路径,论证出儒家圣人的超凡能力,即以天道驭君,以阴阳之气殽化人世,与天道同体,主控阴阳,调化世间。如能关注一下前贤已有的相关研究文献,并以之为学术研究之基础,加强论证工夫,效果则更佳。

从董仲舒思想中挖掘出生态哲学的内容,近年来一些学者都做出过有益尝试。在代春敏讲师看来,董仲舒的天人关系既不是政治家、思想家的虚妄臆测,也不是最高统治者权力意志的体现,而是谋求在天、君、民之间构建一种政治平衡机制,让天、君、民的关系不再是单向静态的关联,呈现为一种动态的可循环发展的生态机制:天人合一,君民一体,天心民意。只有做到德主刑辅,顺天应民,重农爱民,为民求福祉,才能保障天、君、民这个政治生态机制的平衡和谐运转。其见解独特,但不妨借助深刻的文本解读、基于前贤的研究积累,再加以充分论证。

董仲舒的道统学说,关涉其儒家历史哲学理念,历来纷议不绝。我在《董子春秋义法辞考论》(上海书店,2013年)一书中辟有专门的章节聚焦《三代改制质文》,集中讨论各种法统之建构和演绎问题。杨昭博士生以为董仲舒把整个世界改造为原则性王道指导下的具体王道的实践过程,呈现出"三统"之下新旧王之间改制的三王、五帝、九皇循环，具有礼乐的商夏质文循环，为政纲领式的夏忠、殷敬、周文循环。但他的这一设计没法解决秦的问题。作者如能开阔视野，阅读更多的研究文献，充分解析经典文本，细化道统研究，做出严格论证和认真诠释，则有助于提高文章的质感。

（原载于《衡水学院学报》2020年第2期）

  20世纪80年代，李泽厚《中国古代思想史论》、金春峰《汉代思想史》两书影响甚大，为董仲舒思想的重新评价和再研究奠定了开辟之功。如今年迈的金先生宝刀不老，精力充沛，坚持笔耕，著述不断。他指出，汉之前"纲常"性"社会共同体"尚未建立。以"君臣、父子、夫妇"代替"君臣、父子、兄弟"，源于商鞅变法的强令大家族分家，是推行和普及一夫一妻小家庭政策的结果。郭店楚简《六德》之"六位"指君臣、父子、夫妇，君、父、夫是率人使人者，臣、子、妇是事人与从人者，要求君义臣忠、父圣子仁、夫智妇从。《中庸》"君子之道，造端乎夫妇"，则把"夫妇"一伦提到了重要地位。正式将其称为"三纲"的是董仲舒，他说："王道之三纲，可求于天。"则使其具有了神圣性和权威性。贺麟1940年的《五伦观念的新检讨》指出："三纲说的本质在于要求君不君，臣不可以不臣；父不父，子不可以不子；夫不夫，妇不可以不妇。"乃真谛也。"三纲五常"批判继承之所以可能，在于它所面对和解决的是人性和社会性的问题，可以构成建立"社会共同体"的基础。今天继承，则应该赋予其民主、自由、权利的内涵，必须符合时代变化的要求。其立场鲜明，目光犀利，观点尖锐，读来酣畅，颇能启发后学。

  一般都以为，董仲舒儒学属于外王之学，只偏重政治制度构建，而无涉心性领域。但何善蒙教授却另辟蹊径，基于《春秋繁露》文本而检索、梳理出"道德之心"55处，"情感之心"30处，"认知之心"17处，"主宰之心"27处，"血肉之心"4处，试图揭示"学界过往研究中忽视的董仲舒思想中心的问题"，因而促进人们重新认识董仲舒儒学思想系统。董子对心的阐释，尤其继承了孟子一系以道德论心的思路，弘扬的是儒家的精神价值。其"良心""天心"，站在心具有道德教化意义的角度来强调人心功能。情感之心是人的情感性，其根源在于天，喜怒哀乐与天之春夏秋冬相连接，从最为普遍的经验现象（情感）中找到了天人相应的根据。作为认识之心的"知心"则是对人的能力的一种极高肯定，属于人所具有的聪明才智，内在于心，实施对先王之道的认识和判断。"凡气从心。心，气之君也"则表明心在董仲舒思想系统中的主宰意义、人之为人的价值是要在整个宇宙生命大化流行中占据主导作用。主宰意义的心必然是唯一的，因而才能真正对现实社会、政治行为有效。心的情感维度是天人沟通的基础和表征，心的认知和判断的能力则是天人感应思想双向互动结构的关键。从董学传世文献中挖掘出如此丰富的心学内容，蔚为大观，精彩纷呈，或可折射出作者长期治阳明心学的深厚功力，极有利于延伸董子研究的学术空间、开创董学的心学面向，令人十分欣喜！而强调董子心学与"宋明（尤其是阳明）以来对于心的那种本体意义的使用区分开来"，澄清界限，而不以宋儒遮蔽和淹没汉儒，则更显得清醒而理性，特别难能可贵！

　　董仲舒吸纳、糅合诸子百家而创立汉初新儒学，治董学则要溯其源。董学与先秦易学的关联，白效咏、黄朴民教授进行了有益探讨，极富启发意义。两者最直接的文献联系是《史记·太史公自序》引"余闻董生曰"中"《易》著天地阴阳四时五行，故长于变""《易》以道化""《易》曰：'失之毫厘，差以千里'"，证之于今人杨向奎所言，董仲舒为代表的公羊学派的"天人合一"学说"以《易》代表天道，以《春秋》专讲人事"。董学之天道，乃运用易学理论对春秋242年间自然界现象进行解释，并与人事相联系。其"天人合一"之说则是以《春秋》为体，以易学为用。易学"天人同构"思想是董仲舒"天人合一"学说的立论基础。董仲舒已经把易学天人对应细致化，在天人之间建立更为周密的联系，为天道全面指导人事的"天人合一"学说奠定基础。易学"各从其类"说经董仲舒的发挥而建立起"同类相动"理论。这些剖析都具有很好的学术价值。关于董学与道家，孙占卿教授指出，道家的"天"无情无欲，儒家则"天地之大德曰生生"。政治统治"法天"即仿效天道，以爱人、养人为实务德行。政治秩序规范民，更规范君王。君臣是一对阴阳关系，君阳臣阴。"君臣分职而治，各敬而事"，君臣各有职分，分工与责任不同。君主对天道负责，官僚体系对君主负责。这些观点都很有见地，值得关注。

武帝朝的"罢、尊"历来备受关注。胡发贵研究员以为，汉初国家"万事之统"尚付阙如，制度虽袭秦，但国家核心价值观念飘移不定，尚未确立，"王道"还是模糊的。董子屏绝诸家、独尊儒术，显然是接绪于荀子的倡议，结束"师异道，人异论，百家殊方，指意不同"的各是其是，在思想趋向上以孔儒折衷百家的一偏，为天下立恒定、明确而统一的"法度"，因而为汉帝国指明了创建"万事之统"的文化与精神上的取舍，以一元价值来统领和融合共同体的文明实践。其文精当，言简意赅，点播到位，实乃诚恳而日月不刊之论！

董仲舒的历史观是一个非常复杂、渊深的话题，而其政治哲学则更为恢宏磅礴、包含甚大，陈福滨教授能够在九千字不到的篇幅里同时描述这两个大学术板块的内容，显然属于宏大学术叙事，凌空驾驭，多处着力，广泛议论，实在需要令人佩服的胆略和气魄！董子关于"三统""三正""四法""质文"的思想与观念，主要集中在《春秋繁露·三代改制质文》篇中。作为前沿性的研究成果，台湾学者杨济襄的《董仲舒春秋义法思想研究》一书和我的《董子春秋义法辞考论》一书，还有诸多前贤大德的讨论和期刊文章，都对之进行过较为周详的探讨，不妨成为此文必须面对的学术积累和研究基础。

董学的源头在《春秋》。郑济洲则重新审视了孔子的生平事迹，从"立功""立德""立言"三个层面描绘出孔子的"素王"之业。董仲舒借孔子《春秋》之文而为武帝时期的汉王朝"确立发展蓝图"，在《春秋》为汉治法的儒者情怀中确立了孔子的"素王"地位。"素王"孔子的成立是对天子王权的挑战，孔子与后世天子同受命于天，给了儒家"知识分子无比的勇气，足以与天子互动"。讲"素王"而罔顾《春秋》辞法，根本不涉及公羊"五始"之内容而自行一套叙事，实在是大胆的突破。

"天人三策"中，董仲舒提出了"善治"理念，充实了儒家不仅要使人成其为人而且还要让社会成其为社会的外王追求。刘伟博士指出，在董仲舒看来，完善的社会治理体制具备圣君在位、贤能从政、民众参与、礼义维系的特征。武帝"更化"是顺应历史潮流的英明决断。董仲舒审时度势，建言献策，为重建社会、改变儒生命运创造有利条件。试图以君子之道驯化权贵，使其适可而止，让利于民。但这样的大道理谁都懂但却不愿实行，原因就是欲望在作祟。秦的统治模式，"强国家"而扼杀社会，成为一端独大的终极力量，但没有社会就不会有社会治理，因而便无从善治。这些主张无疑都具有重要的学术价值。

（原载于《衡水学院学报》2020年第3期）

  早期儒学是道学，追求真理，充满现实批判，一定不是曲阿攀附之学。道统高于政统，圣高于君。及至董仲舒，仍在推崇孔子作《春秋》时的那种"贬天子，退诸侯，讨大夫"的理论勇气。韩星教授指出，到了《汉书·司马迁传》，班固有意或无意地删去了"贬天子"，只剩下"退诸侯，讨大夫"，这就导致人们认为《太史公自序》的"贬天子"背离了《春秋》大义的误解，其实"是儒家思想因专制之压制而堕退的标志"。"讥天王"是董仲舒"贬天子"的另一种表达，很符合《春秋》意旨。《公羊传》一贯反对"天子僭天"。《春秋》的批判精神和王道构建，集中于"《春秋》作新王"的"正黑统。王鲁，尚黑，绌夏，亲周，故宋"。孔子以《春秋》代周，在一个天下无王的时代标出新的王道，行使新的王权，恢复历史中的公正，进而实现以新王批判旧王、以圣王批判俗王之使命。在董仲舒的王道体系中，王权受天道制约，王道之三纲之上还有更为根本的一纲：天为君纲。于是就有"四纲"。以"有道伐无道"的历史变革观，推动了历史的发展，并将其上升为"天理"。这些论述非常到位、精彩，而极大地有利于澄清董学与王权政治的纠葛，有利于辨正董仲舒的污名化。然而，正如我在2018年董仲舒学术年会开幕致辞既已指出的，董仲舒的方案对皇权膨胀的德性约束和天道限制的效果是值得怀疑的。期待并过分依赖于君王个体的内在德性，暴露出儒学泛道德主义的天真和脆弱；天降灾异与君王治政得失之间的逻辑关联颇多牵强、忸怩之处,经不起深究;用灾异说警示君主帝王改过迁善、摈弃非为,显然是以臣劝君、以下止上,很容易反制于最高统治者。没有一个刚性化的体制、强硬的法律架构,任何公权都会被滥用。

在公共话语系统中,一提到董仲舒,人们就自然地联想到"罢黜百家,独尊儒术",实际上却是一个很深的误解。秦进才教授考证出,蔡元培1910年最先提出"罢黜百家,独尊儒术"之说。易白沙1916年予以细化论证,后来逐渐形成董仲舒与"罢黜百家,独尊儒术"的密切关联。但在董仲舒著述中,并无"罢黜百家,独尊儒术"的表述。现存"天人三策"中所言,也并非"罢黜百家,独尊儒术"之首倡。董仲舒虽主张"大一统",但其所尊崇的六艺之科、孔子之术与"独尊儒术"中的"儒术"并不相等,是有关系的两回事。六经,是诸子百家共同的文化资源,非儒家所独有。武帝表章六经,尊崇经学,不是"独尊儒术"。易白沙所言"罢黜百家,独尊儒术"的董仲舒也并非真实的董仲舒。董仲舒也没有实施"罢黜百家,独尊儒术"的现实权力。"罢黜百家,独尊儒术"的表述,说法虽然好听但却未必真实,与董仲舒无关。全文以史学家的严谨和认真,进行规范征引,蒐采文献资料充沛,胪陈各家主张,论证有理有据有力,是迄今关于"武帝罢尊事件"最权威、最可靠的一篇论文,具有非常重要的学术价值。

天人关系是中国哲学的一个根本性问题。梁世和研究员把"绝地天通"看作中华文化和思想的起点。从上古巫觋文化,到殷商祭祀文化,再到周代礼乐文化,逐步演进、转型,而朝向人文化、理性化、人间化的方向发展,对神性的关注不断淡化。孔子自觉继承西周礼乐文化,是三代文明走向人文化的一大成果。天是儒者的信仰根基,圣人是沟通天人的使者、传达天命的先知。孔子的"下学而上达"是沟通天命的方法。只有圣人才可以垄断沟通天人的资格、特权和技巧。汉后"绝地天通"则是皇权垄断了通天的权力,一般儒者丧失了获悉天命的渠道,也因为久于切近人事,而疏于天道,渐渐不复知天。董仲舒天人之学的建立,结束了天人分离的状态,天人又可以相合,重新建立起儒学对天的信仰。董仲舒继承并强化了孔子对天的信仰,开启了儒学的新时代——神学时代。"天"成为儒家思想的终极实在、最高本体,儒学神圣性、超越性的根基。经由董仲舒,儒者成为"知天命""通天道"的君子,成为代天立言的精神领袖。这些都是颇有创新力的见解,可以稍微解释儒家为什么可以取代一神教而成为历代中国人的精神支柱,因而具有很好的学术启迪意义。

王涵青副教授揭示出孟子、董仲舒"仁—义—利"之结构差异,而指出,孟子以仁义内在为价值主体之自觉根源,强调主体先验的内在道德自觉;董仲舒则明确地将仁根源于外在的超越的形上实体,"仁"必须透过"人"的中介,我(主体)之"配天"能使万物各得其宜。但孟子、董仲舒都强调主体自身的往外扩展("居仁由义""天志仁,其道也义")。董仲舒的义利关系,除了承袭孔孟不同意以"利"为主体价值抉择与行为引导的核心,更展现了对于利的更大包容性,正面肯认了利为主体生存的基本需求。无论是董仲舒的承继于天道或孟子的源于自身之价值自觉肯定,所引导并建构的都是主体的责任意识。透过董仲舒的角度,使人类理解其与整体存在界息息相关。这种分析很有哲学意味,值得一读。

抛开现代学科划分的窠臼而回归公羊春秋的经学语境研究董仲舒,实在有必要。张树业副教授指出,董仲舒依据《春秋》书法而建构出自己的春秋学基础。董仲舒不重条例,而主要阐释修辞特性与意图。《春秋繁露》通过《春秋》之隐微修辞进行考察,明确了这一写作形式对传达《春秋》义理的关键作用。董仲舒"春秋无达辞"的论断,凸显出公羊家政治哲学的常变、经权之义。诡辞避讳的书法特征则揭示其"不遗善"的苦心。文章如能阅读并参考前辈和时人对董子春秋辞的许多研究成果,进一步展开并阐发隐微修辞、"无达辞"的具体内容,则有益于把话题深入内里,升堂入室地探讨更多学术问题。

儒家重道德、讲伦理。国内学者不乏从马克斯·韦伯"责任伦理"视角诠释儒家立场、主张者。涂可国研究员指出,《春秋繁露·仁义法》篇立足于董仲舒自己创构的"仁义法",从人我关系维度涉及"责"的概念,虽并没界定"责",但从所处的语境当可以悟出

"责"的基本内涵即是"以仁治人，义治我，躬自厚而薄责于外"。这里的责，当指要求、督促、诘问、批评，而没有责任之含义。区分儒家道德与伦理、心性与礼法，方可展开所谓"责任伦理"的论述与阐发。

（原载于《衡水学院学报》2020年第5期）

  君、天关系，一直是董学政治哲学内部的一个重要问题。"以天制君"是董仲舒对皇权滥用的限制。实际上，董仲舒的"灾异谴告"说被看作是世界上最早建立的一套反专制、反极权理论体系。古往今来，人们大多熟悉董仲舒的"三纲"学说，甚至一些当代人还对其嗤之以鼻，却很少知道董仲舒其实还有"第四纲"，即"天为君纲"。朱康有教授《董仲舒"为政之理"的形上建构》一文论及君天关系。"圣者法天"，人主当"法天之行"。君王首先必须是德行最高者，"德侔天地者称皇帝，天佑而子之，号称天子"，才真正"配天"以立，从而能够"至德以受命"。如果"天子不能奉天之命，则废而称公，王者之后是也"，其"废"也是天意。天子非虑一家之安危，而当"加忧天下之忧，务除天下之患"。祭天活动中，天子也不只为自身的一己之利而祷告，"夫不自为言，而为庶物群生言"，这实际上是在给"最高领导者"加压，希望其担当起"宇宙之神圣责任"。很有见地，值得一读。

  徐复观《两汉思想史》中早就指出，董仲舒的学术是"天的哲学"，但他的天学却无一不落实在现实人间。韩国学者孙兴彻教授的《董仲舒的人间观》一文重新捡起几乎早已被今人所忘记的董学知识论问题。在他看来，董仲舒把人能获得知识的存在论根据放在天以及天的运行法则上。"天意"被理解为"最高的真理"，主张认识的目标在于了解天意。这个"天意"虽然也可以被理解为自然法则，但事实上也可以视为"最高统治者的意志"，因而董仲舒的知识论也有可能被误解为"拥护专制君主制的理论"。这一视角，十分独特，值得关注。

  董仲舒因为有"天不变道亦不变"之豪言，而被指责为一种"形而上学思想"。王江武、王康师徒合作的《董仲舒的革命思想》一文则有拨乱反正之功。既然有"革命"的思想，董仲舒就不应该是那种机械刻板的"形而上学"家，其历史哲学也应该是动态的、循环的。在两位作者看来，景帝的"汤武之禁"直接导致儒生不敢再言"革命"。但"革命"仍然会以"微言"的方式呈现在儒生议论中。董仲舒聪明地把儒家"革命"精神内嵌、消融在他的"改制说"之中。"改制"实即"革命"的代名词，通过对"受命"和"王道"的强调，完成了儒家"革命"思想的创造性转化和创新性发展。王者必须受命于天，才能进行典章制度的因革损益。天命是王者政治合法性的来源，也是"革命"的理论依据。这些都是十分精辟的见解，必须引起重视。然而，"革命"毕竟不是"改制"，借"微言"而消弭两者的概念界限、变化幅度的差异、政权嬗替的不同，于义则显得牵强，大有搪塞之嫌疑。公羊家始终是强调"法后王"的，董仲舒也"大改制"（《春秋繁露·楚庄王》），意欲推崇和张大改制之道。董学之中如果有"革命"因子，那也是借助于"三统"循环、"文质四法"而实现的。董仲舒贤良对的第一策就明确提出"更化""更张"，并以之为圣王"善治"的必经之路。更化、更张可以只在现有王权、皇权架构内完成，而未必导致"革命"性的政权改变，相对保守、稳固，而不必付出流血牺牲、粉身碎骨的惨痛代价。

当今中国治哲学者，"西而忧则中"已非个别现象，王树人、倪梁康、邓晓芒、叶秀山等先生动辄插足国学，多有议论感发。具有良好西哲学养的专家回归本土文化，无疑是一种寻找灵魂安顿处的思想努力和精神觉醒，好事一桩，广大中哲界同仁应该予以积极回应才对！张祥龙教授早先就出版过《海德格尔与中国天道》，近年则又有《拒秦兴汉和应对佛教的儒家哲学——从董仲舒到陆象山》一书问世。樊志辉、郑文娟《时间意识下的天道与人道》一文可能算是中哲界最先对现象学视域下张祥龙《春秋繁露》解读的正面回应。张祥龙把董仲舒的"元"完全归结为时间，提升出元的时间性，元就是从时间中抽离出来的更为抽象化的概念。夏商周文化的传承与朝代的演进都被规定为社会化的规范模式，即保留前朝子民后裔，以期在后世重新成为朝代的正统。朝代更迭和文化传统的承接都是历史循环。因而，他所理解的时间"根本上还是一种概念化的物理时间"，并没有看到"儒家传统中真正意义上的历史时间"。概念永远不能等同于历史。作者分析指出，张祥龙"提出的这几个问题的方面，更接近于对于宗教的认识，而非对于文化理论的认识"。其"以时间解释'通三统'有其合理性"，但"他这里说的是一种平面化了的时间"。张祥龙回归本土叙事的尝试，情怀可嘉，虽可开辟董学研究新的面向，但以西解中，带入感太强，概念化特征明显，总不免让人觉得与董学自身话语系统颇多阻膜、不适。

汉人思维一向以取象类比为特长，人副天数、官制象天，在当时应该是最前沿、最有说服力的学说系统。王博副教授《阴阳五行与董仲舒"官制象天"学说》一文阐发董仲舒以阴阳五行学说为理论基础如何构建起一套"官制象天"政制体系。天人相副是"官制象天"的前提，在纵向层面上，天之数、官之制严格对应，构建出纯理想化的百官等级；横向层面上，五行对应五官，依据五行生胜原理构建出五官系统，不同职能相互协同又相互制约。董仲舒希图借此对无可制约的王权进行有效约束，是在大一统语境下"深具理性化的官制创构"。作者能够清醒地认识到，在董仲舒分割与限制权力的制度设计中，还"无法得到现代意义上的权力分立主张"，更不能说"民主的观念可以在董仲舒这里找到古老的先声"，则是非常明智的见解。

张志娟、乔彦贞老师以夫妻关系为视角探讨《两汉儒学家庭人际关系理念的变迁与实践》，她们指出，汉武帝独尊儒术，也使儒学对夫妻关系的诠释出现了不同于先秦时代的新变化。董仲舒提出"夫为妻纲"，平等的双向夫妻关系理念逐渐向片面化发展，董仲舒以阴阳之论构建人伦关系，夫妻、父子、君臣之合皆属于阴阳之合，建构人伦关系皆以天道阴阳为根据，"君为阳，臣为阴；父为阳，子为阴；夫为阳，妻为阴"。贵阳而贱阴，提高丈夫地位而贬低妻子。先秦双向互动夫妻关系逐步走向片面化。董仲舒赋予夫权以神秘色彩，"妻受命于夫"等同于"天子受命于天"，而"诸所受命者，其尊皆天也"，遂至"夫为妻纲"。探析夫妻关系，视角独特，构成董学的又一个重要面向,值得一读。

(原载于《衡水学院学报》2020 年第 6 期)

余治平(1965—),男,江苏洪泽人,哲学博士,上海交通大学人文学院教授,博士生导师。

儒学研究

# 《中庸》与董仲舒思想
## ——《中庸》的思想特点与成书时代

金春峰

  董仲舒思想虽经过大家的努力研究，有了很大的进展，但其研究成果还不够。可以说它仍然不出地方和我们这个学术圈子的范围。像西安，应该也是十分重视儒学研究的地方，但基本上无董子的地位（林乐昌先生很重视研究董子，是个人的事）。全国范围的研究更谈不上了。

  在学界，董子身上的污名仍然很多，如思想专制主义、王权主义、三纲杀人、造神运动等。前辈的中哲史也多持负面的看法。2019年北京大学出版社出版的《中国哲学十五讲》，干脆把董仲舒及汉代开除了。但不了解汉代，魏晋何能讲清楚？宋代，像周敦颐的《太极图说》及朱熹的注解，也只好置之不理。如果没有了天道观的本原基础，又不讲朱熹的心性之悟，把朱熹变成古希腊的柏拉图，《四书集注》成为柏拉图思想的注释，中国哲学则名存实亡了。

  只有研究董仲舒及汉代思想，才能懂得汉代在中国思想文化中承前启后的地位。这是一个枢纽。如果不吃透它，绕过它，错解它，谈中国文化思想与哲学，只能是门外别谈。

  《汉书·五行志上》说："董仲舒始推阴阳，为儒者宗。"庄子早已指出"易以道阴阳"，何待董子始推？盖庄子所讲"易之阴阴"乃对立统一之简称，阴阳代表统一体中所有对立的双方。董子所"始推"的阴阳,则是"天地之气,合而为一,分为阴阳,判为四时,列为五行"的概述,指的是天道运行图式。这概括了董仲舒思想的核心。对之做科学了解者是《黄帝内经》;做神学了解是灾异谴告;做哲学了解,则是《汉易》,即"天道律历易",司马迁所谓"易著天地阴阳四时五行,故长于变"。图式之原创力、第一推动力是"太极"。董仲舒以"天地生物之心","举凡一切,皆归之以奉人"之哲学目的论解之。如我们解为宇宙生成论或本体论,就成为一般西方哲学了。

关于《汉易》——孟喜京房《易学》为何是以董仲舒上面的话为根据,笔者在《周易研究》的会议与相关论文中做了论述,有兴趣的读者可以参阅。今天要讲的是《中庸》与董仲舒这"始推"思想的关系。这初看会引起惊异,这两者岂有关系?分析论证以后,我们就会看到,唯有对此有明白确切的解答,《中庸》才能呈现其本来面貌,而非主观解读的《中庸》。

## 一、《中庸》文本是汉人汇编的

《史记·孔子世家》说:"子思作《中庸》。"后人认为现今的《中庸》就是子思所作。但这是对文本未经反思和分析的说法,不符合"持之有故,言之成理"的学术要求。在"四书"中,《大学》《论语》《孟子》不存在文本是否可靠可信的问题,《中庸》则不同,宋代就开始有学者怀疑。事实上这书不可能是子思写的,亦不可能是子思及其后学合编的。相反,它是汉人汇编而成的论集。

宋人王柏在《古中庸·跋》中说:"愚滞之见,常举其文势时有断续,语脉时有交互,思而不敢言也,疑而不敢问也。一日偶见西汉《艺文志》有曰:'《中庸说》二篇。'颜师古注曰:'今《礼记》有《中庸》一篇。'而不言其亡也。惕然有感,然后知班固时尚见其初为二也。合而乱,其出于小戴氏之手乎?"[①] 冯友兰先生引王氏之说,

---

① 转引自张心澂《伪书通考》(上册),上海商务印书馆,1939年,第448页。

说:"首段自'天命之谓性'至'天地位焉,万物育焉',末段自'在下位不获乎上'至'无声无臭至矣',多言人与宇宙之关系,似就孟子哲学中之神秘主义之倾向加以发挥。其文体亦为论著体裁。中段自'仲尼曰君子中庸'至'道前定则不穷',多言人事,似就孔子之学说加以发挥。其文体亦大概为记言体裁。由此异点推测,则此中段似为子思原来所作之《中庸》,即《汉书·艺文志》儒家中之《子思》二十三篇之类。首末二段,乃后来儒者所加,即《汉书·艺文志》'凡礼十三家'中之《中庸说》二篇之类也。'今天下车同轨'等言皆在后段,更可见矣。"[1] 冯先生晚年认为:"《中庸》所反映的社会情况,有些明显是秦朝统一以后的景象。《中庸》所论命、性、诚、明诸点,也都比孟轲所讲的更为详细,似乎是孟轲思想的发挥。《汉书·艺文志》于《诸子略》儒家著录《子思》23篇;又于《六艺略》礼类著录《中庸说》2篇。可能《子思》中有《中庸》1篇,但《礼记》中的《中庸》显然是礼类的《中庸说》。"[2] 郭沂对《中庸》成书情况有详细讨论,大致采冯先生的说法;但认为"议论体部分显然出于一人手笔,为私人著作",乃子思作,在《孟子》以前[3]。但郭沂提供的证据,如"而"字的使用,恰恰议论体部分多有,复合词使用也如此,如"德性""问学""高明"等。笔者认为,今本《中庸》论述体部分与董仲舒思想关系特别密切,唯有通过董子思想这把锁匙,才能使这部分得到贴切的了解。

《中庸》明显反映秦汉思想的章节,前人已指出,有:

第二十八章:"子曰:'愚而好自用,贱而好自专。生乎今之世,反古之道。如此者灾及其身者也。'""反",郑玄释为"复",复古。西汉末年,王莽利用当时的复古思潮,篡夺政权,"灾及其身"。郑玄以此为背景,认为"复古"是大错。但西汉初年,"奉天法古"是董

---

[1] 冯友兰:《中国哲学史》上册,华东师范大学出版社,2006年,第273—274页。
[2] 冯友兰:《中国哲学史新编》(中),人民出版社,1998年,第129页。
[3] 郭沂:《郭店竹简与先秦学术思想》第三章《今本〈中庸〉:子思书的两篇佚文》,上海教育出版社,2001年,第430页。

仲舒提出的神圣观念。故"反"为"反对"之意。

"非天子不议礼，不制度，不考文。今天下，车同轨，书同文，行同伦。虽有其位，苟无其德，不敢作礼乐焉。虽有其德，苟无其位，亦不敢作礼乐焉。"《管子·君臣上》说："衡石一称，斗斛一量，丈尺一制，戈兵一度，书同文，车同轨，此至正也。"也讲"书同文，车同轨"；但这是针对诸侯及卿大夫采邑林立，度量衡、兵器、文字、车制、道路不规范，要求统一而言。齐国田氏曾用大斗出小斗进的办法篡夺了政权。卿大夫可以自定量器大小。《中庸》则谓"今天下……"，"生乎今之世"，不仅是大一统口气，且就事实已经如此而言。故《管子》可在先秦，《中庸》这些话则必在秦统一后。

"载华岳而不重。""岳"是与东岳、北岳等并列而言，不能解为山东境内之华山。

有德之天子才能议礼制文，则似针对"秦"的变古易常，擅自制礼作法而言，也反映出其汉初的时代背景。

冯友兰先生说："《中庸》与《易传》中的字句，亦有相同者。如乾《文言》云：'不易乎世，不成乎名，遁世无闷，不见是而无闷。'《中庸》亦云：'君子依乎中庸，遁世不见知而不悔。'《文言》云：'庸言之信，庸行之谨。'《中庸》亦云：'庸德之行，庸言之谨。'《文言》云：'夫大人者，与天地合其德，与日月合其明，与四时合其序，与鬼神合其吉凶。'《中庸》亦云：仲尼'辟如天地之无不持载，无不覆帱，辟如四时之错行；如日月之代明'。"[①]《易传》出于战国中晚期。上述文字思想明显是《中庸》取自《易传》。

第十二章："君子之道，造端乎夫妇；及其至也，察乎天地。"这本于《易传·说卦》"有男女而后有夫妇，有夫妇然后有父子……有君臣……而后礼义有所措"。

如将《中庸》作为一个整体定为孟子以前之书，是讲不通的。

---

① 冯友兰：《中国哲学史》上册，华东师范大学出版社，2006年，第273—274页。

## 二、《中庸》论圣人、君子与诚

"圣"字，商代甲骨文已有，在人形上加耳，有时加口，本义近于聪，指听觉敏锐；后指精通某种学问或技艺并有极高成就的人。《书·洪范》："睿作圣。"传："于事无不通之谓圣。"这是古义。孔子《论语》及孟子、荀子仍保持了这一古义。"大宰问于子贡曰：'夫子圣者与！何其多能也？'子贡曰：'固天纵之将圣，又多能也。'子闻之曰：'大宰知我乎？吾少也贱，故多能鄙事。君子多乎哉？不多也！'"（《论语·子罕》）"圣"是多能的意思。孔子说："若圣与仁，则吾岂敢？抑为之不厌，诲人不倦，则可谓云尔已矣。"（《论语·述而》）子贡评论说："学不厌，智也；教不倦，仁也。仁且智，夫子既圣矣。"（《孟子·公孙丑章句上》）指做到仁与智就是圣人。孟子说："可欲之谓善，充实之谓美，充实而有光辉之谓大。大而化之之谓圣。圣而不可知之谓神。"（《孟子·离娄上》）"圣"是修养（包括多能）的几个境界之一。又说："人皆可以为尧舜。"荀子说："涂之人皆可以为禹。"故圣人是人人可学而至的，只是人中多能之出类拔萃者而已。但《中庸》论圣人性质就大为不同了，皆从天道、天地立论，基本观念是"圣人配天"。

第三十章："仲尼祖述尧舜，宪章文武。上律天时，下袭水土。辟如天地之无不持载，无不覆帱。辟如四时之错行，如日月之代明。万物并育而不相害。道并行而不相悖。小德川流；大德敦化。此天地之所以为大也。""天时"指阴阳日月五星之会，"律"为动词，即节律之，也即"节律时令"。"水土"乃五行水火金木土之简称。"袭"为动词，即顺畅之。《汉书·艺文志》说："儒家祖述尧舜，宪章文武，助人君顺阴阳（阴阳四时五行），明教化，于道为最高。"即采《中庸》这种说法。郑玄注说："律，述也。述天时谓编年，四时具也。袭，因也。因水土谓记诸夏之事，山川之异。"孔颖达《正义》说："诸夏之事，谓诸侯征伐会盟所在之地；山川之异，若僖公十四年'沙鹿崩'、成公五年'梁山崩'之属是也。"（《礼记正义》卷五三）这以《孝经纬·钩命诀》"孔子志在《春秋》，行在《孝经》"做根据，亦是汉人的孔子观。

圣人观的这种巨大变化，是董仲舒《公羊春秋学》流行的结果。《左传·哀公十四年》："西狩获麟"，《公羊春秋》以其为孔子受命为王之祥瑞。孔子未能即位，董称之为"素王"，"王鲁、亲周、故宋，应天命作新王"（《春秋繁露·三代改制质文》）。司马迁《史记》即以孔子为素王，列为世家。在这种观念流行下，《中庸》上述"配天"的孔子与圣人观就自然诞生了。仲尼成了掌控"阴阳四时五行"的宗师。

第二十七章："大哉圣人之道！洋洋乎，发育万物，峻极于天。优优大哉，礼仪三百，威仪三千。待其人而后行。故曰：'苟不至德，至道不凝焉。'故君子尊德性而道问学，致广大而尽精微，极高明而道中庸。温故而知新，敦厚以崇礼。是故居上不骄，为下不倍。国有道，其言足以兴；国无道，其默足以容。诗曰：'既明且哲，以保其身。'其此之谓与？""洋洋乎，发育万物，峻极于天。"这是对圣人之道的神化。"至德"指孔子一样的圣人，非圣人无以体现至道，无以成就"礼仪三百，威仪三千"之盛业。故"君子"亦指圣人。《礼记·礼运》讲小康，以禹、汤、文、武、周公等为"六君子"，君子即指圣人。这与孔子以士人之楷模为"君子"，性质不同。

第二十九章："故君子之道，本诸身，征诸庶民。考诸三王而不缪，建诸天地而不悖，质诸鬼神而无疑，百世以俟圣人而不惑。质诸鬼神而无疑，知天也。百世以俟圣人而不惑，知人也。是故君子动而世为天下道，行而世为天下法，言而世为天下则。远之，则有望；近之，则不厌。诗曰：'在彼无恶，在此无射；庶几夙夜，以永终誉。'君子未有不如此而早有誉于天下者也。""君子"亦指圣人，非《论语》所述之"君子"。对它的形容类似《系辞》"圣人与天地合其德，日月合其明，与鬼神合其吉凶"。

第三十一章："唯天下至圣，为能聪、明、睿知，足以有临也；宽、裕、温、柔，足以有容也；发、强、刚、毅，足以有执也；齐、庄、中、正，足以有敬也；文、理、密、察，足以有别也。溥博，渊泉，而时出之。溥博如天；渊泉如渊。见而民莫不敬；言而民莫不信；行而民莫不说。是以声名洋溢乎中国，施及蛮貊。舟车所至，人力所通，天之所覆，地之所载，日月所照，霜露所坠：凡有血气者莫不尊亲。故曰，'配天'。"此种"配天"之"至圣"，非禹、汤、文、武等圣王莫属，与孔孟之圣人观完全异趣。司马迁称孔子为"至圣"，于圣前加一"至"字，即为了区别于先秦诸子所称"圣人"。

和"圣"及"君子"的观念相联系，《中庸》论"诚"亦从天道立论，神化之，而与孟子、荀子从人事论诚，完全异趣。

孟子说："居下位而不获于上，民不可得而治也。获于上有道，不信于友，弗获于上矣。信于友有道，事亲弗悦，弗信于友矣。悦亲有道，反身不诚，不悦于亲矣。诚身有道，不明乎善，不诚其身矣。是故诚者，天之道也。思诚者，人之道也。至诚而不动者，未之有也。不诚，未有能动者也。"(《离娄章句上》)"诚"是事亲至诚的精神状态，所谓"精诚所至，金石为开"。虽提到"诚者天之道"，但无只字展开。其他孟子讲"诚"字，都是形容词、副词，如诚有是事，诚有其人，诚然如此之类。"动"是感动、感化之意。《中庸》讲"诚"就完全不同了。

第二十章："诚者，天之道也。诚之者，人之道也。诚者，不勉而中，不思而得：从容中道，圣人也。诚之者，择善而固执之者也。"将孟子讲的"诚"解为圣人与天道，天生如此，与"择善而固执之者也"之"诚之者"的学人截然两分，类似"天使"与凡人之分。欧阳修说："孔子尚必须学，则《中庸》之所谓自诚而明，不待学而知者，谁可以当之乎？""子思，圣人之后也，所传宜得真，而其说异于圣人。"(《欧阳修文集·问进士策》)这是很有见地的。第十三章说："君子之道四，丘未能一焉……"，与这里的圣人观也是对立的。

第二十三章："其次致曲。曲能有诚。诚则形，形则著，著则明，明则动，动则变，变则化，唯天下至诚为能化。"所谓"化"即化育万物，与天地参。"天下至诚"指圣人。《荀子·不苟》说："君子养心莫善于诚，致诚则无它事矣。惟仁之为守，惟义之为行。诚心守仁则形，形则神，神则能化矣。诚心行义则理，理则明，明则能变矣。

变化代兴，谓之天德。天不言而人推其高焉，地不言而人推其厚焉，四时不言而百姓期焉。夫此有常，以至其诚者也。"《中庸》似对《荀子》这话的简约。

第二十六章："故至诚无息。不息则久，久则征。征则悠远。悠远则博厚。博厚则高明。博厚，所以载物也。高明，所以覆物也。悠久，所以成物也。博厚配地，高明配天，悠久无疆。如此者，不见而章，不动而变，无为而成。"

"天地之道，可一言而尽也。其为物不贰，则其生物不测。天地之道，博也、厚也、高也、明也、悠也、久也。今夫天，斯昭昭之多，及其无穷也，日月星辰系焉，万物覆焉。今夫地，一撮土之多，及其广厚，载华岳而不重，振河海而不洩，万物载焉。今夫山，一卷石之多，及其广大，草木生之，禽兽居之，宝藏兴焉。今夫水，一勺之多，及其不测，鼋、鼍、蛟、龙、鱼、鳖生焉，货财殖焉。《诗》云，'维天之命，于穆不已。'盖曰，天之所以为天也。'于乎不显，文王之德之纯。'盖曰，文王之所以为文也。纯亦不已。"从天道运行之"精进不已"论"诚"。《礼记·哀公问》："公曰：'敢问君子何贵乎天道也？'孔子对曰：'贵其"不已"。如日月东西相从而不已也，是天道也；不闭其久，是天道也；无为而物成，是天道也；已成而明，是天道也。'"两者思想一致。这是《汉易》天地四时运行之天道。《春秋繁露·观德》说："天地者，万物之本、先祖之所出也，广大无极，其德昭明，历年众多，永永无疆。"《春秋繁露·立元神》说："天积众精以自刚，圣人积众贤以自强；天序日月星辰以自光，圣人序爵禄以自明；天所以刚者，非一精之力，圣人所以强者，非一贤之德也。故天道务盛其精，圣人务众其贤。"董《天人三策》说："在事强勉而已矣。强勉学习，则闻见博而知益明；强勉行道，则德日起而大有功：此皆可使还至而有效者也。《诗》曰'凤夜匪解'，《书》云'茂哉茂哉！'皆强勉之谓也。"《中庸》此章之精神与此类似。从文王之"纯一不已"论"诚"，则突显"圣人配天"思想。

第二十二章："唯天下至诚为能尽其性。能尽其性，则能尽人之性。能尽人之性，则能尽物之性。能尽物之性，则可以赞天地之化育。可以赞天地之化育，则可以与天地参矣。""至诚"乃圣人境界，与上章相呼应。"赞天地之化育"则与第一章相呼应。

第三十二章："唯天下至诚，为能经纶天下之大经，立天下之大本，知天地之化育。夫焉有所倚？肫肫其仁！渊渊其渊！浩浩其天！苟不聪明圣知，达天德者，其孰能知之？"此章与第二十二章思想类似。

由于上述思想基础，故二十四章谓："至诚之道可以前知。国家将兴，必有祯祥；国家将亡，必有妖孽。见乎蓍龟，动乎四体。祸福将至，善必先知之；不善，必先知之。故至诚如神。"直接讲天人感应、灾异祯祥，以此解"至诚如神"。这显然是董仲舒之天人感应思想。

以上"天道"与"圣人""君子""诚""明"合一的论述，可谓宗教式的天人合一观，极大地发展了孔子之"天命"观与孟子"尽心知性知天"的神秘主义思想。杜维明先生将其定性为人文主义的宗教观，或宗教性的人文主义思想，十分恰当。但这是由董仲舒公羊学的兴起，天地有神论思想的复活，为其提供思想基础的。

## 三、《中庸》第一章解

第一章："天命之谓性；率性之谓道；修道之谓教。道也者不可须臾离也，可离非道也。故君子戒慎乎其所不睹，恐惧乎其所不闻。莫见乎隐，莫显乎微。故君子慎其独也。"

"喜、怒、哀、乐之未发，谓之中。发而皆中节，谓之和。中也者，天下之大本也。和也者，天下之达道也。致中和，天地位焉，万物育焉。"

郭店楚简《性自命出》说："性自命出，命自天降"，"牛生而张，雁生而伸，其性也。人生而学，有使之也"。意思是说，牛、雁等之不同，都是生而如此，这是性。人知道要学也是"性"。但还另有"使之者"。这"使之者"只能是人为了生存须战胜各种困难与不利因素，唯有学习各种本领才行。这是近于荀子的一种性论思想。学界以之为子思学派思想是难于成立的。《性自命出》又说："喜怒哀乐之气，性也。""及其见于外（为喜怒哀乐之情），则物取之也。"① 《中庸》第一章实是承继和发挥这一思想的。

"率性谓之道"，"率"指统率、统领、领导之意。统领士兵者谓之将军。统领"性"的叫"道"。"道"从何来？从"教"来。"修道谓之教"，"修"，修理、修整、修路之意。"道"由"教"修建而成。这是强调后天教学之重要的思想。《性自命出》说："《诗》《书》《礼》《乐》，其始皆生于人。《诗》有为为之也。《书》有为言之也。《礼》《乐》有为举之也。圣人比其类而附会之，观其先后而逆顺之，体其义而节度之，理其情而出入之，然后复以教。教所以生德于中者也。"② 圣人以《诗》《书》《礼》《乐》教人，以内化为人之"德"，德发于外则为应行之"道"。这显然是荀子一类思想。《荀子》第一篇就讲《劝学》，谓："君子博学而日参省乎己，则知明而行无过矣。""积善成德，而神明自得，圣心备焉。"荀子所讲"学"和《性自命出》类似，就是学《诗》《书》《礼》《乐》。孟子则强调"良知良能人皆有之"，人只须扩充自己的善性或"四端"，就可成圣成贤，故绝不强调教与学。强调教与学，必肯定有"天生"的教育者，这与其"人皆可以为尧舜"是相矛盾的。

冯友兰先生依据孟子心性论解释本章，谓"性是善的"，"率性"是循性顺性。但又说把"道"修立起来需靠"教"。这就自相矛盾了。为自圆其说，冯先生把"教"的对象设定为愚夫愚妇。这与孟子的精神也是违背的③。

董仲舒讲"生之自然之姿谓之性"，性有善质而未能善，需要教。

---

① 金春峰：《读郭店楚简〈性自命出〉札记》，载《〈周易〉经传梳理与郭店楚简思想新释》，中国言实出版社，2004年，第187页。

② 金春峰：《读郭店楚简〈性自命出〉札记》，载《〈周易〉经传梳理与郭店楚简思想新释》，中国言实出版社，2004年，第187页。

③ 冯友兰：《中国哲学史新编》（中），人民出版社，1998年，第129页。

圣人就是教民成性的人。这综合了孟子与荀子的人性论思想，教之具即"六艺"。这和《中庸》论"性""道"与"教"，是符合的。

"喜怒哀乐未发谓之中，发而皆中节谓之和……"为何单单提"喜怒哀乐"四字？这并非信手拈来。孟子讲"四端"，不讲"喜思哀乐"之情。故只有上溯至楚简才合乎情理。但《楚简·性自命出》系摘抄式的语类，完全未提出"中"与"和"及"致中和"能使"天地位万物育"这种思想。孟子、荀子也未有这种思想。这也只有从董仲舒天人相副相感思想，才能得到贴切的解释。

《春秋繁露·天辨在人》说："喜怒之祸，哀乐之义，不独在人，亦在于天……天乃有喜怒哀乐之行，人亦有春秋冬夏之气者，合类之谓也。"《春秋繁露·如天之为》说："阴阳之气在天，亦在人。在人者为好恶喜怒，在天者为暖清寒暑，出入上下，左右前后，平行而不止，未尝有所稽留滞郁也。其在人者，亦宜行而无留，若四时之条条然也。夫喜怒哀乐之止、动也，此天之所为人性命者。"《春秋繁露·为人者天》说："天之副在乎人，人之情性有由天者矣，故曰受，由天之号也。"既解释了"天命之谓性"，又解释了"喜怒哀乐之谓性"及未发——"止"与已发——"动"的含义。

关于"中和"，《春秋繁露·循天之道》说："天有两和，以成二中。岁立其中，用之无穷，是北方之中用合阴，而物始动于下；南方之中用合阳，而养始美于上。其动于下者，不得东方之和不能生，中春是也；其养于上者，不得西方之和不能成，中秋是也。然则天地之美恶在？两和之处，二中之所来归，而遂其为也。""中"指冬至、夏至，"和"指春分、秋分。阴阳在冬至、夏至未发未动，谓之"中"。运行至春分、秋分，达到平衡和合，丰养万物，称为"和"。"是故成于和，生必和也；始于中，止必中也。中者，天地之所终始也，而和者，天地之所生成也。夫德莫大于和，而道莫正于中。中者，天地之美达理也，圣人之所保守也，诗云：'不刚不柔，布政优优。'此非中和之谓与！是故能以中和理天下者，其德大盛，能以中和养其身者，其寿极命。"《中庸》所谓"中为大本，和为达道"，"致中和，天地位焉，万物育焉"，与此完全契合。"理天下者"指天子或圣人。"致"

乃"推致",即君主政令和饮食起居都按时令(即两分两至、二十四节气等)之要求行事,从而使"元气"和顺,阴阳四时不失其秩,万物得以顺利生长收藏,生生不息。这也就是"赞天地之化育"。《中庸》讲:"君子戒惧其所不睹,恐惧其所不闻。莫见乎隐,莫显乎微。故君子慎其独也。""君子"即第三节与这里讲的圣人、圣王。此种戒慎恐惧具有明显的宗教神学背景。

《循天之道》又说:"中者,天地之太极也,日月之所至而却也。长短之隆,不得过中,天地之制也。兼和与不和,中与不中,而时用之尽以为功。是故时无不时(当为'中')者,天地之道也。顺天之道,节者、天之制也。""太极"在天文时历学上,汉人解为北斗、北辰。日月、五星、二十八宿皆环绕北辰运行,周而复始,故为"中"。"中"与"和"之"节"乃"天之制"。顺此"节"而为,则天地位,万物育。董仲舒以"天地生物之心"解"太极",故说是"大美""达理"。

从养生与修养说:"中者,天之用也;和者,天之功也。举天地之道,而美于和,是故物生皆贵气而迎养之。孟子曰:'我善养吾浩然之气者也。'谓行必终礼,而心自喜,常以阳得生其意也。公孙之养气曰:'里藏泰实则气不通,泰虚则气不足,热胜则气泄,寒胜则气凝,泰劳则气不入,泰佚则气宛至,怒则气高,喜则气散,忧则气狂,惧则气慑,凡此十者,气之害也,而皆生于不中和。故君子怒则反中,而自说(喜)以和;喜则反中,而收之以正;忧(哀)则反中,而舒(乐)之以意;惧则反中,而实之以精。'夫中和之不可不反如此。故君子道至气则华而上,凡气从心,心、气之君也,何为而气不随也。是以天下之道者,皆言内心其本也。"指出喜、怒、哀、乐经过内心修养功夫,才能循"礼"而调节畅顺,达于"中和","外无贪而内清净,心和平而不失中正",这才是最好的养生,将孟子"养浩然之气"的思想与天道相结合了。戒惧敬慎之感亦由此生。

宋儒以个人心性论解释"中和",完全离开了《中庸》本章的原意。程颐谓:"不偏不倚之谓中","中即是性,即是理"。但有如四支箭,未发时,箭在弦上,哪有"中"或"不偏不倚"可言?一句话未说出,哪有邪正善恶可言?喜怒哀乐未发,哪有"中"与"不中"可言?朱熹说"致中和","天地位,万物育",乃"吾之心正即天地之心正,吾之气顺即天地之气顺",成为主观唯心主义的狂言了。

## 四、"子曰"部分的精神

这部分基本上是发挥《论语·雍也》的思想。

第二章:"仲尼曰,君子,中庸;小人,反中庸。""君子之中庸也,君子而时中。小人之中庸也,小人而无忌惮也。""时中"观念当来自孟子。孔子自许为"无可无不可",孟子以之为"圣之时者"。

第三章:"子曰:'中庸其至矣乎!民鲜能久矣。'"(《论语·雍也》)

这里的关键是何谓"中庸之德"?何以它是"至德"?其代表性的解释有:实用理性、人间正道、不朽理则、人生正途、思想方法、处事原则、折中调和的态度……朱熹说:"过则失中,不及则未至,故惟中庸之德为至。然亦人所同得,初无难事,但世教衰,民不兴行,故鲜能之,今已久矣。"钱穆说:"其所以为至者,言其至广至大,至平至易,至可宝贵,而至高至难。"都未做实质解释。《论语》论"德",没有解为抽象"理则"的。杨伯峻说:"孔子拈出这两个字,就表示他的最高道德标准,其实就是折中的和平常的东西。"以"折中"解释"中",以平常释"庸"。

甲骨文"中"字,唐兰认为是旗帜、族徽,省写为"中"。"古有大事,聚众于旷地,先建'中'焉,群众望见'中'而趋。群众来于四方,则建'中'之地为中央矣。"①

《说文》:"庸者,用也。"《尔雅·释诂上》:"庸,常也。"依董仲舒《春秋繁露·循天之道》的说法,"中"乃太极,乃天制。故本文

---

① 转引自徐中舒《甲骨文字典》,四川辞书出版社,2006年,第39—40页。

以为甲骨文之"中"非唐兰所谓一般旗帜,乃"日晷"之形,一根立柱加两根飘带以观风向。冬至日影最长,夏至最短,不会过,也不会不及,引申乃准则、标准之义。"中庸之德"就是大中至正、堪用为典常与楷模的"德性"。具体所指,应即孟子、孔子赞美的仲山甫之"德"。《诗·烝民》:"仲山甫之德,柔嘉维则。令仪令色,小心翼翼;古训是式,威仪是力。""人亦有言:'柔则茹之,刚则吐之。'维仲山甫,柔亦不茹(不吃),刚亦不吐(吐出来);不侮矜寡,不畏强御。"《孟子·告子章句上》:"《诗》曰:'天生蒸民,有物有则。民之秉彝,好是懿德。'孔子曰:'为此诗者,其知道乎!故有物必有则,民之秉彝也,故好是懿德。'""则"不指客观规律,是楷模、标准、杰出者之意,意思说"仲山圃之德"即是楷模之德,即是民之"秉彝所好"的"德",其具体表现即"柔亦不茹(不吃),刚亦不吐(吐出来);不侮矜寡,不畏强御"。鲁迅诗:"横眉冷对千夫指,俯首甘为孺子牛",是这种德性的最好写照。西周时,很多人有"中庸之德",但到孔子时代,则到处都是"见刚则吐""见柔则茹",欺软怕硬、恃强凌弱,有如《阿Q正传》所揭露的劣根性了。所以孔子有此感叹!盖叹此时代也!

孔子深恶"乡愿",提倡爱憎鲜明,以直报怨,孔子本人正是仲山圃一样的人。子思刚直,很有孔子的风骨。郭店竹简《鲁穆公问子思》何谓"忠臣"?子思说:"恒称其君之恶者,可谓忠臣矣!"表现了"中庸"的品德与风骨。孟子大反"乡愿",以异端邪说为洪水猛兽,"见大人则藐之",也很有子思的风骨。故"中庸"绝非折中、调和、适度、不柔不刚,而是守正不阿、强毅奋发,有鲜明爱憎之德。

《礼记·丧服四制》谓:"圣人因杀以制节,此丧之所以三年,贤者不得过,不肖者不得不及,此丧之中庸也,王者之所常行也。"这里,"中庸"指"三年之丧"这个标准。如果没有标准,说"过"是空说,"不及"也是空说。

《中庸》以下"子曰"各章都贯穿此一精神。

第六章:子曰:"舜其大知也与!舜好问以好察迩言。隐恶而扬善。执其两端,用其中于民。其斯以为舜乎。"舜流共工,放三苗,举皋陶，为人子而大孝，即是"扬善"与"隐恶"。"中"即正道、天则。"隐"非世俗所谓隐藏其恶也。

第八章：子曰："回之为人也：择乎中庸，得一善，则拳拳服膺，而弗失之矣。"颜回的品德不是宋人所描绘的"颜子乐处"，而是"择乎中庸"，死守善道。

第九章：子曰："天下国家，可均也；爵禄，可辞也；白刃，可蹈也；中庸不可能也。"何以故？因其乃扶弱抑强的强大道德力量，极为难能可贵。"可均""可蹈""可辞"者，皆世俗物质力量之所为。

第十章：子路问强。子曰："南方之强与，北方之强与，抑而强与？宽柔以教，不报无道，南方之强也。君子居之。衽金革，死而不厌，北方之强也。而强者居之。故君子和而不流；强哉矫。中立而不倚；强哉矫。国有道，不变塞焉；强哉矫。国无道，至死不变；强哉矫！""强哉矫"，乃至死不变，"扶大厦于将倾，挽狂澜于既倒"之中流砥柱精神。

第十一章：子曰："素隐行怪，后世有述焉：吾弗为之矣。君子遵道而行，半途而废，吾弗能已矣。""君子依乎中庸。遁世不见知而不悔；唯圣者能之。"对"中庸"，义无反顾，决不半途而废。宁肯不见知于世，也决不违背"中庸"。这是圣人的"中庸之德"。

第十二章："君子之道，费而隐。夫妇之愚，可以与之焉，及其至也，虽圣人亦有所不知焉。夫妇之不肖，可以能行焉，及其至也，虽圣人亦有所不能焉。天地之大也，人犹有所憾。故君子语大，天下莫能载焉，语小，天下莫能破焉。诗云：'鸢飞戾天，鱼跃于渊。'言其上下察也。君子之道，造端乎夫妇；及其至也，察乎天地。"由普通百姓直至圣人，直至天不能载，地不能破，皆表现强毅奋发、坚持不懈、精进不已的精神。

第十三章："君子之道四，丘未能一焉：所求乎子，以事父，未能也；所求乎臣，以事君，未能也；所求乎弟，以事兄，未能也；所求乎朋友，先施之，未能也。庸德之行，庸言之谨；有所不足，不敢不勉；有余，不感不尽。言顾行，行顾言。君子胡不慥慥尔。"脚踏实地，绝不空谈，这也是强毅以行的精神。这里讲父子、君臣、兄弟、朋友四伦，未及夫妇，与《论语》一致。

第十四章："君子素其位而行，不愿乎其外。素富贵，行乎富贵；数贫贱，行乎贫贱；素夷狄，行乎夷狄；素患难，行乎患难。君子无入而不自得焉。"直道而行，高风亮节。所谓"无适也，无莫也，义之与比"。

第十七章：子曰："舜其大孝也与！德为圣人，尊为天子，富有四海之内。宗庙飨之，子孙保之。故大德，必得其位，必得其禄，必得其名，必得其寿。故天之生物必因其材而笃焉。故栽者培之，倾者覆之。诗曰：'嘉乐君子，宪宪令德，宜民宜人。受禄于天。保佑命之，自天申之。'故大德者必受命。""栽者培之，倾者覆之。"赞扬人的"光辉笃实，自新其德"。但这里讲的德福一致思想乃神学思想，《中庸》前面论圣人部分发挥了这一思想。这是孟子、荀子所没有的。

第十八、十九章讲文王、武王、周公，都以其强毅奋斗精神为学习之楷模。

"或生而知之；或学而知之；或困而知之：及其知之，一也。或安而行之；或利而行之；或勉强而行之：及其成功，一也。""好学近乎知。力行近乎仁。知耻近乎勇。知斯三者，则知所以修身。知所以修身，则知所以治人。知所以治人，则知所以治天下国家矣。"强调好学，鼓励人们困而知之，勉强而行之，"人一能之，己百之。人十能之，己千之。……虽愚必明，虽柔必强"。这种强毅、进取不已的精神，与前面讲"诚"、讲天道"精进不已"的精神是一致的。

第二十章，"哀公问政"是孔子为政思想的极好总结。

总起来看，《中庸》"子曰"各章都贯穿强毅奋发、直道而行、精进不已，"正其谊不谋其利，明其道不计其功（利与功包括个人的名利毁誉）"的精神品格。解为调和、折中，是错误的。

这种品格对于儒学十分重要。因"内圣外王一体两面"是儒学的基本特质，非具上述品格，不可能成为大儒。董子、韩愈、周敦颐、二程、朱熹之能为一代儒宗，皆因具此品格也。

《中庸》，宋人作心性论的诠释。本文是以汉人及董仲舒思想对之作的诠释。但自觉较符合《中庸》之原意。果如此，则不失为对董子思想之发扬光大。董子之为一代"儒宗"，由此亦更为充实而光辉。

本文为"2020中国·衡水董仲舒与儒家思想国际学术研讨会"提交的论文。

金春峰（1935—），男，湖南邵阳人，人民出版社哲学编辑室编审。

# 儒学的创造性转化：历程和地域
## ——在中华孔子学会 2020 年年会上的致辞

王中江

各位嘉宾和同仁，女士们，先生们：

大家上午好！

今天我们会聚一堂，在这里隆重召开"中华孔子学会 2020 年年会暨孔子和儒家学说及其地域性展开学术研讨会"，我谨代表中华孔子学会向大家的光临表示热烈的欢迎和衷心的感谢！

我们这次会议的主题是"孔子和儒家学说及其地域性展开"。这是一个非常重要的主题和论题。

请允许我从大的话题说起。首先我想指出的是，整体上，儒家是中国文化及其价值的主要体现者。因为儒家文明源远流长，这也部分解释了中华文明为什么具有极强的传承性、连续性以及为什么能够不断地创造性转化。在轴心时代的诸子学突破中，儒家是最能突出损益三代文明，特别是西周礼乐文明而建立起来的一大学派，是最能体现在殷周转变之后又一次从西周礼乐文明到东周伦理文明转变的一个学派。

东周的春秋时期，这是一般所说的礼崩乐坏的时期，但它同时又是孔子儒家诞生的时期，是中国人文主义真正奠基的时期，是以"六经"为中心的中国经典诠释学建立的时期。在东周诸子学中，儒家又是最具有复杂谱系和传承的一个学派。20 世纪 70 年代以来新出土的文献，更进一步证明了这一点。

正是由于儒家之学的丰富性和复杂性，由于儒家代表了早期中国的伦理道德文化、价值观和政治理想，因此在汉代以后，它就上升到了中国文化和伦理的中心地位，上升到了中国政治文明的中心地位。并且，伴随着这一过程，经过各个时代的演变，儒家发展出了复杂的学术体系、哲学和思想体系、伦理价值和意义体系。冯友兰先生将汉代以后的中国哲学整体上称为"经学时代"，这强调了儒家经典诠释学（经学）在中国哲学和文化中的地位和独特性。但从儒家的复杂性、丰富性和体系性本身来说，儒家经学仍然只是整体儒学的部分传统，虽然后来的中国哲学史、思想史的书写在很大程度上没能很好地将儒家经学传统同儒家哲学的传统融合起来，这也是这些年来儒家研究共同体发生"经学转向"的一个原因。

源远流长的儒学传统、儒学的整体体系，首先表现在时间上的先后关系。对早期儒学的传承和复兴，使得儒学史上产生了道统论和正统论，产生了对儒家前后的差异性认识，也使我们有了先儒和后儒的区分。这种区分在现代曾经被对立起来，甚至被称为"真孔"和"假孔"。为了纯化孔子，为了保持孔子儒学和早期儒学的纯粹性，人们好像很有道理地认为，孔子之后或者汉代以来发展起来的儒学和儒家都扭曲了，因此，不断声称要回到先儒中，回到真儒中，回到孔子那里。现在我们不会再赞成这种说法和做法，因为儒学总是要不断变化的，总是要不断转化的。所谓返本归根，都是尝试在一个新的方向上转化儒学和发展儒学。

这样的立场同样适用于儒学在不同空间上的分布。广义上说，历史上的儒学不仅有南北之别，也有东西之别。我们可以说儒学主要是发端于邹鲁之地，但儒学一开始就不限于此。孔子和他的弟子们周游列国，就是在春秋各诸侯国发展和传播儒学。

儒学在不同地域的发展和传播，既是与不同地域文化融合的产物，又是促成不同地域文化转变的活力。我们现在所称的蜀学、关学、洛学、湘学、闽学、浙学、徽学、朔学等是历史上儒学在不同空间上分布的主要表现。不同形态的儒学都是儒学传统的有机部分，也是儒学丰富多样性的表现。我们现在身处的四川就是蜀学的中心，舒大刚教授和他领导的"蜀学研究会"，就是当代蜀学研究的重镇。

历史上不同地域的儒学，既是带有各自特色的"地方性知识"，但同时又是那个时代的"当代性知识"，是现在仍然能够成为源头活水的"现代性知识"。这次会议就是探讨儒学在不同地域发展和展开的一次盛会。我相信大家能够提出许多重要的观点和看法，并深化这方面的研究。

这次会议，承蒙四川大学中华文化研究院的支持，与我们中华孔子学会共同来主办。在此，我们要感谢四川大学中华文化研究院，感谢舒大刚教授，感谢四川大学国际儒学研究院和《巴蜀全书》编纂组承办这次会议，感谢成都至善行农业开发有限公司积极协办！

预祝我们的会议圆满成功！

祝大家生活愉快、身体健康！

谢谢！

原载于《衡水学院学报》2020年第6期。

王中江（1957—），男，河南汝州人，哲学博士，北京大学哲学系教授，博士生导师。

# 天人之际：中国传统文化中的"边界"意识

董 平

岁末年初以来，新型冠状病毒肺炎疫情在世界各地传播蔓延。学术界不少朋友从中国传统文化的角度对疫情做出了深刻反思，谈到"天人合一""万物一体"等儒家主张。疫情自然也引起我的关注与思考，但我今天所讲的内容，虽由疫情的思考所引发，却不专注在疫情上。我一直认为，"天人之际"是中国传统文化中一个非常重要的问题，其中深藏着一个系统性的"边界"意识，并由此而有一个系统化的关于"边界"的规范体系或制度安排。不过必须先做一个说明，关于这一问题，事实上我依然处在思考之中，尚未达成一个整体的、系统性的思考，更谈不上结论性的。所以下面所说，只代表我个人的意见，供各位朋友参考。

## 一、人的现实存在及其交往"边界"

人的存在，首先是个体的、感性的存在。作为现实存在的个体，每一个体都占有自己的独特空间，都在这一独特的"空间—时间"结构中感性地呈现自己的当前状态，因此个体和个体之间，总是"自然地"存在着各自的"边界"。有意思的是，个体的日常生活，或者说自我"存在"的实现方式，总是通过个体间的交往活动来实现的，因此交往即是边界行为。如果我们确信人的现实生存只能通过日常的交往活动来实现，那么事实上，正是边界行为构成了个体的生存方式。我们甚至可以说，"边界"实质上就是一个独特"领域"，正是不同的"边界领域"构成了人们现实的生存世界。人与人之间的边界性交往活动，构成了个体与个体之间的分际，我们不妨把这一分际称为"人人之际"或者"自他之际"。

个体的现实生存要得以完全的实现，就必须进入社会。个体同样是"自然地"具有群体属性的。个体之进入群体，就现实的交往活动而言，即是个体性在群体性中如何得以恰当体现，因此也就产生了个体与群体之间的边界，我们不妨称之为"个群之际"或者"群己之际"。个体首先具有个体性，但个体性原是相对于群体性而言，因而个体同时具有其群体属性，这一意思在中国古代文化中是被充分强调的。儒家看重家庭，今天似乎对这一点产生了各种各样的误会，以至于有人认为儒家的思想只适用于所谓"宗法社会"、血缘家庭、血亲伦理等，我认为这是不对的，因为这并不符合儒家思想的本来面貌。家庭之所以值得重视，并不是因为家庭是个体生存的全部场域或最终境界，而恰恰因为它只是个体获得其生存之最初的、必不可免的群体或"共同体"。在这一最初的群体之中，由于血缘关系所提供的特殊"便利"，能够使个体在不断的"试错"行为之中涵养起合适的、恰当的个体与他者、个体与群体的边界意识，并培养起恰当表达这种边界意识的实际能力或恰当的边界行为方式。儒家讲"名分"，在今天大概也颇受误会，实则"名"是个体身份，"分"是与其身份相一致的权利与责任的"分际"，也即是恰当呈现其"名"或身份的实际内容，由此而决定了独特的边界行为方式。作为个体必然生存于其中的第一个群体生活的共同体，家庭同时也就成为养成"群己之际"边界意识，以及恰当的、足以表达自我"名分"的边界行为方式的第一场域。这一场域显然是个体进入群体生活以实现其完整的社会性存在的初阶，而决不是终极场域，因此家庭共同体的生活，就个体而言，恰好是有待于突破并转进于更为广阔的群体生活的共同体的。今天讲到儒家，不少学者认为儒家只以家庭生活为最后场域，所以若是脱离了家庭（家族），儒家便不适用了；又说儒家思想只适合于"熟人社会",而现代社会生活是"陌生人社会",所以儒家也是不适合的。其实此种观点也是只知其一未知其二。"个群意识"或"群己意识"的养成,个体在与他者、与群体之有限的边界交往活动中恰当的行为方式的养成,实际上是具有公共的普适性的,否则儒家强调的所谓"推己及人"的恕道如何可能呢?"恕"作为一种"如心"的行为方式,便是突破个体自我的局限性、突破家庭(作为共同体)之局限性的实践方式。正是在这一意义上说,儒家学说是强调公共性的,也是适用于"陌生人社会"的。不必做过多论证,且如孟子讲"人皆有不忍人之心",见孺子将入于井而"皆有怵惕恻隐之心"的时候,他所预设的现场条件是:"非所以内交于孺子之父母也,非所以要誉于乡党朋友也,非恶其声而然也。"(《孟子·公孙丑上》)非常清楚的是,"非所以内交于孺子之父母",则与孺子为"陌生人";"非所以要誉于乡党朋友",则非出于任何外在之目的;"非恶其声而然也",则非出于个人特殊情感之好恶。总此三者,则"怵惕恻隐之心"便只是个体在"孺子将入于井"这一特定现场中之本原善性的呈现,与交往对象之"陌生"或"熟悉"没有关系。

  儒家不仅不以家庭共同体为个体生活的最终场域,并且是以对家庭共同体之主动、自觉的突破而转进于"仁民爱物"的"天下"共同体为最后境界的,这就是"大道之行也,天下为公"。如只讲家庭,只讲"宗法",只讲"熟人社会",如何可能"天下为公"?"同人于宗,吝道也",唯"同人于野",才是能亨之"乾行"。"文明以健,中正而应,君子正也。唯君子为能通天下之志"(《周易·同人》),所以社会的终极理想便是以天下为共同体的"大道之行也,天下为公"。"中国梦"不是以富国强兵为旨归,而是以"天下为公"所实现的状态为极致。"选贤与能,讲信修睦",前者是"天下"共同体之公共管理制度的确立,以"贤能"的选举("与"通"举")为根本策略;后者是共同体之普遍信仰秩序的确立,以"信睦"为根本要件。"人不独亲其亲,不独子其子",便是对家庭共同体的突破而转进于以"天下"为生活之最终场域;"老有所终,壮有所用,幼有所长,矜、寡、孤、独、废疾者皆有所养","所终""所用""所长""所养",便是天下作为共同体之公共秩序的完整建构，也是共同体所应承担起来的公共责任，按今天的观点来看，就是社会（作为共同体）要有充分保证其群体中的全部个体充分施展其德能的公共制度，提供这样的公共空间，并且要建立起能使一切弱势群体（个体）皆得到其基本生活保障的健全的"社会保障体系"。这个"大道之行也，天下为公"，才是中国的千年梦！这一梦想的实现，毫无疑问是必须以所谓"宗法"体制、所谓血缘家庭的突破为前提的。

虽然"共同体"是一个非常现代的词语，大概也没有一个公认的、确定不疑的所谓"定义"，但我觉得用它来指称一个特定公共生活空间中的群体，当是其应有之义，但是这显然是不充分的，因为特定公共生活空间中的群体完全有可能是"乌合之众"，"乌合之众"显然是不能称之为"共同体"的。中国古代所讲的"群"，现在所讲的"共同体"或"社会"，我觉得除了"特定公共生活空间中的群体"以外，更为重要的，应须包括这样几点：一是这个群体须具有共同或相似的生产与生活方式；二是具有普遍被接受的公共行为交往法则（秩序）；三是基于前二者而形成的基本共同的价值理念或信仰系统。我想通过这三点来理解"群体"或"共同体"是必要的，否则很可能就是"乌合之众"。鉴于现代的"社群"（community）概念，那么"共同体"在某种意义上也是"社群"。在现实生活之中，这一意义上的"群体"或"共同体"实际上就应当是多样的，这就产生了"群体"与"群体"之间的"边界"，或"群群之际"。

"社会"作为一个"共同体"，我们刚才提到过，它是以共同的生产与生活方式为基础，而形成的具有公共行为的交往规范、基本一致且为公众所共享的价值理念或信仰系统的生活群体。我也确信一种民族文化，就其诞生的原初状态而言，它必定与民众实现其日常生活形态的生产方式密切相关，而生产方式，又必定与民族赖以生存的空间环境、自然条件等相互联系。在一般意义上，人类要实现其自我的生存，就必须与自然世界实现交往，其间的差异只是交往方式的不同罢了。与自然世界实现交往以达成人类自身的生存方式，这就是初步意义上的"天人之际"，也即是人和自然世界实现交往的"边界"所在。

上面我们简单列举出了四种"边界",事实上还有第五种,就是"人"和"神"的交往边界,即是"人神之际"。这些"边界"是作为生活事实而存在的,在现实性上构成人实现其经验生存的交往领域,因此事实上便即是我们的"生活世界"之总相。不论是个体的人还是人的群体,事实上都是在这些"边界"当中实现其自身存在的,在这一意义上说,人即是边界的存在。若无视这些"边界",不去沟通这些"边界"并建立边界行为法则,那么生活一定陷于困境,社会良好公共秩序的形成更是不可能的。处理"边界"关系的基本方式,实质上就是文化价值理念之生成及其建构的基本方式。

既然如此,那么中国传统文化中的边界意识是如何体现并得到处理的呢?我提醒大家不要忘记"稼穑",也即是农耕这一生产与生活方式。中国文化的许多观念,本质上都与农耕这一特定的生产方式相关。举个例子,汉语中有许多"体"字开头的词语,如"体认""体会""体悟""体现"等,照我个人的理解,这一类词语恰好是农耕文明所导致的某种理念的特殊表现。农耕最为显著的特殊性,就在于人必须与自然世界通过直接的身体交往、体力交换,才能实现自己的生产与生活。所谓"面朝黄土背朝天",正是这种人与天地的最为直接的身体交往活动。对一个对象的认识,在这种直接的身体交往活动中才变得真切,这就是所谓"体认"。农耕所必然导向的人和自然世界的关系,就成为我们最基本的生存关系之一,因此便也有了原初意义上的"天人之际"。在这一意义上,"天人之际"所指向的其实就是农耕方式之下人的生存事实,人是必然要通过与天地的直接身体交往活动来实现其生存目的的,因此人与自然世界便是共生而共在的。但如果仅仅停留在这一点上,未必便能产生文化体系。文化之所以能够有其体系化的发生,至少在中国传统当中,恰好是基于"天人之际"的原初意义而将它转换为天人秩序之总相原理,并以这一总相原理为基础而全面构建诸多层面的"边界行为法则",从而构成一个"理念—行为—价值"系统。

我这里所说的"天人秩序之总相原理",在中国文化中即是"道"或"天道"。我必须首先说明,"道"不是观念,不是概念;作为一个名词，它只是一个名称而已。名必有实，"道"这一名称所指向的实，即是宇宙最高实在，所以"道"本身即是实在。它的实在性是因被领悟而独立出来的。

"道"是如何被领悟的呢？通过"观"来实现对它的领悟；"观"什么呢？观天、观地、观人；为什么要"观"呢？要实现农耕来达成生活目的。尧治天下，"乃命羲和，钦若昊天，历象日月星辰，敬授民时"①，就是让羲和去做观"日月星辰"的事，制成历法，"敬授民时"（"民时"即"天时"），实现农耕。"古者包牺氏之王天下也，仰则观象于天，俯则观法于地"，观象、观法，非拘于一时一隅，而是天地之统观；既要统观，还要观天地之间的，所以要"观鸟兽之文""与（舆）地之宜"；天地之间除了鸟兽万物以外，还有人，人原是在天地之间的，所以还要观人，要"近取诸身"，要"观乎人文"，还要"远取诸物"，于是"始作八卦"，就是对所观的结果进行标记。伏羲氏始作八卦，八卦就是对天、地、雷、风、水、火、山、泽的符号化标记。为什么要对所观的结果进行标记？这就是所谓"体认"，只有经过人的标记之后，人才可能为自然立法，所以是"以通神明之德，以类万物之情"，实现对于自然世界之真实的本原性认知，以终究达成人的目的。什么叫"通神明之德"？德者，得也。一切万物都是因获得了"道"所赋予的本质实性才成就其存在的当前状态的，万物得之则生，失之则死；但"道"是"形而上"者，是像孟子所说的那样"大而化之"的，也即是广大溥博而化育一切万物的，同时又是以一切万物的存在来彰显其自身的实在性的，所以称为"神明"。只有"通神明之德"了，我们才可能实现对于事物存在多样性背后的根源性的、本真性的领悟，只有达成了关于存在的本真性领悟，我们才可能真正通达于事物存在的真实相状，所以便接着说"以类万物之情"（《周易·系辞下》）。"类"的意思也是"通"，通达之意；"情"是"实"，即是真实情状。

---

① 《尚书·尧典》。"民"亦作"人"。

基于天地万物的"观",标记统观之结果而"通神明之德""类万物之情",那么使一切万物皆得其生得其死的"神明"之本来情状如何呢？原来也不复杂,只是"一阴一阳"①而已。日出东方便天地开明,阳和渐盛；日落西山则万物归寂,阴气充盈。由此"一阴一阳"而展开了宇宙全体生生无已的本原秩序,一切万物都在这一秩序当中实现其各自的生存,生存的有序性与无限性达成了终极的统一。天地对于一切万物"无不持载,无不覆帱",而"四时之错行,日月之代明",便是由"一阴一阳"而展开的宇宙本原秩序。在这一秩序之下,"万物并育而不相害,道并行而不相悖,小德川流,大德敦化"(《礼记·中庸》),是为由宇宙之本原秩序所实现的和谐,呈现出了个体与整体统一、秩序性与无限性统一的共在、共生的总相。需要特别关注的是,这一含弘光大、博厚高明、涵摄万类之共在、共生的总相和谐,是由宇宙的本原性秩序所产生的。和谐固然是重要的,也是美观的,但和谐是由秩序产生的,脱离了秩序便没有和谐。正是在这一意义上,和谐并不是一种可以独立存在的价值,而只是秩序所呈现出来的独特状态,秩序具有更为本原的意义。

　　秩序与和谐,正是古人基于宇宙万物的统观而实现出来的直接"观感",或称之为"领悟"。基于这种"观感"或"领悟",宇宙之原在的、最高的、绝对的、不可超越的本原秩序,给它取个名称,便称之为"道"；因它为自然的"天作",是"天秩""天序",所以也即是"天道"。但如果对于"天道"的领悟仅仅到此为止,其实也没有多大意义,或者说并不体现中国文化的特性。基于天道秩序及其所实现之和谐的领悟,而把它转换为"人道"秩序,通过人道秩序的建构来实现社会人群或生活共同体的共相和谐,才体现为关于终极实在及其本原秩序之领悟的意义。

---

①　《周易·系辞上》："一阴一阳之谓道。"

## 二、"边界"意识：分际、沟通与人道秩序建构

自然世界的一切万物，林林总总，不胜其多，各有其生命的独特样态，是以个体的形式而实现其整体共在的，因而既不泯没个体性又使全部个体呈现为共相的整体和谐，其真实根源是被标记为"道"的本原秩序的原在。人作为自然世界林林总总所谓"一切万物"之一类，就其自然状态而言，无疑便是自然的一部分，便与其他万物一样处于自然的天道秩序之中。但是，如我们前面所讲到的，人并不单纯是自然的存在，而是能够通过与自然世界的实际交往来实现其存在的独特样态。换句话说，人的存在，就其现实状态而言，既在自然之中而又与自然保持"边界"。正是这种"边界"意识，促使人们要把自己从自然世界当中分离出来，从而不仅为自然立法，更为人本身立法。这一点我个人觉得极其重要！不能囫囵讲一个"天人合一""万物一体"。只有实现了人与自然世界的分离，才可能有人道世界的建立；只有基于人道世界的价值理念，才可能有"天人合一""万物一体"。

按照我个人的理解，古人大概有三种方式来实现人和自然世界的分离。

第一，从实际生活现象层面来考察，鉴别出人存在的特殊性。这方面最典型的文本，大概是《礼记·礼运》。"人者，食味、别声、被色而生者也。""食味"，说的是我们的食物。人的食物，虽然与动物一样，毫无疑问都来自自然世界，但是，我们吃到嘴里去的时候从来都不是"原生态"，而是经过烹调，加了"五味"，"食味"使人脱离于"茹毛饮血"而进入文明。"别声"，是指语言。人不能不表达自我的情感，不能不表达自我的思想，大概自然界的动物也会有情感、思想，但是，只有人创造了语言并且能够使用语音之高低、长短、粗细等婉转曲折来表达情感与思想，甚至同样那么几个字，用不同的声音说出来，意思可以完全不同，这就是所谓"别声"。语言的创造是人类最伟大的发明。有了语言之后，我们便使用语言来表达情感、交流思

想，也用语言来展开想象、体现愿望。语言不仅使人类进入文明，并且进入文化的创造。"被色"说的是什么呢？是服饰。自然世界有羽的便有羽，有毛的便有毛，人既没有羽也没有毛，但是可以利用自然之物剪裁自然世界，用来装饰自己的身体，体现审美的理念。食物、语言、服饰三者，确乎是全部文化的基础，也是人的生活世界区别于自然世界的基础面向。基于"食味、别声、被色"的鉴别，人的特殊性便被凸显出来，所以说："故人者，阴阳之交，鬼神之会，五行之秀气也。""人者，天地之心也。"

第二，通过对自然万物的分类性考察，鉴别出人本身的特殊性。这大概以荀子最为典型。他把自然世界的所谓一切万物区分为四大类。第一类，"水火有气而无生"，"水火"代表一类事物存在，它们是物质（有气），但"无生"，非生命的存在，不是生命样态。第二类，"草木有生而无知"，草木所代表的一类事物，就是所谓植物界。我们是农耕文明，不会认为"草木"是没有生命的，但它们是"无知"的生命，没有知觉，便也没有意识。第三类，"禽兽有知而无义"，"禽兽"便是动物界了，动物"有知"，有知觉，也或许有"意识"，但"无义"。讲到这一点，今天的人们也许会说：那是你人类的傲慢，怎么便说动物"无义"？"兔子不吃窝边草"算不算"义"？"虎毒不食子"算不算义？这里我要强调一下，说话是必有语境的，所以对文本的理解大抵不能脱离其基本语境。按古人的观点，特别是在荀子那里，动物的这些表现还真不能算"义"。为什么呢？"义"是基于特定交往情境中自我存在的限度，也即是我这里讲的"边界"的确认，来发出主动的、自觉的、合理的行为，这才叫作"义"；所以"义"的行为，必是合适的、合宜的，是既契合乎当前交往情境，又契合乎自我的内在真实状态的。《礼记·中庸》里有个很简单的说法："义者，宜也。"宜，便是合适、恰当。正是就此而言，荀子确认"禽兽有知而无义"。第四类，"人有气有生有知亦且有义"，"有气有生有知"便是人同于自然万物的所在，就此说，人是属于自然界的；"有义"却是人的特殊性，是区别于自然万物的所在。因此结论是："故最为天下贵也。"（《荀子·王制》）使人"最为天下贵"的区别性特征不是别的任何东西，而是"义"，"义"使人实现了与自然世界的分离。

第三，基于人性"预设"而在"本质"上将人与自然世界区分开来。这点最典型的就是孟子。孟子与告子关于人性的论辩，我想任何一个讲中国哲学的人都非常熟悉。孟子辩人性的目的，其实正是为了要把人从自然世界当中分离出来，所以当告子说"生之谓性"并肯定"食色，性也"的时候，孟子反问："犹白之谓白与？"告子曰："然。"于是孟子反诘："然则犬之性犹牛之性，牛之性犹人之性与？"（《孟子·告子上》）孟子的意思是，如果仅仅在"生之谓性"的意义上来讨论"人之性"，或者把"食色"拿来作为"人之性"，那么事实上就把"人"与"禽兽"混为一谈，因此也就丧失讨论人性问题的意义与目的了。凭什么把一种普遍存在于"人"与"禽兽"的共性拿来当作"人之性"呢？既然讨论的是"人之性"，那么就只能是仅存于人的某种特殊性才可能被鉴别为"人之性"，而不可能是在人与动物那里普遍存在的共性。正是基于这一目的，所以按照孟子的论证，足以成为"人之性"的便只能是仁义礼智。尽管这些所谓"德目"在人之本初存在的原始状态是并不充分的，只是"四端之心"而已，但人性"本善"的意义是清晰的。

上述表明，为实现人与自然世界的分离，中国古代文化是做过多种尝试的。这一分离的目的和意义是什么？归根结底，只有把人从自然世界当中分离出来，才真正标志着人实现了自我认识，才真正标志着人本身的所谓"主体性"的觉醒，才有可能以此为基础而建立起合乎人本身之生存目的的、人道的生活秩序，才有可能建构起合乎人道目的的价值世界与意义世界。但事情的另一方面是，人毕竟又是处于自然世界之中的，作为自然的一部分，是不能不接受作为宇宙本原秩序的"道"的规范与导引的，因此把人从自然世界当中鉴别出来，实际上也就是确立起了天、人之间的分际，即所谓"天人之际"。但"天人之际"的鉴别与确认，或者说把人从自然世界当中分离出来的根本目的，恰好是为了建立起"天人之际"的沟通与联系，从而为"天人之际"确立边界秩序。"天人之际"的确立，正是人的世界、人道的价值世界得以建构的基础性前提，而"天人之际"的沟通法则，也即是我所说的"边界秩序"建构，才终究导向"天人合一""万物一体"作为生活（生命）境界与人道世界之价值义域的本原性建构。

"道"作为"天序"既是宇宙的原在秩序，人作为自然的一部分对这一宇宙的原在秩序是没有任何能力加以干预的，因此"道"即是宇宙之本初原始的、绝对的、最高的秩序本原。虽然如此，圣人基于宇宙万物之本原秩序的统观而"体认"道的本原实在性，却能把"道"这一最高的、绝对的、不可超越的、至上的天道秩序转换为人道秩序，以人道而上达于天道，从而为现实世界的人群的公共生活建立起"边界行为"法则。只有基于这一"人道－人文"秩序的建构，人的生存才进入"文明"，才体现出"人文"①。文明的人文世界，在中国文化当中，便是基于天道的本原实在性而为人自身立法的结果。"唯天为大，唯尧则之"（《论语·泰伯》），"天垂象，圣人则之"②，"则之"即是将天道秩序转换为人道秩序的努力，即是本原乎天道而为人道立法，是为圣人"化而裁之""通而变之"而将其通变之结果"措之于民"的"事业"③。正是通过"则之"的方式，"道"成为"天人秩序之总相原理"，成为人群（共同体）公共生活秩序的本原。

所以现在我们来考虑"边界"沟通和"秩序"建构这一问题，因为这两者事实上是相互联系在一起的。"人人之际""群己之际""群群之际""天人之际"，这许多分际或"边界"的现实存在，如果它们仅仅只是"边界"，那么就会成为 gap，成为鸿沟，成为社会人群生活的"断裂带"，社会作为一个"共同体"必被撕裂而走向解构。正因此故，"边界"的鉴别与确认本身不是目的，"边界"的联系与沟通才是目的，只有通过联系与沟通才能从根本上使人群免于"乌合之

---

① 《周易·贲卦·彖传》："观乎天文，以察时变；观乎人文，以化成天下。"
② 《礼记·郊特牲》。《周易·系辞上》："天地变化，圣人效之；天垂象，见吉凶，圣人象之。"
③ 《周易·系辞上》："形而上者谓之道，形而下者谓之器，化而裁之谓之变，推而行之谓之通，举而错之天下之民，谓之事业。"

众"而成为一个生活的"共同体"。对诸多"边界"实现联系与沟通，实质上便是对不同交往关系情境中的行为主体进行"边界行为"规范，从而实现"边界秩序"；就群体生活的共相而言，"边界秩序"即体现为"共同体"之总相的公共秩序，反之亦然。在这一意义上，对"边界行为"进行界定，即是公共秩序之所以可能的根本原理。在中国的传统文化之中，用以对诸多"边界行为"进行实际界定的原理，就是"礼"。"礼"便是圣人对天道"则之"而化裁通变的实际结果，所以"礼"即是根本于天道秩序而建构起来的"人道－人文"秩序之总相。

"礼"的确很复杂，所谓"经礼三百，曲礼三千"。大凡"礼"都涉及身体动作，所以在古人那里是需要"演""习"的。或许这一形式上的意义太过显著，以至于到了现在，人们讲"礼"便也大都将它理解为某种身体活动方式，或"仪式"，说中国是"礼仪之邦"。其实错了，不是"礼仪"，而是"礼义"，一字之差，意义悬绝。如果"礼"只是仪式，那么孔子早就说过了："礼云礼云，玉帛云乎哉？乐云乐云，钟鼓云乎哉？"（《论语·阳货》）正因为"礼乐"不只是"玉帛""钟鼓"，所以当林放来问"礼之本"，孔子便有些兴奋，说"大哉问"，接着说："礼，与其奢也宁俭；丧，与其易也宁戚。"（《论语·八佾》）这里讲"礼"不只是一种仪式，而是有其仪式之外所本者。我们现在应该比林放更清楚，"礼之本"就是"天之道"，是圣人对天道加以"则之"之功而实现的人道秩序建构，所以从根本上说，人道本原于天道，天人之道一也。正是在这一根本意义上，"礼"实质上便是用来措置"天人之际"的，是对于"天人之际"的体系化的联系与沟通。基于这一联系与沟通而建立起天人之道的本原同一性，那么，如果确认天道是具有绝对的神圣性的，同时也就确认了"礼"的神圣性。显而易见，正是礼的存在，赋予人的现实生存以神圣性内涵。

在中国的传统文化当中，"礼"即是制度。自尧舜以来，圣人无不"则之"天道而为人道立极，但至周公"制礼作乐"才完成了礼的制度的体系化建构，所以周公为之"集大成"①。"礼"作为制度，并不是单一制度，而是囊括了人的群体生活的诸多面向，所以我称其为"制度综合"（institutional complex or complex of institutions）。既然说它是"制度"，那么毫无疑问它是以社会生活的共同体为施用的基本领域，以共同体之公共生活秩序的共相实现为其目的；既然称它为"制度综合"，那么显而易见，它的表达或体现面向并不是单一的，而是多维度、多面向的，涵括了人的现实生活的全部交往关系情境。就我今天演讲的主题来讲，"礼"的更重要的通约性意义，是用来联系与沟通我们上面所鉴别出来的所有分际的，不论是"人人之际""群己之际"还是"群群之际""天人之际""人神之际"，都必借"礼"来实现其交往秩序，所以在这一意义上，"礼"乃是人道世界当中全部"边界行为"法则（规范）的总和。所以荀子曾说："礼者，法之大分，群类之纲纪也。"（《荀子·劝学》）"礼者，人道之极也。"（《荀子·礼论》）

  作为一个完整的"制度综合"，"礼"对不同交往关系情境中行为主体的"边界行为"进行系统性规范，通过诸多"边界秩序"而实现社会全体的普遍秩序。从相关文献的论述来看，我将"礼"的秩序性规范大略概括为四个基本层面：

  首先是政治秩序（制度）。社会共同体的公共生活秩序，有赖于政治制度的引导，儒家是特别强调"道"（导）的实际作用的。政治制度或政治秩序的建构，因此也就成为社会公共秩序的基础，古人对这一点极为重视。儒家所讲的"君臣"，其实也即是关于政治秩序之合理性的一种指称，因为政治的有序性是体现为"君臣"关系的有序性的，反之亦然。换句话说，"君臣"是在政治场域相互构成交往关系的特定个体，君臣之间的"礼"则是关于这些个体的"边界交往行为"的合理性规范，也是实现合理政治活动的秩序规范。古人动辄讲

---

① 章学诚《文史通义·内篇·原道上》："创制显庸之圣，千古所同也。集大成者，周公所独也。时会适当然而然，周公亦不自知其然也。"参见叶瑛《文史通义校注》，中华书局，1994年，第121页。

"君臣",后世便产生君高高在上、臣匍匐在地的感觉,但至少在秦代之前是没有这个惯例的。先秦儒家讲"君臣",实际上是强调政治架构的有序性。君臣关系的最早阐述,体现在《尚书·皋陶谟》里面。有一个很有趣的说法,南宋的吕祖谦曾将它概括为"君臣相须为一体"①。君是"元首",臣如"股肱",无"元首"则"股肱"无所措其用,无"股肱"则"元首"无以达其意,君臣相须,互为一体,"同寅协恭和衷",方能"政事懋哉""庶绩咸熙",所以皋陶之歌曰:"元首明哉,股肱良哉,庶事康哉!元首丛脞哉,股肱惰哉,万事堕哉!"(《尚书·益稷》)君明臣良,方能政治昌明,事业康盛;"元首丛脞",君体碎裂,不循典章,不能"慎乃宪",而是今日一主意,明日一想法,如孔子所说的"道之以政",自恃聪明才智,一任私心为治,就叫作"元首丛脞"。元首"丛脞"于上,股肱必然懈怠于下,岂不"万事堕哉"!

"礼"作为政治秩序的系统规约,若稍作详细的考察,则体现在四个主要的平行面向,即所谓"礼乐刑政"。《礼记·乐记》载:"礼乐刑政,四达而不悖,则王道备矣。"完整的政治秩序与理想的政治状况的实现,必依赖于"礼乐刑政"四者的并行不悖、通达无碍。我们前面提到过,在现实的对象性交往关系情境之中,"礼"之所以成为特定交往秩序的体现,是因为行为主体承担并体现了他们各自的"名分"。尽管一个人可以有众多身份(名),但在特定的当前交往情境中,只可能有一种身份存在,将这一身份恰当地体现出来,即是"分";所谓"分",用今天的话来说,包含了这一关系情境中的特定行为主体之"身份"所涉及的责任、权利、义务等诸多内涵,同时也包括其表达"身份"之行为方式本身的恰当性。个体的"名分"总是在与他者的对象性交往关系情境中获得鉴别与确定的,因此"名分"的恰当表达即转成为交往秩序的体现。《礼记·大学》讲"君子有絜

---

① 时澜编:《增修东莱书说》卷四《益稷第五》:"君为元首,股肱、耳目臣为之,君臣相须为一体也。"《吕祖谦全集》(第三册),浙江古籍出版社,2008年,第80页。

矩之道"，我认为那就是关于个体在特定情境中的边界交往行为原则，"所恶于上，毋以使下；所恶于下，毋以事上；所恶于前，毋以先后；所恶于后，毋以从前；所恶于右，毋以交于左；所恶于左，毋以交于右。此之谓絜矩之道"。这个"絜矩之道"，其实也即是孔子所讲的"己所不欲，勿施于人"，它不只是在政治场域之中，同时也是包括一般社会公共交往场域之中个体间交往的基本原则。"礼"基于"分"而实现秩序以达成"和"，"乐"本身即是"和"的典范，且就其结构而言，同样是以"分"为基础来实现其"和"的，所以"礼以治身，乐以治心"，心身兼治，故礼乐连言。但这个问题我们这里只是提及，具体讲问题比较复杂。"刑"实际上也即是"法"。在"礼乐刑政"并举的语境中，"刑"即是"刑法"。刑（法）是从"礼"分化出来的。《管子·枢言》曾说："人之心悍，故为之法。法出于礼，礼出于治。治礼，道也。万物待治礼而后定。""法出于礼"，"礼"无疑具有更为本原的意义。"政"，是"政令"，发布政令是要对于现实政治实践中所出现的偏颇现象进行纠正，所以孔子说："政者，正也。"（《论语·颜渊》）如果就这四者之间的关系来讲，"礼乐"是正面倡导，为制度之纲纪，以"名分"而确立"边界"，以"边界行为"规范而实现"边界秩序"，以多维"边界秩序"而体现秩序之总相，犹若"小德川流，大德敦化"，使社会共同体呈现为共相的秩序与和谐，是为政治的根本目的。"刑以防之"，是对于混淆"边界"、随意跨越"边界"而破坏"边界秩序"的惩罚手段，因此也是对"礼乐"的反向强化。"政"是调节性措施，是临时性的、非常态的，是基于"礼乐"原则而进行的实际纠偏。"礼乐刑政"虽然体现为四个平行维度，但作为一个完整的政治秩序的基本架构，实质上仍以"礼"为根本。"礼"是治道之本原。

　　"礼"作为"制度综合"而体现为秩序规范的第二个层面，是对于伦理秩序的规范。伦理秩序的"原点"或起点是"父子"，所以"父子"便是伦理秩序的代称。在儒家的观念中，自周公"制礼作乐"之后，政治秩序、伦理秩序即体现为社会生活共同体的两大基本秩序，它们是互为表里的，儒家喜欢讲"君臣父子"，缘故在此。《周易·序卦》说:"有天地然后有万物,有万物然后有男女,有男女然后有夫妇,有夫妇然后有父子,有父子然后有君臣,有君臣然后有上下,有上下然后礼义有所错。"所以《礼记·中庸》说:"君子之道,造端乎夫妇,及其至也,察乎天地。""夫妇"为人道肇基,而"父子"为伦理根本。《礼记·礼运》说:"父慈、子孝、兄良、弟悌、夫义、妇听、长惠、幼顺、君仁、臣忠十者,谓之人义。……圣人之所以治人七情,修十义,讲信修睦,尚辞让,去争夺,舍礼何以治之?""十义"即是人伦理法的基本面向,同时也是作为伦理主体的个体之间交往"名分"的基本"边界"规范,所以谓之"义"(宜)。"十义"的实现,无疑便是伦理秩序的实现。同一个个体,当他处于不同的伦理对象性交往关系情境,则其作为伦理主体的"名分"便各不相同。换句话说,"名"既有不同,则"边界"就必有分别;"边界"既有分别,则"边界行为"法则就必有差异。但不论如何,交往关系情境中的伦理主体必须承担其"名"下之"分",其伦理责任对等,这一点是通则。如"父慈子孝","慈"便是父对于子必须履行的伦理责任,是父的"分";"孝"则是子对于父必须承担的伦理责任,是子的"分"。

政治秩序、伦理秩序,在儒家看来便是一个人群之所以成为生活共同体的基本条件。不过显而易见的是,个体的"社会性"不可能仅仅体现于家庭这一最初的生活"共同体",家庭不过是养成伦理责任意识的最初场域,不过是"社会性"的涵育与演练场,个体必须走进社会才能实现其"社会性"的充分体现。因此,"礼"作为"制度综合"而体现其秩序规范功能的第三个维度,便是公共交往领域的行为规范,也即是我所说的"边界行为"法则在公共交往领域的体现。公共交往领域中的个体间交往关系,实质上是"社会人"之间的互动关系,这理所当然地指向所谓"陌生人社会"。"礼"作为公共领域之"社会性"个体间交往的共相秩序规范,要求必须把交往对象当作与你自己一样的、经过了家庭的充分涵育而具备了恰当表达其"名分"之能力的人,用今天的话来说,也就是必须把对象视为与自己等同的"主体",公共领域因此便成为一个"主体"间相遇的基本场域,所以

"出门如见大宾"是必要的态度,"恭敬、撙节、退让"则是合宜的行为方式,由此所实现出来的"边界"秩序,则体现了对于交往对象的尊重与敬畏,同时也表达了自我的尊严。"夫礼者,自卑而尊人。虽负贩者,必有尊也。"(《礼记·曲礼下》)虽"负贩者"必有尊严,这种尊严在公共交往中是需要得到敬重的,因此,对于他者作为"主体"的人格尊严的敬重及其表达与体现,即是"礼"作为公共交往领域之"边界行为"规范的基本原则。孟子说:"君子以仁存心,以礼存心。仁者爱人,有礼者敬人。爱人者人恒爱之,敬人者人恒敬之。"(《孟子·离娄下》)爱、敬便是"主体"间相遇的有序交往所实现的状态。

"礼"之总相的秩序规范,还有一个古人极为看重,今人却并不重视的维度,那就是"人神之际"的联系与交往。"人神之际"实质上是"天人之际"转化为某种特殊观念形态之后的体现方式。简单说来,"人神之际"的交往秩序即体现为各种"祭祀"的程序性规范。在这一特定的交往场域之中,人与天地、山川、鬼神的"分际"经由礼的仪式的程序化而得以沟通,"人神之际"由此转化为人神共在的现场,但祭祀的主体必须在场,主体的在场是实现人神谐和共在的必要条件,所以孔子说:"祭如在,祭神如神在。""吾不与祭,如不祭。"①

上面所简述的"礼"作为"制度综合"所指向的四个层面的秩序建构,即是现实社会生活秩序建构的整体。这一整体秩序的实现,乃被领会为天道的至上秩序转换成人世间的良序美俗。"礼"的世界即是人道的世界,是天、地、人、神共在的世界,即是我们日常的生活世界,也是存在与价值同一的世界。

虽然我们前面已经讲过了,但我还想再说几句。秩序建构的前提大概需要有两个最基本因素:一是多样性存在;二是对多样性进行"排列"的通约性规则。基于多样性存在之合理性的确认,于是需要

---

① 《论语·八佾》。我主张区分"吾""我""己"的不同内涵,"吾"是作为"主体"而出现的。然此处不遑详论。

相互之间的"分"（读平声），也就是对"边界"进行清楚明白的界定；基于"边界"的区分，产生了"分"（读去声），这就是关于"边界行为"的基本界定。在"礼"所阐明的所谓"名分"之中，"名"包含着特定对象性交往关系情境之中的"边界"意识，交往主体须在当前情境下对自我身份进行定位，从而采取与其"分"相适宜的"边界行为"。边界行为的实现，实即体现为行为主体对其自身之责任、权利、义务的履行，是为"主体性"的根本实现方式。在共同体的公共生活当中，人们在交往活动中对各自身份"边界"的自觉及其恰当的"边界行为"表达，即呈现为生活秩序之共相。

"礼"基于多样性的"区分"而构成秩序，今天一定会有人说："礼"是不平等的等级制！尽管就这一话题我无法在这里展开更多讨论，但有一点是清楚的：按照古人的观点，秩序建构必以分际、"边界"的界定与确认为前提，"礼"作为综合性的制度安排，确乎以诸多不同"边界"的鉴别以及各种"边界行为"的规范为基本功能，因此就其作为制度的形式外观而言，是呈现出"等级"的。不过古人的想法也很有趣，儒家大抵认为，正因有"等级"的区别性确立，当人人都能遵循其"边界行为"的时候，不仅秩序出现了，而且在各自都实现其"名分"的意义上，"平等"也就出现了。所以《礼记·乐记》说："礼义立则贵贱等矣，乐文同则上下和矣。""礼义"是"等级"的制衡，"礼义"的遵循导向秩序，秩序导向和谐，和谐体现平等。"和为贵"是有前提的，是"礼之用"的实现状态。不讲前半句，只讲"和为贵"，必将人们的行为导向事实上的"乡愿"。所以我再次强调，"和"是"礼"的秩序化所呈现出来的一种状态，是通过制度来实现的。脱离了制度运作的秩序性，并不存在真正的"和谐"。和谐既然不是一种单独存在的价值，那么显然也不能将它作为一种独立价值去追寻。如果那么做，就叫作"知和而和"，"知和而和，不以礼节之，亦不可行也"（《论语·学而》）。

由以上所说，我们大抵可以明确，在儒家思想当中，"礼"体现为社会人群之公共生活制度的共相综合。基于我们上面所说的诸种"之际"也即是"边界"的鉴别与确认，"礼"用以实现"边界"的沟通与联系，而免于诸种"之际"的实际断裂。唯其如此，特定空间场域中生活的人群才可能结为"共同体"，而呈现出不同生活维度的共相秩序与和谐。"礼"界定"边界"而又规范"边界行为"，在这一意义上，"礼"即是关于社会共同体之公共生活中必不可免的诸多"边界行为"的系统规范，而诸多"边界秩序"的实现，则导向共同体的共相秩序建构。边界行为规范的合理性体现于"名分"的一致性，是为"义"。"礼"是"义"的体系，故"礼"体现"义"，"义"通过"礼"而得以实现。

## 三、"天人之际"的三重向度

我们回到"天人之际"这个主题。在我们所说的诸多"边界"当中，"天人之际"具有根源性意义，"礼"的秩序化建构实质上也是以"天人之际"为基础并最终实现"天人之际"的沟通与联系的。据我本人的理解，大抵可以综合概括出关于"天人之际"的三重向度。

第一，我觉得最重要的一点，是确认人本身的存在即是"天人之际"，人实质上体现为"天人之际"的存在。众所周知，儒家喜欢讨论"人性"，不论这一问题的展开有多么复杂，观点如何众多，但"人性"的讨论事实上即是在辨析"天人之际"。换句话说，人作为"天人之际"的存在这一点在不同思想家那里是有共识的。人性的讨论几乎贯穿全部中国思想史，其核心实归结为人的存在的自然性与其社会性之间如何界定并实现其沟通、联系、制衡的问题。孔子讲"仁"，实即是讲"性"。孟、告辩论，就"性"以界定"天人之际"的意义是明显的，玄学时代论辩"自然"与"名教"，揭示自然性与社会性之间的"生存困境"，借以辨析"天人之际"之意尤为显著，至宋代不论朱子讲"性即理"还是陆子讲"心即理"，实皆以人的本原实在状态为"天人之际"。"性"即是天人交会之处，即是"天人之际"，用《礼记·礼运》的话说，就是"阴阳之交，鬼神之会"。当然，在这一问题上，文献最早的论述，大概可以追溯到《尚书·大禹谟》中被后世称为"十六字心传"的"人心惟危，道心惟微，惟精惟一，允执厥中"。

这十六字在讲什么呢？张舜徽先生曾著《周秦道论发微》，认为这个话是讲"主术""南面之术"或统治之术[1]，我觉得大抵没错。发端于韩愈，继论于二程、朱熹，由此而引导出理学中非常重要的"道统"论，而在程、朱那里，又将"道心"说为"天理"，"人心"定为"人欲"①，由此讲"存天理，去人欲"。当然，我这里并不打算就这"十六字"做一个"观念史"的系统阐发，而只是想表明一点：这所谓"虞廷十六字传心要诀"，实在是就人本身的存在状态而言的，是讲人本身的存在原即是"天人之际"。

"人心惟危"的"危"字，向来解释为"危殆"②，而自朱子之后，影响可谓无穷广大。实则"人心惟危"与"道心惟微"相对，"微"为隐幽、隐微、未显之义，则"危"便是明白、显著、已显之义，在训诂学上，是所谓"对文"。窃以为将"危"解释为"危殆"，的确是不恰当的。所谓"道心"，犹言"天心"或《论语》所谓"帝心"。天地无心，而若有心，必借历象日月星辰以使其显著，所以尧"乃命羲和，钦若昊天，历象日月星辰，敬授民时"。"钦若昊天"者，即依据"历象日月星辰"以体"天心"，"敬授民时"者，则使"天心"显化而著明也。"人心"虽曰"复杂"，乃至"人藏其心不可测度"，但经验生活中人的一切言行事为，皆无不为"人心"的体现，"人心"是凭借其言行而显著的，故谓之"危"。《论语·尧曰》载："尧曰：'咨尔舜！天之历数在尔躬，允执其中。四海困穷，天禄永

---

① 朱熹说："人心者，人欲也；危者，危殆也。道心者，天理也，微者，精微也。物物上有个天理人欲。"又说："程子曰：'人心，人欲也；道心，天理也。'所谓人心者，是气血和合做成，嗜欲之类皆从此出，故危；道心是本来禀受得仁义礼智之心。圣人以此二者对待而言，正欲其察之精而守之一也。察之精则两个界限分明，专一守着一个道心，不令人欲得以干犯。譬如一物判作两片，便知得一个好一个恶。尧、舜所以授受之妙，不过如此。"参见黎靖德编《朱子语类》卷七八，中华书局，1986年，第2018页。

② 朱熹说："人心者，人欲也；危者，危殆也。道心者，天理也；微者，精微也。物物上有个天理人欲，……分明与他劈做两片，自然分晓。尧、舜、禹所传心法，只此四句。"参见黎靖德编《朱子语类》卷七八，中华书局，1986年，第2017页。

终.'""天之历数在尔躬",即"道心惟微";此"惟微"之"道心"必须借尧、舜之"人心"来体现,使其显白而著明于天下,所以说"允执其中";"允执其中"即是"道心"与"人心"同一,即是"天人之际"的沟通与联系,故要求其"惟精惟一"。若不能"允执其中",则"道心""人心"分离,"天人之际"断裂,乃至于"四海困穷",则"天禄永终"矣。荀子说:"人心之危,道心之微。危、微之几,惟明君子而后能知之。"(《荀子·解蔽》)"允执其中"也即是要确保"危、微之几"的同一性,以"人心"而显"道心",则"道心"著明而与"人心"同一,"天人之际"因此得以沟通而融贯,一以贯之矣。如此方可谓之"体用一原,显微无间"。就"执中"之义而言,实有其内涵之"微",此处不合详论。大略而论,则"中"即是"人心""道心"之交会的制衡,是"天人之际"实现其现实性上的沟通与联系而融会贯通的根本原则,由此而展开个体内在的"心灵秩序"与"心身秩序",此正为"修身"之所本。

"天人之际"的第二重向度,实指人与自然世界互动意义上的天人分际。人既属于自然世界,又在人道意义上将自己从自然世界当中鉴别出来,这一意义上的"天人之际",实质上即成为人实现自己的生存而必须予以处置的生活现场。与前面所谈到的任何"边界"一样,天人之间这一"边界"的区分,同样是为了实现"边界"的沟通与联系,实现"边界秩序"。如果"礼"是关于人道世界全部"边界行为"的系统规范,那么它就同样适用于人对于自然世界的"边界行为",是实现"天人之际"之"边界秩序"的根本法则。以人道的态度去对待自然世界,既体现为"恕道"的极致性运用,同时又把自然世界转换为人道世界的有机构成部分,换句话说,现实的生活共同体,原是须把人群赖以生存的自然世界包括在内的。孔子"钓而不纲,弋不射宿"(《论语·述而》),即是对于"天人之际"的敬畏,是将自然之物转换为人道的对象。孟子讲"亲亲而仁民,仁民而爱物"(《孟子·尽心上》),"爱物"便是以"仁"去对待自然之物,"仁"既充盈于天地之间,则天地之间便是人道世界的全部。"数罟不入洿池"

"斧斤以时入山林"①，人的活动与自然世界的运作保持其秩序上的协调，既是"天人之际"的有效沟通方式，也是"天人之际"之"边界秩序"的有效实现方式。

除了以祭祀来实现"人神之际"的沟通以外，中国古代关于"天人之际"的有效沟通与联系，在作为一种生活常态的现实性上，强调必须顺天地而动以"赞天地之化育"。正是在这一意义上，今天的人们往往将它理解为"天人合一"，认为"天人合一"强调了人与自然和谐，体现天下万物为一体的博大包容，包含"生态环保"思想。我觉得这是一大误会。"天人之际"的界定比"天人合一"更加重要！基于界定，才可能有"边界"融合，才可能导向"边界秩序"的真正建构。基于"天人之际"的鉴别与界定，古代文化形成了指导人与自然实现秩序性互动的总原则，这就是《尚书·大禹谟》中的"正德，利用，厚生，惟和"[2]。尽管这八字出于《古文尚书》，但与"十六字心传"一样，文字可能"伪"，其意义不"伪"。"正德"总说统治者的政治态度必须中正，唯大中至正为致治之极，故"正德"既是对待天下人民的态度，也是对待天下万物的态度。人为实现自己的生存，必须有效使用自然之物，是为"利用"；"利用"的目的是实现人民更为良好的生存，要生资丰厚，是为"厚生"；但不能因"厚生"而导向对于自然资源的滥用，故以"惟和"为人与自然世界互动的制衡原则。在"惟和"的状态，人的生存状态与自然世界的存在状态便互为借鉴，人是自然之镜，自然是人文之镜。

"天人之际"的第三重向度，实质上是指特定时代的"政治—民生"状况，即时代或社会现实，这一意义往往不甚为学术界所关注。我这里也只是简单提及而已。按照古代的政治理念，政治是实现天道的系统化措施，是"燮理阴阳"的事。周公"制礼作乐"，便是将

---

① 见《孟子·梁惠王上》。《礼记·曲礼下》："国君春田不围泽，大夫不掩群，士不取麛卵。"《礼记·王制》："天子不合围，诸侯不掩群。……獭祭鱼，然后虞人入泽梁；豺祭兽，然后田猎；鸠化为鹰，然后设罻罗；草木零落，然后入山林。昆虫未蛰，不以火田，不麛不卵，不杀胎，不殀夭，不覆巢。"

"天道"转换为"人道"。以天道为本而实现人道,即是"德治";"德治"或"以德治国",在现实性上便终究归结为"礼治"或孔子所说的"道之以德,齐之以礼"(《论语·为政》);"礼治"的状态,则实际体现为民众现实生活是否实现了秩序化,按我的理解,就是指我们前面所说的诸多"边界秩序"的被实现状态。秩序化是制度的功能。制度有缺,必然生活秩序有缺,反之亦然。正是在这一意义上,特定时代民众的生活实况,即是"天人之际"的实际体现。政治的实绩不在于统治者自以为如何,而在于民生实况如何。设若处于特定时代的民众,缺乏"边界"意识,是非不清,善恶莫辨,生活无序,相互凌轹,这种"无道"状态,不能从民众那里去找原因,而要从统治者那里去找原因。所以从司马迁开始,历史学家就自觉建立了独特的责任意识,须"究天人之际",也即是全面审察特定时代的"政治-民生"实况,推究其制度之于生活现实的关系,真实呈现其时代是否实现了"道";现实必有其所以然之故,所以从历史之纵向深入,领悟其时代实况之于"古"的因革损益之变动实迹,即是"通古今之变";"天人之际"的"古今之变"即是"历史",而如何"究"如何"通"则存乎其人,所以"历史"的记述也是可以"成一家之言"的。司马迁的这个观点,对南宋的浙东学派影响巨大,因此而有了理学时代独特的"历史哲学"建构。比如在陈亮那里,"道"必须体现为现实,"天地之间,何物非道?赫日当空,处处光明。闭眼之人,开眼即是"[3]351−352。"道"呈现为现实的实际状况即是"天人之际","圣人所以和同天人之际者,岂有奇功异术哉?使天下无所谓幸不幸而已"[3]419。道的真正实现即是"天人之际"之"和同"状态的实现,天下无幸不幸之别,而皆能得其生,养生送死而无憾,是为天道的永恒中正。

上面简单区分了"天人之际"的三重维度。分际的厘清总是为了"边界"的有序融合,而这三重向度上的"天人之际",其边界融合的实际效果,便导向为中国文化所极重视的三重境界。个体实在意义上的"天人之际",经由"边界"的秩序化沟通,而转换为独特的心灵秩序与心身秩序,终究心身一元,导向独特的个体生命境界,上达于天,"上下与天地同流",是为个体之生命存在所达成的"天地境界"①。人与自然现实交往意义上的"天人之际",其秩序化建构既体现为人为自然立法,也体现为人为自己的生存状态立法,由此而导向"社会"或"共同体"之内涵的充分拓展,自然世界因为人道所涵化而被转换为"人道—人文"世界的构成部分,由此而导向以"万物一体"为特征的"天下境界"。以社会现实状态为"天人之际",则这一"天人之际"的"和同"或其秩序化融合,必使社会公共生活呈现多维秩序,实现良序美俗,标志着以"天下为公"为基本特征的人道价值的普遍实现,是为儒家政治所理想的"王道境界"。

## 四、"天人之际"与"天人合一"

最后,我想就"天人之际"与"天人合一"的关系谈一些自己的看法,上面一节其实已经包含这一问题了,所以我这里只是简略讲一讲。

今天讲到中国古代文化,人们重视"天人合一",却较少谈论"天人之际"。我个人认为,"天人之际"较之"天人合一"是具有"逻辑上的"优先性的,只有基于天人之间分际的厘清,确定"边界",才谈得上分际的泯除、和同而转进于"天人合一"。正是在这一意义上,"天人合一"尽管有不同的意义指向,但大抵体现为某种境界,它不是一种"现成的"、可以直接用于操作的手段,而是必须遵循特定的"边界行为"才可以达成的某种"理想"状态。

我们上面所鉴别出来的诸多"之际",就人类生存的实际情状而言,恰以人意识到与自然物的区别而确认其"边界",也即是原初意义上的"天人之际"的界定最为基础。基于这一"边界"的确认,才诞生了人群或社会生活共同体的集体意识,也因此而诞生了"人人之

---

① "天地境界"借自冯友兰先生。冯先生尝论人生"四种境界":自然境界、功利境界、道德境界、天地境界。"天地境界"为最高。详见冯友兰《新原人》第三章《境界》,民国丛书第5编第14册,上海书店,1996年。

际""群己之际""群群之际"的"边界"细分，并基于天道秩序的统观，而为诸多"之际"立法，确立恰当的"边界行为"而实现"边界秩序"。"边界行为"体系的建构，同时即是"边界"的联系、沟通与融合的方式，此正为"合一"之所以可能。中国古代文化基于清晰的"边界"意识，而试图对不同情境中的"边界行为"进行规范以实现其秩序化的范本，如前所说，乃是"天道"，所以人类社会诸多"边界秩序"的系统化的充分实现，便使原初意义上的"天人之际"转进于"合一"状态，而达成社会的理想形态，是为"大道之行也，天下为公"。

"礼"作为"制度综合"，实质上即是古代文化所建构的关于诸多"边界"之"边界行为"法则的综合系统。社会共同体的普遍秩序是诸多"边界秩序"的共相体现，秩序导向和谐。因此在一般意义上，若"边界"意识不清，在行为上不知敬畏"边界"，有意无意地时时跨越"边界"，社会生活必定是无序的，要达成和谐更加是不可能的。无视"边界"的存在，不以正当的、合宜的、中正的、正义的方式去建立起"边界"的沟通秩序，不论在何种"边界"的意义上，必将导致"边界"断裂，社会的撕裂也就不可避免了。"礼乐文明"是古人所建构的用以实现诸多"边界秩序"的综合性制度安排，尽管古今有异，但必以制度的完整建设来实现社会公共生活在不同面向的秩序化，这一原则不应有异。就现实生活中的个体而言，我们首先需要的是关于自我存在的清晰的"边界"意识，明确行为的限度，厘清人己之间的权利边界，包括人与自然之间的权利边界、敬畏边界，如此方能导向生活的秩序化，而还原出人本身应有的生存样态，实现人道价值。基于天道的绝对性，制度化秩序的普遍实现同时就是人道价值的普遍实现，所以孔子说："一日克己复礼，天下归仁焉。"（《论语·颜渊》）

**附　录：**

演讲结束后，线上网友提出许多问题，以下节录部分答问内容。

**问题1：周公"制礼作乐"，是不是为西周贵族阶级谋利益？**

董平：这个问题很尖锐。如我演讲中所提到的，"礼"是一个"制度综合"，涉及社会公共生活多方面的制度化安排，其目的是通过诸多"边界"的厘清来确定"边界行为"，以实现共同体的整体秩序与和谐。"礼"自然也体现为一套完整的政治制度架构。作为制度的"礼"，其外观的确具有"等级"形式，但是不能说这样一套制度就是为贵族阶级谋利益，或者说使贵族的特权合法化。我觉得这需要另论。首先，就西周社会的实际情况来看，当时社会上存在天子、诸侯、卿、大夫、士等不同阶层的人群，这是一个基本事实，那么对于这一事实是予以承认好呢，还是不承认好呢？如果予以承认，那么对不同阶层的社会身份及其行为方式、责任、权利、义务等进行规范好呢，还是不加规范好呢？周公们认为还是承认社会阶层多样性的存在，并同时对其交往行为进行规范更好些，所以"制礼作乐"。就此而论，"礼"虽然是个等级结构，但这个等级的实际内容是由不同"名分"之下与之相应的责任、权利、义务所构成的，它的实质恰好是对于这些贵族阶级的现实行为之合理性的制约。假如我是"天子"，照着我的私心私意，最好谁都别管我，我想干什么就干什么，我想怎么干就怎么干，但"礼"的制度一旦建立，这就行不通了！"天子"必须在"礼"的规范之中来承担与其"名分"相一致的责任、权利与义务。所以"礼"的规范性是具有普遍性的，似乎不能简单地将它理解为"特权"或为贵族阶级谋利益。其次，"礼"既然是制度化的，因此它是具有稳定性的。虽然说"非天子，不议礼、不制度、不考文"，但制度一旦确立，同时也就获得了公共性与公开性，"天子"必须成为奉行、恪守"礼"的典范。儒家典籍当中从未看到对"天子"耍弄"特权"，为一己私利的满足而改变"礼"的制度加以鼓励的记载。第三点，"礼"所规范的"名分"，在作为"身份与其责任、权利、义务一致"的意义上，它强调的是中正，大中至正，这就是"义"，所以古籍中"礼义"连言。一个人，不论他是"天子"还是什么别的,如果他不能以"分"来体现"名",就是"非礼",就是"不义"。孔子讲"为政"必以"正名"始,其实就是要重建"名分"体系,重建公共制度。尽管古今概念的内涵可能有差别,但至少按照儒家的观念,"礼"的制度所实现的恰恰是大中至正的公义,是正义,这是社会所普遍追求的公共价值,是合乎人本身作为"天人之际"的存在的原在性的,合乎人性的,也是人群之所以为"共同体"的公共基础。丧失了正义,"特权"才体现出来。在这个意义上讲,"礼"虽然在形式上体现为一个等级构造,但其精神实质反而是反对"特权"的,是试图体现出社会公共生活当中普遍的正义性的。

**问题2:请解释"礼之用,和为贵"。**

董平:这个问题其实我前面已经讲过不少了。我觉得现在社会上讲传统文化,包括广告、招贴画之类的在内,往往只讲半句话。比如多讲"子孝"而少讲甚至不讲"父慈",其实"父慈"反而是"子孝"的前提,伦理责任或义务是对等的。现在提倡"和谐社会",大家都认为"和谐"是个"好东西",便都讲"和为贵",而不讲"礼之用",其实"礼之用"是"和为贵"的前提。"用"就是功用,功能、作用。这句话如果做个"直译",大抵就是说:"礼的功能或作用,乃以实现'和'最为可贵。"所以我强调说,"和"是"礼"所实现的一种结果,是秩序状态,它不是一种单独存在的价值,因此也不能作为一种独立价值去追求。如果都不讲"礼",不讲交往边界的恰当行为规范,不讲责任、权利、义务的"边界"及其有效履行,哪怕父子、兄弟、姐妹都会反目,何"和"之有呢?"和"之所以可贵,是因为它体现了人群的公共交往关系的秩序性,它是要求特定交往关系情境中的行为主体都要循礼的。如果脱离制度的公共性、公开性、普遍有效性,而只讲"和为贵",那就不可能实现出真正的"和"。"知和而和",也就是把"和"作为一种"大家都认为好的"单独价值去追求,那么事实上就是"和稀泥""捣糨糊",在个体必是"乡愿",在社会则会丧失大中至正这一根本的公共价值原则,甚至于泯没是非善恶的界限。如果社会上"乡愿"横行,没有"中行之士",连能"进取""有所不为"的"狂狷之士"也缺乏了,则社会整体还何来"和为贵"呢?

**问题3:"天人之际"不是说理想状态,而是现实知识吗?**

董平:是的。我强调"天人之际"与"人人之际""人群之际""群群之际"一样,都应当成为我们日常生活的"现实知识"。也许因为司马迁讲"究天人之际",汉代又讲"天人感应",人们把"天人感应"当作"天人之际"了,所以觉得"天人之际"很玄乎。我个人认为,人的存在,其实就是"边界"的存在,我们是生存于各种各样的"边界"当中的。诸多"边界"的共相就构成了我们的生活世界。社会秩序的整体也是通过诸种"边界秩序"来体现的。原初意义上的"天人之际",实质指向人与自然世界的"边界",本来就是作为一个事实而存在的。不论是"天人之际"还是别的什么"之际","边界"既然存在,那么就要承认它的存在,并对"边界行为"进行规范而形成交往情境中的"边界秩序"。秩序是对"边界"的有效沟通,只有通过秩序性沟通,才可能使"边界"免于断裂而实现"和谐"。"天人合一"倒是可以作为一种理想状态,但这一理想状态恰恰是以"天人之际"的秩序化沟通来实现的。要保持对于"边界"的敬畏,不能无视"边界"而随意跨越。"人人之际""群己之际"的"边界"跨越,必然带来社会生活的无序,"天人之际"的随意跨越,必然带来人与自然秩序的破坏而遭受自然界的"反噬"。就仍在继续的本次新冠病毒性肺炎疫情来说,如果病毒与某种野生动物有关,必与人随意跨越了"天人之际"有关,病毒的暴发,便是自然对人类的"反噬"。鸟在天上飞,那是它的生存界域,你去打它干什么?穿山甲在山中穿行,那是它的生存方式,你去干预它干什么?私欲驱动之下的越界行为必是不人道的。我说要敬畏"边界",既不能无视"边界"也不能随意跨越"边界",有人也许会说,农耕不就是在对自然界进行操作、进行干预吗?没错,但农耕活动对于自然界的干预,不是越界,而是规定了"边界行为"秩序的、是有前提的,"不违农时",即是秩序;"正德,利用,厚生,惟和",便是有序性干预的原则。正因为这样,农耕的生产活动反而实现出了人与自然世界的有序和谐,如此方可导向"天人合一"的境界。

**问题4：怎么理解"礼不下庶人，刑不上大夫"？**

董平："礼不下庶人，刑不上大夫"，《礼记·曲礼上》的这两句话，很容易引起我们的误会，以为统治者对"庶人"百姓不讲"礼"，"大夫"等贵族犯了法也不施加刑罚，所以"礼"是维护统治者特权的。这两句话，虽然古人的解释也五花八门，但从较早的东汉郑玄的解释来看，大意是说：在特定的交往场合，"大夫"们的相互交往是要备"礼物"的，并且是有衣着、体态等方面的规定的，"庶人"未必能够有足够的财力物力来备礼，所以对他们也就不做"礼"的要求了，这叫作"礼不下庶人"。"刑不上大夫"更不是说"大夫"们犯了刑也不用受到惩罚。那么什么叫"刑不上大夫"？郑玄说之所以这么说，是不鼓励"大夫"犯刑，因为"大夫"以上的人都是明白"礼"的，日常生活中如果都能行之以"礼"，不可能会触犯刑律，刑就与他们没有关系。但一旦触犯了刑律，也不是照着刑书上的条例来对他们施加惩罚，而是有"八议"或"八辟"之制，据其情节轻重来衡定其惩罚的轻重。若照"八议"之制，通常要求比刑律更高。打个比方说，我是普通人，是个"庶人"，我看到路边有人饿昏过去了，没加理睬，走过去了，我这个行为最多会被人指责"没道德"，刑律一般不会来找我麻烦。但如果我刚好是个"大夫"，是政府官员，比如是个县令，我也是这般走过去了，恐怕"八议"就会来找我的麻烦。在我的管理之下，居然路边有饿昏的人，是不是我没有尽到管理责任？有没有懒政怠政？居然视若无睹，走过去了，道德水平太低，还能做县令么？"议能""议勤"等等恐怕都要来"议"一番了。这叫作"刑不上大夫"。

中国古代的社会管理观念，自然与现今的不同。古人大抵认为民众需要引导，引导民众就是政府官员的责任，所以"大夫"以上的人群必须成为民众的楷模，他们是循礼的楷模、道德的楷模、秩序的楷模，而不能成为破坏秩序的楷模。"大夫"以上人群对于民众的示范作用是极大的，上有所好，下必有甚焉。上好礼则下好礼，因此这两句话的另一种解释，是说"礼不下庶人"的实际意思是"礼不以庶人为下"，那么也就是说，"礼"是具有普遍性的，是需要贯彻到"庶人"的日常生活当中去的;"刑不上大夫"的实际意思是"大夫不以刑为上",而是以"礼"为上,所以要待之以礼义廉耻,激发出他们的道德感。这个观点是宋朝人的,我觉得很有意思,有创新性。不过按照"礼不以庶人为下"这个句法,那么就应说"刑不以大夫为上","大夫"以上的人,哪怕是"天子",只要犯刑,就应受惩罚。

  这个具体问题的解释也可以表明,同一个古典文本,在不同的历史时期完全可能引导出不同的意义阐释。在今天,我们都提倡古代优秀文化的创造性继承、创新性发展,如何来实现?过去冯友兰先生曾经提出"抽象继承法",我理解是把古代某些思想观念与其实际时代相剥离,而实现其"语境转换",以适用于今日之时代语境。如果是这样,那么"抽象继承法"我觉得有其合理性。我今天所讲的内容,很坦率地说,我的思考并不完整,并不体系化,但我所谈到的那些"之际",那些"边界"的存在,并不只是存在于古代,今天的社会仍然存在,正因如此,古人关于"边界"的观念及其处理方式,仍然值得今日借鉴。就我个人来讲,也许我受南宋浙东学派的影响较大,我确乎相信历史是有它自身的绵延的。历史的自身绵延不只是体现为时间性的赓续,而是在时间的连续性中彰显出了某些亘古不泯、永恒常在的东西。在这一意义上,"今天"与"明天",或者说"现在"与"未来"便也是一种"之际",我们同样处于这一独特的历史"边界"之中。古人处理种种"之际"的方式,特别是通过制度化来规范"边界行为",通过行为规范以实现"边界秩序",通过秩序以实现"边界"融合而免于"边界"断裂,这样一个总思路,我认为对我们今日的社会生活仍有重要的启发作用。脱离了制度,社会的秩序性是不可能得到保障的。古人同样强调,制度的建立,必以天道为最高法则,因为天道永远是大中至正的,是永恒的正义,因此它也成为社会制度所应体现的普遍的公共价值,中正本身则成为绝对的价值尺度。

  时间关系,今天我就讲到这里。非常感谢线上各位朋友参与!谢谢大家!

**参考文献：**

[1] 张舜徽：《周秦道论发微》，中华书局，1982 年，第 68 页。

[2] 刘晓婷、董平：《正德利用厚生惟和：论中国传统文化中的生态伦理原则》，《道德与文明》2019 年第 4 期，第 93－98 页。

[3] 陈亮：《陈亮集》（增订本），邓广铭点校，中华书局，1987 年。

原文载于《衡水学院学报》2020 年第 3 期。

董 平（1959－），男，浙江衢州人，哲学博士，浙江大学"求是"特聘教授，浙江大学哲学系博士生导师。

# 国家治理现代化：弃儒不用则不接地气
## ——2019年首届"儒学演进与创新"学术会议开幕致辞

余治平

尊敬的各位专家、各位同道：

大家上午好！

岁末年初，仅仅还剩下三天的时间，我们就可以"全面小康"了。在这个节点上，我们中华孔子学会董仲舒研究委员会很高兴能够跟海南的三亚学院合作，把董学研究的会议开到令人神往的天涯海角。在风光秀丽的五指山下、万泉河边坐而论道无疑是一件非常愉快的事情。这是一个很重要的开端。

借助会议开幕的机会，我讲一个国家治理现代化与儒家选择的问题。儒家并不只是一种"为己之学"（《论语·宪问》），吃饱饭没事干而只会坐而论道、空谈心性。宋明道学的兴起和广泛流布，完全是儒家的一个异数，显然属于偏向、极端。以《大学》为主体的伊川、朱子之学，竟被牟宗三视为在宋明儒家道统正脉之外的"别子为宗"（《心体与性体》），因为宋明儒家皆以《论语》《孟子》《中庸》《易传》为主体经典。实际上，儒家具有非常宽广的内涵，不只有心性之学，而且经学、礼学、外王之学、实践工夫论，都是儒家非常真实的有机组成部分。司马谈说过："儒者以六艺为法。"（《史记·论六家要旨》）所以，"通五经贯六艺"是儒之为儒的基本素质要求。儒家从孔子开始，"修己"本身似乎并不构成目的，它应该是指向"安百姓"（《论语·宪问》）的。而"安百姓"就不得不涉及天下治理，这其中则当然包括诸侯之国的治理、大夫之家的治理。古代中国悠悠两千多年的王朝历史，儒家在天下治理、国家治理中曾经发挥过积极而重要的作用和影响。纵观历朝统治者对儒家的态度，则无外乎这么四大类，即排儒、反儒一类，废儒、弃儒一类，用儒、尊儒一类，崇儒、任儒一类。

在中国古代传统文化中，儒家在先秦时期主要还只是作为一个学派而呈现的，诸子百家中的一家而已，除了一度与墨家比肩而成为"显学"之外，并无多少特殊之处，《庄子·天下》篇中甚至还描述过流落民间"小人儒"的各种尴尬、窘迫和困厄。

秦国最先反儒、排儒。秦孝公任用商鞅实施新法，变革图强，但第一次的九条"变法之令"和"二次变法"的六方面措施，都还没有反儒、排儒。同僚赵良当面批评商鞅，在直指其六大罪状的同时，还不断援引《诗》《书》名句，至少说明商鞅主政秦国的时候还没有反儒、排儒，否则借赵良十个胆子，他也不敢。但《韩非子·和氏》却曰："商君教秦孝公以连什伍，设告坐之过，燔《诗》《书》而明法令，塞私门之请而遂公家之劳，禁游宦之民而显耕战之士。"韩非的这段话，除了"商君教秦孝公以连什伍，设告坐之过"两条，与司马迁的《秦本纪》《商君列传》的描述相一致外，其余三条则都不见于史载，于是，其真实性、可靠性也便有待进一步考证。"燔《诗》《书》"，首开统治者焚烧文化书籍之先河，始作俑者，不得好死。清王先慎引宋人王应麟《困学纪闻》语："《史记·商君传》不言'燔《诗》《书》'，盖《诗》《书》之道废，与李斯之焚无异也。"在秦国，烧书起于孝公、商鞅，还是起于李斯，依然是一个值得考证的问题，但可以断定的是，绝不可能仅仅开始于始皇帝。当权者烧书，还只是禁锢人们的脑袋，不许人们进行独立思考和自主判断，一切都得听命于最高统治者一人。而接下来，则必然是砍脑袋、掉脑袋，以掩埋肉体、灭绝生命的方式维护君主的权威。这种方式之铁腕与血腥显然已经到了反文明、反人类的程度，不可容忍！秦王治国希图立竿见影，走了法家的路子，讲求耕战效益，靠短线取胜。儒家强调教化之功，立足政权的长治久安和社会的可持续发展，根本不可能满足秦王只争朝夕、非常急迫的事功野心，甚至还会因为其对仁道主义的坚守和把持而严重妨碍当权者施展拳脚而野蛮执政。所以，儒家在秦国肯定不受欢迎，始皇帝创立的极权专制也绝不可能是儒家的理想方案，儒家所追求的是周制，既非皇帝篡政，也非群众民主，而是一种典型的贵族政治格局。

四年楚汉战争以不忍"苦天下之民父子"（《史记·项羽本纪》）、极富仁爱与正义心肠的项羽的失败而告终。刘邦胜利得没有原则、没有尊严，再次把对儒家路线的放弃作为个人成功的条件。汉初诸帝政治统御，基本上都是弃儒不尊、弃儒不用。高祖刘邦鄙视儒生，以其为无用，竟然溺冠以故意羞辱之。陆贾一句"马上得天下"而不可"马上治天下"（《史记·郦生陆贾列传》）严重刺激了这位草根皇帝，于是便交代群臣总结、反思秦亡汉兴的历史原因。贾谊《过秦论》结尾一句"仁义不施而攻守之势异也"（《新书·过秦》），揭示出秦政之弊在非儒、反儒。其实，贾谊并不是说这话的第一个人。《荀子·强国》篇早就指出，强秦"四世有胜，非幸也，数也。是所见也。故曰：佚而治，约而详，不烦而功，治之至也，秦类之矣"。秦国的强大有它的历史必然性。"四世有胜，非幸也"，秦国能够取得今天这样的伟大成绩绝不是偶然的，首先应该是孝公、惠王、武王、昭王四代英主励精图治的结果。秦强，显然不是一日之功，有历史沉积的原因，也有治理道路选择的原因。然而，即便如此，秦"则有其諰矣。兼是数具者而尽有之，然而县之以王者之功名，则偶偶然其不及远矣！是何也？则其殆无儒邪！"法家治理，助推独裁政府产生，易于形成威权结构而霸凌天下。举国动员的模式，也很容易在短时间内奏效，富国强兵是必然的，但却不能长治久安，窒息的人民、禁锢的思想迟早都得反叛而生乱。而儒家统御天下则放眼长远，教化立国，改造社会，改造人性，积攒几代人都不一定成功，根本就急不得，所以一般都不可能在短时间内产生明显的治理效果。《荀子·议兵》篇则发现："秦四世有胜，諰諰然常恐天下之一合而轧己也。"秦国的外部风险就在于，积怨已久的六国反秦势力集结起来，联手共同对付秦国，那则是秦国抗御不了的灾难。所以，秦国目前的形势是喜忧各参，成就与缺点同在，危机与希望并存。"兼是数具者而尽有之"，则说明秦国在上述的两个方面都表现得淋漓尽致，都快要到极限了。荀子或许是最先从强秦的一派繁荣中看到它的灭亡的智者，荀子最先"唱衰"秦国，矮化秦政。圣人看因，凡人看果，伟哉，荀子！

  景帝时，辕固生就因为一句貌似亵渎了《老子》的话而被窦太后赶进猪圈，命其与野猪决斗，差一点丢了身家性命，朝廷绝不允许有任何以草根儒家冒犯或挑战黄老道家权威的言行。黄老之学盛行，萧何、晁错以下的历任丞宰，一直都奉行休养生息、与民松绑的政策，废儒、弃儒已是明确的历史事实。儒家对汉初帝国治理的贡献几乎为零，其地位已经被极度边缘化。这种局面一直到英明皇帝刘彻的出现才有根本性的改变。武帝有理想、有野心，思维也很活跃，他问计于天下贤良文学的第一条竟然是非常地道的哲学问题："三代受命，其符安在？""灾异之变，何缘而起？"这哪里是在探讨天下治理的问题，简直就是要讨论抽象的天道哲学。相比于景帝始终慑于太后的威压，武帝或许受启发于董仲舒的著名对策，"抑黜百家，勿使并进"（《汉书·董仲舒传》）而推崇儒家，摒弃黄老道家，促使儒家走上历史舞台的中心，把儒家自孔子以来，经孟子、荀子、《大学》所精心设计和描绘的愿景蓝图付诸现实体制，好歹总算有"一只靴子落地"了。武帝与董仲舒，政治家与儒家知识分子的联袂献演，使得大汉帝国的意识形态管理呈现出至少在旗帜、口号上是用儒、尊儒的，因为儒学是否定于一尊始终是一件富有争议的事情。但无论如何，的确也是在武帝的手上，儒家被尊、被用，开始从诸子百家中脱颖而出，立于学官，成为官学，因而获得了令诸子百家觊觎、垂涎的经学地位。从民间私学提升为国家之学，从个人授受一跃而成为"国家宗教"，没有几代人前赴后继的努力，是不可能实现的，这其中也必定隐含了许多酸甜苦辣的滋味。儒家开始逐步成为汉帝国的主导意识形态，而统领、引导诸子百家的发展。一个非常有趣的历史现象则是，采用黄老之学的汉初六十年创造出了经济腾飞的奇迹，国家富裕，人民殷实，中央银行里的钱币贯绳都腐烂了，储备充足，家底厚实。而用儒、尊儒的武帝朝却耗散天下财力物力，以至于出现人相食的不堪景象，一时间天下民口竟然锐减至半。法家、道家都可以富国富民，儒家却为什么不能？没有实现富国富民，究竟是儒家的责任，还是统治者的责任？实在有必要先搞清楚。

王莽在中国历史上一直是一个崇儒、任儒的典型。建国元年，其所推行的改制措施：将天下田改曰王田，以王田代替私田，全面恢复"井田制"；奴婢改称私属，与王田一样，均不得买卖。随后的改革官制，加强相权、兵权，改革币制，实行"五均六筦"制，政府操控信贷物价，盐铁官营，山川河流收归国有，强调民本并与民休息。次年，集天下贤能之士于长安，由国家出面，组织编撰《汉语典》《医典》《婚丧典》《文学典》等重要典籍。这些措施无一不符合《周礼》的设计，无一不体现真正的儒家精神追求。然而，最终结果却导致了新朝政权的迅速覆亡。究其原因，儒家不接地气的理想主义害惨了他，书卷味太浓而对接不上现实需要，不知救治而最终死路一条。对儒家的崇拜，已经到了迷信杜撰经典、对伪经深信不疑而削足适履的地步。

任儒之害，尤以为烈，深为后世帝王所警戒，所以汉后两千多年的中国历史再也没有出现过王莽这样的帝王。魏晋玄谈之风盛行，大唐佛教之风盛行，儒家难得见用，故"道统"谱系才需重新梳理。如果魏晋是因为不用儒而导致王朝短命，民生凋敝；那么，反推于大唐，却得不出同样的结果，有唐一代的兴盛、开放与繁华几乎不是在它之前和在它之后的任何王朝所能比拟。这或许便意味着用儒、不用儒与王朝兴衰之间并没有直接的逻辑关联。赵宋王朝尊儒，太祖有"不得杀士大夫及上书言事人"的谆谆告诫，知识分子备受尊重，武官压抑不发，文人士大夫则扬眉吐气。所以，有宋一代文化繁荣，思想活跃，创新性强。但武力薄弱，不堪一击，虽然富甲全球，GDP总量世界第一，但却是一堆任人宰割的肥肉，油腻而软弱，国防失力，疆土不保。"靖康之耻"亘古未有。崖山之后，几乎抽掉了整个汉人民族的脊梁骨。尊儒之极，也不见得是件好事。元人外族政权主宰中原，主导意识形态不可能用儒，尽管他们也延续实行了科举制度,并以儒家经典取士。横跨欧亚大陆的巨型地理疆域,使得最高统治者根本无暇、也无力顾及帝国治理,稳定政经秩序的建构和确立可能从来就没有排上过大汗的议事日程。蒙元剪灭异族、大肆屠杀汉人的血腥暴政,显然有违儒家仁道主义精神,因而绝不被后世人们所称道。元朝不用儒,必然短命而亡。女真族清军入主中原之后,则充分汲取了蒙元的教训,尽管也不乏接二连三的大规模屠杀事件、"文字狱"的残酷清洗,但他们做得比较伪善的一点则是,还知道用汉治汉,并且不把自己当外人,粉饰以中原的文化,当然是以儒家为主体,打着儒家的旗号。雍正皇帝的《大义觉迷录》甚至以先进文化自居,俨然礼乐文明的代表,但他们绝不会从宋明道学的思想中寻找帝国治理的方略,法家的严刑峻法才是他们统御天下的惯用手段。这就恰好再次印证了汉宣帝所说的那句名言:"汉家自有制度,本以霸、王道杂之,奈何纯任德教、用周政!"(《汉书·元帝纪》)甚至,似乎可以说,在中国历史上,儒家从来就没有被统治集团真正信任过和使用过,抛弃不用、边缘化闲置则是常态。

"五四"以降,儒家用与不用,几经沉浮,命运坎坷。新文化运动中,"打倒孔家店"的口号如潮,大大淹没了守护传统的"学衡派"的声音。儒家被抹黑、被泼脏水。"文革"期间,则有声势浩大的、全民参与的"评法批儒"运动,儒家被当作"四旧"而被人们踩在脚下。董仲舒研究一片荒芜。儒家完全成为一种负能量,遭到各种嫌弃。

改革开放之后,儒学在中国慢慢复苏。邓小平提出"小康社会"的奋斗目标,其实就是借鉴了儒家智慧,从传统经典中挖掘国家治理的思想资源,而试图以全民性的"小康"实践涵摄乃至对冲掉来自西方的现代化运动。在江泽民提出的"三个代表"重要思想中,"先进文化"也要求以中国传统文化为精神基础,否则便成为无源之水、无本之木。十八大之后,习近平总书记关于中国传统文化先后发表六次重要谈话,以儒家文化为代表的优秀传统文化与革命文化、社会主义先进文化一起共同成为执政党国家治理体系的思想资源。

2019年,国家社会科学基金招标有两个一般项目:衡水学院的

《董仲舒学术史研究》，复旦大学的《董仲舒与何休对〈春秋公羊传〉诠释之比较研究》；一个重大项目：上海交通大学的《董仲舒传世文献考辨与历代注疏研究》，获得成功立项，在座的魏彦红院长、刘国民教授、王宏海教授、白立强副教授、代春敏讲师等还是子课题负责人或课题组成员。董学研究在一年之内竟然有三个项目同时获得国家资助，这在历史上还是第一次；成为重大研究项目，当然也是第一次，其意义真是非同一般。因为这至少标志着：这些年来我们的董学研究已经形成了一定的学术影响，并已经赢得一定的学术认同。董学从过去的被排斥、被打压，到当下的国家承认、国家支持，显然是一个不小的进步。十八大、十九大都提出了实现国家治理现代化的宏伟目标，这无疑有益于中国朝着现代化国家迈进，而如何挖掘、总结、继承而不是抛弃古代中国政治文明的优秀资源，如何认真借鉴历朝帝王尊儒用儒、废儒弃儒、反儒排儒、崇儒任儒之经验教训，如何处理好作为本土文化传统的儒家与来自西方的马克思主义之间、现代学术之间的理论关系，对现代化建设都十分重要。当然，在这个过程中，董学如何释放哲学解释力、借助于积极的义理阐发而激活董学的内在生命力，也将考验着我们治董学人的功力和韧性。

最后，预祝会议顺利、成功，愿意大家收获满满，德业长进，喜乐安康！

谢谢大家！

原文载于《衡水学院学报》2020 年第 3 期。

# 儒学为生活变革而自我变革

黄玉顺

各位新老朋友,大家好!首先感谢山东尼山书院和山东图书馆,特别是李西宁馆长对我们这个活动的支持,给我们提供了这么好的场合和条件,让我们一起来交流关于儒学的一些想法。非常感谢!

刚才李馆长讲,我们今天的话题围绕三个关键词:儒学、经典、诠释。这三个关键词是串起来的:我讲"生活与儒学",林安梧老师讲"儒学与经典",傅永军老师讲"经典与诠释"。可以说:有这么几个关键词,儒学当中的重大基础问题就涵盖无遗了;不光是儒学,今天的整个思想文化领域,特别是哲学领域的一些热点问题,也主要就是这些话题了。我先讲"生活与儒学"这个话题,以抛砖引玉。

一

谈到儒学与生活之间的关系,几年前,我曾经接受过一个采访,当时谈的就是这个话题:儒学与我们的生活之间是什么关系?这个访谈稿发表出来以后,标题就是"儒学为生活而存在"。这个话题涉及的是什么问题呢?它是跟现实密切相关的,涉及我们的现实生活——我们中国人当下的生活,乃至于当今人类的生活,跟儒学之间究竟应当是怎样一种关系。具体来说,今天的"儒学复兴运动",虽然蓬蓬勃勃,但是,我们也要实事求是、理性、清醒地看到,在儒学复兴当中,其实出现了一些不好的、不太健康的倾向,可谓鱼龙混杂。

举个例子来讲,有个别的儒者,甚至有一些很知名的学者,他们说,我们今天应该恢复"三纲五常"。所谓"三纲五常",大家都很熟悉,其中的"三纲",大家也都知道,就是"君为臣纲,父为子纲,夫为妻纲",这是皇权帝国时代的核心价值。今天有的儒者讲,我们应当恢复"三纲"。这就是一个很严重的问题。今天,我们已经生活在21世纪,我们正在走向现代、正在转向现代生活方式,在这个时代,是不是应当恢复"三纲",这确实是一个严峻的问题。

所以,我今天讨论的这个话题——生活与儒学,其实就是这样一个问题:到底是生活为儒学而存在,还是儒学为生活而存在?这是一个有价值的、很严肃的问题。我想,对于今天从事儒学复兴的所有人来说,这都是一个需要首先思考清楚的问题。在我刚才提到的那个访谈里,我很明确地讲:生活不是为儒学而存在的;应当反过来讲,儒学应当为生活而存在,因此也是为生活的变革而自我变革的①。我用一句大家很熟悉的说法,叫作"与时俱进"。这是出自《周易》的说法,本来叫作"与时偕行"②。儒学应当与时俱进,这是儒家应有的态度。

## 二

先讲中国人生活方式的演变,然后再讲儒学是如何"与时偕行"的。时间有限,简要讲说。

中国人的生活,经过了几千年,今天回过头看,大致可以分为几种基本的生活方式,也可以叫作在几种生活方式下的几种基本的社会形态。根据现有的比较可靠的传世文献记载,可以分成三种基本生活

---

① 黄玉顺:《未能成己,焉能成人?——论儒家文明的自新与全球文明的共建》,《甘肃社会科学》2018年第3期,第50—55页。

② 参见《周易》的《损·象传》《益·象传》《乾·文言》。

方式、三个大的社会形态①。

  第一种社会形态是在殷周时代，就是商朝、周朝。它的基本生活方式是宗族生活方式。这种生活方式，要求一种基本的社会制度安排，即社会形态的基本框架，那就是大家很熟悉的说法——宗法制度。整个社会的基本架构，特别是政治上的行政架构，就是大宗套小宗，表现为中央王朝、封建诸侯列国和大夫封邑等②。关于这个问题，我没有时间展开讲，大家有兴趣的话，可以去读一篇最经典的文章，即王国维先生《殷周制度论》，他讲得非常清楚，什么叫作宗法制度。他开篇就讲，"中国政治与文化之变革，莫剧于殷周之际"③。这就是"殷周之变"，周公建构了一套宗法制度，这对于后来，一直到今天，都具有非常深远的影响。这就是我们的第一种生活方式。

  然后，经过德国哲学家雅斯贝尔斯所说的"轴心期"，也就是第一次社会大转型，对于我们中国来说就是春秋战国之后，中国人的基本生活方式不再是宗族生活方式，而是转入了家族生活方式。我把前面的殷商时代概括为"王权列国时代"，而把转型之后的时代概括为"皇权帝国时代"。从秦、汉开始，一直到明、清，中国不再是王权列国社会，而是皇权帝国社会，也就是君主专制社会。这个皇权帝国社会，基本的生活方式就不再是大宗套小宗的宗族架构，而是家族社会，是一种家族性的生活方式。刚才提到的"三纲"，就是皇权专制制度的核心纲领。有一个很通俗的说法，叫作"家天下"，就是说，整个天下是刘家的，或者是李家的，或者是赵家的，或者是某家的。

  再接下来，从鸦片战争以来，我们的社会生活进入了第二次社会大转型。这个转型，严格来讲，直到今天也还没有彻底完成，我们还在转型之中。这次转型，是要进入另外一种基本的生活方式，那就是现代性的生活方式。现在的我们，包括在座各位，生活方式已经非常

---

  ① 黄玉顺：《论儒学的现代性》，《社会科学研究》2016年第6期，第125—135页。
  ② 黄玉顺：《"以身为本"与"大同主义"——"家国天下"话语反思与"天下主义"观念批判》，《探索与争鸣》2016年第1期，第30—35页。
  ③ 王国维：《观堂集林（卷一〇）》，中华书局，1959年，第451页。

的现代化了，非常具有现代性。它跟封建列国时代的宗族生活方式是不同的，跟专制帝国时代的家族生活方式也是不同的。今天基本生活方式的一个典型特征就是核心家庭，而且，家庭已不再是社会的行为主体，不再是社会的基本单元。今天现代性的社会基本单元，不管是政治行为、经济行为还是其他各方面的行为，根本上都是个体行为，这是现代性的最基本的特征①。比如说，今天中国的一个标准的核心家庭，是两口子和一个孩子。这个核心家庭与古代的家庭不同，古代的一个家庭，即一个家族或者一个宗族，有一个代表，就是家长；现在不一样了，两口子各有各的职业、各做各的事情，在社会活动中，谁也代表不了对方，比如不能代表对方去投票，不能代表对方去求职。你只能代表你自己。这是个体化的时代，是个体性的生活方式。我们现在的第二次社会大转型，就是要转入这样的现代性的生活方式，包括它的制度安排和价值观念。虽然现代转型尚未完成，但这是不可逆转的趋势。

## 三

与以上所说的生活方式和社会形态的转变相对应的是，儒学其实从来不是一成不变的。伴随着生活方式和社会形态的转型，儒学也有几次大的转型，有几种大的儒学形态。

一般来讲，我们把孔子、孟子和荀子的儒学叫作"原始儒学"，它产生的时代是在春秋战国时期，正好就是我们刚才讲的第一次社会大转型。在这次社会转型中，不难发现，从孔子到孟子，再到荀子，儒学的发展有一个总的历史趋势。荀子培养了两个高足弟子，一个是政治家，一个是理论家，这应该是大家都熟悉的：这个政治家就是李斯，他是秦国的相国，辅佐秦始皇建构了秦帝国——中国第一个专制帝国；一个理论家就是韩非，他其实是两千年帝国制度的总设计师。

---

① 黄玉顺：《论阳明心学与现代价值体系——关于儒家个体主义的一点思考》，《衡水学院学报》2017年第3期，彩插4—7。

所以，从孔子开始，一直到荀子，再到荀子的学生，在第一次社会大转型当中，儒学有一个基本走向，那就是走向帝国。

到了汉代的儒学，尤其是董仲舒建议汉武帝"罢黜百家，独尊儒术"，这个时候，儒学成为官方意识形态，我们把它叫作"帝国儒学"，这是原始儒学之后的第二个儒学形态。在从汉朝到清朝的两千多年里，帝国儒学的变化很大，尤其是"唐宋变革"① 之前即帝国前期的儒学形态和之后即帝国后期的儒学形态之间的对比，我没时间展开讲。

鸦片战争以来，伴随着中国社会的第二次大转型，帝国儒学结束，儒学自身经过几波自我变革，走向儒学的第三大形态，也就是"现代儒学"。首先出现的是洋务运动中的洋务儒学，然后是康梁变法前后的维新儒学，儒学的自我变革一次比一次深入。再接下来是什么呢？就是新文化运动对儒家的批判。新文化运动对儒家的批判其实并没有消灭儒学，而是给儒学的转型提供了一个历史契机。正是新文化运动，才让儒学有了"开新"的可能②。

接下来，在第二次社会大转型当中，出现了第三大形态的儒学中的一个重要版本，就是"现代新儒学"③。今天在座的林安梧先生，他的师爷辈是熊十力先生，老师辈是唐君毅先生（唐先生是我们四川人）、牟宗三先生、徐复观先生。他们的儒学跟原始儒学不同，跟帝国儒学也不同。他们是要从"内圣"开出"新外王"。什么叫"新外王"？在当时新文化运动背景下，他们的"新外王"的内容很明确，就是"民主与科学"。

现代儒学里面还可以划分出很多的形态，比如冯友兰先生的"新

---

① 内藤湖南：《概括的唐宋时代观》，刘俊文译，《日本学者研究中国史论著选译（第一卷）》，中华书局，1992年，第10—18页。

② 黄玉顺：《新文化运动百年祭：论儒学与人权——驳"反孔非儒"说》，《社会科学研究》2015年第4期，第134—142页。

③ 黄玉顺主编：《现代新儒学的现代性哲学——现代新儒学的产生、发展与影响研究》，中央文献出版社，2008年。

理学"（1939年）①；"版本"也在不断升级，比如林安梧先生的"后新儒学"②、我本人的"生活儒学"③，以及我的学生郭萍的"自由儒学"④ 等，限于时间，我就不细讲了。

我们从以上的叙述不难看出，儒学有一个特质，即：一方面根据某种一以贯之的不变的原理，另外一方面根据中国人的生活方式的转化、社会形态的转化，儒学与时俱进、"与时偕行"，不断实现自我变革。所以儒学才可以穿透历史的时空，具有长久的生命力。

回到开头的问题，显而易见，儒学是为生活而存在的，而不能反过来说。比如我刚才谈到的一种不良倾向——有些人要恢复"三纲"，那就是要让在现代化的生活方式中生活的中国人回到前现代的皇权帝国时代的生活方式中去，这在价值判断上是不应该的，在事实判断上也是不可能的。

## 四

刚才李馆长提到我的一个说法："现代性诉求的民族性表达。"这是讲的什么呢？就是说，我这些年来建构的思想体系——"生活儒学"，它是做什么事的？它的目的或者宗旨是什么？那就是"现代性诉求的民族性表达"。现代性和民族性，这两个方面缺一不可。我们刚才谈到的一些现象，包括我刚才提到的一些不良倾向，就是偏向于"民族性"一边，而忽视了"现代性"一边。反过来说，我们今天建

---

① 冯友兰：《新理学》，生活·读书·新知三联书店，2007年。
② 林安梧：《"儒学革命论"——后新儒学哲学的问题向度》，台北学生书局，1998年；《儒学革命：从"新儒学"到"后新儒学"》，商务印书馆，2011年。
③ 黄玉顺：《面向生活本身的儒学——黄玉顺"生活儒学"自选集》，四川大学出版社，2006年；《爱与思——生活儒学的观念》，四川大学出版社，2006年，四川人民出版社2017年6月增补本；胡骄键编：《生活儒学：面向现代生活的儒学》，济南出版社，2020年。
④ 郭萍：《自由儒学的先声——张君劢自由观研究》，齐鲁书社，2017年；《"自由儒学"纲要——现代自由诉求的儒学表达》，《兰州学刊》2017年第7期；《"自由儒学"导论——面对自由问题本身的儒家哲学建构》，《孔子研究》2018年第1期。

构一种理论、一种思想体系，如果仅仅只有现代性的诉求，而没有民族性的表达，那就叫作"西化"，就会丧失民族主体性。刚才林安梧先生对这个方面讲得比较多，中国文化的发展必须有自己的民族主体性，即要有"中国性"。

这个问题，展开来讲的话，它其实有很深刻的背景，就是：不管哪一个国家、哪一个民族的现代化，都有一个很重要的维度，那就是民族国家的建构。民族国家建构是一种典型的现代性现象；但是，民族国家建构又有一个很重要的精神上的要求，那就是民族主体性的确立，然而在任何一个民族国家的建构过程中，民族主体性的确立都离不开自己的民族文化传统，一定是从自己的传统中生发出来的。

以西方为例，从思想观念的层面、精神层面上来讲，他们的现代化，其实是从一个运动开始的，我们通常把它叫作"文艺复兴"。把"Renaissance"这个词翻译为"文艺复兴"，我觉得翻译得很好。所谓文艺复兴，就是说，西方人要追求现代化，但并不是抛弃他们的传统，恰恰相反，是要让这个传统"复兴"。这可能令人觉得很奇怪：要追求现代化，为什么反而要复兴传统呢？其实，深层次的根本原因就在于我刚才讲的：现代化的一个很重要的维度就是建构民族国家，而建构民族国家的一个深层次的要求就是确立精神上的民族主体性，而这个民族主体性精神的确立必须从自己的民族精神文化传统当中去寻找。所以我讲"现代性诉求的民族性表达"，强调不仅要走向现代性，而且一定要有民族性的表达。而对于中国来说，狭义一点来讲，那主要是儒学的表达；广义一点来讲，主要是"儒道释"的传统。"儒"和"道"是我们大多数中国人的传统；而"释"也就是佛教，它本来是印度的传统，大乘佛教北传以后，就成了我们中国的传统。

当然，既然要现代化，就不是简单地"回归"传统，而是必须让传统当下化、生活化，也就是让传统在当下走向现代性的生活中展现出它的新的可能性。这其实也是我们今天对谈的话题之一，即新的经典的产生。经典，其实是在生活诠释之中诞生和发展的。我们今天在座对谈的几位，都具有现代性的观念，都有现代性的诉求。但是我们的话语、我们的言说方式，却是一种民族性的表达，而不是在翻译西方的话语。这是一个很重要的维度。反过来讲，如果仅仅只有民族性的表达，而完全没有现代性的诉求，这其实就是刚才傅老师提到的一个词，叫作"儒家原教旨主义"。这就会导致我们刚才谈到的当前儒学、国学复兴当中出现的一些不良的，甚至危险的倾向。诸如恢复"三纲"之类，这实际上就是完全没有现代性诉求，而试图让我们中国人回到前现代的生活方式当中去。对这种原教旨主义的诉求，我刚才做了两个判断：价值上的判断是不应该，实情上的判断是不可能。所以，这是我这么多年建构"生活儒学"思想体系的宗旨所在，即现代性的诉求和民族性的表达，两个方面缺一不可。

## 五

顺便说一下，刚才李馆长反复谈到，我所说的"生活"不仅仅是现实的生活、形而下的生活，还有形而上的生活。我想做进一步的解释：我所说的"生活"不仅仅是形而下、形而上的生活，还有更加本源的、涵盖了形而下和形而上的生活。那么，我讲这个"生活"观念，它和我刚才谈的"生活方式"、历史形态的转化之间是什么关系呢？我讲的这个"生活"是前形上学的"存在"本身，即"生活"本身，而表现为形而下的"生活方式"的转换。在"存在"本身或者"生活"本身这个大本大源、源头活水上，运用我们的民族性表达，就是说，我们要根据新的生活方式、新的历史条件来重建儒学，不仅重建形上学，而且重建形下学，包括伦理学和政治哲学等。

刚才林老师谈到一个观点，大家可能没有注意，我非常喜欢他这个观点，就是说：他的老师和祖师爷的基本诉求是"内圣开出新外王"，而林老师超越了他的前辈，不仅仅要"新外王"，而且要"新内圣"，实际上是说，新的生活方式、新的历史条件对儒家"内圣"形成了的一个倒逼，迫使儒家的"内圣"方面也自我更新。其实，现代新儒家就是这样做的。在他们那里，不仅形下学，而且形上学层面也是重建的，根本不是传统儒学的那种形上学；这就是说，"内圣"方面也要现代化，要"新内圣"。我觉得这是一个很重要的观点，我在这里帮他再宣传一下。

我的"生活儒学"也是这样，这些年不仅花了比较大的精力和工夫去建构"中国正义论"①（这其实是形而下的伦理学原理，它可以导出现代性的政治哲学）；而且又花力气去重建儒家或中国的形上学——"变易本体论"②。"形上－形下"这个架构，出自《周易·系辞上》的"形而上者谓之道，形而下者谓之器"，这是两千年来的一个基本的思维架构，中西哲学其实都是这样；但我要强调的是，比"形上－形下"更本源的乃是"生活"本身或者"存在"本身。

这就是说，"形上－形下"这样的二级架构也是要被超越的。我们追问："形而上者"这样的存在者、"形而下者"这样的存在者何以可能？于是我们回到"存在"本身，我的表达就是回到"生活"本身。生活显现为不同的生活样态，这才是我刚才谈的"生活方式"问题。在生活样态的不同的显现当中，生成不同的主体性，新的主体性不断诞生；这个主体又反过来建构新的生活样态、生活方式：这个关系比较复杂，我概括为"在生活并且去生活"，叫作"生活的本源结构"③。

总之，简单说就是："生活→形而上的存在者→形而下的存在者"，这不再是"形上－形下"的二元架构，而是三级架构。这是我要补充的一点，就是反复强调"生活"的观念。谢谢！

# 六

（回答现场提问）：这位朋友提了一个特别有意思的问题，也是一个比较复杂的问题。中国现在放开了二胎，刚放开的时候，生育率有

---

① 黄玉顺：《中国正义论的重建——儒家制度伦理学的当代阐释》，安徽人民出版社，2013年；《中国正义论的形成——周孔孟荀的制度伦理学传统》，东方出版社，2015年。

② 黄玉顺：《形而上学的黎明——生活儒学视域中的"变易本体论"建构》，《湖北大学学报》2015年第4期。

③ 黄玉顺：《爱与思——生活儒学的观念》，四川大学出版社，2006年。

一个小小的峰值；但后来，生育率的统计数据还是上不去。而且很多专家分析，按照保持一个族群延续的基本生育率的规律，对于保证中华民族的族群延续来说，我们现在的生育率很危险。其实这不光是中国的问题，也是全世界的问题，特别是发达国家的问题。不难发现，越发达的地方，生育率越低。美国要特殊一点；特别是欧洲，问题比较严重，不结婚，或者结婚不生孩子的"丁克"（DINK）现象越来越普遍。

这确实是一个普遍问题。你把它提到"现代性"的高度，当然可以；但也可以说它是"后现代"现象，因为"现代性"的发生比较早，从西方来讲的话，比如刚才讲到的民族国家的建构，1648年的《威斯特伐利亚条约》是起点。现在西方思想领域讲"后现代状况"，生育率的问题其实就是后现代现象。但后现代和现代性并不是对立的，在某些方面甚至是一种深化，这个问题我就不展开谈了。我想说的是，你提的这个问题确实是非常深刻的，而且到目前为止还是一个无解的问题。之所以无解，就在于我刚才讲的：越发达或者越文明的群体，生育率反而越低，人们更少有生育的欲望；相反的情况，我就不说了。从长远来看，这似乎意味着：随着人口结构的改变，人类文明的趋向不是走高，而是走低。这确实是一个很严峻的问题。

但是，我说两点：

第一点：这并不是今天中国特有的问题。我们观察全球的历史，生育率与文明程度呈反比的现象，虽然是最近几十年才凸显出来的，但并不等于说以前没有这种现象。这其实是一种非常久远的现象，古代就存在这样的情况，虽然没有现在这么突出：有时候，文明程度越高，生活条件越好，生育率反而越低。这不仅仅是当下的现象，只不过今天特别凸显而已。但是，纵观人类文明的历史走向，你会发现，尽管从来就存在着这种现象，却不能说文明的总趋势是在走低。所以，我们是不是杞人忧天？大家确实很焦虑，但是从长远的历史趋势来观察，这个问题可能有它自然的解决方式。

第二点：这跟复兴儒学确实有关。儒家的传统恰恰是特别重视生育的，"不孝有三，无后为大"（《孟子·离娄上》）。但是，现代以来，儒家这个传统，不管在乡村，还是在城市，事实上在淡化，所以才会有出生率越来越低的问题。当然，还有其他一些社会原因。那么，今天我们复兴儒学，是不是可以把这个问题作为一个重大的课题来研究？这确实是今天儒学界应该思考的一个重大问题。但到目前为止，据我所知，在儒学圈里，以儒学的思想资源来正面讨论这个问题的，我还没见到。所以，你这个问题提得非常好。谢谢！

原文载于《衡水学院学报》2020年第6期。

黄玉顺（1957—），男，四川成都人，哲学博士，山东大学儒学高等研究院教授，博士生导师。

# 西汉礼学的分化与特征

任蜜林

一

对于西汉礼学传承,《汉书·儒林传》曰:

> 汉兴,鲁高堂生传《士礼》十七篇,而鲁徐生善为颂。孝文时,徐生以颂为礼官大夫,传子至孙延、襄。襄,其资性善为颂,不能通经;延颇能,未善也。襄亦以颂为大夫,至广陵内史。延及徐氏弟子公户满意、桓生、单资皆为礼官大夫。而瑕丘萧奋以礼至淮阳太守。诸言《礼》为颂者由徐氏。

所谓《士礼》十七篇指的就是现在的《仪礼》。从上可知,汉代的《仪礼》传自高堂生。徐生则因善于礼的实际运用而为礼官大夫,徐生然后传给其子孙。其孙徐襄、徐延以及徐氏弟子公户满意等皆为礼官大夫,萧奋则以礼为淮阳太守。可以看出,徐氏一系的礼学主要在于礼的实践方面,对于礼的理论方面则不甚精通。

这里有两个问题需要辨明:一是徐生所传是否来自高堂生?二是萧奋究竟是高堂生的弟子还是徐生的弟子?我们先来看第一个问题,从上面叙述来看,徐生与高堂生似乎属于不同系统。不过从《史记·儒林列传》《汉书·儒林传》来看,徐生所学应该源于高堂生。《史记·儒林列传》曰:"诸学者多言礼,而鲁高堂生最本。礼固自孔子时而其经不具,及至秦焚书,书散亡益多,于今独有《士礼》,高堂生能言之。而鲁徐生善为容。"《汉书·儒林传》曰:"汉兴,鲁高堂生传《士礼》十七篇,而鲁徐生善为颂。"这说明汉代礼学皆本自高堂生。此外,汉初传礼的还有叔孙通,其在汉高祖时采古礼与秦仪制定汉仪。徐生所传礼"颂(容)"①,与叔孙通所制汉仪同属礼的实践层面。如果其与高堂生没有关系,史书没必要把他们放在一起。因此,徐生的礼"颂(容)"也应源自高堂生,不过注重礼的运用而已。

对于萧奋与徐生和高堂生的关系,大体有两种看法:一种认为萧奋乃徐氏弟子。洪业说:

> 昔之人以为萧奋受礼于高堂生,故以二戴为高堂五传弟子。则未细读《史记》之过也。《史记》言,"奋以礼为淮阳太守"句前,叙徐氏弟子也。句后又云:"是后,能言《礼》为容者由徐氏焉。"是奋亦徐氏门徒,所传经亦徐氏之经也。太史公谓《礼经》之余者,独有《士礼》。又讥徐氏二孙未能尽通《礼经》。是《士礼》亦徐氏之经也。高堂生与徐氏之关系,不可得而考。然大、小戴所传之《礼》即《士礼》,可以无疑矣。②

洪氏所说的"昔之人"是指北齐熊安生对于郑玄《六艺论》"五传弟子"的解释:"则高堂生、萧奋、孟卿、后仓及戴德、戴圣为五也。"③ 在他看来,叙述"萧奋"前后皆与"徐氏"有关,因此,萧奋应为徐氏弟子。但又说高堂生与徐氏关系不得而知,这与其前面所说"《士礼》亦徐氏之经"又有些矛盾。既然汉初所传《仪礼》皆源自高堂生,那么徐氏礼"容"也必定依据高堂生的《仪礼》。

另一种看法认为萧奋乃是高堂生的弟子。除了熊安生外,任铭善、沈文倬等皆持此说。任铭善说:

---

① 三国魏苏林曰:"《汉旧仪》有二郎为此颂貌威仪事。有徐氏,徐氏后有张氏,不知经,但能盘辟为礼容。天下郡国有容史,皆诣鲁学之。"见[清]王先谦《汉书补注》,上海古籍出版社,2012年,第5449页。
② 洪业:《仪礼引得序》,见《洪业论学集》,中华书局,1981年,第43页。
③ 孔颖达:《礼记正义·序》,北京大学出版社,2000年,第10页。

> 汉儒传礼，自高堂生以下衍成二派：见于《汉书·儒林传》者，自萧奋、孟卿传之后仓，仓说《曲台记》数万言，传闻人通汉、戴德、戴圣、庆普。此讲说礼义为博士者也；徐生善为颂，孝文时为礼官大夫，传孙延、襄，襄善为颂，而不通经，延颇能而未善，并传其业。此以礼容为世业者也。①

此把西汉礼学分为"礼义"和"礼容"两派，并且都源自高堂生，萧奋属于前者。沈文倬也有着类似的看法。在他看来，汉代《礼经》书本的传授与汉仪的善容分别传授，是两个并列的系统：徐生、徐延、徐襄和徐氏弟子以及张氏都是传"容"的，而高堂生和萧奋是传《礼经》书本的。传"容"的一系比较清楚，而传"礼"的一系则不甚明确。因此，沈文倬对洪业的说法提出了批评，其理由主要基于以下三点：一是徐生及其子孙、弟子皆"以容"，而萧奋言"以礼"，二者传授至为显明，不应混谈，说明萧奋不是"传容"的学者；二是萧奋传孟卿，孟卿传后仓至为清楚，后仓是《礼经》大师，容与礼属于不同系统，则萧奋不应属于徐氏弟子；三是从史书"而徐生善为容""而瑕丘萧奋以礼为淮阳太守"来看，两"而"字都属于转折词，用以分别礼与容，非常清楚②。最后沈氏还引用了郑玄《六艺论》"传《礼》者十三家，唯高堂生及五传弟子戴德、戴圣名在也"以证萧奋是高堂生的一传弟子。其实从郑玄所说，并不能推断萧奋为"一传弟子"，因为如此推论，"戴德、戴圣"仅为四传。这样看来，郑玄并未把萧奋当作高堂生的弟子。

其实《史记·儒林列传》《汉书·儒林传》对于上面的记载虽然不那么明显，但还是比较清楚的。史书叙述礼学虽然有"礼颂"和"礼"的不同，但二者并非割裂关系。其说"汉兴，鲁高堂生传《士礼》十七篇，而鲁徐生善为颂"。"而"字并没有否认徐生与高堂生的关系，而是说明徐生善于根据《仪礼》"为颂"，从其后学来看，他们虽然"善为颂"，但并非不能通经。"而瑕丘萧奋"是接着徐氏子孙、

---

① 任铭善：《西京学三论》，《江苏学报》1945年第1卷第1期。
② 沈文倬：《菿闇文存》，商务印书馆，2006页，第535—536页。

弟子讲的，其无论如何转折，也不能上接到高堂生那里。因此，萧奋应该是徐生的弟子。这样也符合郑玄所说的"五传弟子"，徐生为一传，萧奋为二传，孟卿为三传，后仓为四传，戴德、戴圣为五传。

对于萧奋以后的传承，《汉书·儒林传》曰：

> 孟卿，东海人也。事萧奋，以授后仓、鲁间丘卿。仓说《礼》数万言，号曰"后氏曲台记"，授沛闻人通汉子方、梁戴德延君、戴圣次君、沛庆普孝公。孝公为东平太傅。德号大戴，为信都太傅；圣号小戴，以博士论石渠，至九江太守。由是《礼》有大戴、小戴、庆氏之学。通汉以太子舍人论石渠，至中山中尉。普授鲁夏侯敬，又传族子咸，为豫章太守。大戴授琅邪徐良斿卿，为博士、州牧、郡守，家世传业。小戴授梁人桥仁季卿、杨荣子孙。仁为大鸿胪，家世传业，荣琅邪太守。由是大戴有徐氏，小戴有桥、杨氏之学。

萧奋传孟卿，卿传后仓、间丘卿，仓传通汉子方、戴德、戴圣、庆普，于是《礼》有大戴、小戴、庆氏之学。庆普传夏侯敬、庆咸。大戴传徐良，是为徐氏学。小戴传桥仁、杨荣，是为桥、杨之学。这是礼学在西汉中后期的基本传承。

从上可知，在西汉中后期，礼学传承都出于萧奋一系。在徐氏弟子中，萧奋或许是个异数。其他弟子皆为礼官大夫，独萧奋出为淮阳太守。所谓礼官大夫主要看重的是礼"颂（容）"的一面，也就是礼的实际操作层面。萧奋没有当上礼官大夫，或许因为其对礼的实际运用并不注重。萧奋的兴趣可能在于礼的理论方面，因此，《儒林传》说他以"礼"而不以"颂"至淮阳太守。这里的"礼"应该不仅包括礼的运用方面，而且也应包括礼的理论方面。因此，萧奋一系的礼学后来在理论上能够有所创新。

## 二

萧奋传礼于孟卿。孟卿不仅是礼学大家，而且是春秋学的重要人物。其传《春秋》于疏广，传礼于后仓。《汉书·儒林传》曰："世所传《后氏礼》《疏氏春秋》，皆出孟卿。"后仓不仅传《礼》，而且传《诗》，其诗学源自夏侯始昌。我们知道，夏侯始昌精通五经，是诗学和尚书学的主要传承人物。可以看出，后仓之学的来源颇为繁杂，其中既有礼学、春秋学，又有诗学和尚书学。而春秋学、尚书学都有讲阴阳灾异的传统，这对于礼学应该有非常重要的影响。后仓的"后氏曲台记"应该受到这些思想的影响。

"后氏曲台记"，据《汉书·艺文志》有"《曲台后仓》九篇"，颜师古引如淳注曰："行射礼于曲台，后仓为记，故名曰《曲台记》。"颜师古在《汉书·儒林传》中引服虔注曰："在曲台校书著记，因以为名。"王应麟曰："《七略》云：'宣皇帝时行射礼，博士后仓为之辞，至今记之，曰《曲台记》。'"据此可知，"曲台"乃地名。从《曲台记》佚文来看，其所记并非仅有射礼而已①。据沈文倬考证，后仓在汉武帝末年已经立于学官，其说："所谓'后仓最明'，就是后仓以前没有立于学官；而后仓也只有编撰了《曲台记》之后，才得以完成师法，故立学已在武帝末年。"② 后仓《曲台记》已佚，其内容不得而知。有学者认为，后仓之说乃推衍高堂生以来十七篇之义。任铭善说："《汉志》云：'后仓推士礼以至于天子。'则仓所记，推衍高堂生以来十七篇之义者也。《曲礼》或即后仓九篇之书，以其说于曲台，故曰曲；或以其数万言，曲尽礼义，多引古说，故曰曲。其书既不传，无可考验矣。"③ 任氏所说有一定道理，从其后仓"曲台记"篇数来看，其应是解说《仪礼》之作，至于是否现存《礼记》中的《曲礼》则不易断定。

后仓又传闻人通汉、戴德、戴圣、庆普等人。据《汉书·艺文志》，戴德、戴圣、庆普皆立于学官。然《汉书·儒林传》《后汉书·儒林列传》皆言《礼》博士只有大、小戴两家。王国维说："案后汉初曾置庆氏《礼》，当时为《礼》博士者，如曹充，如曹褒，如董钧，

---

① 洪业：《洪业论学集》，中华书局，1981年，第43页。
② 沈文倬：《菿闇文存》，商务印书馆，2006年，第558页。
③ 任铭善：《礼记目录后案》，齐鲁书社，1982年，第6页。

皆传庆氏《礼》者也。传二戴《礼》而为博士者，史反无闻。疑当时《礼》有庆、大、小戴三氏，故班氏《艺文志》谓《礼》三家皆立于学官，盖误以后汉之制本于前汉也。"① 对于王氏这种说法，沈文倬提出异议，认为如果如此，则东汉初应有十五博士而非十四博士。他进而指出，"董钧三人'习庆氏《礼》'而熟习汉代新仪，彼等被'征拜博士'，无疑像叔孙通那样，担任了太常的汉仪博士而不是《五经》的《礼》博士，所以东汉《五经》十四博士没有庆氏。"并由此推断庆氏所任也是汉仪博士②。沈氏所说亦属推测之词，因此庆氏是否在西汉后期立为博士尚有疑问。

  不管庆氏当时是否立为博士，其在西汉后期与大、小戴并立为三，有着很大影响，则无疑问。此点在东汉初年尚能看出，当时董钧、曹充、曹褒等传庆氏《礼》即是明证。大戴、小戴、庆氏所传虽然有异，但其所传皆是《仪礼》，而且他们之间的差异多为篇目编排次序上的，基本内容应无大异。在郑玄《三礼目录》中，尚能见到大戴、小戴以及刘向三家传本的《仪礼》篇目次序。沈文倬据此断定，大戴之本用的是后仓篇次，即高堂生传下来的原编次第。而小戴则对十七篇次第重新编排③。王葆玹则认为《礼经》的小戴传本，即西汉官方的礼学传本，即以后仓为依据的传本④。由于没有相关文献支持，并不能对此二说做出判断。1959年，甘肃武威县出土了一批关于《仪礼》的竹简、木简。陈梦家认为，"武威本既不是两戴本或《别录》本、郑注本，那么它最可能的只是庆氏本了"⑤。沈文倬则认为"此汉简为《礼》今文、《礼》古文以外之古文或本也"⑥。不论其是何本，但可以肯定的是，除了篇目编排外，在文字内容上其与传世

---

① 王国维：《观堂集林》，中华书局，1959年，第186页。
② 沈文倬：《菿闇文存》，商务印书馆，2006年，第553—554页。
③ 沈文倬：《菿闇文存》，商务印书馆，2006年，第530页。
④ 王葆玹：《今古文经学新论》，中国社会科学出版社，2004年，第306页。
⑤ 中国科学院考古研究所、甘肃省博物馆编：《武威汉简》，中华书局，2005年，第14页。
⑥ 沈文倬：《菿闇文存》，商务印书馆，2006年，第59页。

本并无太大差别。陈梦家说:"当我们比较武威竹木简与今本大致相同时,表明它们所祖是同一师法的十七篇本子。"①

可见,西汉今文礼学虽然有大戴、小戴、庆氏的分派,但在《仪礼》内容上并没有太大的差别,其共同的特点都是"推士礼而致天子之说"(《汉书·艺文志》)。现存《仪礼》十七篇以及汉简《仪礼》中均无专门论述"天子礼"的篇目。因此,刘歆批评今文礼学"有乡礼二、士礼七、大夫礼二、诸侯礼四、诸公礼一,而天子之礼无一传者"②。王充亦云:"案今礼不见六典,无三百六十官,又不见天子。天子《礼》废何时?岂秦灭之哉?"(《论衡·谢短篇》)这里说的"天子之礼"并非指对于天子仪容等具体礼节的要求,而是指封禅、辟雍、巡狩等国家大事③。

这种情况到了《礼古经》的发现才有所改善。《汉书·艺文志》曰:"《礼古经》者,出于鲁奄中及孔氏学,七十篇文相似,多三十九篇。及《明堂阴阳》《王史氏记》所见,多天子、诸侯、卿大夫之制,虽不能备,犹瘉仓等推士礼而致于天子之说。"据《汉志》,"《礼古经》五十六卷,《经》七十篇。《记》百三十一篇。《明堂阴阳》三十三篇。《王史氏》二十一篇。《曲台后仓》九篇。《中庸说》二篇。《明堂阴阳说》五篇"。两处所说"七十篇"皆"十七篇"之误。据史书记载,在西汉先后有几次关于获得《礼记》先秦古书的记载:一是汉景帝时河间献王从民间所得。"献王所得书,皆先秦旧书,《周官》《尚书》《礼》《礼记》《孟子》《老子》之属,皆经、传、说、记,七十子之徒所论"(《汉书·景十三王传》);二是鲁恭王坏孔子宅所得。"武帝末,鲁共王坏孔子宅,欲以广其宫而得《古文尚书》,及《礼记》《论语》《孝经》凡数十篇,皆古字也"(《汉书·艺文志》);还有一次就是王充说的"宣帝时河内女子发老屋,得佚《礼》一篇"(《论

---

① 中国科学院考古研究所、甘肃省博物馆编:《武威汉简》,中华书局,2005年,第14页。
② 王应麟:《汉书艺文志考证》,中华书局,2011年,第305—306页。
③ 王葆玹:《今古文经学新论》,中国社会科学出版社,2004年,第309—310页。

衡·谢短篇》)。可见，汉初所传的《仪礼》并不完整，仅发现的《礼古经》就比其多出三十九篇。除了《仪礼》之外，西汉礼学方面的古书最多的就是《礼记》了，仅《汉志》所记就有"百三十一篇"，加上《明堂阴阳》等则多达两百余篇。既然西汉今文礼学在《仪礼》思想内容上并无太大差别，那么能反映各家礼学特征的就只能是《礼记》了。

## 三

现存《礼记》有两种，一是《礼记》（即所谓的《小戴礼记》），一是《大戴礼记》。《汉志》对于此二书并未著录，它们最早见于郑玄《六艺论》，其说"戴德传《记》八十五篇，则《大戴礼》是也；戴圣传《记》四十九篇，则此《礼记》是也"。因此，有很多学者认为现在流行的二戴《礼记》并非大、小戴所编，而是出于后人之手。洪业认为二戴《礼记》出于后汉《礼记》博士。其根据许慎《五经异义》所引《礼记》说："观其二戴之异称，不曰戴德、戴圣；不曰大戴、小戴；而仅有'礼戴'与'大戴'之殊：颇使人疑其初先有《礼戴记》而后有《大戴记》。大之者，以其书中所收辑者，较戴《记》为多耳。'大戴礼'者，犹云'增广戴礼'欤？孔颖达引郑玄《六艺论》云：'戴德传记八十五篇，则《大戴礼》是也；戴圣传礼四十九篇，则此《礼记》是也。'可见郑玄之时，尚无'小戴礼'之称。疑四十九篇《小戴礼》之称，殆起于东汉之后。"[①] 蔡介民说："班固前已有类似今之《礼记》之礼学丛书，可以断言。不过其内容，繁驳不纯，《汉志》《隋志》等所谓《古礼记》《古文记》者，即是此书。至于东汉末年马融、卢植等，重加删定，益简蠲繁，以成今之四十九篇之《礼记》。"[②] 钱玄亦说："现代的大小戴《礼记》，其成书既不在西汉，

---

① 洪业：《洪业论学集》，中华书局，1981年，第218—219页。
② 蔡介民：《礼记成书之时代》，《新东方》1940年第1期。

则必在东汉。"① 其理由主要基于以下两点：一是河间献王所献进入秘府，一般人所不能见，至刘歆校书始出，因此二戴不可能删除刘歆所校之《古礼记》。二是二戴是今文经学，《古礼记》为古文，因此二戴不可能从古文中编选今文《礼记》。对于后者，洪业亦持同样理由。此点杨天宇已经辨明，不必赘言②。至于前者，刘向时已经开始校书，而二戴的生活时代与刘向差不多同时。至于洪业所说的当时并没有大、小戴之名，只有"礼戴""大戴"之称，显然比较牵强。许慎所引与郑玄一致，恰恰反映了当时二戴《礼记》确实存在，至于是否称作大、小戴《礼记》并不重要。而且东汉初年已经有小戴《礼记》的流传，如曹褒"又传《礼记》四十九篇"（《后汉书·曹褒传》）、桥仁"从同郡戴德学，著《礼记章句》四十九篇，号桥君学"（《后汉书·桥玄传》）。因此，我们没有充足的理由怀疑戴德、戴圣编选大、小戴《礼记》的说法。

对于大、小戴《礼记》的关系，有两种看法：一种认为戴德从《古礼记》二百多篇中删取八十五篇为《大戴礼记》，戴圣又从《大戴礼记》的基础上删取四十九篇为《小戴礼记》，晋人陈邵、《隋书·经籍志》皆持此说；一种不信小戴删大戴之说，认为二书皆从多种《古礼记》删取而成，如戴震、陈寿祺等人③。由于现存《大戴礼记》只存三十九篇，其余诸篇已经佚失，我们无从断定二戴《礼记》关系如何。不过二戴《礼记》大都辑自河间献王、孔壁等发现的《古礼记》则无疑问。

到了西汉后期，礼学分化出戴德、戴圣、庆普三个学派，说明他们之间的思想有着很大不同。三家通过《仪礼》立于学官，他们在《仪礼》篇目次序上虽有所不同，但这不是造成他们分化的主要原因。

---

① 钱玄：《三礼通论》，江苏古籍出版社，第39页。
② 杨天宇：《郑玄三礼注研究》，天津人民出版社，2007年，第134页。
③ 关于这两种说法的详细情况，可参看皮锡瑞《经学通论》（第248—250页）、洪业《洪业论学集》（第208—212页）、钱玄《三礼通论》（第36—38页）、杨天宇《郑玄三礼注研究》（第128—131页）等书的相关研究。

沈文倬说："戴德、戴圣所据经本都是后仓所传之本，文字并无异同。二戴是辑录古'记'替代解说来建立家法的，二家所辑不同，导致对十四个典礼和一篇《丧服》（即《礼经》十七篇）构成系统的认识就不一样，因而在篇目次第的编排上也不一致，这倒表现了他们'别其家法'的意思。"① 可见戴德、戴圣以及庆普三家礼学的主要区别在于《礼记》上。庆普没有编排《礼记》，说明其在礼学理论上并无创新，应该属于后仓礼学中固守师法的一派。二戴《礼记》虽然所辑依据和内容不同，但都反映了他们对于当时礼学进行了不同程度的革新。前面说过，今文礼学之所以受到刘歆等古文学家的批评就在于其缺少"天子之礼"，即缺乏对封禅、明堂、辟雍等国家大事的了解。从东汉传庆氏礼的曹褒制礼来看，其虽然"撰次天子至于庶人冠婚吉凶终始制度"（《后汉书·曹褒传》），但仍然缺少对封禅、辟雍、巡狩等"天子之礼"的规定。而在现存的二戴《礼记》中，则有与辟雍相关的明堂制度的论述，这至少表明二戴礼学中的部分内容与"天子之礼"有关。这或许是他们与庆氏礼学的不同所在。

就来源上讲，二戴《礼记》虽然源于河间献王、孔壁等发现的古书，但这些古书一开始并不具有古文经学的特征。其实从内容上讲，其还包含了一些与今文经学相似的内容，如《明堂阴阳》等。据《汉志》，当时除了"《记》百三十一篇"外，还有"《明堂阴阳》三十三篇。《王史氏》二十一篇。《曲台后仓》九篇。《中庸说》二篇。《明堂阴阳说》五篇"。这些书中，有些是先秦古书，如《明堂阴阳》《王史氏》等，有些则是汉儒所作，如《曲台后仓》《中庸说》《明堂阴阳说》等。可以看出，关于"明堂"的文献就多达三十八篇之多，这在当时礼学中占有的分量是相当大的，这也反映出汉儒对此方面内容的重视以及汉代礼学的特征。皮锡瑞曰："汉有一种天人之学，而齐学尤盛。《伏传》五行，《齐诗》五际，《公羊春秋》多言灾异，皆齐学也。《易》有象数占验，《礼》有明堂阴阳，不尽齐学，而其旨略

---

① 沈文倬：《菿闇文存》，商务印书馆，2006年，第556页。

同。"① 可见，礼学的明堂阴阳思想与《春秋》公羊学的灾异思想、齐诗学的"五际"说、易学的象数思想一样，同样反映了西汉今文经学的思想特征。

本文为"2020 中国·衡水董仲舒与儒家思想国际学术研讨会"提交的论文。

任蜜林（1980—），男，山西曲沃人，哲学博士，中国社会科学院哲学研究所副研究员。

---

① 皮锡瑞：《经学历史》，中华书局，2004 年，第 68 页。

# 两汉儒学家庭人际关系理念的变迁与实践
## ——以夫妻关系为视角

张志娟　乔彦贞

家庭中重要的人际关系便是父子关系（本文皆指父母与子女的关系）、夫妻关系，在我们所熟知的封建社会是遵从父尊子卑、夫尊妻卑之礼而形成家庭人际关系的。但是，儒学关于"父为子纲""夫为妻纲"的家庭人际关系理念的形成并非一朝一夕之事，而是在经历了一定的历史发展过程逐渐形成的，汉代就是儒学家庭人际关系理念发生转变的关键时期。在诸多因素的影响下，汉初生活实践了先秦儒学父慈子孝、夫和妻柔的家庭人际关系理念。至汉代后期，儒学关于家庭人际关系的理念逐渐转变为单向的父权制、家长制，男性长辈在家庭中拥有绝对的权威。本文以两汉儒学夫妻关系理念的变迁为视角，从生活、婚姻的角度考察儒学影响下两汉夫妻关系的实态，并以此为线索探究两汉儒学家庭人际关系理念变迁的原因。

## 一、儒学双向夫妻关系的理念

（一）汉初儒学双向夫妻关系理念的形成

首先，从汉朝建立之初至汉武帝独尊儒术止，在此期间，儒学基本承继了先秦儒学的理念。这是由于汉初统治者为休养生息，采用"无为而治"的黄老之学，在思想上给予先秦儒学生存的空间。其次，秦汉是分异盛行的历史时期，故而造就汉初的家庭形态以小家庭为主，生产力水平低下，在家庭人员较少的情况下，女性农忙时参加农业生产活动，如刘邦之妻与其耕地、庞公夫妻共耕于垄上、妻子耕耘于前。农闲时女性要从事纺织。《汉书·食货志上》载："冬，民既入，妇人同巷，相从夜绩，女工一月得四十五日。必相从者，所以省费燎火纺绩，同巧而合习俗也。"[1]1121女性在家庭内外的生产活动中发挥了重要的作用，同时汉代女性经济地位较高，为先秦儒学相对平等的夫妻关系理念在汉初的延续提供了稳定的家庭基础与经济基础。再次，汉代人口税之下，女性也是国家重要的税收来源，同时还承担着国家的徭役，汉惠帝三年春，征"发长安六百里内男女十四万六千人城长安，三十日罢"[1]89，汉惠帝五年"复发长安六百里内男女十四万五千人城长安，三十日罢"[1]90。可见，女性亦承担着国家的徭役，而女性也因此获得了相对较高的社会地位。加之，汉初去古未远，社会风气开放，为先秦儒学的双向夫妻关系理念在汉初的继承与发展提供了良好的社会环境。在诸多因素的影响下，使得汉初儒学整体上继承了先秦儒学的理念，正如徐复观所言："在董仲舒以前，汉初思想，大概是传承先秦思想的格局。"[2]182

先秦儒学将夫妻关系视为重要的人伦关系，孔子认为："夫妇别，父子亲，君臣严，三者正，则庶物从之矣。"[3]569孟子提出："男女居室，人之大伦也。"[4]209夫妻关系作为人伦关系的基础，对维护家庭和谐、社会稳定具有重要作用，故而历来受到各方的重视。汉平帝将夫妻关系的和谐与否视为父子相亲、人伦和谐的基础，故曰："盖夫妇正，则父子亲，人伦定矣。"[1]356夫妻关系作为家庭人际关系的核心，重要性不言而喻。何为夫妻？《礼记·郊特牲》言："出乎大门而先，男帅女，女从男，夫妇之义由此始也。"[3]304男娶女嫁，双方遵循嫁娶之礼，从男子带领女子离开幼年所生活之家门始，夫妇之义便由此而始。何为夫？何为妻？《荀子·君道》言："请问为人夫？曰：致功而不流，致临而有辨。请问为人妻？曰：夫有礼，则柔从听侍，夫无礼，则恐惧而自竦也。此道也，偏立而乱，俱立而治，其足以稽矣。"[5]190—191大意是如果丈夫的待妻之道是礼，妻子的待夫之道则是柔，有夫之礼，则有妇之柔，如若丈夫无礼，妻子无须再以柔待夫，只需保持尊敬，而非一味地柔弱顺从。孔子认为夫妻关系中，丈夫要尊重妻子，故曰："昔三代明王，必敬妻子也，盖有道焉。"[6]31孟子认为夫妻关系中"夫之有道"是"道行于妻子"的前提，"身不行道，不行于妻子；使人不以道，不能行于妻子"[3]327。先秦儒学的夫妻关系整体呈现出相对平等、相互尊重的状态。

贾谊继承并发展了先秦儒学对人伦关系的规定。他指出："君仁臣忠，父慈子孝，兄爱弟敬，夫和妻柔，姑慈妇听，礼之至也。君仁则不厉，臣忠则不二，父慈则教，子孝则协，兄爱则友，弟敬则顺。夫和则义，妻柔则正，姑慈则从，妇听则婉，礼之质也。"[7]239汉初，贾谊所主张的君臣、父子、兄弟、夫妻等人伦关系实则是一个相对平等的双向互动关系，先有君之仁，则有臣之忠；有父之慈，则有子之孝；有兄之爱，弟则敬之；丈夫温和，妻子则柔顺。如夫不和，则妻不柔，婚姻关系则无继续之必要，"夫妇之道，有义则合，无义则离"[1]3355，夫妻之间以恩义而好合，如楚挞谴呵常伴，那夫妻之间恩义已俱废，夫妻无义则离。

（二）双向夫妻关系理念下的生活实态

汉初，双向夫妻关系理念下的家庭生活表现为夫妻地位相对平等，夫妻之间相互尊重，并且在汉初的政治生活与社会生活也有所体现。

儒学双向夫妻关系理念在家庭生活上表现为夫妻同甘共苦、相互尊重。如：司马相如与卓文君的爱情故事，卓文君为了司马相如抛弃了富家千金锦衣玉食的生活，在与司马相如私奔后，在临邛开酒馆，"文君当卢。相如身自著犊鼻裈，与庸保杂作，涤器于市中"[1]2530-2531，夫妻两人共渡难关。《后汉书》记载了樊英的待妻之道便是对妻子的尊重。据记载，樊英生病，妻子派遣奴婢询问，樊英下床答拜，陈实感到奇怪而问之缘由，樊英回答道，我的妻子与我共同祭祀祖先，下床答话，这是出于对妻子的尊重。再如梁鸿与其妻相互尊重，更是留下了举案齐眉的千古佳话。

儒学双向夫妻关系下夫妻地位相对平等，在家庭生活中表现为夫义妇听、妇义夫听。千金小姐桓少君在嫁予鲍宣时,其父准备了丰厚的嫁妆,鲍宣对此表示十分不悦,桓少君对曰:"大人以先生修德守约,故使贱妾侍执巾栉。既奉承君子,唯命是从。"[8]643 遂更换粗布短衣与鲍宣同归乡里。平等的双向夫妻关系不仅表现为夫义妇听,也表现为妇义夫听。如乐羊子路得遗金,其妻曰:"妾闻志士不饮'盗泉'之水,廉者不受嗟来之食,况拾遗求利,以污其行乎!"[8]646 乐羊子听闻妻子所言,大惭形秽,遂将金捐出后外出游学。

双向夫妻关系不仅表现在家庭生活中,在政治生活与社会生活中也有所体现。政治生活上表现为妻子享有爵位继承权,夫妻之间"共牢而食,同尊卑"[3]304,妇人虽然无法依靠功勋来获得爵位,但是可以继承丈夫的爵位,坐丈夫之齿。法律上承认妇女的爵位继承权,《置后律》简三七二载:"女子比其夫爵。"[9]183 大意是女子可以按照丈夫去世时的标准承袭丈夫的爵位,从法律的角度维护了女子的爵位继承权。社会生活上表现为女性可以参加社会娱乐活动。《汉书·地理志》记载:"有桑间濮上之阻,男女亦亟聚会,声色生焉。"[1]1665 正是男女共同参与聚会,并在聚会上同乐的场景。

(三)双向夫妻关系理念下的婚姻自由

夫妻关系的核心就是婚姻关系,儒学双向夫妻关系的理念在婚姻中表现为婚姻自由。

相对平等的双向夫妻关系在婚姻缔结上表现为男女婚配的自由。如《风俗通》载:"齐人有女,二人求之,东家子丑而富,西家子好而贫,父母疑不能决,问其女定其欲适。"[10]433 在婚姻大事上,不仅有父母之命、媒妁之言,当父母不能决之时,会征求女儿的意见,女子拥有对自己婚姻的发言权与部分决定权。《后汉书·梁鸿传》载西汉末年孟氏家有一女,三十而不嫁,父母问其故,女欲嫁与贤良如梁鸿者。孟氏之女对自己婚姻的主导,最终使得她如愿嫁与梁鸿。

相对平等的双向互动夫妻关系在婚姻解除上表现为离婚之风盛行。西汉大臣孔光言:"夫妇之道,有义则合,无义则离。"[1]3355 西汉离婚之风盛行,夫妻双方皆有离婚的权利。据《汉书》记载,朱买臣家贫,又爱好读书,且不擅于经营家业,只得以卖柴维持生活,并且朱买臣喜欢在路上大声诵书，其妻阻止，朱买臣却越是大声，其妻羞愧而求去，朱买臣不能留，遂听其妻，乃去。不管朱买臣之妻子是因家贫还是因朱买臣诵书觉得羞愧，总之，二者婚姻关系的解除是其妻主动提出并得以实现的。《汉书》载，淮南王欲谋反，但是害怕太子妃得知内情而泄露计划，遂与太子商量，诈不爱，故太子三个月不与太子妃同席，太子妃乃求去，虽然是淮南王与太子策划，但是太子妃主动提出解除婚姻关系。无论是身为平民的朱买臣之妻，还是身为贵族阶层的太子之妻，女性都有提出解除婚姻关系的权利。对于汉代男性而言，行使离婚权利的主要方式是"七出"，《大戴礼记·本命篇》云："妇有七去：不顺父母去，无子去，淫去，妒去，有恶疾去，多言去，窃盗去。"[11]469

相对平等的双向互动夫妻关系在婚姻解除上也表现为改嫁之风盛行。"夫死无男，有更嫁之道也。"[12]165汉代女子改嫁较为普遍，为社会所接受。如，张耳之妻为外黄富人之女，甚美，曾嫁与庸奴，夫死后，其父之客为其觅得良君，遂嫁与张耳。外黄富人之女改嫁张耳，是其父之客扮演了媒人的角色，充当了二者婚姻的联系人，从而成全了这段美好的姻缘。当时人们并未对外黄富人之女改嫁的现象进行非议，反而是积极成全，可见妇女改嫁在汉代是一件很平常之事。不仅如此，女性改嫁的次数亦没有限制，可以改嫁一次两次甚至更多次。如，陈平之妻五次嫁人，夫死，人皆不敢娶，第六次才嫁与陈平为妻。再如，苏武北去匈奴多年，其妻改嫁。据《奏谳书》简一九六记载："夫死而妻自嫁，取者毋罪。"[13]227可见，夫死改嫁，妇女及娶者皆无罪，从法律的角度肯定了女性改嫁的权利。

传统儒学下的夫妻关系所体现的婚姻自由并非只体现在女性结婚、离婚、改嫁之自由，男性与女性相比，拥有更为广泛的权利，汉代一夫一妻多妾制下，男子可以广蓄姬妾，在婚姻解除上，男子享有"七出"的权利。在婚姻关系中虽然双方都享有一定的权利，实际上男性远远大于女性，但是在传统儒学影响下，汉初，夫妻之间相互尊重，总体呈现出"夫和妻柔、夫义妇听"的双向互动关系。

## 二、汉代儒学夫妻关系理念的转化

（一）儒学单向夫妻关系理念的形成

首先，自汉武帝独尊儒术始，儒学的地位发生根本性变化，为适应封建统治，儒学对夫妻关系的诠释也出现了新的变化。其次，至汉代后期，家族势力的发展促使女性地位下降，为儒学单向夫妻关系的发展提供了有利的家庭背景。再次，统治者欲以夫权的强化形成稳定的家庭，为孝伦理服务，从而达到忠君的目的，为儒学的转化提出了现实的要求。因此，在诸多因素的影响下，汉代儒学平等互动的双向夫妻关系理念开始向单向夫妻关系发展。

自董仲舒提出"夫为妻纲"始，平等的双向夫妻关系理念开始向片面化发展，董仲舒以阴阳之论来构建汉代人伦关系，他提出夫妻、父子、君臣之合皆属于阴阳之合，将人伦关系与阴阳之论相结合，以儒家天人合一的思想来构建汉代人伦关系，分别赋予君、臣、父、子、夫、妻以阴阳之角色，提出"君为阳，臣为阴；父为阳，子为阴；夫为阳，妻为阴"[14]305。在此基础上刘向提出贵阳贱阴论，"阳贵而阴贱，阳尊而阴卑，天之道也"[15]450。在提高丈夫地位的同时，贬低妻子的地位；在强化夫权的同时，妻权越来越弱化，使得传统儒学下的双向互动夫妻关系向片面化发展。将男尊女卑的地位固化的同时，董仲舒进一步提出："天子受命于天，诸侯受命于天子，子受命于父，臣妾受命于君，妻受命于夫，诸所受命者，其尊皆天也，虽谓受命于天亦可。"[14]343赋予夫权以神秘色彩，以夫妻关系来实践儒家天人合一的理论，为夫妻关系的绝对片面化披上了天人感应神秘的外衣，使"夫为妻纲"理论得以形成。

董仲舒为"夫为妻纲"的单向夫妻关系披上神秘外衣，却未将其发挥，《白虎通》担当了将"三纲"之说发挥的重任，将"三纲"之说发展为"三纲六纪"，"三纲者，何谓也？谓君臣、父子、夫妇也。六纪者，谓诸父、兄弟、族人。……君为臣纲，父为子纲，夫为妻纲"[16]58，将"夫为妻纲"的理论固化，进而从多角度阐述，在夫权不断强化的同时,使得夫妻关系向片面化发展并逐渐深入。

班昭以自己为人妻的经验,来教育自己的女儿如何为人妇,为未来出嫁的女儿作《女诫》,将"三从四德"做了具体的描述,她认为所谓妇德,指女子不必聪慧过人;妇言,指女子不必能言善辩;妇容,指女子不必容貌美丽;妇功,指女子不必工巧过人。班昭认为女子卑弱第一,夫妻之间,妻子要绝对听从丈夫,正所谓"敬顺之道,妇人之大礼"[17]2。同时,对女性贞洁提出了绝对的要求,倡导"夫有再娶之义,妇无二适之文,故曰:夫者,天也。天固不可逃,夫固不可离也"[17]3。使得夫权不断强化,妻子地位逐渐下降。正如陈东原先生所说:"男尊女卑观念,夫为妻纲的道理和三从四德的典型,虽然是早就有的,但很散漫,很浮泛。就是刘向的《列女传》也不过是罗列一些事实,做妇女生活的标准。班昭的《女诫》才系统地把压抑妇女的思想编纂起来,使之成为铁锁一般牢固。套上了妇女们的颈子。"[18]47-48夫尊妻卑的单向夫妻关系在经过班昭的自我认同后,成为对女性教育的范本,使得"夫尊妻卑"的单向夫妻关系逐渐成为社会的主流。

(二)单向夫妻关系理念下的家庭生活

单向夫妻关系理念下的家庭生活主要表现为丈夫对家庭财产的绝对支配权,丈夫对妻子的控制权及夫妻法律地位不平等。

丈夫对家庭财产的控制权。以往学者多用《后汉书》中吴汉尝在外出征,其妻在家买田的事件说明女性在家庭中享有财产支配权,但是未联系上下文做具体分析,分析后可知,丈夫不在家时,家中产业无人照管,妻子享有对财产的支配权,但是夫妻同在,则丈夫拥有对财产的绝对支配权。《后汉书》记载,吴汉在外出征,妻子而后买田业。后来"汉还,让之曰:'军师在外,吏士不足,何多买田宅乎!'遂尽以分与昆弟外家"[8]341。丈夫出征后,其妻子可以买田,但丈夫返家之后,将妻子置办的家业分与昆弟,还责怪其妻"军师在外,吏士不足,何多买田宅乎!"由此可见,在家庭生活中,丈夫处于一家之主的地位,当丈夫不在家中时,妻子尚有对家庭财产暂时的支配权,但是,夫妻同在,丈夫享有对家庭财产的绝对支配权。

丈夫对妻子的人身控制权。首先,体现在对妻子行为的控制,即要求妻子对丈夫的绝对顺从,要求女性"既嫁从夫,夫殁从子也"[16]78。妻子在家庭中地位不断下降与物品等同,《后汉书·赵咨传》载:"盗尝夜往劫之,咨恐母惊惧,乃先至门迎盗,因请为设食,谢曰:'老母八十,疾病须养,居贫,朝夕无储,乞少置衣粮。'妻子物余,一无所请。"[8]289其次,表现为丈夫对妻子人身自由的控制,民间卖妻现象普遍存在。贾捐之曾表现出对民间嫁妻卖子现象的担忧,他在给汉元帝的上疏中讲道:"人情莫亲父母,莫乐夫妇,至嫁妻卖子,法不能禁,义不能止,此社稷之忧也。"[1]2833嫁妻卖子这一现象法律不能禁止,道义无法阻止,可见卖妻卖子之风的盛行,这一现象已经威胁到了统治,以至于光武帝针对这一现象曾下诏曰:"民有嫁妻卖子欲归父母者,恣听之,敢拘执,论如律。"[1]30由此可见卖妻现象之普遍。女性从嫁入夫家开始,要遵从"既嫁从夫"的道德伦理,对丈夫顺从,对姑婆孝顺,谨慎家事,在家庭穷困之时,甚至会被当作物品一般买卖,可见女性在家庭中地位之低,与汉初相比较,女性受到的压迫越来越沉重。

单向夫妻关系也表现为夫妻法律地位上不平等。《二年律令·贼律》载:"妻悍而夫殴笞之,非以兵刃也,虽伤之,毋罪。""妻殴夫,耐为隶妾。"[9]139对比两条律令,丈夫殴打妻子,只要在殴打的过程中没有使用兵器,即使妻子受伤,无论受伤是否严重,丈夫都被判无罪。但是妻子殴打丈夫,则要被处以耐刑,无论殴打的过程是否使用兵器,无论受伤严重与否,只要妻子实施了殴打丈夫这一活动,就要受到处罚。由此可见,单向夫妻关系下夫妻之间法律地位不平等,用法律条文的形式维护了夫权。从法律的角度巩固了夫妻关系的片面化。

(三)阴卑不得自专的婚姻关系

单向夫妻关系在婚姻上表现为权利的片面化,从婚姻的缔结、离婚、改嫁三个方面得以反映。

婚姻的缔结:"礼男娶女嫁何?阴卑不得自专,就阳而成。"[16]72关于婚姻的缔结,女性的权利受到限制。《后汉书·公孙瓒传》载:

"公孙瓒字伯珪，辽西令支人也。……为人美姿貌，大音声，言事辩慧。"[8]534太守识得公孙瓒之才，故而"以女妻之"，太守之女与公孙瓒婚姻的缔结是遵从其父之命，自己不得做主。

离婚：古礼有之，正所谓长兄如父，杀妻之兄长，如杀其妻之父母，实属于乱大伦者，二者可以解除婚姻关系。但随着贞洁观念的深入人心，妇人要从一而终，正如《白虎通》载："夫有恶行，妻不得去者，地无去天之义也。夫虽有恶，不得去也。"[16]74《列女传》中载任延寿之妻季儿正是受此观念的影响，其兄被丈夫杀死，在兄长之仇不得报、夫家不得和的两难境地，季儿选择自杀来全夫、父之义，遂"以襁自经而死"[19]56。夫权的强化，贞洁观念逐渐深入人心。表现在离婚上即为男子有"七出"之义，而妇女"无二适之文"，丈夫可以去妻，但是妻不得去夫，即使丈夫犯下悖逆人伦之罪，妻子仍以自杀来成全自己的大义。

改嫁："夫有再娶之义，妇无二适之文，故曰：夫者天也；天罔不可逃，夫罔不可违，行违神抵，天则罚之，礼义有愆，夫则薄之。"[8]2790在儒家教化的渐进影响下，以及统治者的倡导下，贞洁逐渐成为女性的"专利"，女性贞洁意识越来越强，男性可以一妻多妾，而女性则要从一而终，即使丈夫去世，也要为夫守节，单向的贞洁观成为束缚女性自由的沉重枷锁。如《华阳国志》记载杨文之妻，夫死其父欲令其改嫁，便自沉水中，宗族数次相救，才幸免于难。赵宪之妻玹何，宪死后，父母欲将其改嫁，何恚愤自幽，以绝食来抗拒，没过几天便去世了。父母出于利益或亲情等原因欲为女儿改嫁，但女子在礼教的束缚和贞洁观念的影响下，拒绝改嫁，甚至以死明志，不可不谓之凄凉。据台湾学者刘增贵统计，两汉节妇见诸记载的有54人，然而西汉仅有2人[20]27。由此可见，在"夫尊妻卑"观念的束缚下，女子改嫁不再得到社会的普遍认同，相反，为贞洁而死的女性会受到官方的旌表、史书的青睐，这就使得婚姻关系中男子占据绝对的主导地位。

汉初双向夫妻关系下，在婚姻关系中表现为婚姻自由，就婚姻的缔结而言，男女对婚姻皆有自主权，就婚姻关系的解除而言，离婚、改嫁之风盛行。但是董仲舒提出的"夫为妻纲"的单向夫妻关系，经过《白虎通》的发挥，婚姻关系表现为"阴卑不得自专"，男子拥有婚姻缔结与婚姻解除的主导权，女子则要对丈夫从一而终，即使丈夫去世，也要为夫守节，离婚与改嫁不再被认同，夫权不断强化，"夫尊妻卑"的单向夫妻关系逐渐深入人心。董仲舒以阴阳论，固化了男尊女卑、夫尊妻卑的观念，《白虎通》则将其发展为三纲六纪，女性的三从之义也渐趋成熟。班昭以现身说法的形式，使得女性"三从四德"的理念完全形成。在班昭的自我认同后，"夫尊妻卑"的单向夫妻关系逐渐成为夫妻关系的主流。

## 三、儒学家庭人际关系理念变迁的原因

以儒学夫妻关系的理念为线索可知，汉初儒学继承了先秦儒学的理念，对夫妻关系、父子关系的诠释是夫和妻柔、父慈子孝，对家庭人际关系的规定是平等互动的双向家庭人际关系。自董仲舒以后，确立三纲说，将夫妻关系、父子关系诠释为"夫为妻纲""父为子纲"，对家庭人际关系的规定逐渐向片面的单向化发展。而儒学家庭人际关系理念的变迁是多方面因素综合作用的结果，笔者认为主要有以下三点。

（一）人身依附关系的改变

西汉建国之初，百姓对国家的人身依附性较强。首先是由于实行等级严格的什伍户籍制度，加强国家对基层社会形成严格的控制。其次，汉代的赋税制度包括地税、人口税、户税。汉初统治者为了与民休息，恢复民力，故而采取轻徭薄赋的政策，从汉高祖时"什伍税一"到文景之治时期"三十税一"不断减轻地税。因此，重要的税收来源便是人口税，其中人口税包括口赋与算赋，口赋是对未成年男女儿童征收，算赋是对成年男女征收。在此背景下，男女、老少皆作为国家重要的税收来源，受到国家的保护，因此对封建统治的依附性较强。

汉代以核心家庭为主，"检《居延汉简》甲、乙两编，较完整的

家庭材料23则,其中核心家庭18则,约占78%;直系家庭4则,约占17%;同居家庭1则,约占5%,前二者共占总数的95%"[21]72-78。核心家庭下夫妻同产(指生产)、父子分异,使子对父、妻对夫的人身依附较弱,因而先秦儒学的双向家庭人际关系理念在汉初得以延续。

西汉末期,频繁的战乱使得同宗大姓为了在战乱之中保全自己,或聚族而居,或举族迁徙,使得宗族势力得到巨大发展。东汉政权便是在世家大族的拥护之下建立起来的。宗族势力的发展,改变了西汉时期以核心家庭为主的家庭类型,取而代之的是联合家庭。联合家庭之下,往往是祖孙同堂、氏族同居,带来的结果是家庭内从事生产的劳动力增加,家庭事务分工明确,"男不言内,女不言外"[3]314女性被限制在家庭内,对丈夫的依附性逐渐增强。同时,为增强家族的凝聚力,家族内必须形成一个明确的权力中心,汉初儒学的双向家庭人际关系已经不适合世家大族的发展,夫权、父权的确立才是增强家族凝聚力与战斗力的法宝。因此儒学改变了对家庭人际关系的诠释,将"父慈子孝"进一步解释为"父为子纲"以促进父权的发展,将"夫和妻柔"解释为"夫为妻纲"以促进夫权的发展,使得妻对夫、子对父的人身依附关系不断增强。

(二)儒学正统地位的确立

自汉武帝独尊儒术始,儒学的地位发生了根本性的变化,儒学改变了以前不受重视的地位,对封建统治的依附逐渐增强,故而儒学成为维护封建统治的御用之学,反映在家庭人际关系上表现为夫权、父权的强化。汉初儒学家庭人际关系理念呈现出的是家庭成员之间独立、平等、民主的状态,夫妻之间表现为双方拥有对家庭事务的话语权,因此双方意见不同时,容易产生家庭矛盾。父子之间表现为"借父耰锄,虑有德色;毋取箕帚,立而谇语。抱哺其子,与公并倨;妇姑不相说,则反唇而相稽"[1]2244。因此在封建统治者的眼中汉初儒学下平等的双向家庭人际关系不利于社会的稳定,"案今年计,子弟杀父兄、妻杀夫者,凡二百二十二人"[1]3136。为适应统治者的要求,汉儒对儒学的理念做出新的解释,故而,董仲舒提出三纲的理论,通过

《白虎通》的大肆发挥，以此来促进家庭人际关系的片面化发展，达到维持家庭和谐与社会稳定的目的。

汉代统治者强调以孝治天下，孝伦理的提出是为忠君思想来服务的。因此，汉儒不遗余力倡导忠义孝悌，但是却逐渐改变了汉初双向的父子关系理念。至汉代后期，甚至演变成愚孝以强化父权，为忠君思想做铺垫。而夫妻关系的稳定正是孝伦理得以施行的基础，汉初在双向的家庭人际关系下，夫妻关系离婚、改嫁之风盛行，使得夫妻关系不稳定，从而母子关系、父子关系就会发生变动，影响家庭的稳定，进而影响孝伦理的贯彻，以至于影响忠君思想在社会的实践。儒学作为统治者的御用之学，对封建统治的依附性增强，必然发挥自身维护封建统治的作用。故而，《白虎通》提出了"君为臣纲、夫为妻纲、父为子纲"等级严格、层层递进的礼制，出于强化君权的目的，而强化夫权、父权。

（三）深刻的社会背景

汉初儒学关于家庭人际关系的诠释基本上传承了先秦儒学的理念。从先秦儒学产生的历史时期来看，处于礼崩乐坏的春秋战国时期；"从先秦儒家的社会基础看，它代表了春秋战国时代从宗法体系瓦解中崛起的士"[22]95—101；从先秦儒学的政治主张来看，提倡仁政，反映在家庭人际关系上表现为家庭成员之间相互尊重，呈现出"父慈子孝，夫和妻柔，兄友弟恭"的家庭氛围。汉代后期，以董仲舒为代表的新儒学产生的社会基础是统一的专制政权，是君主专制制度下的产物，在此背景下，董仲舒在继承先秦儒学理念的过程中不断吸收道家、法家、阴阳家学说，政治上提出"君权神授""天人合一"，为君权披上神秘的外衣，反映在家庭人际关系上，表现为赋予父、子、夫、妻阴阳之角色，以阳尊阴卑理论将家庭人际关系等级化。"子受命于父""妻受命于夫"，夫、父又皆受命于天，为家庭伦理的单向化披上了天人合一的神秘外衣。董仲舒为维护儒学的正统地位而不坠，提出"天不变，道亦不变"，将封建政权与儒学紧密结合。

## 四、结语

在考察儒学家庭人际关系理念与汉代现实生活的过程中，我们需要注意的是，汉代儒学关于家庭人际关系的理念与汉代社会生活中的家庭人际关系不是绝对契合的，并非汉初就呈现出绝对的双向家庭人际关系，自董仲舒三纲说之后就呈现出绝对的单向家庭人际关系。首先，从汉初对先秦儒学的继承，到董仲舒以后的新儒学，儒学自身所呈现出的状态是一个动态的发展变迁过程。其次，儒学对社会生活的影响又是一个自上而下的动态过程，况且儒学与现实生活之间又存在着一定的弹性空间。再次，社会风俗对家庭人际关系的影响也是不可忽视的。最后，社会生活本身就是千姿百态的，反映在社会生活中的家庭人际关系上就会呈现出复杂多样的特点。因此，诸多因素的综合作用下，我们不能将汉代社会生活中的家庭人际关系与儒学的发展变迁绝对对等，无论是汉初的双向家庭人际关系，还是汉代后期片面化的单向家庭人际关系，都存在着多种多样的形态，本文所讨论的儒学影响下的夫妻关系的实态是以夫妻关系呈现出的大体形态为主，但并非将汉代现实中的夫妻关系与儒学的理念变迁进行绝对化的对等。故而，在探讨家庭人际关系的过程不可用儒学的理念固化汉代社会中的家庭人际关系。

**参考文献：**

[1] 班固：《汉书》，中华书局，1962年。
[2] 徐复观：《两汉思想史》（第二卷），华东师范大学出版社，2001年。
[3] 戴圣：《礼记》，上海古籍出版社，2016年。
[4] 杨伯峻：《孟子译注》，中华书局，1960年。
[5] 荀况：《荀子》，中州古籍出版社，2006年。
[6] 王国轩、王秀梅：《孔子家语》，中华书局，2009年。
[7] 贾谊：《新书》，河南大学出版社，2016年。
[8] 范晔：《后汉书》，太白文艺出版社，2006年。

［9］张家山汉墓竹简整理小组：《张家山汉墓竹简（二四七号墓）》，文物出版社，2001 年。

［10］兵材平：《风俗通义校释》，天津人民出版社，1980 年。

［11］高明：《大戴礼记今注今释》，台湾商务印书馆，1977 年。

［12］程树德：《九朝律考》，中华书局，1963 年。

［13］张家山二四七号汉墓竹简整理小组：《张家山汉墓竹简（二四七号墓）》，文物出版社，2001 年。

［14］董仲舒：《春秋繁露》，河南大学出版社，2009 年。

［15］刘向：《说苑校证》，中华书局，1987 年。

［16］班固：《白虎通义》，北方妇女儿童出版社，2006 页。

［17］张福清：《女诫——女性的枷锁》，中央民族大学出版社，1996 年。

［18］陈东原：《中国妇女生活史》，上海书店，1984 年。

［19］［西汉］刘向：《列女传》，辽宁教育出版社，1998 年。

［20］刘增贵：《汉代婚姻制度》，台湾华世出版社，1980 年。

［21］马新：《秦汉时期家内人际关系的变迁》，山东大学学报（哲学社会科学版）1993 年第 3 期。

［22］罗祖基：《先秦两汉儒学理论变异初探》，《安庆师院学报（社会科学版）》1988 年第 1 期。

原文载于《衡水学院学报》2020 年第 6 期。

张志娟（1992—），女，山西大同人，北京怀柔区教育局中学二级教师。

乔彦贞（1963—），女，河北衡水人，衡水学院董子学院副教授。

# 董仲舒历史影响、当代价值研究

# 内圣外王之道的创造性构建
## ——董仲舒思想的特质及其影响

李宗桂

儒学研究是传统思想文化研究的重大课题,董仲舒儒学的研究是其中一个重要的方面,因而受到学术界的长期关注。相对于改革开放之前,这些年关于董仲舒的评价可以说是有了天壤之别。即使跟改革开放的头十年相比,20世纪90年代以来特别是最近20年的董仲舒儒学研究的广度和深度,以及其相应的评价,也决不可以同日而语。在这个意义上讲,学术界对传统文化的研究确实在拨乱反正,儒学复兴确实有了新气象。借这次会议的机会,我想谈谈董仲舒儒学研究中基本没有人谈过的一个重要方面,这就是董仲舒在儒家内圣外王之道的建构和践行方面所做的努力,以及由此呈现出来的思想特质和历史影响。

我们一讲到儒家,就一定会想到内圣外王之道。学术界有相当多的论著探讨内圣外王之道。前辈学者冯友兰先生和汤一介先生都曾讨论过这个问题。冯友兰在他著名的《新原道》(又名《中国哲学之精神》)一书的《绪论》中说:"在中国哲学中,无论哪一派哪一家,都自以为讲'内圣外王之道'。"在该书的《结论》中,他说:"所以圣人,专凭其是圣人,最宜于作王。如果圣人最宜于作王,而哲学所讲的又是使人成为圣人之道,所以哲学所讲的就是内圣外王之道。"汤一介在其《在非有非无之间》一书中,有一篇题为《内圣外王之道》的文章,专门探讨中国传统哲学的相关问题,他指出:"中国传统哲学中的儒、道、释（中国化的佛教禅宗）均讲'内圣外王之道'，都以此作为他们达到理想社会的根本办法。"冯友兰和汤一介都没有论及董仲舒与内圣外王之道的关系。程潮在其《儒家内圣外王之道通论》一书中，集中探讨儒家关于内圣外王之道的理论和实践。在汉代部分，程潮指出，汉儒不大强调内圣之学，圣人只是封建帝王的专利品。董仲舒的圣人只是王者，以王定圣、以圣固王，劝诫统治者进行自我修养，真正成为圣人，以此巩固自己的王者地位。程潮这个评判，也没有论及董仲舒在构建儒家内圣外王之道方面的贡献和历史影响。从研究状况看，学术界多数人认为，中国传统文化传统哲学中，诸家都讲内圣外王之道，儒释道三家尤其如此。当然，也有人认为，内圣外王之道是儒家之道，与其他各家无关，甚至为数不少的人认为内圣外王是儒家的理想人格。总的看来，内圣外王之道是中国传统哲学和传统文化领域的重大论题，值得我们下工夫认真研讨。

　　限于我要谈的主题和时间，这里只从儒家内圣外王之道的理论与实践的层面讨论，概略谈谈董仲舒在儒家内圣外王之道的构建和践行方面的作用，以及其历史影响。在我看来，内圣外王之道是儒家治国安邦之道、安身立命之道。从儒学发展史的角度看，孔子开启了儒家内圣外王之道的先河。孔子本人有内圣外王的实践，但是我觉得孔子没有从理论上、制度上和整个社会的群体实践的发展战略层面入手，去解决内圣外王之道的落实问题。也就是说，整个社会特别是知识分子阶层和官僚阶层，他们怎么去落实、去贯彻内圣外王之道的问题，在孔子那儿还没有从理论上、从制度上去解决。孟子和荀子分别从内圣和外王两个方向发展了孔子的思想。孟子提出仁政学说，这是孔子仁学思想在外王方面的拓展。同时，孟子提出了"尽心—知性—知天"的天人合一的命题和认知路径，以及以养浩然之气为目标的养心说，在内圣方面深化了孔子的思想。相较于荀子，孟子对于内圣外王之道的贡献，主要在于内圣方面。荀子提倡隆礼重法，以礼统法、以法辅礼，使礼法结合为一体，为董仲舒内圣外王之道的体制性、实践性的路径开通提供了思想资源。可以说，荀子对于内圣外王之道的贡献，主要在外王方面。

　　我觉得董仲舒是创造性地继承并且创新地发展了孔子的内圣外王

思想。董仲舒拓展了孟子的内圣之道，深化了荀子的外王思想，推动了思想文化和体制机制的建设，为内圣外王之道的实现创建了切实的通道，将先秦儒家内圣外王的理想变成了活生生的现实。从价值理念的阐释和价值体系的系统性构建的层面看，从社会实践和历史作用来看，董仲舒是在儒学发展史上第一次把内圣外王熔铸为具有适度张力的有机系统，为儒学切实解决治国理政之道的社会问题和个人安身立命之道的人生问题锻铸了精神支柱。董仲舒阐扬了春秋大一统的政治理念，构建了三纲五常的道德体系，提出了德主刑辅、礼法合用的治国理政的方略，使儒法互补成为现实，伦理与政治熔铸为一。伦理政治化、政治伦理化促进了趋善求治的中国传统伦理政治型文化的成熟。因此，要讲儒家的特质，固然可以讲很多方面，但我觉得最根本的、最实际的是儒家重视理论与实践相结合，重视政治与伦理的统一，认同思想家与政治家的合作，简言之，就是务实向善求治。而这正是董仲舒思想的特质。因此，我们说董仲舒是儒学大师，是真正意义的大思想家。由此，我们也就不难理解汉代学者推崇董仲舒"为群儒首""为儒者宗"。

从儒学发展的进程看，以孔子为代表的儒家，还是主张富国强兵的，讲足食、足兵，不是只讲道德修养。孟子、荀子都重视社会治理、国家富强、人民安康。董仲舒儒学既重视内圣又重视外王，使得儒学焕然一新。两汉以降，儒家内圣外王之道在发展的过程中、在社会实践中出现了衍化。内圣的一面逐渐加强，外王的一面逐渐削弱，宋明理学的出现及其影响就是一个重要表现。心性之学的出现，在哲学层面看，有很强的逻辑合理性。但心性之学的过度膨胀，在光大儒学内圣之道的同时，却遮蔽了儒学外王之道的空间，在社会发展方面带来了相当负面的影响。关于这一点，学者们见仁见智，可以讨论。

谭嗣同在其著名的《仁学》里说："两千年之政，秦政也，皆大盗也；两千年之学，荀学也，皆乡愿也。唯大盗利用乡愿，唯乡愿工媚于大盗。"谭嗣同这个观点影响甚大，"五四"以后特别是1949年以来，得到很多学者的肯定。如果从一般意义的中央集权专制政治制度的沿袭而言，以皇帝制度从秦到清的首尾一贯而言，谭嗣同这个观点是可以成立的。但如果从更为广阔的视野考察，从政治制度、经济制度、文教制度、官吏选拔制度来看，特别是从三纲五常的文化价值体系的构建和践行来看，我觉得可以对谭嗣同的这个观点做出修正。在我看来，总体上讲，从董仲舒对于内圣外王之道的有机整合和实践性构建来看，特别是从汉代到清末的社会历史看，我觉得，与其说两千年之学是荀学，毋宁说两千年之学是董学。我前两年在衡水的董仲舒儒学会议上已经提到过："两千年之学，董学也。"如果从理论框架、社会影响、实际效果来讲，董仲舒是创造性继承和发展了荀子的思想，所以与其说影响两千年帝制时代的政治体制是秦政，不如说是汉政；与其说是荀学，不如说是董学。我们可以用"两千年之学，董学；两千年之政，汉政"来概括从汉代到清代的历史时期。这样讲，不是简单地说董仲舒思想的正面价值或者负面价值，而是强调董仲舒思想影响巨大深远。如果要从价值评价的角度分析，则在不同历史时期、在不同思想理论层面，具有不同的作用。对于包括董仲舒思想在内的儒家思想，过去简单否定，是不对的，不符合历史实际。但如果现在全部翻过来，说都是好的，也是不对的，也不符合历史实际。董仲舒的思想在社会发展过程中慢慢被扭曲、被变形，责任不在前面的董仲舒，而在后面没有及时"更化"，没有与时俱进，没有因时制宜地去调整、去改变、去完善。从现代化和全球化的视角看，我们今天研究董仲舒思想和儒学的历史作用，要看到在中国古代社会发展历程中所产生的两重性。我们在追求现代化的今天，需要理性地认识并且认真清理董学的两重性影响，不能从一个极端走到另外一个极端。总体上讲，董仲舒阐扬了大一统理念，构建了以三纲五常为核心的文化价值体系，对于中华民族共同体的发展起了无可替代的作用。但在两千年帝制时期的后半段，特别是近代以来的中国现代化进程中，董仲舒思想的作用如何看待，还需要我们在新的更深广的层面去认识、去阐述。

  本文是作者在"2020 中国·衡水董仲舒与儒家思想国际学术研讨会"上的主题发言，根据录音整理稿完善而成。

  李宗桂（1952—），男，四川眉山人，中山大学哲学系教授，博士生导师。

# 当疫情遇上"大一统"
## ——2020年中国·衡水董仲舒与儒家思想国际学术研讨会开幕致辞

余治平

尊敬的赵革书记、李洪林主席,尊敬的王守忠书记、田光校长,尊敬的周桂钿先生、谢遐龄先生、李宗桂先生、刘学智先生、黄朴民先生,各位同道、各位朋友:

大家上午好!

2020年是极不平凡的一年,突如其来的新冠肺炎疫情肆虐全球,不仅中国,全人类都蒙受巨大灾难。在这个特殊的年份里,我们的董仲舒学术研讨会依然没有中断,依然能够在今天顺利举办,首先得益于衡水市委、市政府、市政协以及衡水学院各位领导和同仁坚持不懈的努力。我谨代表中华孔子学会董仲舒研究委员会首先向会议组织者致以衷心的感谢。同时,也非常感谢各位到会的以及通过网络视频方式参加交流的专家学者,大家克服困难,积极参会,就是对我们董学事业的最大支持!请受我一拜!

在中国儒学史、中国文化史上,孔子、董仲舒、朱熹是三大巨擘。汉初的董仲舒总结先秦诸子,开创一代新儒家的盛大气象,而为"群儒首""儒者宗",启发百世,彪炳千秋。2016年5月17日习近平在哲学社会科学工作座谈会讲话中,将董仲舒列入必须继承的中国古代二十五位"思想大家",按时间顺序,列在第七,乃为秦汉以降第一人。

这次会议有一个很好的主题,即"董仲舒儒家思想的现代转化与国家治理现代化"。董仲舒的国家治理思想与理念,在今天仍然闪烁光芒,诠释开来仍然可以成为国家治理能力现代化、国家治理效能提高的有机养分,也可以为儒家思想现代转型提供一个示范。

教化治理,影响深远。"立太学以教于国,设庠序以化于邑,渐民以仁,摩民以谊,节民以礼,故其刑罚甚轻而禁不犯者,教化行而习俗美也。"(《汉书·董仲舒传》)董仲舒指出,君王当以教化为"大务",在国中、州郡分层次设立学校,教于上而化于下,用仁、义、礼引导和规劝民众,使刑罚设而不用,因而推进"教化"流行,达成美化"习俗"的理想效果。

废除"郎官",推行"察举",启发科举。董仲舒认为,应该面向天下,开放治权,选拔精英,网罗才俊,此乃后世科举制度的渊源。

"调均""度制",缩小贫富差距,防止社会两极分化。在《春秋繁露·度制》篇中,董仲舒告诫朝廷:"有所积重,则有所空虚。"指出其原因就在于官与民争利,"居君子之位"的人硬生生抢了"庶人"的饭碗。董仲舒明确要求"君子仕则不稼""不与民争利",并进而为当政者开出了"限民名田""仕则不稼"的"调均"药方。

以君为圣,以官为师。董仲舒建议武帝打造一支有德性的官僚队伍,而不是只有工具理性而无价值追求的"刀笔吏"阶层。董仲舒要求官员溢出政治领域之外,而同时具备"师"的职能,发挥"师"的作用,这是古代中国政治与教化合而为一的必然规定。

以灾异谴告的感应系统,敦促君王接受天道监督。董仲舒第一次在"人—君—天"之间梳理出权力的源流关系,也第一次在这三者之间建立起稳固的授受秩序。《春秋繁露·玉杯》篇曰:"故屈民而伸君,屈君而伸天。"君必须正,必须是合格的君,否则,臣民未必愿意把权力让渡出去。在天道面前,君王为小,也得让步。天为君纲,董仲舒第一次以理论的方式专门为君权使用设计出一套奖惩机制,试图通过天人感应系统敦促君王遵循天道。

更为重要的是,"诸不在六艺之科、孔子之术者,皆绝其道,勿使并进"(《汉书·董仲舒传》)。董仲舒建言武帝采取文化钳制政策,第一次代表皇家申明"大一统"的政治诉求,在意识形态管理上压抑百家,而选择儒术。今天的中国之所以能够阶段性地打赢这场惊心动魄的抗疫阻击战,拯救许多条生命,除了得益于中国人民长期养成的"责任意识、自律观念、奉献精神"之外,还应该归功于自上而下举国体制的"大一统"治理方式。其所具备的"集中力量办大事、办难事、办急事"(2020年9月8日习近平《在全国抗击新冠肺炎疫情表彰大会上的讲话》)的独特优势,彰显出为儒家所发明的政权组织方式和国家治理模式的旺盛生命力。而董仲舒则无疑是《春秋》公羊"大一统"的积极倡导者和主要弘扬者。当疫情遇上"大一统",也得绕着走。老祖宗留下来的政治遗产在21世纪还能管用,这也是董仲舒思想的功力与威风。

董仲舒的这些深刻思想与独特理念都可以有效融入当代中国的国家治理实践中来。改革开放之后,邓小平从儒家经典中挖掘国家治理的思想资源而完成"小康社会"蓝图设计,以全民性的"小康"实践涵摄、对冲来自西方的现代化运动。在江泽民的政党治理思想中,"三个代表"重要思想之"先进文化"也要求以中国传统文化为精神基础。党的十八大之后,习近平总书记先后发表了六次关于中国传统文化的重要谈话,以儒家文化为代表的优秀传统文化与革命文化、社会主义先进文化一起,共同构成执政党国家治理体系的思想资源。在中共中央政治局2014年10月13日下午第十八次集体学习会上,习近平还直接援引过董仲舒"德主刑辅"的思想命题。这些都释放出一个重要信号:两千多年前董仲舒的思想理念、精神主张,重新走进党和国家领导人的视野,或可为当今的国家治理体系完善和国家治理能力抬升提供价值支撑。

最后,我要衷心感谢衡水市委、市政府、市政协、衡水学院长期以来对我们董仲舒研究委员会工作的大力支持。董仲舒研究委员会于2015年10月在上海正式成立,到今年恰好五年整。衡水市前任市委书记王景武,主政"大儒之乡",高瞻远瞩,运筹帷幄,打出董仲舒这张闪亮名片。每次研讨会他都在百忙之中拨冗,亲自到会致辞、接见专家学者。政协李洪林主席、牟景山副主席、崔海霞副市长积极实施"文化衡水"战略，精心搭建学术交流平台，辅导辅助，做大做强，好事办好。"儒家复兴从衡水走来"活动成效显著，收获颇丰，使衡水在海内外董学界赢得了很好的口碑。特别是鼎力支持我们上海交通大学董仲舒研究团队，首开在985高校、"双一流"大学成立董仲舒研究院、建设董学教学基地之先河，值得点赞。衡水学院两任党委书记、两任院长，从李奎良教授、王守忠教授，到田光院长更是一以贯之地以弘扬董学为己任，守护在董子故里，有情怀，有担当，出人出力，办会办刊，把一所名不见经传的地方大学，打造成了行业认可、世界闻名的董学大本营。

新到任的衡水市委书记赵革，文科出身，年轻有为，视野开阔，又具有多年的社科管理经验，相信今后也一定会继续关注、关心我们的董仲舒研究工作，继续推动、促进董学事业发展，把水市湖城、儒乡衡水打造成海内外董仲舒学术高端论坛的永久会址。果能如此，则是董学之幸！我们董学界会深情感恩，当代董学史也将铭记永远！

"学在汉前并存百家，儒自孔后唯董最尊"，董仲舒是伟大的。"天人三策在，不废万年传"，董仲舒是说不完的。让我们携起手来，齐心探赜，共同为董学事业的发展和繁荣做出更新、更多、更大的贡献。

谢谢大家！

原载于《衡水学院学报》2020年第6期。

# 董仲舒思想的历史贡献与当代价值观关系研究

钟邦定

作者导言之一：我们今天来研究董仲舒本人及其思想的发展轨迹，重要的一点是要尊重历史本真，就是要把董仲舒放在儒学和儒家思想历经公元前400余年从诞生到发展的每一段历史时期来考量，换言之，就是要把董仲舒放在历经孔子、老子、孟子、荀子等数位儒家学派集大成者这一思想体系中来研究他的思想及其传承脉络，这样就能比较客观地展示出董仲舒作为儒家学派又一位重量级大师的学术思想对西汉时期社会影响及其在历史上的重大作用。我们研究董仲舒既要张扬他的思想个性和价值观，又不能够忽略他与儒家思想创始人——至圣先师孔子——在思想文化体系方面的传承关系，这样的话，我们研究历史上重要人物和重大历史事件时，就能够更好尊重历史，以历史唯物主义的方法论来把握研究的课题，使其内容在整体性、系统性方面有充分体现，因为董仲舒本身就在于儒家学派的范畴之内，只是不同的儒学大家在共有的思想价值观下有不同的观念形态的表达，这其实也呈现出中国儒学在创建的不同历史阶段中百花齐放、竞相吐艳的大文化气象，是值得大书特书的中国文化大气象独有的特质之所在。

正是有了不同历史时期涌现出来一个又一个领军的儒学大师，才使得中国这一优秀文化国宝得以接续、发扬、光大，方能在历经历史长河的大浪淘沙而得以绵延至今，中国儒学的生命力可谓历久弥坚，是世界历史上最悠久的几大文明能够唯一传承不断延续下来的文化大系统,这样的文明形态为世界所赞叹、所仰慕就不难理解而且是实至名归了,儒学成为中国传统文化最具标志性的元素就是国人所共识的根本之所在。

作者导言之二:己亥与庚子之交的2020年春节前夕,一场突如其来的新型冠状传染性疫情(之后国家卫生健康委员会权威发布一律改称为:新冠肺炎疫情)肆虐荆楚大地,进而扩散蔓延至全国。这次新冠肺炎疫情是中华人民共和国成立以来传播速度最快、感染范围最广、防控难度最大的一次重大突发公共卫生事件。在习近平总书记亲自部署、亲自指挥和党中央坚强领导下,在一方有难、八方支援的举国之力战略举措中,中国在百日时间上下,取得了全国疫情防控阻击战重大战略成果。与此同时,中国在保证巩固自己防控疫情的情况下,尽最大力量支援世界各国人民共同抗击新冠肺炎疫情,赢得了世界各国人民广泛赞誉和尊敬。在这个年份的金秋时节,衡水学院董子学院等倾力承办这一届"董仲舒与儒家思想国际学术研讨会",实属不易啊!作为受邀的我来讲,由衷感谢燕赵大地厚重历史文化的延续,感谢各主办方和承办方为此所付出的巨大艰辛。开好这次国际学术研讨会并以此为契机,更好地把中国优秀传统文化的根脉发扬光大,为实现两个一百年奋斗目标和中华民族伟大复兴的中国梦做出我们文化使者的贡献,这是我们的初衷,是我们神圣的使命。

## 涵养对儒家文化大体系的崇仰之心

我们研究儒家思想和儒学文化这一大体系,首推第一人决然是大成至圣先师、儒家学派创始人孔子,在这一大文化体系中的大师级领军人物有老子、孟子、荀子、墨子、董仲舒、庄子、朱熹等,在中国悠久历史长河中,他们为中国优秀传统文化的根脉得以绵延并永载史册做出的巨大贡献,已经成为中华民族传统文化和思想中最具经典的标示,是中国先哲和先贤一批大师级人物创造出来的独有的中国文化元素及其价值体系。

今天要谈论的主题是董仲舒，董仲舒（前179—前104）是西汉时期的儒学大师和古代著名的思想家、哲学家、教育家，他是继孔子之后在传承、发扬、光大以孔子为代表的儒家思想和儒学文化最忠实的捍卫者和身体力行者之一，历史上评价董仲舒是儒家思想和儒学文化另一位重要的代表人物是当之无愧的。因为他在儒家思想领域发扬光大了孔孟思想体系和文化精髓，又有堪称是具有历史性贡献的创新理论中一位重要的代表人物之一。他对儒家思想和文化方面的最重要的贡献就在于提出了"罢黜百家，独尊儒术"的思想主张，董仲舒提出的这一主张深受汉武帝刘彻的高度赞赏。汉武帝考虑再三，最终把这一主张作为当时治国理政之方略很快在全国推行起来，其实质是把儒家思想上升至国家地位，因此有了上至皇帝、皇氏贵族和朝廷大员，下到黎民百姓都以儒家思想作为社会引领的标杆，形成人们认可并遵守的行为规范。董仲舒的这一主张对西汉朝廷公元前后百余年的强盛和安邦治国作用重大，最显著的政治标志就是汉朝建成了大一统国家。同时也对孔子、孟子开创的儒家思想之根基做出了用今天的话语来讲就是具有思想创新的杰出贡献，董仲舒思想的其他重要建树还有以下方面：第一，对五常思想的重大完善与丰富。他在精读研习孔子提出的"仁、义、礼"思想和孟子提出的"智"思想内涵后，认为从孔子的"仁爱"思想中再提炼出"信"的概念，以使其在社会和黎民百姓这两个层面的社会公德以及个人私德修养上形成的不可或缺的作用，对人们诚信理念的修身养性影响重大而深远。强调了"信"在社会治理体系和人们在为人处事方面的极端重要性，认为诚信的言行合一能够很好规范社会及人们的活动，诚信代表人与人之间的守信、承诺、兑现等一整套行为准则，人们常说一言九鼎、一言既出驷马难追就是这个颠扑不破的真理。对国家和社会而言，"信"更是治国理政的尚方宝剑，人无信不立，社会不讲信用一定扰乱民心，国无信肯定乱套。至此，由孔子、孟子和董仲舒提出的"仁义礼智信"思想体系影响至今，成为儒家思想宝库中的经典，成为中华民族恪守的最重要的精神标示。

第二，董仲舒提出"大一统"思想。他是一直主张"春秋大一统"的思想家,提出了"所谓仁人,是'正其道不谋其利,修其理不急气功'"。董仲舒认为,"大一统"具有天地(指宇宙)最一般的法则,对于封建王朝也当要遵循;他在《天人三策》中说:"《春秋》所主张的大一统,是天地的常理,适合古今任何时代的道理。"董仲舒的这一思想对西汉的国家统一、治国理政以及后一个相当长的时期的稳定起到了重大的推动作用。这是他的重要历史贡献,也是董仲舒要设立的政治、哲学的思想要旨之所在。

第三,董仲舒的"天人感应"说。董仲舒也是一位具有高深哲学思考水平的重量级先贤,对各种不符合常规的自然现象有深刻见地。他将阴阳五行伦理上升为"天人感应"的系统学说论,董仲舒在《春秋繁露》中有二十多篇文章集中论述阴阳五行的哲学思辨观点,把其中的系统性论点概括为:一是阴阳五行从属于天,体现上天的意志;二是阴阳交错,形成四时和情绪交织;三是五行之间个体性的不同和整体性之间的紧密辩证关系;四是五行与东南西北中五方和四季以及四时形成的不可分割的静与动互相交替的规律性关系;五是阴阳五行具有伦理的真理性。诚然,上述一些观念理论在先秦时期的阴阳五行说中也都有所反映,比如在《吕氏春秋》的"十二纪"中已经有了系统论述。难能可贵的是董仲舒吸收了前代先贤的观点,依据自己的思考,提升了阴阳五行说的理论价值。他在《春秋繁露·五行之义》中说:"木受水而火受木,土受火,金受土,水受金也。渚受之皆其父也。受之者,皆其子也。……是故木已生而火养之,金已死而水藏之。火乐木而养以阳,水克金而丧以阴,土之事天竭其忠。故五行者,乃忠孝之行也。"董仲舒的阴阳王行理论辩证性强,内在的互为关系从微观到宏观,哲理严密。他的"天人合一"思想,在中医理论中有充分的体现并有新的发展,中医把经络、脉象、五官的内外征象与天地相比附,成为中医理论重要的组成部分,至今都发挥着无以替代的作用。

第四,在儒家思想体系中,仁、义、礼、智、信被称为"五常",它是人们普遍认同的行为规范和伦理价值观,具有引领社会和人民大众在一切活动中以及在公德与私德整体运行方面必须遵循的标杆性道德准则，这是社会政治稳定、经济运行规范、百姓安居乐业、人与人之间和谐相处最基本的文化自信和思想保障。董仲舒在儒家仁、义、礼、智的思想基础上，加上了"信"的理念，使之孔孟的伦理道德又一次得以完善，形成五常，这在当时无愧为理论上的一次精辟整合，具有创新的历史意义，也为中国优秀传统文化体系增添了光辉的篇章。

## 崇尚优秀传统文化在当代的重大现实意义

儒学文化和儒家思想自诞生后的2500多年时空里，在中国传统文化思想的博物馆里是一部无与伦比的经典，它对国人的思想、心灵和行为方式产生的深刻影响在世界文化史上都是独一无二的。在当今中国着力倡导和用心建构社会主义核心价值观的三个层面中即国家层面的富强、民主、文明、和谐；社会层面的自由、平等、公正、法治；个人层面的爱国、敬业、诚信、友善。这24个字里，思想和文化内涵极为深刻，其中蕴含着儒学文化和儒家思想的精髓，比如和谐思想、平等和公正的法治社会观、诚信和友善的道德操守观等，都体现了儒学和儒家思想的人文内涵。

2014年3月27日，国家主席习近平访问法国并在巴黎举行的中法建交50周年纪念大会上做重要讲话，在谈到中华优秀传统文化时做了这样的表述："老子、孔子、墨子、孟子、董仲舒、庄子等中国诸子百家学说至今仍然具有世界性的文化意义。"这是对儒学文化和儒家思想在世界文化史上占有极其重要地位的深刻论述，当然对我们研究儒学文化和儒家思想的同行而言，是极大的鼓舞与鞭策。我们将以此为重大历史契机，以儒学文化研究者的一份厚重感和责任感，在自觉和自信的理念中，把儒学文化和儒家思想传承好、发展好、弘扬好。

笔者在这里提及的是，要对我们的儒学文化和儒家思想——这一传统的优秀文化——应当牢牢树立一颗崇尚之心，一颗敬畏之心，这是对待儒学文化和儒家思想的立命要义。中国文化常说的"安身立命"的问题，而儒学文化和儒家思想就是紧扣这样一个主题，抓住这一灵魂之所在。在这一大文化系里里，它守卫着数千年来华夏子孙日常生活不可或缺的道德观、处世观、家国观，它呵护着我们的精神家园，为国人圈定了人性的圆周，哪些是可做的，哪些是不可逾越的。这种中规中矩为人处世的哲学观，为中国各个历史时期国人所普遍接受的学养范式和行为规范。

敬畏儒学是中国 2500 多年历史上十分崇尚并看重的社会历史现象，其中包含着极其丰厚的人文思想，也生动诠释了儒学所具有的家国情怀和被人们高度认可的普遍人文价值观。从人性与文化层面的研究成果可以概括这样一层意思，敬畏传统的思想理念和人文情怀，这是人类共有的也是最可宝贵的涵养之一。敬畏我们的儒学就是敬畏我们的历史传统，以史为鉴就是这个意思。因为儒学代表了中国传统文化中最具影响力和最能够为国人倍感自豪的集文化思想大成者。孔子说，"君子有三畏：畏天命，畏大人，畏圣人之言"，他说的三层含义是要人们敬畏自然，顺应自然规律，遵循万物生长的本真去生活；要心存敬畏那些在人性、道德修养和人文上独领风骚，具有开思想先锋，引领时代潮流的领军人物；要敬畏"圣人之言"，因为圣人以他超凡的智慧和知识来洞悉领悟天地万物间的变化规律，从而揭示其内在的相互关系及其影响。

笔者从孔子"畏圣人之言"中还可以引申出另一种含义，即圣人能够道出事物之间的关联性，有先哲的思想光芒，能够为人们解疑释惑，能为人们晓之大义而穷其道理，使后学者倍感只有崇尚笃学谦学方能成为社会有用之才的敬学仰学之风的道理，这在今天仍然具有时代的积极意义。人作为社会存在最重要的形态就是具有文化性和思想性，这是区别其他动物的本质属性。人作为文化存在的本体，其本性具有敬畏之心和敬畏之意，人之初性本善就是这个含义。当然在本性当中要灌输并升华为人本思想中的敬畏观，使之成为人性中具有后天修养的元素，就能够自觉自信自警地从心灵深处做到敬畏圣人之言。这样的敬畏是心存敬畏，就可以做到"口诵而得其教，心维而明其旨，体行而匡其道"。上述儒学观借鉴当今时代，我们可以在文化建设中传承好、发展好儒学文化,把儒学放在当代世界文化发展的大背景下,我们就能有所作为,这样,人类文化的多样性、丰富性、厚重性才能够为建构和谐世界提供文化的强大支撑力量。

儒学文化在中国优秀传统文化中是集大成者,是一个由生成到不断发展、完善、进而达到文化思想高地的历史性过程,对这一点大家都有普遍共识。但是我们必须承认,传统文化特别是儒学文化也有其脆弱的一面,历史上曾经遭遇过极大伤害甚至毁灭性的打击(秦始皇的焚书坑儒事件)。"文化大革命"时期对我们自己悠久的传统文化一律大加鞭伐,把孔子等诸子百家的历史文化名人、文化典籍和其他历史经典当做"四旧"加以横扫、破坏极为严重,这一惨痛的历史教训值得我们永远铭记。从这个意义上讲,我们必须深刻认识在对待包括儒学在内的传统文化及人才的保护、培养、发展上依然是一项任重而道远的系统工程,需要付出艰辛和努力。在当今中国加快经济社会发展的同时,社会上出现的心浮气躁风气,一切以金钱说事论事的现象绝非个别。深刻说明了在对待我们中华民族传统文化的敬畏理念上,是缺失的,这会直接或间接造成对传统文化价值观的迷失,反过来又会严重影响我们在漫长的历史进程中形成的道德伦理价值观。人们常会在茶余饭后谈论的一个话题是,当前社会上存在着道德底线失守的现象,进而严重动摇着一部分人的价值判断和文化操守,这是很值得我们理论界、学术界关注的重大社会课题。这就为大力倡导儒学文化和儒家思想并在人们心灵的重塑上提供了又一次必然而可行的历史机遇,我们要做功在当代利在千秋的一项文化大业,就是要担当起弘扬中国优秀传统文化这一艰巨而宏大的历史重任。因为,它关系当今和未来社会和人们的价值取向,只有敬畏文化传统,我们方能坚守恒常的文化价值,只有敬畏儒学和儒家思想的价值观,我们就能在大力倡导的社会主义核心价值观的氛围中做出儒学文化学者的一份担当、一份贡献。

## 儒学是中国传统文化的脊梁

就历史而言，儒学是一门既古老而又年轻的国学，说古老是因为它诞生在公元前 500 多年的春秋时期，说其年轻是因为儒学在中国文化土壤中延绵至今，始终没有断裂过，始终在不同的历史时期得以传承、重视和发展。尽管遭遇过厄运，但其因开创之日起就以顺应时代发展潮流而动的人文属性，决定了它的生命力是坚不可摧的。在历代统治阶级治国理政方略中，把儒学放在国学的显要位置上，说明其地位的何等重要。儒学是中国传统文化中的脊梁，是有其深刻内涵的。第一，儒学在中华文化乃至世界文明史上都是具有超越历史意义的文化经典。纵观它对治国理政、人文、历史、社会、人的修身立德等诸多方面的作用及影响看，说儒学在世界文明史上占有制高点也是在义理之中的。这里说一件很有意义的事情，在中法建交 50 周年的时候，法国文化部门搞了一次民意评选，要评选出在法国最有影响力的十部中国书籍，评选结果《论语》《道德经》《易经》等儒学经典巨制位列第一、第二和第四。这一民意测评的结果，说明了中国儒学文化在法国这样具有悠久西方文化的大国中，都产生了不同凡响的影响力，这是一个值得持续研究的文化现象。

第二，儒学文化和儒家思想及其丰厚。这里仅以孔子为代表，笔者从其列举二三以资说明并飨读者。比如，治政文化。一个"仁"代表了孔子思想的第一块基石，也是儒家文明的第一个开启点。仁者爱人，仁者不忧，仁者无敌。孔子对有志者说："仁者先难而后获，可谓仁矣"，就是讲，必先有奋斗方能取益；对成功者说，"夫仁者，己欲立而立人，己欲达而达人"；对当政者讲，"克己复礼，天下归仁焉"；对君子说，"非礼勿视，非礼勿听，非礼勿言，非礼勿动"；对黎民百姓讲，要学会恭敬、宽厚、诚信、感恩、向善去恶等等。这是孔子最早建构的德政观和政治观。又比如，教育思想。孔子非常重视以德育人的基础性作用，他极力倡导"师道尊严"，他十分重视以道育人、以德化人、以教授人为立人之根本，他开办学堂讲学授道，为的是让人与社会懂得规矩，做到有序。孔子特别把人在仁、义、德、道方面的修身历练看作为是人生最基本的品格。孔子是博学大师，然而又十分谦卑，他给弟子的"三人行，必有我师"，不仅体现出孔子为人谦和虚心、深知人中自有人上人的大家风范，这句话，也因其经典成为家喻户晓的千古名句。再比如，民本思想。孔子对民生视为社会稳定的根基并有着深邃思考，提出"民以君为心，君以民为本""君以民存，亦以民亡"的君民观，这一民本思想代表了孔子在君与民之间关系这一根本性问题上有着极为深刻的远见卓识，折射出先哲"君轻民贵"思想的伟大光芒，孔子还从《尚书》中提炼出"民为邦本，本固邦宁"的思想理念。孟子的民本思想同样闪射出我国春秋时期的时代光辉，孟子说，"民为贵，社稷次之，君为轻"，"诸侯之宝三：土地，人，政事。宝珠玉者，殃必及身"。孟子的上述思想是在告诫统治者必须要重民、安民、富民，非如此而不能安天下。儒家思想的大家们开启了中国历史上民本思想光烨的先河。历史是一面镜子，中国共产党提出以人为本的执政思想，可以说是汲取了我们先哲思想中的精华。从这个意义上说，儒学文化和儒家思想对我们建设中国特色社会主义现代化国家仍然具有现实意义和重要的借鉴作用。

第三，儒学文化和儒家思想在中国传统文化中的引领地位和潜移默化作用是不可磨灭的。儒学文化和儒家思想自诞生之日起，在我们中华大地上延绵生息，不断充实发展，才造就了诸子百家这一光辉灿烂的集文化大成者，当然这其中最为杰出的当属孔子、老子、墨子、孟子、董子、荀子、庄子等一批影响中国数千年历史文化的人文领袖和儒学大师。儒学文化和儒家思想之所以能在各个历史时期的统治阶层、知识精英阶层和普通百姓面前深入人心，之所以能延绵至今仍对当今时代的人们产生着潜移默化的积极作用，其文化性、人性、社会性、历史性、哲理性都具有无以替代的人文作用，说明儒学文化所具有的对人和人性教化的作用在人类文化史上都具有奠基性意义，是不可磨灭的。今天我们提出社会主义核心价值观24字，无论是国家层面、社会层面和个人层面，都深刻蕴含着中国博大精深的优秀传统文化的根脉，就拿公民应该遵循"诚信"的道德规范，从这个意义上讲，我们把董仲舒提出"信"的理念传承发扬光大了，这就是优秀传统文化为什么能作为中国人民文化生生不息的根脉的理由之所在。

以上是笔者对包括董仲舒在内的儒学——这一极其宏大而丰富的人类思想宝库在中国传统文化中具有引领作用的一点浅薄认识，我们学习研究儒学大家思想文化，颉庞大宝库中的沧海之一粟而不能，需要以持之以恒的心对待之。还有儒家学派其他诸子百家的经典历史文化史，都是中国儒家文化和儒家思想的瑰宝，从儒学文化和儒家思想对中国数千年社会发展的巨大影响来讲，儒学是中国优秀传统文化的脊梁是当之无愧的。

本文为"2020中国·衡水董仲舒与儒家思想国际学术研讨会"提交的论文。

钟邦定（1946—），男，浙江杭州人，中国统一战线研究会甘肃研究基地研究员，国际儒学联合会第六届顾问。

# 论董仲舒思想对中华民族精神的影响

迟成勇

董仲舒是西汉今文经学的创始人,第一儒学大师,又被称为"群儒首""儒者宗",是中国历史上著名的哲学家、思想家和教育家。从儒学发展的历史人物看,孔子、董仲舒、朱熹,是中国历史上三大著名儒家学者。孔子是儒学的创始人,董仲舒是经学大师,朱熹是宋明理学大师。从儒学发展的历史轨迹看,儒学经历了先秦儒学、汉唐儒学、宋明儒学、清代朴学及现代新儒学。儒学在历史发展中不断调整自己而适应时代的需要,构成了中华民族特有的精神世界图景。其中,董仲舒创立汉初新儒学虽然具有宗教主义神学化目的论色彩,但不可否认其思想对儒学发展及中华民族精神世界图景建构发挥独特的作用。

西汉大儒董仲舒思想集中体现在《春秋繁露》《天人三策》等论著中,他立足神学目的论和阴阳五行说,建立以天人感应为基础的、以"三纲五常"为核心的内含宇宙论、人性论、义利论、大一统论、德治教化论及"天人合一"论等在内的庞杂的哲学思想体系。他提出"罢黜百家,独尊儒术",综合先秦诸子百家之学,继承和发展先秦儒学,创立汉初新儒学,实现了儒学的第一次综合创新,并使儒学成为中国古代社会居于国家意识形态主导地位的思想,同时也开启了宋明儒学之先河,对儒学精神和中华民族精神的形成和发展起了承上启下的作用。限于篇幅,"以点带面",仅探讨董仲舒"大一统"思想、重义轻利思想及德治教化思想等,对中华民族精神形成和发展发挥着独特而多面的影响。

## 一、董仲舒"大一统"思想对中华民族精神的影响

"大一统"思想,是董仲舒政治哲学思想体系的核心内容,倡导建立一个疆域、文化、制度等全方位高度统一的中央集权制国家。秦汉时期首次实现统一的多民族的政治格局。孔子说:"四海之内皆兄弟也。"(《论语·颜渊》)孟子云:"天下定于一。"(《孟子·梁惠王上》)董仲舒倡导"大一统"也是对孔孟思想的继承和发展。"大一统"一词最早出现在《春秋公羊传》,原文是"何言乎王正月,大一统也"。《春秋公羊传》是公羊寿对孔子编撰的《春秋》进行的解读。《春秋》开篇第一句话就提出了"王正月","正月"是历法的概念。《春秋公羊传》解释说"何言乎王正月",即是为什么要说"王正月"?答案是"大一统也"。董仲舒在《天人三策》中说:"《春秋》大一统者,天地之常经,古今之通宜也。"董仲舒认为,"大一统"是宇宙间普遍存在的根本法则,无处不在,无时不有。"把'大一统'看作宇宙普遍法则,不是《春秋》和《公羊传》的明确思想,而是董仲舒借《春秋》名义发挥出来的思想,是他的重要政见。"[①]既然"大一统"是宇宙间普遍法则,那么治国理政、社会生活和人伦日用应该一统于"天",也就是所谓"以人随君,以君随天","屈民而伸君,屈君而伸天"(《春秋繁露·玉杯》)。因为根据董仲舒的"天人感应"说,"天"是最高的主宰,因此所谓"大一统",首先是"统一于天"。董仲舒说:"唯天子受命于天,天下受命于天子。一国则受命于君。君命顺则民有顺命,君命逆则民有逆命。故曰:'一人有庆,万民赖之。'此之谓也。"(《春秋繁露·为人者天》)又说:"天子受命于天,诸侯受命于天子,子受命于父,臣受命于君,妻受命于夫。诸所受命者,其

---

① 周桂钿:《董学探微》,北京师范大学出版社,2008年,第482页。

尊皆天也。"(《春秋繁露·顺命》)从中可以看出，所谓"大一统"，就是统一于天，而天子受命于天，也就是说，皇帝受命于天子，而全国人民统一于皇帝，这就保证了全国政治的大一统，极大地维护了西汉的中央集权制度，从此使得中国逐步形成了统一的、多民族的疆域广大的国家。

自汉以降，"大一统"既是封建王朝帝国的政治思想，也是历代统治者的政治追求，并逐渐演化为中国传统政治文化的核心价值取向。在秦汉统一之前，中国不仅在政治上分为许多诸侯国，各自为政，在民族上也分裂为不同的种族、部族、部落，当时称之为"南蛮""北狄""东夷""西戎"。依据"大一统"思想，"汉朝把不同的种族、部族、部落融合起来，形成一个统一的民族，称为汉族。汉族的形成是中华民族形成的第一阶段"[①]。自秦汉统一之后的中国历史进程中，尽管出现三国两晋南北朝、五代十国及宋与辽、金、夏对峙的短暂分裂时期，但统一始终是中国历史的主流。现代新儒家钱穆先生在比较中西政治时说："中国政治，是一个'一统'的政治，西洋则是'多统'的政治。当然中国历史也并不完全在统一的状态下，但就中国历史讲，政治一统是常态，多统是变态；西洋史上则多统是常态，一统是异态。我们还可更进一步讲，中国史上虽在多统时期，还有它一统的精神；西洋史上虽在一统时期，也有它多统的本质。'"[②]从一定意义上说，董仲舒提出"大一统"思想，进一步强化了"政治一统是常态"的中国历史精神。因此，可以说董仲舒"大一统"思想首先在于强调政治一统，它在两千多年的历史长河中，对增强中华民族共同体的意识，促进中华民族大家庭的团结，进而巩固国家的政治统一和疆土的拓展产生了积极而深远的影响。

在汉武帝看来，大一统意味着所有政治、经济、军事乃至意识形态都要实行大一统，权力收归帝王本身，建构一套借助至高无上天意、仰仗皇帝权威的话语体系。也就是说，"大一统"不仅要实现

---

[①] 冯友兰：《中国哲学史新编》(中)，人民出版社，2007年，第48—49页。
[②] 钱穆：《中国历史精神》，九州出版社，2012年，第23页。

"政治大一统",还要实现"思想大一统"。"政治大一统"客观上要求实现"思想大一统"。董仲舒"大一统"思想落实到国家意识形态层面就是要实现"思想大一统"。历史证明,人们思想不统一,价值观不合,就会引发、激化社会矛盾,国家的凝聚力和向心力就会减弱,进而会影响一个国家的安定团结乃至国家的政治统一。所以实现人们的思想大一统,是巩固西汉王朝中央集权制进而实现国家政治统一的必然趋势。如何实现人们思想大一统?为了维护封建大一统,董仲舒提出"天人感应"说,赋予儒学以神学的内涵,对先秦儒学思想做出重大的改造。董仲舒认为,"天"是创造万事万物的至上尊神,具有不容怀疑的神圣性、权威性。圣人代表天意,那么按照圣人说的行事,就是顺从天意。全国人民都按照圣人要求,顺从天意,可以说实现了思想大一统。因为"儒家总是以儒学来解释天命。皇帝服从天命,实际上就是服从儒学。思想统一,就是罢黜百家,独尊儒术"[1]。董仲舒说:"《春秋》大一统者,天地之常经,古今之通宜也。今师异道,人异论,百家殊方,指意不同,是以上亡以持一统,法制数变,下不知所守。臣愚以为诸不在六艺之科、孔子之术者,皆绝其道,勿使并进,邪辟之说灭息,然后统纪可一而法度可明,民知所从矣。"(《天人三策》)董仲舒认为,天下人们的思想应该统一于孔子创立的儒学,只有如此,才能"邪辟之说灭息""统纪可一""法度可明""民知所从"。汉武帝采纳董仲舒"罢黜百家,独尊儒术"的建议,在国家意识形态层面确立了儒学的独尊地位,使得天下思想统一于孔子创立的儒学,进而使儒学成为中国传统思想文化的主干,统治中国思想界长达两千多年之久。董仲舒倡导的大一统思想,始终贯穿于中华民族的历史发展进程中,对中华文化走向和中华民族精神塑造产生了深远而巨大的影响。

具体而言,董仲舒倡导独尊儒学,天下思想统一于儒学,对中国历史文化和中华民族精神的形成和发展产生了重要的影响:一是确立

---

[1] 周桂钿:《董学探微》,北京师范大学出版社,2008年,第485页。

了以儒学为主体的中华文化历史走向，在中国历史进程中，使得居于国家意识形态主导地位的儒学与道家、佛教构成"三足鼎立"的文化格局，它们相辅相成，共同哺育了中华民族精神的内涵和特质。二是涵养中华民族的文化心理结构，包括民族性格、民族思维方式、行为方式及民族伦理观念及价值观取向等。三是提升国家文化软实力，增强了中华民族大家庭的凝聚力和向心力。四是增强中华民族共同体意识，拓展和巩固了统一的多民族的国家疆域。北京师范大学周桂钿教授指出："汉代独尊儒术奠定了以儒学为主干的中华民族魂。"① 又说："思想统一于儒学，儒学就逐渐成了中华民族的独特精神，这种民族精神是一种强大的凝聚力。""中国之所以能够成为统一的大国，独立于世界民族之林，是由于有了统一的思想。董仲舒的大一统说起了重要的作用。"② 中山大学李宗桂教授指出："思想统一的完成，促进了作为一个实体的多元一体的中华民族的发展，促成了多元一体的中华文化的发展。统一的国家，统一的民族，统一的文化，在西汉中期以后成为现实。"③ 总之，独尊儒学，定于一尊，有助于统一人们的思想认识，培养人们团结统一的精神品质，形成强大的凝聚力和向心力，进而促进民族的团结和国家的统一，具有重大而积极的影响。当然，独尊儒学走向极端，且把儒学神学化、宗教化，也有其显著的弊端，对中国古代社会发展产生了不可忽视的负面影响。但不可否认董仲舒"大一统"思想在塑造中华民族精神方面所发挥的积极作用。

## 二、董仲舒重义轻利思想对中华民族精神的影响

重义轻利是董仲舒道德哲学思想的重要内容。"义利之辨"是中国伦理思想史的一条鲜明主线，它贯穿于中国伦理思想史的全过程。张岱年先生认为，义利关系涉及两个方面的问题：一是物质生活与精

---

① 周桂钿：《中国儒学讲稿》，中华书局，2008年，第39页。
② 周桂钿：《董学探微》，北京师范大学出版社，2008年，第335页。
③ 李宗桂：《董仲舒思想历史作用之我见》，《衡水学院学报》2019年第2期。

神生活的关系,二是公利(社会、国家、民族之利)与个人私利的关系。在春秋战国时期,百家争鸣,义利之辨兴起,大致主要有儒家义利观、墨家义利观、道家义利观、法家义利观等几种类型。孔子说:"君子喻于义,小人喻于利。"(《论语·里仁》)又说:"君子有九思:……见得思义。"(《论语·季氏》)还说:"不义而富且贵,于我如浮云。"(《论语·述而》)孟子与梁惠王对话时提出"王何必曰利,亦有仁义而已矣"(《孟子·梁惠王上》)。又说:"生亦我所欲也,义亦我所欲也,两者不可兼得,舍生而取义者也。"(《孟子·告子上》)荀子云:"先义而后利者荣,先利而后义者辱。"(《荀子·荣辱》)从孔子、孟子、荀子关于义与利的论述中,可得出先秦儒家重义轻利的价值取向。与儒家相反,墨家认为义与利不是对立的,而是统一的。墨子云:"义,利也。"(《墨子·墨经上》)而且墨家所谓"利"是"国家百姓人民之利"(《墨子·非命上》)。又说:"仁人之所以为事者,必兴天下之利,除去天下之害,以此为事者也。"(《墨子·兼爱中》)墨子把道德原则与"天下之利"统一起来。道家对义、利的态度与儒家、墨家不同,既不重视利,也不推崇义,认为"圣人""至仁"既要"忘年忘义"(《庄子·齐物论》),也要做到"不就利、不违害"(《庄子·齐物论》),而超脱关于义与利的得失,可谓是超越价值观。法家则肯定人们谋利的正当性。在义利问题上,商鞅、韩非子为代表的法家反对儒家、墨家空谈仁义道德的倾向,强调趋利避害是人的本性,主张"任功不任德""贵法不贵义",把富国强兵作为主要的价值目标,因此倡导与儒家完全相反的重利轻义价值观,即"去无用,不道仁义"(《韩非子·显学》)。

西汉初围绕着总结秦朝灭亡的经验教训,有的思想家意识到法家学说的弊端,极力推崇黄老思想进而超脱义利考虑,而有的思想家则主张恢复儒家的伦理价值观,强调以仁义道德治理天下。其中董仲舒主张"罢黜百家,独尊儒术",提出"仁人者,正其道不谋其利,修其理不急其功"(《春秋繁露·对胶西王越大夫不得为仁第三十二》)。而《汉书·董仲舒传》说是对江都王问,其表述为"仁人者,正其谊不谋其利,明其道不计其功"。两种说法大同小异,其主要意旨是相通的，由此把先秦时代儒家重义轻利价值观推向极致。董仲舒重利轻义的义利论，既继承和发扬了先秦时代儒家重义轻利的价值观，又开启了宋明时代的义利之辨，进而形成了重义轻利的道义派，也激活了义利兼顾的功利派。程颢说："大凡出义则入利，出利则入义，天下之事惟义利而已。"（《河南程氏遗书》卷十一）程颐说："义与利只是个公与私也。才出义，便以利言也。"（《河南程氏遗书》卷十七）二程认为义利是水火相容的。宋明理学家朱熹说："义利之说，乃儒者第一义。"（《朱子大全集·与延平李先生书》）又说："董仲舒曰：'正其义，不谋其利；明其道，不计其功。'此董子所以度越诸子，汉儒如毛苌、董仲舒，最得圣贤之意，然见道不甚分明。"（《近思录》卷一四）心学大师陆九渊说："凡欲为学，当先识义利公私之辨。"（《陆九渊集·语录下》）而功利派叶适则批评董仲舒义利观，他说："仁人正谊不谋利，明道不计功，此语初看极好，细看全疏阔。古人以利与人，而不自居其功，故道义光明。后世儒者行仲舒之论，既无功利，则道义者乃无用之虚语耳。"（《习学记言》卷二十三）而清代思想家颜元认为，讲道德而"全不谋利计功，是空虚，是腐儒"（《习斋先生言行录》卷下）；并修正了董仲舒的说法而提出"正其谊以谋其利，明其道而计其功"（《四书正误》卷一）。把道义与功利结合起来。由此可知，宋明理学家极力称赞董仲舒重义轻利价值观，而功利派叶适和清初颜元对董仲舒重义轻利价值观提出批评和修正，足以看出董仲舒重义轻利价值观对后世的深远影响。

重义轻利价值观，既肯定精神生活高于物质生活、道德价值或精神价值高于物质价值，又认为公利（民族、国家、社会之利）优先个人私利。董仲舒尊崇孔子，充分肯定道德价值或精神价值。他认为人之所以为贵在于有道德。他说："人受命于天，固超然异于群生。入有父子兄弟之亲，出有君臣上下之谊；会聚相遇，则有耆老长幼之施。粲然有文以相接，驩然有恩以相爱。此人之所以贵也。"（《汉书·董仲舒传》）有道德是人贵于物的内在特质，所以道德价值高于物质价值。董仲舒又说："天之生人也，使人生义与利。利以养其体，义以养其心。心不得义不能乐，体不得利不能安。义者心之养也，利者体之养也。……夫人有义者,虽贫能自乐;而大无义者,虽富莫能自存。吾以此实义之养大于利而厚于财也。"(《春秋繁露·身之养莫重于义》)物质利益是人的身体所必需的,而道义或道德价值则是人的精神所必需的。精神价值高于物质价值。在董仲舒和儒家看来,做人做事,讲道义是第一位,讲功利是第二位的。就公利与私利而言,公利是第一位,个人利益是第二位,当两者不能兼顾时,应该做到"公而忘私"或"大公无私";就道德价值与物质价值而言,讲道德是第一位的,讲物质利益或个人私利是第二位的,如果忽视道德而讲纯粹个人私利,那就是"见利忘义"的"小人"。故儒家倡导"杀身成仁""舍生取义"的精神境界,做一个"大写的人"。

哲学家张岱年先生说:"中国古代伦理学说可以分为道义论与功利论两大派别。道义论肯定道德价值高于实际利益,功利论强调道德价值不能脱离实际利益。"[①] 但纵观中国古代社会,道义派始终占据主导地位,即便功利派也强调以讲道义为前提而谋取功利。由于董仲舒和儒家道义论的熏陶感染,有关"义"的成语或词汇比比皆是,如义不容辞、舍生取义、大义凛然、贵义贱利、见得思义、仗义疏财、铁肩担道义、义愤填膺、忘恩负义、背信弃义、义薄云天、慷慨赴义、仁人义士、至仁至义、大仁大义、见义勇为、天经地义、深明大义、大义灭亲、仗义执言、从容就义等;同时在中国历史上又塑造很多为国家、民族之大义而赴汤蹈火的志士仁人,如"面对威胁利诱而坚守节操,历尽艰辛而不辱使命"的苏武、"精忠报国"的岳飞、"先天下之忧而忧,后天下之乐而乐"的范仲淹、"人生自古谁无死,留取丹青照汗青"的文天祥、"苟利国家生死以,岂因祸福避趋之"的林则徐等。也可以说,由于讲道义进而大大提升中华民族的精神境界和精神品质,但由于片面强调义而忽视利,一方面有可能衍生出道貌岸然的伪君子,另一方面也减缓中国古代社会生产力和经济社会发展的动力。由此可见,董仲舒的重义轻利道义论对中国古代文化发展及

---

① 《张岱年全集》(第3卷),河北人民出版社,1996年,第517页。

中华民族精神塑造发挥多层面的影响。

## 三、董仲舒德治教化思想对中华民族精神的影响

德治教化思想是董仲舒教育哲学思想的重要内容，其目的在于为汉王朝培养治国理政的合格人才，同时也为涵养中华民族精神增添了丰富的内容。一般而言，统治者治国理政都要坚持德法并重，也就是一方面要实行道德教化，以德治国；另一方面制定刑法或法律，依法治国。先秦儒家就提倡"德主刑辅"的治国方略，孔子提出"为政以德"（《论语·学而》），孟子提出"以不忍人之心，行不忍人之政"（《孟子·公孙丑上》）的"仁政"思想，而荀子则提出"隆礼重法"的主张。孔子说："道之以政，齐之以刑，民免而无耻；道之以德，齐之以礼，有耻且格。"（《论语·为政》）意思是说，用行政命令来引导人民，用刑罚来约束人民，他们虽然能够避免犯罪，但没有羞耻之心；用道德来引导人民，用礼仪来约束人民，他们就会有羞耻之心，并且能够遵守法纪。孟子继承孔子的思想，继续强调德治教化思想。孟子说："人之有道也；饱食、暖衣、逸居而无教，则近于禽兽。圣人有忧之，使契为司徒，教以人伦——父子有亲，君臣有义，夫妇有别，长幼有叙，朋友有信。"（《孟子·滕文公上》）孟子认为，教化之目的在于"教以人伦"，把人与禽兽区别开来，以提升人之为人的品性。《礼记·学记》把教化的作用概括为"建国君民，教学为先""化民成俗，其必由学"，也就是教化的作用在于为国家培养德才兼备的合格人才和形成良好的社会道德风尚。简言之，中国古代的德治教化主要是一种人文主义教育。它以做人为价值目标，尤其重视道德教化和德性培育，注重气节和操守的培养。及精神境界的提升。所以汉武帝采纳董仲舒独尊儒学的建议，使得以德性主义为精神特质的儒学成为中华传统文化的主干，在两千多年的历史长河中对中华民族精神的培育起着主要作用。

西汉大儒董仲舒继承和发展先秦儒家的德治教化思想，强调"天之任德不任刑"。但他又认为只有德而没有刑也不行。所以他仍然主

张"德主刑辅"。他说:"教,政之本也;狱,政之末也。其事异域,其用一也,不可以不顺。故君子重之。"(《春秋繁露·精华》)教化是政治的根本,刑狱是政治的形式,两者虽然属于不同的领域,但维护社会秩序稳定和谐的作用是一样的。因此两者要"相顺"。教化是劝善,刑罚是惩恶,两者相反相成,殊途同归。故"南面而治天下,莫不以教化为大务。立大学以教于国,设庠序以化于邑,渐民于仁,摩民以谊,节民以礼,故其刑罚甚轻而禁不犯者,教化行而习俗美也"(《汉书·董仲舒专》)。因此董仲舒认为圣王治国理政,就要建立一套新的礼乐制度,大兴教育,对人民实行德治教化,移风易俗,纯化社会风气,建立良好的社会秩序。而人性则是教化的根据。董仲舒提出"性三品"说,把人性分为上、中、下三等,即"圣人之性""斗筲之性""中民之性"。他说:"圣人之性,不可以名性,斗筲之性,又不可以名性。名性者,中民之性。"(《春秋繁露·实性》)"圣人之性""斗筲之性",都不能叫"性";只有"中民之性"才能叫性。"圣人之性",受命于天,近于全善,是上品,无需教化的;"斗筲之性",瞑而未觉,近乎全恶,是下品,是教化不了的;"中民之性",可善可恶,是中品,需要加以教化,强调后天的教化对人或为善或为恶起着决定的作用。他说:"名性,不以上,不以下,以其中名之。"(《春秋繁露·实性》)绝大多数的"中民之性"是中等的,非善非恶,才是要讨论的人性。也就是说"中民之性"有"善质而为能善",既能发展为善,也能转化为恶。要使善质成长为善性,就需要经过教化。董仲舒说:"性者,天质之朴也;善者,王教之化也。无其质,则王教不能化。无其王教,则质朴不能善。"(《春秋繁露·实性》)王者的教化,就是对"中民之性"的加工,使之为善。王者就是奉天命来教化人民的。对人民实行德治教化具有内在的必要性和显著的重要性。

董仲舒德治教化思想对中华民族精神的影响,具体落实到"六经"内容和"三纲五常"的道德原则及道德规范。董仲舒在《举贤良对策》中提出以"六艺之科、孔子之术"为主要内容对人民实行教化,进而达到统一天下思想之目的。"六艺"即"六经":《诗经》《书经》《礼经》《乐经》《易经》《春秋经》。因《乐经》散轶,实际只有

"五经",故有"五经博士"之称谓。董仲舒说:"君子知其在位者之不能以恶服人也,是故简六艺以赡养之。《诗》《书》序其志,《礼》《乐》纯其美,《易》《春秋》明其知。"(《春秋繁露·玉杯》)"六经"是一种精神食粮,《诗》《书》培养人的远大志向,属于德育;《礼》《乐》培养人的审美情趣,属于美育;《易》《春秋》培养人的聪明才智,属于智育。此后,又陆续加进了《论语》《孝经》《周礼》《礼记》《尔雅》《孟子》,《春秋经》附在《左传》《公羊传》《穀梁传》之前而成三部,共十三部亦即"十三经"。"十三经"成为以后历代公认的中华文化经典,具有不可动摇的神圣地位。上自朝廷的诏令奏议,下至士人的著文发言,经典成为最基本的文本依据。而汉武帝采纳董仲舒"罢黜百家,独尊儒术"的建议,立"五经博士",置"博士弟子员"等举措,标志着儒学正统地位的确立和中国历史上持续两千多年之久的"经学时代"的开始。现代新儒家、哲学史家冯友兰先生说:"自此以后,自董仲舒至康有为,大多数著书立说之人,其学说无论如何新奇,皆须于经学中求有根据,方可为一般人所信爱。经学虽常随时代而变,而各时代精神,大部分必于经学中表现之。"① 董仲舒提出以"六经"为德治教化内容,对人们进行德智美诸方面的教育,形成了中华民族特有的"我注六经,六经注我"的经学传统,塑造了中华民族特有的思维方式和价值观取向,进而培育了中华民族特有的以伦理道德为核心的人文精神,但由于经学的一统和专制也严重束缚了人们的思想,导致人们精神的僵化。在中国历史进程中,由董仲舒创立的今文经学发展为后来的今文经学与古文经学论争融合的经学传统对中华民族精神的塑造产生了深远而多面的影响。已故哲学家、中国哲学史家方克立先生在《贺辞——〈经学与中国哲学〉代序》一文中说:"作为其基础的那些文化原典,提供了中国人认识宇宙、历史、人生的最初的意义和价值之源,对中国社会和文化发展产生了深远影响;其中具有普世意义的和体现中华民族精神的内容,在今天仍有积

---

① 《冯友兰文集》(第2卷),长春出版社,2008年,第290页。

极正面的价值。"①

"三纲五常"是董仲舒德治教化的核心内容。董仲舒还从君权神授、君权至上的思想出发，提出一套适合封建社会政治统治需要的最高道德原则和道德规范即"三纲五常"，又称"纲常名教"。所谓"三纲"指"君为臣纲，父为子纲，夫为妻纲"。董仲舒称之为"王道之三纲，可求于天"（《春秋繁露·基义》）。董仲舒《举贤良对策》云："夫仁、谊（义）、礼、智、信五常之道，王者所当修饰也。""三纲"与"五常"相配合，构成中国封建社会正统的道德规范体系。"中国封建伦理的真实形态是董仲舒的'三纲五常'论。儒学的独尊、董仲舒伦理思想体系的出现，标志着中国伦理精神的封建化和抽象性的统一。"②根据汉儒相传的《礼记》中记载，最初君臣、夫子、夫妇的关系，是一种双向的相对关系，双方都要承担相应的义务。但"三纲"经过董仲舒的神学化和抽象化，至宋元明清时期，臣对君、子对父、妇对夫处于一种单向的以人身依附和绝对服从的关系。理学大师朱熹及其门徒，既宣扬"天下无不是底父母"，又宣扬"天下无不是底君"，把"三纲五常"视为"天理"而不可丝毫违背。故朱熹说："三纲五常亘古亘今不可易。"（《朱子语录》卷二四）明初大儒薛瑄说："三纲五常之道，日用而不可须臾舍，犹布帛、菽粟不可一日而无也。舍此它求，则非所以为道矣。"（《读书录》卷六）南宋之后的"三纲"说，要求臣绝对服从君，子绝对服从父，妻绝对服从夫，从而把君臣、父子、夫妇关系绝对化，由此也否定臣、子、妻的独立人格，久而久之也扭曲了国民性，成为奴役人民的"精神枷锁"，进而扼杀中华民族精神的健康成长。

"三纲五常"是中国封建专制社会的最高道德原则，作为调整、规范君臣、父子、夫妇、兄弟、朋友之人伦关系，被用于教化天下，维护社会伦常秩序，为封建等级秩序尤其是"尊君""事君""忠君"

---

① 方克立：《方克立序跋集》，当代中国出版社，2016年，第259页。
② 张岱年、方克立：《中国文化概论》，北京师范大学出版社，1994年，第294—295页。

的神圣性和合法性做辩护，故为历代封建统治者所维护和提倡。但至"五四"新文化运动时期则受到无情的批判。陈独秀极力批判"儒者三纲之说"。他说："儒者三纲之说，为一切道德政治之大原。君为臣纲，则民于君为附属品，而无独立自主之人格矣；父为子纲，则子于父为附属品，而无独立自主之人格矣；夫为妻纲，则妻于夫为附属品，而无独立自主之人格矣。"① 陈独秀痛斥"儒者三纲之说"，"乃封建时代以家族主义为根据之奴隶道德"②，使人成为他人的"附属品"，造成了"无独立自主之人格"。与此相应也就有人格不对等的称谓如"大人""老爷""奴才""奴婢""草民"等，这些都折射出"三纲"说对国民性塑造、对民族精神所熔铸造成的负面影响。张岱年先生说："三纲观念在封建社会后期起了严重的阻碍社会发展的反动作用；'仁义礼智信'五常观念对于古代精神文明的发展起了一定的积极作用。"③ 因此，在社会主义新中国，应该彻底否定"三纲"，培育人与人之间平等友善、互敬互爱的社会主义人道主义精神。

从儒家伦理思想史看，孔子既倡导"仁""礼"，又强调"信""义"，并提出"智""仁""勇"之"三达德"；孟子则提出"仁""义""礼""智"之"四端"；董仲舒则综合孔子与孟子的伦理思想，第一次把仁、义、礼、智、信整合在一起，称之为"五常"。中国人民大学宋志明教授指出："儒家所说的五常，既内在于人的本性，也有外在的指向，涵括家庭、社会、国家各个层面。五常从个人品行讲起，最后讲到整个民族全体的团结友爱、和谐统一。五常贯彻了个体与群体相统一的原则，构成了完整的伦理规范体系。"④ 毋庸置疑，"五常"是封建等级制度下的道德规范，虽然具有显著的时代的、阶级的局限性，但它仍具有普遍性的意义，它在历史上为中华民族广大

---

① 《陈独秀文章选编》（上卷），生活·读书·新知三联书店，1984年，第103页。
② 《陈独秀文章选编》（上卷），生活·读书·新知三联书店，1984年，第195页。
③ 《张岱年全集》（第3卷），河北人民出版社，1996年，第625页。
④ 宋志明：《现代新儒学的走向》，北京师范大学出版社，2009年，第208页。

成员所认同和践行,对塑造舍生取义、精忠报国、自强不息、团结统一、勤劳勇敢、文明礼貌、诚信友爱的中华民族精神产生着积极的影响。在社会主义新中国,我们应该批判继承"五常",剔除其封建性的糟粕,吸取其民主性的精华,并与时代精神相结合,使其成为培育中国特色社会主义伦理精神和建构中国精神的有价值的传统资源。

## 四、结语

董仲舒在新的历史条件下,复兴了被扼杀长达百年之久的儒学,并综合先秦诸子百家思想,创建一种以天人感应为基础的包括政治哲学、社会哲学、道德哲学、教育哲学、历史哲学等在内的且适应封建统治需要的思想学说,既是对先秦儒家思想的创造性发展,也是对其神学化、制度化和宗教化的重要环节。汉武帝接受董仲舒"罢黜百家,独尊儒术"的建议,把儒家思想确立为封建国家意识形态的主导思想,成为中国自汉代至清朝末年社会的主流文化,对中华民族精神的形成和发展产生了极其深远的影响。如果说孔子儒学启动了中华民族精神的自觉建构,那么董仲舒综合先秦诸子百家之说,创立汉初新儒学则为中华民族精神增添了新的社会历史内容,其中"大一统"思想、"三纲五常"说及德治教化思想得到历代封建统治者的认同和强化,在塑造中华民族精神的同时,也成为他们加强思想控制的有力工具。

从总体上看,董仲舒思想作为儒学发展的一个环节,起着承上启下的作用。中国社会科学院李存山研究员指出:"董仲舒是秦以后'为群儒首'的第一位大儒,他继承先秦儒家的思想,开创了秦以后'独尊儒术'和汉唐经学的新格局,而且对宋代的'新儒学'即道学或理学也有重要影响。"[①] 董仲舒思想伴随着儒学发展即由汉唐儒学到宋明儒学再到清代朴学,与中国古代社会的政治、经济、文化、教

---

① 李存山:《董仲舒在中国思想文化史上的地位与影响》,《河北学刊》2010年第4期。

育及人伦日用等紧密结合，逐步渗透到全民族所有成员的思想观念和言行之中，逐步形成共同的民族心理、民族意识、民族性格、民族伦理和民族价值观等精神品质，进而对中国古代文化发展和中华民族精神塑造发挥着独特而多层面的影响，其精华或合理性的因素或对涵养中华民族精神发挥着积极的影响，其糟粕或神学化、制度化的因素则戕害了人的独立人格，扭曲了国民性，进而对中华民族精神健康发展起着消极的影响。

本文为"2020中国·衡水董仲舒与儒家思想国际学术研讨会"提交的论文。

迟成勇（1966—），男，安徽肥东人，哲学博士，南京铁道职业技术学院马克思主义学院副教授。

# 董仲舒政治思想研究

# 如何对待盛世的社会问题

周桂钿

今天我想讲这样一个题目，就是如何对待盛世时代的社会问题。我认为汉武帝时代，也就是董仲舒生活的主要时代，是盛世时代。我们现在也是盛世时代。董仲舒在《天人三策》中所讲的问题是西汉盛世的社会问题，所提的建议是解决盛世社会问题的具体方法。因此，那些思想对于我们来说，有很强的现实意义，很有参考价值。当然，有的人认为董仲舒那时候不是盛世。说一个时代是盛世，应该符合什么样的标准呢？我想大概是这么几条：第一，没有战争，社会比较和平，这是个很重要的内容；第二，盛世时代的人口比较多，人的平均寿命比较长；第三，多数人过着安居乐业的日子。我认为这样就是盛世，中国历史上的汉唐就是盛世。不是说没有任何问题的才算是盛世，如果那样，中国历史上就没有盛世了。

董仲舒在对策里面讲到的那些社会问题及其解决方案，对我们现在有什么参考价值呢？对此，我认为主要有以下几条：

第一个就是大一统。因为董仲舒生活在那个时候，他对夏商周、春秋战国、汉初的历史都比较了解，他认为诸侯王如果势力很大，天子压不住他，这个社会就会乱。这样的现象从春秋战国可以看出来，周天子力量被削弱，诸侯争夺霸权，后来没有周天子了，这个天下就大乱了，乱了几百年。到汉朝以后，社会统一稳定了，但是在景帝的时候又出现了吴楚七国之乱。为什么会出现吴楚七国之乱呢？这主要是因为汉初实行的"一国两制",也就是郡县制和封建制并存。刘邦当初为了统一天下,采用这个制度,后来发现有问题,封建制不稳定,郡县制才稳定,因为有叛国没有叛郡。景帝平定七国之乱、武帝实行推恩令,费了很大力气才彻底解决了王国问题。《史记》里把封王写成"世家",到了《汉书》中就没有"世家"了,这也就是认识到封建制是不行的,是比较落后、不利于大一统的。现在一讲中国的封建制,就说有三千年的历史,我认为,实际上只有八百年,就是周朝的八百年。

第二个就是调均。社会稳定以后,容易出现贫富两极分化。有权有势的人利用权势跟人民争夺利益,人民争不过他,于是富人越来越富,平民很穷。董仲舒认为,太富的人容易骄傲,容易欺压老百姓,这样对社会稳定没好处;太穷的人如果穷得没法生活,就会起来偷盗抢劫,社会也不安定。所以,针对这种情况,董仲舒提出来要调均。调均不是平均主义,而是让有钱的拿出一些钱来救助弱者,这个做法我认为还是比较合理的,如果只是单纯地搞平均主义,是搞不好的。

第三个就是教育。董仲舒认为,治国理政需要大量的人才,而人才需要培养,培养就要发展教育。董仲舒在对策里面反复提到要办太学来培养人才。他极力主张治国理政应该以德教为主、刑罚为辅,这也是总结秦亡的教训,秦始皇用法家思想治国,认为令行禁止就够了,但是秦朝很快就灭亡了,这说明只靠刑罚是有问题的,所以董仲舒提出来,要以德教为主。这个思想也是传了两千多年。

第四个就是官不与民争利。董仲舒在对策中讲了公仪休拔葵去织的故事来说明这个问题。公仪休是鲁国的相,他回家吃饭的时候吃到葵菜就问葵菜是哪里来的,家人告诉他这不是买的,是自己种的。他就生气了,说我们自己种菜,那菜农的菜卖给谁呢?这是跟平民争利。公仪休发现妻子织布,就把妻子休了,我们可能会纳闷,妻子织布,不是很好的事情吗?可是公仪休认为如果妻子织布,那些织工织出布又卖给谁呢?这也是与民争利。作为官员,享受俸禄就可以了,不应该再与民争利。

第五个就是选贤使能。在官吏任用上,董仲舒强调要知人善任、选贤使能，将那些有才能的人推选上去。不能看年头、不能看名声，而要看真正的治国理政的才能。对于官吏，要加强考核，有功劳的人要奖赏，有罪过的人要处罚，功劳大的奖赏多，罪过大的处罚重。

最后一个就是对皇帝的权力要有制约。董仲舒讲天人感应，他说旱灾、水灾、地震，这些都是政治引起的，以此来警告君主不要胡作非为。有人说这是唯心主义。按照恩格斯的说法，什么是唯物，什么是唯心，要看他对宇宙的本源是怎么认识的。但是董仲舒不是讲宇宙本源问题，他是在和政治家讨论治国理政的问题，所以我认为不能用唯物、唯心来评判董仲舒的思想。

对于汉代董仲舒对策的研究，对我们今天的治国理政是有参考价值的。历史上的许多思想家，比如孔子、朱熹，他们都不是生活在盛世，而董仲舒是生活在盛世，他看到的问题、提出的建议最有借鉴意义。有人说董仲舒的对策是班固伪造的，我不相信，因为如果是伪造的，那么就要伪造汉武帝的策问，试问谁敢伪造皇帝的策问呢？那是不可能的。所以董仲舒的对策是值得认真学习、深入挖掘的，我就说这么多，供大家批评。

本文为"2020中国·衡水董仲舒与儒家思想国际学术研讨会"提交的论文。

周桂钿（1943—），男，福建长乐人，北京师范大学哲学与社会学学院教授，博士生导师。

# 董仲舒"天人合一"的"理性"内核与制衡精神刍议

黄朴民　李櫹璐

## 一、从古代历史传统看董仲舒"天人合一"说的文化渊源

为不少人所耳熟能详的"国之大事，在祀与戎"（《左传·成公十三年》），我们不能简单地从字面意思加以理解，否则对其意义的认识就比较狭窄了。从本质上讲，这八个字是了解中国上古历史真相及其特色的一把钥匙，因为它简洁扼要地道出了古代社会生活的两个根本要义：巫觋系统与政事系统的各司其职，相辅相成。

与世界上绝大多数民族和国家政治起源的情况相似，从氏族社会晚期的军事民主制时代开始，权力机构的运作，是按两个系统的分工负责来具体予以实施的，这在西谚中，便是被形象地概括为：将上帝的交给上帝，将凯撒的交给凯撒。

这两个系统，在古代中华文明起源时即已确立，标志性的事件就是《国语》中所提到的重与黎分职理事，"绝地天通"，"乃命南正重司天以属神，命火正黎司地以属民"（《国语·楚语下》）。其延续，就是后世的巫史神职集团与卿事政务集团的自成体系，彼此独立。到了周代，即为"太史寮"（其首长为太史）与"卿事寮"（其首长为太师

或太保)两大系统的既独立运作,又相互配合(参见杨宽:《西周中央政权机构剖析》,《历史研究》1984年第1期;又可见氏著《先秦史十讲》,第19—43页,复旦大学出版社,2006年)。当然,这种区分并非绝对,实际政治生活中,存在着大量"官事可摄"的现象,如商代,有些人,说他是政务官,可他同时又是神职人员,如伊尹;说他是宗教官,可他却同时又是政务官吏,如巫咸。在周代,就卿事寮和太史寮而言,两者之间的职权就经常混淆,卿事寮固可带兵作战,而太史寮也不乏带兵的例子。

这种情况,到了春秋,依然有残留的痕迹依稀可辨,这正是卫献公提出的复位条件之谜底所在:"政由宁氏,祭则寡人。"(《左传·襄公二十六年》)也就是说,卫献公为了返回卫国上位,明确向其政治对手表态,他只需要恢复其中的巫祝通神权力,至于具体的行政管理权力,他愿意做出妥协,可以继续由权臣宁氏家族执掌。换言之,卫君所要求的是国之大事中的第一项,"祀",而清醒地看到宁氏已牢牢掌控政事权力这个现实,必须承认,不可贸然挑战,也即绝对不能对争取具体行政管理的权力抱不切实际的幻想。

很显然,在当时人们的心目中,政权运作的核心内涵,也就是两个方面:一个是由神职系统官员负责的祭祀事务,它的基本宗旨就是沟通天人,接受与传达上天的意志,以向天下证明与展示其统治的合法性与神圣性;另一个就是由政务系统的官吏负责进行的政务事宜,这确保了政治运作、社会管理正常运作的可行性与操作性。

西方这种双头政治制衡传统,长期以来得以延续,从军事民主制阶段的大祭司与军事首长的并驾齐驱,到希腊、罗马时代的元老院与执政官的相互制衡①,再到中世纪的教会与王权的彼此对峙,一直演变为近代以来的行政与立法的相辅相成,形式虽然有别,但性质上有其一致性。然而,中国的政治文明进程却是有自己的独特道路,早在

---

① 例如,希波战争中,斯巴达王未经大祭司神职人员的允准,就无法征发更多兵员,只能以三百勇士喋血温泉关;而罗马后"三巨头"时期,屋大维要对安东尼宣战,也必须走由元老院授权的程序。

殷商，王权就高度集中，《尚书·盘庚》"余一人""惟辟作威，惟辟作福"已是常态，西周时，王权专制的步履较之于殷商时期又有所迈进。当时的王权专制，无论从规模上，还是从性质上看，都比商代有了较大发展。在政治上，周王是天下最高的领袖；在宗法生活中，周王是天下的大宗；在军事上，周王是天下军队的当然统帅；在经济活动方面，就是《诗经》中所说的："溥天之下，莫非王土。"人们更是突出强调"普天之下，莫非王臣"，后人所推许的理想政治，乃是"礼乐征伐自天子出"。所幸的是，春秋之前，"敬天"还是人们共同的心理认同，"天子为善，天能赏之；天子为恶，天能罚之"①，在"政统"之上还有一个"天志"做无形的制衡。换言之，政治观念上，西周统治者明确承认"天命"，认为政治活动中必须尊重"天命"，祈求"上天"的保佑。周人讲"德"，但不是以"德"去否定"天"，而是"以德配天"。所以《庄子·天下》说周人"以天为宗，以德为本"。这种"以德配天"的思想原则，在政治生活中的表现就是西周时期，神权统治与世俗统治双管齐下，互为补充。

遗憾的是，也就是在春秋时期，"重民轻神""天人相分"成为一股强劲的社会新思潮，所谓"天道远，人道迩"为人们所津津乐道。西周末年，怨天疑天思潮的兴起，为当时不少思想家重民轻天、重民疑神思想的勃兴，奠定了基础②。他们重新定位了"民"与"神"两者关系的位置，认为民神关系中，民是主，神是次；民为本，神为末。因此，在社会政治生活中，首先要重民，而不可据神意行动，《左传·桓公六年》："夫民，神之主也。是以圣王先成民而后致力于神。"《左传·庄公三十二年》："国将兴，听于民，将亡，听于神。"

---

① 《墨子·天志中》。
② 西周末年的诗人在那里怨天骂天，这是对"天"的神圣性的极大否定，翻开《诗经》，这一现象真是比比皆是："昊天不惠""昊天不平""不吊昊天""浩浩昊天，不骏其德"。

这些观点的提出，基本否定了"天""神"的主宰地位①。

当时思想家第二步的工作，是从天道观上初步提出了"天人相分"的思想，从而为"重民轻天""重民轻神"观念提供了理论上的依据。这方面的代表人物是周内史叔兴和郑国的子产。他们鲜明地提出了"吉凶由人""天道远，人道迩，非所及也"②的观点，这在春秋后期成书的《孙子兵法·用间篇》中，就是"先知者，不可取于鬼神，不可象于事，不可验于度"。到了战国时代，这种"天人相分"的观念，更是普遍流行，深入人心。如荀子明确主张："大天而思之，孰与物畜而制之；从天而颂之，孰与制天命而用之。"③连兵书《尉缭子》也鹦鹉学舌，应声附和："天官时日，不若人事也！"④

这股新思潮的风靡，在思想文化发展史上当然有其积极的意义，但其消极性也需要有足够的认识，因为这在很大程度上，忽略了天人之间的客观联系性与统一性。这在文化观念上，是使得人们失去了应有的宗教情怀，丧失了对"天意"的敬畏之心，对大自然赋予的感恩之心，对社会批判原则的是非之心，而唯独留下利益追逐上的功利之心。而这反映在现实政治实践生活领域，则是最大地保证了君主高度专制集权的无限膨胀，无限扩大，再也没有任何力量能够对此加以必要的制衡与约束，而曾经在政治治理中扮演过重要角色的巫史系统，这时候也被彻底边缘化，到帝国时代，已是被"倡优畜之"了，司马迁的《太史公自序》中对此有真实的感慨。

如果从这个视野来看董仲舒的"天人合一"理论，我们就不能过度纠缠于其神秘主义色彩而轻易加以否定，而应该超越其貌似荒诞不经的形式与逻辑，而充分发掘其内在理性精神与政治文化价值。具体

---

① 这个进程自西周立国即已肇始，是一个相当漫长的渐变过程，这从后人在《礼记·表记》有关殷商与西周的政治文化精神概括与区分中可以窥见一二："殷人尊神，率民以事神。先鬼而后礼，先罚而后赏。"而周代则是："周人尊礼尚施，事鬼敬神而远之，近人而忠焉。"
② 《左传·昭公十八年》。
③ 《荀子·天论》。
④ 《尉缭子·天官第一》。

地说,"天人合一"学说能否经受常识与逻辑的检验是一回事,而其有效地服务于现实政治又是另一回事。不宜简单等同,更不宜混淆。我们今天尤其需要探讨董仲舒提倡"天人合一"的基本宗旨,应该揭开其那层神秘主义的面纱,还其学说的现实性质。很显然,我们今天讨论与评价董仲舒的"天人合一"说,就不宜局囿于董氏之说本身,而应该放宽我们的视野,跳出董仲舒,再来看董仲舒。

## 二、汉武帝时代政治的弊端是客观的存在

汉武帝是历史上屈指可数的杰出君主,他奋发有为,自登基之日起就孜孜进取,希望成就一番伟业,为汉家天下开创一片崭新的局面,所谓"朕不变更制度,后世无法;不出师征伐,天下不安。为此者不得不劳民"[①]。为此,在政治上,他贬抑相权以强化君主独裁专制,"举贤良文学"以扩大地主阶级统治基础,举行封禅典礼以提高皇帝权威,实施"推恩法"以削弱地方势力,任用酷吏以保证专制措施畅行全国;经济上,他重农抑商以巩固国本,算缗告缗以大量征收工商税资,设立盐铁专卖制度以控制经济命脉,推行"平准"措施以垄断商业活动,按"利出一孔"的原则操控国家全部经济活动。思想文化上,他采纳董仲舒、公孙弘等人的建言,"罢黜百家,独尊儒术"以统一人们的思想,立五经博士,兴办学校以明确文化建设的导向,倡导孝行,宣扬廉德,移风易俗以教化天下万民。当然,他平生做的最大一桩事业,是自元光二年(前133)起连续39年之久从事反击匈奴的战争,基本上摧毁了匈奴赖以发动骚扰战争的军事实力,使匈奴再也无力对汉王朝构成巨大的军事威胁,"匈奴远遁,而幕南无王庭"[②]。其间他又先后平定东瓯、南越,"通西南夷",成就一番赫赫功业,这正如司马相如《难巴蜀父老书》中所说的那样:"盖世必有

---

[①] 《资治通鉴》卷二二,武帝征和二年。
[②] 《汉书》卷九四,《匈奴传》。

非常之人，然后有非常之事；有非常之事，然后有非常之功。"① 以武帝一生行迹看，其为"非常之人"，行"非常之事"，而立"非常之功"，乃是实至名归的。

　　汉武帝的所作所为，主导的历史意义无疑是正面的：对此汉代人早就有比较公允的评价"孝武皇帝愍中国罢劳，无安宁之时，乃遗大将军、骠骑……北攘匈奴，降昆邪十万之众，置五属国，起朔方以夺其肥美之地……功业既定，至今累世赖之"②。东汉桓谭也说："汉武帝材质高妙，有崇先广统之规。故即位而开发大志，考合古今，模获前圣故事，建正朔，定制度，招选俊杰，奋扬威武，武仪四加，所征者服。兴起六艺，广进儒术。自开辟以来，惟汉家最为盛焉，故显为世宗，可谓卓尔绝世之主矣。"③仰慕崇敬之心，跃然笔端。平心而论，汉武帝的确是有大功于中国历史的风云人物，这些颂扬不是没有道理的。

　　然而，任何事物都具有两重性，汉武帝的赫赫功业也伴随着严重的后遗症。他"多欲"有为的政治风格，直接导致了社会矛盾的高度激化，棘手难题纷至沓来，积重难返。这首先是国家财力、物力损失惨重，经文景之治积蓄下来的家底几乎荡然无存，"海内虚耗，户口减半"④；"奢侈无限，穷兵极武，百姓空竭，天下骚然……海内无聊，而孝文之业衰矣"⑤。其次是阶级矛盾日益尖锐，服役、租税、酷刑、征调、瘟疫、饥馑、水旱，使得广大民众精疲力竭、痛苦万分，不得已铤而走险，以武力反抗政治统治，导致整个社会面临大动乱的深重危机："盗贼滋起……大群至数千人，擅自号，攻城邑，取库兵，释死罪，缚辱群太守、都尉，杀二千石。"⑥其三是封建统治集团内部产生较严重的分化与对立倾向，这严重影响了封建统治机器

---

① 《汉书》卷五七下，《司马相如传》。
② 《汉书》卷七三，《韦贤传》。
③ 《新论》。
④ 《汉书》卷七，《昭帝记》。
⑤ 《艺文类聚》卷一二引荀悦《汉记》佚文。
⑥ 《汉书》卷九〇，《酷吏传》。

的正常运转。他任用酷吏，迷信巫蛊，搞得上下不安，人人自危，极大地激化了统治者内部的矛盾，以至于夫妻反目，父子成仇，"后听邪臣之潛言，卫后以忧死，太子出走，灭亡，不知其处"①。使整个社会面临动荡甚至崩溃的深重危机。

所以，汉代以及之后的不少人都质疑汉武帝事功以及政治风格的价值与意义，甚至对武帝加以尖锐的抨击与无情的否定，以汉代为例，汉宣帝本始二年（前72），朝议立武帝庙乐，长信少府名儒夏侯胜对此当即提出异议："武帝虽有攘四夷，广土斥境之功，然多杀士众，竭民财力，奢泰亡度，天下虚耗，百姓流离，物故者半，蝗虫大起，赤地数千里，或人民相食，畜积至今未复；亡德泽于民，不宜为立庙乐。"②又如元、成朝时否定汉武帝的思潮又起，其中贾捐之的观点颇具有代表性："籍兵厉马……天下断狱万数……寇贼并起，军旅数发，父战死于前，子斗伤于后，女子乘亭障，孤儿号于道，老母寡妇饮泣巷哭……是皆廓地泰大，征伐不休之故也。"③至于贡禹则是从武帝推行酷吏政治所导致的恶劣后果加以猛烈的批评，"自见功大威立，遂纵嗜欲。用度不足，乃行壹切之变，使犯法者赎罪，入谷者补吏。是以天下奢侈，官乱民贫，盗贼并起，亡命者众。郡国恐伏其诛，则择便巧吏书习于计簿能欺上府者，以为右职。奸轨不胜，则择勇猛能操切百姓者，以苛暴威服下者，使居大位"④。这不能不造成吏治黑暗，政局大乱。

问题是，在汉武帝乾纲独断的情况之下，又有什么人能够对汉武帝的所作所为提出什么意见，进行怎样的制约。应该说，无人敢于逆龙鳞而自讨没趣，甚至于断送个人与全体家族的性命。毕竟在酷吏政治之下，连"腹诽"都会导致丧命的政治氛围之下，没有人敢正面规谏君主，甚至批评君主的，"知人论史"，我们对此应该予以"同情之

---

① 《新论·识通》。
② 《汉书》卷七五，《夏侯胜传》。
③ 《汉书》卷六四下，《贾捐之传》。
④ 《汉书》卷七二，《贡禹传》。

理解"。考虑到这个现实，我们再来看董仲舒渲染"天人感应"、提倡"天人合一"，那么，就不得不充分肯定他的政治理性与说理艺术了。这是政治上的"迂回"战术，是皇权制衡上的策略方法，不可单纯从学理与逻辑上加以评议与判断。

## 三、董仲舒"天人合一"说的基本内涵

我一直认为，董仲舒的天人观念，不能简单地称之为"天人感应"，而以命名"天人合一"为宜。在董仲舒那里，"天人感应"与"天人合一"两者之间既有联系，又有区别，它们之间，实际上存在着一种"体"与"用"的内在逻辑关系。"合一"是"体"，而"感应"则是"体"之"用"。换言之，即"天人合一"是"天人感应"的理论依据与基本前提，而"天人感应"则是"天人合一"的形象呈示与外在表现。当然，在这两者关系中，"体"是占据主导地位的，而"用"则依附从属于"体"。

董仲舒自己对"天人合一"的核心内涵曾有过明确的阐释："天亦有喜怒之气，哀乐之心，与人相副，以类合之，天人一也。"① 又强调指出："事各顺于名，名各顺于天，天人之际，合而为一。"② 这就明确地道出了"天人合一"的基本内涵，深刻地把握住了"天人合一"的本质属性。这其中的关键，就是"天"与"人"相副，是同类，是一体，是对应，"天人一也"！

从这个意义引申出去，就有了无数个"天人合一"的具体事例。如："喜怒之祸，哀乐之义，不独在人，亦在于天，而春夏之阳，秋冬之阴，不独在天，亦在于人。"③ 再如："天有阴阳，人亦有阴阳。天地之阴气起，而人之阴气应之而起。人之阴气起，而天地之阴气亦

---

① 《春秋繁露·阴阳义》。
② 《春秋繁露·深察名号》。
③ 《春秋繁露·天辨在人》。

宜应之而起，其道一也。"① 这中间原因无他，就是因为"人"与"天"之间，就性质而言，并没有本质上的区别，是同类，是一体两面。为此，董仲舒进一步申论道：

> 夫喜怒哀乐之发，与清暖寒暑，其实一贯也。喜气为暖而当春，怒气为清而当秋，乐气为太阳而当夏，哀气为太阴而当冬。四气者，天与人所同有也。非人所能畜也，故可节而不可止也。节之而顺，止之而乱，人生于天，而取化于天。②

> 喜，春之答也；怒，秋之答也；乐，夏之答也；哀，冬之答也。天之副在乎人，人之情性有由天者矣，故曰受，由天之号也。③

董仲舒这个"天人合一"观念，在其整个思想体系中，显然占有十分重要的地位。可以这么说，它是董仲舒学说的鲜明特征之一。董仲舒通过这个"天人合一"的宇宙图式，来演绎和推导其具体的政治理想与政治主张，并且为自己学说的逻辑论证披上一层"天人"目的论的外衣。他根据"天人合一"原则而讨论礼制、职官制度的体系与规模："天地与人，三而成德。由此观之，三而一成，天之大经也。以此为天制，是故礼三让而成一节，官三人而成一选。"④ 据之而强调"正名"的必要性："是非之正，取之逆顺；逆顺之正，取之名号；名号之正，取之天地。天地为名号之大义。"⑤ 据之而阐述刑赏两柄在治国理政中的意义："圣人副天之所行以为政。故以庆副暖以当春，以赏副暑以当夏，以罚副清以当秋，以刑副寒以当冬。庆赏罚刑，异事而同功，皆王者之所以成德也。庆赏罚刑与春夏秋冬，以类相应也，如合符。"⑥ 据之而具体分析"经""权"关系，认知政治运作过程中坚持原则性与运用灵活性的统一："是故阳行于顺，阴行于逆。

---

① 《春秋繁露·同类相动》。
② 《春秋繁露·王道通三》。
③ 《春秋繁露·为人者天》。
④ 《春秋繁露·官制象天》。
⑤ 《春秋繁露·深察名号》。
⑥ 《春秋繁露·四时之副》。

逆行而顺，顺行而逆者，阴屹。是故天以阴为权，以阳为经，阳出而南，阴出而北，经用于盛，权用于末。以此见天之显经隐权，前德而后刑也。"① 据之而充分肯定人与生俱来的种种美德："人之血气，化天志而仁；人之德行，化天理而义。"② 凡此等等，不一而足。

显而易见，董仲舒思想体系中一些进步合理的主张，往往是包涵在这个"天人合一"图式之中的，是借助它才得以阐发的。例如，董仲舒将自己的教化观涂抹上了一层厚厚的"天人合一"油彩："天地之数，不能独以寒暑成岁，必有春夏秋冬；圣人之道，不能独以威势成政，必有教化。"③ 又如，他根据"天人合一"的基本理念而积极提倡举贤任能："天积众精以自刚，圣人积众贤以自强……故天道务盛其精，圣人务众其贤。盛其精而壹其阳，众其贤以同其心。壹其阳然后可以致其神，同其心然后可以致其功。是以建治之术，贵得贤而动心。"④ 再如，他立足在"天人合一"基础上，大力倡导施行"德政"："王道之三纲，可求于天。天出阳，为暖以生之；地出阴，为清以成之……然而计其多少之分，则暖暑居百，而清寒居一。德教之与刑罚，犹此也。故圣人多其爱而少其严，厚其德而简其刑，以此配天。"⑤

同样的道理，董仲舒学说中一些有分歧争议的观点，也与其"天人合一"理论联系在一起，如影相随，无法切割。例如，董仲舒一再强调人们必须绝对服从顺命于君主，不得心有异志，因为这乃是不可改变的"天意"之所在："以此见天之不可不畏敬，犹主上之不可不谨事。不谨事主，其祸来至显；不畏敬天，其殃来至暗。暗者不见其端，若自然也。"⑥ 而那个尝为后人所诟病的"三纲"说，其实，也是从"天人合一"说中合乎逻辑地衍化出来的："君臣父子夫妇之义，

---

① 《春秋繁露·阳尊阴卑》。
② 《春秋繁露·为人者天》。
③ 《春秋繁露·为人者天》。
④ 《春秋繁露·立元神》。
⑤ 《春秋繁露·基义》。
⑥ 《春秋繁露·郊语》。

皆取诸阴阳之道。君为阳，臣为阴；父为阳，子为阴；夫为阳，妻为阴。阴道无所独行，其始也不得专起，其终也不得分功。有所兼之义，是故臣兼功于君，子兼功于父，妻兼功于夫，阴兼功于阳，地兼功于天。"① 凡此种种，不胜枚举。

## 四、正确解读与评价董仲舒"天人合一"说的价值

必须承认，董仲舒"天人合一"理论，按理性的逻辑来看，的确具有相当浓厚的怪异荒诞神学色彩，尤其是某些关于"天"与"人"形体容貌的比附，更属于匪夷所思、近似梦呓，这就是所谓荒诞不经"人偶天地"：

> 物疢疾莫能偶天地，唯人独能偶天地。人有三百六十节，偶天之数也。形体骨肉，偶地之厚也。上有耳目聪明，日月之象也。体有空窍理脉，川谷之象也。心有哀乐喜怒，神气之类也。观人之体一，何高物之甚，而类于天也。②

> 天以终岁之数，成人之身，故小节三百六十六，副日数也；大节十二分，副月数也；内有五脏，副五行数也；外有四肢，副四时数也。乍视乍瞑，副昼夜也。乍刚乍柔，副冬夏也。乍哀乍乐，副阴阳也。心有计虑，副度数也。行有伦理，副天地也。此皆暗虑著身，与人俱生，比而偶之弇合。于其可数也，副数；不可数者，副类。皆当同而副天，一也。③

在我们今天看来，这些论调显然是既不合常识，又不合逻辑的，可是，对董仲舒而言，这是他构筑其"天人合一"理论框架的必有之义，是不可或缺的重要环节。因为"天人合一"能够得以成立的前提条件，是必须证明"天"与"人"两者之间完全相类，也即"天"与"人"无论是在形体上，抑或在性质上都是高度相似或完全一致的，

---

① 《春秋繁露·基义》。
② 《春秋繁露·人副天数》。
③ 《春秋繁露·人副天数》。

两者既然一致，可以互为关系，那么，这就能合乎逻辑地推导出一个基本的结论："天"与"人"两者之间完全可以"合一"，也必须"合一"。宗教神学，而加以贬斥否定，那就进入了偏激、片面的思维误区，就无法对董仲舒"天人合一"观念做出正确、公允的评价。"知人论世"，我们需要的是超越形式而把握实质，透过现象认识本相。

但是，如果简单地将董仲舒的"天人合一"理论视为怪诞的现象认识本相。具体地说，我们必须以理性的立场、观点、态度与方法，来考究"天人合一"的真实意蕴及其核心价值，看到"天人合一"所蕴含的神秘主义外衣底下的理性精神与价值取向，承认它是董仲舒基于实用理性而独立创建的一个哲学文化体系，也是中国古代"天人之际"认识发展史上一个必经的环节。

我们认为：董仲舒"天人合一"观念，在一定程度上，是将人事与所谓的"天意"置放在同一个系统之内加以通盘的考虑，这实际上已包含了人从属于自然界的这一实质性内涵，这样一来，就势必逻辑地推导出："人"不能离开"天"而肆无忌惮、为所欲为，而必须正确地处理和协调人与自然的关系这么一种富有积极因素的基本结论。

当然，尤为重要的是，董仲舒"天人合一"观念，具有非常强烈的现实指向与时代意义。因为董仲舒通过它，能够比较巧妙地凭借"天"的名义，将儒家的政治追求与道德戒律置于专制的君权之上，借以在一定程度上约束大权独揽的君主之行为，即以道统控御政统，以神权限制君权。所谓"郊重于宗庙，天尊于人也"[1]，在绝对的君权之上，还有绝对的神权，就是这一层含义，其根本原因不外乎：天子对广大民众而言，固然是最高的统治者，但是，在"天"的面前，他仍必须以"孝道"侍奉"上天"："受命之君，天意之所予也。故号为天子者，宜视天如父，事天以孝道也。"[2] 如果做皇帝的违反了"天"的意志，胡作非为，荒淫无道，不认同和恭行"孝道"，那么，必将遭到天谴，他的天子宝座要想再继续坐下去，也就成为大问题

---

[1] 《春秋繁露·郊事对》。
[2] 《春秋繁露·深察名号》。

了:"天子不能奉天之命,则废而称公,王者之后是也!"① 这矛头之指向,当然是汉代的现实政治,具有迂回、委婉抨击汉武帝所作所为的意义,批判精神隐约可见于其中。例如,董仲舒积极倡言"中和节制"之道,很显然是皮里阳秋,含有批评指斥汉武帝"多欲政治"的内涵:

> 是故时无不时者,天地之道也。顺天之道,节者,天之制也。阳者,天之宽也。阴者,天之急也。中者,天之用也。和者,天之功也。②

这里所谓的"节""阳""中""和"等,正是好大喜功、穷兵黩武的汉武帝所最为缺乏的道德素质与政治涵养,董仲舒强调这些,就是尽一位醇正大儒的本分,善意地提醒统治者去注意和重视"制""宽""同""和"的重要性与迫切性。又如,他不厌其烦地亟言阴阳关系,将这种关系率意地比附为"德""刑"关系,究其实质,也是针对汉武帝所一味热衷的酷吏政治而发,毫无疑问,具有鲜明的社会批判精神:"恶之属尽为阴,善之属尽为阳。阳为德,阴为刑……是故阳常居实位而行之盛,阴常居空虚而行于末。天之好仁而近,恶戾之变而远。大德而小刑之意也。先经而后权,贵阳而贱阴。"③

"天人合一"的直观表现形态是"天人感应",而"天人感应"的现实针对性体现为"灾异谴告说",所谓"人在做,天在看"。人间的统治者如果为所欲为,逆天背理,那么,天将降灾异现象加以警告、谴责,让统治者为之畏惧而不得不有所收敛与改弦更张,若还是肆无忌惮、一意孤行,那么,等待统治者的也就只剩下走向覆灭的不归之路了。这就是"天命谴告"说所蕴含的"道统高于君统,神权制约君权"的理性精神与政治诉求。因此,"谴告说"合乎逻辑是董仲舒的"天人合一"说的重要组成部分与具体表达方式。在《春秋繁露》与

---

① 《春秋繁露·顺命》。
② 《春秋繁露·循天之道》。又,《汉书·汲黯传》尝云:"陛下内多欲而外施仁义。"可为佐证。
③ 《春秋繁露·阳尊阴卑》。

《汉书》"本传"中，这类内容可谓是比比皆是，不胜枚举：

> 道，王道也。王者，人之始也。王正则元气和顺，风雨时，景星见，黄龙下。王不正则上变天，贼气并见。①
>
> 国家将有失道之败，而天乃先出灾害以谴告之。不知自省，又出怪异以警惧之。尚不知变，而伤败乃至！以此知天心之仁，爱人君而欲止其乱也。②
>
> 天无所言，而意以物。物不与群物同时而生死者，必深察之，是天之所以告人也。③
>
> 灾者，天之谴也；异者，天之威也。谴之而不知，乃畏之以威。④
>
> 所闻曰：天下和平，则灾害不生。今灾害生，见天下未和平也。
>
> 天下所未和平者，天子之教化不行也。⑤
>
> 凡灾异之本，尽生于国家之失。国家之失，乃始萌芽，而天出灾害以谴告之。
>
> 谴告之而不知变，乃见怪异以惊骇之。惊骇之尚不知畏恐，其殃咎乃至。⑥

很显然，"灾异谴告说"的矛头所指，是非常现实的政治目标，即"国家之失"。"灾异谴告"只是一种形式，政治进谏、政治纠偏才是实质之所在，属于"假鬼神以为用"的套路，而董仲舒与众多汉儒之所以要借助这个幌子，"以迂为直"，假借"天意"来迂回地表达自己的理性立场与政治主张，也是一种不得已的选择，在绝对的君主专制统治面前，大臣与儒生是无法与高高在上的帝皇进行理性的讨论和对话的，更不必说就政治得失开展批评了，而只能以这种扭曲的方式来

---

① 《春秋繁露·王道》。
② 《汉书·董仲舒传》。
③ 《春秋繁露·循天之道》。
④ 《春秋繁露·必仁且知》。
⑤ 《春秋繁露·郊语》。
⑥ 《春秋繁露·必仁且知》。

表达自己的政治诉求，为王朝统治的长治久安尽自己的一分力量。我们在今天应该对这种无奈、"戴着镣铐的跳舞"寄予"同情之理解"。

德国古典哲学家黑格尔在其《哲学史讲演录》一书中指出：古希腊哲学家亚里士多德一般地将灵魂区分为理性和非理性的两个方面。但是理性本身并不构成美德。只有在理性和非理性双方的统一中，美德才存在……灵魂的非理性一面也是一个环节。这个非理性的一面，当它和理性发生关系并服从理性的命令而行动时，我们称此行为为美德。以"天人感应"为主体内容的董仲舒"天人合一"论，从形式上看，毫无疑问是"非理性"的，也是对自春秋以来"天人相分"理性天道观的一种反动，严格意义上是无法经受思维理性的检验的，但是，我们同时更要看到，包藏在其内核的政治理念却完全是现实的、理性的。前者（荒诞不经外壳）是完全服从于后者（理性合理内质）的命令的，所以，应该说这乃是"理性与非理性双方的统一"，是亚里士多德所说的一种"美德"，是变异了的"合理"。

综上所述，我们可以进而得出这样的认知：我们对董仲舒"天人合一"说的评价，当克服思维上的片面性，不宜过多地拘泥于强调其"非理性"的一面，而是必须以历史主义的立场与态度，从"理性与非理性双方的统一"这一角度切入，充分理解董仲舒所处的时代氛围及其儒生所背负的压力，透过现象看本质，从而更好地见证"天人合一"观念所蕴含的政治文化理性，珍视这份颇富特色且影响深远的历史遗产。换言之，我认为：读书人或士大夫在高度专制的现实政治氛围中，在太多现实的考量本能驱使之下，过度强调不能不受政治权力至上的多重制约，董仲舒也不例外，他不能不回归更古老的传统，向早期的"天人感应"理论库中寻觅工具，通过"天人合一"的论证与阐释，以"天"的名义，将道德伦理置于君权之上，将道统、天统置于君统、政统之上，借以约束与制衡君主的权力，即以神权限制君权，对汉武帝时代的酷吏政治、多欲政治进行迂回性的批评，并企图在一定的制衡机制之基础上，为汉代的政治统治提供一整套相对合理妥洽、理性温和的基本方略。

从这个意义上说，董仲舒的"天人合一"理论，是理性精神的体现，不无积极的政治智慧与思想启迪。

本文为"2020中国·衡水董仲舒与儒家思想国际学术研讨会"提交的论文。

黄朴民（1958—），男，浙江绍兴人，历史学博士，中国人民大学国学院教授、博士生导师，衡水学院特聘教授。

李欘璐（1992—），女，浙江绍兴人，中国人民大学国学院硕士。

# 司马迁与董仲舒
## ——白鱼赤乌与天命传承

### 邓 红

## 一、前言

  一般认为,司马迁和董仲舒有师承关系。《史记·太史公自序》有"上大夫壶遂曰:'昔孔子何为而作春秋哉?'太史公曰:'余闻董生曰:周道衰废,……'"云云,这里的董生即是董仲舒。后面大段记述司马迁对春秋的答语,可看作是来自董仲舒春秋公羊学的教诲。《史记·儒林传》云:"汉兴至于五世之闲,唯董仲舒名为明于春秋,其传公羊氏也",对董仲舒的春秋学评价甚高,甚至高过当时的丞相:"公孙弘治春秋,不如董仲舒",溢美之情溢于言表。

  在思想方面,司马迁的一些理论也可以在董仲舒那里找到依据。《史记》中可以找到许多和《春秋繁露》相同的思想断片,如《史记·太史公自序》曰:"夫春秋,上明三王之道,下辨人事之纪,别嫌疑,明是非,定犹豫,善善恶恶,贤贤贱不肖",就来自于《春秋繁露·盟会要第十》[①]。但是迄今为止关于这方面的研究似乎还很薄弱,本文仅想以白鱼和赤乌体现出来的天命论为例,探讨董仲舒司马

---

① 参见史云:《司马迁与史记》,松博出版事业有限公司,2016年。

迁关联的一些侧面，以求教于方家。

## 二、白鱼和赤乌的故事

《史记·周本纪》有这样一段关于白鱼和赤乌的记事：

> 武王渡河，中流，白鱼跃入舟中，武王俯取以祭。（马融曰：鱼者，介鳞之物，兵象也。白者，殷家之正色。言殷之兵众与周之象也）既渡，有火自上覆于下，至于王屋，流为乌，其色赤，其声魄云。是时，诸侯不期而会盟津者八百诸侯。诸侯皆曰："纣可伐矣。"武王曰："女未知天命，未可也。"乃还师归。

乘船时，一条白色的鱼儿蹦上船头；一道火光翩然飞下屋顶，结果发现是一只红色的大乌鸦在那里唱歌。这两个自然现象本来应该是一件很平常的事，不值得稀罕，所以周武王当初是准备把白鱼烤来吃了，《尚书大传》卷五《周传》七有："中流，有白鱼入于舟中，跪取出涘以燎。群公咸曰：'休哉！有火流于王屋，化为赤乌，三足。'武王喜，诸大夫皆喜，周公曰：'茂哉茂哉，天之见此，以劝之也。'"可见是因为群臣们的阻挡和神话式的解释，所以才由"燎"改为"祭"，而又正值诸侯汇集，白鱼如舟又被人们进一步神话，解释为"纣可伐矣"之象征；然周武对此次发兵能否一举成功没有把握，于是说"女未知天命，未可也"，意思是说你们未必知道天命，伐殷似乎还没有到时候，便率师归还。等到周武王灭掉商纣夺得天下后，白鱼赤乌则被追认为是周革殷命之"天命"的象征，而在天人感应论盛行的汉代又为人津津乐道。

司马迁为八百年后的汉代人，当然不可能亲眼见到白鱼赤乌。他在《周本纪》写下这一段有关白鱼和赤乌的"记事"时，是以什么著作为蓝本的呢？在司马迁的《史记》中，白鱼赤乌神话一类的神话又起着什么样的作用呢？

查找先秦史籍，我们发现如此有关周革殷命之"天命"传承的重要"记事"，居然不见于讲究文武周公孔孟一脉承传的儒家经典之中，只能从其他一些古籍中找到一些蛛丝马迹。

《墨子·非攻下》云:"赤乌衔圭,降周之岐社,曰天命周文王伐殷有国。"《墨子间诂》解释云:

> 赤乌衔珪,毕云:"'鸟',太平御览引作'雀'。'珪',《初学记》引作'书'。诒让案:《太平御览·时序部》,引《尚书·中候》云"周文王为西伯,季秋之月甲子,赤雀衔丹书入丰,止于昌户。王乃拜稽首受取,曰:姬昌苍帝子,亡殷者纣也",《宋书·符瑞志》同。《史记·周本纪》,集解、正义引《尚书·帝命验》云"季秋之月甲子,赤爵衔丹书入于酆,止于昌户,其书云'敬胜怠者吉'云云,与《大戴礼记·武王践阼》篇丹书文同,与此异。以上诸书,并作衔书,与《初学记》同。《吕氏春秋·应同》篇云"文王之时,赤乌衔丹书,集之周社",亦与此书"降岐社"事同,疑皆一事,而传闻缘饰不免诡异耳。降周之岐社,今本纪年"帝辛三十二年,有赤乌集于周社"。曰:'天命周文王伐殷有国。'毕云:"《太平御览》云'命曰:周文王伐殷',《事类赋》云'命伐殷也'。"

《墨子·非命下》也有:"太誓之言也,于去发。"《墨子间诂》解释道:

> 《诗·思文》篇,正义引《大誓》曰:"惟四月,太子发上祭于毕,下至于孟津之上。"又云"太子发升舟,中流白鱼入于王舟,王跪取出,涘以燎之",注曰:"得白鱼之瑞,即变称王,应天命定号也。"

以上《墨子间诂》在解释白鱼赤乌的由来时,提到了《中候》《帝命验》《大誓》这三篇《尚书》的文章,似乎司马迁的记事来源于《尚书》。《周本纪》的《索隐》也说:"此已下至火复王屋为乌,皆见《周书》及今文《泰誓》。"

但是,《中候》《帝命验》两篇并非《尚书》中的文章,而是两本纬书,不足为凭。唯一具有真实性的,就是那个《大誓》了。

## 三、司马迁"究天人之际"的历史观和天下观

《大誓》属于古文《尚书》中的一篇，出土于汉武帝时期。尽管有些文献上的可疑之处，讲的"天命"却一脉相承，司马迁使用它没有什么不自然的。司马迁就学过董仲舒，对他老师的那一套天人感应、天命传承的理论心领神会，于是《史记》的宗旨才会是"究天人之际，通古今之变"。

所谓"究天人之际"，就是探求天道和人事的关系，其中天命传承、天人感应应该说是最重要的内容。《天官书》云："夫天运，三十岁一小变，百年中变，五百载大变；三大变一纪，三纪而大备：此其大数也。为国者必贵三五。上下各千岁，然后天人之际续备。"

"通古今之变"，一个"通"字则告诉我们，古今天下的历史是连贯通衢、没有中断过的。其中一定有着某种必然联系，这就是"通"。

司马迁利用编历史的机会，建立以天命传承、天人感应"究天人之际"为核心、以"通古今之变"为内容的普天下式的历史观。总的来说，这样的历史观有两个大的框架或亮点。

一个是"人"的大一统世界。根据司马迁和《史记》的叙述，早从三皇五帝起，中国就是一个囊括当时整个天下的"大"世界。譬如《史记》卷一《五帝本纪第一》说，黄帝的足迹"东至于海，登丸山，及岱宗。西至于空桐，登鸡头。南至于江，登熊、湘。北逐荤粥，合符釜山，而邑于涿鹿之阿"，几乎和汉帝国的疆土重合。

其次，天下一开始就是"一统"的，夏、商或周都是全中国的统治者。不仅如此，三皇五帝也基本上被描写成整个天下的管理者。譬如"帝颛顼高阳者，……北至于幽陵，南至于交址，西至于流沙，东至于蟠木。动静之物，大小之神，日月所照，莫不砥属"；"帝喾溉执中而遍天下，日月所照，风雨所至，莫不从服"（《五帝本纪第一》），而不管实际上这个一统的形式是多么的神话。而且夏只停留在传说时代，殷商以后才有实际上的支配，殷商在当时也似乎只是一个超级大国，实际上的统治并没有普遍天下。到了周代，"一统"达到理想的

全盛时期，似乎天下的诸侯都是周王分封的，于是有了"普天之下莫非王臣"的说法。其实周朝的管辖范围不出王城，其和各邦国也只是有血缘上和文化上的象征关系，周王绝没有后来的大一统帝国皇帝那样的权威、实力和管辖力，我们不妨将之称作"象征王"或"文化王"。

这种说法与其说是历史事实，还不如说是后世的司马迁以及汉代的人们勾画的"古代应该是那样"的理想蓝图，或可称为汉帝国的逻辑。任继愈先生曾说："秦汉统一是中国社会历史上的一大变革。这个变革基本上奠定了中国封建王朝二千多年的格局——即中央集权的封建统一王朝，是中国封建社会被中华民族所接受并认为这是正常的状态。"① 如果将这个逻辑往前推，则得出这样的看法："中国自古以来就是整体性的，统一是常态，而春秋战国时代的分裂是变量。（秦）汉帝国的统一只是回到历史的常态，而不是新造。"②

应该说，对如此"大一统帝国"蓝图的描绘，是从战国时代就开始了的。于此问题就出现了：既然早从三皇五帝起，普天下就必须是一个"大一统"的世界，那么就一定要有一个遍布天下、"一统"世界的手段和联系纽带、命令的传递方式乃至保证一统得以施行的系统。换言之，政治上的"大一统"，必须要有一个有效的行政手段和系统来实行，必须要有思想上的高度一致性来保障。但是在各方面都非常原始落后的远古时代，不但相互往来交通非常困难，甚至连语言文字都还不相通，要做到这些又谈何容易！

## 四、《尚书》中的"天命"承传

幸好在儒家的《尚书》中，早就为司马迁等撰绘大一统蓝图和历史的人们准备好了一套"天"之"命"即"天命"的承传系统。

---

① 《儒家与儒教》，《中国哲学》第三辑，三联书店，1980年，第3页。
② 见甘怀真编《东亚历史上的天下与中国概念》，《导论》，台大出版中心，2007年。

众所周知，中国古代关于"天"和"天命"的观念，都来自《尚书》的《甘誓》《汤誓》《牧誓》，也即是一脉相承的"天命"论。

《甘誓》是禹之子启和有扈氏在甘之野进行战争时作的誓词。启对部下们说，有扈氏犯有违反"天"之罪，故自己讨伐有扈氏是具有大义名分的，他说：

> 王曰，嗟，六事之人，予誓告汝。有扈氏威侮五行，怠弃三正。天用剿绝其命。今予惟恭行天之罚。

说是有扈氏犯有"威侮五行，怠弃三正"的罪恶，违反了"天"的意志，所以天要惩罚有扈氏，这就是"天罚"。所谓"天罚"，首先是天切断赋予有扈氏的"天命"，再命令启去讨伐有扈氏。

《汤誓》是殷之汤王在讨伐夏桀时作的誓词。汤王为了取代夏而代之，宣告夏桀违反了天意，自己夺取政权有正统性，说：

> 有夏多罪，天命殛之。

> 尔尚辅予一人，致天之罚。

这样的"天命"继承形式和《甘誓》基本同样。但夏桀犯下的违反天意的具体罪状不同：

> 今尔有众，汝曰，我后不恤我众，舍我穑事，而割正夏。……今汝其曰，夏罪其如台。夏王率遏众力，率割夏邑。有众率怠弗协，曰，时日曷丧，予及汝皆亡。

周人奉天对殷施行革命，这是殷人祖先干的同样的事的再演。《牧誓》里的"天命"继承形式，和前述的两个誓词，特别是和《汤誓》大同小异。

> 今予发，惟恭行天之罚。

《泰誓》则有：

> 天有显道，厥类惟彰。今商王受，狎侮五常，荒怠弗敬。自绝于天，结怨于民。斫朝涉之胫，剖贤人之心，作威杀戮，毒痡四海。崇信奸回，放黜师保，屏弃典刑，囚奴正士，郊社不修，宗庙不享，作奇技淫巧以悦妇人。上帝弗顺，祝降时丧。尔其孜孜，奉予一人，恭行天罚。

《尚书》见到的一脉相承的"天命"论，意味着得到"天命"也就等于有了正统的政治支配权,普天下的人都得俯首帖耳。换言之,"天命"就是那个遍布天下、"一统"世界的手段和联系纽带、命令的传递方式乃至保证一统得以施行的系统,是思想意识形态的保障手段。"究天人之际"说穿了就是对这个"天命"系统的理论探索;"通古今之变"就是用"天命"论去编织历史,描绘大一统的蓝图。

总之,"天命"是通过神秘的宗教形式灌输进了当时的人们的头脑中的思想观念。没有这样的宗教式信仰,要将拥有数千年历史、广袤的疆土、分散于中土大地的点在文明揉在一起,装进一个大皮囊式的大一统帝国中,基本上是不可能的。

## 五、董仲舒对"天命论"的理论贡献

董仲舒虽然是春秋学者,但对这个《尚书》中一脉相承的天命论是颇有心得的,这不仅因为《尚书》是儒学的核心经典,天命论也是继秦而立的汉王朝企图巩固大一统帝国统治的理论根据。董仲舒生活在比司马迁稍早的时期,又是当时的学术大家,《尚书大传》《大誓》之类都是见过的,所以他对白鱼赤乌的神话时有言及。《春秋繁露》:

> 尚书传言:"周将兴之时,有大赤乌衔谷之种而集王屋之上者,武王喜,诸大夫皆喜。周公曰:茂哉!茂哉!天之见此,以劝之也。"恐恃之。

(《同类相动·第五十七》)

又说:

> 书曰:"白鱼入于王舟,有火复于王屋,流为赤乌。"此盖受命之符也。

(《汉书·董仲舒传·贤良对策一》)

这里的"尚书传言""书曰",都是引用的《大誓》之文。董仲舒引用这些文章,不仅是想说明白鱼赤乌为"受命之符",而且要进一步建立以阴阳五行为表述方式的天人感应论,所以他在《对策一》中紧接着上一句话说:

> 及至后世,淫泆衰微,不能统理群生。诸侯背畔,残贼良民

以争壤土，废德教而任刑罚。刑罚不中，则生邪气。邪气积于下，怨恶畜于上。上下不和，则阴阳缪矣，而妖孽生矣。此灾异所缘而起也。

（《汉书·董仲舒传·贤良对策一》）

认为统治者即使领得"天命"，也必须施行德政。政治正确，则天会施放出阴阳调和得好的元气，向天下显示一些瑞符。反之，王的政治出现恶政，天则显现阴阳紊乱之贼气，谴告王的恶政。对于这样的理论，《春秋繁露》有着详细的论证，譬如："王正，则元气和顺，风雨时，景星见，黄龙下。王不正，则上变天，贼气并见。"（《王道第六》）① 可见在董仲舒那里，白鱼赤乌显然是和景星、黄龙之类相同的符瑞。

也就是说，董仲舒对天命论的贡献在于，他没有停留在一般性的故事传递和内容诠释，而是运用他独创的"天人合一"论对天命论进行了发展性改造，并通过贤良对策的机会，直接提供给了大一统帝国秩序的奠基人汉武帝。

而汉武帝在《贤良对策》的策问开门见山便问：

三代受命，其符安在？灾异之变，何缘而起？（中略）故朕垂问乎天人之应。

（《汉书·董仲舒传·贤良对策一》策问一）

后来又问：

盖闻，善言天者必有征于人，善言古者必有验于今。故朕垂问乎天人之应，上嘉唐虞，下悼桀纣，寖微寖灭寖明寖昌之道，虚心以改。

（《汉书·董仲舒传·贤良对策一》策问三）

可见汉武帝的"策问"就是以《尚书》的天命论为前提和基础，直截了当地询问"天命"落实到汉朝的具体情况如何的：我们汉朝受命的符兆体现在哪里？灾异发生的原因是什么？如何才能继承发扬先

---

① 关于董仲舒的天命论的和天人感应论，拙著《董仲舒思想的研究》（台湾文津出版社，2006年）一书有详细阐述，本文以之为基础。

圣王们的长处？三代亡国之君桀纣们的错误和教训在哪里？天和人的关系如何处理？以什么来保持王朝的长治久安？

董仲舒对上述问题的回答，基本都是根据他的"天人合一"论的基本原则而提出的。

首先，董仲舒说："天者群物之祖"，规定天为至高无上神祇。以此为前提，设计了灾害、怪异、伤败等三阶段的灾异论，通过对"天"的主宰性以及和人有关联，来证明"天人相关"。关于天意、天道、天命等，则说"天之所大奉使之王者，必有非人力所能致而自至者，此受命之符也"，"故天瑞应诚而至"，得到天命，才算得到人类社会的正统统治权。这里的"天瑞"虽然没有明说，应该就是前面提到过的白鱼、赤乌、景星、黄龙之类吧。

其次，董仲舒谈论了儒家思想和"天命"的关系，认为"天道之大者在阴阳，阳为德，阴为刑。刑主杀而德主生，（中略）此见天之任德不任刑。（中略）王者承天意以从事，故任德教而不任刑。""夫仁、谊、礼、知、信五常之道，王者所当修饬也。五者修饬，故受天之佑，而享鬼神之灵，德施于方外，延及群生也。"把"天道""天佑""鬼神之灵"和儒家政治上的德治主义、伦理道德之五常之道结合起来了。

在此之上，说人类社会的君主，要根据"圣人法天立道"之原则，天的"任德不任刑"之"天意"和"仁义"本性，行德治，修饬五常。反之，则不能维持五常之地上的社会秩序，也不能得到天的庇护，鬼神之灵佑。

总而言之，如"对策"所说"圣人法天立法道"，"天人之征，古今之道，孔子作春秋，上揆之天道，下质诸人情。……美恶之极，乃与天地流通往来相应"，"天令之谓命，命非圣人不行……此故，王者上谨承天意，以顺命"，"道之大原出于天，天不变，道亦不变"（以上引用文全为"对策"），董仲舒将"天人合一"论基本原则融入传统的天命论中，将主宰之"天"和君主、"天命"和君主之德、"天道"和儒教理念互相联系起来，以把关于天命的诸问题、灾异、人事的根本等当时的政治课题，放在了他所创立的"天人合一"系统中，对之进行了神秘而又颇具智慧的诠释和陈述。

在《春秋繁露》中，董仲舒对"天人合一"的天命论也有详细的阐述。如《尧舜不擅移汤武不专杀第二十五》，通篇都是讲天命论：

> 王者亦天之子也，天以天下予尧舜，尧舜受命于天而王天下，犹子安敢擅以所重受于天者予他人也，天有不予尧舜渐夺之故，明为子道，则尧舜之不私传天下而擅移位也，无所疑也。……故其德足以安乐民者，天予之，其恶足以贼害民者，天夺之。诗云："殷士肤敏，祼将于京，侯服于周，天命靡常。"言天之无常予，无常夺也。故封泰山之上，禅梁父之下，易姓而王，德如尧舜者，七十二人，王者，天之所予也，其所伐，皆天之所夺也，今唯以汤武之伐桀纣为不义，则七十二王亦有伐也，推足下之说，将以七十二王为皆不义也。故夏无道而殷伐之，殷无道而周伐之，周无道而秦伐之，秦无道而汉伐之，有道伐无道，此天理也，所从来久矣，宁能至汤武而然耶！

王者有德受命于天而王天下、王无道而被讨伐、天命靡常、以德安民、有道伐无道等天命论原则都在其中。而《楚庄王篇·第一》的"是故大改制于初，所以明天命也"，讲新王改制以明受命于天，和对策里的"改正朔，易服色，以顺天命"一致，都是对天命论的发展。

## 六、司马迁对天命承传的历史性描述

和董仲舒不同的是，司马迁是个历史学家。历史（history）不是繁杂的文献堆积或单调的史事阐述，也不是枯燥的理论著述或神话般的宗教说法，而应该是各方面的结合。历史应该既有理论性即所谓历史观天下观，也应该有着故事性（story）的一面，才能"成一家之说"。换言之，以"天命"承传来作为"大一统"历史观的核心、以之来贯穿历史，有神话也有历史，有理论也有情节，天人相通，才叫通过"究天人之际"来"通古今之变"。

那么，司马迁是如何将"天命"承传系统编入历史中的呢？

先来看关于夏启的天命神话。我们知道，在传说的尧舜时代，王位是通过禅让来传承的,到了禹去世时,真正继承禹王位的是禹之子启,为中国史上不用禅让而是世袭的方式继承王位之始,王位的继承法由此为父子或兄弟相传,开启了"家天下"之先河。那么,启凭什么得到帝位呢?司马迁在《夏本纪》开头,便为我们叙述了一个启的父亲禹治水的故事。

当帝尧之时,鸿水滔天,浩浩怀山襄陵,下民其忧。尧求能治水者,群臣四岳皆曰鲧可。尧曰:"鲧为人负命毁族,不可。"四岳曰:"等之未有贤于鲧者,愿帝试之。"于是尧听四岳,用鲧治水。九年而水不息,功用不成。于是帝尧乃求人,更得舜。舜登用,摄行天子之政,巡狩。行视鲧之治水无状,乃殛鲧于羽山以死。天下皆以舜之诛为是。于是舜举鲧子禹,而使续鲧之业。

尧崩,帝舜问四岳曰:"有能成美尧之事者使居官?"皆曰:"伯禹为司空,可成美尧之功。"舜曰:"嗟,然!"命禹:"女平水土,维是勉之。"禹拜稽首,让于契、后稷、皋陶。舜曰:"女其往视尔事矣。"

禹为人敏给克勤;其德不违,其仁可亲,其言可信;声为律,身为度,称以出;亹亹穆穆,为纲为纪。

禹乃遂与益、后稷奉帝命,命诸侯百姓兴人徒以傅土,行山表木,定高山大川。禹伤先人父鲧功之不成受诛,乃劳身焦思,居外十三年,过家门不敢入。薄衣食,致孝于鬼神。卑宫室,致费于沟淢。陆行乘车,水行乘船,泥行乘橇,山行乘樏。左准绳,右规矩,载四时,以开九州岛,通九道,陂九泽,度九山。令益予众庶稻,可种卑湿。命后稷予众庶难得之食。食少,调有余相给,以均诸侯。禹乃行相地宜所有以贡,及山川之便利。

诸如此类,禹还治理天下了得,于是"九州岛攸同,四奥既居,九山刊旅,九川涤原,九泽既陂,四海会同。六府甚修,众土交正,致慎财赋,咸则三壤成赋"。于是王位除夏禹家以外无人敢染指,尽管象征性地传给了皋陶,后来又传给益,益却不好意思接受而躲了起来,最终传给了启。当然不服气的也有,有扈氏就是一个,于是:

有扈氏不服,启伐之,大战于甘。将战,作《甘誓》,乃召六卿申之。启曰："嗟！六事之人，予誓告女：有扈氏威侮五行，怠弃三正，天用剿绝其命。今予维共行天之罚。左不攻于左，右不攻于右，女不共命。御非其马之政，女不共命。用命，赏于祖；不用命，僇于社，予则帑僇女。"遂灭有扈氏。天下咸朝。

既然启奠定了天下用世袭的方式继承的基础，也就意味着"天命"必须在夏姒这个王族中代代相传。但到了夏代末年，"帝孔甲立，好方鬼神，事淫乱。夏后氏德衰，诸侯畔之"。"自孔甲以来而诸侯多畔夏，桀不务德而武伤百姓，百姓弗堪。"（《夏本纪》）夏朝即露败像，说明"天命"要转移了。这个转移在司马迁的"history"中，当然应该有着某种看得见的迹象。

于是司马迁在《殷本纪》一开场，便又给我们讲了一个有关玄鸟的神话"story"：

殷契，母曰简狄，有娀氏之女，为帝喾次妃。三人行浴，见玄鸟堕其卵，简狄取吞之，因孕生契。契长而佐禹治水有功。帝舜乃命契曰："百姓不亲，五品不训，汝为司徒而敬敷五教，五教在宽。"封于商，赐姓子氏。契兴于唐、虞、大禹之际，功业著于百姓，百姓以平。

对此《诗经·商颂·玄鸟》也有记载："天命玄鸟，降而生商。"也有人说玄鸟可能是商王族的图腾。从图腾到《诗经》编成诗歌来歌颂，司马迁再编成神话故事，以为殷汤讨伐夏桀的天命讨伐和取而代之的天命承传做铺垫。

到了殷商末年，殷纣王暴虐无道、丧尽民心，于是周之武王率领天下诸侯一举灭商，建立了周王朝。武王之所以能夺得天下，固然和之先的文王、公季等周王一族的苦心经营分不开，而更和周族的开山祖先后稷一登上舞台就不同凡响与众不同有关。于是司马迁又给我们讲了一段神话：

周后稷，名弃。其母有邰氏女，曰姜原。姜原为帝喾元妃。姜原出野，见巨人迹，心忻然说，欲践之，践之而身动如孕者。居期而生子，以为不祥，弃之隘巷，马牛过者皆辟不践；徙置之林中，适会山林多人，迁之；而弃渠中冰上，飞鸟以其翼覆荐之。姜原以为神,遂收养长之。初欲弃之,因名曰弃。

弃为儿时,屹如巨人之志。其游戏,好种树麻、菽,麻、菽美。及为成人,遂好耕农,相地之宜,宜谷者稼穑焉,民皆法则之。帝尧闻之,举弃为农师,天下得其利,有功。帝舜曰:"弃,黎民始饥,尔后稷播时百谷。"封弃于邰,号曰后稷,别姓姬氏。

总而言之是同样手法,周之所以能取代夏,在后稷出生时就有天命转移的迹象,只不过当时还不显著罢了。最后是周武王替天行天道,伐暴虐无比的殷纣时,出现了白鱼赤乌。这个赤乌特别重要,因为前面已经提到过:"天命玄鸟,降而生商",赤乌既然降落,说明它象征的"天命"降生出地上的王国了。

## 结　语

哲学家在历史领域的任务,在于揭示历史事实深层里显现出来的某种共同现象,并把这种共同现象描绘成一种规律性的原则。各个时代的哲学家由于历史条件和思想发展的阶段所制约,描绘出来的规律原则往往只是他们所处环境的时代反映,却是他们那个历史阶段中颇为尖端(leading)十分前沿(frontier)的历史哲学。董仲舒"天人合一"的天命论即是如此,因而为汉武帝所采纳,使之成为维系汉代以来大一统皇权专制帝国的意识形态(ideologie),成就了以后两千年儒学在中国思想史上的主流地位。

而司马迁作为历史学家,他的使命是按照汉帝国的天下观和历史逻辑写作一部"通古今之变"的历史。在这个过程中,白鱼赤乌是显示殷商的"天命"将要转移到周王朝的一个象征,是用于"究天人之际"的一个故事"story",是描绘"大一统"蓝图中的一个环节。他在写作历史时对"天命"论描述,如果没有历史人物、制度、地理、风俗等故事story性的点缀和有声有色的描绘,历史便会显得枯燥无味,甚至失去信赖感。反之,没有"天命"论的支撑和架构,司马迁那种大一统的天下观历史观也很难维持下去,汉帝国一统天下也就没有理论根据和思想保障。

所以，在司马迁的《史记》中，所谓"究天人之际"，其实就是以儒家一脉相承的"天命论"来作为按汉帝国的逻辑来编撰历史时的理论大纲。而司马迁之所以能够如此娴熟准确地运用"天命论"，显然受到其师董仲舒的影响。董仲舒对白鱼赤鸟的发挥，从"天人合一"角度对天命论的理论阐述，以及董仲舒的公羊学，为司马迁提供了一定的理论依据。

本文为"2020中国·衡水董仲舒与儒家思想国际学术研讨会"提交的论文。

邓　红（1958—），男，重庆人，哲学博士，日本北九州市立大学文学部教授、博士生导师，衡水学院客座教授。

# "成德"与"成性"
## ——董仲舒与张载人性论之比较

刘学智

董仲舒是汉代大儒,张载是北宋关学的创始人,他们都是儒学史上举足轻重的学人。本文之所以将时代相距甚远的二人的人性论加以比较,因为其思想既有着内在的关联,又有着根本上的差别,而对这种差别的研究有可能发现在基于人性论基础上其工夫论指向目的上的差异。作为儒家学者他们都受到孟子性善论的影响,同时也受到荀子性恶论的影响;他们都重视后天教育在人的德性养成过程中的作用。但董仲舒的人性论其后天教育的目的仅在于"为善""成德",而张载也重视后天的教育,然其修养论是要通过"变化气质"以"成性"。比较地看,后者较之前者有较强的本体论特征,这从一个侧面也反映出自汉至宋哲学思维方式上的变化。此说对王夫之的"性日生日成"的人性论发生过重要的影响。

## 一、董仲舒的人性论

首先,董仲舒对"性"做了新的界定,认为性是指"生质"。他说:"性之名,非生与?如其生之自然之资,谓之性。性者,质也,……性之名不得离质。"(《春秋繁露·深察名号》,以下凡引此书只注篇名)是说人性就是"生之自然之资"或"生质",显然他是以生来之质言性，这与告子所说"生之谓性"、荀子所说"生之所以然者谓之性"（《荀子·正名》）的思想相通，即主张人性是天所赋予人的自然之"质"。

其次，那么"生质"是善是恶？董仲舒认为，既然性是生质，那么，质总是与天之阴阳本性相关联。所以他说"天两，有阴阳之施；身亦两，有贪、仁之性"（《深察名号》）。这样来看，人性有先天善质，也有恶质。不过从阳主阴从来说，善质是主导的方面。同时，他又认为，说人有善质，但不是说他生来就"已善"，如"性比于禾，善比于米；米出禾中，而禾未可全为米也"，所以他认为"善出性中，而性未可全为善也"，认为不能说人生来都是善的。"当其未觉，可谓有善质，而未可谓善"，是说当他没有觉悟之时，即没有发现和保持自己本有的善质之时，不可以说他是善的。那怎么才达到善呢？需要教育。他说："无教之时，性何遽若是？"说当一个人没有受教育时，难道说他的性也是善的吗？所以他说"瞑者待觉，教之然后善"，故"不教之民，莫能当善"（《深察名号》）。也就是从未善到已善，需要有一个后天教育的过程。如果以性为善，如同"以麻为布，以茧为丝，以米为饭"，这与荀子所说"人之性恶，其善者伪也"的思想相通。他不同意孟子的性善论，甚至否认圣人有性善一说。他说："圣人言中本无性善，名而有善人，吾不得见之矣。"认为说"善甚难当，而孟子以为万民性皆能当之，过矣"（《实性》）。在他看来，所谓孟子讲"性善"，其实只是讲一种相对的善，即把人性与禽兽之性做比较而得出的结论。如果从人道来说，人性还达不到善。他说："质于禽兽之性，则万民之性善矣；质于人道之善，则民性弗及也。"他认为善性乃"民性弗及"，反复强调教育的重要性。看来，他的人性论既受到孟子性善论的影响，也受到荀子性恶论的影响。承认有善质，来自孟子；认为性为生质，来自荀子。他的结论就是："性者，天质之朴也，善者，王教之化也；无其质，则王教不能化，无其王教，则质朴不能善。"（《实性》）总之，"性质"论是董仲舒对于"性"的界定，并由此而否定孟子的性本善论。

## 二、张载的人性论

与董仲舒所说天赋"生质"的人性论相较，张载也把人"性"看成是得之于"天"的本性。其特征是将《中庸》"天命之谓性"与《易》之阴阳之理相结合，明确提出"易乃性与天道"，"天道即性"（《横渠易说·系辞下》）命题，把"性"视为客观天道所赋予人的本性，并强调"不知天道，何以语性？"（《横渠易说·系辞上》）显然，张载把"性"看成是与天道同一的、为道所蕴含着的固有本性。重要的是，张载尤其强调"《易》一物而合三才，天地人，阴阳其气，刚柔其形，仁义其性"，"仁义之道，性之立也"（《横渠易说·说卦》），主张仁义之德乃是人性最本质的东西，其核心就是"诚"，它本之于天道，"天道即性"（《横渠易说·系辞下》），故谓"性与天道合一存乎诚"（《正蒙·诚明篇》），这是张载人性论的根本命题。

从"性道为一"出发，张载对"性"做了界定，说"合虚与气，有性之名"（《正蒙·太和篇》），其所说"性"包括天地之性和气质之性，并在"虚一气"为本的基础上建立起他的人性学说。他说："性其总，合两也。"（《正蒙·诚明篇》）徐必达释："性者万物之一源，故曰其总。"又说："然有天地之性、气质之性两者，故曰合两。"是说人性有天地之性与气质之性之别。关于天地之性与气质之性的形成，张载说："湛一，气之本；攻取，气之欲。"（《正蒙·诚明篇》）即认为，根源于太虚的"湛一"之气，形成人的"天地之性"，这是善的根源；因气化而成有形的人之后，则具有了"攻取之性"，说"口腹于饮食，鼻舌于臭味，皆攻取之性也"，这叫"气质之性"。张载说："形而后有气质之性……故气质之性，君子有弗性者焉"（《正蒙·诚明篇》），在张载看来，不能把气质之性简单视为人性，因为气质之性会使人出现"刚柔、缓急，有才与不才"等"气之偏"的现象，把握不好有可能导向恶。可见，张载虽然主张"性于人无不善"（《正蒙·诚明篇》），但因"气质之性"有偏颇，它会成为"恶"的来源，故"君子有弗性者焉"，即君子不认为这是人的本性。由于人有

"气质之性",所以需要通过礼的教化而"养其气"以"成性"(《正蒙·诚明篇》),即通过"养其气,反之本而不偏,则性尽",也就是要以德制气,以理制欲,不断克服"恶",从而"反之本"以"成性",这个过程就叫"变化气质"。故他说:"为学大益在自求变化气质。"(《张子语录·语录中》)所以,张载既承认人性"无不善",又认为因"气质"所致则"性未成则善恶混",只有通过"善反之"即"变化气质"的心性修养,才能"恶尽去则善因以成"(《正蒙·诚明篇》)。他说:"性于人无不善,系其善反不善反而已。"(《正蒙·诚明篇》)努力克服"气之偏"以端正气质而"善反"于本原之性,这叫"以礼性之"(《横渠易说·系辞上》)。以"太虚""湛一"之气说明善的本原,以气化而成的"气质之性"说明人何以有恶的行为的原因,其思想最终落脚到通过"知礼"的教育而"变化气质"以"成性"。在他看来,即使圣人也有一个知礼成性的过程:"圣人亦必知礼成性,然后道义从此出。"(《横渠易说·系辞上》)对于学者来说,亦"先须变化气质"(《经学理窟·义理》)。张载的人性论的特征是主张"成性"说。这一思想对王夫之的人性论发生了较大的影响,王夫之说:"习与性成",并提出性"日生则日成"(《尚书引义》卷三)的命题,这和张载的"成性"说一脉相承。

## 三、董仲舒与张载人性论之比较

首先,关于性的界定,董仲舒认为"生之自然之资,谓之性。性者,质也"。又说"性者,天质之朴也"(《实性》),以性为"生质"或"天质之朴",这同于告子"生之谓性"的说法。张载不同意此说,指出此"以生为性"为"告子之妄"(《正蒙·诚明篇》)。董仲舒又将"质"与天之阴阳之性相关联,认为人性既有先天的善质(仁),也有先天的恶质(贪)。"身亦两",此"身"类似于张载所说的"气质";"亦两",即认为气质之性有善有恶。显然董仲舒主张人性是善恶相混的。张载主张"合虚与气,有性之名",即来自"太虚"的"天地之性",是善的根源;因气化而成的"气质之性",则是恶的来源。人性既有天地之性，又有气质之性，但"性之本原，莫非至善"（《张子全书·孟子说》）。不过，虽然至善的本性来自太虚的"天地之性"，但在"性未成"时即如董氏所说"生质"时，也主张人性是"善恶混"的。张载说："性未成则善恶混，故叠叠而继善者斯为善矣。"（《正蒙·诚明篇》）这样，张载与董仲舒在人性论上殊途而同归。

其次，董仲舒主张后天的教化可使之"成德"，张载主张"以礼性之"（《正蒙·至当篇》），即通过"礼"的后天养成以"成性"，这是二者人性论的重要区别。董仲舒认为人性中有"贪仁"二质。他把"仁"有时称为"善质"，认为人既有"善质"，也有"贪"质。不过"善质"不同于善性，只是承认人有成德的内在潜质。他说"善出性中，而性未可全为善也"，显然"善"德并非善"性"。他以"性比于禾，善比于米"，如同"米出禾中，而禾未可全为米也"，此以米比喻善德，以禾比喻"性"。人生来有"善质"，但"质而不以善性"，即有善质并不是有善性，也就是说"当其未觉，可谓有善质，而未可谓善"，即人在"未觉"时虽有"善质"但不能说已具有善性了。要"成德"还须有一个教育的问题，他说：在"质无教之时，何遽能善？"故他反复说"性虽出善，而性未可谓善也"（《实性》），这需要后天的教育方可"成德"："性不得不成德"，"性待教而为善"，也就是说，人通过教育可以"成德"，如他所说"瞑者待觉，教之然后善"。因此"不教之民，莫能当善"，这里所说的善，不是成善性，而指成善德。显然在董氏看来，从仅有"善质"到已成"善德"，需要有一个后天教育的过程，故不能以生来的"生质"为善，如同不能"以麻为布，以茧为丝，以米为饭"一样。总之，他强调后天的启发教育，但教育的结果是要"成德"而不是"成性"。他说："性者，天质之朴也，善者，王教之化也；无其质，则王教不能化，无其王教，则质朴不能善。"（《实性》）王教所化而成者是善德，不是善性。在他看来，"生质"只是教化的基础，教化的对象是"贪"（恶）之性，王教所化而成者是善德，而不善性。这与孟子所说"尽心""反求诸己"以"知性"是不同的，他是要以教成德的。

相对于董仲舒的以"教"成"德"来说，张载则是要"以礼性之"，主张"知礼成性"。张载也认为性未成时，是善恶相混的，若欲"成性"，一方面要"继善"，即"天地之性"虽是人本来都有的，但需要"养其气，反之本"的道德实践，以扩充本有的善性，从而"继善成性"；另一方面要"变化气质"以"去恶"，所谓"恶尽去则善因以成"，他不说成善，而曰"成之者性"（《正蒙·诚明篇》）。二者的区别是明显的：董仲舒主张"教之然后善"，"性不得不成德"，其教育的结果是成"善德"；张载所说"变化气质"，其教育的目的是"成性"，即"礼以性之"。董仲舒并不承认孟子所说人皆有"善性"，认为孟子所说的善只是相对于禽兽来说的："善于禽兽，则谓之善，此孟子之善"（《深察名号》），故只能说"善出于性，而性不可谓善"（《实性》）。意思是说，善德出于"生质"之性，而不能说人性是善。可见，董仲舒和张载虽然都重视后天教育在"善"形成过程中的作用，但董氏主张的通过教育以"成德"，而张载主张是通过礼的教化以"成性"。

其三，关于董仲舒的所谓"性三品"与张载的所谓"二元"人性论之评说。

董氏的人性论，有一些论著认为董仲舒主张性三品①，此说在学界广为流行，其实这一说法是缺乏文献根据的。《春秋繁露》中提到"三品"有两处，如说"爵五等，士三品"，"制爵五等，禄士三品"，皆未提及"性三品"。谈到人性，董氏确实区别了几种不同情况："圣人之性""中民之性""斗筲之性"。他说："圣人之性，不可以名性；斗筲之性，又不可以名性；名性者，中民之性。"（《实性》）他认为"圣人之性""斗筲之性"，皆不可以"名性"，只有"中民之性"（大多数人）可以名性，即他以"中民之性"为性，并不承认"性三品"。所以，说董子讲"性三品"，是不准确的。

张载讲人有天地之性和气质之性，有论著认为张载是讲性二元

---

① 北京大学哲学系中国哲学史教研室编：《中国哲学史》："董仲舒在人性论问题上，提出了性三品说，把人性分为上、中、下三等，即圣人之性、中民之性和斗筲之性。"中华书局，1980年，第237页。

论。其实从本质上说，张载是孟子性本善论的坚定维护者。他说："孟子只就见孺子入井皆有怵惕、恻隐之心处指以示人，使知性之本善者也。"（《张子语录·后录下》）其所说"天地之性"是本自太虚的"天德良知"，故他又说"天德位矣，成性圣矣"（《正蒙·大易篇》），一旦通过修养以达"天德"，即可"成性"；当言及气化而有"形而后"就有了"气质之性"，但他并不认为"气质之性"是"性"，说"故气质之性，君子有弗性者焉"（《正蒙·诚明篇》）。他之所以要讲气质之性，正如张伯行在康熙四十七年本《张横渠集序》中所说，是为了"以明性善之本然"，即为了在坚守性本善说的同时，能合理地解释现实生活中"恶"所以存在的原因，从而完善孟子的性善说。所以不能简单地说张载的人性论是"性二元论"。

本文为"2020 中国·衡水董仲舒与儒家思想国际学术研讨会"提交的论文。

刘学智（1947—），男，陕西西安人，陕西师范大学哲学系教授，博士生导师。

# 董仲舒思想系统的结构性还原
## ——《天人三策》的政治哲学解读

### 黄玉顺

董仲舒对中国两千年来的思想文化与社会政治的影响堪称巨大，因此，无论褒贬，学界对其思想的研究与评论实在不少。唯其如此，加之现代学科分限，愈是后来的研究，愈专注于其思想中的某个侧面。而本文则旨在系统性地还原董仲舒思想的整体结构。鉴于董仲舒著述的可靠性一直存在争议①，本文所引董仲舒文献仅限于《汉书·董仲舒传》所载《天人三策》（或称《举贤良对策》）②，不涉《春秋繁露》③。

---

① 参见黄朴民：《〈春秋繁露〉的真伪与体例辨析》，《齐鲁学刊》1990年第2期。
② 《汉书·董仲舒传》，中华书局，1962年。下文凡引《汉书·董仲舒传》，不再注明出处。
③ 《董仲舒传》称"仲舒所著，皆明经术之意，及上疏条教，凡百二十三篇；而说《春秋》事得失，《闻举》《玉杯》《蕃露》《清明》《竹林》之属，复数十篇，十余万言"；另见《汉书·艺文志》，其《六艺略·春秋类》著录"公羊董仲舒治狱十六篇"；其《诸子略·儒家类》著录"董仲舒百二十三篇"。然而这些著录与传世《春秋繁露》之间的关系并不明朗。事实上，书名《春秋繁露》迟至唐初才出现（见《隋书·经籍志一》，中华书局，1973年）；而该书最早版本则是迟至南宋嘉定四年（1211）的刻本。因此，《春秋繁露》究竟是否董仲舒之作，向来存疑（参见张志康：《董仲舒建立新儒学质疑》，《中国史研究》1991年第3期）。其中《崇文书目》颇疑之，而程大昌攻之尤力"（《钦定四库全书总目提要》卷二九《经部·春秋类·附录〈春秋繁露〉》，中华书局，1997年）；此外著名学者还有晁公武、欧阳修、楼郁等。例如《春秋繁露》之中"五行"九篇，日本学者庆松光雄、美国学者Sarah A Queen等人都提出种种质疑（参见江新：《〈春秋繁露〉五行诸篇真伪考》，《河北师范大学学报》2011年第4期）。总之，《春秋繁露》的作者，迄今实无定论。

本文还原董仲舒思想的系统结构，将从其"灾异"之说入手。何以如此？且看董仲舒自己如何说：

> 臣谨案《春秋》之中，视前世已行之事，以观天人相与之际，甚可畏也。国家将有失道之败，而天乃先出灾害以谴告之；不知自省，又出怪异以警惧之；尚不知变，而伤败乃至：以此见天心之仁爱人君而欲止其乱也。

显然，在董仲舒那里，"灾异"问题乃是"天人之际"问题的核心所在，也是理解其思想体系之整体结构的枢纽，因为它同时辐射了董仲舒整个思想的三大板块及其关系：(1) 降灾异者是神圣界的超越之"天"（"天乃出灾害""出怪异"）；(2) 受灾异者是世俗界的"人"尤其是皇权（"国家失道"）；(3) 言灾异者则是作为两者之间中介的儒家（"臣案《春秋》"）。至于董仲舒思想的其他方面，诸如宇宙论、人性论、"仁爱"观、"义利"观及社会政治经济思想等，其实都附着于以上三个方面，即都是为之服务的辅助性理论。

## 一、"灾异"说的意图："民利"的关切

首先，董仲舒为什么要提出"灾异"说？这是一个关乎董仲舒全部思想的宗旨或出发点的问题。表面看来，他不过是在回答汉武帝提出的问题。汉武帝因对政治现状不满而征求对策，第一次策问便将问题归结到"天人之际"上："岂其所持操或悖谬而失其统与？固天降命不可复反，必推之于大衰而后息与？"紧接着便聚焦于"灾异"问题："灾异之变，何缘而起？"既然汉武帝是在"垂问乎天人之应"，那么，董仲舒的对策似乎只是"命题作文"。因此，董仲舒的一个中心命题是"治乱废兴在于己，非天降命不可得反，其所操持悖谬失其统也"，意谓政治之坏、灾异之起，不能"怨天"，只能"尤人"，即怪君主自己"操持悖谬"，具体就是"残贼良民以争壤土"而"不能统理群生"等，"此灾异所缘而起也"。显然，董仲舒实际上是通过回答问题，借机表达自己的思想宗旨，即对民生、民利的关切（详下），并据此而批判现实政治。

## （一）现实社会政治的批判

既然汉武帝自己不满政治现状，承认"今阴阳错缪，氛气充塞，群生寡遂，黎民未济，廉耻贸乱，贤不肖浑殽"；董仲舒也就可以顺势而为，通过谈"灾异"来批判现实政治。所以，其对策一开始就说："陛下发德音，下明诏……臣谨案《春秋》之中，视前世已行之事，以观天人相与之际，甚可畏也。"他表示，现实政治的黑暗并非汉武帝的责任，汉武帝只是"圣王之继乱世"（其实，到汉武帝即位，西汉政权已经存在了60年之久）。否则，在皇帝的威权下，他又岂敢妄议？

当然，即便如此，他的批判也常常是隐晦的。例如，他说"夫人君莫不欲安存而恶危亡，然而政乱国危者甚众，所任者非其人，而所繇（由）者非其道，是以政日以仆灭也"，这其实是间接地批评现实政治的所任非人、所由非道。他说"及至后世，淫佚衰微，不能统理群生，诸侯背畔，残贼良民以争壤土，废德教而任刑罚"，这其实是委婉地批评现实政治"刑罚不中，则生邪气；邪气积于下，怨恶畜于上"。他说"孔子作《春秋》……书邦家之过，兼灾异之变"，这里的"书邦家之过"即是对君主的批判，那么，同理，他自己据《春秋》言"灾异之变"就是对"汉家"的批判。

不仅如此，董仲舒言论中也不乏直接的无所隐讳的现实政治批判。例如："自古以来，未尝有以乱济乱、大败天下之民如秦者也，其遗毒余烈，至今未灭……孰烂如此之甚者也。孔子曰：'腐朽之木不可雕也，粪土之墙不可圬也。'今汉继秦之后，如朽木粪墙矣，虽欲善治之，亡可奈何！"这里的"至今"一语尤为触目，直指现实。又如："今废先王德教之官，而独任执法之吏治民，毋乃任刑之意与！孔子曰：'不教而诛谓之虐。'虐政用于下，而欲德教之被四海，故难成也。"这是直斥"今"为"虐政"，几近乎秦始皇"以吏为师"的暴政。又如："今则不然，累日以取贵，积久以致官，是以廉耻贸乱，贤不肖浑殽，未得其真。"这是对现实吏治的批判。又如："夫不素养士而欲求贤，譬犹不琢玉而求文采也。……今吏既亡教训于下，或不承用主上之法，暴虐百姓，与奸为市，贫穷孤弱，冤苦失职，甚不称陛下之意。是以阴阳错缪，氛气充塞，群生寡遂，黎民未济，皆长吏不明，使至于此也。"这无异于批评汉武帝还未能"养士求贤"，以至于有"群生寡遂，黎民未济"等问题。

（二）政治批判背后的人民利益关切

董仲舒为什么批判现实政治？这是出于他对人民利益的关切：政治权力侵害了人民的利益，就要加以批判。董仲舒虽然说"夫万民之从利也，如水之走下，不以教化隄防之，不能止也"，但这并不意味着反对人民"从利"；恰恰相反，"夫皇皇求财利、常恐乏匮者，庶人之意也"，乃是自然而然的，这才需要"善治"，使之"各得其宜"。他列举历史上的正面典型，尧舜"教化大行，天下和洽，万民皆安仁乐谊，各得其宜"；反面典型，殷纣"逆天暴物，杀戮贤知，残贼百姓……天下秏乱，万民不安"，乃至秦始皇"趣（趋）利无耻，又好用憯酷之吏，赋敛亡度，竭民财力，百姓散亡，不得从耕织之业，群盗并起"；等等，都体现了彰显自己鲜明的人民立场。

最有趣味的是第三篇对策，他首先说："臣愚不肖，述所闻，诵所学，道师之言，廑能勿失耳；若乃论政事之得失，察天下之息秏，此大臣辅佐之职，三公九卿之任，非臣仲舒所能及也。"我不过是一介书生，岂敢妄议政治？紧接着笔锋一转："然而臣窃有怪者。夫古之天下亦今之天下，今之天下亦古之天下，共是天下，古以大治……以古准今，壹何不相逮之远也！安所缪盭（谬戾）而陵夷若是？意者有所失于古之道与？有所诡于天之理与？"他不仅如此委婉地发问，还直斥当今权力"与民争利""与民争业"，大小好处通吃："夫已受大，又取小，天不能足，而况人乎！此民之所以嚣嚣苦不足也。"

因此，董仲舒曾提出"限民名田"等政策建议。"名田"指私人所占有的田地，"限民名田"意谓限定私人占有田地的最高数额，防止土地兼并、民不聊生。需注意的是：所谓"限民"，所限制的其实并非"民"，实际上指豪族、官员乃至皇室。他说："古者税民不过什一，其求易共；使民不过三日，其力易足。民财，内足以养老尽孝，外足以事上共税，下足以畜妻子极爱，故民说从上。至秦则不然，用商鞅之法，改帝王之制，除井田，民得卖买，富者田连仟伯，贫者亡立锥之地;又颛川泽之利,管山林之饶,荒淫越制,逾侈以相高;邑有人君之尊,里有公侯之富,小民安得不困?又加月为更卒,已复为正,一岁屯戍,一岁力役,三十倍于古;田租口赋,盐铁之利,二十倍于古;或耕豪民之田,见税什五。故贫民常衣牛马之衣,而食犬彘之食。重以贪暴之吏,刑戮妄加,民愁亡聊,亡逃山林,转为盗贼,赭衣半道,断狱岁以千万数。汉兴,循而未改。古井田法虽难卒行,宜少近古,限民名田,以澹不足,塞并兼之路;盐铁皆归于民;去奴婢,除专杀之威;薄赋敛,省徭役,以宽民力,然后可善治也。"①这些政策建议不仅涉及限田、减税缓役,还涉及反对盐铁官营、蓄奴等,其总的宗旨显然是为了保障人民的基本生存利益。

董仲舒以下这番话颇为耐人寻味:"今陛下并有天下,海内莫不率服,广览兼听,极群下之知,尽天下之美,至德昭然,施于方外,夜郎、康居,殊方万里,说德归谊,此太平之致也;然而功不加于百姓……"这里一个转折词"然而"极为有力地表明了董仲舒的态度:如果无益于人民,一切丰功伟业都没有意义。

为此,董仲舒希望汉武帝改弦更张:"汉得天下以来,常欲善治而至今不可善治者,失之于当更化而不更化也。……更化则可善治,善治则灾害日去,福禄日来。《诗》云:'宜民宜人,受禄于天。'为政而宜于民者,固当受禄于天……故受天之祐,而享鬼神之灵,德施于方外,延及群生也。"这里董仲舒贯彻了孔子和孟子的路线:以"天"之存在为神圣的超越根据,以"民"之利益为最终的价值诉求,要求政治实现"善治",即"宜民"而"延及群生"。

(三)董仲舒之"义":关于"义利之辨"的讨论

谈到"民利",这就涉及一个重大理论问题,即董仲舒的"义利之辨"。董仲舒的一句话"正其谊不谋其利,明其道不计其功"("义"《天人三策》多作"谊"),经常被人引用;赞同者,如朱熹认为它合

---

① 《汉书·食货志》。

乎"儒者第一义"①，郑重其事地将其列入《白鹿洞书院揭示》（教规）②；反对者，如叶适认为"既无功利，则道义者乃无用之虚语尔"③，颜元甚至针锋相对地提出"正其谊以谋其利，明其道而计其功"④。

　　这些看法，其实多多少少存在着误解。董仲舒的原话是："夫仁人者，正其谊不谋其利，明其道不计其功。是以仲尼之门，五尺之童羞称五伯，为其先诈力而后仁谊也。"这是回答江都王刘非的话，因为刘非流露出争霸甚至篡夺之心，董仲舒以仁义加以规谏，希望刘非做一个仁义之君。而董仲舒心目中的仁义之君，就是不"与民争利"、不"与民争业"。他说："因乘富贵之资力，以与民争利于下，民安能如之哉！……故受禄之家，食禄而已，不与民争业，然后利可均布，而民可家足。此上天之理，而亦太古之道，天子之所宜法以为制，大夫之所当循以为行也。"

　　可见，董仲舒"正其义不谋其利，明其道不计其功"是针对天子、大夫而言的，是对权力的要求，而不是对人民的要求，其本意恰恰是"利可均布而民可家足"，认为此乃"天理"。他说："夫皇皇求财利、常恐乏匮者，庶人之意也；皇皇求仁义、常恐不能化民者，大夫之意也。"（这里只提到"大夫"，其实包括上文所提到的"天子"。）这就是说，"求财利"是庶人的本份，"求仁义"是天子、大夫的本份。因此，对于权力来说，"尔好谊，则民乡（向）仁而俗善；尔好利，则民好邪而俗败"。董仲舒的意思是：君主"正其义不谋其利"，人民才能有其利；君之义即民之利，民之利即君之义。这就是董仲舒的义利之辨：以人民之利为君主之义。

---

　　① 朱熹：《与延平李先生书》，朱杰人、严佐之、刘永翔主编：《朱子全书》第二十一册，上海古籍出版社、安徽教育出版社，2002年，第1082页。
　　② 朱熹：《白鹿洞书院揭示》，朱杰人、严佐之、刘永翔主编：《朱子全书》第二十四册，第3587页。
　　③ 叶适：《习学记言序目·汉书三》，中华书局，2009年，第324页。
　　④ 颜元：《四书正误》卷一，《颜元集》，中华书局，2009年，第163页。

### （四）董仲舒之"仁"："溥爱"的观念

正是从上述人民利益的立场出发，董仲舒倡导儒家的"博爱"（他称之为"溥爱"），并以超越的"天"为博爱价值的神圣根据。他说：

> 天者，群物之祖也，故遍覆包函而无所殊，建日月风雨以和之，经阴阳寒暑以成之。故圣人法天而立道，亦溥爱而亡私，布德施仁以厚之，设谊立礼以导之。

这里的"溥"即"博"，二字同源；"溥爱"即"博爱"，犹韩愈所说"博爱之谓仁"①。这与《中庸》的思想一致："溥博渊泉，而时出之。溥博如天，渊泉如渊。……凡有血气者，莫不尊亲，故曰配天。……夫焉有所倚？肫肫其仁，渊渊其渊，浩浩其天。"这里的"溥博"，孔颖达释之为"普遍"②，朱熹释为"溥博，周遍而广阔也"③。这就是说，"仁"是普遍而无所偏私的爱。

本来，儒家所讲的"仁爱"包括两个方面：一是适用于私域（private sphere）的"差等之爱"；一是适用于公域（public sphere）的"一体之仁"④，即"博爱"或"溥爱"。董仲舒对策所关心的正是公域的问题，即权力与人民利益之间的关系问题，所以他强调一体之仁，即强调博爱。

### （五）作为政治批判的人性批判

上述对现实政治的批判，自然而然会导出一个问题：政治何以如此黑暗？人心何以如此败坏？这就涉及董仲舒的人性论了。

我们发现，董仲舒的"性"概念似乎是自相矛盾的。他说："命者天之令也，性者生之质也，情者人之欲也；或夭或寿，或仁或鄙，

---

① 韩愈：《原道》，《韩昌黎文集校注》上，马其昶校注，上海古籍出版社，1986年，第13页。
② 《十三经注疏·礼记正义·中庸》，中华书局，1980年影印版。
③ 朱熹：《中庸集注·右第三十章》，见《四书章句集注》，中华书局，1983年，第39页。
④ 参见黄玉顺：《亚洲和平繁荣之道——生活儒学价值共享》，《社会科学家》2017年第1期；《儒家自由主义对"新儒教"的批判》，《东岳论丛》2017年第6期。

陶冶而成之，不能粹美，有治乱之所生，故不齐也。"一方面，性是"生之质"，即是先天的；另一方面，性是"治乱之所生""陶冶而成之"，则是后天的，所以"不齐""或仁或鄙"。他在另一处的说法也同样显得自相矛盾："质朴之谓性，性非教化不成。""质朴"意味着先天；"教化"而"成"则意味着后天，这类似王夫之的观点"性日生而日成"①。

这个矛盾在《春秋繁露》中同样存在：一方面，"如其生之自然之资，谓之性"②，这是先天之性；"性者天质之朴也，善者王教之化也"③，类似于荀子的"化性起伪"④。（但并非"性恶"，而是认为"天两，有阴阳之施；身亦两，有贪仁之性"⑤）而另一方面，"民受未能善之性于天，而退受成性之教于王，王承天意以成民之性为任者也"⑥，这里受于天即是先天之性，成于教则是后天之性。

回到《天人三策》，董仲舒"性"概念的矛盾，可以理解为他其实有两个不同的"性"概念，用他自己的措辞来讲，有先天的"天性"与后天的"成性"。他讲"天性"的意图，是强调人伦的意义。他说："人受命于天，固超然异于群生，入有父子兄弟之亲，出有君臣上下之谊，会聚相遇则有耆老长幼之施，粲然有文以相接，驩（欢）然有恩以相爱，此人之所以贵也……明于天性，知自贵于物；知自贵于物，然后知仁谊；知仁谊，然后重礼节……"而他讲"成性"的意图，则是强调君主的责任，这与他的政治批判密切相关。他说："王者上谨于承天意，以顺命也；下务明教化民，以成性也。"这就是说，造就民之善性乃是王者的责任。

于是，合乎逻辑的结论就是：如果民性不善，则罪在君，而不在

---

① 王夫之：《尚书引义·太甲二》，《船山全书》第 2 册，岳麓书社，1988 年，第 299 页。
② 董仲舒：《春秋繁露·深察名号》，中华书局，1975 年，第 362 页。
③ 董仲舒：《春秋繁露·实性》，中华书局，1975 年，第 376 页。
④ 《荀子·性恶》，王先谦《荀子集解》，中华书局，1988 年。
⑤ 董仲舒：《春秋繁露·深察名号》，中华书局，1975 年，第 363-364 页。
⑥ 董仲舒：《春秋繁露·深察名号》，中华书局，1975 年，第 368 页。

民。董仲舒举例说:"尧舜行德,则民仁寿;桀纣行暴,则民鄙夭。"然后据此批判现实:"今世废而不修,亡以化民,民以故弃行谊而死财利,是以犯法而罪多,一岁之狱以万千数。"由此可见,董仲舒的人性论及其对现实人性的批判,实质上仍然是一种政治批判,或者说是为政治批判服务的。

## 二、"灾异"说的神圣根据:"外在超越"的"天"

董仲舒思想的核心是以"灾异"来批判政治、制约皇权;然而鉴于他自己及其儒家"贤良文学"群体的臣属身份,这就需要某种高于君主的权威。这个权威的存在显然不可能属于世俗界,因为"圣人已没",世俗界的最高权威就是皇权帝国的君主;这个权威只能来自外在于世俗界的神圣界,这就是"超越"(transcendence)观念。因此,作为儒家的董仲舒,继承孔孟以来的外在神圣超越之"天"便是自然而然的了。

(一)天的人格神性

在董仲舒的心目中,"天"是什么?"天"怎么样呢?

> 天者,群物之祖也,故遍覆包函而无所殊,建日月风雨以和之,经阴阳寒暑以成之;故圣人法天而立道,亦溥爱而亡私,布德施仁以厚之,设谊立礼以导之。

这里所强调的是:就其存在而论,天是"群物之祖",即万物之本,这是宇宙论(cosmology)意义上的本原观念;就其品质而论,天"溥爱而无私",即上文讨论过的"博爱",这是儒家"仁爱"价值的神圣依据;就其"天人相与之际"而论,天是人道之源,"圣人法天而立道",君主也应当博爱而"布德施仁""设义立礼"。

这里最关键的是:"天"是具有情感、意志与智能的人格神,能够与人发生感应,对人的行为作出回应,即所谓"天人感应"。董仲舒用了很多词语来陈述"天"的这种人格性,诸如:"天乃先出灾害以谴告之""天心之仁爱人君而欲止其乱也""天尽欲扶持而全安之""上天祐之""天之所大奉使之王者""命者天之令也""天令之谓命"

"春者天之所为也""天使阳出布施于上而主岁功,使阴入伏于下而时出佐阳""终阳以成岁为名,此天意也""夫天亦有所分予",等等。

以下几个概念最能体现"天"的人格性:

1. 天心。董仲舒说:"国家将有失道之败,而天乃先出灾害以谴告之……以此见天心之仁爱人君而欲止其乱也。自非大亡道之世者,天尽欲扶持而全安之,事在强勉而已矣。"这就是说,"天"是有"心"的。这不同于后来张载的"为天地立心"①,后者属于理学家的"内在超越",是以人心顶替天心,实属对天的僭越,势不足以抗衡皇权。

2. 天命(天令)。这本来是一个传统观念,但董仲舒有其独到之处。(1)天命是天的命令,即"命者,天之令也",它体现天的意志。(2)天命是人性、人伦的根据:"天令之谓命……质朴之谓性……人受命于天,固超然异于群生,人有父子兄弟之亲,出有君臣上下之谊,会聚相遇则有耆老长幼之施,粲然有文以相接,驩(欢)然有恩以相爱,此人之所以贵也;生五谷以食之,桑麻以衣之,六畜以养之,服牛乘马,圈豹槛虎,是其得天之灵,贵于物也。故孔子曰:'天地之性人为贵。'"(3)天命是政权的根据,谓之"天瑞":"天之所大奉使之王者,必有非人力所能致而自至者,此受命之符也……故天瑞应诚而至。"(4)然而天命并非不可改变的宿命,而是天对善政的回报,谓之"天祐":"治乱废兴在于己,非天降命不可得反";"善治则灾害日去,福禄日来。《诗》云:'宜民宜人,受禄于天。'为政而宜于民者,固当受禄于天……故受天之祐,而享鬼神之灵……"例如"宣王思昔先王之德,兴滞补弊,明文武之功业,周道粲然复兴,诗人美之而作,上天祐之,为生贤佐,后世称诵,至今不绝,此凤夜不解行善之所致也"。

3. 天意。董仲舒说:"王者上谨于承天意,以顺命也。"那么,何为天意?他说:"阳为德,阴为刑;刑主杀而德主生……以此见天

---

① 张载:《张子语录中》,《张子全书》卷一一,林乐昌编校,西北大学出版社,2015年,第259页。

之任德不任刑也。……终阳以成岁为名，此天意也。王者承天意以从事，故任德教而不任刑。"这是发挥孔子的思想"为政以德"①，并归之于"天意"。

（二）天的显现方式

尽管"天心"具有人格性，但"天意"的表达、"天命"的指令并非以"人言"的方式来传达，如孔子讲的"天何言哉"②，而是另有其特定的传达方式，即不是"言"，而是"示"，如孟子讲的"天不言，以行与事示之而已矣"③。这是汉字"示"的本义，即"示：神事也"④。如《易传》说："天垂象，见（读'现'）吉凶……所以示也。"⑤例如："夫乾，确然示人易矣；夫坤，隤然示人简矣。"⑥董仲舒所讲的"灾异"就是天的一种极为重要的"示"；而他所讲的更一般的"示"的方式，乃"天道"与"天理"。

1. 天道：阴阳

董仲舒论"道"，有两个层面：一是"道之大原出于天，天不变，道亦不变"，这是"天道"；二是"道者，所繇（由）适于治之路也，仁义礼乐皆其具也"，这是人道、王道。关于"天道"，董仲舒说：

> 天道之大者在阴阳。阳为德，阴为刑；刑主杀而德主生。是故阳常居大夏，而以生育养长为事；阴常居大冬，而积于空虚不用之处；以此见天之任德不任刑也。天使阳出布施于上而主岁功，使阴入伏于下而时出佐阳；阳不得阴之助，亦不能独成岁。终阳以成岁为名，此天意也。王者承天意以从事，故任德教而不任刑。

这就是说，天通过阴阳来表达自己的意志：任德而不任刑。这是天之仁爱的展示。

---

① 《论语·为政》，见《十三经注疏·论语注疏》，中华书局，1980年影印版。
② 《论语·阳货》。
③ 《孟子·万章上》。
④ 许慎：《说文解字·示部》。
⑤ 《周易·系辞上传》。
⑥ 《周易·系辞下传》。

（1）阴阳与自然："天者，群物之祖也，故遍覆包函而无所殊，建日月风雨以和之，经阴阳寒暑以成之。"这是董仲舒的宇宙论：天通过阴阳来孕育、包容、成就万物。

（2）阴阳与民生："阴阳调而风雨时，群生和而万民殖，五谷孰而草木茂，天地之间被润泽而大丰美，四海之内闻盛德而皆徕臣，诸福之物，可致之祥，莫不毕至，而王道终矣。"这是董仲舒的人道观：天通过阴阳来养育万民、群生，所谓"王道"不过如此。

（3）阴阳与政治："圣人法天而立道，亦溥爱而亡私，布德施仁以厚之，设谊立礼以导之。春者天之所以生也，仁者君之所以爱也；夏者天之所以长也，德者君之所以养也；霜者天之所以杀也，刑者君之所以罚也。繇此言之，天人之征，古今之道也。"这是董仲舒的行政观："任德而不任刑"；这并非要废除刑罚，而是以博爱为本、正义制度为基，先德而后刑。

（4）阴阳与灾异："阴阳缪盭（谬戾）而妖孽生矣，此灾异所缘而起也"；"今吏既亡教训于下，或不承用主上之法，暴虐百姓，与奸为市，贫穷孤弱，冤苦失职，甚不称陛下之意，是以阴阳错缪，氛气充塞，群生寡遂，黎民未济，皆长吏不明，使至于此也"。这是董仲舒的灾异说：权力者"暴虐百姓"致使"阴阳错谬"，其实是天在通过阴阳变异来警示权力者。这种阴阳灾异观念，可追溯到西周时期的伯阳父论地震："幽王二年，西周三川皆震。伯阳父曰：'周将亡矣！夫天地之气，不失其序；若过其序，民（人）乱之也。阳伏而不能出，阴迫而不能烝，于是有地震。今三川实震，是阳失其所而镇阴也。阳失而在阴，川源必塞；源塞，国必亡。夫水土演而民用也。水土无所演，民乏财用，不亡何待？'"① 与董仲舒比较，两者相同之处是都指出天灾实为人祸；不同之处是伯阳父归之于"气"的失序，而董仲舒归之于"天"的用心。

---

① 左丘明：《国语·周语》，徐元诰：《国语集解》（修订本），中华书局，2002年，第26页。

## 2. 天理：分予

程颢称"'天理'二字却是自家体贴出来"①，其实，"天理"观念可以追溯到汉代，甚至先秦儒家。董仲舒以"分予"讲"天理"（他称之为"天之理""上天之理"），不仅颇为独特。而且切中要害：

> 以古准今，壹何不相逮之远也！安所缪盭而陵夷若是？意者有所失于古之道与？有所诡于天之理与？试迹之于古，返之于天，党可得见乎！夫天亦有所分予：予之齿者去其角，傅其翼者两其足，是所受大者不得取小也。古之所予禄者，不食于力，不动于末，是亦受大者不得取小，与天同意者也。夫已受大，又取小，天不能足，而况人乎！此民之所以嚣嚣苦不足也。身宠而载高位，家温而食厚禄，因乘富贵之资力，以与民争利于下，民安能如之哉！……故受禄之家，食禄而已，不与民争业，然后利可均布，而民可家足。此上天之理，而亦太古之道，天子之所宜法以为制，大夫之所当循以为行也。

这是从政治批判切入的，认为现实政治状况"诡于天之理"。那么，何为"天理"？董仲舒指出："夫天亦有所分予。"所谓"分予"，即"所予禄者，不食于力"，就是通过官民之间的利益分配而达到"利可均布，而民可家足"，其要点是官方不"与民争利"、不"与民争业"。按董仲舒的这种"天理"观念，汉武帝时开始推行的盐铁官营就是典型的不合天理，所以董仲舒是反对的。因此，在汉昭帝召开的盐铁会议上，儒家"贤良文学"进行抗争，就引用董仲舒的论点："今郡国有盐铁、酒榷、均输、与民争利，散敦厚之朴，成贪鄙之化，是以百姓就本者寡，趋末者众。夫文繁则质衰，末盛则本亏。末修则民淫，本修则民悫，民悫则财用足，足侈则饥寒生。愿罢盐铁、酒榷、均输，所以进本退末，广利农业，便也。"②显然，董仲舒的"天

---

① 程颢、程颐：《河南程氏外书》卷一二，《二程集》，中华书局，1981年，第424页。
② 桓宽：《盐铁论·本议》，王利器：《盐铁论校注》，中华书局，1992年，第1页。

理"观极具现代价值。

## 三、"灾异"说的主体：作为"天意"代言人的儒家

上天以灾异现象来谴告警惧君主，然而"天何言哉"①，天意是通过天在世俗界的代言人表达出来的，这个中介就是解释灾异现象的儒家学者。所以董仲舒说："天令之谓命，命非圣人不行。"然而"圣人已殁"，圣人之意只能通过儒家学者对圣人经典的解释来传达，例如董仲舒对《春秋》的解释。于是，儒家就是天的代言人。这种制约关系就是：天意→儒家→君主。其更为一般的形式是：超越者→代言者→权力者。

（一）儒家的政治权能

上述制约关系具有普遍的政治哲学意义，即合乎逻辑地蕴涵着：超越者的代言人应当具有独立于权力者的政治主体性，拥有独立的政治权能。董仲舒以下这段话值得认真分析：

> 臣谨案《春秋》之文，求王道之端，得之于正。正次王，王次春。春者，天之所为也；正者，王之所为也。其意曰上承天之所为，而下以正其所为，正王道之端云尔。

这里特别值得留意的是"其意曰上承天之所为，而下以正其所为"。"下以正其所为"这个"其"指谁？是谁之所为？显然就是上文的"王之所为"。那么，与之相对的"其意曰上承天之所为"这个"其"又指谁？当然不再是指王者，而是指圣人、儒家；"其意"即《春秋》之意，亦即开头所称的"谨案《春秋》之文"。《春秋》之意就是圣人之意；然而圣人已殁，谁解其意？当然就是《春秋》学者，即儒家。所以，董仲舒这番话，其实是在隐晦地宣示儒家的政治权能：儒家上承天之所为，下正君之所为。这其实就是孟子所说的"格君心之非"②，即矫正君主的思想及其行为。

---

① 《论语·阳货》。
② 《孟子·离娄上》，见《十三经注疏·孟子注疏》，中华书局，1980年影印版。

董仲舒另一番话说得更明白一些：

> 孔子作《春秋》，上揆之天道，下质诸人情，参之于古，考之于今。故《春秋》之所讥，灾害之所加也；《春秋》之所恶，怪异之所施也。书邦家之过，兼灾异之变，以此见人之所为，其美恶之极，乃与天地流通而往来相应，此亦言天之一端也。

这里特别值得注意的是"书邦家之过，兼灾异之变"，即"灾异"是针对"邦家"的。"邦家"即"国家"，指君主权力。例如《诗经》"邦家之基"，郑玄笺为"国家之本"①。这就是说，圣人"作《春秋》"记载灾异现象，乃是记载政治权力的罪过，并且"讥"之、"恶"之；那么，儒家学者"案《春秋》"解释灾异现象，也是批判政治权力的罪过。

董仲舒认为，"孔子作《春秋》，先正王而系万事，见素王之文焉。""素王"之说，兴于战国诸侯称王称霸之际，绝非偶然，其意是对当时君主权力的批判。《庄子·天道》"以此处下，玄圣、素王之道也"②，郭象注："有其道、为天下所归，而无其爵者，所谓素王自贵也。"③这就是说，素王无爵有道。贾谊指出："诸侯起于匹夫，以利会，非有素王之行也。"④言下之意，称王称霸的诸侯并无真王的德行；具有真王德行的恰恰是无爵无位的"素王"。后来，"素王"专指孔子："孔子之通……专行教道，以成素王"⑤；"孔子不王，素王之业，在于《春秋》"⑥。但是，孔子之后，谁能充当素王？葛洪有一个

---

① 《诗经·小雅·南山有台》，阮元校刻：《十三经注疏·毛诗正义》，中华书局，1980年影印版，第388页。
② 《庄子·天道》，王先谦《庄子集解》，中华书局，1957年。
③ 《庄子注疏·天道》，郭象注，成玄英疏，曹础基、黄兰发校，中华书局，2011年，第249页。
④ 贾谊：《过秦下》，吴云、李春台：《贾谊集校注》修订版，天津古籍出版社，2010年，第18页。
⑤ 刘安：《淮南子·主术训》，何宁：《淮南子集释》，中华书局，1998年，第695-697页。
⑥ 王充：《论衡·定贤》，黄晖：《论衡校释》，中华书局，1990年，第1122页。

说法很值得注意："能立素王之业者，不必东鲁之丘。"①这在孔子之后是很自然的：天的代言人总是需要的，但孔子已殁，素王只能是其他儒者。所以，孟子敢于提出"为王者师"②，"舍我其谁"③。董仲舒心目中是否也有这个意思，不得而知，但从逻辑上看，理当如此。

同样合乎逻辑的结论还有："素王"既然也是"王"，当然也应当拥有王者的政治权能，这意味着儒家与君主之间的某种平衡的权能分割。这一点，董仲舒当然不敢表达出来，甚至恐怕根本不可能明确意识到。

（二）"独尊儒术"的评价

儒家的上述政治权能的实现，需要儒学具有一种崇高的地位，这是董仲舒所追求的。不过，世传汉武帝"罢黜百家，独尊儒术"的政策出自董仲舒，但实际上汉代"独尊儒术"的政策并非始于董仲舒，而是一个权力集体思想转变的过程。司马迁说："及今上（汉武帝）即位……及窦太后崩，武安侯田蚡为丞相，绌黄老、刑名、百家之言，延文学儒者数百人……天下之学士靡然乡（向）风矣。公孙弘为学官……谨与太常臧、博士平等议曰：'……为博士官，置弟子五十人，复其身……'制曰：'可。'自此以来，则公卿大夫士吏斌斌多文学之士矣。"④当然，董仲舒确实在其中发挥了重要作用："自武帝初立，魏其、武安侯为相而隆儒矣。及仲舒对册，推明孔氏，抑黜百家。"

但董仲舒寻求儒学崇高地位的努力方向却是应当反思的。汉承秦制，实行皇权帝国制度，政治上的专制"大一统"需要思想上的"大一统"。所以，董仲舒的三篇对策最后落脚到为了政治统一而要求思想统一。刘歆评论道："仲舒遭汉承秦灭学之后，六经离析，下帷发

---

① 葛洪：《抱朴子·博喻》，杨明照：《抱朴子外篇校笺》（下册），中华书局，1997年，第271页。
② 《孟子·滕文公上》。
③ 《孟子·公孙丑下》。
④ 司马迁：《史记·儒林列传序》（修订本），顾颉刚编审，中华书局，2013年，第3762—3764页。

愤，潜心大业，令后学者有所统一。"董仲舒认为，人们对"道"的理解不同，即思想不统一，这不利于政治统一："今师异道，人异论，百家殊方，指意不同，是以上亡以持一统。"他治《春秋》，就是要改变这种状况："《春秋》大一统者，天地之常经，古今之通谊也。"在他看来，唯一正确之"道"就是他所理解和阐述的孔子儒家之道，因此要求弃绝百家："诸不在六艺之科、孔子之术者，皆绝其道，勿使并进。"这样统一思想，就能达到政治的一统："邪辟之说灭息，然后统纪可一而法度可明，民知所从矣。"以现代性的政治文明来衡量，这种统一思想的政策是不可取的，所以章太炎批评说"九流之衰，仲舒群伦当任其过"[①]；但这在当时的社会历史趋势之下可谓其势不得不然。然而，这毕竟是助推了思想专制的趋向。

关于通过"独尊儒术"实行思想专制的措施，还不能不谈谈"太学"。董仲舒说：皇上虽有"尧舜之用心也，然而未云获者，士素不厉也"，从而建议："臣愿陛下兴太学，置明师，以养天下之士，数考问以尽其材，则英俊宜可得矣。"于是，元朔五年，皇权帝国时代的太学制度建立起来，其对统一思想、巩固帝国制度的意义堪与后来的科举制度相当。我们知道，儒家之兴起，有赖于战国时期民间办学的环境，儒家也因此才有可能作为独立存在的力量去制约权力。汉代通过太学制度"独尊儒术"，实质上是将儒学教育收归于皇权管制之下。董仲舒没有意识到，对于他所追求的"天"的代言人角色来说，他所提出的建立太学的政策建议实际上是一种自我解构。

总之，"独尊儒术"其实是儒家自己递给皇权的一把双刃剑：皇权在黜灭百家的同时，也阉割了儒家。首先，儒家作为独立权能主体的存在乃是以百家的独立存在为条件的，否则只是皇权的臣属，顺之则昌，逆之则亡，即不可能真正制约皇权；其次，对于皇权来说，对儒学的所谓"尊"其实只是"用"，即只是一种工具而已；最后，这种"用"其实也只是表象，皇家"阳儒阴法"意味着儒学只是皇权用

---

① 章太炎：《与柳翼谋论学书》，《章太炎政论选集》下，中华书局，1977年，第764页。

来遮羞的一个道德面具。

## 四、"灾异"说的自我解构：皇权帝国的完善

董仲舒的上述自我解构，还有他的更大的政治哲学背景。他的第三篇对策，谈到政治之"道"（类似于牟宗三谈"政道"与"治道"①），其中有一句名言"道之大原出于天，天不变，道亦不变"，往往被人误读。这是在回答汉武帝的疑问"三王之教，所祖不同，而皆有失"，这里流露出对儒家所推崇的夏商周三代之治的怀疑。董仲舒的回答方式，是区分其变与不变：尧舜禹之间是"继治世者其道同"，故孔子不言"损益"；而夏商周之间是"继乱世者其道变"，故孔子言"损益"；但尽管变，然而"有改制之名，亡（无）变道之实"。事实上，从尧舜禹到夏商周是一大变，即从氏族政治变为宗族政治；从商周到秦汉又是一大变，即从宗族王权政治变为家族皇权政治。实际上，董仲舒所主张的政治制度正是后者，远非仅仅"改正朔，易服色"而已，其实不仅有改制之名，而且有变道之实。这就是他所理解的"《春秋》大一统"。

（一）"大一统"的帝国政治理想

汉武帝第一次策问的关注点，首要的就是"永惟万事之统，犹惧有阙"，即皇权"大一统"的完善；第二次策问的关注点同样是"永思所以奉至尊、章洪业"，所谓"至尊"即皇权的至高尊严。对此，董仲舒是认同的。当然，他与汉武帝的关切点有所不同，他的出发点是民生；然而他毕竟认为，保障民生需要一种威权秩序。董仲舒的表述为：

> 臣谨案《春秋》谓一元之意：一者，万物之所从始也；元者，辞之所谓大也。谓一为元者，视大始而欲正本也。《春秋》深探其本，而反自贵者始，故为人君者，正心以正朝廷，正朝廷

---

① 牟宗三：《政道与治道》增订版，台北：学生书局，1987年，第171页。

以正百官，正百官以正万民，正万民以正四方。

一切"自贵者始"就是一切自"人君"始，所以"人君"被形容以这些宏大词汇："一""始""元""大""本""贵"等，可谓极尽尊崇。这里一连串的动词"正"无不是单方面权力的管教，描绘了一幅"人君"高度专制的景象。不仅如此，这里的"为人君者，正心……"是说君主自正其心，这无疑是对上文所设定的儒家才能"格君心之非"的自我解构。

董仲舒将皇权帝国的专制统治诉诸天意，他说："臣闻天之所大奉使之王者，必有非人力所能致而自至者，此受命之符也。天下之人同心归之，若归父母，故天瑞应诚而至。"此即通常所谓"君权神授"。而天之所以降下灾异，也是"以此见天心之仁爱人君而欲止其乱也。自非大亡道之世者，天尽欲扶持而全安之，事在强勉而已矣"。这就是说，天终究是爱护皇帝的。这等于为皇权披上了一件神圣的外衣。

(二)"灾异"说的自我解构

董仲舒没有意识到，或者意识到了也无可奈何：他对专制皇权"一元""一统"的尊奉，意味着对他自己的前述观念的解构，因为：儒家要作为天的代言人来制约皇权，其前提恰恰是权力"一元"的反面。

董仲舒对策是在西汉元光元年（前134），那时汉武帝登基（前141）不久，刚刚全面掌握实权（前135），董仲舒才敢大胆批判现实政治的问题，因为那并不是汉武帝的责任。否则，岂不是直接批评汉武帝？且看下面的故事：

> 仲舒治国，以《春秋》灾异之变推阴阳所以错行。……先是，辽东高庙、长陵高园殿灾，仲舒居家推说其意，草稿未上，主父偃候仲舒，私见，嫉之，窃其书而奏焉。上召视诸儒，仲舒弟子吕步舒不知其师书，以为大愚。于是下仲舒吏，当死，诏赦之。仲舒遂不敢复言灾异。

董仲舒险些因此丧命，并非因为其书"大愚"，而是因为其书对现实政治有所批评，即司马迁记载的"天子召诸生示其书，有刺讥"①，即汉武帝认为董仲舒在刺讥自己。

这里的"不敢复言灾异"特别值得注意，意味着董仲舒苦心建构的"灾异"说的自我解构。后来"相胶西王"，"仲舒恐久获罪，病免"，干脆彻底退出了权力体系。其所以如此，当然是由于当时的政治权力格局，不仅双方处于并不对等的"君臣"伦理之下，而且此"君"乃是帝国时代的可以专制独断、生杀予夺的皇权。董仲舒叹息道："皇皇匪宁，只增辱矣！努力触藩，徒催角矣！不出户庭，庶无过矣。"②沮丧之情，溢于言表。

（三）儒家超越路径的转向

董仲舒有一段话很值得咀嚼：

> 孔子曰"凤鸟不至，河不出图，吾已矣夫"，自悲可致此物，而身卑贱不得致也。今陛下贵为天子，富有四海，居得致之位，操可致之势，又有能致之资，行高而恩厚，知明而意美，爱民而好士，可谓谊主矣。

这里所谓"致"是说"致圣王之瑞"，他说："天之所大奉使之王者，必有非人力所能致而自至者，此受命之符也。"董仲舒在这里是将王者汉武帝与圣人孔夫子加以比较：孔夫子固然是圣人，却不能致王者之瑞，是因为"身卑贱"；而汉武帝既有"能致之资"，又有"得致之位"，简直既是王者又是圣人。这里有两个形容词很值得留意：孔夫子"贱"而汉武帝"贵"。显然，这里流露出对皇权的崇拜。

这样一来，儒家作为天的代理人的权能就落空了，从而赖以制约皇权的外在超越的"天"也落空了。在这种情况下，儒家必然的选择就是放弃外在超越，转向内在超越。于是我们看到，唐宋以来兴起的宋明理学采取了"内在超越"的路数。

但"灾异"说的自我解构其实未必意味着董仲舒所坚持的"外在

---

① 《史记·儒林列传》。
② 董仲舒：《士不遇赋》，袁长江主编：《董仲舒集》，学苑出版社，2003年，第1页。

超越"没有意义。孔子和孟子都坚持外在神圣超越之"天"①，因为不如此就无以制约世俗世界的至高权力。儒家之遭遇困境，是由于世俗权力格局的转变，即从王权封建的多极格局变为皇权专制的单极格局，于是天的代言人失去独立存在的可能。出路只可能有两条：一是改变这种格局；二是无力改变这种格局，只能另辟蹊径，结果就是走上"内在超越"之路，大谈"性即理"②"性即天"③，以此消解权力的神圣性，争取儒家的话语权。然而在君臣伦理下，这种不得已而为之的"内在超越"未必就是一条康庄大道，它实际上必然导致另外一种自我解构④。

总之，"灾异"说是理解董仲舒思想体系之整体结构的核心枢纽，因为他正是通过解释"灾异之变"现象来臧否政治而引申出自己整个思想系统的三大板块及其关系：一是降灾异者，即神圣界的超越之"天"；二是受灾异者，即世俗界的皇权；三是言灾异者，即作为前述两者之中介的儒家。灾异说的意图是现实政治批判，由此引申出董仲舒的人性论和"义利"观；灾异说的神圣根据是"外在超越"的至上神；灾异说的主体是作为天意代言人的儒家。然而灾异说的政治理想却是皇权帝国之"大一统"的完善，这恰恰是对前述儒家神圣代言人主体独立性的解构，从而也是对"灾异"说本身的解构，因而促使后世儒家转向"内在超越"。

原文载于《四川大学学报》2020年第5期。

---

① 黄玉顺：《生活儒学的内在转向：神圣外在超越的重建》，《东岳论丛》2020年第3期。
② 程颢、程颐：《二程遗书》卷二二上，《二程集》，中华书局，1981年，第284页；黎靖德编：《朱子语类》卷五，王星贤点校，中华书局，1988年，第197页。
③ 张载：《张子语录》上，《张载集》，章锡琛点校，中华书局，1978年，第311页。
④ 黄玉顺：《中国哲学"内在超越"的两个教条——关于人本主义的反思》，《学术界》2020年第2期。

# 略论董仲舒的"王道"观的国家治理思想

季桂起

"王道"是孔子以《春秋》为载体而重点阐释的儒家政治思想,这一思想得到了孟子、荀子等儒家后学的认同,到汉代董仲舒形成了比较系统的政治思想体系,并对中国后世的政治思想产生了极为重要的影响。"王道"与"霸道"相对立,开辟了中国古代社会的一种政治理想,得到了那些比较开明、进步的政治家的认同,如《贞观政要》《资治通鉴》等这些政治方面的重要典籍都贯穿了"王道"的思想。

"王道"一词,虽然最早出自孟子的学说,但孔子所修之《春秋》,其思想主旨即是"王道",这一点董仲舒在其代表性著作《春秋繁露》中有十分系统的阐释。"王道"是对"霸道"所代表的以暴力手段统治社会的否定,主张君主以仁义治天下,以德政安抚臣民,实现"仁政"或"善治"的政治目标。其实,如果从更早一些典籍来追溯,"王道"思想早在商、周时期就已经形成,可以说"王道"的提出代表了中国古代的政治智慧。《尚书》已经有了有关"王道"的阐述。《尧典》中说:"曰若稽古,帝尧曰放勋。钦明文思安安,允恭克让,光被四表,格于上下。克明俊德,以亲九族。九族既睦,平章百姓。百姓昭明,协和万邦。黎民于变时雍。"[①] 此处对尧的赞誉,即

---

① 《尚书》,中华书局,2012年,第5—6页。

是对"王道"的推崇，所谓"克明俊德，以亲九族。九族即睦，平章百姓。百姓昭明，协和万邦"，其实就是"王道"政治所希望达到的统治效果。《皋陶谟》中说，君主应该有"九德"，即"宽而栗，柔而立，愿而恭，乱而敬，扰而毅，直而温，简而廉，刚而塞，强而义"①。君主有了"九德"就可以使自己的统治做到"光天之下，至于海隅苍生，万邦黎献，共惟帝臣"②。这里所谓"九德"就是实现"王道"政治的个人条件。《洪范》中说："无偏无党，王道荡荡；无党无偏，王道平平；无反无侧，王道正直。"③ 明确地把"王道"作为一种政治追求而提出。这里所说的应该是实施"王道"所要掌握的原则，即"无偏无党""无党无偏""无反无侧"，也就是要贯彻公平正义，做到政治上的"一碗水端平"。从《尚书》的这些记述可以看出，"王道"其实是根源于中国古代的宗法社会的一种政治理念，宗旨在于能够建立一种以公平正义为原则的社会统治。它为儒家学说所继承弘扬，加以系统化、理论化，形成了儒家的一种政治思想。

孔子修《春秋》，从"仁"的哲学理念出发，以尊奉周礼为指归，将"王道"确定为其判断与评价春秋时期政治生活的价值尺度，奠定了"王道"思想的基础。司马迁在《史记·孔子世家》中说：孔子"因史记作《春秋》，上至隐公，下讫哀公十四年，十二公。据鲁，亲周，故殷，运之三代。约其文辞而指博。故吴楚之君自称王，而《春秋》贬之为'子'；践土之会实召周天子，而《春秋》讳之曰'天王狩于河阳'。推此类以绳当世。贬损之义，后有王者举而开之。《春秋》之义行，则天下乱臣贼子惧焉"④。孔子自言"王道"为"道千乘之国，敬事而信，节用而爱人，使民以时"⑤。"为政以德，譬如北辰，居其所而众星共之。"⑥"道之以政，齐之以刑，民免而无耻；道

---

① 《尚书》，中华书局，2012年，第35页。
② 《尚书》，中华书局，2012年，第46页。
③ 《尚书》，中华书局，2012年，第149页。
④ 《史记》，《二十四史》，中华书局，1999年，第1563页。
⑤ 《论语·学而》，《四书集注》，岳麓书社，1985年，第72页。
⑥ 《论语·为政》，《四书集注》，岳麓书社，1985年，第77页。

之以德，齐之以礼，有耻则格。"① 当然，在孔子那里，对"王道"的阐述还不够明确、系统，把"王道"十分明确地作为一种政治思想来阐发的是孟子。孟子认为，"王道"的宗旨是以德服人而非以力服人，"以力服人者，非心服也，力不赡也；以德服人者，中心悦而诚服也，如七十子之服孔子也"②。而"德"的核心价值就是儒家思想中的重要理念"仁"，"以德行仁者王"③，"仁也者，人也；合而言之，道也"④。孟子还认为，实行"王道"的基础是"民为邦本"，统治者只有以民生为重，真正把老百姓的生活与福祉放在重要地位，以"仁爱"之心对待自己治下的臣民，才能达到"王道"的要求。在回答梁惠王"何以利吾国"的问题时，孟子说："何必曰利？亦有仁义而已矣。"以仁义待人，同时关注民生，奖励农耕，自然就会实现"王道"的目标。"不违农时，谷不可胜食也；数罟不入洿池，鱼鳖不可胜食也；斧斤以时入山林，材木不可胜用也。谷与鱼鳖不可胜食，材木不可胜用，是使民养生丧死无憾也。养生丧死无憾，王道之始也。"⑤ 在孟子看来，"王道"所达到的目标就是让老百姓过上舒心的日子，能够安安稳稳的生活。"五亩之宅，树之以桑，五十者可以衣帛矣。百亩之田，勿夺其时，数口之家可以无饥矣。谨庠序之教，申之以孝悌之义，颁白者不负戴于道路矣。七十者衣帛食肉，黎民不饥不寒，然而不王者，未之有也。"⑥ 孟子虽然比较系统地阐述了"王道"的政治理想，但对于"王道"在实际政治生活中的运作却未有明确的阐明，只是强调了实施"王道"应以奉行"仁爱"之心为宗旨，以关注民生为主导。提出"王道"的政治理想固然重要，但如何引导统治者在"王道"的信念下怎样具体施政，同样是很重要的问题。

在孟子之后，荀子从另外一个方向阐述了儒家的"王道"思想。

---

① 《论语·为政》，《四书集注》，岳麓书社，1985年，第77页。
② 《孟子·公孙丑上》，《四书集注》，岳麓书社，1985年，第289页。
③ 《孟子·公孙丑上》，《四书集注》，岳麓书社，1985年，第289页。
④ 《孟子·尽心章句下》，《四书集注》，岳麓书社，1985年，第465页。
⑤ 《孟子·梁惠王章句上》，《四书集注》，岳麓书社，1985年，第245页。
⑥ 《孟子·梁惠王章句上》，《四书集注》，岳麓书社，1985年，第246页。

作为一代大儒，荀子当然首先把"仁义"看作"王道"的思想基点，他说王者只有做到"仁眇天下，义眇天下，威眇天下"就可以实现"王道"的政治理想。"仁眇天下，故天下莫不亲也；义眇天下，故天下莫不贵也；威眇天下，故天下莫敢敌也。以不敌之威，辅服人之道，故不战而胜，不攻而得，甲兵不劳而天下服。是知王道也。"① 把"王道"放在仁义的基础上，这是荀子对孔子思想的继承，也是他与孟子相一致的地方。但是与孔、孟不同的是，荀子在"仁义"之外还特别强调了"威"在"王道"中的作用。他认为仅有仁义还无法实现"王道"，必须相辅以"威"，仁义的效果才能够显现出来，即"以不敌之威，辅服人之道，故不战而胜，不攻而得，甲兵不劳而天下服。是知王道也"。之所以强调"威"在行王者之道中的作用，主要是基于荀子对人性的认识。与孟子认为人性本善不同，荀子认为人性很大程度上是以欲望为主导的本能在发挥作用。欲望很容易导向恶。仁义、礼法可以使人抑制欲望的过度泛滥，从而使人性导向从善的一面；然而对于那些欲望追求过于强烈，用仁义、礼法难以制约其作恶倾向的人来说，必须要有一定的刑罚惩处才可以使其畏惧从而收敛作恶之心。"使天下生民之属皆知己之所愿欲之举在是于也，故其赏行；皆知己之所畏恐之举在是于也，故其罚威。"② 而在处理国与国之间关系上，"威"便是刑的体现。王者只有做到仁主威辅，在行仁义的同时保持对他国强大的威慑力量，才可以使天下服仁而畏威，进而信从其统治，也才可以做到"不战而胜，不攻而得，甲兵不劳而天下服"。当然，荀子认为真正的"王道"还是要能够做到让老百姓过上好日子，政治清明、社会稳定，人民安居乐业。所以，他把国富民安看做"王道"能否达到的政治标准。

从董仲舒对"王道"的具体论述来看，他的"王道"观在很大程度上是对以上孔、孟、荀"王道"思想的继承与整合。在继承与整合的过程中，他从汉代的政治形势和国家治理的实际情况出发又有所发

---

① 《荀子·王制》，中华书局，2011年，第121页。
② 《荀子·富国》，中华书局，2011年，第149页。

展。概而言之，董仲舒的"王道"观的国家治理思想有：第一，他认为"王道"是儒家政治的最高理想，实现"王道"是儒家学说介入现实政治的必然途径，儒者的作用就是要对统治者施加影响，推动"王道"在国家政治层面上的落实；第二，他认为"王道"在政治实践上表现的是人之道，但在哲学来源上则源自天之道，"王道"是以天道为仁作为政治运作的基础的，这是"王道"政治合法性的依据所在；第三，他认为"王道"在国家内部治理上要遵循以民为本的宗旨，把民生放在政治的首要位置，"王道"的最后结果要落实到能够使人们安居乐业、民生殷实上；第四，他认为"王道"的实施应表现为统治者的德性、官吏的素质、百姓的教化与社会的礼法及国家制度的统一，前者为"质"后者为"文"，前者与后者相互融会，"王道"也是质文合一的产物，因此他把教化的实施与礼法的制定看做"王道"的重要标志；第五，他认为"王道"的实施，固然以仁义为主导，但在对社会的治理上也不能忽视刑罚的作用，使那些奸邪之徒恐惧"王道"的威慑而不敢作乱，合理的社会治理应该是"德主刑辅"的模式；第六，他认为在国家外部关系上，"王道"是处理国与国或中土与外夷关系的不二准则，"王道"的方式是以德服人而不是以力服人，否则便走向了"霸道"；第七，"王道"应以大一统作为追求的目标，"王道"是大一统的思想引领，大一统则是"王道"要达成的效果，用"王道"化成天下，内为万民敬慕，外为四夷宾服，成就天下的统一，这种以"王道"实现的大一统，其主要性质为"正"。

在董仲舒的现存主要著作《春秋繁露》中，专有一篇论述"王道"的篇章，即《王道第六》。《王道第六》既是董仲舒"说《春秋》事"的重要篇章，也是其阐发自己政治思想的重要篇章。卢文弨曾认为"此篇逐便即言，错杂无次，疑出后人所采辑"。苏舆则认为全篇并无大碍，只是"自'故明王'以下，疑是《立元神篇》文"①。更有甚者，有人因其中包含较多道家思想，而将此篇视为伪作。统观此

---

① 苏舆：《春秋繁露义证》，中华书局，1992年，第132页。

篇,他们的这些猜测有一定道理,此篇的文字确实较为拉杂、纷乱,不太像是董仲舒原文风格。但如将此篇判为后人伪作,则又过于牵强。仔细考察本篇思想内容,其与董仲舒整体的政治思想主张有着很大程度的一致性,都是以儒家思想为根本来阐述其政治主张,至于其中掺杂了部分老庄的道家思想,亦是汉代儒家的思维习惯,不足为奇。当然,"王道"作为董仲舒政治思想的主要内容,贯穿在他的一系列论述中,不只是《王道第六》篇,《春秋繁露》其他相当多的篇章以及他给汉武帝所上的《贤良对策》都包含着丰富的以"王道"观为依据的国家治理思想。

作为公羊学派的一代大儒,董仲舒把阐发儒家"王道"的政治主张,并在政治实践中推动"王道"思想的实施,看做自己应该承担的历史使命,并将其作为自己矢志不渝的政治理想来贯彻。他在给汉武帝的《贤良对策》中,始终以"王道"思想作为论述国家治理的思想依据,反复陈述"王道"对于治国安邦的合理性、必要性。针对汉武帝所垂询的如何使国家长治久安的问题,董仲舒回应说:"臣谨按《春秋》之文,求王道之端,得之于正。正次王,王次春。春者,天之所为也;正者,王之所为也。其意曰,上承天之所为,而下以正其所为,正王道之端云尔。"① 在董仲舒看来,王道是国家治理的最高目标,也是儒家所追求的政治理想。君主对国家的治理,应以王道的政治效果为准则,而能否奉行王道则又是判定君主优劣的重要标志。所以在《王道第六》篇开头,董仲舒便将王道置于天道的位置,加以重点阐释。他认为王道是天道在人间政治生活中的体现,这种体现可以天人感应的形式表现出来。奉行王道,会有祥瑞之象出现;悖逆王道,则会招致灾异之祸。王道的关键体现为一个"正"字,即君主代表上天对国家的治理要以正义、贤明为追求,而正义、贤明的结果则是让老百姓过上良好的生活,构建一个和谐美好的社会。"《春秋》何贵乎元而言之?元者,始也,言本正也;道,王道也;王者,人之始

---

① 《汉书选·董仲舒传》,中华书局,1962年,第177页。

也。王正,则元气和顺、风雨时、景星见、黄龙下;王不正,则上变天,贼气并见。"① 也就是说,行王道者秉承的是天地之正气,这种天地间的正气表现在国家治理上就是要以儒家的"仁"德作为政治的根本之法,对治下的万民怀有仁爱之心,不把自己作为具有绝对支配权力的统治者,以此实现一个长治久安、民富国强的王道社会。董仲舒对王道社会做了理想化的描述:"五帝三王之治天下,不敢有君民之心,十一而税。教以爱,使以忠,敬长老,亲亲而尊尊,不夺民时,使民不过岁三日。民家给人足,无怨望忿怒之患,强弱之难,无谗贼妒疾之人。民修德而美好,被发衔哺而游,不慕富贵,耻恶不犯。父不哭子,兄不哭弟。毒虫不螫,猛兽不搏,抵虫不触。故天下为之甘露,朱草生,醴泉出,凤凰麒麟游于郊。囹圄空虚,画衣裳而民不犯。四夷传译而朝,民情至朴而不文。"② 当然,这一描述带有很大程度的神秘性与乌托邦色彩,但是从其思想的传承来看,其应该是与儒家的大同社会理想一脉相承的。《礼记·礼运》中说:"大道之行也,天下为公。选贤任能,讲信修睦。故人不独亲其亲,不独子其子,使老有所终,壮有所用,幼有所长,矜寡孤独废疾者皆有所养。男有分,女有归。货恶其弃于地也,不必藏于己;力恶其不出于身也,不必为己。是故谋闭而不兴,盗窃乱贼而不作,故外户而不闭,是谓大同。"③ 同《礼记》所言的大同社会相比,董仲舒更强调了帝王的作用,也就是突出了"王道"对实现大同社会的意义。他认为这便是"王道"政治合法性的依据所在。

在确定了"王道"的政治地位及合法性依据后,《王道第六》篇接下来通过对《春秋》记史的阐释,从正反两方面进一步论述了奉行王道与悖逆王道所导致的不同政治效果。商、周两代对汉代人来说,是并不算太过久远的历史记忆,也是阐发王道兴废很有说服力的证据。殷商的灭亡是悖逆王道的反面典型。"桀纣皆圣王之后,骄溢妄

---

① 苏舆:《春秋繁露义证》,中华书局,1992年,第100—101页。
② 苏舆:《春秋繁露义证》,中华书局,1992年,第101—103页。
③ 《十三经注疏》,中华书局,2009年,第3062页。

行。侈宫室,广苑囿,穷五彩之变,极饰材之工,困野兽之足,竭山泽之利,食类恶之兽。夺民财食,高雕文刻镂之观,尽金玉骨象之工,盛羽旄之饰,穷黑白之变。深刑妄杀以陵下,听郑卫之音,充倾宫之志,灵虎兕文采之兽。以希见之意,赏佞赐谗。以糟为丘,以酒为池。孤贫不养,杀圣贤而剖其心,生燔闻其臭,剔孕妇见其化,斫朝涉之足察其拇,杀梅伯以为醢,刑鬼侯之女取其环。诛求无已。天下空虚,群臣畏恐,莫敢尽忠,纣愈自贤。周发兵,不期会于孟津者八百诸侯,共诛纣,大亡天下。"① 而周朝的衰微,也是因为王道不兴所致。"周衰,天子微弱,诸侯力政,大夫专国,士专邑,不能行度制法文之礼,诸侯背叛,莫修贡聘,奉献天子。臣弑其君,子弑其父,孽杀其宗,不能统理,更相伐锉以广其地,以强相胁,不能制属。强奄弱,众暴寡,富使贫,并兼无已。臣下上僭,不能禁止。"② 董仲舒认为,《春秋》记史正是在总结商、周灭亡与衰微的基础上提出了"王道"的政治设想,为后世王朝指明正确的政治方向。"《春秋》异之,以此见悖乱之征。孔子明得失,差贵贱,反王道之本,讥天王以致太平,刺恶讥微,不遗小大,善无细而不举,恶无细而不去,进善诛恶,绝诸本而已矣。"③ 在给汉武帝的《贤良对策》中,董仲舒也反复讲述了这个道理。他把秦朝的"二世而亡"作为不行王道的案例做了强调性的说明:"至秦则不然。师申商之法,行韩非之说,憎帝王之道,以贪狼为俗,非有文德以教训于天下也。诛名而不察实,为善者不必免,而犯恶者未必刑也,百官皆饰虚辞而不顾实,外有事君之礼,内有背上之心,造伪虚诈,趋利无耻;又好用憯酷之吏,赋敛亡度,竭民财力,百姓散亡,不得从耕织之业,群盗并起。是以刑者甚重,死者相望,而奸不息,俗化使然也。"④ 因此,董仲舒给汉武帝的主要建议,就是要让他充分吸取历史教训,摒弃秦"以

---

① 苏舆:《春秋繁露义证》,中华书局,1992年,第105—107页。
② 苏舆:《春秋繁露义证》,中华书局,1992年,第107—108页。
③ 苏舆:《春秋繁露义证》,中华书局,1992年,第108—109页。
④ 《汉书选·董仲舒传》,中华书局,1962年,第183—184页。

力服人"的旧辙，通过实行"王道"而建设一个长治久安的强大王朝，即"兴仁谊之休德，明帝王之法治，建太平之道也"①。

董仲舒把"王道"的核心价值定义为儒家的仁爱之学，把"王道"的基础形式定义为礼法制度。为了更好地阐发"王道"，董仲舒在《王道第六》篇中用一系列的史实来说明春秋时期"王道"衰微而导致礼崩乐坏的局面，指出不讲仁义，不遵礼法，会带来严重的政治后果。因为周王室自己不行"王道"，致使其在诸侯眼中尊贵地位的丧失，造成诸侯对其权威的轻蔑与践踏。"天王使宰咺来归惠公、仲子之赗，刺不及事也；天王伐郑，讥亲也；会王世子，讥微也；祭公来逆王后，讥失礼也。刺家父求车，武氏、毛伯求赙金，王人救卫，王师败于贸戎，天王不养，出居于郑，杀母弟，王室乱，不能及外，分为东西周，无以先天下。"②按照儒家的政治思想，"王道"的核心价值是仁义，基础则是礼法。核心固然重要，基础也是不可偏废的，因为这是实现"王道"的政治条件。周公制礼奠定了宗法社会的政治基础，也为"王道"的实现创造了必要的政治条件。周王朝"王道"的衰微首先是从"失礼"开始，逐渐蔓延到整个礼治体系的崩溃。"失礼"使得周王室"无以先天下"，因而导致其尊严与权威的丧失，引出"诸侯得以大乱，篡弑无已。臣下上逼，僭逆天子；诸侯强者行威，小国破灭"，以至于整个春秋时期"弑君三十二（应为"三十六"），亡国五十二"③。因此，董仲舒在《王道第六》篇中着重强调了遵从礼制的重要性，"《春秋》立义，天子祭天地，诸侯祭社稷，诸山川不在封内不祭。有天子在，诸侯不得专地，不得专封，不得专执天子之大夫，不得舞天子之乐，不得致天子之赋，不得适天子之贵。君亲无将，将而诛。大夫不得世，大夫不得废置君命。立适以长不以贤，立子以贵不以长，立夫人以适不以妾，天子不臣母后之党，亲近以来远，未有不先近而致远者也。故内其国而外诸夏，内诸夏而外夷

---

① 《汉书选·董仲舒传》，中华书局，1962年，第190页。
② 苏舆：《春秋繁露义证》，中华书局，1992年，第109—110页。
③ 苏舆：《春秋繁露义证》，中华书局，1992年，第111—112页。

狄,言自近者始也"①。当然,对春秋时期政治乱局的分析,董仲舒是依据宗法社会的礼法规范与儒家的"礼治"思想而做出的,对造成这一乱局深层的经济、政治、文化等原因,他在当时的历史条件下是难以认识到的。

在董仲舒的思想中,礼法制度不仅仅体现为礼仪化、制度化的社会规范,同时也体现为刑罚这种对不法之徒的惩戒。为此他提出"德主刑辅"的社会治理模式,他认为这也是对天道的遵从。"王者欲有所为,宜求其端于天。天道之大者在阴阳。阳为德,阴为刑;刑主杀而德主生。是故阳常居大夏,而以生育养长为事;阴常居大冬,而积于空虚不用之处。以此见天之任德不任刑也。天使阳出布施于上而主岁功,使阴入伏于下而时出佐阳;阳不得阴之助,亦不能独成岁。终阳以成岁为名,此天意也。王承天意以从事,故任德教而不任刑。刑者不可任以治世,犹阴之不可任以成岁也。为政而任刑,不顺于天,故先王莫之肯为也。今废先王德教之官,而独任执法之吏治民,毋乃任刑之意欤!孔子曰:'不教而诛谓之虐。'虐政用于下,而欲德教之被于四海,故难成也。"②董仲舒的这番话,主要针对的是秦朝因过度尊奉法家而出现的暴政,同时也是对汉初奉行黄老、刑名之学的批评。在董仲舒看来,"王道"的实施离不开对人性的认识。董仲舒认为,人性是由善与欲二者组成,善对应着天之阳,欲对应着天之阴。善表现为人的仁爱之心,欲表现为人的逐利之求。无爱人不足以立身,无利人不足以养生。这二者皆是人的天性使然,本无优劣好坏之分,关键是看二者在人性中所具有的地位以及所达到的程度。董仲舒认为,正常的人性中应该是"善"为主而"欲"为辅,从欲牟利只为维持生命的存在,仁者爱人才是人之为人的精神追求。因为只有人与人之间互存仁义之心,互有利益之惠,人作为一个群体才能存在,社会才能正常运行。如果一个人或群体欲望无限扩大,对利益的追求无有止境,超出了维持生命的界限,就转而为"恶"。所谓"穷奢极欲"

---

① 《春秋繁露义证》,中华书局,1992年,第112—116页。
② 《董仲舒传》,《汉书》,《二十四史》,中华书局,1999年,第1904页。

即为"恶"。一个穷奢极欲的人，必然疯狂占有他人生命的资源，剥夺他人生存的权利。这就会出现相与欺诈、争斗不止、乱象丛生、社会动荡甚至如孟子所说"率兽食人"的现象。对于这种现象，统治者仅仅具有仁爱之心还不行，还必须有必要的权威，来压制和涤除。在社会上，尽管大多数人的人性趋向于善，可以用仁爱之心施以教化的手段去感悟，但毕竟仍有少数"斗筲之民"，纵欲乱为，不服教化。对他们来说，"王道"就要体现出权威与规范的制约作用，这也是"王道"应有的内容。

应该说，仁爱之学与礼法制度构成了"王道"互为表里的结构。仁爱之学是"王道"之质，礼法制度是"王道"之文。质文互补而成就"王道"之治。当然，在重视礼法的同时，董仲舒更强调了仁爱之学在"王道"政治中的核心作用，认识到了民生问题与春秋乱局之间不容忽视的关系，强调了解决民生问题对实现"王道"的重要性。在《王道第六》篇中，董仲舒特别举了臧孙辰请籴于齐、梁国役民无已而亡和楚灵王举发其国而役三个例子，说明关爱老百姓的生存、重视民生问题与奉行"王道"之间的逻辑关系。庄公二十八年鲁国大旱，鲁庄公派遣大夫臧孙辰赴齐国请求籴粮，《春秋》以此为耻，载曰："臧孙辰告籴于齐。"《公羊传》释曰："告籴者何？请籴也。何以不称使？以为臧孙辰之私行。曷为以臧孙辰之私行？君子之为国也，必有三年之委。一年不熟。告籴，讥也。"[1] 作为一国之君，不重视民生，一年之灾即造成国家断粮，不得不到邻国求援，这是国君的失职，也是没有"王道"意识所造成的结果。所以董仲舒引用孔子之言说："一年不熟，乃请籴，失君之职也。"[2] 梁为春秋时诸侯小国，在今陕西韩城市境内。据记载梁伯好大喜功，经常在封邑内大兴土木，修建宫室，搞得百姓怨声载道，痛苦不堪，这便是本文所言"内役民无已，其民不能堪"。鲁僖公十九年（前641）梁国被秦穆公所灭，仅传七世而亡。对此，《公羊传》释曰："此未有伐者，其言梁亡何？

---

[1] 《春秋公羊传注疏》（上卷），上海古籍出版社，2014年，第328—329页。
[2] 苏舆：《春秋繁露义证》，中华书局，1992年，第121页。

自亡也。其自亡奈何？鱼烂而亡也。"何休注曰："梁君隆刑峻法，一家犯罪，四家坐之，一国之中，无不被刑者。百姓一旦相率俱去，状若鱼烂。鱼烂从内发，故云尔。"① 也就是说，梁国国君缺乏仁爱之心，不遵守为君之道，追求财货而不知满足，乱施刑罚而无节制，像屠宰牲畜一样随意杀人，把百姓视为仇人，致使百姓不断逃亡，这就像鱼从肚子里腐烂而死，国家已经完全被掏空了。楚灵王为了见到乾溪的物女，连续三年动用全国的民力服劳役（在乾溪边上建筑高台），惹得举国民怨沸腾，并招致杀身之祸。《春秋》昭公十三年载："夏，四月，楚公子比自晋归于楚，弑其君虔于乾谿。"《公羊传》释曰："此弑其君，其言'归'何？归无恶于弑立也。归无恶于弑立何？灵王为无道，作乾谿之台，三年不成。"② 鲁庄公、梁国国君、楚灵王三人皆为一国之君，因缺乏仁爱之心，不重视民生，置百姓痛苦于不顾，一味追求个人私欲，或者导致国内动荡，或者导致国家灭亡，或者导致个人身死，成为不兴"王道"的反面典型。

"王道"施之于内是存仁爱之心，行仁政之举，奉礼法之尊，解民生之苦，而施之于外则是要以仁德之心、和睦之举处理国与国或中土与外夷之间的关系，以德服人而不是以力服人。在这方面，董仲舒沿袭了孟子的观念，将"王道"与"霸道"对比，阐发了对外关系中的"王道"思想。"王道"与"霸道"之分，最典型的是体现在对于战争的认识上。在《竹林第三》一篇中，董仲舒从"王道"思想出发，提出了关于战争性质的判断标准，那就是在胜负之上还有是否符合"仁义"要求的道德底线。符合了"仁义"要求的战争，可以称之为"义战"；不符合"仁义"要求的战争，可以称之为"不义战"。孟子所谓的"春秋无义战"，也是从这样的标准出发的，这同当时所流行的法家、兵家等所秉持的以胜负为标准的战争观是根本不同的。他认为《春秋》记载战争的基本原则是"敬贤重民"，一切从以民为本的思想出发来评价战争的优劣。在董仲舒看来，《春秋》对待战争总

---

① 《春秋公羊传注疏》（上卷），上海古籍出版社，2014年，第444—445页。
② 《春秋公羊传注疏》（下卷），上海古籍出版社，2014年，第953页。

的态度是反战的,因为任何战争不管是义战还是非义战,都是以人与人之间的相互杀戮和给人民造成灾难为结果的。所以对于当时众多的战争即"战攻侵伐",《春秋》都如实地加以记载,目的是让人们记住它们给人民所带来的巨大伤害。董仲舒指出,《春秋》在记载战争的时候,采取了一种特殊的叙述方式,这就是"战伐之事,后者主先",也就是把挑起战争的一方放在叙述句的后面,而把被动应对战争的一方放在叙述句的主语位置。《春秋》利用这种方式对战争的挑起者予以贬责,表明对策动战争的反对态度。但有的时候,战伐主动一方代表了正义,《春秋》也会将其放在主要位置记叙。董仲舒说:"《春秋》无通辞",也可以适用于此。对此,苏舆举例说明:《春秋》庄公二十八年:"齐人伐卫卫人及齐人战,卫人败绩",以卫为主。文公十二年:"秦伐晋,而书'晋人秦人战于河曲'",以晋主秦。《公羊传》解释说:"《春秋》伐者为客,(被)伐者为主,故使卫主之也。曷为使卫主之?卫未有罪尔。"前两例均为"后者主先"。《春秋》僖公十八年:"宋公会曹伯、卫人、邾娄人伐齐。五月,戊寅,宋师及齐师战于甗,齐师败绩。"此例则是以宋为主,原因在于宋伐齐具有正义的理由,是针对齐襄公的悖礼行为讨伐之(齐襄公因与其妹鲁桓公之妻文姜私通,奸情败露而杀死鲁桓公)。《公羊传》对此解释说:"《春秋》伐者为客,(被)伐者为主。曷为不使齐主之?与襄公之征齐也。曷为与襄公之征齐?桓公死,竖刁、易牙争权不葬,为是故伐之也。"这在《春秋》,被称为"恶战伐之辞"。通过对《春秋》记载战争的这种方式的介绍,董仲舒得出了一个重要结论:"考意而观指,则《春秋》之所恶者,不任德而任力,驱民而残贼之。其所好者,设而勿用,仁义以服之也。《诗》云:'弛其文德,洽此四国。'此《春秋》之所善也。夫德不足以亲近,而文不足以来远,而断断以战伐为之者,此固《春秋》之所甚疾已,皆非义也。"[①] 也就是说,不以仁义服人,一味用武力解决问题的行为,是为《春秋》所不齿的,同时也

---

[①] 苏舆:《春秋繁露义证》,中华书局,1992年,第48—49页。

是不符合"王道"精神的。对"王道"精神更典型的阐述，是董仲舒对司马子反的肯定。《春秋》宣公十五年，司马子反作为楚军主将跟随楚庄王率军伐宋，包围了宋国都城多日，致使宋国军民断粮，易子而食，析骸而炊。庄王遣司马子反探察宋国军情，宋国大将华元夜见司马子反，相告宋国困境，司马子反出于同情之心，在未经请示庄王的情况下与华元订立停战盟约，促使庄王退军。对于这件史实，有两种不同的评价意见：一种是"司马子反为其君使。废君命，与敌情，从其所请，与宋平。是内专政，而外擅名也。专政则轻君，擅名则不臣"①；而另一种则是"为其有惨怛之恩，不忍饿一国之民，使之相食。推恩者远之而大，为仁者自然为美"②。对司马子反的前一种评价所持有的准则是传统的礼法规制，即"《春秋》之法，卿不忧诸侯，政不在大夫。子反为楚臣而恤宋民，是忧诸侯也；不复其君而与敌平，是政在大夫也"③。用这一法则来看待《春秋》对司马子反之举的记载，《春秋》自身就出现了矛盾之处，"溴梁之盟，信在大夫，而诸侯刺之，为其夺君尊也。平在大夫，亦夺君尊，而《春秋》大之，此所间也"④。那么怎样看待《春秋》记史的这种矛盾之处呢？董仲舒给出的意见是"《春秋》之道，固有常有变，变用于变，常用于常，各止其科，非相妨也。今诸子所称，皆天下之常，雷同之义也。子反之行，一曲之变，独修之意也"⑤。董仲舒认为，对司马子反做法的评价不能用一般的常规道理，而应该看到其特殊之处，这种特殊之处便在于人在紧急情况之下应采取什么方式处理应急问题。司马子反在了解到宋国"易子而食，析骨而炊"的情况后，被战争给宋国人民带来的深重灾难所震惊，情急之下与宋国大夫华元私下订立了和解盟约，这是情有可原的。"夫目惊而体失其容，心惊而事有所忘，人之

---

① 苏舆：《春秋繁露义证》，中华书局，1992年，第52页。
② 苏舆：《春秋繁露义证》，中华书局，1992年，第52页。
③ 苏舆：《春秋繁露义证》，中华书局，1992年，第52页。
④ 苏舆：《春秋繁露义证》，中华书局，1992年，第52—53页。
⑤ 苏舆：《春秋繁露义证》，中华书局，1992年，第53—54页。

情也。通于惊之情者，取其一美，不尽其失。《诗》云：'采葑采菲，无以下体。'此之谓也。今子反往视宋，闻人相食，大惊而哀之，不意之至于此也，是以心骇目动而违常礼。"① 司马子反的做法虽然在形式上不合乎礼法规范，但体现了礼法的内在精神也就是"仁义"之道。在董仲舒看来，真正的"礼"应以"仁"为内涵，失去了"仁"，"礼"也就失去了其应有的道德价值。"礼者，庶于仁，文质而成体者也。今使人相食，大失其仁，安著其礼？方救其质，奚恤其文？故曰：'当仁不让'，此之谓也。"② 《春秋》之所以褒赞司马子反的行为，而不是拘泥于传统礼法规则，像记载溴梁之盟那样来责怪其"轻君""不臣"，正是体现了儒家"仁者爱人"的根本精神，当然，这也是一种"王道"精神！

在《王道第六》篇中，董仲舒比较深入地探讨了奉行"王道"的内外部条件，即君主如何能够做到实施"王道"政治。就外部条件而言，那就是要遵从礼法，保证礼法在国家治理方面的作用。而对礼法的奉行，不仅表现在观乎天下、国家的大事上，同时也表现在个人的行为小节上，有时小节不拘也会酿成大祸。在大事上，董仲舒举了齐桓公、晋文公的例子，认为"齐桓、晋文擅封，致天子，诛乱、继绝、存亡，侵伐会同，常为本主"，是对周礼的不遵，这虽然成就了他们的霸业，有稳定中原诸夏和平的意义，但也导致了周礼的失却。对他们的做法，《春秋》是有褒有贬，这种褒贬笔法称之为"诛意不诛辞"。"桓公救中国，攘夷狄，卒服楚，至为王者事；晋文再致天子，皆止不诛，善其牧诸侯，奉献天子而服周室，《春秋》予之为伯，诛意不诛辞之谓也。"③ 也就是说，在董仲舒看来，齐桓公、晋文公因能够"牧诸侯，奉献天子而服周室"，具有了行"王道"的条件，但还不是真正的"王道"，因为他们没有彻底遵从礼法，还存在着"擅封，致天子"等越礼行为，尽管他们能够做到"诛乱、继绝、存

---

① 苏舆：《春秋繁露义证》，中华书局，1992年，第54—55页。
② 苏舆：《春秋繁露义证》，中华书局，1992年，第55页。
③ 苏舆：《春秋繁露义证》，中华书局，1992年，第118页。

亡",但所奉行的也还是"霸道"而非"王道"。至于"吴王夫差行强于越,臣人之主,妾人之妻,卒以自亡,宗庙夷,社稷灭","晋灵行无礼,处台上,弹群臣,枝解宰人而弃之,漏阳处父之谋,使阳处父死。及患赵盾之谏,欲杀之,卒为赵盾所弑","晋献公行逆理,杀世子申生,以骊姬立奚齐、卓子,皆杀死,国大乱,四世乃定,几为秦所灭","楚平王行无度,杀伍子胥父兄。蔡昭公朝之,因请其裘,昭公不与。吴王非之,举兵加楚,大败之,君舍乎君室,大夫舍乎大夫室,妻楚王之母,贪暴之所致","晋厉公行暴道,杀无罪人,一朝而杀大臣三人。明年,臣下畏恐,晋国杀之"等人的行为①,更与"王道"相去甚远,他们贪暴无度、悖礼乱性、肆意妄为,是与桀纣一类的人物。最可笑的是陈侯佗、宋闵公,视礼法为无物,把国君地位和君臣之礼当作游戏,以人君之尊不遵礼法而随意冶游或与大臣嬉戏,导致自身命丧黄泉,沦为历史的笑柄。

  董仲舒认为,实施"王道"的关键之处还是在于君主或臣下的内部条件,也就是修其身、明其德,因为只有修身明德,君主或臣下才能做到从内心深处尊礼守法。董仲舒将这一点称之为"正"。在这里,董仲舒打破了法家、兵家等以成败作为政治、战争优劣的评价标准,把体现了道德准则的"仁""义"放在历史判断的首要价值地位,提出了具有浓厚儒家思想历史评价原则。"鲁隐之代桓立,祭仲之出忽立突,仇牧、孔父、荀息之死节,公子目夷不与楚国,此皆执权存国,行正世之义,守惓惓之心,《春秋》嘉气(其)义焉,故皆见之,复正之谓也。"②鲁隐公代替桓公暂摄君位,并不贪恋国君大位,虽然为此而丧生,但保全了鲁国的政治稳定;祭仲忍辱负重,在宋国的压力下以权变应对,使得郑国安全度过了危机,保证了虽因国君变动而政局未曾大乱的局面;仇牧、孔父、荀息都为履行他们的忠君之义献出了生命;公子目夷虽然贤能超过宋襄公,但一直对宋襄公忠诚不二,在楚国俘获宋襄公且又大兵压境的危急时刻,利用自己的内政外

---

① 苏舆:《春秋繁露义证》,中华书局,1992年,第123—124页。
② 苏舆:《春秋繁露义证》,中华书局,1992年,第118页。

交才能保全了宋国，顺利迎回宋襄公。这些人物及其事迹在董仲舒看来都是应该褒扬的，因为在他们身上体现了道德的品质与力量。不用功利性的成败原则而用道德性的仁义原则去认识和评判历史人物，董仲舒认为这是《春秋》记史的重要特征。这一特征便是"王道"精神的体现。"《春秋》记纤芥之失，反之王道，追古贵信，结言而已，不至用牲盟而后成约，故曰：'齐侯卫侯胥命于蒲。'《传》曰：'古者不盟，结言而退。'宋伯姬曰：'妇人夜出，傅母不在，不下堂。'曰：'古者周公东征，则西国怨。'桓公曰：'无贮粟，无鄣谷，无易树子，无以妾为妻。'宋襄公曰：'不鼓不成列，不阸人。'庄王曰：'古者，杅不穿，皮不蠹，则不出。君子笃于礼，薄于利；要其人，不要其土；告从不赦，不祥；强不凌弱。'齐顷公吊死视疾；孔父正色而立于朝，人莫过而致难乎其君；齐国佐不辱君命而尊齐侯。"① 董仲舒在本篇中所列举的这些人和事，在他看来都是尊奉礼法的典型，这既是《春秋》所赞同的做法，也是实现"王道"所必不可少的条件。所谓《春秋》大义，其中便包含着"王道"的内涵。尤其值得注意的是，在历史上被嘲笑的宋襄公，在董仲舒眼里却成了遵从礼法的典型。宋襄公的"迂腐"不仅没有受到讥刺，反而得到他的赞许。这种价值理念体现了"王道"历史观的特征。

在《王道第六》篇的最后，董仲舒把"王道"的政治理念上升到了存亡之道的高度加以特别强调。他说："《春秋》明此存亡道可观也：观乎蒲社，知骄溢之罚；观乎许田，知诸侯不得专封；观乎齐桓、晋文、宋襄、楚庄，知任贤奉上之功；观乎鲁隐、祭仲、叔武、孔父、荀息、仇牧、吴季子、公子目夷，知忠臣之效；观乎楚公子比，知臣子之道，效死之义；观乎潞子，知无辅自诅之败；观乎公在楚，知臣子之恩；观乎漏言，知忠道之绝；观乎献六羽，知上下之差；观乎宋伯姬，知贞妇之信；观乎吴王夫差，知强凌弱；观乎晋献公，知逆理近色之过；观乎楚昭王之伐蔡，知无义之反；观乎晋厉之

---

① 苏舆：《春秋繁露义证》，中华书局，1992年，第121—123页。

妄杀无罪,知行暴之报;观乎陈佗、宋闵,知妒淫之祸;观乎虞公、梁亡,知贪财枉法之穷;观乎楚灵,知苦民之壤;观乎鲁庄之起台,知骄奢淫泆之失;观乎卫侯朔,知不即召之罪;观乎执凡伯,知犯上之法;观乎晋郤缺之伐邾娄,知臣下作福之诛;观乎公子翚,知臣窥君之意;观乎世卿,知移权之败。"① 通过《春秋》所记载的这些事例,一种以"王道"为价值取向的政治观与历史观在董仲舒的思想中十分明确地显现出来,这就是人类社会需要一种道德秩序的建构,任何国家治理或曰政治活动必须要建立在道德的基础上,否则便背离了天道或人性的必然。以道德统领政治一直是儒家政治学说的重要内容,即如孔子所言:"为政以德,譬如北辰,居其所而众星共之。"②孟子也一直强调"王道"的基础是道德,他见梁惠王、齐宣王宣传其"王道"主张,便处处落实到一个"德"字。"王!何必曰利?亦有仁义而已矣。……未有仁而遗其亲者也,未有义而后其君者也。"③"以力假仁者霸,霸必有大国;以德行仁者王,王不待大。……以力服人者,非心服也,力不赡也;以德服人者,中心悦而诚服也。"④ 董仲舒在这里把这一儒家政治思想推到了极致,使"王道"观成为其奠定儒家政治学说的核心理念。

董仲舒在给汉武帝的《贤良对策》中,将"王道"与大一统结合起来,阐明大一统的实现应基于儒家"王道"的国家治理理念,这样的"大一统"才是真正的大一统。"臣谨案《春秋》谓一元之意,一者万物之所从始也,元者辞之所谓大也。谓一为元者,视大始而欲正本也。《春秋》深探其本,而反自贵者始。故为人君者,正心以正朝廷,正朝廷以正百官,正百官以正万民,正万民以正四方。四方正,远近莫敢不一以正,而亡有邪气奸其间者。是以阴阳调而风雨时,群生和而万民殖,五谷孰而草木茂,天地之间被润泽而大丰美,四海之

---

① 苏舆:《春秋繁露义证》,中华书局,1992年,第130—131页。
② 《论语·为政》,《四书集注》,岳麓书社,1985年,第77页。
③ 《孟子·梁惠王章句上》,《四书集注》,岳麓书社,1985年,第242—243页。
④ 《孟子·公孙丑章句上》,《四书集注》,岳麓书社,1985年,第289页。

内闻盛德而皆徕臣，诸福之物，可致之祥，莫不毕至，而王道终矣。"① 董仲舒关于"大一统"理念的陈述，体现了他从维护国家统一、社会安定与文化稳定的考虑出发，对儒家思想传统的继承与坚守。他说："《春秋》大一统者，天地之常经，古今之通谊也。今师异道，人异论，百家殊方，指意不同，是以上亡以持一统；法制数变，下不知所守。臣愚以为诸不在六艺之科孔子之术者，皆绝其道，勿使并进。邪僻之说灭息，然后统纪可一而法度可明，民知所从矣。"② 从董仲舒的陈述可以看出，他所说的"大一统"，并不仅限于前人所说的国家统一、社会安定，更主要的是文化的统一、思想的稳定。他认为没有统一的思想文化，国家就无法制定固定的法律制度；没有固定的法律制度，国家治理就缺乏明确的依据，老百姓也就无所适从，整个社会便陷入一种混乱状态，无法达到长治久安的目的。因此，他建议国家治理的前提，应以儒家学说为统一的思想文化，禁止先秦以来其他学说的无节制流行，实现国家从政治到文化的"大一统"。所以，在董仲舒看来，以儒家思想作为治国理政的指导思想，所实行的就必然是"仁政"而不是"暴政"，是"王道"而不是"霸道"。在儒家思想指导下，由"仁政"而实现"王道"从而达到"善治"，进而走向"大同"社会，这就是董仲舒也是儒家思想家们"王道"主张的最终追求。

本文为"2020 中国·衡水董仲舒与儒家思想国际学术研讨会"提交的论文。

季桂起（1957—），男，河北南皮人，文学博士，德州学院文学与新闻传播学院教授。

---

① 《汉书选·董仲舒传》，中华书局，1962 年，第 178 页。
② 《汉书》，《二十四史》，中华书局，1999 年，第 1918 页。

# 试论春秋大一统

安鲁东

## 何谓大一统？

大一统的思想在中国起源很早，但真正明确提出这一观念的是《春秋公羊传》，而刻意将这一观念发扬光大的则是汉代的董仲舒。

董仲舒所倡导的春秋大一统，特指王道大一统。

大一统之说，最早见于《公羊传·隐公元年》，其文说："何言乎王正月？大一统也。"唐代徐彦疏云："王者受命，制正月以统天下，令万物无不一一皆奉之以为始，故言大一统也。"

然而，大一统是一个含义丰富的概念，徐彦此说，虽贴近传文之义，却不能发明其全部内涵。换句话说，徐彦切合传文给出了一种关于大一统的解释，却没有给出一个大一统的定义。

那么，什么是大一统呢？

从字面上讲，"统"字的本义，指散丝的头绪，引申到政治领域，即为王道秩序。许慎《说文解字》云："统，纪也。"

"一统"，即指围绕着一个核心，建立一套王道秩序体系。《礼记·坊记》引孔子的话说："天无二日，土无二王，家无二主，尊无二上，示民有君臣之别也。"而"大"字，形容囊括天地，所谓"六合同风，九州共贯"[①]。

"大一统"就是指用一套宏大的王道秩序体系涵盖全世界，或者

---

① 班固：《汉书·王吉传》。

说把世界纳入到王道政治秩序之中。古人认为，王道政治秩序体系不是人的私心所能营造，而是受命于天，暗合了天地的法则及人情事理，如诗所云："不识不知，顺帝之则。"① 因此，它是人间最好的秩序，带有普世性。

而且这"大一统"，还有着浓重的中原中心主义意味，董仲舒认为，只有中原的政权才有资格一统天下，他说："天始废始施，地必待中，是故三代必居中国，法天奉本，执端要以统天下，朝诸侯也。"②

具体而言，"大一统"这个概念，可从三个维度理解，即疆域上的大一统、时序与制度上的大一统、价值观上的大一统。这其中，董仲舒对疆域的大一统关注比较少。

## 疆域的大一统

疆域大一统，是其他大一统的基础；没有疆域上的大一统，其他大一统就无从谈起。

中国疆域大一统的思想起源无从精确考究，在《尚书·禹贡》中，有这样的话："中国的版图向东要推进到海边，向西要越过沙漠地带，向南向北要远播政令教化至最炎热和最寒冷的地区，一直到大地的边缘。"③

《诗经·小雅·北山》则直接说："普天之下，莫非王土；率土之滨，莫非王臣。"

但是在实际操作中，疆域大一统的理想却不得不迁就现实，要打一些折扣，这样便产生了大一统的落地现实版——五服论，其大意为：

> 首都以外五百里的区域属于甸服，其间由天子直辖。甸服以

---

① 《诗经·大雅·皇矣》。
② 董仲舒：《春秋繁露·三代改制质文第二十三》。
③ 《尚书·禹贡》，原文："东渐于海，西被于流沙，朔南暨声教讫于四海。"

外五百里属于侯服，其间为诸侯的封地。侯服以外五百里属于绥服，其间三百里之内可以斟酌情况推行文教；三百里之外要靠武力维持秩序。绥服以外五百里属于要服，其间是等待教化的野蛮区。要服以外五百里属荒服，那里是陌生的蛮荒世界。①

根据五服论，尽管名义上全世界的土地皆属王土，但实际朝廷的政教所及，只到绥服；绥服之外，非中央政府所能直接掌控。

因此，在商周时代，天子虽然是名义上的世界之王，但他的权力是随着疆域的扩大而递减的，甸服相当于天子的直辖区，所以在甸服内天子的权力比较直接、广泛，可直接征收赋税、征兵等；而在甸服以外，天子的权力则主要托付给诸侯代理，由一套朝贡体系维系；到要服、荒服，天子的权力已若有如无，基本可以忽略不计。

古人所谓的天下，其实有广义与狭义之分，广义上的天下，指普天之下，亦即全世界；而狭义上的天下，则主要指中国文明的覆盖区。古人虚说大一统，一般指普天之下的大一统；实说大一统，一般指中国文明覆盖区的大一统，而非包含要服、荒服之类的化外之地。

到孔子时代，由于诸侯做大，不再尊重周天子，周朝的政治与社会秩序大乱，大一统的局面受到了威胁，所以孔子深感忧虑，开始谈论大一统的问题，他慨叹说："天下有道，则礼乐征伐自天子出；天下无道，则礼乐征伐自诸侯出。"②

在周朝那样一个封建时代，地方诸侯国的权力比较大，周朝疆域上的一统，在政治上比较突出地体现在两个方面：一是，处在华夏文明覆盖区的诸侯国，要尊重服从周朝中央的礼乐制度；二是各诸侯国没有得到朝廷的命令，不得兴兵相互攻伐。

秦始皇扫灭六国，废除封建制度，收取地方治权，把华夏文明覆

---

① 《尚书·禹贡》，原文："五百里甸服：百里赋纳总，二百里纳铚，三百里纳秸，四百里粟，五百里米。五百里侯服：百里采，二百里男邦，三百里诸侯。五百里绥服：三百里揆文教，二百里奋武卫。五百里要服：三百里夷，二百里蔡。五百里荒服：三百里蛮，二百里流。"

② 《论语·季氏篇第十六》。

盖区的诸侯旧地，改造为了直辖区，并设置郡县统一管理，所谓"并一海内，以为郡县"①。实现了车同轨，书同文，人同伦。他到东海边的琅邪台巡游，刻石颂扬秦朝疆域上的大一统说："六合之内，皇帝之土。西涉流沙，南尽北户。东有东海，北过大夏。人迹所至，无不臣者。功盖五帝，泽及牛马。莫不受德，各安其宇。"②

商周时代的疆域大一统，是封建式的，比较松散；秦朝的疆域大一统，是中央集权郡县式的，非常紧密。

封建式的大一统，有其松散的毛病，用李斯的话说："周文、武所封子弟同姓甚众，然后属疏远，相攻击如仇雠，诸侯更相诛伐，周天子弗能禁止。"③

而中央集权郡县式的大一统虽然紧密，却有其紧密的问题，用秦博士淳于越的话说："今陛下有海内，而子弟为匹夫，卒有田常、六卿之臣，无辅拂，何以相救哉？"④

汉代开国，汉高祖刘邦吸取周朝与秦朝的教训，将疆域的大一统升级，即封国与郡县杂陈，但以郡县为主，以封建为辅。

汉初开创的疆域大一统，经过汉武帝等一班君臣的完善，成为后来历朝历代的范式，一直持续到了清朝。

## 时序与制度上的大一统

在汉代之前，一个朝代的开创，往往要通过适当变更时序来证明其受命于天，开启了一个历史新纪元。

时序的改变，称为定正朔；而定正朔，往往也伴随着适当改变一些制度，如改变旗帜的颜色，改变服饰的样式，改变度量衡的标准，损益礼乐等。董仲舒所谓："王者必改正朔，易服色，制礼乐，一统

---

① 司马迁：《史记·秦始皇本纪》。
② 司马迁：《史记·秦始皇本纪》。
③ 司马迁：《史记·秦始皇本纪》。
④ 司马迁：《史记·秦始皇本纪》。

于天下；所以明易姓非继人，通以己受之于天也。"①

正朔之"正"字，代表一年之始，也就是一年之中的第一个月；"朔"，指初一，代表一个月中的第一天；正朔即指正月初一。《史记·历书》云："王者易姓受命，必慎始初，改正朔，易服色，推本天元，顺承厥意。"

董仲舒认为，夏商周三代改正朔，并非随便拍脑袋决定，而是推本天元，遵循神秘的"三统"循环规律——夏朝时在黑统，以寅月（一月）为正月，崇尚黑色；商朝时在白统，以丑月（十二月）为正月，崇尚白色；周朝时在赤统，以子月（十月一月）为正月，崇尚赤色②。

新王朝开创，一般先要定正朔；而后通过祭祀的方式，上告天帝及祖先；再然后遍告四方诸侯，要求各地都要认真遵守。如董仲舒所述："古之王者受命而王，改制称号正月，服色定；然后郊告天地及群神，远追祖祢；然后布天下，诸侯庙受，以告社稷宗庙山川。"③

各地诸侯对新正朔的态度，代表着对新王朝的态度。尊正朔，称之为顺，即意味着认可新秩序，承认人间事务一统于新王朝；不尊正朔，称之为逆，意味着不承认人间事务一统于新王朝。

正朔的通行与否，关乎朝廷的大一统秩序，故司马迁说："天下有道，则不失纪序；无道，则正朔不行于诸侯。"④

按照周朝的礼制，诸侯尊崇正朔，不能仅仅虚以名义，而且还必须落实到具体的行动与仪式上，因此规定：每年的秋冬之交，周王要把第二年的历书颁给诸侯，以指导农时、统一时序。诸侯国的国君接受天子的历书之后，要藏之于祖庙。每月初一，国君要亲临祖庙，杀一只活羊，举行"告朔"仪式，而后再回到朝堂听政。

到孔子时代，周朝大一统的秩序已经破败，就连鲁国这样一个与

---

① 董仲舒：《春秋繁露·三代改制质文第二十三》。
② 董仲舒：《春秋繁露·三代改制质文第二十三》。
③ 董仲舒：《春秋繁露·三代改制质文第二十三》。
④ 司马迁：《史记·历书》。

周王朝关系极为密切的国家,都开始不再尊重周朝的正朔制度——每月的初一,鲁国的国君不再亲临祖庙主持"告朔"仪式,而只是杀一只羊虚应故事。以至于子贡对此颇有意见,他认为既然国君如此应付,还不如连那只羊也不必杀了;但孔子不同意,他认为即便这事只剩下了形式,也总比没有形式好①。

孔子修《春秋》,开篇即说:"隐公元年春,王正月。"

言"隐公元年",是因为《春秋》为鲁国的国史,故以鲁隐公的谥号序年;而言"王正月",则是为了强调周朝的正朔,其中寓含着孔子怀念周朝旧秩序、尊崇大一统的意思。

秦朝不认可"三统说",而认可邹衍的"五德循环论",秦始皇认为周朝是火德,秦朝是水德,所以颜色崇黑,数字崇六,定正朔为十月初一。

汉朝开国之初,于正朔方面不是特别用心,马马虎虎延续秦朝的正朔;而各诸侯国则循春秋战国时代的惯例,于正朔方面随朝廷,于纪年方面各行其是。汉文帝时,公孙臣上书说:"汉得土德,宜更元,改正朔,易服色。"② 但朝廷并没有特别重视。

董仲舒倡"三统",认为秦朝改制又变道,自异于"三统"之外,为无道王朝,虽一统天下,但为暴虐大一统,非是王道大一统,所以不足为汉朝全面效法。汉朝应当自我更化,以继承夏商周三代之统绪,实现王道大一统。

按照董仲舒的"三统论"推算,汉朝如果要更元而改正朔,那么当与夏朝同,行夏正。

汉武帝后来听从了董仲舒等人的建议,决定实行时序上的大一统——颁布太初历,以行汉朝自己的正朔;而且,还更进一步要求各诸侯国在纪年方面,也要与朝廷保持一致。从此之后,汉朝的各诸侯国,不仅要尊朝廷的正朔,还要尊朝廷的纪年——需要在本国的纪年

---

① 《论语·八佾篇第三》,原文:"子贡欲去告朔之饩羊。子曰:'赐也!尔爱其羊,我爱其礼。'"
② 司马迁:《史记·历书》。

前，冠以朝廷的纪年。

在汉武帝之前，正朔随三统或五德的循环而改变，或是十一月，或是十二月，或是一月，或是十月，这很容易造成纪年上的混乱，而且还与四季不合；因此，自汉武帝恢复夏正，确定每年的一月为正月之后，历朝历代基本上不再改动。从此，新王朝开基，一般只是通过更改国号与年号，来体现其新大一统秩序的开始；通过颁行其历法，来体现天下时序的大一统。

## 价值观念的大一统

在周朝早期，中国在思想文化上本是大一统的，不存在价值观上的重大分歧；但到孔子时代，情况发生了变化。

当时，由于周朝旧的封建制度趋向崩溃，而且呈现出不可挽回之势，这不可避免在思想界引起了巨大的焦虑与困惑，中国的未来在哪里？中国应当到哪里去？成了那个时代的知识精英们不得不思考的问题。

一些学者出于救世的目的，开始著书讲学，试图探寻重新安定天下的药方。但由于他们站的角度不同，侧重的问题不同，学养的境界不同，而且还心情急切，所以往往抓住问题的某方面强调和发挥，而忽视或否定其他方面。因此，诸子百家所宣扬的各种主义、各种理论，虽看上去精彩纷呈，但因个性太强，多有极端化的倾向，这在一定程度上导致中国社会的价值观开始出现分裂。

在各家各派开出的救世药方中，法家的药方最有效果。法家专门为消灭封建制度、建设中央集权的郡县制度而来，他们抓住了春秋战国时代中国的病灶。

秦始皇的胜利，可以说就是法家的胜利。

秦朝统一全国之后，开始考虑弥合中国社会价值观上的分裂。公元前 213 年，丞相李斯给秦始皇提建议说：

> 今天下已定，法令出一，百姓当家则力农工，士则学习法令辟禁。今诸生不师今而学古，以非当世，惑乱黔首。丞相臣斯昧

死言：古者天下散乱，莫之能一，是以诸侯并作，语皆道古以害今，饰虚言以乱实，人善其所私学，以非上之所建立。今皇帝并有天下，别黑白而定一尊。私学而相与非法教，人闻令下，则各以其学议之，入则心非，出则巷议，夸主以为名，异取以为高，率群下以造谤。如此弗禁，则主势降乎上，党与成乎下。禁之便。臣请史官非秦记皆烧之；非博士官所职，天下敢有藏诗、书、百家语者，悉诣守、尉杂烧之。有敢偶语诗书者弃市，以古非今者族，吏见知不举者与同罪。令下三十日不烧，黥为城旦。所不去者，医药卜筮种树之书。若欲有学法令，以吏为师。①

秦始皇同意了李斯的建议，下达焚书令，试图"罢百家，独尊法"，以实现秦朝社会价值观上的大一统。

然而，法家的方剂是猛药，毒副作用很大；它只适合在激烈竞争的动荡状态下吞食，不适合在正常安定的状态下服用。秦王朝继续无节制地大量服食法家的药剂，很快引起药物中毒，只存在了十五年即暴亡。

汉朝开局，吸取秦朝的教训，反其道而行，有意以法家的药剂中和秦朝的遗毒，取得了一定的效果。但道家的学术不够完备，而且过于消极，本身也相当极端，它不足以一统汉朝的意识形态。

到汉武帝登基时，汉朝的思想学术界仍旧近乎群龙无首，缺少一种主体的思想学术统合各种主义与理论，以弥合社会价值观的分裂，这不可避免给汉朝的政治与社会治理带来了困扰。

正是在这样的背景下，董仲舒在回答汉武帝的策问时，才鲜明地提出来，要"罢黜百家，独尊儒术"——通过确定思想学术的"核心"，来更好地包容思想学术的"多元"，以实现全社会价值观念上的大一统。

他说："《春秋》大一统者，天地之常经，古今之通谊也。今师异道，人异论，百家殊方，指意不同，是以上亡以持一统；法制数变，

---

① 司马迁：《史记·秦始皇本纪》。

下不知所守。臣愚以为诸不在六艺之科孔子之术者，皆绝其道，勿使并进。邪辟之说灭息，然后统纪可一而法度可明，民知所从矣。"①

董仲舒认为，只要中国农耕文明的性质不变，古老的儒家道统就应该被最大限度地继承下来；否则，中国社会必难以恢复健康与平静。

在他看来，春秋战国属于一段非正常的特殊历史时期，这段特殊历史时期承担着中国农耕社会改制而不变道的两重使命。这第一重使命已由法家完成，而第二重使命必须由儒家来完成——继承古老的道统，为汉朝的政治大一统注入王道的灵魂。

董仲舒所主张的"罢黜百家，独尊儒术"，并不等于"铲除百家，独留儒术"。他理想的文化大一统，是以儒为主体，而多元文化共存的大一统，其实质是"和"，而非"同"。

## 大一统的理想与现实

春秋大一统观念，既有其理想主义的一面，也有其现实主义的一面。

从理想主义的角度讲，大一统是普世的，囊括全世界，所谓"王者无外"。例如，《公羊春秋传》解释隐公六年冬，十有二月，"祭伯来"说："祭伯者何？天子之大夫也。何以不称使？奔也。奔则曷为不言奔？王者无外，言奔则有外之辞也。"

但同时，大一统还有其现实的一面，如《白虎通义》认为，王者有不臣者三，其中就包括夷狄，理由为："夷狄者，与中国绝域异俗，非中和气所生，非礼义所能化，故不臣也。"②

汉朝宣帝时期发生了一次关于华夷问题的辩论，比较有代表性地反映了在大一统的问题上，理想主义与现实主义的冲突与调和。

甘露二年（前52），匈奴呼韩邪单于归顺汉朝，请求奉献本国珍

---

① 班固：《汉书·董仲舒传》。
② 班固：《白虎通义·卷六》。

宝，于甘露三年正朔来长安朝见汉天子。

汉宣帝命令相关部门讨论召见单于的礼仪，丞相、御史本着理想主义的态度，说："圣王之制，先京师而后诸夏，先诸夏而后夷狄。匈奴单于朝贺，其礼仪宜如诸侯王，位次在下。"

但太子太傅萧望之则站在现实的角度，认为："单于非正朔所加，故称敌国，宜待以不臣之礼，位在诸侯王上。"他的理由是："外夷稽首称藩，中国让而不臣，此则羁縻之谊，谦亨之福也。《书》曰'戎狄荒服'，言其来服荒忽亡常。如使匈奴后嗣卒有鸟窜鼠伏，阙于朝享，不为畔臣，万世之长策也。"①

汉宣帝反复斟酌，最后听从了萧望之的建议。

东汉史学家荀悦，是个研究《春秋》的大家，他评论此事说："按照《春秋》大义，王者无外，以表示要天下一统。戎狄因地处遥远，人事隔绝，所以中国的正朔颁不过去，礼义教化难及其身，但这并非是尊他们，而是形势所致。《诗经》上说：'自彼氐羌，莫敢不来王。'因此，即便是要服、荒服的君主，理论上也必向天子朝贡。如不前来朝贡，则向其发出斥责和训令，不应把他们当成平等之国对待。萧望之打算不以臣属之礼待匈奴，而使其位居王公之上，这是僭越制度，丧失秩序，扰乱天理纲常，严重违背礼制！然而如果这只是一时的权宜之计，则又另当别论。"②

## 总　结

历史上的中国，不是一个现代类型的民族国家，而是一个讲究大一统的文明体，这个文明体有直辖区，有封建区；直辖区设郡县统

---

① 司马光：《资治通鉴·汉纪十九》。
② 司马光：《资治通鉴·汉纪十九》，原文："《春秋》之义，王者无外，欲一于天下也。戎狄道里辽远，人迹介绝，故正朔不及，礼教不加，非尊之也，其势然也。《诗》云：'自彼氐、羌，莫敢不来王。'故要、荒之君必奉王贡；若不供职，则有辞让号令加焉，非敌国之谓也。望之欲待以不臣之礼，加之王公之上，僭度失序，以乱天常，非礼也！若以权时之宜，则异论矣。"

辖，封建区由一套藩国朝贡体系维持。

这个文明体的中央政权称为朝廷，朝廷元首称为天子（皇帝），天子代表上天管理人间，他有两重身份——中国的国王兼天下共主。而且按照董仲舒的观点，只有中国的国王才有资格担任天下共主。

因此，中国古代的朝廷既代表中国，是中国的权力中心；可同时还不等于中国，因为它理论上也是全世界的权力中心。与之相应，历代大一统的朝廷都有两套权力系统，一套对应着直辖区，称中国系统；一套对应着全世界，称天下系统。朝廷为体现"王者无外"的原则，不设立现代意义上的外交部门，那时的外事部门如鸿胪寺、理藩院等，实际是用来管理诸侯国及藩国的；那些诸侯国与藩国不管级别多高、实力多大，理论上都是皇帝的臣子，而且这些国家本身也分三六九等。

春秋大一统本质上是一套以中国为中心的世界秩序的构想，或者说，它是一套古代的中国中心主义的人类命运共同体构想。它在中国历史上不仅仅是一种理论，它还是一种成功的实践。我们现代人如果不能了解春秋大一统的内涵，就很难理解传统的中国，甚至很难读懂中国的历史。

本文为"2020中国·衡水董仲舒与儒家思想国际学术研讨会"提交的论文。

安鲁东（1968—），男，山东临沂人，作家。

# 信仰、仪式与政治合法性建构

## ——董仲舒论郊祀与宗庙祭礼

### 张树业

中国古代宗教或曰信仰生活的真实情况是怎样的,这一直是现代汉语学术界为之致辩纷然的问题。民国以降,为西方近代科学理性和无神论反宗教思想所激动的近代中国知识分子往往致力于论证中国"本无宗教"并为此而自豪。晚近以来,忧心于当代中国人之文化精神根基的知识人则又对国人"没有信仰"的状况痛心疾首。宗教与信仰固然并非一事,但在人的生存现实特别是普通人的精神世界中又彼此密切连接,社会大众或一文化体的信仰生活乃至价值系统往往靠某种宗教形态来维系。无论是认为中国文化传统"本无宗教",或宣称国人"没有信仰",恐怕都是基于某种时尚观念甚或政治意图的偏蔽之见。

对于传统中国的宗教和信仰生活形态,占主导地位的是三教说。但中国文化语境中的"三教",本非近代以后西学意义上三种"宗教"之义[①]。古汉语中的"教",更多立足于"教化"而言,与今人受西学影响的宗教观注意于"皈依"和"认信"不同。而三教之中,"儒教"尤其因其独特性而引发后人不断的争议。直到今天,儒家是否宗教的问题,仍然言人人殊。业师李景林先生认为,儒学是哲学而非宗

---

[①] 当然,问题还在于我们采用一种狭义的还是广义的宗教界说。

教，但在传统社会中承担着根本的教化功能。这一方面是儒家哲学的教化主题使然，同时，也因为儒家实现其教化的重要方式是对传统礼仪的点化①。因此，儒家哲学并未陷入一种"理性"与"信仰"之争，这也是儒家在其思想体系中能够接纳传统宗教仪规的原因。但我们不能因儒家对此类传统宗教性仪规的之功能与意义的肯定和重视，便认定儒家乃是一种以此类仪规为中心的"宗教"。一些当代学者基于此种推理逻辑而极力论述的儒家宗教说恐怕并不能成立，至于过去曾风行一时的将中国思想传统牵引比附于西方思想史，甚至把汉儒、宋明儒思想称作"神学"，更属指鹿为马之举。

可以肯定的是，传统宗教意义上的祭祀仪式的确得到历代儒家的高度重视并赋予其重要的伦理、政治意义。祭礼不但是古代中国宗教信仰的核心方式，是古代中国人终极关切的安身之所，而且也是古代国家推行政教的根本方式。祭礼构成儒家礼学的重心，如《礼记·祭统》所言，"凡治人之道，莫急于礼。礼有五经，莫重于祭"。此处是从一种政治和社会治理视角理解祭礼的功能与意义的。但我们也不能据此认为，儒家对此类传统仪规，只是采取一种"神道设教"的功能主义乃是功利主义立场。事实上，儒家同时亦高度重视祭礼与人之精神生活和道德情感的内在关联。同样是在《祭统》篇中，对祭礼之发生根源如此分析："夫祭者，非物自外至者也，自中出生于心者也，心怵而奉之以礼。是故唯贤者能尽祭之义。"董仲舒作为汉代儒家的代表人物，对于祭礼也给予了充分的关注。今本《春秋繁露》有《郊语》《郊义》《郊祭》《四祭》《郊祀》《郊事对》《祭义》等篇，专门讨论祭祀问题。我们可以通过这些篇章，对西汉儒者的祭祀观念及其中所反映的汉代政治与学术课题进行一次见微知著的考察。

《春秋繁露》中与祭礼相关的篇章大体可分为三类，一类以郊祀祭天礼仪为讨论对象，包括《郊语》《郊义》《郊祭》《郊祀》《郊事对》等五篇。清儒钱塘、俞樾等以为其中前四篇本为一篇，现在的篇

---

① 参李景林：《教化的哲学》"绪言"，黑龙江人民出版社，2006年。

章划分乃后世人为割裂的结果①。第二类主要讨论宗庙祭祖礼仪，包括《四祭》《祭义》两篇②。第三类比较独特，乃是对一些特殊祭祷仪式的仪程叙述，包括《求雨》《止雨》等。按《汉书》董仲舒本传云："仲舒治国以春秋灾异之变，推阴阳所以错行，故求雨闭诸阳，纵诸阴。其止雨反是。行之一国，未尝不得所欲。"这在现代人眼中未免显得荒唐无稽，但不难想见，在汉代历史语境中，这恰是当时最为深入人心之阴阳五行观念在现实中真正见诸实际而产生效应的结果。

## 一、郊祀礼与汉廷政治合法性建构

董仲舒以《春秋》学而著名，在他看来，《春秋》要义之一即在于"尊礼而重信"。礼的核心要义，董仲舒概括为："继天地，体阴阳，而慎主客，序尊卑、贵贱、大小之位而差内外、远近、新旧之级者也。"就此而言，礼也是《春秋繁露》的根本要领。董仲舒三科十指等《春秋》大义皆可以礼而统括之。也正因此，我们看到，董仲舒十分重视祭礼的理论与实践。而于祭礼体系中，董子论述的重点犹集中于作为祭天大典的郊祀。

郊祀在古代祭礼中最为隆重，历代礼家论说亦最为纷纭。本文不拟从礼制考古的意义上追溯郊祀制度的起源，或基于礼学视角辨析诸家异同，而旨在依董子意旨，重点关注郊祭仪式的政教意义。

《汉书·郊祀志》称，秦朝廷"三年一郊。秦以十月为岁首，故常以十月上宿郊见"。汉朝初立，郊祀制度亦大体"承秦制"，并在此

---

① 卢见曾校本于《郊义》篇首引钱塘说云："此当为论郊首篇，且与下合为一篇，后人编次失之。"又云："篇首'郊义'二字，真古篇名，余俱后人所分而为之名，非本书之旧。"俞樾以为"殆由后人欲取足《崇文总目》八十二篇之数，以意妄分之耳"。

② 仅从篇名而言，《祭义》似乎是对祭祀之意义与精神的全面理论阐释，但就其内容看，则显然以宗庙祭祀为本，这也符合儒家对祭祀的一贯关注重点。毕竟相比于被天子所垄断的郊祀祭天而言，宗庙祭祖是更具有社会普遍性的礼仪。

基础上稍加修补改变。至文帝时，颇有心按贾谊等人的建议改服色制度，于前元十五年借黄龙见之机下诏议郊祀。十六年夏四月，文帝亲自郊祀五帝于渭阳。然而晚年时也"怠于改正服、鬼神之事"，不再亲身参与祭礼。景帝年间，很少举行郊祀仪式①。直到武帝即位，开始大规模的制度革新，郊祀问题也变得格外引人注目。《汉书·郊祀志》云："武帝初即位，尤敬鬼神之祀。汉兴已六十余岁矣，天下艾安，缙绅之属皆望天子封禅改正度也。"于是，武帝元光二年十月，武帝"初至雍郊，见五畤，后常三岁一郊"。三岁一郊仍是沿袭秦代制度，在以董仲舒为代表的汉代儒者群体看来，这样的祭祀制度显然与古礼制不合，不能充分体现王者敬天之意。《春秋繁露·郊义》云："《春秋》之法，王者岁一祭天于郊，四祭于宗庙。宗庙因于四时之易，郊因于新岁之初。圣人有以起之，其以祭，不可不亲也。天者，百神之君也，王者之所最尊也。以最尊天之故，故始易岁更纪，即以其初郊。郊必以正月上辛者，言以所最尊，首一岁之事。每更纪者，以郊祭首之，先贵之义，尊天之道也。"

汉代郊祀，杂用众说。对于郊祀礼之举行时间，武帝前一直没有固定说法，对天子是否亲身致祭亦无明确规定。因而汉朝廷或多年不行郊祀礼，举行郊祀的时日也不固定。武帝更化前，因袭秦制而以十月为岁首，故多于十月行郊祀礼，而文帝曾于夏四月行郊祀。但在董仲舒看来，此皆不合上古礼制。依《春秋》，郊祀应在"新岁之初"举行，此岁初应是夏历岁初，即建寅之月。《春秋公羊传》解成公十七年"九月辛丑用郊"云："用者何？用者，不宜用也。九月非所用郊也。然则郊曷用？郊用正月上辛。"何休解诂云："三王之郊，一用夏正。言正月者，《春秋》之治也。正月者，岁首。上辛犹始新，皆取其首先之意。"因此，董仲舒强调"郊必以正月上辛"，也是在批评此前汉廷郊祀礼不合古制、因循墨守之病。关键汉廷此前墨守的，还是变乱先王之法的暴秦遗制，这尤其是汉代儒者所无法接受的。对汉

---

① 《汉书·景帝纪》唯云："（中元）六年冬十月，行幸雍郊五畤。"

承秦制的批评和复古改制的改革主张可以说构成了汉代儒家政治学说的核心主题之一。因此，董仲舒强调，郊祀必须年年举行，而且天子必须亲自参加郊祭。"《春秋》之法，王者岁一祭天于郊。""其以祭不可不亲也。"并系统论述了郊祭之重要性和王者必须亲自参与祭礼的缘由。

西汉前期郊祀礼举行时间之无定准，可能与人们对该仪式意义的理解之不确定有关。正如对是否应行封禅礼颇有争议一样，当时不少人对于定期举行郊祀仪式是否必要也提出过疑问。如《春秋繁露·郊祭》就引述当时"群臣学士"之言曰："万民多贫，或颇饥寒，足郊乎？"毫无疑问，这样一种疑问也是出于对民生的关切，而且反映出礼学思想"王者功成作乐，治定制礼"的观念，认为只有在民生安乐和社会秩序稳定等政治目标达成之后，才意味着做好了郊祭的准备。其潜在观念则是认为，在当前形势下，花费时间和财力进行郊祀之类仪式是华而不实、不合时宜的。董仲舒认为，对此观点必须予以辩驳，并就祭礼的重大意义进行澄清。

董仲舒首先指出，郊祭之不可或废，乃因天是至尊的存在，故对天的祭祀也是超越于一切具体事务之上的国之要务。董仲舒首先通过对礼制中"不因丧废郊"的规制阐明这一点。

《春秋》之义，国有大丧者止宗庙之祭，而不止郊祭，不敢以父母之丧废事天地之礼也。父母之丧，至哀痛悲苦也，尚不敢废郊也，孰足废郊者？故其在礼，亦曰："丧者不祭，惟祭天为越丧而行事。"夫古之畏敬天而重天郊如此甚也！

丧礼是古代礼制中最为重大的仪式之一。古人居丧期间，要变易居处饮食，即改变日常生活方式，放弃各类社会活动，因为丧礼是孝子哀痛恻怛之情不能自已的表现，在这一情感的作用下，人无法积极投身各种生活事务。而居丧期间，唯有祭天之礼不可废弃。这足以证明祭礼无与伦比的重要性。又云："《春秋》讥丧祭，不讥丧郊。郊不辟丧。丧尚不辟，况他物？"《春秋》讥丧祭，见《公羊传》闵二年，经云："夏五月乙酉，吉禘于庄公。"传云："其言吉何？言吉者，未可以吉也。曷为未可以吉？未三年也。三年矣，曷为谓之未三年？三年之丧,实以二十五月。其言于庄公何?未可以称宫庙也。曷为未可以称宫庙?在三年之中矣。吉禘于庄公,何以书?讥。何讥尔?讥始不三年也。"但《春秋》未尝批评丧郊。如宣公二年十月,天王崩,三年春正月,鲁卜郊,而《春秋》不讥。《礼记·王制》明此制之义云:"丧三年不祭,惟祭天地社稷,为越绋而行事。"可见祭天地社稷等大典在礼制系统中的优先性。《郊事对》云:"所闻古者天子之礼,莫重于郊。郊常以正月上辛者,所以先百神而最居前。礼,三年丧不祭其先,而不敢废郊,郊重于宗庙,天尊于人也。"这一切,皆源于古人对天的敬畏之情。余治平先生在《唯天为大》一书中,着意揭出天作为信念本体的特性。指出,天在董仲舒思想系统中,作为人与存在世界的本原而具有超越一切和统摄一切的功能,具有人性化的实际权威力量。人正是因此而对天持敬畏态度,并进而展开对天的祭祀[1]。

为了论证天的终极权威性和祭天之必要,董仲舒在《郊语》篇中首先列举了十种"奇而可怪,非人所意"的现象,认为这些可能是人间吉凶祸福的先兆,因而令人心生畏惧。而这些又最终和天联系在一起。"以此见天之不可不畏敬,犹主上之不可不谨事。不谨事主,其祸来至显;不畏敬天,其殃来至闇。闇者不见其端,若自然也。"这也是汉代流行的灾异谴告思想的体现,即认为各类怪异而令人生畏的自然现象都是天意的某种征兆,也是天与人相感应的一种方式。也正是在这一时期,天之意志与主动性变得更为突出。在董仲舒看来,天意和君主意志相比,只是在作用形式之闇(幽隐)与显(明确)上有别,其所拥有的权威性则是共同的。董仲舒将此观念与孔子的君子三畏说联系。盖以"畏天命"当天殃之闇,以"畏大人"当主罚之显,而又将"畏圣人之言"的主题解释为对二者尤其是天命之敬畏。因此,在董仲舒看来,畏圣人之言,也就意味着对郊祀之重要性的肯定。

---

[1] 余治平:《唯天为大:建基于信念本体的董仲舒哲学研究》,商务印书馆,2003年,第110页。

  天地神明之心，与人事成败之真，固莫之能见也。唯圣人能见之。圣人者，见人之所不见者也。故圣人之言，亦可畏也。奈何而废郊礼？郊礼者，圣人之所最甚重也。废圣人之所最甚重，而吉凶利害在于冥冥不可得见之中，虽已多受其病，何从知之？故曰：问圣人者，问其所为，而无问其所以为也。问其所以为，终弗能见，不如勿问。问为而为之，所不为而勿为，是与圣人同实也，何过之有？《诗》云："不愆不忘，率由旧章。"旧章者，先圣人之故文章也。率由者，有修从之也。此言先圣人之故文章者，虽不能深见而详知其则，犹不知其美誉之功矣。今郊事天之义，此圣人故云云。故古之圣王，文章之最重者也。前世王莫不从重，栗精奉之，以事上天。至于秦而独阙然废之，一何不率由旧章之大甚也！

更重要的是，天在整个世界体系中至高无上的地位，这尤其是郊祀礼之重要性的根本原因。董仲舒云："天者，百神之大君也。事天不备，虽百神犹无益也。何以言其然也？祭而地神者，《春秋》讥之。孔子曰：'获罪于天，无所祷也。'是其法也。故未见秦国臻天福如周国也。"董仲舒指出，秦国之所以国祚短促，与王天下七百年的周朝适成对比，乃是因为其事天态度不同。当然周朝国祚绵长与秦代寿命短促之不同的原因非常复杂，在今人心目中，所谓事天之礼的荒废云云，可能反而是最无关紧要的。董仲舒之所以夸大其辞，乃是为了向君主宣示天的权威，并指出敬事天的必要性。

  今秦与周俱得为天子，而所以事天者异于周。以郊为百神始，始入岁首，必以正月上辛日先享天，乃敢于地，先贵之义也。夫岁先之与岁弗行也，相去远矣。天下①福若，无可怪者。然所以久弗行者，非灼灼然见其当而故弗行也，典礼之官常嫌疑，莫能昭昭明其当也。近切以为其当与不当，可内返于心而定也。尧谓舜曰："天之历数在尔躬。"言察身以知天也。今身有

---

① "下"字，据钟肇鹏《春秋繁露校释》引陶鸿庆《读诸子札记》说，当为"不"字之误。河北人民出版社，2005年，第914页。

子,孰不欲其有子礼也?圣人正名,名不虚生。天子者,则天之子也。以身度田,独何为不欲其子之有子礼也?今为其天子而阙然无祭于天,天何必善之?所闻曰:天下和平,则灾害不生。今灾害生,见天下未和平也。天下所未和平者,天子之教化不行也。

董仲舒特别重视天与天子之间的父子关系隐喻,以此凸显天子权威的合法性来源,其主要方式则是通过祭典进行,可以说,郊祀祭天大典是天子向世人宣示自己政治权威合法性的重要手段。当然,在董仲舒看来,这主要是一种儿子对父母的孝道侍奉。董仲舒针对当时一些人怀疑在"民未遍饱"的情形下不适合祭天的观点,指出这一观点的谬误在于,"是犹子孙未得食,无用食父母也,言莫逆于是,是其去礼远也。先贵而后贱,孰贵于天子?天子昊天之子也,奈何受为天子之号,而无天子之礼?天子不可不祭天也,无异人之不可以不食父。为人子而不事父者,天下莫能以为可。今为天之子而不事天,何以异是?是故天子每至岁首,必先郊祭以享天,乃敢为地,行子礼也。每将行师,必先郊祭以告天,乃敢征伐,行子道也"。

为了证明天子不应等待功成治定而后才郊祀上天,董仲舒特意举了文王和宣王两个例子,亦涵深意。在董仲舒那里,周代是因敬事上天而繁荣持久的政权,秦朝是因不祭天而国祚短促的王朝。对周朝而言,文王乃是周之初受命之君,即整个周代天下基业的开创者,而宣王则是西周"中兴"之主,这都是董仲舒有意识选择来作为当时汉朝皇帝效法对象的榜样式人物。

> 文王受天命而王天下,先郊乃敢行事,而兴师伐崇。其《诗》曰:"芃芃棫朴,薪之槱之。济济辟王,左右趋之。济济辟王,左右奉璋。奉璋峨峨,髦士攸宜。"此郊辞也。其下曰:"淠彼泾舟,烝徒楫之。周王于迈,六师及之。"此伐辞也。其下曰:"文王受命,有此武功。既伐于崇,作邑于丰。"以此辞者,见文王受命则郊,郊乃伐崇。伐崇之时,民何遽平乎?

> 周宣王时,天下旱,岁恶甚。王忧之,其诗曰:"倬彼云汉,昭回于天。"王曰:"呜呼!何辜今之人!天降丧乱,饥馑荐臻。

靡神不举,靡爱斯牲。珪璧既卒,宁莫我听。旱既太甚,蕴隆虫虫。不殄禋祀,自郊徂宫。上下奠瘗,靡神不宗。后稷不克,上帝不临。耗射下土,宁丁我躬。"宣王自以为不能乎后稷,不中乎上帝,故有此灾。有此灾,愈恐惧而谨事天。天若不予是家,是家者安得立为天子?立为天子者,天予是家;天予是家者,天使是家;天使是家者,是家天之所予也,天之所使也。天已予之,天已使之,其家不可以接天,何哉?故《春秋》凡议郊,未尝讥君德不成以郊也。乃不郊而祭山川,失祭之叙,逆于礼,故必讥之。以此观之,不祭天者,乃不可祭小神也。

其中,周宣王的例子与文王又有不同。周宣王作为中兴之主,正值西周中衰之际,干旱饥馑,在汉儒的思想系统中,这一切也是上天降灾以警惧世人的方式。对天恭谨敬畏,对天灾的谴告意义进行了恰当的理解与回应,此其所以能中兴周朝之原因。一方面,宣王对天灾所造成的丧乱饥馑深表忧心,展现出真正的王者关切民生的德行。另一方面,鉴于天灾与人间政治是非的内在联系,宣王进行了深刻的反省,认为这一切皆因为自己"不能乎后稷",对农业生产疏于关心的结果①。为此,宣王做出的反应除了反省和自我改变外,就是展开对天和各类神明的祭祀活动,这也确实是上古时代应对各类自然灾变时王朝所采取的首要行动。董仲舒特意指出,宣王在此时,"愈恐惧而谨事天",虔敬地举行郊祭。而后董仲舒反复论证此时行郊礼的理由,其核心观点是,周既受命于天而为天子,因而自然有郊天的资格和必要,此前所引大夫学士关于德政未洽不足郊天的观点是不通的。董仲舒特意对《春秋》中关于郊祀的记叙方式进行了分析,认为《春秋》评论郊祀礼时,对于郊祀从来没有提出过反对意见,而且并不认为郊祀礼必须以君主有德或政治清明为前提,因为天子祭天乃是其政治上和宗教上的必行之礼,这一仪式的存在是王朝受命的表现。同时,王朝既然受命,也须将祭天作为自身必须履行的职责,通过履行

---

① 《国语周语》载宣王时,不籍千亩。或许宣王时期废弃了天子耕籍仪式,引起过不小的争议,构成当时一个重大政治事件。

此职责而协调天人关系。因此即便可能现实中的君主德行或政治存在问题，也不构成废弃祭天典礼的理由。

武帝有志于复古更化，重整郊祀仪式也成为当时讨论的重要课题。《郊事对》一篇记载了武帝命张汤向他求教郊祀问题的问答内容，很有可能是汉廷档案流传于后世的一部分。《汉书》称董仲舒晚年"在家，朝廷如有大议，使使者及廷尉张汤就其家而问之，其对皆有明法。"而从贤良对策到晚岁家居，郊祀问题始终未能解决，则见出此仪式所牵涉问题的复杂性。《郊事对》中，董仲舒再度极言郊祀礼的重要性，"所闻古者天子之礼，莫重于郊。郊常以正月上辛者，所以先百神而最居前。礼，三年丧不祭其先，而不敢废郊。郊重于宗庙，天尊于人也"。不过，篇中最引人注目的是其对历史上鲁国郊祭的讨论。董仲舒论事的一大特征是以《春秋》为断，郊祀礼亦然。而《春秋》以鲁国为本，鲁国又是周天子之外历史上唯一能行郊祭礼的诸侯国，为了深入理解郊祀仪式，鲁国仪制是重要参考。同时，必须对鲁国这一有僭越之嫌的特权进行合理说明。

## 二、宗庙祭祖礼与汉代今古文经学

在中国古代的宗教仪式中，天无疑有着至高无上的地位。仅次于祭天大典的仪式便是宗庙祭祖仪式了。祭天与祭祖构成中国传统宗教的根本形态，也是古人终极关切的表现形式。由于祭天仪式为天子所独享，故祭祖仪式更普遍而接近民众的生活。但《春秋繁露》中，董仲舒对宗庙祭祀着墨不多，这显示出，他更关注的是国家政治建构层面的祭天之礼，这也与其思想体系中格外突出的对天之关注密切相关。不过，董仲舒还是对宗庙之礼进行了简要的讨论，见于《春秋繁露·四祭》篇：

> 古者岁四祭，四祭者，因四时之所生，孰而祭其先祖、父母也。故春曰祠，夏曰礿，秋曰尝，冬曰烝。此言不失其时，以奉祀先祖也。过时不祭，则失为人子之道也。祠者，以正月始食韭也。礿者，以四月食麦也。尝者，以七月尝黍稷也。烝者，以十

月进初稻也。此天之经也,地之义也。孝子孝妇缘天之时,因地之利,地之菜茹瓜果,艺之稻麦黍稷菜生谷熟,永思吉日,供具祭物,斋戒沐浴,洁清致敬,祀其先祖。父母孝子孝妇,不使时过已。处之以爱敬,行之以恭让,亦殆免于罪矣。

  这一段与《春秋繁露》论述祭礼时的关切重点即郊祀礼关系不大,今本置于《郊祭》和《郊祀》篇之间。但如钱穆、俞樾等人所言,《春秋繁露》这一部分的几篇文章应属于一个整体,实为一篇,其讨论的对象应为郊祭。而《四祭》在其中显得颇不协调。因此,我们有理由怀疑这其实与另外的几部分并不属于同一篇章。历史上董仲舒的著作曾一度失传,《春秋繁露》乃后人辑录而成,如俞樾等人所言,在补辑的过程中,可能为了与古传篇目相合,曾刻意对一些篇目人为割裂,并将看似同类的章节混置一处。可以认为,《郊语》《郊祭》《郊义》《郊祀》等篇实际上构成一个完整的郊祀论,意在申说行郊祀的必要性,推动汉朝廷重视郊祀,并改变承袭自秦代的郊祀制度。《四祭》篇如果是董仲舒的原作的话,也可能是由另外一篇专论宗庙祭祀的文章而来,因为内容相近而被混置一处。

  就《四祭》篇内容来看,该篇不过是对古代宗庙祭祀的一个系统说明。首先阐明宗庙祭祀的基本制度,即一年四祭,分析其所以如此,是因为宗庙之祭的主题是"因四时所生,孰而祭其先祖父母也"。即向祖先荐新,所谓事死如事生,按照父母先祖生前的方式进行奉养,将时令的事物奉献予祖先。董仲舒对四时之祭名义的分析,代表了公羊春秋学的基本观点。古代典籍中关于宗庙祭祖的基本规制,如一年四祭,各家无异辞。所不同者,是对四祭名义的分析。《四祭》所言春祠、夏礿、秋尝、冬烝,属今文经学公羊家说。《白虎通》云:"宗庙所以岁四祭何?春曰祠者,物微故祠食之。夏曰礿者,麦熟进之。秋曰尝者,新谷熟尝之。冬曰烝者,烝之为言众也,冬之物成者众。"其说与《繁露》相同。《礼记·王制》云:"天子诸侯宗庙之祭,春曰礿,夏曰禘,秋曰尝,冬曰烝。"郑玄注云:"此盖夏殷之祭名。周则改之,春曰祠,夏曰礿。以禘为殷祭。"郑玄会通今古文经学,而以古文经学为本,其论礼制,一以《周礼》为准。凡诸经与《周礼》不合者，则一概以夏、殷制解之，这一特点在《礼记》注中体现得最为明显，但历史实情未必如此。《周礼》所言，未必即周制；不合周礼者，亦未必为夏殷之制。此类关于礼制的不同叙述，很有可能是因为历史上不同时期或不同方国的礼制变迁而形成的差异，而且有可能进一步混合了后人的猜测与想象，以及有意识的重新规划。比如《王制》一篇，清代今文经学家如廖平等人极力倡言其乃孔子改制之作，也就是说，认为《王制》与《周礼》在礼制上所呈现的重大差异，乃是孔子晚年的"素王新制"，其特征是"改周从质"。此观点显然来自董仲舒所言《春秋》"改周之文，从殷之质"一说，也是今文家对《春秋》之思想主题的基本判断。廖平则进一步强调孔子晚年的改制主张不但体现于《春秋》，而且更直接地体现于《王制》中。认为，《王制》在礼制上与《春秋》完全相同。但由于《四祭》篇春祠、夏礿的说法与《王制》春礿、夏禘说微有不同，康有为、皮锡瑞等晚清今文经学家既然推崇西汉公羊家说，认为《春秋》《王制》内容相通，以董仲舒为《春秋》学大宗，故极力弥缝此差异，提出《春秋繁露》本作春礿、夏禘，今本乃后人据《周礼》而改。然此说可疑①。按《周礼大宗伯》云："以肆献祼享先王，以馈食享先王，以祠春享先王，以礿夏享先王，以尝秋享先王，以烝冬享先王。"郑注："宗庙之祭有此六享。肆献祼、馈食在四时之上，则是祫也、禘也。"郑玄主《周礼》，认为禘乃是"殷祭"。按古人对于禘礼，凡有三说。其一谓祀天地于郊，以其始祖配之。郑玄称此为大禘，并认为"禘大于郊"即指此而言。此说与董子所言不同，盖属古文家说。其二谓宗庙四时之祭中的夏时之祭，此《王制》之说，亦即今文学所言禘礼之义。其三即前引《周礼》郑注所谓"殷祭"。谓宗庙四祭之外，五年一行之大祭礼。郑玄云："鲁礼，三年丧毕而祫于大祖，明年春，禘于群庙。自尔以后，率五年而再殷祭，一祫一禘。"此说出于《春秋公羊传》文公二年。按何休注云："殷，盛也。谓三年祫，五年禘。"

---

① 钟肇鹏《春秋繁露校释》："今检宋本亦作'春曰祠，夏曰礿'，……未知康、皮所据为何宋本？"

根据这一解说，则祫、禘皆属殷祭，大于四时祭。此盖亦今文说，而为郑玄所采纳。上述禘之三义恐怕并非历史上曾经实际存在的三种不同祭祀仪式，而是由于记载和理解之不同而形成的三个异说。今天我们无法确定哪个说法属于历史实际情景，以及这些异说形成的原因及过程，但无疑《春秋》家的说法自成一系。

康有为和皮锡瑞改《春秋繁露》文句以曲从《王制》，实无必要。表面看来，《春秋繁露》似乎与康、皮等人心目中的孔子改制之大法即《王制》有违，这令他们无法理解和接受。但《春秋繁露》此处言四祭与《周礼》相同，并不说明董仲舒违背《春秋》或公羊学之要义。将礼制差异看作今古文经学分界之要点，并根据此差异判断其学派归属，虽然可能有一定道理，但若执泥过甚，也存在强古人以就我范之处。如钱穆先生所批评的那样，清人论学，好争门户，"其先则争朱、王，其后则争汉、宋。其于汉人，先则争郑玄、王肃，次复争西汉、东汉，而今、古文之分疆，乃由此而起"①。因此清人之说虽有辨析精微之功，但也不免偏执拘泥之病。董仲舒四祭名与《周礼》同，可能是因为《春秋繁露》和《周礼》四祭说本周制原貌，本无可争。抛开后人关于《春秋》改制的争议不论，依公羊说，《春秋》的确是改制之作，其改制要义为"变周之文，从殷之质"，但这也只是对于改制之核心精神的表述，并非要对具体的周制一概推翻或摒弃。因为这种态度一则与孔子"从周"的自述不符②。正如孔子突显质，并非否定文对人类生活的根本意义。所谓变文从质，其实只是《论语》所言礼制损益的问题，"变文从质"代表汉儒对孔子作《春秋》所表达的制度损益倾向之理解，但首先，就《论语》看，孔子以"文质彬彬"为其最终理想，绝非一味以质为尚。其次，变文从质乃是欲损周之文过，而非一概否定周制，与夫子对周之"郁郁乎文哉"的肯

---

① 钱穆：《两汉经学今古文平议》，商务印书馆，2001年，第3、4页。
② 当然，廖平等晚清今文家提出孔子学说分两个阶段，认为孔子壮岁主"从周"，而晚年主"改制"，参廖平《今古学考》。但这一观点本身亦难以得到确证。事实上，从周与改制并非不可兼容的对立观点。

定性评价并不矛盾。汉儒过度强调损周之文，在一定程度上可以视为受到黄老思想影响的表现，又与汉人将周、秦视为同一序列，以为秦政烦苛乃周文推极之结果这一观念不无关系。但我们不能认为这便是孔子本人思想的表达，也不能据此认为前汉儒家都持此观点，并因此形成了一系列教条意味的基本要旨。不难想象，学者们在论述具体礼制时，由于其学术背景、思想倾向和现实目的不同，肯定仍然会产生各类不同的观点，而这正是历史上礼制纷争的根源。若依晚清今文家言，汉代仅仅存在今、古文经学对礼制的两大冲突观点，恐怕反而是将更复杂的学术史进行简单化处理了。就董仲舒而言，他在祭祀问题上即便采取了《周礼》的说法，也不足为奇。董仲舒为学博采百家之长，虽根本《春秋》，而恐怕并无晚清今文家所言与古文家壁垒森严、势同水火的情形。甚至很可能如钱穆先生所言，董仲舒时代，今古文经学的门户之争尚未开启。而且，《周礼》并非即是纯然历史形态的周制之记录，以《周礼》为从周之古学，《春秋》为改制之今学，恐怕也带有强为分疏的痕迹。因此，董仲舒之四祭说与周礼相同，恐怕并不涉及清人想象的今古文经学问题，仅仅是董子自己对宗庙祭祀问题的知识与理解而已。

## 三、阴阳五行观念在董仲舒祭祀思想中的体现

董仲舒祭礼思想中最富于时代特色的，应当是用阴阳五行观念对祭礼进行诠释。上古祭礼仪程本身是否体现阴阳五行观念的影响，如今恐怕很难判明。阴阳五行观念之兴起及向社会生活各个领域的全面渗透，是一个长期的过程，至汉代而达到鼎盛时期，这与汉儒的宇宙论建构兴趣有着密切的关联。董仲舒阴阳五行论中最引人注目的是其贵阳贱阴思想，而这一观念同样体现于其祭礼仪式解读中。《春秋繁露·精华》云：

> 大雩者何？旱祭也。难者曰：大旱雩祭而请雨，大水鸣鼓而攻社。天地之所谓，阴阳之所起也。或请焉，或怒焉者何？曰：大旱者，阳灭阴也。阳灭阴者，尊压卑也，固其义也。虽太甚，

拜请之而已，无敢有加也。大水者，阴灭阳也。阴灭阳者，卑胜尊也。日食亦然。皆下犯上，以贱伤贵者，逆节也。故鸣鼓而攻之，朱丝而胁之，为其不义也。此亦《春秋》之不畏强御也。故变天地之位，正阴阳之序，直行其道而不忘其难，义之至也。是故胁严社而不为不敬灵。

零祭属于禳祈仪式的一种，是先秦以来影响最广泛的求雨仪式。董仲舒认为，干旱时人们举行零祭，其实质是向上天祈祷，请求降雨。与之形成鲜明对比的是雨水过多引发洪涝灾害发生时，止雨仪式的核心是鸣鼓攻社，具有明显的威胁性质。董仲舒解释道，旱灾的实质是阳灭阴，鉴于阳尊阴卑之义，虽然旱灾的发生是阳压制阴太过的表现，但旱灾属于以尊压卑，因而具有根本的正当性。因而人们对此只能拜请上天稍加宽贷。大水则相反，其实质是阴灭阳，属于"以下犯上，以贱伤贵"，是对正当秩序的颠覆，因此要对之采取声讨和威胁。董仲舒甚至将之提升到《春秋》基本精神的地位，认为这些代表了《春秋》不畏强御，即不惧怕非正义势力之强大威胁的精神。这在董仲舒的思想体系中，无疑是具有理论的自洽性的，但上述仪式本身是否即体现阴阳尊卑观念，实难定论。无论是零祭请雨，还是鸣鼓攻社，其仪式中都不乏交感巫术的意味，而恐怕较少抽象的阴阳观念。董仲舒此类诠释的目的，是建构一种绝对的价值秩序法则，因此他几乎将一切正面价值赋予阳，以阐发此正面价值主导的正当性，并且势必高倡一种贵阳贱阴的原则。但同时，董仲舒又继承了中国古代哲学崇尚中和的有机宇宙观念，确信"孤阴不生，孤阳不长"，阴阳之协作与平衡才是天地万物生生不息的根本保障。故而在其设计的求雨和止雨仪式中，一方面试图借助阴阳交感的方式对自然气候施加影响，同时也针对阴阳消长之机而进行有意识的反向引导。如《求雨》中，祷社选择在水日即庚子之日[①]，祭祀水神共工，其他各类仪式的共同特质也都是"开阴闭阳"。特别是对人之日常行为也做出要求，一方

---

[①] 董天工云："庚金子谁，金生水，故四时求雨日皆以之。"

面"令吏民夫妇皆偶处",这是基于一种天人交感意图;另一方面要求"丈夫欲藏匿,女子欲和而乐",则是闭阳开阴的措施。止雨仪式则与此相反,以闭阴开阳为其核心特征。在董仲舒那里,贵阳贱阴和阴阳中和两种观念在理论上可以并行不悖,构成此后传统哲学中理解阴阳关系的主导模式。

本文为"2020 中国·衡水董仲舒与儒家思想国际学术研讨会"提交的论文。

张树业(1975—),男,河南辉县人,哲学博士,河南师范大学政治与公共管理学院副教授。

# 董仲舒的"无为"与经世致用思想[①]

## 何大海

### 一

美国汉学家、董学研究学者桂思卓认为《春秋繁露》中讨论黄老的内容有二十多个章节,具体如:十八至二十二章,七十七至七十八章。苏舆与日本学者田中麻纱都关注了这一部分,故桂思卓将其称之为"黄老篇",也就是说这一部分并不是董仲舒的儒学思想,更多是黄老道家思想的成分,所以她说:"'黄老篇'对儒家学说所涉甚微,这都为'黄老篇'的创作年代提供了重要的线索。汉武帝时,董仲舒所写的文章大部分把'五经'特别是《公羊传》作为中心,但在'黄老篇'中却未加引用。这表明在董仲舒创作大部分'黄老篇'时,他正服务于汉景帝时代。景帝支持黄老之学,当时儒家之'五经'尚未受到皇权的庇护,因此,'黄老篇'的重要性还在于它为我们研究西汉黄老之学的历史及儒家与道家的相互影响提供了一个新的角度。"[②]

---

[①] 基金项目:本文为国际社会科学基金专项项目"国家转型视域下构建中华民族认同之研究"(19VXJ001)阶段性成果。

[②] (美)桂思卓(Sarah A. Queen):《论董仲舒的人君无为思想》,载陈鼓应主编:《道家文化研究》第十四辑,生活·读书·新知三联书店,1998年,第363页。

同样，其他一些学者在论述董仲舒的"无为"思想时，也多认为其来自道家思想，尤其是来自黄老道家之学：例如张国华说："《春秋繁露》中的'无为之术'实源于《淮南鸿烈》。……董仲舒通过吸收与运用《淮南鸿烈》的思想材料，不仅建构起了一个以天人感应为核心、以阴阳五行为骨架的宇宙系统，而且还制定出了一套包括'无为而治'在内的切实可行的政治方略。"① 陈丽桂认为："一代儒宗董仲舒在推阐阳尊阴卑的'三纲说'与大一统思想时，吸收了相当份量的黄老帛书一系阴阳大义、《管子·心术》、《内业》乃至法家申韩一系静因无为的刑名技巧与权谋独断之术，或以为推论的理据，或加以诠释与疏解，终于完成了他天道与政道通贯、厚德简刑的思想纲领，与君尊臣卑、君暗臣明、君静臣动、絜名考质的君道思想，以为其天人合一、灾异感应说的基础，并为此后刘汉朝廷阳儒阴法、王霸杂治的统治方向与形态提供了重要的理论基础。"②

以上诸家各自提出了一些证据，也有其各自的逻辑论述。但是很多学者忽视了"无为而治"其实也是儒家思想的组成部分之一，而非甫一提及"无为"或"无为而治"等思想，就把这顶帽子按在道家身上。而且董仲舒既然论述这种思想，说明其对这种思想是认可的，而这种思想在解决当时政治问题方面更是具有重要的意义，是一种治道思想，具有经世致用的价值。

## 二

"无为"这一思想并不仅仅归属于道家，它可以说是先秦诸子的共识，是儒、道、法、黄老诸家共同的政治理念。葛荣晋说："中国古代哲学中的'无为'概念，如同'道'与'德'一样，也是一个

---

① 陈国华：《〈淮南鸿烈〉与〈春秋繁露〉》，载《道家文化研究》（第六辑），上海古籍出版社，1995年，第216页。

② （台）陈丽桂：《董仲舒的黄老思想》，载《道家文化研究》（第六辑），上海古籍出版社，1995年，第231页。

'虚位'而非'实位'。'无为'概念……在道家中使用频率最高，但是它并非为道家所专有。……从先秦至汉初，儒家、法家和黄老学派站在各自的学术立场上，对'无为'概念作出了不同的诠释，呈现出丰富多彩的社会内涵。"① 王利器亦言："儒道两家俱主张无为而治也。"② 同时，"无为"最早出处不在道家经典之中，反而是出现在儒家经典之内，见于《诗经·王风·兔爰》："有兔爰爰，雉离于罗。我生之初，尚无为；我生之后，逢此百罹。尚寐无吪！"对于"无为"，毛传训释为："尚无成人为也。"郑笺训为："尚，庶几也。言我幼稚之时，庶几于无所为，谓军役之事也。"此处之"无为"并非"无妄为"之类的含义，而是指特定的"无成人为""无军役之事"等意向。另外，《礼记·礼运》言："故祭帝于郊，所以定天位也。祀社于国，所以列地利也。祖庙，所以本仁也。山川，所以傧鬼神也。五祀，所以本事也。故宗祝在庙，三公在朝，三老在学，王前巫而后史，卜巫瞽侑，皆在左右。王中心无为也，以守至正。"这里面的"王中心无为"是因为有宗祝、三公、三老、巫、史等在王周围辅佐，因此可以"无为"，王只要保证儒家大道的"至正"就可以了，这其实就是儒家的"无为"思想。

而"无为而治"这一观念的提出，也是儒家经典《论语·卫灵公》所载：子曰："无为而治者，其舜矣夫！夫何为哉，恭己正南面而已矣。"何晏《论语集解》曰："言任官得其人，故无为而治。"认为舜之所以可以"无为而治"，在于有能力出众的大臣辅佐，因此君主可以"无为"。皇侃则认为："舜上受尧禅于己，己又下禅于禹，受授得人，故孔子叹舜无为而能治也。"立足点是舜作为尧舜禹"三圣"的承上启下的重要角色，"承尧授禹，又何为焉？"并引蔡谟之语："夫道同而治异者，时也。自古以来，承至治之世，接二圣之间，唯舜而已。"因此可以不需有所为而天下自治。而邢昺注疏又不同："帝

---

① 葛荣晋：《中国管理哲学导论》（第二版），中国人民大学出版社，2014年，第421页。
② 王利器：《新语校注》，中华书局，2012年，第71页。

王之道，贵在无为清净而民化之。然后之王者以罕能及。……皆得其人，故舜无为而治也。"突出了"无为"道家色彩中的"清净"特点。但是邢昺也指出了"得其人"的重要性，并认为舜有禹、弃、契、皋陶、垂、益、伯夷、夔、龙等二十二人辅佐，才有盛世局面的出现。另外也说出了孔子所叹，在于"无为而治"是存在于先圣帝王之中，后世君主很少能做到如此。朱熹突出了儒家的德治思路："无为而治者，圣人德盛而民化，不待其有所作为也。……恭己者，圣人敬德之容既无所为，则人之所见如此而已。"王夫之认为："'无为'之'为'，谓创制立法。上古人用未备，人纪未明，自尧而上，皆有所创为，如《易·系辞》所云。至尧成功，文章已备，故舜但绍之二无所增益。若'恭己'以修身，'南面'以治民，此百王所同，非有为也。"王氏将"无为而治"与儒家强调的"圣王立法"结合起来，出发点在于说明上古圣王的立法已经完备，后人只需要继承发展即可。另外在于说明"无为之治"乃先秦各家共同尊奉的法则，并非道家而已，应属"道术将为天下裂"之前的"道术"系统之内。焦循则进一步将"无为而治"与儒家学说联系在一起，其曰："无为者，无一定之好尚，无偏执之禁令，以一心运天下而不昔，故能通其变，使民不倦；神而化之，使民宜之也。……以通神变化为治，所谓'民可使由之，不可使知之'。……不使民知，所以无为。何以无为？由于恭己。恭己则无为而治，即所谓笃恭而天下平。"同时与《中庸》的"自明诚""自诚明"发生联系，"是天下至诚"。最后得出结论："不动而静，不言而信，不赏而劝，不怒而威，所以无为而治，所以笃恭而天下平。上天之载，无声无臭，此天之无为而成，即圣人之无为而治。邢疏以无为为老氏之清净，全与经义相悖。"[1] 可见，焦氏将"无为"诠释为儒家固有之学说，与《论语》《中庸》等儒家经典相合，是一种儒家的"德治"思想，是在继承先王立法基础上的顺应民心的治国理念。

---

[1] 《卫灵公第十五》，黄怀信主撰，孔德立、周海生参撰《论语汇校集释》（下册），上海古籍出版社，2008年，第1367—1369页。

除此之外，按照历代诸家注释之情况来论，关于《论语》中"无为"之讨论还有《论语·为政》所载：子曰："为政以德，譬如北辰，居其所而众星共之。"最早的何晏《论语集解》引包咸（皇侃认为是郑玄）曰："德者无为，犹北辰之不移而众星共之。"首次将孔子这句话与"无为"联系起来。后世皇侃的《论语义疏》进一步深化："北辰镇居一地而不移动，故众星共宗之以为主也。譬人君若无为而御民以德，则民共尊奉之而不违背，犹如众星之共尊北辰也。"皇侃将"无为"与君主的行为联系起来，讲君主"无为"而"御民有德"，"无为"与"有德"二者不可分割，而百姓遵从这套制度规范而不违背，是将儒家德治与道家思想进行了结合。后世诸儒有将其与"无为"结合起来论说者，大多从此说。

还有《论语·泰伯》：子曰："大哉，尧之为君也！巍巍乎！唯天为大，唯尧则之。荡荡乎！民无能名焉。巍巍乎其有成功也，焕乎其有文章！"皇侃引王弼之意为："圣人有则天之德。……故则天成化，道同自然；不私其子，而君其臣。"将此章与"无为"状态下的君臣关系联系起来。焦循也顺着这个思路，认为："不可知，故无能名。无为而治，故不可知。……尧之无能名，舜之无为而治，皆神也。……《易》之四德为元亨利贞，天以寒暑日月运行为道，圣人以元亨利贞运行为德，用中而不执一，故无为。无为，故不可知。不可知，故民无能名。民运行于圣人之元亨利贞，犹众星运行于天之寒暑日月。……曰'为政以德'，曰'恭己正南面'，曰'修己以敬'，此尧舜所以神通其变，使民不倦，神而化之，使民宜之。"①焦循之意，儒家之"无为"在于"元亨利贞""用中而不执一"，取"中庸之道"，百姓日用而不知，而非"执一"，在于使百姓适宜、合适，符合"中庸"。朱子引用尹焞之说论证此章："天道之大，无为而成，唯尧则之以治天下，故民无得而名焉。所可名者，其功业文章巍然焕然而已。"另有东汉王充说："尧则天而行，不作功邀名，无为之化自成，故曰

---

① 《泰伯第八》，黄怀信主撰，孔德立、周海生参撰《论语汇校集释》（上册），上海古籍出版社，2008年，第720—721页。

'荡荡乎民无能名焉'。"(《论衡·自然》)亦将此章作"无为"解。

除了《论语》中孔子有"无为"与"无为而治"的论述外，先秦时期孟子、荀子也都相应提出了一些与"无为"相关的论述，例如孟子有"禹之行水也，行其所无事也。如智者亦行其所无事，则智亦大矣"(《孟子·离娄下》)的思想，荀子提出"仁者之行道也，无为也。圣人之行道也，无强也"(《荀子·解蔽》)这样明确表述"无为"的观点，其还在《大略》篇说明"无为"与君臣关系："主道知人，臣道知事。故舜之治天下，不以事诏而万物成。"

可见，在儒家思想之中是包含"无为"和"无为而治"的思想，但是这种"无为"，不等同于原始道家的"清净""虚无"之"无为"，也不同于黄老道家的"执道者"所提倡的"道生法""形名""王术"的内容。而是在继承了圣王所"创制立法"之后而能够不断延续遵守下来，把君主变成至善的道德模范，但不另作主张，胡乱改编，"改制不改道"，是以"无为"，同时必须有贤臣辅佐，因而这种"无为而治"是在"德治""礼治""中庸之道"基础上实行的儒家教化思想。

葛荣晋认为："在'无为而治'模式中，由于对'无为'的不同诠释，又可分为四种不同的管理手段：一是以老子、庄子为代表的道家式的'道法自然'的无为而治；二是以孔子、孟子为代表的儒家式的'尚贤推德'的无为而治；三是以韩非为代表的法家式的'君人南面之术'的无为而治；四是以《淮南子》为代表的黄老式的'因循为用'的无为而治。"[①] 葛氏所论四种"无为而治"的手段，很有见地，说明"无为而治"是先秦诸子共同的治道模式。但是，必须说明的是，先秦儒家的"无为而治"主要在把握君主与大臣、百姓的德性上，而缺少具体的实施环节，是一种对于大道的追求，因为这一时期儒家只是作为"九流十家"中的一员，缺少在政治上真正实施的机会，因此尚无治理国家的真正经验，仍然是一种精神文化、德性文化，而非治道文化、制度构建。而汉代儒家的无为而治则更多在实施

---

① 葛荣晋：《中国管理哲学导论》(第二版)，中国人民大学出版社，2014年，第14页。

意义上进行了深入的发展,其具体表现——"君无为臣有为"就是一种立足于汉初社会大变故的时代所进行的新的内容。同时,这也是进入大一统帝制时代,儒家学说必须面对的问题,也就是政治有序化、稳定化的问题。在面对黄老之学、法家学说在政治上的优势地位,如何用儒家学说解决当时的政治问题,就成了董仲舒需要考虑的问题。所以,可以说董仲舒的"无为而治"是一种不同于一般道家、先秦儒家、法家和黄老家的新的治道模式。

## 三

董仲舒提倡"无为"的思想,是以儒家思想为主,部分吸收黄老、法家思想而形成的,但是其根本内容仍然是儒家的"王道政治",并非"黄老家言"。在与董仲舒相关的文献中,提到"无为"的次数一共有十余次,主要出现在《天人三策》与《春秋繁露》中。《天人三策》中出现在第二策中;《春秋繁露》中分布在七篇之中,分别是:《楚庄王第一》《离合根第十八》《立元神第十九》《保位权第二十》《对胶西王越大夫不得为仁第三十二》《顺命第七十》《天地之行第七十八》等。可以说,董仲舒的"无为"思想包括"无为"与"无为而治"两部分内容,其核心是"无为而治",即实现良性政治,具体实施过程包括"改制不改道""君无为臣有为""修身无为"等,最终达到"天下治"的效果。

具体而言,从根本上说,董仲舒"无为"思想的核心是"无为而治"。在《汉书·董仲舒传》所引的《天人三策》第二策,董仲舒对策中如是说:"舜知不可辟,乃即天子之位,以禹为相,因尧之辅佐,继其统业,是以垂拱无为而天下治。……故孔子曰:'亡为而治者,其舜乎!'"舜的"垂拱无为"并不是终极目的,只是一种治国手段,最终目的是"天下治",即实现良性政治,也就是"无为而治"的价值表述,所以董子引用孔子的"亡为而治者,其舜乎"也是从这个角度出发的。同时,在《春秋繁露·对胶西王越大夫不得为仁》中,董仲舒回答诸侯王的问题时也提出了"仁人者,正其道不谋其利,修其理不急其功，致无为而习俗大化，可谓仁圣矣。三王是也"的说法。"致无为而习俗大化"说明做到"无为"是为了"习俗大化"，即移风易俗，也是儒家所提倡的礼乐文化所代表的内容，也就是为了"天下治"，所以这也是"无为而治"的应有之意。在《天地之行》篇中，董子将政治活动与人体、自然相比附，说到了无为时有这样的表述："无为致太平，若神气自通于渊也。""无为"的效果是可以"致太平"，也就是"天下治"和"习俗大化"，同样指明了"无为而治"的重要性，这也是董仲舒立足于对于经典的阐释与发挥，解决汉代现实问题的一种经世致用思想。

而在具体实施过程中，董仲舒的"无为"思想包括以下几个内容：

第一，"无为而治"的根本是"改制不改道"。董子于《春秋繁露·楚庄王》中有言："春秋之道，奉天而法古。是故虽有巧手，弗修规矩，不能正方圆；虽有察耳，不吹六律，不能定五音；虽有知心，不览先王，不能平天下；然则先王之遗道，亦天下之规矩六律已！故圣者法天，贤者法圣，此其大数也；得大数而治，失大数而乱，此治乱之分也；所闻天下无二道，故圣人异治同理也，古今通达，故先贤传其法于后世也。春秋之于世事也，善复古，讥易常，欲其法先王也。然而介以一言曰：'王者必改制。'自僻者得此以为辞，曰：'古苟可循，先王之道，何莫相因。'世迷是闻，以疑正道而信邪言，甚可患也。答之曰：'人有闻诸侯之君射狸首之乐者，于是自断狸首，县而射之，曰："安在于乐也？"'此闻其名，而不知其实者也。今所谓新王必改制者，非改其道，非变其理，受命于天，易姓更王，非继前王而王也，若一因前制，修故业，而无有所改，是与继前王而王者无以别。受命之君，天之所大显也；事父者承意，事君者仪志，事天亦然；今天大显已，物袭所代，而率与同，则不显不明，非天志，故必徙居处，更称号，改正朔，易服色者，无他焉，不敢不顺天志，而明自显也。若夫大纲，人伦道理，政治教化，习俗文义尽如故，亦何改哉！故王者有改制之名，无易道之实。孔子曰：'无为而治者，其舜乎！'言其王尧之道而已，此非不易之效与！"

"王者有改制之名，无易道之实。"即"改制不改道"，而这一部分与董仲舒所引的孔子的"无为而治"相关联，足可见董仲舒的"无为而治"并非道家或黄老思想，而是儒学正宗。董子亦言："道之大，原出于天，天不变，道亦不变。"（《汉书·本传》）讲的就是儒家"天道"的永恒价值，帝王不可变动。同时，在董子看来，"无为"不是无所作为，而是不妄为圣贤之道，要顺应天命，从天之道。因为董仲舒认为春秋之道是"奉天而法古"，"奉天"讲的是天人关系，"法古"讲的是古今关系，所以司马迁所述的"究天人之际，通古今之变"是汉代诸儒共同的价值理念。而董子认为汉代的问题是没有接续"奉天而法古"传下来的大道，反而"汉承秦制"，依然"严刑峻法"，不知更化，故黄老道家式的"无为而治"的保守性质显露无遗，缺乏儒家式的道德教化，因此不能真正建构起汉家制度，难以有所作为，不能达到"善治"的理想目的①。所以董子说："今临政而愿治七十余岁矣，不如退而更化；更化则可善治，善治则灾害日去，福禄日来。"（《汉书·本传》）所谓的"更化"，也就是董仲舒所说的"改制不改道"。既然从天而得的大道是历代圣王明君都必须坚守的内容，那么汉代的政治模式也应该是对于接续天命而古已有之的儒家圣贤文明的继承，所以他说："所闻天下无二道，故圣人异治同理也，古今通达，故先贤传其法于后世也。"所以新王承接天命，所改变的是"徙居处，更称号，改正朔，易服色"等形式内容，这是"改制之名"，仅仅是部分制度的变迁，同时表明"易姓更王，非继前王而王也"；但是儒

---

① 董仲舒在《天人三策》中说："今汉继秦之后，如朽木粪墙矣，虽欲善治之，亡可奈何。法出而奸生，令下而诈起，如以汤止沸，抱薪救火，愈甚亡益也。（此三句《礼乐志》作'一岁之狱以千万数，如以汤止沸，沸愈甚而无益。'）……当更张而不更张，虽有良工不能善调也；当更化而不更化，虽有大贤不能善治也。故汉得天下以来，常欲善治而至今不可善治者，失之于当更化而不更化也。"金春峰认为："黄老目光短浅，因循苟且，安于现状，得过且过，缺乏进取宏图与作为，不能适应新的形势，……黄老不懂得文化教育与道德的内在弱点，也使其不能适应社会进一步发展的需要。"见金氏：《董仲舒与汉代经学哲学》，载于《董仲舒与儒学研究》（第四辑），巴蜀书社，2015年，第82页。

家的根本大道是不可以改变的,"大纲,人伦道理,政治教化,习俗文义"等内容都是"道"的内容,也是不可变之"理",因此"尽如故"。董子于《天人三策》亦言:"其余尽循尧道,何更为哉?"①

第二,"无为而治"于君臣分工的模式是"君无为臣有为"。即"无为而治"是最终的理想情况,具体表现于君是"无为",于臣是"有为",而君之所以可以"无为",是由于有贤才辅助自己而治理天下形成的,但在具体实施中,君王却不是完全被动的"无为",反而是最开始需要一定的"有为",也就是从"劳于求贤"达到"逸于得贤"的境地,这是君臣关系中"君无为臣有为"中对于君主的要求。《新序·杂事四》中说:"故王者劳于求贤,逸于得贤。舜举众贤在位,垂衣裳躬己无为而天下治。"这是明确表述"无为而治"中君主"劳于求贤,逸于得贤"的较早出处,也就是说,儒家这种"垂拱而治""德性无为",强调"无为"是最终的理想境界,但是君主早期的"有为"也是重要而必备的手段,其中对于贤才的重视十分重要,先"有为"求贤才,必须"劳",后"无为"得臣辅,方能"逸",整体而言就是必须由良性的"有为之选"达到最终的"无为而治",先有为后无为。唐代白居易在《才识兼茂明于体用科策一道》也论述说:"臣闻无为而理者,其舜也欤!舜之理道,臣精知之矣。始则懋于修己,劳于求贤,明察其刑,明慎其赏,外序百揆,内勤万枢,昃食宵衣,念其不息之道。夫如是,岂非大有为者?终则安于恭己,逸于得贤,明刑至于无刑,明赏至于无赏,百职不戒而举,万事不劳而成,端拱凝旒,立于无过之地。夫如是,岂非真有为(无为)者乎?故臣以为无为者,非无所为也,必先有为而后至于无为也。"(《白居易集》卷四七)白居易此言解释了儒家"无为"之道十分明了,"无为"不是"无所为",而是先有为而后无为,即君主要想达到"垂拱无为"而"天下大治"的理想局面,首先要做到"有为",不仅是对于自身修身的要求,同时也有对于贤才的重视与吸收,帮助自己治理天下,

---

① 以上见《春秋繁露》之《楚庄王》《三代改制》《天人三策》等篇章。

那么自己就可以"立于无过之地",同时在贤臣辅助之下实现"无为而治"。

而这种思想在董仲舒思想中也多有体现:"臣闻尧受命,以天下为忧,而未以位为乐也,故诛逐乱臣,务求贤圣,是以得舜、禹、稷、卨、咎繇。众圣辅德,贤能佐职,教化大行,天下和洽,万民皆安仁乐谊,各得其宜,动作应礼,从容中道。"(《汉书·本传》)尧帝在受命而王之后,颇为"有为",即"劳于求贤",心系天下,诛杀乱臣,寻求圣贤,最终得到了舜、禹、稷、卨、咎繇等贤才。而到了舜帝之时,继承了尧帝的中道思想,得到了这些贤能的继续辅佐,充分做到了"逸于得贤",所以能"即天子之位,以禹为相,因尧之辅佐,继其统业,是以垂拱无为而天下治"①。

而选贤任能的标准,董仲舒也做了细致的描述。其于《春秋繁露·必仁且智》中言:"有否心者,不可借便执,其智愚者,不与利器。""有否心者",指的是与"必仁且智"相关的"不仁",没有仁爱之心,因此不能给他便于利用的权势,也就是说不能助长它的"否心";"其智愚者"指的是与"必仁且智"相关的"不智",资质愚鲁、迟钝之人,不能把"国之利器",也就是国家权力交付于他,因为这样的人很难治理好国家,即使有安邦定国之心,心怀天下之志,但是能力有限,水平不够,也会导致恶性政治。这是董仲舒给君主开出的治国良策:选贤任能时,需要"必仁且智",仁爱与智慧,二者必不可少,所以这也决定了君主在选择治国理政的大臣时,"劳于得贤",必须要有一套符合儒家的合理人才的标准,只有经过这样标准选出来的大臣,才能合理有序治国,也才会最终让君主"逸于得贤"②。

在上文所述的《天人三策》中,董子就提到了劳逸的问题:"由此观之,帝王之条贯同,然而劳逸异者,所遇之时异也。孔子曰'《武》尽美矣,未尽善也',此之谓也。"帝王之治从古至今皆然,就

---

① 班固:《汉书·董仲舒》(点校本),中华书局,1962年,第2508—2509页。
② 按:《淮南子·主术训》有云:"故有野心者,不可藉便势,有愚智者,不可与利器。"董仲舒的这一观点与《淮南子》关系如何,不是本文研究重点,故不赘述。

是儒家的治国之道,"改制不改道",但是由于遇到的具体情况不同,因此君主有劳逸的不同。但是,董仲舒还是认为可以实现"逸于得贤",即"仁者,憎怛爱人,谨翕不争,好恶敦伦,无伤恶之心,无隐忌之志,无嫉妒之气,无感愁之欲,无险诐之事,无辟违之行,故其心舒,其志平,其气和,其欲节,其事易,其行道,故能平易和理而无争也,如此者,谓之仁"①。君主无为,在得到大臣的辅助之后,自然可以平和而无争。但是这种状态必须是在"劳于得贤"的前提下完成的,是对于国家政治的合理安排与有序保障,其强调的"规是"就是这种含义:"何谓智?先言而后当。凡人欲舍行为,皆以其智,先规而后为之,其规是者,其所为得其所事,当其行,遂其名,荣其身,故利而无患,福及子孙,德加万民,汤武是也。其规非者,其所为不得其所事,不当其行,不遂其名,辱害及其身,绝世无复,残类灭宗亡国是也。故曰:莫急于智。智者见祸福远,其知利害蚤,物动而知其化,事兴而知其归,见始而知其终,言之而无敢哗,立之而不可废,取之而不可舍,前后不相悖,终始有类,思之而有复,及之而不可厌,其言寡而足,约而喻,简而达,省而具,少而不可益,多而不可损,其动中伦,其言当务,如是者,谓之智。"② 这种智慧是保障国家合理政治的前提,"规是"的情况下,一切有序进行,不仅君主行事得当、荣耀其身、有利而无害,并且慧及子孙百姓,选贤举能也是有条不紊,也就是商汤周武这样的帝王;与此相反,如果不能做到"规是",那就是"归非",对于政治的有序规划没有考虑周全、或者直接以不理性的方式规划国家治理的内容,那就是自己反受其害、子孙后代、百姓也因此遭受磨难,国家政治出现混乱局面,也就是夏桀、商纣这样的人③。

所以,对于一个国家来说,合理的规划是君主必须做好的事情,

---

① 苏舆:《春秋繁露义证·必仁且智》,中华书局,1992年,第258页。
② 苏舆:《春秋繁露义证·必仁且智》,中华书局,1992年,第258—259页。
③ 苏舆引俞樾之言:"'是也'上当有桀纣二字。"此说可信。见苏舆:《春秋繁露义证》,中华书局,1992年,第259页。

这一部分包括对于大臣的选贤任能，也就是"劳于求贤"，这是要求君主必须有对于国家大纲大法的把握，而且"必仁且智"。

另外，董仲舒此篇的篇名是为《必仁且智》，上一篇的篇名是《仁义法》，二者的核心都是"仁"，苏舆也在《必仁且智》篇题下说："前篇以仁配义，以体言。此篇以仁配智，以用言。"[①] 仁义法讲的是体，必仁且智讲的是用，二者都是以"仁"为中心；那么董仲舒的"必仁且智"中，仁与智的关系也不是完全对等的，即智最后是归结于仁的，所以与此相对，董仲舒在关于智的描述中，说到了"规是""规非"的问题，这是"劳于求贤"的过程，但是最终却是达到关于仁的目标"故能平易和理而无争也"，也就是"逸于得贤"的最终治理目标，其实也就是天下富强、君主安逸、贤臣治理国家的理想政治。

与此同时，大臣在"无为而治"的系统中是以"有为"促"无为"，即发挥自己的才能，使得君主能够达到"无为"的境地，最终实现天下大治。在《春秋繁露·天地之行》中，董仲舒说："为人臣者，其法取象于地，故朝夕进退，奉职应对，所以事贵也；供设饮食，候视疚疾，所以致养也；委身致命，事无专制，所以为忠也；竭愚写情，不饰其过，所以为信也；伏节死难，不惜其命，所以救穷也；推进光荣，褒扬其善，所以助明也；受命宣恩，辅成君子，所以助化也；功成事就，归德于上，所以致义也。是故地明其理，为万物母；臣明其职，为一国宰；母不可以不信，宰不可以不忠；母不信，则草木伤其根；宰不忠，则奸臣危其君；根伤则亡其枝叶，君危则亡其国；故为地者，务暴其形；为臣者，务着其情。君明，臣蒙其功，若心之神，体得以全；臣贤，君蒙其恩，若形体之静，而心得以安；上乱，下被其患，若耳目不聪明，而手足为伤也；臣不忠，而君灭亡，若形体妄动，而心为之丧。是故君臣之礼，若心之与体；心不可以不坚，君不可以不贤；体不可以不顺，臣不可以不忠；心所以全

---

[①] 苏舆：《春秋繁露义证》，中华书局，1992年，第256页。

者，体之力也；君所以安者，臣之功也。"只有大臣在把握大臣的基本准则，能够有效处理国家政务，治理好国家，并对于国君忠诚，那么君主最终才能实现"无为而治"。所以，无论是君主还是大臣，在具体的行政分工中是不一样的，但是最终实现的目的都是一样的，即"无为而治"。

第三，在"无为而治"的落实中，要做到"君无为臣有为"，君主必须要有一定的"道"与"术"，这是董子对于君主的自我修身与修养的要求。例如，董仲舒多次提出："故为人主者，以无为为道，以不私为宝，立无为之位，而乘备具之官"（《离合根第十八》），"故为人君者，谨本详始，敬小慎微，志如死灰，形如委衣，安精养神，寂寞无为"（《立元神第十九》），"为人君者，居无为之位，行不言之教，寂而无声，静而无形，执一无端"（《保位权第二十》），这些君人南面之术与黄老道家所提出的"人主之术，处无为之事，而行不言之教。清静而不动，一度而不摇，因循而任下，责成而不劳。是故心知规而师傅谕导，口能言而行人称辞，足能行而相者先导，耳能听而执正进谏"① 颇类似，所以有的学者认为董仲舒的"无为之术"来自于《淮南鸿烈》②。我们承认董仲舒这些理论是吸收了黄老的一部分养生之道与"南面之术"，但是董子讲的这一部分内容也是为了实现君主对政治的把握与审定大臣的标准而言，也就是说这是任何君主都应有的必备能力。同时，董仲舒对于君主的自身修养的认识，并不是道家那种可以让君主放任自流、骄奢淫逸的观点，《黄老帛书》有论："不知王术，不王天下。知王术者，驱骋驰猎而不禽荒，饮食喜乐而不湎康，玩好嬛好而不惑心，俱与天下用兵，费少而有功，战胜而令行。故福生于内，则国富而民昌。圣人其留，天下其与。"③ 虽然黄老强

---

① 《主术训》，张双棣：《淮南子校释》（上），北京大学出版社，2013年，第904页。
② 张国华：《〈淮南鸿烈〉与〈春秋繁露〉》，载《道家文化研究》（第六辑），上海古籍出版社，1995年，第216页。
③ 陈鼓应：《黄帝四经今注今译——马王堆汉墓出土帛书》，商务印书馆，2007年，《经法·六分第四》，第90页。

调最终对于"王术"的把握是必须的,也是必要的,但是这种"驱骋驰猎""饮食喜乐""玩好嬿好"等内容,是与儒家的德性价值观相抵牾,也是董仲舒所不能认可的。董仲舒认为的理想君主是尧舜那种德性极高的道德榜样,因此才可以"垂拱无为而天下治",而其自身修养的标准也是儒家的内容,尤其是儒家的根本——"中和之道",所以,他说:"循天之道,以养其身,谓之道也。……夫德莫大于和,而道莫正于中。……是故能以中和理天下者,其德大盛;能以中和养其身者,其寿极命。……故仁人之所以多寿者,外无贪而内清净,心和平而不失中正,取天地之美以养其身,是其且多且治。"① 对于"理天下"的君主,更是要时刻以儒家的"仁人"作为榜样,取"天地之美",并以中和之道把握自身修养与养生,最终落实为德性的"大盛"与寿命的"极致",方可以实现长久的"无为而治"。

## 四

司马谈于《论六家要旨》开篇即论:"易大传:'天下一致而百虑,同归而殊涂。'夫阴阳、儒、墨、名、法、道德,此务为治者也,直所从言之异路,有省不省耳。"② 司马氏在此说明先秦诸子百家,其各自出发点都是为了政治服务,即"此务为治者",是为更好地治理国家,可以称之为"政治哲学",按照古人的说法是"治道",即治理国家之道,换句话说,就是治理国家的理论体系、道路方法,是中国这个早熟的国度亘古不变的政治主题之一,也是诸子百家经世致用的表现。

董仲舒的"无为"思想是立足于儒家经典之中,延续孔孟荀以来的儒家治道思想而形成的,并不是有些学者所谓的完全是"黄老"家言。"无为"的核心是"无为而治",即实现"天下治""习俗大化"

---

① 《循天之道》,苏舆:《春秋繁露义证》,中华书局,1992 年,第 444、445、449 页。
② 司马迁:《史记》(修订本),中华书局,2014 年,第 3993 页。

"致太平"的儒家理想王道政治,这也符合诸子百家的"此务为治"的治道理念与君主"帝王之道"的现实需求。而实现"无为而治",必须要做到"改制不改道","改制"是说要具备"改制之名",这仅仅是部分制度进行变迁,表明"易姓更王,非继前王而王也";"不改道"是论"无易道之实",即"奉天而法古",以"天人之际""古今之变"的大道为基础,所以儒家的根本之道是不可以改变的,必须"尽如故"。具体实施过程中,"君无为而臣有为",即"无为而治"是最终的理想情况,具体表现于君是"无为",于臣是"有为"。君是以"有为"实现"无为",也就是从"劳于求贤"达到"逸于得贤"的境地;臣是以"有为"促"无为",即发挥自己的才能,使得君主能够达到"无为"的境地,最终实现天下大治。而作为政治领域的核心,君主也要有一定的"道术",这是针对君主自身修养而论的,但其标准是儒家的仁爱之心、德性伦理与中和之道,促使君王"其德大盛……其寿极命……且多且治",以实现长久的"无为而治"。

赵翼云"秦汉间为天地一大变局"(《廿二史札记》卷二),所以,进入汉代大一统帝制时代之后,在不同于先秦时期的政治环境中,儒家学说又面对黄老之学、法家学说在政治上的优势地位之时,如何用儒家思想解决当时"汉承秦制"、无所作为、不知更化的政治困境,就成了董仲舒必须面对的问题。所以,董仲舒的"无为"思想是以儒家大道为核心,坚守儒生话语权,并最终保证政治合理化、有序化、稳定化,进而实现"天下大治"的一种新治道模式。

本文为"2020 中国·衡水董仲舒与儒家思想国际学术研讨会"提交的论文。

何大海(1988—),男,辽宁大连人,中国人民大学国学院博士后。

# 董仲舒"大一统"理论对中华统一多民族国家的历史作用

刘丹忱

对于董仲舒所确立的"大一统"理论,学界有一种观点,认为它是君主专制、中央集权意识形态的集中体现,对中国古代君主专制主义起了推波助澜的历史作用,甚至否定其在中华民族发展历史中的正面价值。本文拟就大一统观念在董仲舒时代确立理论形态,成为国家意志,进而上升为民族共识的历史进程,做一点梳理与论证,试从构建统一多民族国家的视角来看待董仲舒所确立的"大一统"理论的历史作用。希望得到方家的批评指正。

一

大一统观念在中国产生较早。自《尚书》开一统思想之先河,先秦诸子见仁见智,老子、孔子、孟子、荀子、墨子、韩非子等,以及《春秋·公羊传·隐公元年》这本经典,都涉及了大一统这个命题,从他们的思想表述看,先秦诸子多对诸侯分裂的割据局面予以否定,主张大一统的发展方向,并对大一统的实现进行了理论构思与争鸣。从儒家看,孔子的德治思想一直都是以全天下为治平目标的,孔子认为:"天下有道,则礼乐征伐自天子出;天下无道,则礼乐征伐自诸侯出。"(《论语·季氏》)从周游列国追求政治理想的人生经历,到孔子欲居九夷不以为陋,以及子夏"四海之内皆兄弟"的诸多说法,都说明孔门的思想视域绝不仅限于鲁国,亦不局限于华夏诸邦,而是以包括夷狄在内的整个天下为己任。后期儒家孟子"定于一"(《孟子·梁惠王上》)的思想与荀子"四海之内若一家"(《荀子·王制》)的思想,都是由此引申的。虽都有"一"的表述,但尚未从概念上明确提出"一统"。

"大一统"一词始见于《春秋·公羊传·隐公元年》:"元年者何?君之始年也。春者何?岁之始也。王者孰谓?谓文王也。曷为先言王而后言正月?王正月也。何言乎王正月?大一统也。"东汉何休注曰:"统者,始也,总系之辞。夫王者,始受命改制,布政施教于天下,自公侯至于庶人,自山川至于草木昆虫,莫不一一系于正月,故云政教之始。"唐代徐彦疏曰:"王者受命,制正月以统天下,令万物无不一一皆奉之以为始,故言大一统也。"① 这里的文王,指周文王;"王正月",指周代历法中春季的第一个月。这里的"大"不是形容词,而是动词"尊大"的"大","一"是元,"元"者,为天道之始,所谓"一统者,万物之统皆归于一也"。《春秋》中多次使用"元年春王正月",不仅是一个确定性的时间表达,更为重要的是含有尊王重统的深意,以时间上的"一"表示政治上的"一"。公羊学"大一统"概念外延广泛,自然与社会、现实及历史俱在其中,它是一个将自然观、历史观、政治观、时空观贯通混合的广义概念。也是对自孔子以降先秦儒家强调尊王思想的继承和发展。

侯外庐先生曾经说:"思想史系以社会史为基础而递变其形态。因此,思想史上的疑难,就不能由思想本身运动得到解决,而只有从社会的历史发展来剔抉其秘密。"② 自公元前230年至前221年,秦王嬴政先后灭韩、赵、魏、楚、燕、齐六国,建立起中国历史上第一个

---

① 何休解诂、徐彦疏、刁小龙整理:《春秋公羊传注疏》(上),上海古籍出版社,2014年,第12页。

② 侯外庐:《中国思想史》(第一卷),人民出版社,1957年,第28页。

统一的中央集权制的大一统王朝——秦朝，在历史上第一次把中国推向大一统时代，秦在后来的运行过程中日益暴露了法家思想的缺陷。秦朝灭亡后，刘邦取得天下，使中国再次进入一个统一的多民族的大一统时代——汉朝。建立这样一个统一的幅员广大、人口众多的大国，所遇到的首要问题，就是如何确立统一的国家意识。

大一统理论便是在这样一个时代背景下总结历史经验得出的。春秋无义战，战国时期更是杀人盈城、杀人盈野，楚汉战争也是惨烈异常。社会失序，战争频仍，民不聊生。在汉朝建立之初，为休养生息而奉行"黄老之学"，初期颇有效果，但随着社会的发展，其弊端也渐次显露。"黄老之学"尊崇"无为而治"，这就带来了国家治理的软弱，造成了藩王实力逐渐强大和豪强兼并日益猖獗，严重危害到国家政权的稳定与社会的安定。董仲舒指出："今汉继秦之后，如朽木、粪墙矣，虽欲善治之，亡可奈何。法出而奸生，令下而诈起，如以汤止沸，抱薪救火，愈甚亡益也。窃譬之琴瑟不调，甚者必解而更张之，乃可鼓也；为政而不行，甚者必变而更化之，乃可理也。当更张而不更张，虽有良工不能善调也；当更化而不更化，虽有大贤不能善治也。故汉得天下以来，常欲善治而至今不可善治者，失之于当更化而不更化也。"① 因"无为而治"，固守旧法而不知"更化"，内外之乱得不到有效治理。

经历汉初的七国之乱，使饱尝战争痛苦的人民倍加珍惜和平、秩序的可贵。正是在这样的形势下，汉武帝决定改弦更张，调整治国理政的指导思想。一代伟大的思想家、政治家董仲舒经过缜密的研究和成熟的思考，继承和发展先圣贤思想以及经典论述，形成了顺应历史发展潮流并高度契合中华民族心理特征的大一统理论体系。后来成功通过天人三策而把儒家思想变成国家意识形态，为作为一个实体的多元一体的中华民族的发展奠定了良好的理论基础。

董仲舒关于"大一统"理念的陈述，主要表现在他与汉武帝的

---

① 班固撰，颜师古注：《汉书·董仲舒传》，中华书局，1962年，第2504－2505页。

《贤良对策》中。在第一策中:"臣谨案《春秋》之文,求王道之端,得之于正。正次王,王次春。春者,天之所为也;正者,王之所为也。其意曰,上承天之所为,而下以正其所为,正王道之端云尔。然则王者欲有所为,宜求其端于天。天道之大者在阴阳。阳为德,阴为刑;刑主杀而德主生。是故阳常居大夏,而以生育养长为事;阴常居大冬,而积于空虚不用之处。以此见天之任德不任刑也。……臣谨案《春秋》谓一元之意,一者万物之所从始也,元者辞之所谓大也。谓一为元者,视大始而欲正本也。《春秋》深探其本,而反自贵者始。故为人君者,正心以正朝廷,正朝廷以正百官,正百官以正万民,正万民以正四方。四方正,远近莫敢不壹于正,而亡有邪气奸其间者。"①"元"者,为天道之始,《春秋》历代君王纪年均由"元年"开始,意谓君王治政之根本在于效法天道;"春"者,为四季之始,世间万物由此生发,此乃天道于人间的推衍,是为地道,亦是君王政治遵循之道;"王"者,是为人杰、天地之代表,是为人道。董仲舒的所谓"大一统",实质上是天、地、人三才贯通之道。而"春王正"的顺序也表明了董仲舒所说的,"《春秋》之法,以人随君,以君随天,故屈民而伸君,屈君而伸天,《春秋》之大义也。"(《春秋繁露·玉杯》)由于历史的机缘,董仲舒的"大一统"思想全方位地关联着汉王朝的政统及其政治实践,并奠定了此后中国历代王朝道统与政统关系的基本模式。

汉武帝继位第七年,刘彻再次诏贤良对策。董仲舒明确提出大一统是宇宙普遍规律,并提出思想大一统——独尊儒术的建议:"《春秋》大一统者,天地之常经,古今之通谊也。今师异道,人异论,百家殊方,指意不同,是以上亡以持一统;法制数变,下不知所守。臣愚以为诸不在六艺之科孔子之术者,皆绝其道,勿使并进。邪辟之说灭息,然后统纪可一而法度可明,民知所从矣。"②从董仲舒的表述

---

① 班固撰,颜师古注:《汉书·董仲舒传》,中华书局,1962年,第2501-2503页。
② 班固撰,颜师古注:《汉书·董仲舒传》,中华书局,1962年,第2523页。

可以看出，他所说的"大一统"，并不仅限于前人所说的国家统一、社会安定，更主要的是文化的统一、思想的稳定。他认为没有统一的思想文化，国家就无法制定固定的法律制度；没有固定的法律制度，国家治理就缺乏明确的依据，老百姓也就无所适从。主张文化的"大一统"是董仲舒深刻影响中国历史进程的一个重要理念。可见，董仲舒的"大一统"理论超越了《公羊传》统一历法的意义，赋予了国家政权统一和国家意识形态统一的含义，即政治上的一统和思想上的一统。

董仲舒的国家构想是以《春秋》公羊学为宗旨，建立一个政治与文化、治术与学术相互依存的统一国家，作为实现"王道"社会的基础。在阐释"大一统"观念时，董仲舒提出了两个重要主张：一是重申上古时期"天命"的概念，以解决政权合法性的问题，君权天授，但同时又受到"上天"的制约。他把"天命"与民意结合在一起阐释，赋予"民本"思想以自然的法则地位。二是在文化上主张以儒家学说为治国理政的指导思想，以解决国家的文化认同问题，这为汉代形成统一多民族国家奠定了文化基础。

从《汉书》的记载可以看出，自汉武帝之后，汉朝几代统治者都对董仲舒的"大一统"理论采取了认同与坚守的政策，这使得"大一统"成了一种国家政治的共识。而正是因为有了这种共识，才形成了当时整个社会对建立一个统一多民族国家的认同，也形成了此后中国历史发展的一种主流走向。黑格尔认为："每一个民族的国家制度总是取决于该民族的自我意识的性质和形成（式）；民族的自我意识包含着民族的主观自由，因而也包含着国家制度的现实性"，"没有一种国家制度是单由主体制造出来的。"[①] 汉承秦制，西汉王朝是中国历史上第一个持续发展的统一王朝，它保存了秦朝首次统一的历史成果，家国一体的政治组织与大一统思想相辅相成，形成了稳定的政治结构，从而使大一统成为中国社会的主流结构。由此，两汉四百年的

---

① （德）黑格尔：《法哲学原理》，范扬、张企泰译，商务印书馆，1961年，第342—343页。

空前统一更使大一统思想固化为民族心理。在大一统这种深厚的民族传统政治思想影响和左右下,历史上诸多企图分裂中国的行径都沦为徒劳之举。

经过两汉长期的民族融合与文化交流,中华各族逐渐发展成为一个完整的不可分割的统一整体。董仲舒确立的"大一统"学说为中华民族长期自在的存在提供了理论支撑,使各族人民能够在政治上、思想上、文化上超越既往的历史局限,消除彼此间的隔阂,使多元一体的格局成为中华民族精神生活的新的价值追求。

## 二

中国古代国家政治层面的"大一统"进程推动着民族层面由"夷夏之辨"向"华夷一体"观念的演进。中华优秀传统文化是中华民族形成的内在因素,也是其生生不息的动力源泉。民族融合的关键因素在于文化的认同,而汉代的独尊儒术,使文化认同趋于一统,使中华民族拥有了共同的文化价值观。"大一统"观念体现在"族群"关系上,便是一种不同于类似后世"民族"意义上的"族群",而是追求普天之下"文治教化"认同的"有教无类",通过"华夷之辨"而实现"用夏变夷",最终达到"华夷一体",这在中国思想史和中国民族史上都是值得称道的文明成就。

"大一统"的文化底质,以及半封闭、内向型的地理环境,促进了数千年来各民族之间的融合与凝聚。从上古时期"九黎""华夏""东夷"等各部族的冲撞开始,民族融合就成为中国历史演进的基本线索;春秋战国时期,逐渐形成了"东夷、南蛮、西戎、北狄"四方民族向中原"华夏族"融合的主流趋势,并经秦汉王朝的征伐兼并建立起"统一的多民族国家"的初级形态。

以秦汉为历史起点,中国统一的民族共同体开始形成。在西汉大一统格局中,各民族交往空前频繁。虽然不免对峙与冲突,但最终都推动了民族间的了解与互信,加强了交融与认同。紧接着是三国两晋南北朝,被称为五胡十六国的少数民族政权在中国北方,以内聚的形式打破了旧有"中国"的界限，共享中华文明的历史成果，实现了中华历史上的第二次民族大融合，也实践了"华夷一体"的理想。

在所谓的"五胡乱华"时代，第一个突入中原灭亡西晋建立政权的匈奴人刘渊，为了强调对"中国"的认同，同时也希望得到"中国"的认同，刘渊自认汉朝的外甥，当然这些并非完全没有道理，因为数百年的汉匈和亲，的确使匈奴单于的母系融入了汉朝皇室的血脉。刘渊这样说："昔我太祖高皇帝以神武应期，廓开大业。……孤今猥为群公所推，绍修三祖之业。"① 国号"汉"，意为光复汉室之意，史称后汉。氐人苻坚继"前秦"帝位后，便以中华天子自居："黎元应抚，夷狄应和，方将混六合以一家。"② 声称："吾统承大业垂二十载，芟夷逋秽，四方略定，惟东南一隅未宾王化。吾每思天下不一，未尝不临食辍哺，今欲起天下兵以讨之。"③ 更有意思的是，世出西戎的苻坚认为："西戎荒俗，非礼仪之邦。羁縻之道，服而赦之，示以中国之威，导以王化之法"④，俨然一副中华正主的语气。而建立了"夏"政权的匈奴人赫连勃勃则自言："朕方统一天下，君临万邦，可以统万为名。"⑤ 因此，他把"大夏"的都城命名为"统万"，以明一统万邦的雄心壮志。

南北朝时的鲜卑人拓跋珪建"北魏"后颁诏："《春秋》之义，大一统之美"⑥，于是开始了统一中国北方的征战。《魏书》记载了君臣们当时就国号的问题展开的讨论。"诏有司议定国号。群臣曰：昔周秦以前，世居所生之土，有国有家，及王天下，即承为号。自汉以来，罢侯置守，时无世继，其应运而起者，皆不由尺土之资。今国家万世相承，启基云代。臣等以为若取长远，应以代为号。诏曰：昔朕远祖，总御幽都，控制遐国，虽践王位，未定九州。逮于朕躬，处百

---

① 房玄龄等撰：《晋书·刘元海载记》，中华书局，1974年，第2649—2650页。
② 房玄龄等撰：《晋书·苻坚载记上》，中华书局，1974年，第2896页。
③ 房玄龄等撰：《晋书·苻坚载记下》，中华书局，1974年，第2911页。
④ 房玄龄等撰：《晋书·苻坚载记下》，中华书局，1974年，第2914页。
⑤ 房玄龄等撰：《晋书·赫连勃勃载记》，中华书局，1974年，第3205页。
⑥ 魏收撰：《魏书·太祖纪》，中华书局，1974年，第37页。

代之季,天下分裂,诸华乏主、民俗虽殊,抚之在德,故躬率六军,扫平中土,凶逆荡除,遐迩率服。宜仍先号,以为魏焉。"① 意在继承魏之正统,最后统一了中国北方。"北周"的鲜卑人宇文觉是通过"禅让"的形式得到帝位的,所以恐怕遭人非议,就援引中原古制:"予闻皇天之命不于常,惟归于德。故尧授舜,舜授禹,时其宜也。"② 可见,中华各民族均把是否"正"看作是获得一统天下的"一"的合法性。

统者,始也,统正而后一应得正。"正统"一词源出《春秋公羊传》,取意于"君子大居正","王者大一统"。北宋欧阳修的《正统论》对"正统"进行了系统的论述:"正者,所以正天下之不正也;统者,所以合天下之不一也。由不正与不一,然后正统之论作。"③ 他在经过修改的《正统论下》中提出:"故正统之序,上自尧舜,历夏商周秦汉而绝,晋得之而又绝,隋唐得之而又绝。自尧舜以来,三绝而复续。惟有绝而有续,然后是非公、予夺当而正统明。"④ 欧阳修在《明正统论》中强调:"夫居天下之正,合天下于一,斯正统矣。天下虽不一,而居得其正,尤曰天下当正于吾而一,斯谓之正统可矣。"⑤ 论证正统应具有道统的价值,但另一方面需要说明的是,从道统上强调正统,实在也是宋朝在当时历史条件下一种无奈的选择。

而与北宋对峙的辽朝倒是勇于追求一统,其在位时间最长的辽圣宗便"尊号曰天辅皇帝……改元统和"⑥,以"统有各族"的天下宗主自居。女真人入主中国北方后,继辽朝之后建立了金朝。他们更无

---

① 魏收撰:《魏书·太祖纪》,中华书局,1974年,第32—33页。
② 令狐德棻等撰:《周书·孝闵帝纪》,中华书局,1971年,第45页。
③ 欧阳修:《正统论上》,《欧阳永叔集》(上),第三册,商务印书馆出版,1938年,第10页。
④ 欧阳修:《正统论下》,《欧阳永叔集》(上),第三册,商务印书馆出版,1938年,第12页。
⑤ 欧阳修:《明正统论》,《欧阳永叔集》(中),第七册,商务印书馆出版,1938年,第54页。
⑥ 脱脱等撰:《辽史·圣宗纪一》,中华书局1974年,第111页。

视宋朝的正统地位，金熙宗宣称："四海之内，皆朕臣子，若分别待之，岂能致一。"① 金朝海陵王完颜亮认为："自古帝王混一天下，然后可为正统。"② 对于正统地位的追逐，也可以被视为对"大一统"观念中"一"地位的追求。

明朝在一定意义上是"驱逐胡虏，恢复中华"的汉民族建立的王朝，但朱元璋和朱棣曾说："昔胡汉一家，胡君主宰"，"迩来胡汉一家，大明主宰"，也主张"华夷无间""抚字如一"③。明朝官修的《元史》把元朝看成是继承宋朝的正统朝代。民国官修的《清史稿》也把清朝看成是继承明朝的正统朝代。可见承认胡汉一家，多元一体的中华格局是中国多民族共同的历史认识。强调元朝和清朝是外来统治的说法，更多的是以西方"民族主义"的眼光来解读中国的历史。中国传统的历史书写从来都不是这样的。确切地说，元清两代是蒙古族与满族以内聚的形式，继承并拓展了中华"大一统"的历史成果，将中华文明历史文化认同的疆域范围扩展到前所未有的广度。

清雍正皇帝这样说："……是中国之一统始于秦，塞外之一统始于元而极盛于我朝"④，"始于秦"的"中国之一统"，是汉地中原王朝的郡县制大一统，"始于元"而"极盛于"清的"塞外之一统"，是元、清两代分别以行省、宣政院和理藩院等对蒙古、东北、新疆、西藏行使的直接管辖。

近代以来西学东渐，受到欧洲民族国家观念的影响，清末革命派三民主义的民族主义口号是"驱除鞑虏，恢复中华"，存在着"民族建国主义"的以在十八行省恢复建立汉族国家为目标的革命建国思想，武昌首义后使用的即"十八星铁血旗"，这客观上为日本、英国、俄国等国外侵华势力提供了分裂中华的可乘之机（日本称中国汉族主

---

① 脱脱等撰：《金史·熙宗纪》，中华书局，1975年，第85页。
② 脱脱等撰：《金史·杲等传》，中华书局，1975年，第1883页。
③ 《明太祖实录》卷五三，洪武三年六月丁丑条，中研院历史语言研究所影印本，1962年版，第1048页；《明太宗实录》卷二八四，永乐二十一年十月己巳条，第2407页。
④ 《清世宗实录》卷八三，雍正七年七月丙午条，中华书局，1985年，第99页上。

要聚居的18个省为本部18省,我们中国人在自己的行文中要避免使用"本部"二字),同时也导致国内满、蒙、回、藏各族对革命充满疑惧而产生离心倾向,这使得国家在辛亥革命过程中面临领土分裂和由此引发大规模民族仇杀的巨大危机。幸而国内各派政治势力大多能够以维护国家领土完整和民族团结为重,立宪派是一贯反对民族革命导致民族分裂的,革命派在感到推翻帝制在望的情况下也努力维护多民族共存的政治局面。这里需要特别提出来的是清廷的态度,他们没有像元末时的蒙古统治者退回到蒙古草原为北元政权那样。而是在逊位诏书这样表述:"……当兹新旧代谢之际,宜有南北统一之方,即由袁世凯以全权组织临时共和政府,与民军协商统一办法,总期人民安堵,海宇乂安,仍合满、汉、蒙、回、藏五族完全领土,为一大中华民国。"维护中华民族统一的意愿也表现得很强烈。最终使江浙一带象征五族共和的"五色旗"取代武汉军政府象征18省汉族铁血团结的"十八星旗"成为中华民国国旗,标志着五族共和代替了汉族立场被确立为国策。南北议和以清帝退位、将其主权及相应的疆域完整移交民国政府而完成,保持了主权和领土的连续性,同时避免了大规模民族仇杀的灾难,也避免了类似于奥斯曼土耳其帝国在多民族国家向现代民族国家转型过程中出现土崩瓦解的局面。这些对整个中华民族而言都具有重大的历史意义。

在中华多元一体的融会进程中,各民族分分合合共同维系着"大一统"政治实体,历史上的征伐与战争既是各民族融合的主要阻力,也是各民族融合的助力。西汉以后,董仲舒结合王权政治和儒家伦理将"大一统"阐述成特定的政治用语,"大一统"由本体论上的"超越一统"转述为中国政治社会语境下的"王权一统",意谓在"王权一统"基础上建立起地域、民族、臣民、文字、饮食、服饰等各方面高度集中整齐划一的庞大国家。封建时代之后,随着"王权"概念的沦落,"大一统"剔除了王权内核,在现代意义上开始指涉国家在政治、经济、社会、文化上的"统一"。这便是"大一统"观念的现代性转化。对此,英国著名历史学家汤因比这样赞叹:"就中国人来说,几千年来,比世界任何民族都成功地把几亿民众,从政治文化上团结起来。他们显示出这种在政治、文化上统一的本领,具有无与伦比的成功经验。这样的统一正是今天世界的绝对要求。"①

## 结　语

采用包括"大一统"理论在内的儒家思想治国理政,不仅使得汉朝成为当时世界上雄踞东方的一大强国,而且稳定了刘汉王朝数百年的统治。董仲舒"大一统"的思想也因此成为维系中华民族统一体的重要的文化理念。我们今天能够保有这样一个多民族的统一国家,从文化根源上看,也应该追溯到董仲舒所留下的"大一统"这一文化传统。如果没有董仲舒的"大一统"思想,汉代的统一民族国家就难以解决文化上的民族认同、国家认同,中国就有可能重新回到秦统一之前的状态。

"大一统"观在历史上曾经为中华民族文化认同和国家认同作出过不可磨灭的巨大贡献。从理论建树而言,汉代大一统思想对中华民族的形成起到了积极的作用。虽然大一统要求一统于华夏,但它实际上突破了狭隘的民族观念,因为华夏文明是民族意义的升华,成了衡量一统各族的标准。在凝聚中华各族文化向心力方面发挥了历史性作用。从《春秋·公羊传》首提"大一统"概念至今,"大一统"虽然在不同时空框架中呈现出多维语义解读,但其主导性的思维逻辑、伦理精神与价值导向却"一"以贯之,始终未曾超出"定于一"的历史文化意志,中国在民族关系上侧重"夷夏一体、多元一体",也是基于五千年传承不断的"大一统"文化背景。"定于一"的"大一统"意志成为叙述中华民族冲撞交流融合趋势的历史语境。"统一"成为中华世界唯一的理想形态,也是最终形态。

今天,强化中华民族认同意识是中国建构现代统一多民族国家的必然要求,也是实现中华民族伟大复兴的前提与保障。近代以来西方

---

① (日)池田大作、(英)汤因比著,荀春生等译:《展望21世纪——汤因比与池田大作对话录》,北京国际文化出版公司,1997年,第284页。

民族国家意识的引入，西方殖民者分而治之的政策助推着东方民族分裂主义。而苏联强调民族自决，民族识别等理论对中国又影响很大，这些都强化了不同民族之间的独立性，而弱化了中华各民族之间民族融合的历史趋势。我们如何从中国传统文化的源头活水获得智慧和启迪，强化多元一体中"一"的意识，尊重56个民族的个性，但更要强调中华民族的共性，强化中华民族整体的民族意识。同时深入研究将中国传统思想资源做现代性转化，为巩固现代统一多民族国家、实现中华民族伟大复兴做出应有的贡献。

本文为"2020中国·衡水董仲舒与儒家思想国际学术研讨会"提交的论文。

刘丹忱（1969—），男，山东烟台人，中国政治大学人文学院副教授。

# 董仲舒公羊学的大一统王权合法性叙事

路高学

董仲舒融会众家之说，建立了一个系统的政治合法性理论体系，完成了大一统政治形势下王权合法性的理论证明，被称为"将汉帝国理论化的哲学家"[1]211。但是从目前的研究状况来看，学者们在论及董仲舒政治合法性理论时，目光仍然多局限于天人关系之中，而鲜有从合法性建构的主要途径来考察董仲舒王权合法性理论建构的模式，更没有从合法性与叙事的关系来讨论董仲舒的政治合法性思想。董仲舒之所以能建立一个系统的政治合法性理论体系，最关键在于他沿袭了儒家"接续历史传统、继承传统价值观"[2]5的优良传统。因为，权力的合法性必然是建立在某种被大众广泛地接受和认同的价值观念之上，而不可能是无中生有的。根据叙事学的观点来看，人的价值观念往往产生于对过往事件（真实的或虚构的）的叙述与解释之中。在汉初流行的各家学说中，只有以董仲舒为代表的公羊学派最善于把《春秋》中记载的历史事件与当时的时代问题结合起来进行微言大义的解释。董仲舒会通天人，通过对《春秋公羊传》的创造性诠释，建立了一个以"圣王一体"价值观念为基础的大一统王权合法性理论体系。因此，本文决定从合法性与叙事的关系来重新梳理董仲舒王权合法性理论建构历史经验，这对于重新认识董仲舒政治哲学思想和建构当代儒学政治合法性理论都具有重要的意义。

## 一、董仲舒与《春秋》叙事

作为儒家尊奉的经典之一,《春秋》是中国已知最早的编年体史书,而又由于其记叙的简略,后世儒生对其不断地进行诠释,形成了不同风格的"《春秋》学"。在《汉书》的记载中,"《春秋》学"的代表主要有五种:《春秋左氏传》《春秋穀梁传》《春秋公羊传》《春秋邹氏传》《春秋夹氏传》[3]325-326。后两者因佚失过早,已经无法考证。而前三者:"《左氏》并不传义,特以记事详赡,有可以证《春秋》之义者","《穀梁》不传微言,但传大义","惟《公羊》兼传大义微言"[4]19。

《春秋》之所以能发展出这样的分支学脉,与其特有的叙事结构有关。根据叙事学的理论:"叙事讲述社会的统治者、社会的法制和宗教组织等的合法地位的来源,把这些与神圣的东西、历史的源头或将来的希望相关联,通过一再重复,建立合法性。"[5]这句话说明了叙事是合法性建立的重要途径。这根源于在叙事中,绝对客观地完全呈现事情本身的面貌往往是不可能的,叙事主体不可避免地会带着某种前见,而新的、具有时代特征的价值观念也会在这个过程中形成。以赛亚·伯林曾说:"所有这些对已经发生的事情的描述没有一个是完全中性的:它们全都携带着道德含义。不管他多么小心地使用纯粹描述性的语言,历史学家之所言迟早会传达他的态度。超脱本身就是一种道德立场。使用中性语言本身便传达着自己的伦理语气。"[6]26王律也曾指出:"叙事对'事件'的再现,并非简单的反映或被动的记录",而是"精心整理在感知和反思中被赋予的材料,塑造它们,并创造新的东西"[7]。这种新东西本身就携带着叙事主体的道德观念,而当其与政治权力联系起来时,就不可避免地构成了政治主体合法性的道德基础。在汉初流行的诸家经典中,显然《春秋》的叙事特征最为明显。

在西方历史上,基督教的《圣经》是非常典型的以叙事为主的文献,其通过对于神迹的展示,树立了上帝至高无上的权威形象,而随着上帝信仰的流行，反过来也奠定了它的重要地位。在中国的汉代，经过以董仲舒为代表的公羊学家"大义微言"的诠释，《春秋》也具备了相似的地位和作用，最终成为了维护大一统王权合法性的神圣法典。

董仲舒以治《公羊传》而闻名于世，在汉景帝时被立为博士。到了元光元年（前134），汉武帝征召"贤良文学之士"，讨论"天人之应""帝王之道"和"万世之统"等问题，以求治国安邦之道。在这样的背景下，董仲舒应召与武帝相对。董仲舒以公羊学为基础，融合道家、法家、阴阳家等诸派学说，对汉武帝的各种问题进行了详细解答，并提出使"不在艺之科孔子之术者，皆绝其道"，从而结束"师异道，人异论，百家殊方"的纷争局面，在思想领域实现"大一统"[3]570。汉武帝接受了这种主张，在建元五年（前136）设置"五经博士"[3]40，后又"罢黜百家，表彰六经"[3]52。由此，儒家学说开始在精神文化方面占据主导地位，成为社会的主流意识形态，也开启了中国思想的"经学时代"。

董仲舒充分发挥了《公羊传》的"大义微言"，使其成了汉代，甚至是中国古代封建社会用来纲纪天下的法典性文本。自从汉武帝采取董仲舒的建议开始，"《春秋》学"逐渐成为一代显学，在政治生活和思想文化方面都占有至关重要的地位，"令后学者有所壹"。北宋胡安国指出："武、宣之世，时君信重其书，学士大夫诵说，用于断狱决事。虽万目未张，而大纲克正，过于春秋之时。"[4]15而西汉刘向赞曰："仲舒遭汉承秦灭学之后，六经离析，下帷发愤，潜心大业，令后学者有所壹，为群儒者首。"[3]571东汉班固也赞曰："汉兴，承秦灭学之后，景、武之世，董仲舒治《公羊春秋》，始推阴阳，为儒者宗。"[3]216

当然，公羊学之所以有如此重要的地位和作用，并不能只归功于董仲舒一人。在他之外，如：公羊寿、胡毋子都、公孙弘等汉初公羊学者，都做出了非常重要的贡献。只是说，在这些公羊学者中，董仲舒对《春秋》的诠释最为系统，也最为符合时代的主题。董仲舒的创造性解释，在解决了汉初王权合法性认同危机的同时，还论证了孔子

"素王"的政治地位,奠定了孔子既为至圣先师,又为万世立法的历史地位。

## 二、大一统的合法性价值诠释

布衣出身的刘邦,战胜世袭贵族的项羽,在秦之后建立了新的统一政权。但是,其政治合法性方面的问题,并没有得到彻底解决。因为在刘氏之前,社会的统治者都是世代相传的贵族,其政治权力的合法性,直接来源于人们对其血缘身份的认同。而这些,显然是汉朝的建立者不具备的。他们在依靠武力取得和巩固了政权之后,还需要在思想理论上论证其政治合法性,否则就会出现统治的危机。哈贝马斯称之为:"一种直接的认同危机"。[8]65 而汉初先后出现的异姓与同姓诸侯的先后叛乱,就是对这种危机的很好说明。因为,权力的维护与社会的管理,只是依靠暴力是不行的,还要通过道德教化,在思想文化上获取社会各阶层的价值认同,如此才能保证政权的长治久安。

汉初的统治者,"必须给出一个合理的解释来说明其权力来源的正当性,这关系到人心向背,关系到西汉王权是否能被社会各阶层所认同"[9]。如果用现代的政治合法性理论来审视:"任何一种政治系统,如果它不抓合法性,那么,它就不可能永久地保持住群众(对它所持有的)忠诚心,这也就是说,就无法永久地保持住它的成员们紧紧地跟随它前进。"[10]264 而对于古代社会而言,统治者除了直接依托"神"的力量建构政治合法性以外,最为常用的手段就是通过某种偏向的历史叙事,把想要传达的价值观念与神秘的力量结合起来,以获取普遍的价值论同。所以,随着代际的更替,当政治形势发生变性时,原本适用于西汉王朝建立之初的政治合法性支柱,已经不能为汉武帝的统治提供充分有效的支撑。此时,通过对历史进行某种有价值选择的叙事,以论证权力的合法性,就成了他的最佳选择。而在当时流行的诸派思想中,最为强调历史传承和最富传统价值观念的学派就是儒家。其中的代表人物董仲舒,承袭了儒家圣王的价值理念,通过公羊学的历史叙事,将儒家推崇的道德观念与天的神圣性结合在一起，为大一统王权的合法性提供了理论证明。

公羊学因解释《春秋》而产生，主要发挥《春秋》的"大义微言"，带有十分浓重的政治色彩。而实际上，《春秋》不过是一部以鲁国历史为主的史书。但是，汉儒相信《春秋》为孔子所作，这就不可避免地为其打上了深厚的儒家色彩。孔子生活的时代，礼崩乐坏、诸侯征伐。孔子对于这种局势深恶痛绝，寄希望于通过恢复礼治，重建天下一统的王道秩序。而姑且不论是否有孟子所说的孔子代"天子之事"，"成《春秋》而乱臣贼子惧"[11]459的情况，《春秋》一书中否定诸侯擅自加称的王号，仍然用最初受封的爵位称呼他们，却与孔子重名、尊礼的精神相一致。可以说，在对于天下秩序的认识上，无论是《春秋》叙事手法，还是孔子的思想，都存在着一致性，即天下应该是一统的。而公羊学家从中阐发出"大一统"的理论，也是顺理成章的。

《春秋》开篇首句言："（隐公）元年春王正月。"[12]5很明显，这是表达时间的语句，指鲁隐公即位后的第一年春天的周王历一月。但是，公羊学家却从中诠释出了"大一统"的理念："元年者何？君之始年。春者何？岁之始也。王者孰谓？谓文王也。曷为先言王而后言正月？王正月也。何言乎王正月？大一统也。"[13]1这种解释明显地包含着尊王与天下一统的价值取向。但是，在实际上，建立周王朝的是周武文，而并不是周文王。然而，这并不重要，关键是公羊学家从中读出的"大一统"价值理念。

从诸子百家的思想主旨来看，追求天下秩序的应该是他们的主流共识，只不过是在实践的具体路径上存在着歧异。汉初以董仲舒为代表的公羊学者，推崇"大一统"的理念，是想为汉王朝大一统王权提供一种证明。而公羊学的"大一统"理念在经过了董仲舒的诠释以后，含义也得到了极大的扩展。

"大一统"的核心主张是王权的一统，这种观念在先秦时期就已产生。《诗经》言："普天之下，莫非王土。率土之滨，莫非王臣。"[14]335而董仲舒则从天地、阴阳等方面系统地阐发了这种观念，提出"《春秋》大一统者，天地之常经，古今之通谊"[3]570，这就在思想上，把"大一统"的价值理念扩展到宇宙、社会、人生等各个方面，从而为大一统王权统治的合法性提供支撑。

具体而言，在董仲舒的"大一统"思想中，天子居于核心地位。天子在名义上作为天的儿子，代表着天来统治天下。在天子之下，则是百官与百姓。其中，百官的权力来源于天子，因此具有了治理百姓的资格。这样一来，就形成了一个从天、天子、百官到百姓的等级体系。在这个体系中，能成为天子的人并不是固定不变的，而是会随着天命的转移而发生变化。特别是一个人能否成为天子，关键并不在于其拥有的血缘关系，而在于他是不是享有天命。而天命的收授，则是天依据君王是否按照天道施政而实行的奖惩手段。当一个人依据天道治理天下，造福百姓，那他就能持续地保有天命，否则就会丧失天命而失去统治天下的资格。

天命收授的过程，董仲舒认为天道是不变的，能发生变化的是统治者对于天道的理解。如果统治者错误地理解了天道，又没有采取必要的措施进行补救，或者是根本就不遵循天道，那么天命就会转移到有德之人身上。这在为平民出身的刘邦建立的汉王朝进行了合法性论证的同时，也赋予了董仲舒所宣扬的"道"的经世安邦的地位。而这个"道"，是董仲舒在公羊学的基础上，整合了道、法、阴阳等诸派学说建构起来的大一统王权合法性理论体系。

董仲舒的大一统王权合法性理论体系，建基于天、天子、百官与百姓的严密层级之上，突出了大一统王权统治之下的等级秩序。这个等级秩序越稳定，大一统的政治秩序就会牢固。所以，董仲舒说："传曰：唯天子受命于天，天下受命于天子，一国则受命于君。君命顺，则民有顺命；君命逆，则民有逆命。故曰：'一人有庆，兆民赖之。'"[15]400−401 这样一来，就把天下的安危、治乱完全地系于天子一人，并由此演化出一个更为复杂的等级体系。董仲舒言："天子受命于天，诸侯受命于天子，子受命于父，臣妾受命于君，妻受命于夫。"[15]559 显然，这个体系是以儒家的伦理本位作为基础，并不含有民主、平等等内涵。董仲舒把它进一步提升到天道的高度，系统化地论证为"王道之三纲"[15]465，也即君臣、父子、夫妇三组对应关系。

总的来看，董仲舒通过对《公羊传》中"大一统"的阐释，将儒家强调的伦理关系提升到天道的层次。这既为大一统王权的合法性提供了合理的道德基础，也给予了儒家思想与儒家圣贤特殊的政治地位。另外，作为儒家政治理念的传承者，董仲舒大一统王权理论中的"王"，是儒家所推崇的有着高尚道德情操的圣王。因为，自孔子开始，在儒家士人的眼里，只有具有高尚道德的圣人，才真正有资格享有天命而成为"王"。

## 三、圣王一体的历史叙事语境

古代的中国社会，非常推崇圣人，以圣人为代表的价值理念，表现在社会的政治、文化、教育等各个层面。这源于春秋战国时代，面对礼崩乐坏、天下纷争的局面，各家各派都试图通过理想化的圣人，或建构他们的话语体系，或表达他们的价值理念。而这种现象，在儒家中又尤为突出。在先秦儒家看来，古代的圣人同时也是贤明的君王。他们不但有着崇高的道德情操，还拥有治理天下的资格与能力。所以，儒家就逐渐形成了"圣王一体"的价值观和政治理念。这种主张在被后来的儒士继承和发扬的同时，也对政治权力的拥有者产生了重要影响。自从第一个建立大一统政权的秦始皇用圣化的手段寻求合法性认同开始，后世历代帝王都在使用这种方式来彰显其享有的天命，以及拥有的政治合法性。这在理论和实践上，构成了形式上的统一性，也蕴含着儒家自汉武帝以后，长时间占据中国封建社会意识形态主流地位的奥秘。

在诸子百家中，儒家最为推崇圣王的理念，这导致他们在现实中非常热衷于寻求圣与王一体的政治实践。特别是在经过公学家将"素王"的称号加于孔子之上以后，儒家的创始人也实现了"圣王一体"。这构成了董仲舒大一统王权合法性理论的价值语境。

董仲舒的大一统王权合法性理论，建基于先秦儒家希望通过圣人表达理想的人格和实现社会秩序的稳定而进行的思考。然而，在事实上，先秦儒家以圣人观为基础而建立的政治合法性理论，并没有在实现天下一统的过程中发挥主导作用。相反的是，秦人在法家思想的指导下，最终结束了纷争的乱局。即使接替二世而亡的秦的汉王朝，在建立之初所采用的也不是儒家思想。和儒家"法先王"的理念不同，法家主张的是"法后王"，强调的是"后王"的道德权威和政治权威。在秦始皇依靠武力统一六国之后，他也意识到需要用"圣人"的光环来装饰自己，不仅要成为政治上的最高权威，还要成为思想上和道德上的最高权威。这个过程，可以称为"王的圣化"。

根据《史记·秦始皇本纪》的记载，秦始皇主要通过三个途径来圣化自己：第一，由"王"而改称"皇帝"；第二，用"圣"来代指"皇帝"；第三，进行"封禅"。秦始皇尝试用这些方式来突出其崇高的地位，显示其达到的甚至是超越古代圣王的功绩，以向世人彰显其权力的合法性。在这个过程中，不能否认儒士们也起到了一定程度的作用。因为儒家思想本身就带有浓厚的圣人情结，这就导致当时的儒生们寄希望于通过"王的圣化"来为现实的皇权立法，以便用儒家理论规范君主权力，实现他们的政治主张。

然而，在当时的历史条件下，儒家理想中的圣人并没有出现，所以他们寄希望通过圣化秦始皇，进而把秦的霸道提升为他们理想的王道。但是，儒生们美好的愿望最后还是落空了。因为在法家的理论中，任何试图超越君主权威的思想或行为，都会被视作对于君权的威胁。所以，信奉法家思想的秦始皇面对一个试图超越皇权的道德权威，当然会采取毫不留情的手段进行打压。这也就说明了两个方面的问题：首先，皇权需要通过圣化的手段显示其合法性；其次，秦时的儒生们寄希望于通过圣化君王的方式实现他们的政治理想是走不通的。而汉儒显然也意识到了这个问题，所以他们又发展出了另一条路径——"由圣而王"。

"由圣而王"是指汉初的儒生们认为孔子尽管不是现实中的君主，但他却具备圣王的德行，能够代天立法，为后世建立法度，从而发起一场尊奉孔子为"素王"的运动。在这场运动中，"以《公羊》家持之最力"[16]89。据《公羊传》载：

十有四年，春。西狩获麟。何以书？记异也。何异尔？非中国之兽也。然则孰狩之？薪采者也。薪采者则微者也，曷为以狩言之？大之也。曷为大之？为获麟大之也。曷为获麟大之也？麟者仁兽也。有王者则至，无王者则不至。有以告者曰："有麕而角者。"孔子曰："孰为来哉！孰为来哉！"反袂拭面涕沾袍。颜渊死，子曰："噫！天丧予。"子路死，子曰："噫！天祝予。"西狩获麟，孔子曰："吾道穷矣！"春秋何以始乎隐？祖之所逮闻也，所见异辞，所闻异辞，所传闻异辞。何以终乎哀十四年？曰："备矣！"君子曷为为春秋？拨乱世，反诸正，莫近诸春秋。则未知其为是与？其诸君子乐道尧舜之道与？末不亦乐乎尧舜之知君子也？制春秋之义以俟后圣，以君子之为，亦有乐乎此也。[13]650

从这段话中可知，至晚在西汉初期，谶纬之学就已经开始流行，视麒麟为祥瑞之兽，相应于王者之事。公羊学家则受这种风气影响，利用谶纬来诠释《春秋》的"大义微言"，提出《春秋》中记载的麒麟，相应的正是孔子。但是，很显然孔子并不是真王，而且他的政治理想也没有实现，所以他才叹息"吾道穷矣"。然而，董仲舒却认为，孔子虽然无王之实权，但是他却能为后世之王改制立法。因此，他说：

有非力之所能致而自致者，西狩获麟，受命之符也。然后托乎《春秋》之间，正不正之间，而明改制之义。[15]181

而董仲舒在与汉武帝的对策中，又进一步地提出了孔子为"素王"，即：

孔子作春秋，先正王而系万事，见素王之文焉。[3]565

在董仲舒看来，孔子所作的《春秋》蕴含着深刻的含义，尽管他没有王的实位，但他却可以"正王而系万事"，为王制宪立法，这就建立了能够与古代圣王比肩的功绩。但是，孔子为什么会作《春秋》呢？这在《公羊传》里归根于周道衰亡，在董仲舒眼里则认为孔子有代周的意思。而根据刘向的《说苑》记载，孔子曰："夏首不亡，商德不作，商德不亡，周德不作，周道不亡，春秋不作，春秋作而后君子知周道亡也。"[17]31对此，蒙文通认为正是由于孔子寓王法于《春秋》，所以被称为"素王"；因此"孔子'素王'又称为'《春秋》素王',都是一个意思",而"'素王'说是必须以'革命'论作为根据的";这是因为"继周为王正是《公羊》家'素王'说的根据,但若不革去周命,《春秋》何能继周为王";因此,"'素王'说若不把'革命'论作为前提,当然就不免被认为是'非常异义可怪'之论了"[16]89。所以,汉代的《春秋》学在经过了董仲舒的诠释后,就证明了"由圣而王"的可能性,也就在儒家自身上实现了"圣王一体"。这也是董仲舒建构大一统王权合法性理论的基础。

可以说,"圣王一体"是一个可以被普遍接受的价值观念。无论是统治者,还是有着不同主张的学派,都在不同的程度上使用"圣王一体"的理念构建着自身的政治理论。自从秦始皇第一次用"圣"来粉饰自己,后来的历代帝王无不用"圣"的观念构建自身的政治合法性。同时也要看到,秦王朝二世而亡的教训说明,秦始皇圣化自己的努力是失败的;而秦始皇"焚书坑儒"的事件也在告诉儒士们,想要通过直接用儒家的学说圣化君王,进而实现政治理想的道路也是行不通的。这一方面启迪了汉初的皇帝采取更为温和的方式建构权力的合法性;另一方面也提醒了汉初的儒士们采用迂回方式来取得他们的政治诉求。而董仲舒在这样的历史机遇下,通过公羊学"圣王一体"的历史叙事语境,采用"由圣而王"的方式,诠释了孔子如何为"素王"而制宪立法,在逻辑上实现了圣与王的统一,进而建构起大一统的王权合法性理论体系。

## 四、结语

综上所述,董仲舒的大一统王权合法性理论建立在公羊学以"圣王一体"为价值语境的历史叙事基础之上。根据现代学者对合法性的定义,任何一种合法性理论都必然建立在人们对某一种价值观念的认同基础之上;而价值观念的形成又与叙事紧密相关,多产生于对过去历史事件的叙述之中。《公羊传》开篇就针对《春秋》中的"(隐公)元年春王正月"提出了"大一统"的概念。董仲舒则对《公羊传》中的"大一统"观念进行了深入的阐发,建立一个系统的价值观念体系,使"大一统"成为其王权合法性理论体系的核心思想。在这个体系中,为了说明"大一统"观念的合理性,董仲舒引入了当时流行的其他诸家思想,特别是黄老学的天道观念、法家的专制主义和阴阳家的神秘主义,并重新赋予了"天"的神圣性,强调了"天"的作用。但是,从董仲舒的政治理想来看,他的王权合法性理论主要继承了先秦儒家的圣王观念。正是在"圣王一体"的语境下,董仲舒通过公羊学的合法性价值叙事,实现了"圣"与"王"的逻辑统一,不仅为西汉王权提供了合法性依据,而且也赋予了孔子"素王"的地位,为儒家思想成为国家主导意识形态做出了重大的理论贡献。

另外,董仲舒建立的王权合法性理论不完全是为现实王权服务的,而是在新的大一统政治形势下,为了实现儒家知识分子的理想,在儒家思想基础上吸收诸家之学而对传统儒家思想实行的一次改造。当然,这种改造不只是董仲舒一个人在做,也不是只有儒家学者在做,而是秦汉之际思想发展的一个大趋势。因此,最重要的问题应该是哪个学派的理论能够很好地解决当时社会所面临的主要问题。董仲舒通过公羊学的合法性历史叙事,宣扬大一统的价值观念,顺应了自秦以降的历史发展趋势,并通过一系列的论证,为大一统的政治体制进行了合法性证明。特别是董仲舒合法性叙事宣扬"圣王一体"的价值观念,构成了君王合法拥有统治地位的重要依据。"圣王一体"是一个被社会各阶层普遍接受的价值观念,无论是王权的所有者,还是有不同政治理想的各家学派,都在不同程度上用"圣王一体"的观念来建构自己的合法性。而董仲舒通过对《春秋》的合法性价值叙事,建立了以"圣王一体"的价值观为基础的王权合法性理论;他不仅为现实的王权提供了合法性的理论证明,而且也确立了儒家学说长达两千多年的主导地位,成为以后中国历代帝王建构自身合法性的重要手段。

**参考文献:**

[1] 冯友兰:《中国哲学简史》,赵复三译,生活·读书·新知三联书店,2009年。

[2] 姜广辉：《中国经学思想史》，社会科学出版社，2003 年。

[3] 班固：《汉书》，中华书局，2007 年。

[4] 皮锡瑞：《经学通论（卷四）》，中华书局，1954 年。

[5] 张庆熊、孔雪梅、黄伟：《合法性的危机和对"大叙事的质疑"——评利奥塔的后现代主义》，《浙江社会科学》2001 年第 3 期。

[6] 以赛亚·伯林：《自由论》，胡传胜译，译林出版社，2003 年。

[7] 王蕫：《合法性：现代语境中的价值叙事》，《哲学研究》2007 年第 11 期。

[8] 哈贝马斯：《合法性危机》，刘北成、曹卫东，译，上海人民出版社，2000 年。

[9] 路高学：《危机与重构：董仲舒对西汉王权合法性的建构》，《中北大学学报》（社会科学版）2014 年第 4 期。

[10] 哈贝马斯：《重建历史唯物主义》，郭官义译，社会科学出版社，2000 年。

[11] 焦循：《孟子正义》（上），中华书局，1987 年。

[12] 杨伯峻：《春秋左传注》（一），中华书局，2009 年。

[13] 刘尚慈：《春秋公羊传译注》（上），中华书局，2010 年。

[14] 周振甫：《诗经译注》，中华书局，2002 年。

[15] 董仲舒：《春秋繁露》，中华书局，2012 年。

[16] 蒙文通：《孔子和今文经学》，《孔子讨论文集》（第一辑），山东人民出版社，1961 年。

[17] 刘向：《说苑》，向宗鲁校正，中华书局，1987 年。

本文为"2020 中国·衡水董仲舒与儒家思想国际学术研讨会"提交的论文。

路高学（1986—），男，河南新郑人，东南大学人文学院讲师。

# 董仲舒廉政思想概述

郭付军

董仲舒,西汉经学家、哲学家、思想家,他的思想浸润滋养了中国人的精神世界和人文风貌。在全国加强廉政建设,建设廉洁社会,实现民族复兴中国梦的进程中,深入研究董仲舒廉政思想,汲取传统政治智慧,继承宝贵思想资源,对我们今天的廉政工作,加快构建惩治和预防腐败体系,具有重要的理论和现实意义。

董仲舒本人是廉洁正直的典范。《汉书》上说他"为人廉直"[1],既不阿谀奉承、曲意从人,也"不问家产业"[2]、厚殖财富,为人为官为学,都能做到正身直行,率先垂范,赢得了众人的尊敬,"学士皆师尊之"[3],特别是以学业为生的广大士人,把董仲舒奉为榜样和楷模。

## 一、内以修身

据今人考证,董仲舒活了90岁左右,在"人生七十古来稀"的年代,是少见的长寿星,即便在今天也算是高寿之人。"德高人长寿,

---

[1] 《汉书·董仲舒传》。
[2] 《汉书·董仲舒传》。
[3] 《汉书·董仲舒传》。

心宽福自来。"除体质遗传原因外，精于修养、心思平正是他得享高年的重要因素。他继承了儒家的"仁者寿""德润身"的养生观念，认为良好的道德修养对身心健康是有益的。他说："天长之而人伤之者，其长损；天短之而人养之者，其短益"①。即，上天给了长寿的基因，如果荒淫放纵、伤害身体，本来的长寿就会变成短寿；上天给了短寿的基因，如果品行端正、精于调养，本来的短寿就会变成长寿。对于如何修养身心，董仲舒给出了一整套理论和实践方案。

(一) 中和度理的循天之道

董仲舒说"循天之道以养其身，谓之道也"②，意思是遵循天地的运行规则来颐养身体，才是正确的方法。这里的天地运行规则就是他的"中和"理论。

"中""和"是中国传统思想史的两个概念，是儒家的重要思想和行为准则。《中庸》说："中也者，天下之大本也；和也者，天下之达道也。"是说"中""和"是自然和社会的本质属性和通行规则。董仲舒对"中""和"两个概念做了进一步阐释，并将其运用于国家治理、文化创作和身体保养等领域，是他思想理论的基础概念。

董仲舒的思想理论有着显明的时代特征和地域痕迹，这也是他的局限性所在，特别是他的基础理论——阴阳论和五行论，带有十分典型的中原温带季风性气候的影子。他生活的年代，地理知识是有限的。他从德州地区成长起来，以"贤良文学之士"被荐举，迁到长安为官生活，一直没离开中原温带地区。他以这样的生活视角，来观察寒来暑往、阴阳消长，以此来思考归纳天地宇宙的运行规律。他的理论基础通篇没有离开四季更替、东西南北的中原地区地理和气候规律。常年生活在赤道和南北寒带地域的人是看不懂他的论述的。他的"中和"理论也是以此为基础的。他说："天有两和，以成二中。"③"两和""二中"指什么呢？在他的理论中，可以概括为：极阴极阳为

---

① 《春秋繁露·循天之道》。
② 《春秋繁露·循天之道》。
③ 《春秋繁露·循天之道》。

中,阴阳相半为和,分别体现在地理方位和季节变化方面。

二中:指北方盛阴之地和南方盛阳之地,对应冬至、夏至两个节气,这是天地的"二中"。他说:"中者,天地之所终始也。"① 天地之间充满阴阳之气,起伏盛衰,终而复始。阳气起于北方,也就是冬至之时,到南方即夏至之时,阳气达到极盛状态。阴气起于南方中夏之时,就是夏至,到北方,即冬至才达到极盛状态。到极盛之后,阴阳二气开始交接转换。就是我们所说的一周年,董仲舒称之为"天地终始"。"阳气……盛极而合乎阴,阴气……盛极而合乎阳,不盛不合",达到盛极状态开始转化,是他理论"中"的含义。这样看来,董仲舒的"中"有终始的意思,也有物极而反的意思,即,在极盛状态,物质开始变化的时刻,孕育产生新事物。

两和:在东方和西方,阴阳相半,对应春分、秋分两个节气,这就是天地的"两和"。"和者,天之正也,阴阳之平也,其气最良,物之所生也。"② "和"是天地运行最平正的状态,阴阳二气平衡,对应季节的春分、秋分,气候温暖,不阴不阳,不冷不热,是最适宜万物发育生长的环境。

"中和"理论是董仲舒应用哲学的起点。他认为:"能以中和理天下者,其德大盛,能以中和养其身者,其寿极命。"③ 在治国和养身的过程中,都要体现"中和"的原则要求。在身体保养中要做到:"男女体其盛,臭味取其胜,居处就其和,劳佚居其中,寒暖无失适,饥饱无过平,欲恶度礼,动静顺性,喜怒止于中,忧惧反之正,此中和常在乎其身,谓之得天地泰。"④

是说:男女之间的婚育媾和要达到精力旺盛的状态才能进行,饮食要注意选择清宜胜神的味道,住处要求平和安适,运动做到劳逸适中,夏要避暑,冬要御寒,做到冷暖适度,喜爱的事物、厌恶的东西

---

① 《春秋繁露·循天之道》。
② 《春秋繁露·循天之道》。
③ 《春秋繁露·循天之道》。
④ 《春秋繁露·循天之道》。

都要讲究其中的道理，适可而止，不可偏执，不要无缘无故地乱发脾气，活动、休息要顺应天性，不可过度勉强，忧愁、恐惧时要快速回复到平正状态，做到这些，身体就始终处于中和状态，就达到了天地安适之道的要求。这样的人寿命会得到延伸而长久。不能处于天地安适之道的人，他的寿命就会受到损伤而短促。即"得天地泰者，其寿引而长，不得天地泰者，其寿伤而短"①。

（二）节欲顺行的养身之术

他说："节欲顺行则伦得，以倜静为宅，以礼义为道则文德。"②节制欲望、顺理而行就符合道德伦理，以安闲自适作为精神的住宅归宿，以礼义伦理作为行为的规则引导，这样的德行就是美好的，对身体保养和工作生活都是十分有益的。

首先要节制情欲。

人在情欲方面要体现"中和"的要求。他说"男女之法，法阴与阳"③。男女关系就是阴阳关系。按"中和"理论，阴阳"盛极而合"，"不盛不合"④。人也是这样，要做到"养身以全"，"男子不坚牡不家室，阴不极盛不相接"⑤。天地之气在运行的时候，先使阳刚雄性旺盛后方才施放出精气，这种精气质量稳固；地气使阴柔雌性旺盛后方才开始生育，所以生育良好。男女都要发育到身体最强盛时期才能结婚，才能达到"身精明难衰而坚固，寿考无忒"⑥的目标。

男女什么年龄才是"盛极"状态，可以结婚了呢？董仲舒没说。根据《礼记》记载："男子二十冠而字"，"女子十有五年而笄"。男子二十岁要行冠礼、女子十五岁行笄礼，相当于我们现在的成人礼，之后就是成人了，可以结婚生子。西汉惠帝更是下令女子十五岁就要出嫁，否则就得交五倍的税赋。这是统治者从增殖人口、增强国力角度

---

① 《春秋繁露·循天之道》。
② 《春秋繁露·天道施》。
③ 《春秋繁露·循天之道》。
④ 《春秋繁露·循天之道》。
⑤ 《春秋繁露·循天之道》。
⑥ 《春秋繁露·循天之道》。

出台的政策法令。但从人口再生产，从优生优育的角度讲，是不科学的，达不到董仲舒所说的"化良"的效果。今天我们的婚姻法规定的结婚年龄男子二十二岁、女子二十岁，从身体和心理发育成熟度来看，是很科学的，对于优生优育、人口再生产，对于民族整体素质的提升都是有益的。

董仲舒倡导秋冬迎婚的礼俗。他说："霜降而迎女，冰泮而杀内。与阴俱近，与阳远也。"① 即，天道的运行规则是，趋向秋冬两季的时候，阴气到来，趋向春夏两季时，阴气就离去。所以，古代人在霜降以后，开始迎娶新妇，操办婚礼，到冰雪融化时就停止这样的事情。秋冬迎婚是我国古代社会一种较为合理而且普遍民间礼俗。《诗经·氓》说："将子无怒，秋以为期"，明确指出了以秋天作为婚期。这是与农耕社会的生产和生活规律相适应的。以农业生产为中心的社会经济生活，春夏人们忙于农事，繁重的农业劳动使人们没有足够的时间、人力、物力来进行婚嫁这种耗费精力和财力的活动。秋天收获后，粮食丰收，家畜长成，时间空闲，有了物质基础，进行婚嫁之事最为适宜，这是与当时的社会条件相吻合的民俗习惯。这种观念直到今天仍然没有改变，但已被现代化大生产冲淡了很多。

董仲舒认为婚后的"游房"也是必须注意的。他说："君子甚爱气而游于房以体天也。"② 注重修养的人爱惜自己的身体精气，也是按照天地的运行规律来行房事。盛极而交，行房事也要遵循"中和"的理论原则。"气不伤于以盛通，而伤于不时、天掷。"③ 人的精气不会因旺盛的时候相交而损伤，倒是会受到不适时、背离身体发育规律的相交而伤害。不与阴阳之气运行相配合的行动叫不适时，即"不时"；放纵自己的欲望，违背天理规则，会被上天所抛弃，即"天掷"。具体来说："新牡十日而一游于房，中年者倍新牡，始衰者倍中

---

① 《春秋繁露·循天之道》。
② 《春秋繁露·循天之道》。
③ 《春秋繁露·循天之道》。

年，中衰者倍始衰，大衰者以月当新牡之日。"① 即，新婚夫妇十天游房一次，男子四十岁二十天一次，五十岁四十天一次，六十岁八十天一次，七十岁十个月一次。这种数量的规定并不是僵化的。他说"此其大略也，然而其要皆期于不极盛不相遇"②。这种频次的要求仅仅是"大略"，精神实质在于"不极盛不相遇"。总的要求是"疏春而旷夏"，春季行房事的次数要少于秋冬季节，夏季间隔时间要更长一些，这样就不违背天地的规律常道了。

这样看来，董仲舒是主张节欲的，而不是禁欲。这是他的中和之道在男女婚媾方面的应用，始终要保持精气的"盛极"状态，就是他所说的"中"，这对养生保身、优生优育和工作事业都是有好处的。

其次是注重养气。

他说："养生之大者，乃在爱气。"③ "养气"是他修养身心的核心。他认为大凡注重养生的人，都把对"气"的调养作为核心内容而坚持笃行。这儿的"气"是什么呢？在他的理论体系中，气的含义非常丰富，在养生方面，指的是人体真元之气。中华文化讲究"精气神"，精内蕴于里，气弥漫于中，神显现于表。在人的神、形之间，有真气充盈，真气旺盛人体就健康，真气衰减人体就虚弱。在董仲舒看来，真元之气的保养远比衣食重要。缺乏衣食，生命仍可短暂存活，"气尽而立终"。如果真气耗尽，六神无主，人的生命便会终止。

关于养气的方法，董仲舒认为应从物质的衣食住行和精神的道德观念两个方面入手，最终达到中和平衡的理想状态。

在穿衣方面，要做到"衣欲常漂。"

他提出了穿衣方面的养生要求："凡养生者，莫精于气，是故春袭葛……衣欲常漂"④。

这儿的"葛"，即葛布。葛是多年生蔓草，其茎的纤维所制成的

---

① 《春秋繁露·循天之道》。
② 《春秋繁露·循天之道》。
③ 《春秋繁露·循天之道》。
④ 《春秋繁露·循天之道》。

织物叫葛布，俗称"夏布"，质地细薄。以葛为布，自古有之。《诗经·葛覃》："葛之覃兮……是刈是濩，为絺为绤，服之无斁。"即说："葛藤多柔长……割来煮泡后，织成粗细布，穿试无不厌。"说明在先秦以前，人类用葛藤纤维进行纺织技术已经很成熟了。自周以来，历代贡赋，尤以广东之葛为有名。其织葛者名细工，织成布薄如蝉翅，重仅数铢。明清以来有用丝纬葛经混织的工艺。至今，布朗族的服装纺织原料仍然有葛线麻，特别是双江县邦丙乡布朗族妇女善织葛布，远近闻名。布朗族传统纺织技艺被云南省列入省级非物质文化遗产名录。

《韩非子·五蠹》："冬日麑裘，夏日葛衣。"《史记·太史公自序》："夏日葛衣，冬日鹿裘。"由于葛布质地细薄，透气性好，所以多用来做夏天的衣服。

衣服透气性与保暖性是两个相互矛盾的指标。面料内的空气可以有一定流动性，以调节潮湿闷热。但同时又不能流动性太好，不然就会带走过多热量。夏天衣服的功用主要是用作遮羞和美观，葛布来做夏衣，爽身适体，应是最好的选择。

衣服经常浣洗也是养生的要求，特别是贴身的衣服，更要经常换洗。因为皮肤的分泌物和汗液、皮屑、灰尘等同时混合附着在衣服纤维里，若不及时清除，可使衣服逐渐被酸化而变黄。特别是夏天，若被汗液浸渍的衣物不及时更换或清洗，就会造成霉菌滋生，从而导致人得花斑癣等疾病。

在饮食方面，要做到"臭味取其胜"。

董仲舒用他的气论哲学提出了颐养身体的饮食建议，他认为"四时不同气，气各有所宜"。四季运行，每个季节都有利于生命成长的真气，叫"生气"，即不同的气适应不同的生物的成长。人的饮食应当适应这种天气，与天道相向而行，才能达到养生的效果。

自然界随季节变化交替生长出适宜节气的美好食物，人们也随之食用这些美好食物来滋养身体。他说"冬，水气也；荠，甘味也。乘于水气而美者，甘胜寒也"①。冬天是水湿之气最盛的季节，荠菜是在温度较低的环境中生长的植物，适应冬气，味道向甜，所以冬天吃荠菜这种甜味食品，可以达到御寒的效果，这是冬季养生的饮食方向。"夏，火气也；荼，苦味也。乘于火气而成者，苦胜暑也。"② 夏季火气旺盛，荼这种苦菜是适应夏季火气生长的植物，说明苦味可以抵御暑热的侵袭，所以，夏季要多吃一些苦味的食物。

总的要求是"春秋杂物其和，冬夏代服其宜"③。春秋两季，气温适宜，阴阳平衡，万物生长成熟，应当掺杂食用各种味道的食物，冬季和夏季则食用本季节内适宜生长的食物，这样就能最大限度地获得到天地的正气，来滋养人的真元之气，即为"常得天地之美"④。

相反，夏天，荠菜这类甜味物质不能生长，人就必须"尽远甘物"，不吃甘甜的东西。到冬天就不要吃苦味的东西。大体上说，什么季节生产什么东西，就吃这种新鲜的食品，就是顺应天道，即"违天不远矣"⑤。就与天地的运行规则基本相一致了，这样可以益寿。

他以中和理论来选择食物，强调与季节的一致性，这种思想符合人类长期形成的习惯。冬天御寒，多吃含糖分、脂肪等能量较多的食物；夏天防暑，多吃瓜果蔬菜等能量较少的食物，是最普通的常理，也是最重要的养生方法。

在食量上，要做到"食欲常饥"。吃饭不要过饱。他说："人的内脏太实，体内之气就不会通畅；内脏太虚，体气就不充足。生活在过热的环境中精气就消耗多；生活在过寒的环境中精气就郁积不通畅。过于劳累，气就难进入体内；太安逸，体内的气就阻滞不通畅。发怒时则气高扬；高兴时则气分散；忧愁时则气发狂；恐惧时则气沮丧"⑥，这十种情况，都是损害人体真气的，不符合中和的原则，不

---

① 《春秋繁露·循天之道》。
② 《春秋繁露·循天之道》。
③ 《春秋繁露·循天之道》。
④ 《春秋繁露·循天之道》。
⑤ 《春秋繁露·循天之道》。
⑥ 《春秋繁露·循天之道》。

利于养生健体。

在居住方面，要做到"居处就其和"①。

董仲舒认为，居住环境应该体现"和"的要求。这种适宜的环境不偏阴不偏阳，不冷不热，不湿不燥。夏天居住在凉爽的地方，秋天要躲避肃杀之风，冬天避开过度潮湿的地方。

当时没有现代的冷暖设备，怎么才能做到"和"的要求呢？他认为应通过房屋的高低宽窄来调整，他说："高台多阳，广室多阴，远天地之和也，故圣人弗为，适中而已矣"。②台子太高，阳多干燥；房间太大，阴多潮湿。这两种情况，一是偏阳，一是偏阴，都跟"天地之和"相违背。所以圣明的人都不会做这种选择。他们居住的房屋都要求"适中"，即不高不广，才能达到"天地之和"，有益于养生。

古人说："屋大人少切莫住。"当一个人居住在一个宽敞的房子里，人的气就会被宽敞的房屋所损耗，一旦人气被损耗，各种疾病就会随之而来。因为，人睡觉的时候需要"聚气"，而不是像白天那样要"豁然开朗"。晚上睡觉要是把"气散了"，第二天会整个人都不好了。其实，这是符合现代医学和心理学的，因为人在适当空间会出现"幽闭"的感觉，很容易入睡，睡眠质量更高。现在我们的房间格局也是这样，客厅比较大，适合"高谈阔论"，而卧室则是私密空间，适当的面积就可以了。

古代帝王对于真正睡觉的地方也不会要求面积过大，也是很科学的。古代的皇帝高高在上，可以动用全国的资源为自己服务，锦衣玉食，广厦千万，但自己的卧房并不大。北京的故宫是世界最大的木结构宫殿建筑群，拥有房间9000余间，庞大而雄伟，而养心斋的卧房并不比普通百姓的卧房大多少，总共十几平米。并且卧房中的那张龙床也不比我们平常睡的双人床大，如果床前的那两道帘子再放下来的话，睡觉的空间就更小了，甚至还不到十平方米。这样的小户型房子，对于一个帝王来说，或许有些不相称。但是，从所有的寝宫来

---

① 《春秋繁露·循天之道》。
② 《春秋繁露·循天之道》。

看,承德皇宫、沈阳清故宫的寝室都是十几平方米,不是很大,这一点并不会因为地位的尊卑就有所改变。

古今同理。在经济条件允许的情况下,并非房子越大越好。面积太小也不行,空气不流通,宅气凝滞不畅,对身心都有害处。房屋的净高和进深要求,每个人的居住面积最少不能低于六平方米,否则,居住过分拥挤,使人的大脑皮层受到刺激,长期下去,会产生头晕、疲劳、记忆力减退等症状,对健康极为不利。

在行为方面,要做到"体欲常劳"①。

董仲舒看到了运动对于养生的重要作用,他主张身体要经常活动,不能长久地息惰不动,更不能长期处于"逸居"的状态,而"常劳"则有利于生命的保养。

他说:"鹤之所以寿者,无宛气于中,是故食滞。猿之所以寿者,好引其末,是故气四越。"②

鹤长寿的原因是体内真气流畅不郁,吃了食物不会滞留胀闷,所以身体轻盈敏捷。在鸟类中,鹤的确算是长寿的,有的能活到50至60岁。据说,人们从没见到过鹤的尸体,又加以体态飘逸雅致,舞姿优美动人,一直被作为长寿的象征。古人说"猴寿八百岁"。特别是猿猴,面似老人,四肢修长,身体灵动,善于攀援,真气通过肢体运行不息,被视为长寿的象征。

鹤、猿长寿的原因都是因为"引气于足",通过运动,把体内之气引向四肢,达到"动而不滞"的目的,生命质量自然就会提高。

(三)仁德义利的养心之法

仁者寿,孔子说:"大德者……必得其寿。"③ 儒家认为,道德崇高者,胸怀宽广,怀有仁爱之心,必有相应的寿限。儒家特别注重个人道德修养在养生中的作用,主张突出个人养德的主动性,来达到道德自我完善的境界,并认为这是人们得以长寿的基本要素。道德感是

---

① 《春秋繁露·循天之道》。
② 《春秋繁露·循天之道》。
③ 《中庸》。

人的一种社会性高级情感，自我道德感的满足，缓解了情感矛盾，减少了心理冲突，并通过大脑皮层，给生理机制带来良性影响，从而有益于人的健康。

董仲舒对仁者的思想和行为特征做了详细的描述，他说，所谓仁者，就是发自内心地爱护别人，恭敬和合而不与人争斗，喜好德道修养，没有伤人之心，没有暗中忌恨别人的想法，没有嫉妒别人的情绪，没有抱怨、忧闷的意愿，不做阴险邪僻的事情，这样的人，就会心情舒畅，"其心舒，其志平，其气和，其欲节，其事易，其行道"①，所以能平和愉快而合理地生活，这就是仁者长寿的原因。

一是养心为上。

董仲舒认为，精神对身体的保养作用极大。他说："凡气从心，心，气之君也。"② 气受到神的制约，气是顺从精神而形成的，精神是从意志中产生出来的。心意疲劳的人精神纷乱，精神纷乱的人气就少，"气少者难久矣"。

人的思想活动通过神气间接影响到人的身体健康。因此，董仲舒主张"闲欲止恶以平意，平意以静神，静神以养气。气多而治，则养身之大者得矣"③。减少欲望，不干坏事，这样就可以使人的"意"，也就是思想平静下来，精神因此可以得到安静。精神处于安静状态，人体的真气就会集聚。真气经过适当保养，既充足又顺当，那就大体上掌握了养身之道。董仲舒从意、神、气的三者关系出发，论证了思想活动、精神面貌对身体健康的重要作用。

董仲舒认为，心主宰人体内真气，不管心如何变化，气都要随着心的变化而变动。这里的心，即为人的思想和情感。"怒则气高，喜则气散，忧则气狂，惧则气慑。"④ 这些都是气随着思想情绪的变化而产生相应变化的例子。因此，董仲舒认为："仁人之所以多寿者，

---

① 《春秋繁露·必仁且智》。
② 《春秋繁露·循天之道》。
③ 《春秋繁露·循天之道》。
④ 《春秋繁露·循天之道》。

外无贪而内清净，心和平而不失中正。"① 不贪外财，不争名利，心里又没有私心杂念，情绪上心平气和，办事妥当公允，不偏不倚。这就是"仁者"的做法，也是长寿的根源。这种说法跟古代医学所谓"七情"对健康的影响是一致的。

孟子就是长寿的仁者，活了 84 岁。他有什么经验呢？他说："我善养吾浩然之气。"他的浩然之气是"配义与道"的一种精神气质。董仲舒进一步阐发了他的观点，他说，孟子养气就是指"行必终礼而心自喜，常以阳得生其意也"②。行为一定要符合礼教，心里自然喜悦，又经常根据"阳"的积极正向原则考虑问题，提出思想。什么叫"阳"的原则呢？"阳者，天之宽也；阴者，天之急也。"③"阳"表达天的宽容性和正向性。王者法天，因此，"王者心宽大无不容，则圣能施设，事各得其宜也"④。当政者能够宽容，正确地安置人事、设立机构，就能够实现各得其所治理目标。宽容是一种道德，有这种道德的人就是仁人，就能长寿。

董仲舒是典型的唯心主义者，他还认为，真元之气对于人来说比衣食更为重要。气的多少优劣又直接受到人的思想情绪的影响，思想情绪又跟人的道德修养有密切关系。因此，加强道德修养，提高思想境界，就成了养气保身的重要方面。所谓道德修养，主要指实行仁义。进行仁义教育，提高仁义道德，对于养生极为重要，比任何物质利益都更为重要。"体莫贵于心，故养莫重于义，义之养生人大于利。"⑤ 这说明儒家把精神生活的价值看得高于物质生活。

仁义与功利的关系，又可以简化为义利的关系。董仲舒说："利以养其体，义以养其心。心不得义，不能乐；体不得利，不能安。义者、心之养也；利者、体之养也。体莫贵于心，故养莫重于义，义之

---

① 《春秋繁露·循天之道》。
② 《春秋繁露·循天之道》。
③ 《春秋繁露·循天之道》。
④ 《春秋繁露·五行五事》。
⑤ 《春秋繁露·身之养重于义》。

养生人大于利。"① 进行仁义教育，提高仁义道德，对于养生极为重要，比任何物质利益都更为重要。这说明儒家把精神生活的价值看得高于物质生活。

二是仁义兼施。

先秦儒家提出了仁义学说，广泛传播。各家均有论述，互相影响，内容丰富。董仲舒发展了先秦诸家的仁义思想，赋予它特定的内涵，既是个人道德修养的目标，也是人际交往的原则，对他的整个道德理论起着规范和导向作用。

"仁者，爱人。"这是孔子对仁的内涵最简洁、最通俗的概括。指在处理人际关系时，要爱一切人，做到与人友善；在行为上表现为孝、悌、恭、宽、惠、敏、信；在语言仪表上表现为刚、毅、木、讷；在情感上表现为爱、忠、恕等，如果人人都能做到仁的要求，就是孔子追求的"天下归仁"的社会理想。

董仲舒重新界定仁的含义，强调了个人对社会的施与和贡献，否定了自我满足与获得。他指出"仁之法，在爱人，不在爱我"②。不爱别人，只爱自己，不能叫作"仁"。

他举了个例子。春秋时代，有个诸侯王叫晋灵公，大臣们上朝拜见时，他在台上，用弹丸弹射大臣们。诸位大臣跑来跑去躲避弹丸，晋灵公觉得挺开心。还有一次，一个厨子给他煮熊掌，熊掌比较难煮熟，他馋得很，等不及，就让厨子快快拿来吃。一吃发现不熟，一气之下把厨子给杀了，将尸体肢解，用畚箕让人抬走。董仲舒这样评论："晋灵公杀膳宰以淑饮食，弹大夫以娱其意，非不厚自爱也，然而不得为淑人者，不爱人也。"③ 他说，晋灵公以自己的喜爱为中心，不顾他人的感受、安危甚至生命，这不是仁人的表现。

在董仲舒这里，仁首先表现为一种仁爱的精神，在待人接物中，便会融入这种情感，做到收敛不争。仁者还表现为有豁达的胸襟，没

---

① 《春秋繁露·身之养重于义》。
② 《春秋繁露·仁义法》。
③ 《春秋繁露·仁义法》。

有伤害和厌恶别人的心理，没有嫉妒别人的意向，没有感伤愁苦的欲念，不行背理之事。做到心情舒畅，志气平和，行事顺道，这样的精神境界，心灵就能得净化。董仲舒强调仁在于爱别人，不在爱自己，因为爱我则会与人有争，会被世俗功利所扰，对社会是不利的。

对于"义"，董仲舒是这样说的："义者，谓宜在我者。"① 这是对"义"最通俗的理解，按照适宜的规则行事，就叫作义。取财要做到见利思义、义然后取；做官，要"君子之仕也，行其义也"②。如果人民背离了伦理道德，就要用义来纠正他们。

董仲舒对义的阐释强调的是对自我约束和自我矫正。他说"义之法在正我，不在正人；我不自正，虽能正人，弗予为义"③。如果自己行为不端正，虽然能够整治别人，也不能认为是符合义的要求。他说楚灵王讨伐陈国，"执人之罪人，杀人之贼"④，做了一些合乎义的事情，但由于楚灵王自身不正，灭了人家的国家，使陈国臣民大失所望，所以楚灵王不能算是行义的人。

怎么样才能做到义呢？就是要勇于正视和纠正自己的错误，做到"自称其恶"⑤。小错误发生在别人身上，可以不提；如果发生在自己身上，那就要揭露出来，并加以批判。这叫做"躬自厚而薄责于外"⑥，对己严，对人宽，严以律己，宽以待人。他说"君子攻其恶，不攻人之恶"。说的是修身就要纠正自己，宽容别人。

这是对义的含义阐释的发展，由"宜于社会"发展到了"正己自束"，是一种进步。要求统治者用新的伦理道德来严格约束自己，限制诸侯王和大地主穷侈极奢的生活，以此来稳定社会，维护长治久安。"内治反理以正身，据礼以劝福，外治推恩以广施，宽制以容

---

① 《春秋繁露·仁义法》。
② 《伦语·微子篇》。
③ 《春秋繁露·仁义法》。
④ 《春秋公羊传·昭公九年》。
⑤ 《春秋繁露·仁义法》。
⑥ 《春秋繁露·仁义法》。

众。"① 用理的要求修正自己，用礼制为百姓创造幸福，推行恩德，用宽容的制度包容大众的行为。自己做不到的事情，却要求别人一定做到；自己有毛病，却指责别人有这种毛病，这是没有道理的，别人是不能接受的，"其理逆矣，何可谓义！"②

三是重义轻利。

在义利关系上，董仲舒也有自己的阐发。他指出了义与利的客观性。"天之生人也，使人生义与利。"③ 人这种与生俱来的双重属性，与天地的阴阳属性是一致的。"身之名取诸天，天两有阴阳之施，身亦两有贪仁之性"④，性为阳气所生，情为阴气所出；性之属为仁，情之属为贪，都是天的阴阳二气所生成。二者的作用是不同的，"利以养其体，义以养其心。心不得义，不能乐；体不得利，不能安"。

董仲舒指出了义与利的对立性。"凡人之性，莫不善义，然而不能义者，利败之也。"⑤ 人的本质是以义为善的，但是利常常危害义的存在。"利者，盗之本也；妄者，乱之始也。"⑥ 这是一种不相容的对立关系。利的最原始的表现是饮食和美色。"好色而无礼则流，饮食而无礼则争，流争则乱。"⑦ 只好用制度，也就是礼来制约利的过度膨胀。"夫礼，体情而防乱者也。"最后达到"安其情"的目的。理想的状态是"故圣人之制民，使之有欲，不得过节；使之敦朴，不得无欲"⑧。在礼的节制下，把利限制在一种合理的区间，达到安定社会的效果。

人的社会性本质是重义轻利的。"天之为人性命，使行仁义而羞

---

① 《春秋繁露·仁义法》。
② 《春秋繁露·仁义法》。
③ 《春秋繁露·身之养重于义》。
④ 《春秋繁露·深察名号》。
⑤ 《春秋繁露·玉英》。
⑥ 《春秋繁露·天道施》。
⑦ 《春秋繁露·天道施》。
⑧ 《春秋繁露·保权位》。

可耻,非若鸟兽然,苟为生、苟为利而已。"① 人类社会共同体的生存和发展,需要人们在义与利的选择上,重义轻利,以维护共同体的平衡与和谐,也就是维护社会整体的共同利益、长远利益,在古代表现为实现统治者稳定社会的需要,今天则是人民群众对美好生活的追求。

"义利兼顾、义重于利"是古今不变的道德原则。"心不得义,不能乐;体不得利,不能安。"没有伦理规范的陶冶,心灵难以快乐;没有物质利益的保障,生存难以继续。心灵修养、道德论理则是保证人类长远利益的因素。习近平总书记指出,不谋私利才能谋根本谋大利。把个人的精神追求放置物质利益之上,把集体利益和国家、民族大义高高举过头顶,就是我们所倡导的为"谋根本谋大利"而甘于牺牲奉献,不惜以身赴死、舍生取义的崇高追求。

## 二、外以监督

我们常说:"不受约束的权力必然腐败,绝对的权力导致绝对的腐败。"古今通理。用监督来预防和消除腐败官员的侥幸心理,防止腐败行为产生,是有一种有效的保障措施。作为较早建立了完善社会治理体系的中国,监察制度历来发达,从黄帝的"左右大监、监于万国"到战国秦汉的御史等制度,监察体制完备而健全,广泛应用于官员选拔、违法纠察、经济发展、案件审理等领域,为国家利益和帝王集团服务,维护既有的统治秩序和行政管理体制,保证国家机器正常运转。

董仲舒以阴阳五行、天人感应的学说来解释社会问题,借用天象的变化阐述监察的合理性和必要性,对于当时的社会治理起到了积极作用。西汉成帝时,御史中丞薛宣说:"嘉气尚凝,阴阳不和"②,是监察官部刺史没有尽到监察职责,使得"臣下未称"所致。皇帝也常

---

① 《春秋繁露·竹林》。
② 《汉书·宣朱博传第五十三》。

常借此强调监察官要尽职尽责。东汉和帝永元十六年，这一年秋天大旱，皇帝下诏认为，是"妄拘无罪、幽闭良善"① 所致，要求监察官予以查处。这说明，董仲舒的思想作为官方哲学，已经渗透应用于社会管理的各个方面了。

### （一）选贤任能保廉洁

育材造士，为国之本。我们的先人很早就认识到了选贤任能对国家治理的重要性，并在实践中充分应用，创造了丰富的社会治理经验和政通人和的盛世佳绩，"得其人则有益于国家，非其才则贻患于黎庶"②。董仲舒说："观乎齐桓、晋文、宋襄、楚庄，知任贤奉上之功。"③ 通过观察齐桓公、晋文公、宋襄公、楚庄王等人的春秋霸业成就，可以看到重用贤人尊奉君上的功效。选贤任能是我们传统政治优势，至今仍在不断地发扬完善。

中国的君主专制体制本质上是一种集团政治。君主首先确定一个利益关系切近的贵族集团作为统治的核心力量，然后广选贤德之人，组成一个决策集体，来实现有效的国家治理。董仲舒所处的时代已经建立起了成熟的官僚体制。以刘氏家族为核心，辅以皇帝母族或妻族的外戚势力，采取推举察辟等手段选贤任能，为实现国家长治久安提供了可靠保障。董仲舒则以自己的智慧提出了保障政权巩固的思想措施。

首先要有一个"知人善任、礼贤下士"帝王。董仲舒认为，人君的行为态度必须有利于贤人的选拔和使用。他说："欲致贤者，必卑谦其身"，"谦尊自卑者，仁贤之所事也"④。想获得贤人，就必须使自己的态度谦恭自卑，只有谦恭自卑、尊重别人的人，仁人贤士才会来侍奉他。皇帝要想广纳贤才，就必须卑谦其身，礼贤下士，待人以诚。这样，天下之英贤，才能云集于其周围，帮助皇帝取天下和治天

---

① 《后汉书·和帝纪》。
② 《旧唐书·食货志上》。
③ 《春秋繁露·王道》。
④ 《春秋繁露·通国身》。

下。这就是"满招损,谦受益"和"得人者有天下"的道理。

其次要明确贤才的标准。董仲舒为君王提出了选拔人才的标准:"气之清者为精,人之清者为贤。治身以积精为宝,治国以积贤为道。"① 何谓"人之清者"? 它包含两个方面的含义:一是清正廉洁,广施仁德,不见利忘义、贪赃枉法、徇私舞弊,更不能卖国求荣;二是聪明睿智,远见卓识,不是昏庸无能、鼠目寸光、苟且偷生之辈。只有选到这样的人才,作为皇帝和国家的股肱之人,才能实现"君尊而国安"的局面。

其三要对人才全面考察。并非"拾到篮子里的都是菜"。对官吏的考察是一件非常严肃重要的事情。一次上书中他说"扶衰止奸,本在吏耳"②,函谷关以东的地区,物价上涨,人民饥饿死亡,盗贼纷纷起事造反,都是官吏治理无方造成的,应当"考察天下领民之吏",优化官吏的设置和使用,来消灭各种乱象,使"百姓各安其业",到达到善治的目的。

他提出了一套考察贤才方法:虚心向被考察人周围的士人请教,观察他所做事情的来龙去脉,要注重和其他贤才商量,征求大众意见,了解到他们的内心真实想法,更要深切地体谅他的情志,观察他的喜好和厌恶,以省察是忠厚君子还是奸佞小人。还要考察他们过去的行为,并与当今的情况进行验证,特别要观察他们日常的所作所为,要注意观察他是否喜欢承受古代贤人的优秀品质,他的对立面是哪些人,他怨恨什么人,他所尊重的人,他经常为何而争执,还要分别他们的亲族和姻亲,来分析他的成长环境。这一套选人用人的方法,直到今天我们看起来也是很实用的。实际上,我们今天的选人用人方法也没有超出董仲舒的智慧设计。

"试玉需烧三日满,辨材须待七年期。"通过长期、充分的考察,才能对一个人的品行、能力和潜质有一个客观、准确的把握。所以考察人才,既看他的一时一事,也看长远、看大局。董仲舒强调要看正

---

① 《春秋繁露·通国身》。
② 《董仲舒文集·诣丞相公孙记室书》。

反两个方面，不能义气取人。他说"闻其声，则别其清浊；见其形，则异其曲直"①。在浊之中一定要看到他的清；在清当中，一定要知道他的浊；在曲当中，一定要看到他的直；在直当中，一定要看到他的曲。不用显著的遮蔽细微的，不用众多的去掩盖寡少的，要把好事、坏事、美事、丑事与他们各自的行为相对照，才能得出公正的结果，切不可以偏盖全、一恶摭百善、一美摭百丑。真正能把黑与白分别清楚，就能选到真正的贤能之人。有了这样的导向，老百姓就知道该如何去留进退了，国家就能实现善治的目标。

董仲舒最重视思想统一对于国家治理的重要性。从意识形态的角度讲，他提出了"罢黜百家、独尊儒术"的主张，用思想的一元性来维护政治的统一性。对于官吏的管理，他提出"众其贤而同其心"。他说："日月之明，非一精之光也；圣人致太平，非一善之功也。"②这里所说就不是一般的任贤了，而是要"积众贤"和众贤"同其心"。单丝不成线，独木不成林，社会治理必须众人拾柴。"积众贤"的同时，还要"同其心"，保持思想的统一，保证政令畅通、令行禁止，做到上下一致、君臣同欲，实现"贤能佐职，教化大行，天下和洽，万民皆安仁乐谊"③的治理效果。

（二）严格考核重实绩

"没有考核，就没有管理。"官吏考核事关行政效率、吏治清明，对政治体系的运行和社会的发展安宁至关重要。我国官吏考核与我们的政治体制一样历史悠久，从舜帝的"三载考绩"、西周的"八法""六计"，到西汉已经非常成熟。董仲舒对前代考核方法进行了研究，以自己独立的观察和思考，为当政者提供了一套完整的官吏考核方法体系，在《春秋繁露·考功名》一章中做了完整的表述。

一是明确考核方向。注重实绩是古今通用的一条官员考核原则。

---

① 《春秋繁露·立元神》。
② 《春秋繁露·考功名》。
③ 《汉书·董仲舒传》。

董仲舒说"揽名责实，不得虚言"①，要倾听群众的反映，看看他的名声好坏，更要考察实际政绩，在实践中检验官吏的治理成果和实际贡献，绝不能用虚有的名声来代替官吏的实际表现。

董仲舒强调积累的重要性，从小事做起，从细处着眼。善恶都是慢慢积累起来的，"众少成多，积小致巨"②。做的好事积累多了，自然名声显达，德行彰著，自身也受人尊重。积善在自己身上，就好像逐渐长大而自己不觉察；积恶在自己身上，好像灯火消耗油一样，人也不容易看出来。所以考核更要注重从小处着眼，从长期观察，不拘泥一时一事，这就是"考其所积也"。

工作成绩的产生不是一蹴而就的，要有一个积累过程，不能凭一时一事的表现来决定官员的实绩好坏，要看长远、看积累。他说"考绩之法，考其所积也"③。考核官员政绩的方法就是要考察他们所积累的功劳和过失。有时因为特殊的机遇，一个官员到任后短时间内会产生突出的成绩，但从长远看，由于缺乏全局眼光和战略思维，政绩是平平的。也有的官员可能由于一时的特殊情况，到任不久就出现了失误和问题，但从整个任期看，是有能力有魄力的，也能做出成绩来。所以考核干部看短期也看长期，看成绩也看过失，总体评价，实绩为上，这才能得出公正客观的考核结果。

官吏的实绩是一个人品德、知识、才能的综合反映。通过工作实绩的优劣，可以看出其思想品德的良莠、工作能力的强弱、工作态度的好坏。

董仲舒反对只看唱功、不看做功。从他的文章中可以看出，他坚决反对以言谈取人，好说空话，做表面文章，弄虚作假的人。他强调"贤愚在于质，不在于文"④。"文""质"是中国传统文化的两个概念，广泛应用于文论、人才、礼仪和社会治理特征等方面。就人才来

---

① 《春秋繁露·考功名》。
② 《汉书·董仲舒传》。
③ 《春秋繁露·考功名》。
④ 《春秋繁露·考功名》。

说,"文"指外在表现,"质"指内在品质。孔子有句名言:"质胜文则野,文胜质则史,文质彬彬,然后君子。"质朴胜过文饰,则显野粗、豪直;文饰胜过质朴,则显虚伪、曲折,质朴与文饰搭配均匀,调和得当,才是真正的大雅君子。

董仲舒继承了孔子的观点,他说"质、文两备,然后其礼成"①。符合"礼"的社会状态是他心目中最高的治理追求。文质兼备自然是最理想的目标,但"文质彬彬"的状态确实不容易做到,如果在"文质"之间做一选择的话,董仲舒选择了后者,他说"俱不能备,而偏行之,宁有质而无文"②。没有刻意的粉饰,没有华丽的装潢,没有词藻的装扮,只坦诚,只有率真,只有心直口快,反倒显得更实际更有用,正是社会治理所需要的人才!

在董仲舒看来,《春秋》这部经书最重视的就是"志",充分突出道德主体求善、趋善的目的性与方向性,强调主观动机对人的行动及其效果的决定意义和引发作用。内在动机是质,外在表象则是文。文的一切礼仪、形式都必须依附于质的内在基础。《玉杯》篇说:"《春秋》之序道也,先质而后文。"康有为说:"天下之道,文质尽之。"只偏向于质或者只偏向于文,都不符合礼之为礼的名号规定。但如果质、文二者难以齐备,那么宁愿要质,可以放弃文,因为这样虽然达不到礼的全部要求,但肯定要比只取法于文好一些。

他举了一个例子:按照《春秋》书事达理的表现方法,中原诸侯拜访鲁君,一律用"来朝"两字表达。朝见时总免不了一套繁文缛节般的礼仪。介国原本只是一个东夷小国,其国君名叫葛卢。夷狄之主,不熟悉"来朝"的这一套礼仪,没有行诸侯见鲁君之大礼,所以僖公二十九年冬季,《春秋》书作"介葛卢来"四字,而非"来朝"。考虑到他能够主动朝见礼仪之邦,说明其心中已经萌发向往仁义、趋近王化的意向了,其动机值得肯定,应该给予鼓励和褒奖,因此《春秋》称呼他的名号。然而,如果徒有文饰而失去质朴之本性,不但不

---

① 《春秋繁露·玉杯》。
② 《春秋繁露·玉杯》。

符合礼的要求，而且还会滋生出许多罪恶的事端。

如果本质是善的，并向着善的方向努力，经过不断积累，事业必然会做大的。官员到任，以"为天下兴利"为目标，就像"春气之生草"那样，一点一点的积累。"是以兴利之要，在于致之，不在于多少；除害之要，在于去之，不在于南北。"① 特别是涉及有利于群众的事情，毫发必兴，不以利小而不为；有害民众的事情，再小也必须革除。行者常至，为者常成。正如习近平总书记强调的："利民之事，丝发必兴；厉民之事，毫末必去。"② 把"利民"作为执政治国的价值标准，具有民本思想的积极意义。兴利与除害两者结合，来评价官吏的实绩。

二是要实行分类考核。"量势立权，因事制义。"③ 度量各种情势而树立不同的标准，依据具体事物而制定不同的规则。这是实事求是的态度。成就了一件好事，值得肯定，但也要看他的本质和出发点是不是好的；做错了一种事，必须警惕，但也是看他的本质和出发点是不是坏的。既要看事情的结果，也要"必本其事而原其志"④，看他的出发和动机目的。这与我们今天的容错机制是相近的。

董仲舒也提出了分类考核的原则，他说："考试之法：大者缓，小者急；贵者舒，而贱者促。"⑤ 大范围的考核频率要低一些，小范围的考核频率要高一些；对职位高的官吏考核频率低一些，对职位低的官吏考核要频率高一些。具体来说，诸侯应该每个月对官吏进行一次小型考核，州长每个季度在其所辖范围内举行一次小型考核，天子每年在全国范围内举行一次考核，三次考核之后就举行一次大型考核。

范围越大、层次越高，制定政策、建立规划越要保持稳定，成绩

---

① 《春秋繁露·考功名》。
② 万斯大：《周官辨非·天官》。
③ 《春秋繁露·考功名》。
④ 《春秋繁露·精华》。
⑤ 《春秋繁露·考功名》。

的显现需要一个较长时间的积累过程。而小范围内的基层官吏,则要经常地进行考核。他们从事的具体事项的落实与处理,每项工作的周期要短一些,有的则是立竿见影,如果不经常加以督促纠正,则会偏离方向,造成害民、扰民的后果,甚至出现责之不及、悔之晚矣的情况。

具体考核中,董仲舒强调要"合其爵禄,并其秩,积其日,陈其实"①,把职位高低、任职时间、具体成绩等因素都要考虑进去,才能得出客观的结论。

功劳与过错都作为考核的指标因素,功过相抵,计算总成绩。与我们今天的加减分原理相一致。按成绩排列成优、中、劣三个等次,每一等次又分上、中、下三个小的等级,这样共分为三等九级。"以一为最,五为中,九为殿。"② 五级是临界点,在此之前是上等和中上,在此之后便是中下和下等了。连续三次优等就给予升迁,连续三次劣等就给予贬退。

在官吏实绩考核指标设置上,充分体现个性化与普遍化相结合的原则,科学、合理,根据不同职务、不同层次、不同岗位的工作特点,细化、量化考核内容和标准。

考核结果排名分两种,一是个人与过去相比较进行排名,"先内第之",看是否较过去有所进步;二是个人与别人进行排名,"然后外集"③,看个人在集体中的位置。既考核个人素质与进步,也考核工作实绩与比较。既看当前,也看过去;既看成绩,也看过失,进行综合评价。这种差异化的考核方式在今天看来也是科学的、客观的,既有利于激励先进,也有利于鼓励后进。

三是重视考核结果使用,做到赏罚分明。结果运用是考核工作的关键环节,是整个考核工作的着眼点和落脚点。汉代的官吏考核主要应用于官吏的选拔和赏罚。把考核与奖惩结合起来,作为官吏升迁赏

---

① 《春秋繁露·考功名》。
② 《春秋繁露·考功名》。
③ 《春秋繁露·考功名》。

罚的依据。

董仲舒看到了汉代官吏选拔和晋升的弊端，他说当今的官吏升降是"累日以取贵，积久以致官"①，仅凭任职资历来决定升迁，结果是廉洁和无耻混淆，好人和坏人不分，真正的贤才就无法得到提拔使用。必须做到"量材而授官，录德而定位"②，根据才德与实绩决定官吏的升迁与赏罚，只有这样，所有职守的官吏，都竭尽自己的才能和智慧，努力做好工作，争取立功。考核的目标就达到了，国家的治理就会更好了。

以实绩考核，也以实绩定赏罚。他说"有功者赏，有罪者罚"③，功劳多的就多赏，罪过多的就重罚。他特别强调，虽然有好名声，但不能真正在为官实践在建立功业，不能给百姓带来好处，也不能给予奖赏；而那些虽然表面看上去有些愚讷不通的人，在所任职务上做出实实在在成绩的人，也应当给予重用。

"赏不空施、罚不虚出"是一条不变的原则，"赏罚用于实，不用于名"④。这样各级官吏就会各守其职进行精心治理，各尽其责认真地办好自己的事情，争先恐后地为皇帝建功立业，而君主也能够轻松地治理天下了。

实际上，从汉武帝的用人实践来看，董仲舒的这一考核原则得到了有效的应用。有个成语叫"李广难封"。李广是汉武帝时的著名将领，号称飞将军，在当时，直到今天他的名声依然最显赫的，但却一直没有得到封侯的奖赏，而与他同时期没有名声的将领都得到了封侯。他自己说，在童年时，就开始与匈奴打仗，打了七十多仗，都没带来封侯的机会。实际上，遍查史籍，虽然他资格老、名气大，但一生所战，败仗居多，没有一次胜仗并斩首千级以上的记录。按照汉朝赏罚制度，达不到当时封侯的条件，即"硬指标"不达标。这种以实

---

① 《汉书·董仲舒传》。
② 《汉书·董仲舒传》。
③ 《春秋繁露·考功名》。
④ 《春秋繁露·考功名》。

绩论英雄的制度原则，为汉代中期政治巩固、抗击边患、开疆拓土起到了正向激励作用。

（三）定期述职常监督

述职作为一种官员管理监督方式由来已久。孟子说："诸侯朝于天子曰述职。述职者，述所职也。"周代有严格的朝聘制度，诸侯定期朝见周天子，陈述履职守土的情况。无故不上朝述职的人，要受到严厉的责罚。诸侯一次不来朝见就贬低他的爵位，两次不来朝见就削减他的土地，三次不来朝见，天子就调动六军进行讨伐。

后来逐步形成了外任官员向朝廷报告工作情况的制度，叫"上计"制度，也就是书面汇报。地方行政长官每年将户口、垦田、钱谷、刑狱状况，编制为计簿，由乡、县、郡国到朝廷，逐级上报。由中央进行审核，根据考核结果，予以升、降、赏、罚。到董仲舒时期，就非常完善了，西汉制定了《上计律》，凡上报不及时者治罪，凡在上计报告中弄虚作假者治罪。汉武帝每隔一段时间就要亲临一次上计活动现场，接受各郡国上计使者的汇报。

董仲舒特别强调述职朝见的作用，他说"朝者，召而闻之也"①。定期或不定期召见地方官员，听取工作汇报，询问守职情况，有利于对各级官吏的管理和对地方情况、社情民意的了解，是实施有效治理的前提条件。

今天，我们把述职制度作为党员干部监督方式进行推广，把述职与述廉结合起来，是针对领导机关、领导干部进行民主监督的一项新措施，特别是单位一把手公开述职述廉，在组织和群众面前做自我说明，给群众一个明白，还干部一个清白，有利于接受群众的监督、批评和建议，使他们从思想深处认识到自己的权力来自人民群众，增强其公仆意识；有利于增强其自我约束力，时刻紧绷廉政勤政这根弦，推动党的党风廉政建设和反腐败斗争的深入开展，对于加强和改进党内监督具有十分重要的意义。

---

① 《春秋繁露·诸侯》。

## 三、权以制衡

道德约束不了权力,权力只有用权力来约束。在各种社会权力主体之外人们设置相抗衡的力量,对权力的使用进行制约,保持权力之间的平衡,是确保权力在运行中的正常、廉洁、有序、高效的必要条件,有利于保证社会公正合理的发展方向,实现整体的公共发展目标。这种主体权力之外的抗衡力量包括个人、群体、机构、组织、观念等。对于君主体制下,如何建立相对平衡的权力约束机制,董仲舒进行了思考和设计。

(一)神权与皇权的制衡

皇帝君临天下,至高无上,口含天宪,予取予夺,但要保证政府、社会的理性运行,皇帝又不能为所欲为,对皇权的限制是行政运行机制的必要环节,而实际操作难之又难。从敢逆龙鳞的谏官,到秉笔直书史官;从大胆"封驳"的宰相,到匡正君心的"德教",中国古人为此用尽了政治智慧和情感意志。董仲舒用"天谴论""灾异论"来制约皇权,是当时社会管理体制的现实需要和对传统政治哲学的发展和提高。

为了论述他的"天谴论",董仲舒以自己的特殊思想方法创造了一套理论根据。他说:"天地之间的万物,有异于寻常变化的,叫做怪异,小一些的叫做灾祸。灾祸经常是先发生,而怪异就随之而来了。灾祸,是上天的谴告责罚;怪异,是上天的威力震慑。上天谴责而还不知道悔改,那么就用威力震慑来使其畏惧。《诗经》上说:'畏惧上天的威力震慑。'大概就是这个意思。大凡灾异的根源,完全都是产生于国家的过失。国家的过失刚刚一发生,上天就会发出灾害来对其加以谴责警告;如果当政者对上天的谴责警告不知道悔改的话,就会显现怪异来对其进行警醒恐吓;对上天的警醒恐吓还不知道畏惧的话，那么祸殃就会降临了。"① 这儿的"灾异"指的一些特别的自然现象，他列举了很多《春秋》上的记载，如："日蚀，星陨，有蜮（短狐），山崩，地震，夏大雨水，冬大雨雹，陨霜不杀草，自正月不雨至于秋七月，有鹳鸲来巢"② 等，在董仲舒看来，这些都代表了天的意志，告诫君主：国家政治偏离了正确方向，抓紧回归正途，否则，上天就会惩罚。这就是他所说的"屈君而伸天"③，即要抑制国君的意志，伸张上天的意志。从这里可以看出，董仲舒引经据典的目的，是为了把被他神秘化了的自然现象，作为一种社会规律加以宣扬，论证他的所谓"天谴"论。

《汉书·五行志》记载了很多他将"天谴"论应用于社会实践和政治生活的记录，有一次差点丢了性命。汉武帝建元六年，辽东郡祭祀汉高祖的高庙和汉朝皇帝祭祖的地方长陵高园殿先后发生火灾，董仲舒在家里推论天降火灾和人间政事的关系，起草了一篇奏章。奏章写好了没有上呈。当时的大臣主父偃来探望董仲舒，私自看了奏章草稿，他平素就嫉妒董仲舒，便把奏章草稿偷走，上交给汉武帝。汉武帝召集了很多儒生，让他们看董仲舒的奏章草稿。大臣中有个叫吕步舒的，是董仲舒学生，他不知道这个奏章草稿是他老师写的，认为影射政治，挑动矛盾，非常愚昧。于是汉武帝把董仲舒交官问罪，判处死刑。后来，汉武帝念他忠心为国，人才难得，就下诏赦免了他。

"天谴论"的基础是君权天授、天人感应。

董仲舒主张，在现实世界背后主宰社会的不是人类自己，而是神圣的"天"。"天"是现实政治的最高主宰，但又不能直接出面指挥社会，采取的办法是将权力授予现实的人，这个人于是成为君主，这就是君权天授论。董仲舒在"天人三策"中说："臣听说，天若倚重某个人，想让他得到天下而成为君王，这时必定会出现人力做不到而自然出现的事情，这就是此人受到天命的凭证，叫作'受命之符'。天

---

① 《春秋繁露·二端》。
② 《春秋繁露·二端》。
③ 《春秋繁露·玉杯》。

下的人都同心归顺他,就像归顺父母一样,上天感受应到了他的诚意,祥瑞因此就出现了。"①

他举了很多天降祥瑞的例子。其中一个是"白鱼入舟"②的故事:武商代纣,在孟津渡黄河,船到中流,突然有条白鱼跳了起来,不偏不倚正好落在武王的船上。武王大喜,俯身把鱼捡起来,激动地捧着鱼祭奠上天。过河后,天空又出现一团火焰,落在武王的随行帐顶上,立即变成了一只硕大的乌鸦。这就是天瑞降临,给周武王进行告谕:鱼身之鳞象征战士的甲胄,暗谕兴兵讨伐;商朝以白色为贵,白色代表着商朝的王权,"舟""周"同音,代表商朝归周;火焰色赤,代表周朝属火德,崇尚红色。周武王于是兴兵伐纣,一举而得。这是天命史观一个典型例子,用神秘的方式论证政权的合法性。

上天安排某人为君为王,而作为君王的人也要按天的意志行事,即"王者承天意以从事"③,"号为天子者,宜事天如父,事天以孝道也"④。但上天又不能说话下命令,人何以知晓天的意志呢?这是就他的天人感应论。

天人感应的基础是天人同质同构。人是上天造就的,"为人者,天也"。所以,人的身体、血气、情感、意志都与天相通相同,他说,人的身体是禀受天数变化而成的;人的血气,是禀受天志的变化而成为仁的;人的德行,是禀受天理的变化而成为义的;人的喜好和厌恶,是禀受天的温暖和清凉的变化而成的;人的禀赋,是禀受天的四季变化而成的。董仲用阴阳五行的理论反复认证天人相同的道理。"身犹天也,数与之相参,故命与之相连也。"⑤

所以,才有了天意与人事的交感相应。互相受对方影响而发生相应的变化。天和人同类相通,相互感应,天能干预人事,人亦能感应

---

① 《汉书·董仲舒传》。
② 《汉书·董仲舒传》。
③ 《汉书·董仲舒传》。
④ 《春秋繁露·深察名号》。
⑤ 《春秋繁露·人副天数》。

上天。古代认为天子违背了天意，不仁不义，天就会出现灾异进行谴责和警告；如果政通人和，天就会降下祥瑞以鼓励。

为了给其"君权制约论"以充分的理由，董仲舒又强调关于天道至高无上的思想，反复论证"天道"是"君道"的主宰。他说，"《春秋》之法，以人随君，以君随天"①，这叫"天数"。"故屈民而伸君，屈君而伸天，春秋之大义也"，"屈君而伸天"，这显然是把"天"置于"君"之上了，或者说，在君主之上，还有更高的主宰——"天"。这样，董仲舒实际上否定了君权至高无上的性质，认为君权也是可以制约的。这样的思想理论，无论是在什么样的神秘形式的掩盖下，在当时的历史条件下，都是十分可贵的。

作为政治家和政治思想家，董仲舒的高明之处在于，他能在一般看来再也无法制约的君权之上，去寻找更高的主宰——"天道"这个更高的权力制约因素。

天命观念早在殷周时代就存在，靠所谓天地神灵降灾限制皇权。而董仲舒创造"天人感应"学说，意图很明显，就是想用"天命"来约束君权。他先把天看作有意志、有报应、能降祸福的神灵，使君主有所畏惧而不敢胡作非为。这种荒诞臆说虽然全是迷信，但用于此处倒有一点积极意义。在皇权不受法律制约的专制政体下，皇帝怕天地神灵，也是小民之幸；不信天命鬼神的天子那就肆无忌惮了。皇权的合法性与制约性都来自上天，为维护政权的合理运行起到了一定作用。

（二）吏权之间的制衡

分权制衡是指权力不是集中于国家机构的某一部门或某一部分人，更不是个人独揽，而是平行地分割成若干部分，为不同机构所分掌，然后在不同权力之间形成制衡关系，相互牵制、互为监督。

相对其世界其他国家来说，我国古代监察制度是发达而完善的，所以孙中山在设计中国政治制度的时候，提出了在西方三权之外加上

---

① 《春秋繁露·玉杯》。

中国的监察权、考试权，制定"五权宪法"，建立五权制衡体制。但在长期的封建专制社会中，监督权力的权力，是一种外在的权力。同时，由于监督权本身也是一种权力，它也必须受到监督。于是产生一种监督权由谁来监督的问题。这种监督无限累加的怪圈，是传统监督制度永远不能从根本上克服腐败的根源。

董仲舒在他的政治制度设计中，试图努力破解这一难题，用现代意义上的分权制衡思想来解决吏权之间的监督问题，让政府各部门之间权力的行使者不仅受到其他权力的约束，同时也约束着其他权力，从而，跳出了传统监督中"监督权由谁来监督"的无限累加怪圈。

董仲舒用"五行"相生相克（胜）的理论来设计政府机制，有一定的积极意义。他说，任何一行皆为别的一行所生，又产生另外一行；皆为别的一行所制约、克服，又制约和克服另外一行。董仲舒把五个主要的政府部门与五行相对应，用五行相生相胜来解释五官之间互相依存的关系，是他的一个理论创造。

董仲舒的五行顺序是：木、火、土、金、水，五者的关系是"比相生而间相胜"①，这是他对五行理论的贡献和发展。相邻的元素依次相生，即"木生火……火生土……土生金……金生水……水生木"②；相间隔的元素依次相克，即"金胜木……水胜火……木胜土……火胜金……土胜水"③。

用这一理论来设计政府机构：他把木、火、土、金、水分别对应司农、司马、司营、司徒、司寇五种官职机构。

这五种官职分别具有五行各自的品质特征：司农掌谷货，春天是农业生产的开始，木和春相配，因此，司农配木。司农的职责是"亲入南亩之中……家给人足，仓库充实"④。"夏官司马"是周官的设置，司马配夏，夏配火，故司马配火。司营配土。司徒配金，金配

---

① 《春秋繁露·五行相生》。
② 《春秋繁露·五行相生》。
③ 《春秋繁露·五行相胜》。
④ 《春秋繁露·五行相生》。

秋，故司徒行秋之刑政，其职责是"伐有罪，讨不义"①。司寇配水之冷酷无情，水配冬，司寇行冬之罚政。董仲舒以五官配五行，五官各有自己的职责，"列官置吏，必以其能，若五行"②，五官各负其责，各尽其能，依次互相支持、配合与推动。

这五种官职遵循五行相生的规律：司农尽职，仓库充实为司马行使职权提供基础，"司马实谷。司马，本朝也。本朝者火也，故曰木生火"③。司马尽责，进贤智之士，司营赖以安君，"故曰火生土"。依次，土生金，金生水。司寇尽力，"是死者不恨，生者不怨，百工维持，以成器械，器械既成，以给司农"④，"故曰水生木"。董仲舒以五行相胜解释五官之间互相制约的关系。司农（木）为奸，则司徒（金）诛之；司马（火）为奸，则司寇（水）诛之；司营（土）为奸而导致民叛君穷；司徒（金）为奸，则司马（火）诛之；司寇（水）为奸，则司营（土）诛之。

为了论证五官相生相胜的正确性，董仲舒又举了召公、周公、太公、伍子胥、孔子为正面实例，以齐桓公、季孙、楚灵王、得臣、营荡为反面实例，证明自己的理论设计自古有之，也是行之有效的。

五行配五官虽牵强附会，但以五行范式解释五官之间互相依存、互相制约的关系，正符合官僚行政体系的真实情况。五官推至百官，百官各负其责、各尽其能，并且互相制约、互相监督，这有利于官僚行政系统的阳光运行，最大限度降低腐败的产生。因此，董仲舒的五官思想虽然内容粗糙、形式神秘，积极进步意义是不容抹杀的。

近年来，日裔美籍人福山先生从国家治理能力、法治、责任政府等角度来解释一个社会的发展形态，他说："我以为在公元前3世纪，中国已经存在了一种非常稳定的所谓的现代性制度。而欧洲国家，比如说法国、俄国，它们一直到18世纪才实现。在这意义上，中国要

---

① 《春秋繁露·五行相生》。
② 《春秋繁露·天地阴阳》。
③ 《春秋繁露·五行相胜》。
④ 《春秋繁露·五行相胜》。

比欧洲先进1000多年。"从政治政府体制的设计来看，董仲舒已经具备了现代国家的治理理念。汲取传统思想理论的智慧，服务今天的社会生活，是今天文化自信和文化建设的重要内容。

（三）皇权与民权的制衡

在古代社会中，普通民众是没有政治权利的。但作为社会存在和发展的基础，民众的生存权、发展权历来被统治者所重视，在我们民族文化的源头上就形成了"民为邦本、本固邦宁"① 治理观念，到战国时期孟子提出了"民为贵，社稷次之，君为轻"的思想，董仲舒则把"民本""民贵"思想向前推进了一步，达到了"为民""安民"的层次，他说："天之生民，非为王也；而天立王，以为民也。故其德足以安乐民者，天予之，其恶足以贼害民者，天夺之。"②

一是政权的基础是民众。董仲舒也是先秦以来名实理论继承者和杰出代表人物，他在探讨概念（名称）与实际的关系方面做出了贡献，他说"名生于真，非其真弗以为名"，事物的名称代表了他的真实含义，如果不真实的话，人们就不会继续使用这个名称。据此，他对"王"和"君"进行了解读："王者，民之所往；君者，不失其群者也。"③ 所谓王，就是人民归往的意思；所谓君，就是不会失去他的群众的意思。因此，能够使万千民众归向，并得到天下群众拥护的人，天下就没人能和他抗衡了。如果相反，"赋敛无度，以夺民财；多发徭役，以夺民时；作事无极，以夺民力"。"君大奢侈过度失礼，民叛矣。其民叛，其君穷矣。"④ 得不到民众的人，也得不到政权。

二是政权的治理靠民众。董仲舒很强调人民在国家治理中的根本性作用。他说："夫为国，其化莫大于崇本。"⑤ 治理国家的政策教化没有比崇尚根本更重要的了。什么是根本呢？他说"天、地、人，万

---

① 《尚书·五子之歌》。
② 《春秋繁露·尧舜不擅移汤武不专杀》。
③ 《春秋繁露·灭国篇上》。
④ 《春秋繁露·五行相胜》。
⑤ 《春秋繁露·立元神》。

物之本也"①。遵循天道规律，注重地力耕织，以礼乐教化安抚百姓，这样政权就会稳固长久。相反，如果不这样做，君王就会处于没人威胁而自己处于危险境地，没有人要消灭他却自己灭亡了。他说桀、纣这些失去民众的无道之君，"虽立天子诸侯之位，一夫之人耳"②。"桀，天下之残贼也。"③对于这些没有民众支持的"独夫""一夫之人"，应该加以讨伐，"故夏无道而殷伐之，殷无道而周伐之，周无道而秦伐之，秦无道而汉伐之"。他的依靠民众、反对暴政的思想，是夏商以来民本思想的继承。

三是政权的运行为民众。董仲舒从"天立王，以为民"的观点出发，进一步提出了一系列具体的德治思想。人君要有一爱民之心。他说："《春秋》为仁义法。仁之法，在爱人不在爱我"④，并说"仁者，爱人之名也"。爱民就不能"苦民""伤民""杀民"。董仲舒说："凶年不修旧，意在无苦民尔。苦民尚恶之，况伤民乎？伤民尚痛之，况杀民乎？"⑤在董仲舒看来，凶年修旧，对老百姓无疑是雪上加霜，这是《春秋》所忌讳的。致于"伤民""杀民"，则更要严加禁止。董仲舒甚至把害民之大小作为衡量政治上恶之大小的一个重要标志，认为"害民之小者，恶之小也；害民之大者，恶之大也"⑥。董仲舒从其阴阳五行观出发，认为"阳常居大夏，而以生育养长为事"，从而进一步向统治者出了要依天道实行仁政德治，化育百姓，做到"薄赋敛，省徭役，以宽民力"⑦的主张，反对封建国家对老百姓的横征暴敛。孟子曾经为制民之产立了一条基本的标准，就是要让老百姓"仰足以事父母，俯足以蓄妻子，乐岁终身饱，凶年免于死亡"⑧。董仲

---

① 《春秋繁露·立元神》。
② 《春秋繁露·仁义法》。
③ 《春秋繁露·暖燠常多》。
④ 《春秋繁露·仁义法》。
⑤ 《春秋繁露·竹林》。
⑥ 《春秋繁露·竹林》。
⑦ 《董仲舒文集·又言限民名田》。
⑧ 《董仲舒文集·又言限民名田》。

对这一思想进行了继承，提出了要使老百"内足以养老尽孝，外足以事上共税，下足以蓄妻子极爱"①的主张。针对汉式帝大兴徭役、兵役，老百姓苦不堪言的状况，董仲舒率劝统治者要"省徭役"，并以阴阳五行观点论证统治者顺应四时规律，注意与民休息和不违农时的重要性。

## 四、利以均平

对历史的研究表明，社会分配领域的均等化是官员廉洁最坚实、可靠的社会基础。中国古代汉、唐、清等朝代，建国初期，由于大的社会动荡和政府引导造就了大量自耕农，社会均等化程度高，政府廉洁高效，出现了文景之治、贞观之治、康乾盛世的局面，随着土地兼并的加剧，贫富分化严重，盛世而腐，衰败亡国。

董仲舒提出了"调均"的思想，作为调解社会财富分配和占有的原则，解决贫富悬殊造成的社会问题。"调均"就是国家运用行政的、法律的和经济的手段，干预和调控社会财富的分配，防止贫富过度不均，这对形成廉洁的社会生态是有巨大的推动作用。他继承了孔子"不患寡而患不均"的思想，认为在一定时期内社会财富总量是固定的，一部分人过富，另一部分人就必然过贫，贫富过度不均，会产生两个方面的社会问题，一方面"大富"者因富而骄，因骄而暴；另一方面，"大贫"者因贫而忧，因忧而盗。这两方面均为社会祸乱根源。

董仲舒认识到了社会财富不均产生的必然性，他说，此乃"众人之情"，自然之理，是私有制发展的必然结果。政府的任务是要做到"使富者足以示贵而不至于骄，贫者足以养生而不至于忧，以此为度而调均之。是以财不匮而上下相安，故易治也"②。使贫富有差而不过度、不越制，就可上下相安，天下太平。董仲舒既不赞成财富分配的平均主义，又反对贫富过度不均，而是主张按照封建等级制进行财

---

① 《董仲舒文集·又言限民名田》。
② 《春秋繁露·度制》。

富分配，使不同等级的成员在财富占有上有差、有度、互不越制，从而把贫富差别控制在一个比较合理的范围之内，这就是"调均"的原则。

（一）创造利益均平的廉洁社会基础

他继承了孟子"恒产论"的主张，普通民众要保有一定数量的私有财产，这是巩固社会秩序、保持社会安宁的基础条件。"有恒产者有恒心，无恒产者无恒心。"

他看到了民众没有"恒产"、贫富分化对社会带来的危害和社会治理的危险。他说，豪强地主"使用众多的奴婢，拥有众多的牛羊，扩大他们的田地住宅，扩充他们的产业，增加他们的积蓄，而且无休无止，贪得无厌，没有止境，压迫百姓，使百姓感到惊惧，百姓天天受到剥削，渐渐走向穷困。富人奢侈浪费，穷人穷急愁苦。面对穷急愁苦的百姓，而统治者却不救济，就会民不聊生；民不聊生，百姓就会连死都不怕，又怎会害怕犯罪！"结果是"犯法而罪多，一岁之狱以万千数"[1]。

董仲舒也找到了出现这种情况的根源：土地兼并。针对西汉中期土地兼并日益激烈的局面，董仲认为调均的关键是要"限民名田，以赡不足，塞并兼之路"[2]，限制豪强地主们对土地的兼并和掠夺。董仲舒在中国古代社会第一次明确地提出"限民名田"的主张。所谓"名田"，即以名占田，在个人名义下占有一定量的耕地，就是私人占有的土地。"限民名田"，就是在承认土地私有制的前提下，通过限制地主的土地占有量，保证小农拥有一小块足以养家糊口的土地，并以此来实现"塞并之路"的目的。这一思想，在董仲舒之后成为多数封建王朝的重要土地治理思想或政策，在历史上起到了积极作用。

社会财富的无序积累和畸形发展，必然影响和导致到政府官员心理失衡，失去了廉洁的社会基础。这种"调均"思想我们今天称之为"基尼系数"，努力控制在合理的区间，保持社会收入的相对均等，避

---

[1] 《汉书·董仲舒传》。
[2] 《春秋繁露·又言限民名田》。

免社会畸形发展，失去廉洁的社会基础。一个典型的例子是，新加坡由于住房的均等化，由于教育、医疗、养老的个体家庭负担逐渐降低，持续拥有世界著名的廉洁政府称号。那里并不要求官员有超乎寻常的道德，反而要求官民一体，"同心同德"。当社会不断均等化，官民之间轻易就能互相转换，人民的文明程度就不断提升，官员傲慢、自高自大、自以为是的空间也就越来越小。

中国社会治理的观念是"不患寡而患不均，不患贫而患不安"，小康社会解决"寡"和"贫"的问题，进而产生的廉洁社会、法治社会，解决"不均"和"不安"的问题。群众对廉洁社会、法治社会的期待甚至超过小康社会。群众温饱得到解决后，对公平、公正的期望更加迫切，因此，我们应该以社会分配均等化为基础，共同推动建设小康社会、廉洁社会、法治社会。

（二）制定还富与民的廉洁政策导向

社会财富分配的均平化应是廉政建设的价值取向。反腐败、搞廉政说到底是对不公平、不合理利益的重新配置和分配的过程。防止不同社会成员和群体之间在利益分配和占有过程中严重失衡或出现极端化倾向，是廉政建设的一项重要任务。政府的责任就是在这一过程中对各类利益进行协调与综合并最终实现整体性利益。

在西汉中后期，过重的赋税和政府工商业专营政策也是导致社会分化、吏治腐败的一大根源。占有大量土地的贵族和官僚地主，一般都享有减免赋役的特权，把赋役负担转嫁到小农身上，苛征暴敛与赋役负担的严重不均往往相伴而生。"什一而税"是合理的地租率，而当时的"见税什五"则大大超过了合理的范围，必然导致贫富分化。董仲舒明确提出要降低地租率问题。地租率是封建社会调节产品分配的重要手段。地租率高，租地农民在产品分配中所占的份额就少，而地主所占的份额就多。董仲舒主张"薄赋敛，省徭役，以宽民力"[①]，把轻徭薄赋作为限制贫富分化的重要措施。

---

① 《春秋繁露·又言限民名田》。

西汉政府通过控制和垄断川泽山林等自然资源，进一步加剧了社会的两级分化。汉武帝对盐、铁、酒实行官营、专卖，把地方上的富商大贾和豪强权贵所掌握的权利夺归朝廷，堵塞他们发财致富的途径，削弱地方割据势力的经济实力，消弥政治上的潜在威胁的同时，也增加朝廷的财政收入。

但是，这种封建权力控制、垄断商品流通的专卖制度，对社会经济的发展弊大于利。造成生产效益低，产品质量差价格高，"不给民用"。即使产品不合实际需要，百姓也别无选择，给百姓带来极大的不便。"盐铁价贵，百姓不便。"工商官营导致的另一后果就是造成官商不分，史治腐败。当时有"贤良文学"之士指出，官商们假公济私，他们"云行于途，毂击于道，攘公法，申私利，跨山泽，擅官市""因权势以求利"，"执国家之柄以行海内""并兼列宅，隔绝闾巷""子孙连车列骑，田猎出入"①。政策导向发生偏差，导致利益格局严重失衡，腐化奢靡的风气则与之相伴而生，廉洁的社会基础完全丧失。官商们以权谋私，损公肥私，在流通领域中大发横财，吃了国家，肥了私家，穷了百姓。所以，这种政策表面上抑制了地方豪强势力的增长，却扶持了拥有政治特权的官商。董仲舒主张"盐铁皆归于民"，即将盐铁的生产、销售由官营改为民营，作为防止两极分化的措施之一，也是抑制腐败的重要措施。

"去奴婢，除专杀之威。"② "去奴婢"就是放奴为良。奴婢大量存在是西汉中期出现的一大社会问题，大量破产失业的农民，或铤而走险，或被迫卖身为奴。董仲舒不仅较早地看到奴婢问题的严重性，而且能从经济角度来思考这一问题，并把"去奴婢，除专杀之威"作为解决贫富分化的措施，是极为有见地的主张。

（三）消除与民争利的官员谋利弊端

董仲舒自己不置业聚财，史书上说他"终不问家产业"，也坚决反对官员家人从事产业经营活动。他在《天人三策》中给汉武帝举了

---

① 《盐铁论·刺权》。
② 《董仲舒文集·又言限民名田》。

个例子：春秋时期鲁国有个宰相叫公仪休，以清正廉洁名传于世，回到家中，看见妻子织帛，非常生气，当即赶走了他的妻子；在家里吃饭，吃到自家园里种的葵菜，气愤地把园里的葵菜都拔了，说："我已经有了俸禄，还要与种菜的农人和织布的女工争夺利益吗？"通过这个例子，董仲舒向汉武帝说明，那些受君主宠爱身居高位的人，家中衣食饱暖并且享有优厚的俸禄，依仗富厚的资产和势力，和百姓争利，老百姓怎么能和他们比呢？

董仲舒认为，官员不置产业、不与民争利，这是天理，他有句名言："予之齿者去其角，傅其翼者两其足。"[①] 长着锋利牙齿的动物没有坚硬的头角，长着翅膀的动物只有两条腿走路。天不兼予，人不兼利，这是"上天之理"，也是"太古之道"，古今通行的道理，国家应把它作为制度固定下来，各级官吏也应作为行为准则来遵守执行。

董仲舒思想的核心便是反对封建官僚与民争利，他明确提出："食禄之家，食禄而已，不与民争业，然后利可均布，而民可家足。"[②] 如果"食禄"的官吏"夺园夫红女利"，实际上是与老百姓抢饭碗。从社会分工角度而言，从事生产劳动是一般民众的事，而各级官吏是靠国家俸禄进行治理社会人，因此，董仲舒反对这些封建官吏"居贤人之位而为庶人之行"做法。

权力与产业直接结合，亦即官员直接经营产业，会给整个社会的政治和经济带来严重危害。中国封建社会国家有一支庞大的官僚队伍。成千上万个官僚，有行政权力又拥有大量土地及其他生产资料，这就赋予他们剥削下层民众和腐蚀国家政治的双重性质。他们利用手中的权力，巧取豪夺，兼并土地，导致了农民的大量破产和贫富的严重分化，除引起吏治腐败外，还利用超经济手段攫取财富，是一种赤裸裸的掠夺行为，它比以经济手段获取财富更容易引起劳动人民的怨恨和不满。生活在两千多年前的董仲舒，就明确提出官僚只领取俸禄，不经营产业的主张，如果违背了这一原则，"其患祸必至"。董仲

---

① 《汉书·董仲舒传》。
② 《汉书·董仲舒传》。

舒这一思想，今天仍然值得学习借鉴。

董仲舒是西汉一位与时俱进的思想家，《汉书》云："景武之世，董仲舒治《公羊春秋》，始推阴阳，为儒者宗。"他用阴阳、五行学说来解释儒家经典，吸收法家、道家、阴阳家思想，建立了一个新的思想体系，成为汉代的官方统治哲学，为解决当时的社会问题提供了理论依据和决策参考。除去他过度穿凿附会和荒诞不经的因素外，他的思想成果直到今天依然闪烁着智慧的光芒，是我们生活、工作和社会活动的指导和借鉴。对他的廉政思想略做梳理，以期丰富和充实我们的廉政理论，为今天的廉政建设提供新的参考和帮助。

本文为"2020中国·衡水董仲舒与儒家思想国际学术研讨会"提交的论文。

郭付军（1974—），男，山东济南人，历史学硕士，山东省德州市董子文化研究院副院长。

# 一个理想主义者的政治宿愿
## ——从大一统社会理想看董仲舒的性格特征

郭付军

一代哲人董仲舒,以法天立道的宏伟抱负,把建立"大一统"国家作为孜孜以求的政治理想,并对这一思想进行了阐释、推介,为汉武帝采纳,逐步成为中国人普遍的价值认同和文化基因,影响至今。笔者把幻想通过不现实的方式实现理想的人,称之为理想主义者。通读董仲舒的文章作品,不管是他的思维方式,还是政治追求、实现方法,都有明显的理想主义特征。特别是仕途的遭际没有成为压垮哲人的稻草,愈挫愈勇的执着追求折射出董仲舒性格的坚韧和偏执。今就此问题做一肤浅分析。

## 一、理想的完美性——崇高美好的社会理想

同我们今天要实现中国梦一样,建立大一统的盛世国家,是董仲舒念兹在兹的政治梦想。严格来说,是恢复或重构大一统的盛世国家,因为他理想中的大一统盛世社会是五帝三王时代。他幻想着有德之人主导政治,以儒家的礼乐教化来维系政治秩序与社会秩序的有序运行,继而达到一种理想化的状况。王传林先生指出"(董仲舒)这种围绕着人或者说人治而设计的政治理想蓝图,无论是理论逻辑上还

是操作机制上都存在某种不足与缺憾,以致流于空谈。"① "流于空谈",我不认同,因为,政治家不会照抄照搬,照抄照搬的人也搞不了政治;思想家的理论创造需要政治家的鉴别、选择和补充,才能变为成功的社会实践。哲人其萎,其梦成真。若董仲舒在天有灵,也会感到欣慰,他理想化的治世理论为历代统治提供了决策参考和智力支持,在两千多年历史舞台上演了壮丽宏大的盛世图景。

在《春秋繁露·王道》一文中,集中向世人描述了一个"元气和顺,风雨时,景星见,黄龙下"的大一统盛世景象:"五帝三王之治天下,不敢有君民之心,什一而税,教以爱,使以忠,敬长老,亲亲而尊尊,不夺民时,使民不过岁三日,民家给人足,无怨望忿怒之患、强弱之难,无谗贼妒疾之人,民修德而美好,被发衔哺而游,不慕富贵,耻恶不犯,父不哭子,兄不哭弟,毒虫不螫,猛兽不搏,抵虫不触,故天为之下甘露,朱草生,醴泉出,风雨时,嘉禾兴,凤凰麒麟游于郊,囹圄空虚,画衣裳而民不犯,四夷传译而朝,民情至朴而不文,郊天祀地,秩山川,以时至封于泰山,禅于梁父,立明堂,宗祀先帝,以祖配天,天下诸侯各以其职来祭,贡土地所有,先以入宗庙,端冕盛服,而后见先,德恩之报,奉先之应也。"

在他的描述中,除去"毒虫不螫,猛兽不搏,抵虫不触,故天为之下甘露,朱草生,醴泉出,风雨时,嘉禾兴,凤凰麒麟游于郊"等神秘主义的想象成分外,整个社会的治理则达到了令人向往的境地,吏治严整、政治清明,国力强盛、万国来朝、轻徭薄赋、百姓晏安,教化大行、民风淳朴。在《天人三策》中,他向汉武帝阐释了"王道"治理下的社会状态:"阴阳调而风雨时,群生和而万民殖,五谷孰而草木茂,天地之间被润泽而大丰美,四海之内闻盛德而皆来臣,诸福之物,可致之祥,莫不毕至","上下和睦,习俗美盛,不令而行,不禁而止,吏亡奸邪,民亡盗贼,囹圄空虚,德润草木,泽被四

---

① 王传林:《理想化、理性化与悲剧化——董仲舒伦理思想特性与人生格调述评》,《衡水学院学报》2014年第16卷第5期。

海，凤皇来集，麒麟来游"①。

夏商以降，尤其是春秋战国时期，大一统观念虽已广泛传布，但对"大一统"理念的阐释，是围绕《春秋》经文"元年，春，王正月"一句开展的。对这句话的解读，两千多年来，可谓连篇累牍、文字浩繁，联系了天地人神的种种关系，囊括历史现实的治理成果，穷尽了历代哲人的智慧思维。董仲舒是假经设义的高手，在给汉武帝的对策中说："《春秋》大一统者，天地之常经，古今之通谊也。"用现代语法分析，"大"是动词，以动用法，意思是说《春秋》重视王政开端、推崇天下一统，这是天地运行永恒的规则，是古往今来共通的道理。这永恒规则、共通道理又包涵了哪些内容呢？

（一）统于元，"明易姓非继人"——顺应天时

董仲舒对《春秋》经文"王正月"解释为："何以谓之王正月？曰：王者必受命而后王，王者必改正朔，易服色，制礼乐，一统于天下，所以明易姓非继人，通以己受之于天也。王者受命而王，制此月以应变，故作科以奉天地，故谓之王正月也。"②

这段话说了两层意思：一是新王朝建立者"受命而后王"，是得到天命的人，并非前朝的继承者，新政权也不是前朝政权的延续，而是"易姓非继人，通以己受之于天"。二是新王朝要进行改制，董仲舒称之为"更化"，"改正朔，易服色，制礼乐"，进行了这些科目改革后，才能与前朝区别开来，才算是顺奉天命，"更化则可善治"③，能够实现有效的治理。这两方面合起来，就是"一统于天下"。

"一统于天下"的"一统"又是什么含义？他说"臣谨案《春秋》谓一元之意，一者万物之所从始也，元者辞之所谓大也。谓一为元者，视大始而欲正本也。"④ 何休注释"统"字："统者，始也，总系之辞。""一"是"元"，"统"是始，"一统"就是元始，用今天的语

---

① 《汉书·董仲舒传》。
② 《春秋繁露·三代改制质文》。
③ 《汉书·董仲舒传》。
④ 《汉书·董仲舒传》。

言表达就是新的开始、有了新纪元、进入了新时代,指天下万物,主要是政治统治、国家政权有了新的开始,表现在政权交替上,就是新王朝"受命于天,易姓更王,非继前王而王也"①。

大师的思想并没有就此停止,继续论证:易姓称王,既得天命,又要"改正朔,易服色,制礼乐,一统于天下",这并不是我董仲舒个人主观设计,而前朝历代的统一做法,即是我们今天常说的"这是历史发展的客观规律"。他通过对前朝历史的观察,得出了"三统循环、世尊一统"的结论。

董仲舒所处的时代,人们对社会历史规律的认知还是肤浅的。夏朝之前的历史,因没有文字记载,世人知之甚少,以至于司马迁反复感叹:"学者多称五帝,尚矣"②,"五帝、三代之记,尚矣"③。董仲舒能较为明晰地观察、考证的,是夏朝以至西汉的历史。夏、商、周(西周、东周列国)、秦、汉几个朝代,时间虽近两千年之久,但人类社会形态发展演进的总体趋势还不明朗,内部结构和矛盾暴露还不充分,董仲舒只能以自己有限的视角,来总结历史发展规律,提出了三统三正的循环历史观。

在他看来,人类社会是按照黑、白、赤三种社会形态循环发展的。夏代尚黑,是黑统;商代尚白,是白统;周代尚赤,是赤统,三个朝代完成了一个循环。接着,秦朝是黑统,汉朝是白统,又一个循环开始了。

每一朝代都要按照特定"统"的要求进行"改制",以体现自己的政权是天道正统、不容置疑。改制的内容主要是"改正朔,易服色","作国号,迁宫邑,易官名,制礼作乐"④。首先要改的是"正朔",即改变历法,如夏代以寅月为正月,是为"斗建寅",北斗星的斗柄指向"寅"的位置;商代以丑月为正月,是为"斗建丑",北斗

---

① 《春秋繁露·楚庄王》。
② 《史记·五帝本纪》。
③ 《史记·三代世表》。
④ 《春秋繁露·三代改制质文》。

星的斗柄指向"丑"的位置；周代以子月为正月，是为"斗建子"，北斗星的斗柄指向"子"的位置。三代历法对于正月初始的不同规定，谓之"三正"，王朝在更替的时候，就需要按照寅、丑、子三正循环的次序改变历法。这就是"三统三正"历史循环论。董仲舒在《三代改制质文》一文中详细列举了夏商周三统三正改制的内容。

如夏朝是正黑统，要做到"朝正服黑，首服藻黑，正路舆质黑，马黑，大节绶帻尚黑，旗黑，大宝玉黑，郊牲黑"，"祭牲黑牡，荐尚肝，乐器黑质"。即，诸侯朝见天子穿的服装，帽子上的藻纹，车子的质料，驾车的马，符节、绶带、头巾、旗帜、印玺，郊祭用的牛，常祭用的牛和羊，乐器的材质，都是黑色的。进献祭品崇尚肝脏，因为肝脏也是黑色的。可谓整个社会黑压压一大片。另外，对祭祀用牛大小，冠礼、婚礼、丧礼位置，刑法执行，早朝办公时间等，都做了具体的规定。商朝正白统、周朝正赤统，也有相应的规定。即"汤受命而王，应天变夏，作殷号，时正白统"，"文王受命而王，应天变殷，作周号，时正赤统"。

这是董仲舒"大一统"思想首要的内容，三统循环、世尊一统，是天命所归，是王权合法性的体现。实际上是用形式统一来保证政治认同的一种治理方式，与清初的"剃发令"、民国"剪辫子"功效一样，本质是用神秘主义的方法体现政权的合法性。

（二）统于正，"统正，其余皆正"——政令畅通

"元年"的"元"字解决了政权的合法性问题，即君主的问题；"正月"的"正"字则要解决政令的畅通问题，即官吏的问题。

他说："臣谨案《春秋》之文，求王道之端，得之于正。正次王，王次春。春者，天之所为也；正者，王之所为也。其意曰，上承天之所为，而下以正其所为，正王道之端云尔。"①

"求王道之端"，即是从政权建立、运行的开始就要符合"正"的要求，这样就抓住了治理天下的根本，也体现了代天治民的要求：帝

---

① 《汉书·董仲舒传》。

王要"上承天之所为,而下以正其所为",学习天地的运行规则,来治理社会、修养身心。董仲舒反复强调:"为人主者,法天之行","莫见其为之,而功成矣,此人主所以法天之行也"①。在他所见到的治理较好的夏商周三个朝代,均是"法天奉本,执端要以统天下,朝诸侯也",均是从端正历法开始,并将一月改为正月。

"正"又是什么意思呢?他说:"其谓统三正者,曰:正者、正也。"意思是说:"正月"的"正"(zhēng)就是"正人君子"的"正"(zhèng)。董仲舒接着阐发:"统正,其余皆正。"②"统"要是"正"了,万事万物全都会跟着端正了,一年最要紧之处也就是正月,若端正了根本,枝节也会跟着端正;若端正了内部,外部也会跟着端正,所以要效法这个"正"字,像周武王推翻商朝那样,先从端正历法开始。

具体做法是"深探其本,而反自贵者始",从国家最为尊贵的天子开始,依"正"而行,"为人君者,正心以正朝廷,正朝廷以正百官,正百官以正万民,正万民以正四方。四方正,远近莫敢不壹于正"③。这就是孔子所说的"其身正,不令而行;其身不正,虽令不从"④。只有上下同欲、政令畅通,整个官僚集团齐心协力、风雨同舟,才能实现他理想中的"王道"大治局面。

(三)统于德,"正王道之端"——人心所向

君主、官吏的问题解决了,接下来,要解决民众的问题。

董仲舒强调:"王者欲有所为,宜求其端于天。天道之大者在阴阳。阳为德,阴为刑;刑主杀而德主生。是故阳常居大夏,而以生育养长为事;阴常居大冬,而积于空虚不用之处。以此见天之任德不任刑也。"⑤"王者"建立政权,实施统治,应从效法天道运行规则开

---

① 《春秋繁露·离合根》。
② 《春秋繁露·三代改制质文》。
③ 《汉书·董仲舒传》。
④ 《论语·子路篇》。
⑤ 《汉书·董仲舒传》。

始，这是董仲舒事事强调、时刻不忘的观点。天道运行最重要的规则就是"阴阳"法则。在董仲舒的语境中，"德"代表了天地的正向力量，即"阳"，是建设者、养育者，能够"承天意以从事"，被世人尊为贤明之士、有德之人，会被上天选中，代天治民，就成为人间的"王者"，是"大一统"的执行者。

《周易》说："汤武革命，顺乎天而应乎人。"商汤推翻夏朝、以白统代替黑统，周武王取代商朝、以赤统代替白统，变革天命，既顺应了上天的要求，也体现了人民的期望，所以才出现了"万民皆安仁乐谊"，悦德归义的大治局面。

董仲舒说："天之命无常，唯命是德庆。"① 那些有德之人就能得到上天的褒奖并被选中来代天治民。天命所归表现在民心所向上，新建政权要体现为民、安民、乐民的要求。他说："故德足以安乐民者，天予之；其恶足以贼害民者，天夺之。"② 天子乃上天所立，天立王是为了百姓，使百姓得以安乐，如果贼害人民，天就会夺去他的王位。因此"夏无道而殷伐之，殷无道而周伐之，周无道而秦伐之，秦无道而汉伐之，有道伐无道，此天理也"。殷伐夏，周代殷，汉继秦，都是因为夏桀、商纣以及秦王对人民施行暴政，使上天不能再容忍而夺其王位，改朝换代，于是便开始了新的"一统"。

（四）统于中，"执端要以统天下"——地理便利

"中"的一个含义指中原地区。董仲舒说："三统之变，近夷、遐方无有，生煞者独中国。"③ 三统循环变革，较近的夷狄、较远的国家都不存在，只有中原国家才有这样的体制传承。因为"三统五端，化四方之本也，天始废始施，地必待中，是故三代必居中国，法天奉本，执端要以统天下"④。三统、五端（五端也叫五始，指《春秋》纪事的方法：以元年、春、王、正月、公即位五事开始）这种损益更

---

① 《春秋繁露·三代改制质文》。
② 《春秋繁露·尧舜不擅移汤武不专杀》。
③ 《春秋繁露·三代改制质文》。
④ 《春秋繁露·三代改制质文》。

革的制度安排，是教化四方最根本的政治措施和文化要素。他说，上天要废除旧的而实行新的，一定选在天地的中央部位，才有化育四方、安定天下的地利条件，因此夏商周三代都定都在中原地区，都奉行最根本的治理方法，把握五始的要点来统理天下。这是董仲舒以当时的社会观念和对中原所处地理环境的观察得出的主观认识，也是公羊家"夷夏之辨"的思想在"三统说"中的体现。

客观地说，中原地区生产力发达，特别是灌溉农业，收获相对稳定，对人群生存的保障能力强，有较充足的物质条件供养专职文化创造者，文明程度高于周边高山、草原、荒漠族群，对周边族群有较强的吸引力。当时地理知识还是"天圆地方"的直观认知，还没有现代的地球概念，加之中原地处一个较为封闭的地理位置，东有大海，西有青藏高原和荒漠，北有西伯利亚高寒区，南有南海和热带高温区，自然地被看作是最适合人类生存居住的天地之中，这是中国传统的宇宙观。

中国位居天地中央，天地中心在中原，中原的核心在河南登封，这里就成为中国早期王朝建都之地和文化荟萃的中心。据记载：周公营建东都洛阳时，修建天文台，用来"测土深，正日景，以求地中"（《周礼·地官·大司徒》）。通过立土圭测日影，来度量天地之中，观察四时季节变化，逐步总结出二十四节气，服务于人类生产生活。经测定，他认为阳城（今登封东南告成镇）为"天下之中"。于是，他就在这里立圭表测日影。周公到阳城测日影的真正原因，是西周的首都镐京，地处偏僻，交通不便，而阳城地处中原，物产丰富，文化发达，周公想迁都中原。都城是国之重地，关系着朝中权贵的切身利益，不可轻易变动。在天命观盛行的时代，迁都必须说出一些神秘的道理，周代统治者就做出了阳城位于"天地之中"的舆论。

周边的高山、草原、荒漠族群多数徙居不定，一个族群在一个区域建立的政权历史不长，经常被其他族群取代，没有稳定性和延续性，也自然不能产生历史哲学。三统之说是中国文化的产物，也是人类发展到一定文明程度、一定历史阶段的结果，即"生煞者独中国"，绝不可能孕育于蛰伏在华夏周边、时刻觊觎中原文明成果的夷狄部族，也绝不可能生发于更为遥远的荒蛮人群。

董仲舒看到，华夏中国成就出、积累了夏、商、周三个朝代、一千多年的文明成果，既是一种特定地缘政治的产物，又是人类历史发展的一种必然结果，有着"法天奉本，执端要以统天下，朝诸侯也"的治理优势。新王朝坐镇中原，改正朔、易服色，执掌治理天下之要机枢密，能够使一切夷狄部族和远方蒙昧之人归化天朝，创造出"万国衣冠拜冕旒"的政治局面，"天子纯统色衣，诸侯统衣缠缘纽，大夫士以冠，参近夷以绥，遐方各衣其服而朝，所以明乎天统之义也"①。

"中"的另一个含义是："志意随天地，缓急仿阴阳，然而人事之宜行者，无所郁滞。且恕于人，顺于天，天人之道兼举，此谓执其中。"② 所谓"执中"，指的是顺天应人，既奉天道，也顺人道。这与《论语》的记述相一致："尧曰：'咨！尔舜！天之历数在尔躬，允执其中。'"翻译过来就是：尧说："好啊好啊！你这个舜，上天安排的帝王次序，帝王要落在你的身上了。你要好好地坚持正确的治国方略。"所以，只有"执中"的人才能被天选中，安国立命，保持一统。

## 二、思维的直观性——率性直观的哲学论证

运用直觉去认识世界是理想主义者最基本的思维特征。董仲舒并不强调概念的属性和含义，他更多是从人们的自然认知角度，来阐释某种现象给生活实践带来的意义和价值。如，在否定性善论时，他说："米出于粟，而粟不可谓米；玉出于璞，而璞不可谓玉；善出于性，而性不可谓善，其比多矣。在物者为然，在性者以为不然，何不通于类也？"③ 比物连类、以类相推、得出结论，是直观思维基本方法。机械地使用这一方法，有时则得出非常荒谬的结论。如，他通过

---

① 《春秋繁露·三代改制质文》。
② 《春秋繁露·如天之为》。
③ 《春秋繁露·深察名号》。

"如马鸣则马应之、牛鸣则牛应之"等现象,得出"百物去其所异,而从其所同"的结论,进而应用于生活实践,"欲致雨,则动阴以起阴;欲止雨,则动阳以起阳"①,写了《求雨》《止雨》两篇文章进行记述推介,于是有了求雨止雨的闹剧。他强调自己的解经方式是"合而通之,缘而求之,五其比,偶其类,览其绪,屠其赘,得一端而多连之,见一空而博贯之"②。在阐释大一统思想的哲学基础时,也始终遵循着这种方法。

(一)天人合一

董仲舒从世界本源的一元论出发,得出了社会治理的一统说。他反复强调世界本源只有一个的思想,在《春秋繁露·玉英》一文中,他说:"谓一元者,大始也。""惟圣人能属万物于一,而系之元也,终不及本所从来而承之,不能遂其功。是以《春秋》变一谓之元,元犹原也,其义以随天地终始也。"董仲舒认为世界开始于"一"或"元","一"或"元"又是什么呢?是一种精神观念,还是一种物质存在,他没说,只强调"元者为万物之本"。根据周桂钿先生的分析,在宇宙本原问题上,董仲舒的观点属于客观唯心主义,"一"或"元"是一种客观的人类认知,应属精神范畴。

宇宙起源于"一"或"元",天地与人也自然地是一个统一体。他说:"天人之际,合而为一,同而通理,动而相益,顺而相受。"③董仲舒认为,天人同构同源,人是天的复制物,是效仿天的形象生成的,提出了"人副天数"的理论。人的生理构造是天的复制品,人体有三百六十块小骨节,跟一年的天数相副;有十二块大骨节,和一年的月数相副;人的四肢与四季相副;人的五脏与五行相副,天数与人体是完全对应的。人与天不仅形式相似,而且有内在的联系,天以自己的意志、性情创造了人:"人之形体,化天数而成;人之血气,化天志而仁;人之德行,化天理而义;人之好恶,化天之暖清;人之喜

---

① 《春秋繁露·同类相动》。
② 《春秋繁露·玉杯》。
③ 《春秋繁露·深察名号》。

怒,化天之寒暑;人之受命,化天之四时;人生有喜怒哀乐之答,春秋冬夏之类也。"① 总之,"天两有阴阳之施,身亦两有贪仁之性;天有阴阳禁,身有情欲栣,与天道一也","天之副在乎人"②。天和人具有相同的情感意志和道德属性,明确地说明了人不过是天的一个缩影罢了。

董仲舒的"人副天数"的政治学说旨在从以"天"为本体的宇宙论推演出社会政治生活中的"理人之法"。这样,他的这种宇宙观也就直接转化为一种社会政治学说了。在社会治理问题上,董仲舒主张"法天奉本",他说"上奉天施,而下正人,然后可以为王也"③ "以人随君,以君随天——与天数俱终始也"④。既然"天数"是一元的,人道自然也必须归之为一元,政治治理的"一统"也就顺理成章了。

(二) 阴阳崇一

这位中世纪早期的思想家把直观感性的思维运用到了极致,他的阴阳思想有着显明的时代特征和地域痕迹,带有十分典型的中原温带季风性气候的影子,这是"比物连类"思维方式的直接结果。他从山东河北交界的广川地区成长起来,以"贤良文学之士"被荐举,迁到长安为官生活,一直没离开中原温带地区。以他生活时代的科技、经济条件为背景,观察寒来暑往、阴阳消长,进行了理性思考,来思考归纳天地宇宙的运行规律。春天,由南到北,天气逐渐炎热,他认为是阳气在由南向北移动;秋天,由北到南,天气逐渐寒冷,他认为是阴气在由北向南移动。他说:"天地之常,一阴一阳。"⑤ 认为宇宙间有两大势力,一为阳,一为阴,他们的运行造成了季节的变化和万物的荣枯。

在观察阴阳运行规律后,他得出了阴阳崇一的结论。他说:"天

---

① 《春秋繁露·为人者天》。
② 《春秋繁露·深察名号》。
③ 《春秋繁露·竹林》。
④ 《春秋繁露·玉杯》。
⑤ 《春秋繁露·阴阳义》。

之常道，相反之物也，不得两起，故谓之一。一而不二者，天之行也"①。阴阳两种力量不能同时起主宰作用，任何时候都是其中的一方主导事物的发展深化，"开一塞一，起一废一"，放开一个的同时也关闭另一个，举起一个的同时也废止一个，"常一而不二，天之道"。

他认为，在事物发展和社会管理中，阳阴两个方面并非平行势均的，其中阳气占据主导地位。"阳始出，物亦始出；阳方盛，物亦方盛；阳初衰，物亦初衰；物随阳而出入，数随阳而终始；三王之正，随阳而更起；以此见之，贵阳而贱阴也"②"天出阳为暖以生之，地出阴为清以成之，不暖不生，不清不成，然而计其多少之分，则暖暑居百而清寒居一"③。董仲舒反复强调阴阳的主次关系，并应用于社会政治和伦理关系中。"物随阳而出入，数随阳而终始，三王之正随阳而更起，以此见之，贵阳而贱阴也。"阴阳的不同作用从本质上说，反映的是矛盾的特殊性，是主要矛盾和次要矛盾的问题，阴气统属于阳气。用于社会伦理中，就是"丈夫虽贱皆为阳，妇人虽贵皆为阴"，"善皆归于君，恶皆归于臣"。

天道"贱二而贵一"④，人道也应遵循天道。如："目不能二视，耳不能二听，一手不能二事。"君子只有使自己的心智集中到一个方面，才能立于社会，做成事业。"心止于一中者，谓之忠；持二中者，谓之患"，"人孰无善？善不一，故不足以立身"。天子法天行政，"王者唯天之施，施其时而成之，法其命而循之诸人，法其数而以起事，治其道而以出法"。治理社会也要坚持常规，持之以恒，不能随意更革，"治孰无常？常不一，故不足以致功"。

（三）五行归一

对于五行学说，在董仲舒之前，《尚书·洪范》《左传》《吕氏春秋》等作品中均有记述，但都没有进行系统的阐释。《春秋繁露》全

---

① 《春秋繁露·同类相动》。
② 《春秋繁露·阳尊阴卑》。
③ 《春秋繁露·基义》。
④ 《春秋繁露·天道无二》。

面系统地阐述了五行论的思想内容，在董仲舒看来，五行既是天地宇宙的五种运行规则，也是世人治国的基本道理。

首先，五行同源，统一于天地之气。他说："天地之气，合而为一，分为阴阳，判为四时，列为五行。"① 五行则指这种"气"的运行规则、运动形态。"行者，行也，其行不同，故谓之五行。"所谓行，是德行的意思，德行各有不同之处，或说这五种元素，表现出来的各自不同特征或运行规则，符合人们的五种道德行为的特点，所以叫作五行。表现在现实生活中，不管是自然界还是人类社会，都具有一统多元的结构特点。自然界不管是动物还是植物，物类繁多，气象万千，都归于五行一始；人类社会不管是政治经济、文化生活，还是人种族类、习俗形态，也归于中原王朝一统管理。

其次，五行制衡，是互生互克的统一体。董仲舒的五行顺序是：木、火、土、金、水，五者的关系是"比相生而间相胜"。相邻的元素依次相生，即"木生火，火生土，土生金，金生水，水生木"②；相间隔的元素依次相克，即"金胜木……水胜火……木胜土……火胜金……土胜水"③。任何一行皆为别的一行所生，又产生另外一行；皆为别的一行所制约、克服，又制约和克服另外一行。他把木、火、土、金、水分别对应司农、司马、司营、司徒、司寇五种官职机构，这种对应是因为五官的职责分别具有五行各自的品质特征并与之相匹配，五官之间互相依存、互相制约，组成了一个运转有序的官僚行政体系，共同服务于天下一尊的真命君主。

第三，五行崇土，居于核心的位置。五行中，土的地位最尊贵，因为"其德茂美"④，这种德行表现在勤劳而不居功、成事而不占名方面，"地出云为雨，起气为风"，但人们总把这种功劳归之于上天，"曰天风天雨也，莫曰地风地雨"，把这种德行应用于人事方面就是

---

① 《春秋繁露·五行相生》。
② 《春秋繁露·五行义》。
③ 《春秋繁露·五行相胜》。
④ 《春秋繁露·五行对》。

"下事上，如地事天也，可谓大忠矣"。所以地是天最可靠的助手，是"天之股肱"。为了进一步论证他的结论，他又做了几个类比："五声莫贵于宫，五味莫美于甘，五色莫盛于黄。"在众多因素当时，必须有一个核心的力量。把这种观念用在社会治理中，就是家族中的嫡长子、国家中的宰相，是人子、人臣中的核心力量，必须得到众人的拥护，这也许是"大一统"思想观念的起点。土与其他要素互相支持，共同完成了万物生长的功用。国家也是如此，"五行之官，各致其能"，"使人必以其序，官人必以其能"①，这样就能顺天而治了。

圣人法天而立道，把五行的规则应用到社会治理和道德修养中，于是就得出了"五行者，乃孝子忠臣之行"的结论，学习和应用五行的规则就能实现有效的社会治理。

## 三、方法的迂腐性——大胆偏执的治世方案

大一统观念虽植根于天地自然，滋生于世道人心，代表了东方族群的整体利益，是历代哲人志士的理想追求，但由于不同阶级阶层、不同民族居处的个性差异和独立性、排他性，要在社会治理中变为现实，需要统治者有意识地进行培养和努力，董仲舒给出了他的治世方案。客观分析，不管是独尊儒术，还是打击地方势力、巩固王权，在实际操作层面，都有明显的缺陷和不足。瑕不掩瑜，他的思想价值依然熠熠生辉，被统治者选择性地吸收采纳，应用于社会实践，起到了"一言兴邦"的治理效果。

（一）思想上，一厢情愿的独尊儒术

思想是现实的反映，思想的多元性必然导致政治的多元性。独尊儒术是董仲舒用以建立和巩固大一统社会的远见卓识。在给汉武帝的对策中，他提出："今师异道，人异论，百家殊方，指意不同，是以上亡以持一统；法制数变，下不知所守。臣愚以为诸不在六艺之科孔

---

① 《春秋繁露·五行之义》。

子之术者，皆绝其道，勿使并进。邪辟之说灭息，然后统纪可一而法度可明，民知所从矣。"① 汉武帝也认识到思想统一于儒术的重要性，采纳了董仲舒的建议，开始兴办太学，立五经博士，用儒家经典教育学生，并作为政府的法典，指导政治活动，逐渐建立了统一的国家意识，形成巩固的核心价值体系。

汉武帝"尊儒"，但不是"独尊"。汉宣帝对太子刘奭的教训做了最好的注释："汉家自有制度，本以霸王道杂之。奈何纯任德教，用周政乎！"② 汉武帝的尊儒是尊其"大一统"的政治理念，用其为国家社会提供统一的意识形态，为治理民众生活提供指导思想。但单独的教化、德行、仁义不能解决当时的社会矛盾。在汉初无为而治下发展起来的皇族、贵族、大地主、大商人威胁了中央集权；和亲政策助长了匈奴的侵略和贪欲，而且形势愈演愈烈，迫切需要刑罚和武力解决问题。

实际上，汉武帝在用人上，并不是仅用守道笃学的经生儒士，而是多用了像公孙弘那样，以儒家为缘饰，以法为工具，并杂之以百家之术的文法之吏。对内治理豪强和诸侯，他用"以峻文决理著"③"以鹰隼击杀显"④ 的义纵、王温舒、张汤、杜周等酷吏，强化法治，严刑峻法，打击豪强，切实维护了至高无上的皇权专政。对外抵御匈奴、征服南越方面，他没有采用董仲舒"亲近者不以言，召远者不以使"⑤ "亲近以来远，未有不先近而致远者"⑥ 的儒学主张，而是培养并重用卫青、霍去病、程不识等武职大将，开疆拓土、安靖边患，奠定了中国疆域的基本轮廓。

(二) 政治上，不顾禁忌地巩固王权

董仲舒发展了君主专制理论，在理念和实践上都把中央集权制度

---

① 《汉书·董仲舒传》。
② 《汉书·宣帝纪》。
③ 《汉书·食货志》。
④ 《盐铁论·刺复》。
⑤ 《春秋繁露·精华》。
⑥ 《春秋繁露·王道》。

向前推进了一步。在理念上，重视政治关系的定位，是董仲舒及中国古代政治思想家的一大特色。君主都处于尊崇和主导地位，而臣民则处于卑下和从属的地位。认为贵贱有等、上下有差，是天定之序、自然之理。"未有去人君之权能制其势者也，未有贵贱无差能全其位都也。"①

在方法上，突出君权的无上性和神秘性。"为人君者，其法取象于天"②，做到"高其位而下其施，藏其形而见其光，序列星而近至精，考阴阳而降霜露"。君主必须把权力牢牢地掌握在自己手中，这是国家治理的必要条件。进一步强化对地方的监督管理。他说"朝者。召而闻之也"③。定期或不定期召见地方官员，听取工作汇报，询问守职情况，有利于对各级官吏的管理和对地方情况、社情民意的了解，是实施有效治理的前提条件。在《春秋繁露·考功名》为当政者提供了一套完整的官吏考核方法体系，"赏不空施、罚不虚出"，"赏罚用于实，不用于名"。

在实践上，他犯上为政之大忌，参与了皇家内部事务的处理，险些丢了性命。汉武帝建元"六年春二月乙未，辽东高庙灾。夏四月壬子，高园便殿火"④。两个庙宇火灾本是一件正常的事件，董仲舒以自己天人感应理论和比物连类的方法进行了诠释，"居家推说其意"，认为，就像《春秋》记载鲁定公、哀公时两观、桓宫、厘宫火灾一样，这是上天在昭告陛下，"视亲戚贵属在诸侯远正最甚者，忍而诛之，如吾燔辽东高庙乃可；视近臣在国中处旁仄及贵而不正者，忍而诛之，如吾燔高园殿乃可"⑤。让汉武帝诛杀那些朝中和地方有违法倾向和恶行的"亲戚贵属"和"近臣"，以巩固自己的权威。对于刘氏家族诸侯王的生杀存废问题，是汉武帝皇家的内部事务，处理起来

---

① 《春秋繁露·王道》。
② 《春秋繁露·天地之行》。
③ 《春秋繁露·诸侯》。
④ 《汉书·武帝纪》。
⑤ 《董仲舒文集·庙殿火灾对》。

十分谨慎。经过几代皇帝的削藩，武帝时，诸侯国已不能对中央形成威胁了，对那些仍有不轨之心的侯王，如淮南、衡山、燕王谋反等大案，也是先交与有司，逼其自杀，然后再派人处理，既解决了问题，又不失亦真亦假的同宗之情。对于董仲舒借庙殿火灾妄议"亲戚贵属"和"近臣"一事，把他交官问罪，判处死刑，后念他忠心为国，人才难得，又下诏赦免了他。本来是一片忠心，可结果犯了像"杨修之死"一样的错误。

（三）经济上，与虎谋皮的调均限田

中央集权国家赖以生存的钱、粮、兵，大都来自耕农，重农抑商、自给自足的小农经济支撑了中国的君主政体。"易于耕种的纤细黄土、能带来丰沛雨量的季候风，和时而润泽大地、时而泛滥成灾的黄河，是影响中国命运的三大因素。它们直接或间接地促使中国要采取中央集权式的、农业形态的官职体系。"① 而豪强地主和富商大贾不仅有避税转嫁负担的能力，而且"交通王侯，力过吏势"②，甚至"封君皆低首仰给焉"③，有的长期盘踞地方，欺压百姓，兼并土地，从而严重干扰了中央政权对于地方的控制，如同集权体制中的一个毒瘤，再加上从皇室到官僚阶层的参与，治理起来非常困难，是当政者的心头大患。

董仲舒以他敏锐而深刻的社会观察和历史认知，提出了"调均"的思想，作为调解社会财富分配和占有的原则，解决贫富悬殊造成的社会问题。"调均"就是国家运用行政的、法律的和经济的手段，干预和调控社会财富的分配，防止贫富过度不均，政府的任务是要做到"使富者足以示贵而不至于骄，贫者足以养生而不至于忧，以此为度而调均之。是以财不匮而上下相安，故易治也"④。方法是"限民名

---

① 黄仁宇所：《中国大历史》，生活·读书·新知三联书店，2007年。
② 晁错：《论贵粟疏》。
③ 《史记·平准书》。
④ 《汉书·董仲舒传》。

田，以赡不足，塞并兼之路"①。所谓"名田"，即以名占田，在个人名义下占有一定量的耕地，就是私人占有的土地。"限民名田"，就是在承认土地私有制的前提下，通过限制地主的土地占有量，保证小农拥有一小块足以养家糊口的土地，并以此来实现"塞并之路"的目的。这一思想原则是正确的，找到了问题的根源，也能达到了解决问题的效果。但现实中，让豪强地主退出已经占有的土地，无异与虎谋皮、虎口夺食，无法推行。钱穆在《中国历代政治得失》里也讲："在汉武帝时，董仲舒曾主张限田政策，纵不能将全国田亩平均分派，也须有以最高限度，使每一地主不能超过若干亩之限制，惜乎连这个政策也未能推行。"从当时对商贾限制占田来看，"贾人有市籍者，及其家属，皆无得籍名田，以便农。敢犯令，没入田僮"②，非常符合董仲舒的限田思想，是否直接来源于他的主张，不敢冒然下结论。在之后的中国社会，这一思想原则成为多数王朝的土地治理思想，起到了积极社会作用。

但豪强地主和富商大贾问题总是要解决的。与汉武帝采取的迁徙豪强、算缗告缗等措施相比，在政策的合法性、推行的可操作性、执行的有效性方面，"限民名田"更显示出知识分子书宅中的天真臆想。元朔初年，主父偃向汉武帝提出建议："天下豪杰兼并之家，乱众民，皆可徙茂陵，内实京师，外销奸猾。"③ 在元朔二年，刘彻便采纳了主父偃的建议，下令"徙郡国豪杰及货三百万以上于茂陵"④，并在以后将迁徙豪强形成一种制度，"世世徙吏二千石、高货商人及豪杰并兼之家于诸陵，盖以强干弱枝"⑤。元狩四年（前119）开始实行算缗，向工商业主征收财产税，令商贾、手工业者、高利贷者向官府自报资产价值，每值2000钱则纳税一算，并鼓励知情者检举揭发，规

---

① 《董仲舒文集·又言限民名田》。
② 《汉书·食货志》。
③ 《汉书·主父偃传》。
④ 《汉书·武帝纪》。
⑤ 《汉书·地理志下》。

定凡揭发者，奖给所没收财产之一半，叫作"告缗"。这些措施真正增加了国家收入，打击了地方势力恶性膨胀，缓和了土地兼并，支持了对外战争和国家建设，有利于统治基础的巩固。

## 四、追求的执着性——踽踽独行的求索之路

一代卓越的知识分子，有着天生我才难自弃的责任清高，心怀以天下为己任的历史使命，祭出了济世救民的智慧方案，但以"贞士"自居的董仲舒，感叹"生不丁三代之盛隆兮，而丁三季之末俗"①，清廉的操守使他不能做到"辩诈而期通"，只能"耿介而自束""茕茕而靡归"，性格的缺陷只能让他做一个官场的失意独行者。

### （一）法天立道的圣人情结

董仲舒是个有圣人情结的人，他怀有法天立道的个人抱负。《汉书·董仲舒传》说他有个习惯："下帷讲诵。弟子传以久次相授业，或莫见其面。""下帷讲诵"一事，让人难以理解其中的缘由。以笔者看来，这反映了他的圣人情结。他深知自己非"受命之人"，不敢有觊觎神器之野心，但他非常崇拜周公、孔子这样学问高深、有帝王之德、无帝王之实的圣人。他说："周公继文、武之业，成二圣之功，德渐天地，泽被四海"，"周公傅成王，成王遂及圣，功莫大于此。周公，圣人也"②，"惟圣人能属万物于一，而系之元也"③。圣人治民要以天为榜样，学习天"高其位而下其施，藏其形而见其光"的示范榜样，做到"为人主者，法天之行，是故内深藏，所以为神，外博观，所以为明也"④，"人君立于阴，大夫立于阳"⑤，与臣民保持距离，增强神秘性和威严性，是提高领导力和号召力的一种方式。

---

① 《士不遇赋》。
② 《春秋繁露·郊事对》。
③ 《春秋繁露·玉英》。
④ 《春秋繁露·离合根》。
⑤ 《春秋繁露·王道》。

从他的经历来看,"凡相两国,辄事骄王"。当时的丞相公孙弘"治《春秋》不如仲舒","弘嫉之"①,因此向汉武帝建议"独董仲舒可使相胶西王"。让董仲舒担任在刀尖上跳舞的职务。因为胶西王是个"纵恣"之人,杀害了多位相国,但董仲舒以"义不诎上,智不危身"②的过人智慧,保全了自己。在《诣丞相公孙弘记室书》一文中,可以体会到他向权贵低头又无可奈何的心境,感叹"屈意从人,悲吾族矣"③。汉武帝建元六年,因"庙殿火灾对"一事,把董仲舒交官问罪,判处死刑,汉武帝念他忠心为国,人才难得,就下诏赦免了他。最后,"去位归居,终不问家产业,以修学著书为事"④。晚年写了《士不遇赋》一文,表现了他的一生不遇的悲慨之情,他以卞随、务光、伯夷、叔齐这样的圣贤为榜样,又悲愤"使彼圣贤其繇周遑"的遭际,不得不"返身于素业",著书以立道,教学以养贤。

作为教育活动的实施者,董仲舒要求教师尽量达到"圣化"的境地,"善为师者,既美其道,有慎其行;齐时早晚,任多少,适疾徐;造而勿趋,稽而勿苦;省其所为,而成其所湛,故力不劳而身大成,此之谓圣化,吾取之"⑤。由此可以看出,董仲舒有天生才智难自弃个人抱负,又经历如此艰险的生活坎坷,在出仕过程中不能实现自己的志向,学习孔子"以《春秋》当新王"⑥的榜样,只能以自我神圣的非常心态挂帘讲学,"以讲坛当新王","渐民以仁,摩民以义,节民以礼"⑦。

像所有的理想主义者一样,为实现理想,他以强烈求知欲和超乎常人的专注力钻研学问。《汉书·董仲舒传》说"仲舒遭汉承秦灭学之后,《六经》离析,下帷发愤,潜心大业。盖三年不窥园,其精如

---

① 《汉书·董仲舒传》。
② 《春秋繁露·楚庄王》。
③ 《士不遇赋》。
④ 《汉书·董仲舒传》。
⑤ 《春秋繁露·玉杯》。
⑥ 《春秋繁露·三代改制质文》。
⑦ 《天人三策》。

此",专心致志苦学,不受外界干扰,后人以"目不窥园"来形容这种精神。董仲舒精研儒学,吸收道家、阴阳家、法家等各家思想,终于成为令人敬仰的儒学大师,《汉书》称他"为群儒首""为儒者宗"①,"学士皆师尊之"。

(二)复古改制的历史抱负

对于董仲舒的历史观,比较一致的认识是三统三正的历史循环论。王永祥先生则提出了董仲舒"应天改制和应人制礼的进化历史观"②。客观地看,他的改制思想和措施具有解决社会问题、推动历史发展的实际效果,但就他的历史认知来讲,说他有"进化历史观",很难让人接受。依笔者来看,历史退化、复古改制、三统循环应是他历史思想的本质特征。

董仲舒没有跳出儒学历史退化论的窠臼。根据《礼记·礼运》记载,孔子认为最美好的"大道之行"的大同社会在远古时代,属于五帝之世;后来,由于"大道既隐"、世道衰微、人心不古,社会坠落到了小康状态,属于"禹、汤、文、武、成王、周公"的治理成果;再到后来,由于礼崩乐坏、天子失势、诸侯并起,则出现了混乱之世,即春秋时代。孔子无缘"大道之行也,与三代之英"的时代,但他立志做一个像周公一样的人,努力恢复曾经的历史荣光。孔子极力推崇周公,他竟然期望能天天梦见周公,可见崇拜之深——"甚矣,吾衰也,久矣吾不复梦见周公"③。他的理想是恢复周公所治理的时代,就是夏商周"三代之英"社会治理。

董仲舒所描绘的生动美好社会图景也是"五帝三王之治天下""古以大治"的古代社会,而他所处的社会则像孔子所说一样,是个混乱不堪的状态,他反复强调"至周之末世,大为亡道,以失天下。秦继其后,独不能改,又益甚之——其遗毒余烈,至今未灭,使习俗

---

① 《春秋繁露·五行志》。
② 王永祥:《董仲舒评传·应天改制和应人制礼的进化历史观》,南京大学出版社。
③ 《论语·述而》。

薄恶,人民嚣顽,抵冒殊扞,孰烂如此之甚者也","夫古之天下亦今之天下,今之天下亦古之天下,共是天下,古以大治,上下和睦,习俗美盛,不令而行,不禁而止,吏亡奸邪,民亡盗贼,囹圄空虚,德润草木,泽被四海,凤凰来集,麒麟来游,以古准今,一何不相逮之远也","汉得天下以来,常欲善治,而至今不可善治者"①,等等,都说明在他的观念中,从古到今,是个日益衰败、不断退化的过程。

他恢复古代美好社会的方法是"奉天而法古",他说"试迹之于古,返之于天,党可得见乎"②,"《春秋》之于世事也,善复古,讥易常,欲其法先王也"③。为什么要法先王呢?因为"虽有知心,不览先王,不能平天下;然则先王之遗道,亦天下之规矩六律已!故圣者法天,贤者法圣"。先王都是圣人,他们能观察天道、顺应天道来治理天下,"天道各以其类动,非圣人孰能明之"④。今天的"贤者"学习先王之法就是遵循天道行事,即"天下无二道,故圣人异治同理也,古今通达,故先贤传其法于后世也"。

在《又言限民名田》一文中,集中体现了他复古改制的政治思维,"古者税民不过什一——至秦则不然,用商鞅之法——汉兴,循而未改",可谓世风日下、今不如初。怎么办呢?他说"古井田法虽难卒行,宜少近古",复古思想十分清晰。字数不多,抄录如下:

> 古者税民不过什一,其求易共;使民不过三日,其力易足。民财,内足以养老尽孝,外足以事上共税,下足以畜妻子极爱,故民说从上。至秦则不然,用商鞅之法,改帝王之制,除井田,民得卖买,富者田连仟伯,贫者亡立锥之地。又颛川泽之利,管山林之饶,荒淫越制,逾侈以相高;邑有人君之尊,里有公侯之富,小民安得不困?又加月为更卒,已复为正,一岁屯戍,一岁力役,三十倍于古;田租口赋,盐铁之利,二十倍于古。或耕豪

---

① 《汉书·董仲舒传》。
② 《汉书·董仲舒传》。
③ 《春秋繁露·楚庄王》。
④ 《春秋繁露·三代改制质文》。

民之田,见税什五。故贫民常衣牛马之衣,而食犬彘之食。重以贪暴之吏,刑戮妄加,民愁亡聊,亡逃山林,转为盗贼,赭衣半道,断狱岁以千万数。汉兴,循而未改,古井田法虽难卒行,宜少近古,限民名田,以澹不足,塞并兼之路。盐铁皆归于民。去奴婢,除专杀之威。薄赋敛,省繇役,以宽民力,然后可善治也。

(三) 重文轻武的政治主张

董仲舒重文轻武的政治主张与他的国家观念有密切关系。在他的语境中,"天下""国""王"指的是今天我们所说的国家、政权、政府。对于国家产生的原因,他说"生育养长,成而更生,终而复始,其事所以利活民者无已,天虽不言,其欲赡足之意可见也。古之圣人见天意之厚于人也,故南面而君天下"①。建国立君的动机是顺从天意、代天治民,目的是保护民众、"赡足"众生。对国家的作用,他说"王者,民之所往;君者,不失其群也。故能使万民往之,而得天下之群者,无敌于天下"②,"国之所以为国者,德也;君之所以为君者,威也"③,"天之生民,非为王也;而天立王,以为民也"④。他认为以天子为代表的国家,是一个为民安民乐民的社会组织。这仅仅看到了国家的社会管理属性,没有看到阶级暴力属性,这是他倡导文德、反对刑武的根本原因。

对于如何治理国家,他通过观察天道,得出了法天行政、推行教化、以德治国、辅之以刑的结论。依据阴阳二气在作物成长中的不同作用,他得出了"阳德阴刑""阳尊阴卑"的结论。他说:"阳,天之德,阴,天之刑也,阳气暖而阴气寒,阳气予而阴气夺,阳气仁而阴气决,阳气宽而阴气急,阳气爱而阴气恶,阳气生而阴气杀。是故阳常居实位而行于盛,阴常居空位而行于末,天之好仁而近,恶决之变

---

① 《春秋繁露·诸侯》。
② 《春秋繁露·灭国上》。
③ 《春秋繁露·保位权》。
④ 《春秋繁露·尧舜不擅移汤武不专杀》。

而远，大德而小刑之意也。"①"阳出实入实，阴出空入空，天之任阳不任阴，好德不好刑如是也。""阴终岁四移，而阳常居实，非亲阳而疏阴，任德而远刑与。""阳出而前，阴出而后，尊德而卑刑之心见矣。"

董仲舒从他的人性论主张出发，进一步强调了君主（国家）的教化功能。他认为人性自然地分为上、中、下三等："圣人之性，不可以名性，斗筲之性，又不可以名性，名性者，中民之性。"② 他受孔子"唯上智与下愚不移"的先验论影响，认为上等的"圣人之性"，天生本善，不需教育；下等的"斗筲之性"，天生愚顽，不可教育；中民是大多数，需要教育。董仲舒指出："王承天意，以成民之性为任者也。"认为以君王为代表的国家的责任就是承奉天命、教育人民，养成善德。

他说"教，政之本也；狱，政之末也"③。单纯的教化功能并不能达到他的理想状态。也许是刚刚过去的秦朝因推行严格的法刑主义，造成的社会动荡和人民不满以及由此带来的惨烈屠杀和纷争，给他的思维造成了深深的阴影。虽然，他在观察自然和世事时，也看到了阴刑的作用，但在实际主张时，确走向了坚决反对武力的一端。他说"刑之不可任以成世也，犹阴之不可任以成岁也"④，"为政而任刑，不顺于天"⑤。进而他又借孔子的名义强调他的主张："《春秋》之所恶者，不任德而任力，驱民而残贼之；其所好者，兵刑设而勿用，仁义以服之也"⑥，"夫执介胄而后能拒敌者，故非圣人之所贵也。君子显之于服，而勇武者消其志于貌也矣。故文德为贵，而威武为下，此天下之所以永全也"⑦。

---

① 《春秋繁露·阳尊阴卑》。
② 《春秋繁露·实性》。
③ 《春秋繁露·精华》。
④ 《春秋繁露·阳尊阴卑》。
⑤ 《汉书·董仲舒传》。
⑥ 《春秋繁露·竹林》。
⑦ 《春秋繁露·服制像》。

他这种"武之至而不用"的主张，在对匈奴的政策方面，表现得最为充分，他说"与之厚利没其意，与盟于天以坚其约，质其爱子以累其心"①，给匈奴更多的物资利益、订立盟约、互派人质，就可以达到"民父兄缓带，稚子咽哺，胡马不窥于长城，而羽檄不行于中国"目的，由"轻武"转到了"弃武"，太过理想化了。这与当时的国家形势需要和汉武帝的个人志向来说，相差甚远。

知臣莫如君。汉初的几代帝王都雄才大略、知人善任，深知董仲舒的思想优势，也洞悉他的缺点和不足，先后派他去江都国、胶西国为相，去辅佐刘非和刘端，发挥了知识分子应有的政治作用。作为中央政权，必须保持强大的武力，这是政权存在和实施统治的必要条件；在此基础上，推行文德，教化百姓，这是长治久安的根本政策。两者均重，不可偏废。作为地方政权的诸侯国，代表中央治理百姓、安抚地方，只能推行文德，不可发展武力。一旦过度发展武力，就会变成中央政权的异己力量，威胁中央。江都国王刘非"有勇力""好气力"，喜欢武功，"招四方豪杰"②，七国之乱时主动请缨打击吴国，后来又上书愿出击匈奴，为汉武帝所猜忌。董仲舒坚持己见，"以礼谊匡正"，特别是在讨论越王勾践用人、称霸问题上，义正词严地反驳了江都王的养士为仁、以诈伐吴的观点，"王敬重焉"。

（四）雅而不实的治家之方

《汉书·董仲舒传》说，他"及去位归居，终不问家产业，以修学著书为事"。这是一个值得讨论的问题。

从积极的方面理解，这反映了他的吏治思想，也是他专心学问、追求精神修养的可贵人格表现。自己不置业聚财，也坚决反对其他官员家人从事产业经营活动。他在《天人三策》中给汉武帝举了公仪休驱妻拔葵的故事，强调民不二业、不与民争利是"上天之理""太古之道"，他有句名言："予之齿者去其角，傅其翼者两其足。"③ 长着

---

① 《董仲舒文集·论御匈奴》。
② 《汉书·景十三王传》。
③ 《汉书·董仲舒传》。

锋利牙齿的动物没有坚硬的头角,长着翅膀的动物只有两条腿走路。他自己是天不兼予、人不兼利的模范执行者。这一思想对于我们今天的吏治政策也是有借鉴的。把精神集中在自己喜欢的学问中,修学著书,立说明道,也是知识分子的本职责任,董仲舒做到了,值得肯定。

从消极的方面理解,家庭是幸福之本,是为官为学为事的基础条件,出仕时遵从官员不置产业、不与民争利要求,是必要的,但致仕后,是可以经营家庭、厚植产业的。他为什么不这样做呢?是自觉践行自己的政治主张?还是因为"修学著书"没有时间?是家庭不需要他过问这些事,还是他不懂不会管理这些事?

从现有的资料来看,早年读书,"三年不窥园",说明家里有园子,经济条件还是很好的,有支撑他专心学问的基础。但没有资料显示,在他成年以后的家庭生活中,有比他职位更高的官员或经营产业的家庭成员,他是家庭或说家族的中心人物。这样的一家之主,不过问家庭产业是不对的。从产业方面来讲,古代社会家庭也是社会生产组织,对家族产业的管理是个社会问题,不仅仅是自己的家庭问题,不管家业大小,总得有人在打理,甚至苦心经营,才能保证家业兴旺,因为家庭的管理比政府管理更困难。像《红楼梦》中的宁荣两府,"箕裘颓堕皆从敬,家事消亡首罪宁"①,到了被革职抄家后,贾政才知道"旧库的银子早已虚空,不但用尽,外头还有亏空","东省的地亩早已寅年吃了卯年的租儿了"②。从人员方面来讲,对子侄的教育、管理,对家庭成员的规束,是一家之主必须做的事情,是分内的责任,专注学问、忙于工作不是推脱家庭管理责任的理由。从"家徙茂陵,子及孙皆以学至大官"③的记载来看,当时他的家族应算是豪族,属于被迁徙的那一类,而且后代都以诗书为业,出仕做官,说明当时的家庭管理没出问题。积极而合理的理解,应有人帮他治理

---

① 《红楼梦·游幻境指迷十二钗饮仙醪曲演红楼梦》。
② 《红楼梦·章散余资贾母明大义复世职政老沐天恩》。
③ 《汉书·董仲舒传》。

家业。

通过上文，笔者分析董仲舒的性格特征和从政缺陷，不是否认哲人的思想价值。《汉书·董仲舒传》说"及仲舒对册，推明孔氏，抑黜百家，立学校之官，州郡举茂材孝廉，皆自仲舒发之"。董仲舒重新阐发了大一统的思想内涵，提出了实现大一统的具体措施，经统治者推广实施，在治民理政中起到了重要作用，逐步确立了儒学在思想和文化领域的正统与主导地位。但理想主义的性格特征和思想主张也限制了他在西汉政坛上个人发展与作用发挥，阻碍了他治世理念的全面推行和个人抱负的实现，值得深思。现略作一说，以待斧正。

本文为"2020中国·衡水董仲舒与儒家思想国际学术研讨会"提交的论文。

# "了解之同情":董仲舒"君权"思想辨正[①]

## 吴 杰

董仲舒的"君权天制"论曾被释为"君权绝对论",饱受批评[②],之后,虽有学者为其正名[③],但仍有探讨的空间。笔者不揣浅陋,在前贤研究的基础之上,重新探析董仲舒的"君权"思想。笔者以为对

---

① 基金项目:本文为2018年福建省高校杰出青年科研人才培育计划研究成果;国家社科基金青年项目"清代服制定罪研究"(18CFX008)阶段性研究成果。

② 如张国华先生主编的《中国法律思想史》中有言曰:"君主代行'天意',如果不服从君主的统治,就是违背了'天意',所以,君权是神圣不可侵犯的。董仲舒这样把君主说成真正的'神人',借助天的力量树立了君主的绝对权威,完全是为了从政治上和思想上加强对人民的统治和奴役。"(张国华《中国法律思想史》,法律出版社,1982年,第169页)又,任继愈先生主编的《中国哲学史》一书指出:"董仲舒对于封建统治事业所担当的任务,就在于适应当时封建统治者的时代要求和需要,从地主阶级统一的封建中央集权的基本立场出发,建立一套完整的封建神学神秘主义的思想体系。"又说:"'皇帝'代表天意,他是万民的主宰,甚至自然界的阴阳风雨都由于他的行动所决定,把一切权力集中在皇帝一个人身上,从而论证'君权'的神圣和至高无上。"(任继愈《中国哲学史(二)》,人民出版社,2003年,第73、74页)此类论述不一而足。

③ 此类研究可参见俞荣根:《儒家法思想通论》,广西人民出版社,1992年,第585页;张强:《董仲舒的天人理论与君权神授》,《江西社会科学》2002年第2期;宋惠昌:《董仲舒的"君权制约论"》,《中共中央党校学报》2009年第6期;张永刚:《简析董仲舒"君权天制"法律思想》,《学理论》2011年第17期;郑济洲:《"规约君权"还是"支持专制"——重论董仲舒"推明孔氏,抑黜百家"》,《衡水学院学报》2016年第2期;等等。

董仲舒"君权"思想的研究,应报之以陈寅恪先生所谓的"了解之同情"[①]的研究立场,理解董仲舒著书立说的初衷,以及他所处的时代环境。董仲舒被誉为汉代的孔子,是儒生的典范。所谓儒生,乃修大道者也,他们"长于匡救;将相倾侧,谏难不惧"。王充说:"案世间能建蹇蹇之节,成三谏之议,令将检身自救,不敢邪曲者,率多儒生。"[1]624 董仲舒入仕之追求并非是为了一家一姓的兴亡,他的君权思想也并非是为了迎合专制制度。董仲舒的"君权"思想孕育于先秦儒家的土壤,他的"君权天制"论,否定了单纯依靠武力实现政权流转的正当性,如萧公权先生所言:"秦汉先后以武力取天下,就一方面观之说,似政权转移由于人力,而君主本身足以独制天下之命。董子天命之说,殆意在攻破此倾向于绝对专制之思想。"[2]

## 一、"君权天制":君权的合法性

时无古今,地无东西,政权合法性问题是任何统治者都要面对的问题,如韦伯所言:

> 一切经验表明,没有任何一种统治自愿地满足于仅仅以物质的动机或者仅仅以情绪的动机,或者仅仅以价值合乎理性的动机,作为其继续存在的机会。勿宁说,任何统治都企图唤起并维持对它的"合法性"的信仰。[3]

在古代中国,君权的合法性源自天授,《尚书》有谓:"天佑下民,作之君。"[4]404 至于,上天如何拣选君主,政权如何更替,古人则见仁见智。伯夷叔齐曾叩马劝谏武王,反对以革命的方式推翻暴君的统治,未果之后,义不食周粟,作歌曰:"登彼西山兮,采其薇矣。以暴易暴兮,不知其非矣。神农、虞、夏忽焉没兮,我安适归矣?于

---

① 所谓"了解之同情",陈寅恪先生在冯友兰《中国哲学史》审查报告中指出:"凡著中国古代哲学史者,其对于古人之学说,应具了解之同情,方可下笔。盖古人著书立说,皆有所为而发。故其所处之环境,所受之背景,非完全明了,则其学说不易评论。"(冯友兰:《中国哲学史(下)》,重庆出版社,2009年,第457页)

嗟徂兮，命之衰矣！"最后饿死在首阳山[5]2123。"汤武革命"是否是政权取得的合法方式，一直困扰着古人。孔子评价舜乐"韶"与武王乐"武"时曾说：韶"尽美矣，又尽善也"，武"尽美矣，未尽善也"[6]258。《集解》释曰："韶，舜乐名也。谓以圣德受禅，故曰尽善也。武，武王乐也。以征伐取天下，故曰未尽善也。"[6]259信如是，可推知孔子并不赞赏"汤武革命"。齐宣王曾问孟子"臣弑其君可乎？"孟子回答说："贼仁者谓之'贼'，贼义者谓之'残'。残贼之人谓之'一夫'。闻诛一夫纣矣，未闻弑君也。"[7]孟子认为桀纣乃残贼之人，虽居君位，但无君之实，故可杀之，认可了"汤武革命"的合法性。

秦以西陲之国灭八百年之宗周，之后陈胜、吴广起义，群雄假托六国之后攻秦，刘邦崛起于草莽，剪灭诸侯，成就帝业。就政权的建立而言，刘邦并不比嬴政高明，都是以力服人，他们的政权均缺少理论上的根据。汉景帝时，辕固生与黄生曾在御前论及于此，《史记》载：

> 黄生曰："汤武非受命，乃弑也。"辕固生曰："不然。夫桀纣虐乱，天下之心皆归汤武，汤武与天下之心而诛桀纣，桀纣之民不为之使而归汤武，汤武不得已而立，非受命为何？"黄生曰："冠虽敝，必加于首；履虽新，必关于足。何者？上下之分也。今桀纣虽失道，然君上也；汤武虽圣，臣下也。夫主有失行，臣下不能正言匡过以尊天子，反因过而诛之，代立践南面，非弑何也？"辕固生曰："必若所云，是高帝代秦即天子之位，非邪？"[5]3122—3123

此争论可谓是切中要害，直接将"汤武革命"是否合法的导火索引到了汉代政权建立的合法性上。不过，汉景帝并没有正视这个问题，而是制止了讨论，他说："食肉不食马肝，不为不知味；言学者无言汤武受命，不为愚。"[5]3123

汉武帝时期，举贤良文学之士对策，再次寻求政权更迭合法性的答案，其策问曰："固天降命不可复反，必推之于大衰而后息与？""三代受命，其符安在？"[8]2496作为对汉武帝策问的回应，董仲舒深入讨论了"受命之符"以及政权合法性问题。他继承了先秦儒家君权源自天授的观念,所不同的是,他创造了一套系统的"天人感应"理论,将天命授受纳入到了感应论当中,并以此为基础论证了"君权天制"。所谓"天子"乃"德侔天地者,皇天右而子之","天子受命于天"[9]404、406,"王者必受命而后王"[9]182,君主"立于生杀之位,与天共持变化之势"[9]324。那么,上天如何拣选合格的君主呢?董仲舒认为:"天之所大奉使之王者,必有非人力所能致而自至者,此受命之符也。"[8]2500他详细论述了上天如何"施符授圣人王法",他认为被上天选中的君主,生来就天赋异禀,舜、禹、汤、文王均是如此,其文曰:

> 四法之天施符授圣人,王法则性命形乎先祖,大昭乎王君。故天将授舜,主天法商而王,祖锡姓为姚氏。至舜形体大上而员首,而明有二童子,性长于天文,纯于孝慈。天将授禹,主地法夏而王,祖锡姓为姒氏,至禹生发于背,形体长,长足肵,疾行先左,随以右,劳左佚右也。性长于行,习地明水。天将授汤,主天法质而王,祖锡姓为子氏,谓契母吞玄鸟卵生契,契先发于胸。性长于人伦。至汤体长专小,足左扁而右便,劳右佚左也。性长于天光,质易纯仁。天将授文王,主地法文而王,祖锡姓姬氏。谓后稷母姜原履天之迹而生后稷。后稷长于邰土,播田五谷。至文王形体博长,有四乳而大足,性长于地文势。……故天道各以其类动,非圣人孰能明之?[9]207-208

具体而言,董仲舒认为天命流转有两种方式,一种是尧舜式的禅让,不过,禅让并非出于君主的个人意志,而是遵循天命的结果,他说:

> 王者亦天之子也,天以天下予尧舜,尧舜受命于天而王天下,犹子安敢擅以所重受于天者予他人也。天有不以予尧舜渐夺之,故明为子道,则尧舜之不私传天下而擅移位也,无所疑也。[9]215

另一种政权流转的方式是"汤武革命","革命"的合法性基础同样源自上天,其言曰:

> 天之生民,非为王也,而天立王以为民也。故其德足以安乐

民者,天予之;其恶足以贼害民者,天夺之。诗云:"殷士肤敏,裸将于京,侯服于周,天命靡常。"言天之无常予,无常夺也。……故夏无道而殷伐之,殷无道而周伐之,周无道而秦伐之,秦无道而汉伐之。有道伐无道,此天理也,所从来久矣,宁能至汤武而然耶?夫非汤武之伐桀纣者,亦将非秦之伐周,汉之伐秦,非徒不知天理,又不明人礼。……君也者,掌令者也,令行而禁止也。今桀纣令天下而不行,禁天下而不止,安在其能臣天下也?果不能臣天下,何谓汤武弑?[9]215—217

由此可知,董仲舒认为天命靡常,只有"德足以安乐民者",才会得到上天的授命,否则,"天之所弃,天下弗佑"[9]264,天将剥夺"恶足以贼害民者"的权力。职此之故,有道者可以奉天命讨伐无道之君,汤武伐桀纣,汉伐秦,都是有道伐无道,"此天理也"。

由于董仲舒将天神化,相应的,受天命的君主也具有了神圣性,君主成为了沟通天人的中介,他说:"古之造文者,三画而连其中,谓之王。三画者,天地与人也,而连其中者,通其道也。取天地与人之中以为贯而参通之,非王者孰能当是?"[9]320—321如此一来,尊天势必要尊君,要"以人随君""屈民而伸君"[9]29、30。从这个意义上讲,董仲舒的"君权天制"论与汉承继于秦的专制政体的制度设计是相吻合的。"王者定于一尊"是专制政体的客观要求,专制的皇帝绝不允许有权势的诸侯附丽在其周围,汉初皇帝与诸侯之间的矛盾正源于此。时至汉武帝,诸侯的领土与权力问题已得以解决,皇权实现了独尊。董仲舒的"君权天制"论恰好顺应了时代的要求,也正因此,遭遇后人误解,时至今日,批判之语仍不绝于书。如有学者曾言:

> 董仲舒适应西汉封建统治者的政治需要,极力鼓吹封建大一统的理论,认为封建大一统是"天之常经,古今之通谊"(《汉书·董仲舒传》)。他把孔子的大一统思想和法家的君主集权思想捏合在一起,力主加强君权,主张大一统必须"一统于天子"(《春秋繁露·符瑞》)。他挖空心思为抬高君主的地位寻找理论根据,……[10]

相比于先秦儒家,董仲舒确实将君权神化,客观上加强了君主的权威性。不过，董仲舒的"君权天制"论与法家的"君权绝对"论以及西方的"君权神授"论有天壤之别。以韩非子为代表的法家舍人情而言威权，"主张倚靠法律的客观准则作用，借助种种阴谋诡计，即所谓的'术'，将权力高度集中于君主一人之手，形成强大的'势'，再通过绝对听命于君主的官僚组织系统贯彻落实、令行禁止"[11]。西方的"君权神授"认为君权源自上帝所授，《圣经》有言："在上有权柄的，人人当顺服他；因为没有权柄不是出于神的；凡掌权的都是神所命的。"[12]324 此"君权神授"下的君主治理实现的是上帝的正义。由于上帝具有绝对权威，人在上帝面前是有罪的本体，相对于上帝，人始终是渺小的存在，所以，上帝之所视并非人民之所视，上帝之所听亦非人民之所听。在宗教改革时期，路德甚至认为即便处在暴君的统治之下，人民也没有反抗的权力，"对于上帝来说，'世俗权力只是区区小事'。因此，我们也不会被统治者烦扰到要去违抗他们的程度"[13]。相比之下，董仲舒的"君权天制"论实是君权相对论，诚如俞荣根教授所言：

> 在这里，君主不能独裁，他的意志须服从天的意志，他的权威来自天的权威。而"天意"实质上便是民意。……所以"君权神授"既是对君权的神化，又是对君权的限制。他仍然是先秦儒家相对君主主义的致思趋向。[14]

董仲舒通过天这个媒介，在赋予君主无上权力的同时，也为他打造了一副精神枷锁——只有顺从天道的君主才会获得权力，才会得到天佑，进而永享天禄。

## 二、"法天而治"：追求仁政的治理

如上文所言，董仲舒的"君权天制"论并不主张君主可以随心所欲的妄为，君主要尊天，要"法天而治"。董仲舒花费了大量篇幅论证"尊天"，积极倡导恢复郊祭，多次申明郊祭的重要性，此类论述分别见于《春秋繁露》之"郊语篇""郊义篇""郊祭篇""四祭篇""郊祀篇""郊事对篇"等。董仲舒认为郊祭是对上天示以尊重的表现,"已受命而王,必先祭天,乃行王事"[9]402。针对当时反对郊祭的形势,他曾指斥道:"今群臣学士不探察,曰:'万民多贫,或颇饥寒,足郊耶?'是何言之误!"[9]398 在"郊义篇"中董仲舒论述了郊祭的大义,他说:

> 郊义,《春秋》之法,王者岁一祭天于郊,四祭于宗庙。宗庙因于四时之易,郊因于新岁之初,圣人有以起之,其以祭不可不亲也。天者,百神之君也,王者之所最尊也。以最尊天之故,故易始岁更纪,即以其初郊。郊必以正月上辛者,言以所最尊,首一岁之事。每更纪者以郊,郊祭首之,先贵之义,尊天之道也。[9]396—398

天乃"王者之所最尊",所以,尊天的郊祭之礼在国家的各种祭祀中最为尊贵和重要,该礼要在岁初新年之际举行,且由君主亲自主持。在"郊祭篇"中,董仲舒在晓之以理的同时证之以史,论证了郊祭的重要性。他用周文王郊祭之后讨伐成功的实例,证明若王者重视郊祭就会得到上天的祝福。他指出即便是在国家大丧之际也不能停止郊祭,这是《春秋》之义①,他在"郊事对篇"中论述道:

> 所闻古者天子之礼,莫重于郊。郊常以正月上辛者,所以先百神而最居前。礼,三年丧,不祭其先,而不敢废郊。郊重于宗庙,天尊于人也。[9]408—409

董仲舒通过郊祭之礼,规范君主尊天,进而为"法天而治"张目。值得注意的是,董仲舒尊天的实质是要尊重伦理道德,他将天道德化,进而将儒家的伦理价值神化,天不过是儒家伦理的监督和保证罢了。如李泽厚先生所言,董仲舒的贡献就在于:

> 他最明确地把儒家的基本理论(孔孟讲的仁义等等)与战国以来风行不衰的阴阳家的五行宇宙论具体地配置安排起来,从而使儒家的伦常政治纲领有了一个系统论的宇宙图式作为基石,使《易传》《中庸》以来儒家所向往的"人与天地参"的世界得到了

---

① "《春秋》之义,国有大丧者,止宗庙之祭,而不止郊祭,不敢以父母之丧,废事天地之礼也。"(苏舆《春秋繁露义证》,中华书局,2015年,第398页。)

具体落实,完成了自《吕氏春秋·十二纪》起始的、以儒家为主融合各家以建构体系的时代要求。将儒家一贯讲的仁义道德提升放大到了宇宙的层次上。[15]

李先生之言可谓是搔到了痒处。董仲舒通过天将儒家的"仁义道德提升放大到了宇宙的层次上"。他赋予了天以"仁"的品质,他说"仁,天心,故次以天心"[9]158,"仁之美者在于天"[9]321。在"王道通三"篇中,他指出天乃"仁"也,君主要"取仁于天而仁",其文曰:

> 天,仁也。天覆育万物,既化而生之,有养而成之,事功无已,终而复始,凡举归之以奉人。察于天之意,无穷无极之仁也。人之受命于天也,取仁于天而仁也。……天常以爱利为意,以养长为事,春秋冬夏皆其用也。王者亦常以爱利天下为意,以安乐一世为事,好恶喜怒而备用也。[9]321-322

又说:

> 天高其位而下其施,藏其形而见其光。高其位,所以为尊也;下其施,所以为仁也;藏其形,所以为神;见其光,所以为明。故位尊而施仁,藏神而见光者,天之行也。故为人主者,法天之行,是故内深藏,所以为神;外博观,所以为明也;任群贤,所以为受成;乃不自劳于事,所以为尊也;所以为仁也。[9]161

张东荪先生在谈及儒家的"仁"时,曾举董仲舒之言,认为"仁"的思想是从天的观念中衍生出来的[16]。于斯可知,董仲舒以天论仁的影响力。

董仲舒在赋予天"仁"之品质的同时,还探讨了"仁"的具体含义。他将"仁"与"义"对比,认为"仁"在于爱人,"义"在于匡正自我,他说:

> 仁之法在爱人,不在爱我。义之法在正我,不在正人。……人不被其爱,虽厚自爱,不予为仁。……质于爱民,以下至于鸟兽昆虫莫不爱。不爱,奚足谓仁?仁者,爱人之名也。……何可谓义?义者,谓宜在我者。宜在我者,而后可以称义。故言义者,合我与宜,此为一言。[9]244-248

"仁"与"义"虽有别,但实为一体,"君子求仁义之别,以纪人我之间,然后辨乎内外之分,而著于顺逆之处也。是故内治反理以正身,据礼以劝福。外治推恩以广施,宽制以容众"[9]248。董仲舒指出,对于君主而言,要"以仁厚远",此《春秋》之美也,"详其美恤远之意,则天地之间然后快其仁矣"[9]246。对此,他曾论述道:

> 远而愈贤,近而愈不肖者,爱也。故王者爱及四夷,霸者爱及诸侯,安者爱及封内,危者爱及旁侧,亡者爱及独身。独身者,虽立天子诸侯之位,一夫之人耳,无臣民之用矣。如此者,莫之亡而自亡也。[9]246-247

在"必仁且智篇"中,董仲舒将"仁"与"智"并言,认为它们都是君主必不可少的品质,所谓:"莫近于仁,莫急于智。……仁而不智,则爱而不别也;智而不仁,则知而不为也。故仁者所爱人类也,智者所以除其害也。"[9]251-252 "仁"以爱人,"智"以除害,爱人与除害都是"仁"的应有之义,所谓"仁",其有言曰:

> 仁者憯怛爱人,谨翕不争,好恶敦伦,无伤恶之心,无隐忌之志,无嫉妒之气,无感愁之欲,无险诐之事,无辟违之行。故其心舒,其志平,其气和,其欲节,其事易,其行道,故能平易合理而无争也。如此者谓之仁。[9]252-253

董仲舒的这种对比阐释,让"仁"的内涵更加明晰,为君主尊天、行仁政提供了标准。董仲舒主张君主要像三王那样成为"仁人",他说:"仁人者正其道不谋其利,修其理不急其功,致无为而习俗大化,可谓仁圣矣。三王是也。"[9]262

"仁"的基本精神是"以民为本",徐复观先生曾言:"据我了解,孔子所说的仁,是把修己与治人融合在一起的无限自觉向上的努力,这即是文王、周公'明德''爱民'的观念在生命中生根的进一步的发展。"[17]90 继承先秦儒家"仁"学思想的董仲舒必以爱民为本,在谈及天与民的关系时,他说:

> 天之生民,非为王也,而天立王以为民也。故其德足以安乐民者,天予之;其恶足以贼害民者,天夺之。[9]216

又言:

> 生育养长，成而更生，终而复始，其事所以利活民者无已。天虽不言，其欲赡足之意可见也。古之圣人，见天意之厚于人也，故南面而君天下，必以兼利之。[9]305

此与先秦儒家所倡导的"天视自我民视，天听自我民听"[4]412、"天亦哀于四方之民"[4]580如出一辙，均是以民为本。

董仲舒虽然将天神化，但在他的观念中天并不是人类生活的全部意义，相反，天是为人服务的，人是天的副本[9]347-350，人能参乎天地并超乎万物为天下最贵：

> 天、地、阴、阳、木、火、土、金、水，九，与人而十者，天之数毕也。故数者至十而止，书者以十为终，皆取之此。圣人何其贵者？起于天，至于人而毕。毕之外谓之物，物者投所贵之端，而不在其中。以此见人之超然万物之上，而最为天下贵也。人，下长万物，上参天地。[9]459-460

从这个意义上讲，董仲舒的天与基督教的"上帝"是大相径庭的，基督教世界中的上帝与人是相分离的，耶稣说："我的国不属于这世界"[12]225，"顺从神，不顺从人，是应当的"[12]247。宗教改革家加尔文认为："上帝不是为了人类而存在的，相反，人类的存在完全是为了上帝。一切造物……它们的全部意义就在于体现了上帝的荣耀和尊严。"[18]

有别于先秦儒家的是，董仲舒将天、君、民的关系进一步系统化，其文曰：

> 《春秋》之法，以人随君，以君随天。曰：缘民臣之心，不可一日无君。一日不可无君，而犹三年称子者，为君心之未当立也。此非以人随君耶？孝子之心，三年不当。三年不当而逾年即位者，与天数俱终始也。此非以君随天邪？故屈民而伸君，屈君而伸天，《春秋》之大义也。[9]29-30

仅就君民关系而言，董仲舒认为要"屈民而伸君"，他说："传曰：天生之，地载之，圣人教之。君者，民之心也；民者，君之体也。心之所好，体必安之；君之所好，民必从之。"[9]312"屈民而伸君"之于社会稳定而言，具有积极意义，周桂钿教授指出：

"屈民而伸君"就是要全国人民都服从国君,即服从皇帝的命令或指示。这是董仲舒对历史教训的一个重要总结。……人民要过安定的生活,就需要社会稳定,就要确立天子的权威。只有"屈民而伸君",才能建立稳定的社会。[19]

不过,切不可将"屈民而伸君"单独来看,其与"屈君而伸天"是一体的,离开"屈君而伸天"谈"屈民而伸君"必然会导致误读。"屈君而伸天"要求君主对人民施行仁政,董仲舒说:"五帝三王之治天下,不敢有君民之心。"[9]97 相反"彼之所受命者,必民之所同乐也"[9]18。君主是天为民所选,君主只有顺应天命,才会得到人民的支持,否则将被人民推翻,正所谓:"王者,民之所往。君者,不失其群者也。故能使万民往之,而得天下之群者,无敌于天下。"[9]129 "君命顺,则民有顺命;君命逆,则民有逆命。故曰:'一民有庆,兆民赖之'。"[9]311

总之,董仲舒借助于天将儒家的伦理道德神圣化,而受命于天的君主须"法天而治"。这样一来,儒家的伦理道德就通过天附加给了君主,君主要"谨本详始,敬小慎微"[9]163,把政治目的安放在爱民上,以德服人,"简六艺以赡养之"[9]33。不得不说,这正是董仲舒的高明之处。

## 三、灾异谴告:匡正君主的良苦用心

汉武帝曾策问天下贤良文学之士:"灾异之变,缘何而起?"[8]2496 董仲舒的"天人三策"和《春秋繁露》都论述了这个问题。所谓灾异,董仲舒释曰:

> 天地之物有不常之变者,谓之异,小者谓之灾。灾常先至而异乃随之。灾者,天之谴也;异者,天之威也。谴之而不知,乃畏之以威。《诗》云:"畏天之威。"殆此谓也。[9]253

"灾异谴告"可分三个层次,首先是灾害谴告——"国家之失乃始萌芽,而天出灾害以谴告之"[9]254;其次是怪异惊骇——"谴告之而不知变,乃见怪异以惊骇之"[9]254;最后"殃咎乃至"——"惊骇

之尚不知畏恐,其殃咎乃至"[9]254。关于灾异谴告的真意,梁启超先生曾有过阐发,他说:

> 以孔子之圣智,宁不知日食、彗见、地震、星孛、鹢退、石陨等,地文之现象,动物之恒情,于人事上、政治上毫无关系也。而断断然视之若甚郑重焉者,毋亦以民权既未能兴,则政府之举动措置,即莫或监督之而匡纠之,使非于无形中有所以相慑,则民贼更何忌惮也?孔子盖深察夫据时代之人类,其宗教迷信之念甚强也,故利用之而申警之。……但使稍自爱者,能恐一二,修省一二,则生民之祸,其亦可以消弭。此孔子言灾异之微意也,虽其术缥渺迂远,断不足以收匡正之实效,然用心良苦矣。江都最知此义,故其对天人策,三致意焉。[20]

灾异谴告虽"缥缈迂远",不足以匡正君主,然,其中的良苦用心不可不察。在董仲舒"天人感应"的理论体系中,君主是上天之子,君主依照上天的意志统治人间,但是上天并不会说话,那么,天意如何传达给君主呢?董仲舒认为,上天以"符瑞"和"灾异"表达自己对人事的好恶,他在给武帝的"对策"中说:

> 及至后世,淫佚衰微,不能统理群生,诸侯背畔,残贼良民以争壤土,废德教而任刑罚。刑罚不中,则生邪气;邪气积于下,怨恶畜于上,上下不和,则阴阳缪盭而妖孽生矣。此灾异所缘而起也。[8]2500

又云:

> 谨案灾异以见天意。天意有欲也,有不欲也。所欲所不欲者,人内以自省,宜有惩于心;外以观其事,宜有验于国。故见天意者之于灾异也,畏之而不恶也,以为天欲振吾过,救吾失,故以此报我也。《春秋》之法,上变古易常,应是而有天灾者,谓幸国。孔子曰:"天之所幸,有为不善而屡极。"……圣主贤君尚乐受忠臣之谏,而况受天谴也?[9]254-255

董仲舒设计"灾异谴告"的初衷并不是要对君主进行制裁或报复,谴告乃"天心之仁爱人君而欲止其乱"也!君主有失道之处,"天尽欲扶持而全安之"。天降灾异于世,与其说要限制君主,倒不如说要挽救君主。董仲舒希望通过这种方式让人君学会畏惧天道,修身自省,所谓"欲其省天谴而畏天威,内动于心志,外见于事情,修身审己,明善心以反道者也"[9]153。对于君主来说,要正确认识灾异谴告——"畏之而不恶",时时警醒,领悟天意,遵天道行政。

然而,天意难知,所谓"天意难见也,其道难理","知天,诗人之所难也"[9]461。那么,君主如何探知天意避免灾异呢?天人如何沟通?一方面,天人的沟通可通过阴阳、五行这些媒介,"是故明阳阴、入出、实虚之处,所以观天志。辨五行之本末顺逆、小大广狭,所以观天道也"[9]461—462。董仲舒说:

> 阴阳之气,在上天,亦在人。在人者为好恶喜怒,在天者为暖清寒暑,出入上下、左右、前后,平行而不止,未尝有所稽留滞郁也。其在人者,亦宜行而无留,若四时之条条然也。夫喜怒哀乐之止动也,此天之所为人性命者。临其时而欲发其应,亦天应也,与暖清寒暑之至其时而欲发无异。[9]457—458

关于"天人感应"中"人"的含义,季乃礼教授认为汉代天人感应主要是指天王感应,承担与天感应重任的有两种人,第一种是王,第二种是圣人。不过,赋予圣人与天感应特权的是权力而不是道德,圣人与天感应必须取得"王"的身份。所以,天王感应的后果是王者垄断天意[21]。笔者以为,"内圣外王""圣王合一"是先秦儒家以及董仲舒的一贯主张,圣人与王的区分意义并不大,即便天王感应,也并不会产生王者垄断天意的后果。此外,董仲舒将《春秋》设定为知晓天意的媒介,为君主正确感知天意提供了保障。他说:

> 天人之徵,古今之道也。孔子作《春秋》,上揆之天道,下质诸人情,参之于古,考之于今。故《春秋》之所讥,灾害之所加也;《春秋》之所恶,怪异之施也。[8]2515

董仲舒大力推崇《春秋》,阐释《春秋》背后的圣人之意。王充评价说,董仲舒"表《春秋》之义,稽合于律,无乖异者"[1]633。冯友兰先生亦言曰:"《春秋》一经,以前儒者虽重视,然自经董仲舒之附会引申,而后儒所视为《春秋》之微言大义,乃始有系统之表现;董仲舒之书之于《春秋》,犹《易传》之于《周易》也。"[22]关于《春

秋》,董仲舒曾言:

> 仲尼之作《春秋》也,上探正天端王公之位,万民之所欲,下明得失,起贤才,以待后圣。故引史记,理往事,正是非,见王公。……故卫子夏言:"故有国家者不可不学《春秋》,不学《春秋》,则无以见前后旁侧之危,则不知国之大柄,君之重任也……苟能述《春秋》之法,致行其道,岂徒除祸哉,乃尧舜之德也。"[9]155—157

又说:

> 古之人有言曰:不知来,视诸往。今《春秋》之为学也,道往而明来者也。然而其辞体天之微,故难知也。弗能察,寂若无;能察之,无物不在。是故为《春秋》者,得一端而多连之,见一空而博贯之,则天下尽矣……故吾按《春秋》而观成败,乃切切悁悁于前世之兴亡也。[9]93—94

如董仲舒所说,《春秋》之"辞体天之微",《春秋》是天意的载体,若"能察之,无物不在",所以知《春秋》者,"则天下尽矣"。

灾异谴告,"其术缥渺迂远",古人未必不知,比如,辽东高庙、长陵高园殿灾,董仲舒著书推演其意,汉武帝并不相信,他将董仲舒灾异推演之书,"诏视群儒",董仲舒的弟子吕步舒以之为"大愚",董仲舒因此险些丧命,史书中言"仲舒遂不敢复言灾异"[8]2524。东汉王充也认为灾异之事未必有其实,其曾言:"阴阳不和,灾异发起,或时先世遗咎,或时气自然。贤圣感类,慊惧自思,灾变恶惩,何为至乎?引过自责,恐有罪,畏慎恐惧之意,未必有其实事也。"[1]917笔者揣测,董仲舒未必不知"灾异谴告"之愚,他之所以大谈灾异,意在以此种方式警示君主不断修身做圣王罢了。

## 四、小结

徐复观先生在谈及汉代专制对封建克制过程中对学术发展的影响时说:"在专制政治之下,不可能允许知识分子有独立的人格,不可能允许知识分子有自由的学术活动,不可能让学术作自由的发展。"[17]172汉武帝虽大肆延揽人才，尊重并重用儒士，但绝不会允许这些儒士在学术上自由发展。从这个意义上讲，董仲舒的思想必然会受到现实政治的阉割，这正是"灾异谴告"论没有得到汉武帝青睐的原因所在。有鉴于此，对董仲舒思想的研究定要保持"了解之同情"的研究立场，既要理解他所处的时代背景，又要体悟他的个人追求。董仲舒的"君权"思想既回应了彼时统治者对政权合法性问题的追问，又阐扬了他的仁政理想。董仲舒的"君权天制"论在强化君主权威的同时，也为君主行政制定了规范，此即"法天而治"，推行仁政。总体而言，董仲舒的"君权"论始终未脱离先秦儒家的思想范畴，无论如何打扮，不过是"新瓶装旧酒"罢了！

**参考文献：**

[1] 黄晖：《论衡校释附刘盼遂集解》，中华书局，2017年。

[2] 萧公权：《中国政治思想史（二）》，辽宁教育出版社，1998年，第278页。

[3] 马克斯·韦伯：《经济与社会》（上卷），林荣远译，商务印书馆，1997年，第239页。

[4] 孔安国传、孔颖达正义：《尚书正义》，黄怀信整理，上海古籍出版社，2007年。

[5] 司马迁：《史记》，中华书局，1982年。

[6] 程树德：《论语集释》（上），程俊英、蒋见元点校，中华书局，2013年，第258页。

[7] 杨伯峻译注：《孟子译注》，中华书局，2010年，第39页。

[8] 班固：《汉书》，中华书局，1962年，第3496页。

[9] 苏舆：《春秋繁露义证》，中华书局，2015年，第404、406页。

[10] 刘新、王振东：《中国法律思想史》（第5版），中国人民大学出版社，2017年，第161页。

[11] 杨一凡：《新编中国法制史》，社会科学文献出版社，2005年，第64页。

[12] 新世界书房有限公司：《精读本圣经》（新约），香港：新世界书房有限公司，2010年，第324页。

［13］撒穆尔·伊诺克·斯通普夫、詹姆斯·菲泽：《西方哲学史》，邓晓芒、匡宏译，北京联合出版公司，2019年，第208页。

［14］俞荣根：《儒家法思想通论》，广西人民出版社，1992年，第585页。

［15］李泽厚：《中国古代思想史论》，人民出版社，1985年，第145－146页。

［16］张东荪：《思想与社会》，辽宁教育出版社，1998年，第114页。

［17］徐复观：《两汉思想史》，九州出版社，2014年，第90页。

［18］马克斯·韦伯：《新教伦理与资本主义精神》，阎克文译，上海人民出版社，2018年，第261页。

［19］董仲舒：《周桂钿解读〈春秋繁露〉》（节选），国家图书馆出版社，2019年，第8页。

［20］梁启超：《论中国学术思想变迁之大势》，夏晓虹导读，上海古籍出版社，2001年，第64页。

［21］季乃礼：《三纲六纪与社会整合——由〈白虎通〉看汉代社会人伦关系》，中国人民大学出版社，2004年，第85页。

［22］冯友兰：《中国哲学史》（下），生活·读书·新知三联书店，2009年，第10页。

本文为"2020中国·衡水董仲舒与儒家思想国际学术研讨会"提交的论文。

吴杰（1984—），女，河北迁西人，法学博士，福州大学法学院讲师。

# 董仲舒"君主论":君主身份的二重性及其对君主的限制

刘晓婷

一般认为,汉代儒家在政治思想上,受到大一统帝国的政治现实与法家绝对君主概念的影响,表现出对绝对君权的妥协。这在董仲舒身上表现为提出神权政治思想,通过构建天人哲学,建立"以人随君,以君随天"①的等级序列,确认了君权神授予君主作为"天子"的神圣性、至尊性。而儒家理想中的政治是圣王政治,君主作为最高统治者,必须同时具有至上道德。董仲舒面对的问题是,如何确保拥有绝对权力的君主同时具有至上德性?在董仲舒"天—君—民"的政治结构中,"天"一方面是君主神圣性的来源,另一方面则通过"天"来制约君主,以保证君主德性得以实现,这一思想与阴阳五行结合,逐渐发展灾异谶纬论,对两汉现实政治产生极大影响,研究者颇多。董仲舒解决这一君主德性问题实际上还有另外一条非神权的思路,将政治性的君主纳入个人性的伦理身份中,揭示出君主的二重身份:作为国君的政治性身份与作为人的个人性身份。君主的政治性身份与国家整体相联系,君主是国家的象征,承担祭祀社稷的职能,在关于君

---

① 苏舆:《春秋繁露义证》,中华书局,1992年,第29页。

民的心体比喻中,是主宰四体的心①。君主的个人性身份则表现为从属于个人的亲亲伦理、宗族关系,承担祭祀宗庙的职能。从而,君主在政治上虽然拥有至尊地位,但作为个人身份的君主,仍然需要受到儒家普遍伦理的制约,需要承担违背伦理规范的后果,从而能够确保君主行为的道德性。

## 一、君主的政治身份与伦理身份

鲁桓公十一年(前701),郑国祭仲出忽立突,《公羊传》称许祭仲知权。何休注指出:"权者,称也。所以别轻重,喻祭仲知国重君轻。君子以存国,除逐君之罪,虽不能防其难,罪不足而功有余,故得为贤也。"②何休从功过相抵的角度认为,逐君是罪,存国是功,由于"国重君轻",因此《公羊传》称赞祭仲功大于过。董仲舒对"祭仲知权"的理解则转换到一个伦理的角度,《春秋繁露·竹林》:"夫去位而避兄弟者,君子之所甚贵;获虏逃遁者,君子之所甚贱。祭仲措其君于人所甚贵以生其君,故春秋以为知权而贤之。"③董仲舒认为,祭仲被称赞的原因是他化解了郑忽与郑突面临的兄弟相残的局面,对郑忽而言,君位的价值与兄弟亲亲的伦理发生冲突,如果郑忽坚持对君位的所有权,那么可能导致郑突被杀而破坏亲亲伦理;放弃君位,则保全了兄弟亲亲之道。

在这里,董仲舒实际上赋予了作为君主的郑忽两重身份,第一重身份是拥有君位的君主,第二重身份是郑突的兄弟。如果将拥有君位理解为政治性身份,将兄弟身份理解为个人伦理性身份,那么在这个

---

① 《春秋繁露·通国身》:"身以心为本,国以君为主。"《春秋繁露·为人者天》:"君者,民之心也;民者,君之体也。心之所好,体必安之;君之所好,民必从之。"《荀子·君道》:"故天子不视而见,不听而聪,不虑而知,不动而功,块然独坐而天下从之如一体,如四肢之从心。"苏舆:《春秋繁露义证》,中华书局,1992年,第179、312页。王先谦:《荀子集解》,中华书局,1988年,第283页。
② 何休注,徐彦疏:《春秋公羊传注疏》,北京大学出版社,2000年,第113页。
③ 苏舆:《春秋繁露义证》,中华书局,1992年,第57页。

事例中，董仲舒从作为整体的君主身上分离出一重伦理属性，从而区分出了君主的二重身份。在君主的政治性身份与个人伦理性身份中，作为正当君主的郑忽放弃君位保全兄弟亲亲，董仲舒断言此乃"君子之所甚贵"，因此董仲舒认为，郑忽保全兄弟亲亲伦理的价值要高于君位的价值。

《公羊传》就已经揭示出亲亲伦理的重要性。《公羊传》僖公五年："春，晋侯杀其世子申生。曷为直称晋侯以杀？杀世子母弟直称君者，甚之也。"何休注："甚之者，甚恶杀亲亲也。《春秋》公子贯于先君，唯世子与母弟以今君录，亲亲也。今舍国体直称君，知以亲亲责之。"① 《春秋繁露·王道》："杀世子母弟，直称君，明失亲亲也。"② 晋侯杀世子是为杀亲亲，故《春秋》贬之，虽为君主，亦必遵循亲亲之道，不得滥杀其至亲。

鲁国庄僖之际，鲁庄公的幼弟季友鸩叔牙、放庆父，最终恢复鲁国秩序，而获得《公羊传》三次称许其"亲亲之道"。季友诛叔牙采取的是鸩杀方式，从而让公子牙有时间逃离（毒药生效需要一定时间），并托以疾病而亡，从而在形式上，保全了兄弟亲亲之情③。庆父杀害二君却得以保全，首先是归责于仆人邓扈乐而季友并不愿深究；其二是庆父已逃，季友放弃主动追捕，从而也保全了与庆父的兄弟之情④。季友对此事件的处理，从结果看违背了儒家经学义理中"诛不避亲"的原则，《公羊传》庄公三十二年："诛不得辟兄，君臣

---

① 何休注、徐彦疏：《春秋公羊传注疏》，北京大学出版社，2000年，第252页。
② 苏舆：《春秋繁露义证》，中华书局，1992年，第114—115页。
③ "季子和药而饮之……（公子牙）于是从其言而饮之，饮之无傫氏，至乎王堤而死。公子牙今将尔，辞曷为与亲弑者同？君亲无将，将而诛焉。然则善之与？曰：然。杀世子母弟，直称君者，甚之也。季子杀母兄，何善尔？诛不得辟兄，君臣之义也。然则曷为不直诛，而酖之？行诸乎兄，隐而逃之，使托若以疾死然，亲亲之道也。"何休注、徐彦疏：《春秋公羊传注疏》，北京大学出版社，2000年，第217—218页。
④ "既而不可及，因狱有所归，不探其情而诛焉，亲亲之道也。""庆父弑二君，何以不诛？将而不免，遏恶也；既而不可及，缓追逸贼，亲亲之道也。"何休注、徐彦疏：《春秋公羊传注疏》，北京大学出版社，2000年，第221、227页。

之义也。"①《白虎通·诛伐》:"诛不避亲戚何？所以尊君卑臣、强干弱枝,明善善恶恶之义也。"② "诛"代表国家行为与善善恶恶之公义,同时彰显君臣大义,"诛不避亲"的原则显然与"亲亲"构成了一定程度的冲突。但季友的处理在形式上规避了"诛亲",从而保全了兄弟亲亲的伦理而获得盛赞。

董仲舒在《公羊传》重视亲亲伦理的基础上,在祭仲出忽立突事件中,将一个普通的废立事件转化为一个让位存国、保全兄弟亲情问题,将"亲亲"伦理原则与国家存续及君位争夺的政治问题联系起来,从而构建出一个兄弟亲情与君位的冲突情境,并在这一冲突情境中,从君主的政治身份中解读第二重伦理身份,使兄弟亲亲伦理优先于君位政治身份。董仲舒对君主个人性伦理身份的解读,带来的结果就是将君主作为个人,纳入儒家亲亲伦理的约束中。

## 二、君主的社稷身份与宗庙身份

《公羊传》有一处称诸侯国君为"社稷宗庙主",隐三年《传》宋宣公曾对宋缪公说:"以吾爱与夷,则不若爱女;以为社稷宗庙主,则与夷不若女,盍终为君矣?"③ 又《礼记·曲礼》:"问国君之年,长曰'能从宗庙社稷之事矣',幼曰'未能从宗庙社稷之事也'。"④ 宗庙社稷主或从宗庙社稷之事,都是针对国君的职能而言,而主社稷与主宗庙分别对应了两种不同的身份。

《春秋繁露·王道》:"春秋立义,天子祭天地,诸侯祭社稷,诸山川不在封内不祭。"⑤《礼记·王制》:"天子祭天地,諸侯祭社稷,

---

① 何休注,徐彦疏:《春秋公羊传注疏》,北京大学出版社,2000年,第217—218页。
② 陈立:《白虎通疏证·诛伐》,中华书局,1994年,第211页。
③ 何休注、徐彦疏:《春秋公羊传注疏》,北京大学出版社,2000年,第48页。
④ 郑玄注,孔颖达疏:《礼记正义》,北京大学出版社,2000年,第176页。
⑤ 苏舆:《春秋繁露义证》,中华书局,1992年,第109页。

大夫祭五祀。"① 社稷是地神，与诸侯国相联系，诸侯祭社稷，也即承担着作为一方诸侯的职能，《礼记·曲礼》："国君去其国，止之曰'奈何去社稷也？'大夫，曰'奈何去宗庙也？'士，曰'奈何去坟墓也？'国君死社稷，大夫死众，士死制。"② 诸侯国君的身份与社稷是捆绑在一起的，因此，诸侯的社稷身份实际上就相当于诸侯国君的国家身份。

国君"主宗庙"的职能则是对应祭祀先祖而言，《礼记·曲礼》："君子将营宫室，宗庙为先。"郑玄注："重先祖。"③ 由先祖所维系的是家族或宗族，不论是国君、大夫或士，都有其宗庙。国君主宗庙意味着国君作为其宗族的承祭人身份而存在，国君的宗庙身份也就相当于其宗族身份。

正如从特定情境中区分出君主的政治身份与伦理身份，董仲舒同样通过对《春秋》特定情境的解释来分解出国君的社稷身份与宗庙身份④。

《公羊传》庄公三年："秋，纪季以酅入于齐。纪季者何？纪侯之弟也。何以不名？贤也。何贤乎纪季？服罪也。其服罪奈何？鲁子曰：'请后五庙以存姑姊妹。'"⑤ 鲁庄公四年，齐襄公以复仇为名，向纪国大举进攻，并将纪国灭亡。在前一年，纪侯之弟纪季入齐，即此处《公羊传》所载之事，纪季主动以地入齐服罪，并请立五庙"以存姑姐妹"。董仲舒补充了事件细节，并认为以地入齐者实际上不是纪季而是由纪侯所派遣，故《春秋》"贤纪季"实际上是"贤纪侯"。《春秋繁露·玉英》："有国家者，人欲立之，固尽不听，国灭君死之，正也，何贤乎纪侯？曰：齐将复雠，纪侯自知力不加而志距之，故谓其弟曰：'我宗庙之主，不可以不死也。汝以酅往，服罪于齐，请以

---

① 郑玄注，孔颖达疏：《礼记正义》，北京大学出版社，2000年，第451页。
② 郑玄注，孔颖达疏：《礼记正义》，北京大学出版社，2000年，第142页。
③ 郑玄注，孔颖达疏：《礼记正义》，北京大学出版社，2000年，第133页。
④ 这里所使用"社稷"与"宗庙"，是为表达的方便，简而言之，社稷指代国家，宗庙指代宗族。
⑤ 何休注，徐彦疏：《春秋公羊传注疏》，北京大学出版社，2000年，第141页。

立五庙，使我先君岁时有所依归。'"① 董仲舒将纪季移为纪侯的原因，是要突出纪侯所面对的作为国君与宗庙之主的双重职责。纪侯一方面作为国君，代表国家，因此必须坚持与国共进退、"国灭君死之"的正义原则；另一方面，纪侯作为宗庙之主，尽管其身不得不死，但不能毁其先祖宗庙，因此妥协的办法是保全同为先祖之后的弟弟，以请立五庙，"使我先君岁时有所依归"，保全宗庙意味着宗族延续性得到保全。通过董仲舒对春秋的"移辞"，"以酅入于齐者，实纪侯为之，而春秋诡其辞，以与纪季"②的解释，国君作为主社稷的国家身份与作为主宗庙的宗庙身份清晰地呈现了出来。

## 三、政治性与个人性：君主身份的二重性

在西方中世纪政治神学中，存在"国王的两个身体"隐喻，其含义之一是君主具有两种身份，一是君主作为自然人的身份，二是君主作为国家首脑的身份③。董仲舒以前的思想家在讨论君主问题时，不论是儒家侧重于君民对举意义上的君主，还是法家侧重于君臣对举意义上的君主，君主作为国家首脑被作为一个政治整体，而鲜少涉及君主作为与君位相分离的个人。从前文两个部分的讨论可以看到，董仲舒一方面从人伦的角度，从政治性的君主身份中区分出一重伦理性身份；另一方面从职能的角度，区分出君主的社稷性身份与宗庙性身份。如果我们将君主的伦理性身份与宗庙性身份都看做是从属于君主作为人的个人属性，将君主的政治性身份与社稷性身份看做是从属于君主作为国家最高统治者的政治属性，那么可以说，董仲舒的君主观念与国王二体观念中的君主双重身份有一定的相似性。

这个类比是可以成立的。在中国古代，几乎没有类似于西方的

---

① 苏舆：《春秋繁露义证》，中华书局，1992年，第81页。
② 苏舆：《春秋繁露义证》，中华书局，1992年，第81页。
③ 恩内斯特·康托洛维茨：《国王的两个身体——中世纪政治神学研究》，华东师范大学出版社，2018年。

"自然人"概念,个人身份往往隶属于家庭、宗族,因此,在董仲舒这里,君主作为人的个人属性通过父子兄弟的亲亲伦理、家族身份或"宗庙承祭者"而表现出来。而君主的政治属性,一方面通过"祭社稷"而成为整个国家的象征;另一方面从职能上则表现为"群民"或治民,《春秋繁露·深察名号》:"君者群也。……道不平,德不温,则众不亲安;众不亲安,则离散不群;离散不群,则不全于君。"①

由此,董仲舒的君主,一方面是受到儒家亲亲伦理制约、非政治性的、从属于家庭宗族的作为个人的君主;另一方面是作为"群民者"即"统治者"、国家首脑的政治性君主。西方政治思想中的君主二体,作为自然人的君主是个体性的、有朽的,作为国家首脑的君主则是抽象的、不朽的,其权力通过继承而无间断地传递给下一任君主。同样在董仲舒这里,从君主中分离出的个人身份,被放置在家庭宗族伦理关系中,其个人伦理职责,不论是亲亲伦理还是延续宗庙职责②,都因个人生命的存续而存在。而作为国家首脑的君主是对国家的抽象化,君主身份、职责及其权力将随国家的存亡而存亡,国家永存则这一抽象的君主永存。在中国古代,也曾有人意识到普通个人既具有家庭伦理属性,同时具有政治属性。《河南程氏外书》:"父杀其子如何?律:徒一年,以理考之,当徒二年。虽是子,亦天子之民也,不当杀而专杀之,是违制也,违制徒二年。"③ 在程子所设定的这一司法情境中,依照普通的规定,父杀子徒一年。但程子指出,人"虽是子,亦天子之民也",徒一年依据的是"父之子"的身份,而作为"天子之民"被故意杀害的惩罚则是徒二年,因此程子认为应当徒二年。程子这里"以理考之"之"理",实质是区分普通人从属于家

---

① 苏舆:《春秋繁露义证》,中华书局,1992年,第282—283页。
② 亲亲伦理与宗庙延续稍微有一点差别,亲亲伦理关系的确伴随生命结束而结束,而延续宗庙的职责可以通过血缘关系发生继承或转移,但这种转移是基于血缘的、个人性的,而非从属于君主的政治身份,因此与西方抽象君权的人际转移并不相同。
③ 程颢、程颐:《二程集·河南程氏外书》,中华书局,1981年,第393页。书中没有注明此条为明道还是伊川所言,从内容上看,伊川的可能性更大。苏舆在《春秋繁露义证·王道》中曾引用。

庭的伦理身份与从属于国家（天子）的政治身份，在司法上应当同时考虑此二重身份。

在君主的二重身份中，董仲舒认为君主的个人性身份优先于其政治性身份。从前文祭仲出忽立突的例子中，已经可以看到在君主的政治性身份与个人伦理性身份中，君主的个人亲亲伦理具有优先于政治性身份的价值。在另一个例子中，董仲舒突出地强调出君主的个人性与政治性的分离，以及个人性伦理道德的优先性。

鲁成公二年齐晋鞍之战中，齐国大败，齐顷公的车右逢丑父伪装成齐顷公，骗过晋国军队，从而救下齐顷公，自己为晋所获并被杀。《公羊传》本身未对逢丑父做任何评价，而董仲舒则否定了逢丑父的行为①。《春秋繁露·竹林》："逢丑父杀其身以生其君，何以不得谓知权？丑父欺晋，祭仲许宋，俱枉正以存其君。然而丑父之所为，难于祭仲，祭仲见贤，而丑父犹见非，何也？"②从董仲舒的议论中可得知，在当时也许有人认为，尽管逢丑父有欺骗晋国的嫌疑，但其牺牲生命以存其君足以为人称道。然而，董仲舒认为在逢丑父与齐顷公这一情形中，"存其君"的结果并不具有正义性。"春秋推天施而顺人理，以至尊为不可以加于至辱大羞，故获者绝之。以至辱为亦不可加于至尊大位，故虽失位弗君也。已反国复在位矣，而春秋犹有不君之辞，况其溷然方获而虏邪。其于义也，非君定矣。"③处于至尊之位的君主必须匹配至上的尊严，被俘的君主失去其君主之位，因此不再是君主，即使是返回国家重新获得君位，其合法性也将受到质疑。齐顷公尽管实际上被救下，在形式上则已经是被俘获的（逢丑父以齐顷公的身份代受俘），作为一国之君，其身应当如纪侯那样与国家共进退，战败受俘，则应当遵循"国灭身死之"的正义原则。由此，齐顷公违反了这一原则，属于苟活受辱之身，即在道德上已经产生污

---

① 董仲舒认为《春秋》以逢丑父为不知权而怠慢之，但从《公羊传》记载中无法读出此意。因此，批评逢丑父实际上可能是董仲舒自己的意见。
② 苏舆：《春秋繁露义证》，中华书局，1992年，第56—57页。
③ 苏舆：《春秋繁露义证》，中华书局，1992年，第59页。

点。董仲舒认为,产生道德污点的君主实际上已经"非君",在这里"非君"的概念清楚地将君主身份的二重性,即君主作为个人与作为一国之君区分开来,也即作为个人的君主在特定的条件下会被剥夺君主资格,即产生道德污点,他将失去主社稷、主宗庙的资格,也即失去成为君主的资格。实际上,孟子在这一问题上也有相似判断,《孟子·梁惠王下》:"齐宣王问曰:'汤放桀,武王伐纣,有诸?'孟子对曰:'于《传》有之。'曰:'臣弑其君,可乎?'曰:'贼仁者谓之贼,贼义者谓之残,残贼之人,谓之一夫。闻诛一夫纣矣,未闻弑君也。'"① 孟子在这里已经有将君主区分出一个包含有道德属性身份的倾向,董仲舒通过对《春秋》事例的重新解读,将君主的个人性身份清楚地揭示出来。

董仲舒之所以做此区分,其目的是要通过将个人性的君主纳入儒家普遍的伦理规范与道德的约束中,董仲舒对君主伦理性与道德性的个人身份比对政治身份更为重视,可以说,君主个人身份是第一位的,政治身份是第二位的。属于个人性的伦理与道德的"亲亲"是根本性的,而属于政治性的君位的"尊尊"是可以舍弃的,郑忽因放弃政治身份让出君位以保全兄弟之情受到盛赞;纪侯因放弃政治身份而身与国同死,却能保全宗庙,受到春秋移辞称赞;齐顷公苟活保全生命,却使宗庙受辱,因此受到"非君"指责。

在儒家理想政治中,君主应当是圣人或圣王,是德与位的统一体。但在现实政治实践层面,如何保证居至上之位的君主道德呢?董仲舒将儒家的个人伦理引入政治实践的领域,试图以具体的道德原则来实现对政治的制约,即以"亲亲"约束"尊尊",从伦理的角度取消现实君主的至上性,即使是政治上至尊的君主,也必须接受儒家人伦规范的约束。

那么,董仲舒针对春秋时代诸侯国国君的讨论,如何对汉代大一统帝国体制下的天子发生作用?我认为,董仲舒实际上是通过诸侯国

---

① 赵岐注,孙奭疏:《孟子注疏》,北京大学出版社,2000年,第64页。

国君来映射帝国天子。在汉代,"君"的概念使用实际上已经扩大化,不仅指诸侯国国君,也指天子。《礼记·曲礼》:"君天下曰天子,朝诸侯、分职、授政、认功曰予一人。"① 天子是"君天下"者,诸侯国国君是"君其国"者。董仲舒又强调从"群"的角度来理解"君","君者群也","群"即统治百姓,"君群"的概念来自《荀子》,董仲舒在前引《春秋繁露·深察名号》中对"群"有详细的论述。《春秋繁露·灭国上》:"王者,民之所往;君者,不失其群者也;故能使万民往之,而得天下之群者,无敌于天下。"② "得天下之群者"无疑就是天子。由此,董仲舒从"群民"的角度,将天子与诸侯国国君在统治百姓的职能上统一起来,对诸侯国国君的约束,实际上就是对帝国天子的约束。

并且,董仲舒还从这一"群民"的角度降低了君主政治性身份的重要性。《春秋繁露·玉英》:"非其位而即之,虽受之先君,春秋危之,宋缪公是也。非其位,不受之先君,而自即之,春秋危之,吴王僚是也。虽然,苟能行善得众,春秋弗危,卫侯晋以立书葬是也。"③董仲舒指出了君主即位应当满足两个条件,一是身份正当(比如嫡长子),二是先君授命,二者缺一都不正当。然而,董仲舒又指出如果即位后能够"行善得众",那么仍然承认其正当性。在这里,董仲舒将"行善得众"作为君主即位最具正当性的条件,而与即位者身份相关的条件不如"行善得众"重要。身份正当与受命可以理解为象征"尊尊"的政治性条件,由此,可以将董仲舒并不坚持严格的身份正统性理解为他对"尊尊"的态度并不严格,正是这种任意性的态度,让董仲舒在祭仲出忽立突的例子中,并不在意君主之位由兄弟中的哪一个来继承,而更看重其"让位"所体现出来的亲亲之道。

综上所述,尽管董仲舒通过"天"赋予天子以神圣性,但他并没有接受绝对君主的观念,而是想办法将君主纳入儒家德治的轨道上

---

① 郑玄注,孔颖达疏:《礼记正义》,北京大学出版社,2000年,第143页。
② 苏舆:《春秋繁露义证》,中华书局,1992年,第129页。
③ 苏舆:《春秋繁露义证》,中华书局,1992年,第69页。

来，董仲舒对君主个人性身份与政治性身份的分离，其目的就是将作为个人的君主纳入儒家伦理规范的约束中，使"亲亲"超越"尊尊"，从而实现对君主的限制，在君主专制时代，这不失为一个防止暴君、确保政治道德性的合理办法。

本文为"2020中国·衡水董仲舒与儒家思想国际学术研讨会"提交的论文。

刘晓婷（1989—），女，湖北鄂州人，中国人民大学国学院在读博士。

# 董仲舒治世思想的现代价值

高春菊

李大钊曾说,研究历史的任务有两个:一是整理事实,寻找它的真确的证据;二是理解事实,寻出它的进步的真理①。董仲舒,西汉代著名大儒,思想家、政治家,其思想体系博大精深,在其代表作《春秋繁露》和他与汉武帝的对策中,充分表达了他的治世思想,这些思想中有些内容在今天看来仍有很大的启发借鉴意义。我们今天回顾和研究董仲舒的治世思想就是要"寻出它的进步的真理",以为当代社会的治理提供借鉴。

## 一、董仲舒治世思想的主要内容

董仲舒在如何治理国家、社会方面有比较多的论述,本文仅选其最主要的几点加以讨论。

(一)"太平"的理想社会

董仲舒继承儒家关于国家治理的核心思想,在治世方面本着既保障君王的权力,又坚持民本的理念,希望构建一个"父子亲、大臣和、百姓安"的太平理想社会。《春秋繁露》全书先后四次出现"太平"一词,充分表达了这一思想。如:"《春秋》之法:以人随君,以

---

① 《李大钊全集》(第4卷),河北教育出版社,1999年,第362页。

君随天。……故屈民而伸君，屈君而伸天，《春秋》之大义也"①（玉杯第二）；"能致贤，则德泽洽而国太平"②（通国身）。董仲舒极力颂扬的社会状况是："今陛下并有天下，海内莫不率服，广揽兼听，极群下之如，尽天下之美，至德昭然施于外，夜郎康居，殊方万里，说德归谊，此太平之致也。"③ 而且，在政治实践中，通过汉武帝的一系列"更化"措施的实施及罢黜百家、独尊儒术局面的形成，董仲舒的"太平"理想逐步上升成为官方的政治理想，并最终影响到国家治理和政治秩序的制度设计。

（二）"太平"理想社会的实现路径

1. 思想的大一统

在中国传统文化中，"大一统"思想经历了从夏商周的萌芽到春秋战国时期的发展，到汉代经过董仲舒的进一步发挥，其内涵主要体现在：政治上的大一统和思想上的独尊儒术。从中国政治的经验来看，要想政治的统一，必须要有思想上的大一统作为保证。《汉书·董仲舒传》记载董仲舒向汉武帝强调思想统一的重要性时说："今师异道，人异术，百家殊方，指意不同……诸不在六艺之科孔子之术者，皆绝其道，勿使并进，邪辟之说灭息，然后统纪可一而法度可明，民知所从矣。"④ 汉武帝采纳了董仲舒"罢黜百家，独尊儒术"的建议，把儒家经典作为政府的法典，用来指导政治活动。

2. 重教化与民生

生活在封建时代的董仲舒无疑是一个"君权至上"论者，他主张尊君，认为君权至高无上。他说，"南面而治天下，莫不以教化为大务"，天生万民，立"君"而治。并且认为"教民"是为君者的基本责任，是治国的基本要务。

《春秋繁露》一书中，董仲舒反复强调君主"不能独以威势成政，

---

① 董仲舒：《春秋繁露》，张世亮等译注，中华书局，2012年。
② 董仲舒：《春秋繁露》，张世亮等译注，中华书局，2012年。
③ 班固撰：《汉书》，中华书局，2012年，第2184、2194、2178、2177页。
④ 班固撰：《汉书》，中华书局，2012年，第2184、2194、2178、2177页。

必有教化"。道德教化如同河道的堤防一样，可以保障政权稳固，国家安宁。所以，他向汉武帝提出"任德教而不任刑"的建议，他说："天地之数，不能独以寒暑成岁，必有春夏秋冬；圣人之道，不能独以威势成政，必有教化"①（为人者天），并强调指出："以德为国者，甘于饴蜜，固于胶漆"。②（立元神）为使教化顺利实施，他建议汉武帝"立大学以教于国，设庠序以化于邑，渐民以仁，摩民以谊，节民以礼，则教化行而习俗美矣"③。

在维护君权、主张君主对百姓有教化之责的同时，董仲舒又主张君主治世要以民为本、重视民生，认为君主不能任意妄为，要听从民意，君主在国家治理、施政过程中要考虑是否有利于百姓的利益。在"天人三策"中突出反映了董仲舒主张的"管理者不应与民争利"思想。他在对策中讲述了公仪休的故事，并指出"故受禄之家，食禄而已，不与民争业，然后利可均布，而民可家足"④。"限民名田，以澹不足，塞并兼之路；盐铁皆归于民。"⑤ 提出在经济上主张如减轻农民赋税、减少土地兼并、取缔奴隶制度、避免盐铁方面的垄断等主张就是董仲舒民本思想的反映。《春秋繁露·王道》篇中记载："五帝三王之治天下，不敢有君民之心。什一而税。教以爱，使以忠，敬长老，亲亲而尊尊，不夺民时，使民不过岁三日。民家给人足，无怨望忿怒之患，强弱之难，无谗贼妒疾之人。民修德而美好，被发衔哺而游，不慕富贵，耻恶不犯。父不哭子，兄不哭弟。毒虫不螫，猛兽不搏，抵虫不触。故天为之下甘露，朱草生，醴泉出，风雨时，嘉禾兴，凤凰麒麟游于郊。囹圄空虚，画衣裳而民不犯。四夷传译而朝，民情至朴而不文。"⑥（王道）

---

① 董仲舒：《春秋繁露》，张世亮等译注，中华书局，2012年。
② 董仲舒：《春秋繁露》，张世亮等译注，中华书局，2012年。
③ 班固撰：《汉书》，中华书局，2012年，第2184、2194、2178、2177页。
④ 冉昭德、陈直：《汉书选》，中华书局，1962年，第191、58、180页。
⑤ 冉昭德、陈直：《汉书选》，中华书局，1962年，第191、58、180页。
⑥ 董仲舒：《春秋繁露》，张世亮等译注，中华书局，2012年。

### 3. 建章立制与整饬吏治

任何一个政权内部官吏的管理与权力的运用总是相伴而行，在古代的诸多重要著作中，都认为吏治的好坏同国家的兴旺息息相关，吏治好，官得其人，民得其善，国则可以大治，可以久安。西汉时期，董仲舒同样强调治吏的重要性，在他看来，"政"是要靠"吏"来治理的，官吏队伍的状况如何，直接关系到政权的盛衰和国家的安危，在《春秋繁露》中辟专章《考功名》，提出了一系列有关严以治吏的思想。可以说，革新官场上的不正之风是董仲舒治世思想的主要体现。他说："当更张而不更张，虽有良工不能善调也；当更化而不更化，虽有大贤不能善治也。"① 他认为，出现官场"惟利是趋"的现象主要是因为吏治腐败。对此，他曾一针见血地批评汉武帝对财富的贪欲："夫处位动风化者，徒言利之明尔，尤恶之，况求利乎！故大王使人求富求金，皆为大恶而书。"②（玉英）在与汉武帝的对策中，他揭露"身宠而载高位，家温而食厚禄"的大官僚们凭借其富贵权势与民争利的腐败现象，并指出，统治者为满足自身的贪欲与民争利是政治腐败的恶因，也是社会道德沦丧的恶因，而道德的沦丧更会加重政治的腐败。

从治世的目的出发，董仲舒提出了整饬吏治的具体措施：第一，改变选官制度，废除"任子"和"赀选"制；第二，是强调君主要以身作则；第三，重视人才的培养和任用。比如，他在与汉武帝的对策中把人才问题提高到了关系国家兴衰成败的高度来对待。认为，"治国者以积贤为道"，"治身者以积精为宝，治国者以积贤为道。……能致精，则合明而寿；能致贤，则德泽洽而国太平"③（通国身）。董仲舒所说的贤才不仅是指思想与品格，还应注重治国办事的实际工作能力。提出："贤愚在于质，不在于文"的看法，要求选用贤才应做到"质""文"合一、德才兼备。董仲舒把经典儒家实现无为而治的两大法宝

---

① 冉昭德、陈直：《汉书选》，中华书局，1962年，第191、58、180页。
② 董仲舒：《春秋繁露》，张世亮等译注，中华书局，2012年。
③ 董仲舒：《春秋繁露》，张世亮等译注，中华书局，2012年。

"崇德"与"用人"合二为一,并由此提出的治道谋划对封建国家的长治久安有很大作用。

4. 应时而变的更化思想

董仲舒认为,政治制度要是在治国理政中没有起到很好的作用的话,那这个制度就应该修改调节,可称之为"更化"或应时而变。董仲舒通过对《公羊传》的阐释,发挥了孔子改制之说,其本身有着强烈的现实政治考虑,就是推动汉王朝之"复古更化"①。《天人三策》中也记载:"故汉得天下以来,常欲善治而至今不可善治者,失之于当更化而不可更化也。古人有言曰:临渊羡鱼,不如退而结网。今临政而愿治者七十余岁矣,不如退而更化;更化则可善治,善治则灾害日去,福禄日来。"② 董仲舒所主张的应时而变主要是基于经验教训的总结,欲想治理好天下,就必须结合当下的实际情况。在董仲舒看来,朝代灭亡的很大原因是因为没有结合政治实际情况来改革制度,长此以往问题就会愈发严重。为更好地治理国家,落后的社会制度需要修正调节。在具体治国方略上,董仲舒从政治、经济、文化等多个方面也提出了一系列的具体改革措施。

## 二、董仲舒治世思想对当代社会的借鉴价值

(一)坚定对新时代习近平新时代中国特色社会主义思想的信仰,坚持正确的思想引领和指导

没有思想上的统一,就不会有行动上的统一。今天,站在治国理政的角度观察董仲舒的大一统思想,其现实意义非常突出。当前我国社会发展将进入新发展阶段,在新发展阶段,我国所处的国内外环境正在发生深刻变化。从国内形势来看,人民对美好生活的要求不断提高,中国发展不平衡不充分问题仍然突出;从国际局势来看,当今世界正经历百年未有之大变局,2020年新冠肺炎疫情的全球大流行使

---

① 曾亦、黄铭:《董仲舒与汉代公羊学》,上海人民出版社,2017年,第148页。
② 班固撰:《汉书》,中华书局,2012年,第2184、2194、2178、2177页。

这个大变局加速变化,世界进入动荡变革期。在这种情况下,实现"两个一百年"的奋斗目标,不断开辟"中国之治"新境界,尤其需要全国人民思想的统一,需要坚定对习近平新时代中国特色社会主义思想的信仰。在意识形态工作中,广大理论工作者、教育工作者要坚持用习近平新时代中国特色社会主义思想武装全党、教育人民,确保习近平新时代中国特色社会主义思想成为党长期执政和国家长治久安的思想旗帜,成为坚持和发展中国特色社会主义的根本指针,成为中华民族伟大复兴的行动指南;要通过发展、繁荣社会主义先进文化,建立完善文化制度,让习近平新时代中国特色社会主义思想成为巩固全体人民团结奋斗的共同思想基础。

(二)坚定"我将无我,不负人民"世界观,坚持以人民为中心的执政理念

董仲舒强调"天地之精所以生物者,莫贵于人"①,主张国家治理中应凸显"以人为本""以民为本"的管理理念在现代社会和国家的治理中也是应该大力倡导的。

作为马克思主义政党,中国共产党自成立以来,在一系列政治实践中,始终将人民置于国家发展的核心地位。新时代,人民立场同样是习近平新时代中国特色社会主义思想的价值立场。在党的十八届六中全会上,习近平曾提出:"人民立场是中国共产党的根本政治立场。"② 在党的十九大报告开篇中再次指出:"中国共产党人的初心和使命,就是为中国人民谋幸福,为中华民族谋复兴。"③ "人民是历史的创造者,是决定党和国家前途命运的根本力量。必须坚持人民主体地位"。[14]

在现代国家和社会的治理中,践行"我将无我,不负人民"的世界观,要求中国共产党人在管理国家和社会的政治实践中提高思想境

---

① 《董天工笺注》,《春秋繁露笺注》,黄江军整理,华东师范大学出版社,2017年,第 177 页。

② 《习近平谈治国理政》(第二卷),外文出版社,2017 年,第 40 页。

③ 习近平:《决胜全面建成小康社会 夺取新时代中国特色社会主义伟大胜利——在中国共产党第十九次全国代表大会上的报告》(2017 年 10 月 18 日),人民出版社,2017年,第 1、26 页。

界,讲究不计得失、不谋私利、鞠躬尽瘁、无私奉献的精神,牢记以人民为中心、全心全意为人民服务的宗旨,充分满足人民日益增长的美好生活需要,确保和彰显了人民的主体地位,为实现"幼有所育、学有所教、劳有所得、病有所医、老有所养、住有所居、弱有所扶"的社会尽职尽责,让每个党员干部要无愧于人民的信任和重托,自觉站在人民的立场上想问题、做决策、干事业,做有利于人民、符合人民眼前和长远利益的事情。

同时,以人民为中心的执政理念,还需要遵循一切依靠人民的原则,鼓励人民有序参与政治。人民是历史的创造者,是推动社会进步的巨大力量,是决定党和国家前途命运的根本力量。因而,借鉴董仲舒的民本思想,在现代国家和社会的治理中需要调动民众的政治参与性,要激发全体社会成员的积极性和创造性,让人民参与社会治理、国家发展的伟大进程中来,在全社会营造人人有责、人人尽责、人人享有的社会治理共同体。

(三)坚定公正用人导向,坚持德才兼备用人的标准

新时代,高素质干部队伍是实现国家治理体系和治理能力现代化的关键一环。借鉴董仲舒主张严以治吏、强调官吏要德才兼备的选人、用人思想,在新时代党的干部队伍建设中,仍然是要坚持"德"与"才"的并重与兼备。

新时代,面对不断变化的世情、国情、党情,党的干部面临着种种考验,要保证干部队伍的纯洁性,有必要吸收董仲舒吏治思想精华,重视党的干部队伍建设,严把用人关,规范用人选人制度。在干部选拔中要注重个人的政治理论素养、政治思维、坚定稳定的政治立场等政治能力;强调干部对党的事业的忠诚、潜心钻研业务的能力。同时,还需强调修身正己、为政以德的"官德",坚定公正用人导向,把公道正派作为选拔干部的核心理念,贯穿选人用人全过程,坚持德才兼备,以事择人、精准选人,确保人尽其才、才尽其用、用当其时。

本文为"2020中国·衡水董仲舒与儒家思想国际学术研讨会"提交的论文。
高春菊(1968—),女,河北衡水人,衡水学院马克思主义学院教授。

# 试论董仲舒的德教治国

## 李占稳

"德"字始见于商代甲骨文,古字形从彳(或从行)从直,以示遵行正道之意。遵循本性、本心,顺乎自然,便是德;本心初,本性善,本我无,便成德。德常用于道德、品德。一个人的人格如果上升到德性人格,则其人格达到了最高境界。德表现为真、善、美,表现为温良恭俭让,表现为仁义礼智信。总之,德是美好的,古今都以此作为修身、齐家、治国、平天下的必备良方。中国是文明古国,礼仪之邦,自古就重视德行、品格的教育。老子在《道德经》里,用"上善若水,水善利万物而不争""我有三宝,持而保之,一曰慈、二曰俭、三曰不敢为天下先"。对封建统治者进行思想道德的灌输;孔子在《论语·里仁篇》说:"德不孤,必有邻"。《论语·为政篇》有"为政以德,譬如北辰,居其所而而众星拱之",强调了施政者德教的重要性。

董仲舒是西汉时期伟大的政治家,继承了老子、孔子的德的思想,用阴阳五行观来解释天道人伦、世间万物。而他的以德教化治国思想,从上至君主,下至百姓的思想意识层面、从施政者的治国策略层面、从评价机制等方面都有涉及,在当时社会行之有效,至今仍然具有十分重要的现代价值。

## 一、思想意识层面的德教约束

董仲舒认为,天的表现极为光明,它能辨别万物众多的类别,辨别世间各类人等。上天公正无私,只有具有完美德行的人才能接受天命,英雄豪杰和才能出众的人都会归依他,才"至德以受命,豪英高明之人辐辏归之。高者列为公候,下至卿大夫,济济乎哉,皆以德序"(《春秋繁露·观德第三十三》)。才德高的人被任命为公候,才德低的人被任命为卿大夫,众多人才都是依照德行的高低来排列职位的次序。因此,可以把德分为以下几个方面:

(一)君德

董仲舒为儒学思想家,他一直都认为万物莫不有其本源,君权同样如此,他提出了"天人相与"的理论,他认为天和人间是相通的,天主宰了一切,由这个理论作为基础,提出了"君权神授"的主张,强调了君权的合理性和神圣性。在他心中君主本就拥有极高的地位和权威性,但董仲舒所推崇的天人学说和传统阴阳家所认为的"天人"是有所区别的,他认为君主之所以贵为天子,是因为他们已经接受了教化,兼具德才,所以才拥有统领天下的资格,但对于那些暴虐、昏庸无道的君主而言,他们并没有接受过天神的委任,也就不具备神圣性和权威性。天子受命于天,而天选择天子的标准是德。"其德足以安乐民者,天予之;其恶足以贼害民者,天夺之。"(《春秋繁露·尧舜不擅移汤武不专杀第二十五》)可见德是先决条件,天帝只眷顾那些有德之君。

董仲舒作为思想家、政治家,为了维护汉代大一统,在《贤良三策董仲舒》中,向汉武帝提出"善积而名显,德章而身尊,此其浸明浸昌之道也。积善在身,犹长日加益,而人不知也;积恶在身,犹火之销膏,而人不见也"。意在规劝君主加强道德修养,并说明积善与积恶的后果有天壤之别。在《春秋繁露·顺命第七十》中提出"其尊至德,巍巍乎不可以加矣"。从百姓的心理出发,提出尊敬德行极高的人,百姓会将他抬高到不可再高的地位。所以,君主德性是一个国家能否和谐祥瑞的关键所在。如此,"故受命而海内顺之,犹众星之共北辰,流之宗沧海也"(《春秋繁露·观德》)。

(二)臣德

董仲舒在《春秋繁露·观德》中指出,"天地者,万物之本,先祖之所出也。广大无极,其德昭明,历年众多,永永无疆。天出至明,众之类也,其伏无不照也。地出至晦,星月为明,不敢暗,君臣、父子、夫妇之道取之此"。并认为,"臣闻良玉不瑑,资质润美,不待刻瑑,此亡异于达巷党人不学而自知也"(《汉书·董仲舒传》)。玉不雕瑑,便不成文采;君子不学,则不能成德。他指出,圣王治理天下,年少则学习,长大就能即位,以爵禄养臣民之德。用刑罚惩戒其恶,所以人民明晓礼仪而很少犯罪。这里实际上指出,作为政府官员及各阶层管理者,应该善于从小学习礼乐,所谓君子不学,则不能成德。年少好学,长大后自然能够以德配位,善于用爵禄和刑罚来治理国家,服务百姓,百姓也会明礼知耻,不会以下犯上。

臣德表现在事君上,则是遵从"君为臣纲",以君为大,以君为天;在对待百姓上,不与民争利。董仲舒提出:"君子仕则不稼,田则不渔,食力不力珍,大夫不坐车,士不坐。"(《春秋繁露·度制第二十七》)认为君子做官就不要种谷,打猎就不捕鱼,按照季节选择饮食而不力求珍异,大夫不坐羊皮,士不坐狗皮。这样就能够把利益分给百姓。这既是调均的办法,又是让利于民德的体现。

臣德的大小直接关系到其职位的高低贵贱,董仲舒认为:"有大功德者受大爵士,功德小者受小爵士"(《春秋繁露·爵国第二十八》)。

臣德还表现在是否行仁义,董仲舒在《春秋繁露》中强调了《春秋》的宗旨,强调"仁之法在爱人,不在爱我;义之法在正我,不在正人"(《春秋繁露·仁义法第二十九》),认为应该仁义并举。

(三)民德

《易经》中坤卦《大象传》:地势坤,君子以厚德载物。意思是大地的品性是非常柔顺正固的,所以君子应该像大地一样培养自己深厚的道德,包容天下万事万物所有各种各样的人。

如何让百姓做君子,人民如何具备仁义礼智信的道德准则,董仲舒在《春秋繁露》中也多有涉及。董仲舒认为，民德是让多数"中性之民"按照具有董仲舒说的纲常伦理做人做事。

人性问题是人类永恒的话题，孔子是人性论的提出者，他的"性相近，习相远"（《论语·阳货篇》），并未对人性做具体说明。之后告子提出了人性"无善无恶论"。在孟子性善论、荀子性恶论之后，董仲舒在《春秋繁露》中，认为"不以上，不以下，以其中名之"，认为孔子所说的"善"的境界很难达到，可是孟子以为一切人的"性"都可能称得上善，也是言过其实了，他将人做了"三品"区分，即"圣人之性，不可以名性；斗筲之性，又不可以名性；名性者，中性之民"。并把它对应到不同的人身上。他认为，圣人的"性"，不可以用来确定"性"的名称；小人的"性"也不可以，也不可以用来确定"性"的名称。这两种人性，都不是普遍的人性。普遍的人性是"中性之民"，他认为，中性之民，可善可恶，要使其向善，就要进行教化。

中民这部分人是当时社会政治和经济制度赖以存在的支柱，也是主要的德教对象。董仲舒把人民德的教化与茧和卵来比照，"中性之民，如茧如丝卵，卵待覆二十日，而后能为雏；茧待缲以涫汤，而后能为丝；性待渐于教训，而后能为善。善，教训之所然也，非质朴所能致也"，卵要等待孵化二十天，才能成为幼禽；茧要等待用沸水缲丝，然后才能成为丝；人民的要等待教化的浸染，然后才能变为"善"，性变为善，是教化造成的结果，不是天生的本质朴实就能达到的。防微杜渐，防患于未然。勿以恶小而为之，勿以善小而不为。日积月累，善着于身，德显于身。

君主为有德之君，臣子为有德之臣，百姓为有德之民，国家才能风调雨顺，国泰民安。

## 二、政治层面推行"德主刑辅"的施政措施

董仲舒强调以德治国。董仲舒以道德教化作为治国的重要工具，并用阴阳学说来加以阐述，形成一套完整的"阳德阴刑"的德主刑辅

论。董仲舒认为阳本阴末，阳自然先，阴续其后，先德而后刑，提出"天之任阳不任阴，好行不好刑，如是也"（《春秋繁露·阴阳位》）。

孔子主张"以德治国"，这一思想在内圣层面，就是要求领导者的个人道德修养达到完满，"为政以德，譬如北辰，居其所而众星共之"（《论语·为政》）。领导者只有占领了道德的制高点，才能够使被领导者和人民自然而然信服，就好像北极星一样，处于中心的位置，自然被群星围绕、拱卫；在外王层面，"以德治国"就是要以领导者的道德认知为标准和规范来教化民众，孔子主张"为国以礼"，主张统治者用礼教来教化民众。孔子说："上好礼，则民莫敢不敬"（《论语·子路》），教化民众的方法就是领导者做出道德表率。孔子认为在以道德教化为主要手段的同时，对于少数"困而不学的愚人"就要辅之以"刑"。在孔子看来，德是根本的，是主要的手段，是体，刑罚是用，是辅助的手段。对于少数"困而不学"的愚人，在道德教化不发生作用的情况下，才不得已而施之于刑罚。所以刑罚被孔子放在次要的第二位的地位上，孔子本人所推崇的理想社会状态，是一种完全弃刑罚而不用，只依靠道德的力量就能达到社会和谐的状态，所以孔子说："听讼，吾犹人也。必也，使无讼乎？"（《论语·颜渊》）孔子的这一思想被董仲舒概括为"德主刑辅"。

董仲舒继承和发展了自孔子以来德主刑辅的思想，认为汉朝必须以秦为鉴，改弦易辙，提出"大德而小刑"的法律原则，用儒家的仁德代替法家的严刑。董仲舒的德主刑辅是由天道引申出来的。阳为德，阴为刑，刑主杀而德主生。儒家德主刑辅思想的发展，到董仲舒时已基本完成，儒家的德主刑辅同礼法融合思想相辅相成，它同样是封建正统法律思想的重要内容。德主刑辅的思想对以后两千多年的中国社会产生了巨大影响，"以德治国""以礼教治天下"几乎是每一个朝代所标榜、所推崇的，一直到近现代，真正意义上的法治社会在中国依然没有形成。董仲舒提出："天之生人也，使人生义与利"，面对人们趋利不趋义的局面，董仲舒认为"圣人天地动，国时化者，非有他也，其见义大，故能动，动故能化，化故能大行，化大行故法不犯，法不犯故刑不用，刑不用则尧、舜之功德此大治之道也，先圣传授而复也"(《春秋繁露·身之养重于义第三十一》),直接诉诸严刑酷法是行不通的,只有采取德行教化,晓民以义,才是"大治之道"。董仲舒归结为"德为主,刑为辅"的治国思想。

董仲舒以德为主的理念,与西汉武帝时期的政治现实密切相关。西汉初期,文景之治,虽然奉行黄老的"无为而治"的思想,实质上仍因袭秦制,以严刑峻法统治人民。武帝好法术、刑名,重用酷吏,以严刑峻法来加强统治,给人民带来了极大的灾难和痛苦。为了社会秩序的稳定,为了封建统治的长治久安,董仲舒认为要缩小贫富差别,协调各种社会矛盾,提出"调均"的主张。"圣者则于众人之情,见乱之所从生,故其制人道而差上下也,使富者足以示贵而不至于骄,贫者足以养生而不至于忧,以此为度而调均之。"(《春秋繁露·度制第二十七》)董仲舒建议用"差等"的方法,区分上下等级,使富有的人足以显示自己的高贵而不至于骄横,贫穷的人足够生存而不至于忧愁,以此为尺度去调剂人们的财富。这样财富才不会匮乏,上下才会相安无事,社会才容易治理好。可以说,"调均"让贫富差距缩小,也是体现政治仁德的重要方面。

董仲舒在《举贤良对策》中提出了"更化"主张,他认为应该以道德教化作为治国的重要工具。董仲舒的"更化"思想用仁、义、礼、智、信"五道之长"调整治国策略,用儒家的礼义仁德来限制对人民剥削,进行"更化",让平常百姓和富豪之间的差别缩小,稳定了当时的社会秩序。

## 三、在文化宣传层面,以德作为臧否人物事件的标准

唯德是亲,唯德是礼,唯德是信。"百礼之贵,皆编于月,月编于时,时编于君,君编于天。……况生天地之间,法太祖先人之容貌,则其至德,取象众名尊贵,是以圣人为贵也。"董仲舒对《春秋》的微言大义从道德的角度进行了注解,对诸侯专讨、专封、僭越等行为从称呼、用语进行解读。既表明了董仲舒的"大一统"观念,同时也表明了董仲舒鲜明的道德立场:赞扬仁义礼智信的行为,贬抑弑

君、僭越、不仁不义无信之行为。

《春秋繁露·楚庄王第一》："楚庄王杀陈夏征舒，《春秋》贬其文，不予专讨也。灵王杀齐庆封，而直称楚子，何也？"曰："庄王之行贤，而征舒之罪重，以贤君讨重罪，其于人心善。若不贬，孰知其非正经？……是故齐桓不予专地而封，晋文不予致王而朝，楚庄弗予专杀而讨。"董仲舒从称呼、遣词用字入手，认为夏征舒作为臣子，杀死国君，是大逆不道，楚庄王惩罚这种乱臣是正义行为。但他是楚国国君，没有专讨的权力，却越权擅自去讨伐，所以《春秋》对楚庄王的行为从名义上还要加以贬抑，称他为楚人。认为"楚王弗予专杀而讨"。对春秋"五霸"的齐桓公越权而封地表示否定，认为上有周天子，土地和人民都属于天子，只有天子有权把土地和人民封给臣子，齐桓公擅自封地，是僭越了，因此文中董仲舒认为"齐桓不予专地而封"。对春秋"五霸"的晋文公践土之盟时，召周襄王参加的事情表示否定，认为不合礼法，称为"晋文不予致王而朝"。

尊礼重信高尚道德的体现。董仲舒歌咏《春秋》，在《春秋繁露·楚庄王第一》中认为"《春秋》尊礼而重信，信重于地，礼尊于身"，奉天法古贯彻的就是一个"德"字，董仲舒认为，德是上天的本质，对人间具有必然的作用。

"宋伯姬疑礼而死于火。齐桓公疑信而亏其地。《春秋》尊礼而重信，信重于地，礼尊于身。"董仲舒在《春秋繁露·楚庄王第一》中讲了宋伯姬宁可烧死，也不违背礼节的故事。讲了齐桓公被鲁庄公武力胁迫签订返回汶阳之田的盟约，当胁近解除后，齐桓公守信，把土地交还鲁国。

德还表现在亲亲、尊尊、中、和、恕等多个方面。"五帝天王之治天下，不敢有君民之心。什一而税，教以爱，使以忠，敬长老，亲亲而尊尊。不夺民食，使民不过岁三日。"（《春秋繁露·楚庄王第一》）"圣人之德，莫美于恕"（《春秋繁露·俞序第十七》"夫德莫大于和""亲亲而多仁朴""尊尊而多义节""亲亲而多质爱""尊尊而多礼文"。在《春秋繁露》中，处处体现出董仲舒德治的光辉。

董仲舒思想博大精深，以德治天下，体现了董仲舒心系天下苍生的儒者情怀,不仅惠及汉代,影响着中国几千年的治理。董仲舒的仁、义、礼、智、信"五常"之道,更是知古鉴今的德育良方。与我们今天的爱国、守法、明礼、诚信、团结、友爱、勤俭、自强、敬业、奉献的道德规范有着高度的契合,对提高全民素质、建设和谐社会有着积极的意义。

本文为"2020中国·衡水董仲舒与儒家思想国际学术研讨会"提交的论文。

李占稳(1965—),女,河北深州人,衡水学院文学与传播学院教授。

# 董仲舒的治国理政思想

刘贵生

作为一代大儒,董仲舒的思想是丰富而复杂的,然而万变不离其宗,他的思想始终是围绕着治国理政这一儒家的核心要义而展开的。在《春秋繁露》中,他曾明确指出:"《春秋》二百四十二年文,天下之大,事变之博,无不有也,虽然,大略之要,有十指。十指者,事之所系也,王化之所由得流也。"[1]162通过对纷繁复杂的历史事件的梳理,董仲舒认为《春秋》主要从十个方面揭示了推行王道教化的主要方略:"举事变,见有重焉,一指也;见事变之所至者,一指也;因其所以至者而治之,一指也;强干弱枝,大本小末,一指也;别嫌疑,异同类,一指也;论贤才之义,别所长之能,一指也;亲近来远,同民所欲,一指也;承周文而反之质,一指也;木生火,火为夏,天之端,一指也;切刺讥之所罚,考变异之所加,天之端,一指也。"[1]162遵循这十指,则百姓可安,得失可明,根本可正,上下可安,是非可辨,百官有序,教化可立,仁恩可达,四时有常,天理可循。概括起来,就是讲仁爱,重道义,就会阴阳和谐,万物有序。结合《春秋繁露》以及董仲舒的其他篇章,我主要从以下三个方面对董仲舒的治国理政思想做粗浅的分析。

## 一、以仁义为核心的民本思想

民本思想是传统儒家政治哲学中的一个重要内容,早在中国最早的史书《尚书》中就有"民惟邦本，本固邦宁"[2]34的重要论断。春秋时期，孔子明确提出"仁"，其核心就是爱人，从统治者的角度来说就是爱民："民以君为心，君以民为体……君以民存，亦以民亡。"[3]444孔子认为，国君与人民是互相依存的关系，失去了人民的支持，国君也就失去了存在的基础。此后，孟子在继承孔子"仁"说的基础上，进一步提出了"仁者""王道"等鲜明的治国理念："民为贵，社稷次之，君为轻"[4]326，将孔子的君民相互依存关系进而提升为"民贵君轻"的重要论断，这就大大突出了民众的重要地位。紧承其后的荀子更是以舟水的比喻形象地阐述了君民二者的关系："君者，舟也；庶人者，水也。水则载舟，水则覆舟。"[5]79

董仲舒在充分吸收先秦儒家民本思想的基础上，又多方借鉴融合了道、法、墨、阴阳五行等各家思想中有关民本思想的成分，形成了更加系统完备的民本学说。董仲舒认为，统治者要想获得民众的支持，首要前提是爱民，这也就是先秦儒家所一再强调的"仁"。"仁"是儒家民本思想的出发点，也是儒家思想的核心。在《春秋繁露》中，董仲舒围绕"仁"做了多处阐发："《春秋》为仁义法，仁之法在爱人"[1]314（《春秋繁露·仁义法第二十九》），"爱在人，谓之仁"[1]320（《春秋繁露·仁义法第二十九》），"君子求仁义之别，以纪人我之间，然后辨乎内外之分，而著于顺逆之处也。是故内治反理以正身，据礼以劝福；外治推恩以广施，宽制以容众"[1]321（《春秋繁露·仁义法第二十九》）。很明显，董仲舒继承了孔孟关于"仁"的观点，《论语·颜渊第十二》记有孔子学生樊迟和孔子的对话，"樊迟问仁。子曰：'爱人'"[6]131。"推恩"的思想则直接来源于孟子，"故推恩足以保四海，不推恩无以保妻子"[7]150。从历史来看，"尧受命，以天下为忧，而未以位为乐也，故诛逐乱臣，务求贤圣，是以得舜、禹、稷、卨、咎繇。众圣辅德，贤能佐职，教化大行，天下和洽，万民皆安仁乐谊，各得其宜，动作应礼，从容中道"[8]1198（《汉书·董仲舒传》），"尧视民如子，民视尧如父母"[1]460（《春秋繁露·暖燠常多第五十二》）。从天人合一的角度来讲，"春夏之阳，秋冬之阴，不独在天，亦在于人。人无春气，何以博爱而容众"[1]434（《春秋繁露·天辨在人第四十六》),"春,爱志也"[1]433(《春秋繁露·天辨在人第四十六》)。董仲舒认为,四时中的春天体现的是天对万物的关爱,故此君主也应该效天而行仁爱,这就将爱民的道理提到自然法则的高度。

爱民不是一句口号,而是要落实到具体的行动上,故而董仲舒进一步提出了安民养民的重要主张:"生育养长,成而更生,终而复始,其事所以利活民者无已。天虽不言,其欲赡足之意可见也。古之圣人见天意之厚于人也,故南面而君天下,必以兼利之"[1]392(《春秋繁露·诸侯第三十七》),"天常以爱利为意,以养长为事,春秋冬夏皆其用也。王者亦常以爱利天下为意,以安乐一世为事"[1]423(《春秋繁露·王道通三第四十四》),从自然的角度来看,天总是通过春夏秋冬四季的有序运行来生养万物,故此,统治者也应该效法天意,以抚养人民为主要职责。在董仲舒眼里,真正爱民的君主应该是"正其道不谋其利,修其理不急其功"[1]338(《春秋繁露·对胶西王越大夫不得为仁》)。他认为,圣君为民兴利,就如同春天的温润之气催动小草生长一样,是非常自然的事情。故此,他赞美召公亲自进入田地视察并鼓励民众积极开荒种田的行为。除了鼓励农业生产之外,统治阶级对农民轻徭薄赋也是休养生息的重要措施。"五帝三王之治天下,不敢有君民之心,什一而税。"[1]277(《春秋繁露·尧舜不擅移汤武不专杀第二十五》)结合史实,董仲舒认为,三皇五帝在位期间,他们丝毫不敢有过分剥削压榨民众的想法,赋税只收取农民收成的十分之一。故此,他肯定汤武为至圣大贤就在于"其德足以安乐民"[1]277(《春秋繁露·尧舜不擅移汤武不专杀第二十五》),在此他引用荀子的话"天之生民,非为王也;而天立王,以为民也"[1]277(《春秋繁露·尧舜不擅移汤武不专杀第二十五》),只是将荀子原话中的"君"替换为"王"。

董仲舒还特别强调君主要顺应民意正道行事。"故圣人之治国也,因天地之性情、孔窍之所利,以立尊卑之制,以等贵贱之差。设官府爵禄,利五味,盛五色,调五声,以诱其耳目;自令清浊昭然殊体,荣辱踔然相驳,以感动其心。务致民令有所好,有所好,然后可得而劝也,故设赏以劝之;有所好,必有所恶,有所恶,然后可得而畏也,故设罚以畏之。既有所劝,又有所畏,然后可得而制"[1]203(《春秋繁露·保位权第二十》),董仲舒认为,圣人治理国家,必须根据天地的性情、民众的喜好来确立尊卑制度和贵贱差别,必须根据民众的喜好和憎恶来培养良好的道德风尚。"亲近来远,同民所欲,则仁恩达矣"[1]163(《春秋繁露·十指第十二》),君主亲近身边的人,招来远方的人,行为做事要顺应百姓的愿望,用现在的话来说就是急人民之所急,想人民之所想,全心全意为人民服务,这样,恩德就会遍及天下。舜、禹、汤、文王四个时代,所作之乐各不相同,但作乐之法却同,即"各顺其民始乐于己也"[1]21(《春秋繁露·楚庄王第一》),也就是他们都顺应了各自时代百姓对他们所行之事的肯定。"为政而宜于民者,固当受禄于天"[9]10,董仲舒认为,如果国君时时刻刻为民众着想,做一切事情都从民众利益的角度出发,那么上天也会照顾他。"至于殷纣,逆天暴物,杀戮贤知,残贼百姓。伯夷、太公皆当世贤者,隐处而不为臣。守职之人皆奔走逃亡,入于河海。天下耗乱,万民不安,故天下去殷而从周。文王顺天理物,师用贤圣,是以闳夭、大颠、散宜生等亦聚于朝廷。爱施兆民,天下归之。"[9]15-16历史上,商纣王倒行逆施残害百姓,所以百姓都远离他;而周文王顺应天意,重用贤臣,安抚百姓,所以天下的人都归附他。

## 二、积贤任贤的重贤思想

自古及今,人才都是时代发展的领军人物,是推动社会变革的重要力量。春秋战国时期,百家争鸣,思想活跃,但无论哪家思想,都无一例外地将人才放到了重要的位置。儒家的孔子一生办学授徒,相传有弟子三千,贤人七十二,而这七十二贤人正是孔子为社会培养的精英人才;墨家的墨子在《墨子》中专门有"尚贤"一章,鲜明地提出"尚贤者,政之本也"[10],认为重视贤才是治国的根本。同样,董仲舒对历史上重贤的现象给予了充分的关注。在《天人三策》中,董仲舒说尧受命以来,"诛逐乱臣,务求贤圣,是以得舜、禹、稷、卨、咎繇"[8]1198,周文王"顺天理物,师用贤圣,是以闳夭、大颠、散宜生等亦聚于朝廷。爱施兆民,天下归之,故太公起海滨而即三公也"[8]1198。在《春秋繁露·玉英第四》中，董仲舒对齐桓公"知恐惧，敬举贤人，而以自覆盖"[1]73的行为表示极大的肯定。在《春秋繁露·俞序第十七》中，董仲舒认为孔子作《春秋》目的就是"上探天端，正王公之位，万民之所欲，下明得失，起贤才，以待后圣"[1]183，将发现贤才并重用贤才看作是孔子作《春秋》的主要目的。孔子"举贤才"的思想不仅在《春秋》中有明确的交代，在《礼记·中庸》里也有类似的表达："为政在人……文武之政，布在方册"[11]28，认为为政的根本就在于"人"，这"人"并不是普通的平民百姓，而是文能经邦、武能定国的治世良才。

　　结合史实，董仲舒充分肯定了贤才的重要作用。"任贤臣者，国家之兴也"[1]99（《春秋繁露·精华第五》），董仲舒认为，只有重用贤臣，国家才能兴旺发达。"体国之道，在于尊神。尊者，所以奉其政也；神者，所以就其化也，故不尊不神，不神不化。夫欲为尊者，在于任贤；欲为神者，在于同心。贤者备股肱，则君尊严而国安；同心相承，则变化若神；莫见其所为而功德成，是谓尊神也"[1]198，作为一国的君主，要想顺利施政，首先要使自己具有尊贵和神圣的地位，而尊贵和神圣地位的确立，离不开重用贤人且君臣上下同心；重用贤人且上下同心，不是信口开河，而是建立在深厚的理论基础上。对此，董仲舒从天人感应的角度做了类比论证："天积众精以自刚，圣人积众贤以自强；天序日月星辰以自光，圣人序爵禄以自明。天所以刚者，非一精之力；圣人所以强者，非一贤之德也。故天道务盛其精，圣人务众其贤，盛其精而壹其阳，众其贤而同其心。壹其阳，然后可以致其神。同齐心，然后可以致其功。是以建治之术，贵得贤而同心"[1]199，从天的角度来看，天之所以刚健有力，是因为积聚了众多的精气，天之所以光芒万丈，是因为合理排列日月星辰的顺序；天既如此，则人事亦不例外。故此，圣人（亦即君主）亦须积聚众多贤才以使自己变得强大，合理安排众多贤才的爵禄等级以使自己变得明智。这里，董仲舒特别强调了众贤的力量，认为只有广泛地延揽和积聚贤才，且上下团结一心，才能取得应有的成效。为了证明这个道理，在《天人三策》第二策中，董仲舒列举了尧的事例，在众多贤人的辅佐之下，尧治理下的社会是"教化大行，天下和洽，万民皆安仁乐谊，各得其宜，动作应礼，从容中道"[8]1199，一片太平祥和的景象。

董仲舒还指出了君主为得到贤才应有的素养。首先，作为一国之君，必须有崇高的德行才会吸引贤才。"其德足以安乐民者，天予之，其恶足以贼害民者，天夺之"[1]277（《春秋繁露·尧舜不擅移汤武不专杀第二十五》），君主具有高尚的德行，上天才会将国家托付于他，否则上天就会将国家从他的手里夺走。"至德以受天命，豪英高明之人辐辏归之"[1]345（《春秋繁露·观德第三十三》），泰伯有与天地齐等的完美德行，所以天下的人都归附于他；钟离会盟之时，吴国国君没有被以国君的身份安排入席，原因就是他的德行不够。"故德侔天地者，皇天右而子之，号称天子"[1]557（《春秋繁露·顺命第七十》），具有天子称号的人，其德行跟天地一样高，上天也帮助他，并且将其当作自己儿子来看待。其次，国君必须礼贤下士，诚恳待人。"治身者以积精为宝，治国者以积贤为道……夫欲致精者，必虚静其形；欲致贤者，必卑谦其身；形静志虚者，精气之所趣也；谦卑自卑者，仁贤之所事也。故治身者，务执虚静以致精；治国者，务尽谦卑以致贤。能致精，则合明而寿；能致贤，则德泽洽而国太平"[1]220（《春秋繁露·通国身第二十二》）。董仲舒认为养身与治国有着相通的道理。要保养好身体，最重要的是积蓄精气，要积蓄精气，必须让身体处于恬淡寡欲的状态，只有形体安宁内心恬淡的人，精气才会归附于他，有了精气，就会内外通达，延年益寿。治理国家的根本之道是积聚贤人，积聚贤人最好的做法就是君主必须放下架子谦卑待人，贤才才会甘心来为他效劳，有了贤才的帮助，君主的恩泽就会普及天下，那样才会国泰民安。再次，君主对于贤臣必须根据他们各自的才能，给予相应的职位，然后上下同心，各尽其责，才能把国家治理好。"国以君为主……贤积于其主，则上下相制使……则百官各得其所……然后国可得而安守也"[1]220（《春秋繁露·通国身第二十二》），"贤者备股肱，则君尊严而国安；同心相承，则变化若神；莫见其所为而功德成"[1]198（《春秋繁露·立元神第十九》），用贤才来做君主的辅佐，才会保证君主自己的尊严和国家的安宁，君臣上下同心协力，国家的治理就会顺风顺水日见成效。

## 三、以德善为核心的教化思想

作为熟谙《春秋》的学者,董仲舒明于治乱,深刻认识到教育的重要作用,他用史实来强调教化的必要性:"圣王之继乱世也,扫除其迹而悉去之,复修教化而崇起之。教化已明,习俗已成,子孙循之,行五六百岁尚未败也。"[8]1196,历史上的商汤、周文王在灭掉暴虐的夏桀、商纣王以后,都是彻底清除其留下来的恶习,重新制定礼乐,自上而下加强教化,才使得整个社会人心向善,逐渐形成了良好的社会风尚,这也是国家得以长治久安的最重要的保证。反之,如果不注重教化,那么整个社会没有正确的方向指引,人们就很容易走上邪路,各种歪风邪气违法犯罪的现象也就层出不穷了,国家就很容易陷入危机。尤其在利益面前,更是需要用教化加以提防。"夫万民之从利也,如水之走下,不以教化堤防之,不能止也。"[8]1196为了进一步论证教化的必要性,董仲舒还从人性起源的角度做了深刻的论述。在《春秋繁露》第三十八《深察名号》中,他认为人的身体来自于天,天兼有阴阳二气,因此人自然也有仁爱和贪婪两种习性,既然天道中的阴阳需要调控,那么人身上的情欲也需要加以节制。接着董仲舒提出了他关于的人性著名理论"性待善",他将人性比作禾苗,性善比作谷米,谷米虽由禾苗产出,但禾苗不等同于谷米,相应地,善出自于人性,但人性不等同于善,"善与米,人之所继天而成于外,非在天所为之内也"[1]378,善和米虽然都出自天,但是最后的成型还需要后天的加工,如禾苗成为谷米需要脱粒、脱壳等一系列手续,性善也需要后天的加工,这个加工就是实行教化。因此董仲舒说"性待教而为善"[1]381,王的使命就是对万民实行教化。

如何实行教化,董仲舒的观点是:"兴太学,置名师,以养天下之士"[8]1201,即在朝廷设立太学,并配置全国最有名望的老师,作为培养国家栋梁的重要手段。对于太学的重要性,董仲舒多次强调,"养士之大者,莫大乎太学;太学者,贤士之所关也,教化之本原也"[8]1201，认为天下培养人才的机构，没有比太学更重要的了。太学既是培养贤才的重要场所，同时也是实施教化的源头，一旦源头发生了问题，所有的一切都将前功尽弃。同时，董仲舒还认为，不光朝廷要兴办太学，而且还要进一步扩大到各诸侯国，各个州县，"立太学以教于国，设庠序以化于邑"[8]1196，自上而下形成全面重视教育兴办学校的良好态势。

学校办起来了，名师请进来了，学生也招来了，那么老师教什么，学生学什么，就成了最关键的问题。在这方面，董仲舒同样给出了明确的答案："古者修教训之官，务以德善化民。"[8]1203 何谓德善，这是一个含义极为丰富的概念，用董仲舒自己的话来说就是"渐民以仁，摩民以谊，节民以礼"[8]1196，"夫仁、谊、礼、知、信，五常之道"[8]1197，大致而言，就是要有仁爱情怀，要知道礼义廉耻，懂得尊卑上下。如果全民都从这几方面做起，那么好的社会风尚就形成了："教化大行，天下和洽，万民皆安仁乐谊，各得其宜，动作应礼，从容中道。"[8]1199 从推广教育要达到的最终目的来看，安仁、乐谊、应礼、中道就是其主要表现，因此，反推教学内容，那就不外乎以仁义礼智信为主要内容的儒家等经典。在《春秋繁露》第三十一章《身之养重于义》中，董仲舒在对人性兼有义与利分析的基础上，认为虽然"义之养生人，大于利而厚于财"[1]331，但是普通人根本认识不到这点，现实中常常是"忘义而殉利，去理而走邪"[1]332，结果最后往往落得身败家亡。出现这种情况的原因并不是人为自己考虑得不周到，而是他的认识有局限，就像让婴儿在枣与金之间做出选择，他肯定是要拿枣。因此圣人的职责就是"事明义以照耀其所闇"[1]333，"先王显德以示民，民乐而歌之以为诗，说而化之以为俗"[1]333，这样整个社会就会"不令而自行，不禁而自止"[1]333，最终走上"大治之道"[1]333。不管"明义"也好，"显德"也罢，实际都指向了推行教化的主要目标。

## 四、结论

以民为本，重用贤才，重视教化，以上三个方面都是董仲舒治国理政思想中的重要内容，时至今日，这些思想对于我们当下的治国理政仍然有极大的现实意义。十八大以来，党和政府制定的一系列政策莫不是从民生的角度出发。全面建成小康社会的路上，习总书记提出了"一个民族都不能少"；面对席卷全球的新冠肺炎疫情，总书记又鲜明地提出了"人民至上""生命至上"的重要思想，举全国之力抗击疫情，奏响了新时代中国人民众志成城战胜艰险的凯歌；至于以立德树人为核心的社会主义核心价值观早已内化为人们的自觉行为，成为新时代育人树人的主要内容和目标。

**参考文献：**

[1] 张世亮、钟肇鹏、周桂钿：《春秋繁露译注》，中华书局，2012年。
[2] 陈戍国：《尚书校注》，岳麓书社，2004年。
[3] 陈戍国：《礼记校注》，岳麓书社，2004年。
[4] 陈戍国：《四书校注》，岳麓书社，2004年。
[5] 章诗同：《荀子简注》，上海人民出版社，1974年。
[6] 杨伯峻：《论语译注》，中华书局，1980年。
[7] 朱东润：《中国历代文学作品选（上编）》（第一册），上海古籍出版社，2002年。
[8] 许嘉璐：《二十四史全译》，班固，《汉书·董仲舒传》，汉语大词典出版社，2004年。
[9] 董仲舒：《董仲舒集》，学苑出版社，2003年。
[10] 孙诒让：《墨子间诂·尚贤（上）》，中华书局，2001年。
[11] 朱熹：《四书章句集注·中庸章句》，中华书局，1983年。

本文为"2020中国·衡水董仲舒与儒家思想国际学术研讨会"提交的论文。

刘贵生（1970—），男，山西神池人，衡水学院董子学院副教授。

# 董仲舒的危机意识与治理思路

崔锁江

《尚书》就包含了"危机意识",《虞书·大禹谟》有:"人心惟危,道心惟微,惟精惟一,允执厥中。无稽之言勿听,弗询之谋勿庸。可爱非君?可畏非民?众非元后,何戴?后非众,罔与守邦?钦哉!慎乃有位,敬修其可愿,四海困穷,天禄永终。"其中的"四海困穷,天禄永终"被认为是对危机的警示。而"人心惟危,道心惟微,惟精惟一,允执厥中"被后世认为是十六字心法,希望统治者保持客观、理性、清醒的头脑,保持战略定力,以"执中"的姿态面对复杂局面。《周易》称之为"忧患"意识。《论语》也提到"人无远虑必有近忧""临事而惧"等说法。《老子》则提到"贵大患若身""为者败之,执者失之"。

古人的危机意识主要是社会领域里的治理危机,与制度有着深刻的关联。任何制度与治理体系都潜伏着危机。任何清醒的统治者在注重制度建设的同时,都具有防范与化解危机的意识,从而保障了制度的平稳发展。李世民与魏征在讨论了"守天下难易"的时候,最终也是把危机意识摆在首位①。汉武帝在向董仲舒问策过程中提出:"三

---

① 《贞观政要》提道:贞观十五年,太宗谓侍臣曰:"守天下难易?"侍中魏征对曰:"甚难。"太宗曰:"任贤能,受谏净,即可。何谓为难?"征曰:"观自古帝王,在于忧危之间,则任贤受谏。及至安乐,必怀宽怠,言事者惟令兢惧,日陵月替,以至危亡。圣人所以居安思危,正为此也。安而能惧,岂不为难?"这里的"安而能惧"就是一种危机意识的表现,对危机的警觉性。

代受命，其符安在？灾异之变，何缘而起？"这说明汉武帝也在思考皇帝制度的合法性问题，也在探究灾异的机理。但在汉武帝初年，危机不显著，而文景之治所带来的盛世景象尚未达到极致。但是，经过大乱世之后的各家学派都具有深重的危机意识。在儒学内部，《春秋》学关注制度与治理。其中大量记载了灾异现象、各国乱政，充满了危机意识。

汉武帝时期，儒家逐渐成为主流意识形态，儒者成为重要的朝臣。经学家主政必然要面对国计民生各种难题。这都需要一定的危机意识与治理措施。在这样的背景下，董仲舒作为西汉"儒者首"，其危机意识与危机治理思想值得我们讨论。

## 一、董学中的危机意识

董仲舒的危机意识首先反应在他的灾异谴告说当中，把灾异预警提升为危机意识。董仲舒把危机意识具体化为"除天下之患"的责任担当。"慎微"是一种理性觉醒状态。最后，《春秋》学本身记载了大量的春秋乱政，有助于人君居安思危、增强危机意识。

1. 人君要重视灾异预警

董仲舒在《第一策》中首先提道："臣谨案《春秋》之中，视前世已行之事，以观天人相与之际，甚可畏也。国家将有失道之败，而天乃先出灾害以谴告之，不知自省，又出怪异以警惧之，尚不知变，而伤败乃至。"灾害谴告还不等于"伤败"本身，而是对危机的预警。灾异还没有完全在人事上实现，而仅仅是"天垂象、见吉凶"。这个时候人主就要防止灾异向社会领域的延伸。

如果天人感应分为祥瑞、灾异两个极端，显然灾异远远多于祥瑞。天人感应更多是灾异谴告的形态出现。《春秋》公羊学特别注重"西狩获麟"，而孔子慨叹其"非时"。董仲舒评价："有非力之所能致而自至者，西狩获麟，受命之符是也。然后托乎《春秋》正不正之间，而明改制之义。一统乎天子，而加忧于天下之忧也，天下所患。"（《符瑞第十六》）这就突出了"加忧于天下之忧、天下所患"的忧患意识是孔子晚年"作春秋"的心境，进而与"孔子作春秋，而乱臣贼子惧"相一致。由此而言，"西狩获麟"反而不是祥瑞，是"其道穷也"的悲剧预言。从危机意识角度理解灾异，则能够体会儒者的用心。

董仲舒的《必仁且智第三十》对灾异遣告有更细致的叙说："其大略之类，天地之物有不常之变者，谓之异，小者谓之灾。灾常先至而异乃随之。灾者，天之谴也；异者，天之威也。谴之而不知，乃畏之以威。《诗》云：'畏天之威。'殆此谓也。凡灾异之本，尽生于国家之失。国家之失乃始萌芽，而天出灾害以谴告之；谴告之而不知变，乃见怪异以惊骇之，惊骇之尚不知畏恐，其殃咎乃至。以此见天意之仁而不欲陷人也。谨案灾异以见天意。天意有欲也，有不欲也。所欲所不欲者，人内以自省，宜有惩于心；外以观其事，宜有验于国。故见天意者之于灾异也，畏之而不恶也，以为天欲振吾过，救吾失，故以此报我也。"董仲舒把灾异作为"谴告"，是为了"天欲振吾过，救吾失"。董仲舒举楚庄王的例子说明古代人敬畏灾异的做法。灾异本身也有警示统治者注意危机一面，防止陷入盲目乐观的状态。董仲舒的灾异遣告理论就是把自然灾异神化为上天意志，要求皇帝遵循天道、天意、天命，从而为古代社会提供了一个危机预警机制与自我纠错机制。

2. 人君要有除天下之患的责任担当

董仲舒在《第一策》中说："以此见天心之仁爱人君而欲止其乱也。自非大亡道之世者，天尽欲扶持而全安之，事在强勉而已矣。强勉学习，则闻见博而知益明；强勉行道，则德日起而大有功：此皆可使还至而有效者也。"这把灾异解释为"天心仁爱人君"的预警。而人君相应的则必须"强勉"，即迎着灾异所预示的危机而上，从而"德日起而大有功"。由此可见，灾异遣告并不是用来控诉人君，而是用来劝勉人君有为。

朱熹与人讨论"舜诛四凶"的问题，讲："'四凶'只缘尧举舜而逊之位，故不服而抵于罪。在尧时则其罪未彰，又他毕竟是个世家大族，又未有过恶，故动他未得。"由此而言，灾异的形成与发展并是尧舜所能够遏制的。舜帝是待到时机成熟之后才"四罪而天下咸服"。灾异、危机的形成、发展与消除并不是一日之功。这就需要圣人具有担当精神,在恰当的时机解决危机。

董仲舒提出:"至意虽难喻,盖圣人者贵除天下之患。贵除天下之患,故《春秋》重,而书天下之患遍矣。以为本于见天下之所以致患,其意欲以除天下之患,何谓哉?天下者无患,然后性可善;性可善,然后清廉之化流;清廉之化流,然后王道举、礼乐兴,其心在此矣。"(《盟会要第十》)这里的"患"就是"危机"。"盖圣人者贵除天下之患"就是要求统治者把治理危机作为最重要的职责。在人类命运巨大不确定性与危机的时候,其他人都可能会选择逃避,只有圣人无可逃避。圣人就是为解决危机而存在。董仲舒的推论是"天下无患"——"性可善"——"清廉之化流"——"王道举、礼乐兴"。这就把危机治理作为了王道政治的最首要的任务。

董仲舒提出:"鲁桓忘其忧而祸逮其身。齐桓忧其忧而立功名。推而散之。凡人有忧而不知忧者凶,有忧而深忧之者吉。《易》曰:'复自道,何其咎。'此之谓也。匹夫之反道以除咎尚难,人主之反道以除咎甚易。"(《玉英第四》)董仲舒肯定了齐桓公"知忧"的做法。

3. 人君要以"慎微"心理迎接危机的挑战

董仲舒认为要治理危机必须首先从心理层面重视危机。董仲舒在《立元神》里强调:"君人者,国之元,发言动作,万物之枢机。枢机之发,荣辱之端也。失之毫厘,驷不及追。故为人君者,谨本详始,敬小慎微……君人者,国之本也。夫为国,其化莫大于崇本,崇本则君化若神,不崇本则君无以兼人。无以兼人,虽峻刑重诛,而民不从,是所谓驱国而弃之者也,患孰甚焉?"人主是治理的危机的直接根源。这里提出"君主是国家的根本"。君主的所作所为、所思所想往往影响力十分巨大。君主要"慎微",就是要避免危机的发生。《立元神》强调"谋于众贤,考求众人,得其心遍见其情,察其好恶,以参忠佞,考其往行,验之于今,计其蓄积,受于先贤"。这就是要接受各方面的讯息,然后加以综合考虑,才能避免出现危机。这就相当于中国共产党所言的"两个务必"——务必要谦虚谨慎、不骄不躁。

然后，人君在维护制度运行、防止制度僵化的前提下，最终通过改革消除危机的根源。

4. 人君要以史为鉴、增强危机意识

董仲舒的《第三策》提道："故《春秋》之所讥，灾害之所加也；《春秋》之所恶，怪异之所施也。书邦家之过，兼灾异之变；以此见人之所为，其美恶之极，乃与天地流通而往来相应，此亦言天之一端也。"这就突出了《春秋》"讥灾异"的一面。《春秋》本身就是对乱世的记载，阅读《春秋》有助于理解乱世，从而懂得危机的发生。董仲舒研究阴阳五行主要不是为了自然科学，而是为了人事，即对社会发展趋势矛盾规律的掌握。防止出现阴阳不和、五行逆乱。

《俞序第十七》提出："故卫子夏言，有国家者不可不学《春秋》，不学《春秋》，则无以见前后旁侧之危，则不知国之大柄，君之重任也。故或胁穷失国，抢杀于位，一朝至尔。苟能述《春秋》之法，致行其道，岂徒除祸哉，乃尧舜之德也。……爱人之大者，莫大于思患而豫防之，故蔡得意于吴，鲁得意于齐，而《春秋》皆不告，故次以言怨人不可迩，敌国不可狎，攘窃之国不可使久亲，皆防患为民除患之意也。"这里的"有国家者不可不学《春秋》，不学《春秋》，则无以见前后旁侧之危，则不知国之大柄，君之重任也"就是要以《春秋》为警惕，看到乱世之中存亡安危之理，从而防止危机的出现。董仲舒把"思患而豫防"作为"爱人之大者"。可见，危机意识与儒家的仁爱思想依然具有内在逻辑一致性。

## 二、董仲舒危机治理的内容

董仲舒提供了君权天授、大一统等理论逐渐消除了前代所不能解决的皇权合法性危机。董仲舒的大一统理论有力地维护了中央集权，理论上彻底克服了地方诸侯挑战中央集权的危机。董仲舒强调君尊臣卑与任贤的统一，保障了统治秩序。董仲舒注重民生，防止民众因为饥馑冲击社会秩序、造成危机。最后，董仲舒的大一统理论、仁义法、教化思想都关注人们的思想、价值观与意识形态出现危机。

1. 合法性危机及其治理

所谓合法性危机，即汉朝皇帝要获得全国人民的拥戴。在秦朝、战国之前，则不需要加强价值观建设，这是因为那个时候君主都得自于周天子，而且是分封制。所以，就不需要合法性建设，更多是血缘关系就是合法性。但是，汉朝第一次出现了"布衣而为天子"的英雄主义的状态。这个时候就要加强合法性建设。一是统治暴力；二是增强德性，即增强自身的德性；三是建立神秘主义的"天授系统"。

每个王朝建立之后都要建设自身的合法性，说服人们接受现有的政治秩序。这种合法性危机一直伴随着王朝的始终。西汉是第一个"马上的天下"的王朝，就需要说明"君权天授"的合法性。只有儒家的天命论、五德终始能够说明政权转移，进而解决合法性危机。但是，皇帝自身对名教纲常的破坏使得名教原则大打折扣，进而合法性危机一直存在。只有民主制度建立之后，才真正解决了这个问题。牟宗三认为中国古代无政道，恰恰是在合法性危机这个角度而言的。天命论、五德终始仅仅是负责鼎革之后的合法性解释。后世"打天下"的残暴过程，使得儒家汤武革命的理想落空。

《春秋繁露·三代改制质文第二十三》提到了"汤受命而王"、"文王受命而王"，进而肯定了商、周的合法性。汉朝是继汤武革命之后第三次实现了权力的"异姓转移"。则不同于春秋、战国由分封而来的世袭制。董仲舒在《尧舜不擅移、汤武不专杀第二十五》提出："故夏无道而殷伐之，殷无道而周伐之，周无道而秦伐之，秦无道而汉伐之。有道伐无道，此天理也，所从来久矣，宁能至汤武而然耶？夫非汤武之伐桀纣者，亦将非秦之伐周，汉之伐秦，非徒不知天理，又不明人礼。"这就把汉作为继夏商周秦之后的第五个正统。

可以说，董仲舒的"三统说"与"五德终始"尽管是建构汉朝的统治合法性，但却为中国的朝代更替提供了形而上学的说明。汉朝自开始就不断编织刘邦斩白蛇等说法，神化自己的"天命"合法性。这样神秘主义最终走向了谶纬。在王莽篡汉、光武中兴的历史过程中双方都使用了谶纬之学。随后各封建王朝也意识到神秘主义的危害，开始遏制谶纬。以德而王的革命说则显得更为合理。

## 2. 中央集权的危机及其治理

汉朝建立之后,继承了秦朝中央集权的皇帝制度、郡县制度。然而,人们却并不适应这样的政治制度,而怀念分封制度。从汉初到汉武帝经历了剪除异姓王侯、灭诸吕、扑灭七国之乱三次较大的斗争,才算把皇帝制度稳定下来。汉武帝直到元朔二年(前127),才在主父偃的建议下颁布"推恩令",从而削弱了诸侯的势力,大大增强了中央权威。

主父偃是从具体政策上找到了削藩的办法,而董仲舒的春秋学则是从哲学方法上对中央集权进行论证。武帝建元六年(前135),发生了"辽东高庙灾""高园便殿火"。董仲舒依据天人感应的理论写成对策,后被主父偃窃走。汉武帝根据廷议结果,把董仲舒"下吏"。元光元年(前134),汉武帝"令郡国举孝廉",于是产生了著名的"天人三策"。董仲舒在《天人三策》的对策之后,被汉武帝委派为"江都相""事易王"。易王好勇,问及"粤有三仁"的问题。董仲舒说:"臣愚不足以奉大对。闻昔者鲁君问柳下惠:'吾欲伐齐,何如?'柳下惠曰:'不可。'归而有忧色,曰:'吾闻伐国不问仁人,此言何为至于我哉!'徒见问耳,且犹羞之,况设诈以伐吴乎?由此言之,粤本无一仁。夫仁人者,正其谊不谋其利,明其道不计其功。是以仲尼之门,五尺之童羞称五伯,为其先诈力而后仁谊也。苟为诈而已,故不足称于大君子之门也。五伯比于他诸侯为贤,其比三王,犹武夫之与美玉也。"这就从春秋学出发,维护了儒家的"王道"理想,而对春秋战国的"霸道"予以批判。

## 3. 官僚体系的危机及其治理

《春秋繁露·盟会要第十》中提道:"是以君子以天下为忧也,患乃至于弑君三十六,亡国五十二,细恶不绝之所致也。辞已喻矣,故曰:立义以明尊卑之分,强干弱枝以明大小之职。"这里要求建立"立义以明尊卑之分,强干弱枝以明大小这职"的权力体系。这里的"弱枝"可以理解为弱化地方权力,削弱诸侯的势力。而其"立义以明尊卑之分"则指向了君臣关系。

第一,董仲舒强调君尊臣卑。汉武帝时期加强了皇权,使得君臣关系发生了有利于君主的强化。汉初的叔孙通通过"礼仪"的方式，使得群臣自觉地感受到皇帝的威严，进而增强臣子的效忠精神。即使如此，汉高祖还是发生了"三叛"。吕后去世后，陈平、周亚夫等大臣杀少帝，迎文帝，实际暗含着汉文帝缺乏强势背景，必须与故旧大臣合作的一番考虑。而汉景帝时期则出了"七国之乱"。虽然一般民众与大臣接受了皇帝制度，臣服于皇帝，但是皇族内部依然存在春秋"诸子争立"的遗风。到了汉武帝时期，经过今文经学家的努力，确立了"传孙不传子"的嫡长子继承制度，避免了"亲亲"的"殷制"。从而，平民、官僚、皇族都被纳入到皇权专制政体之下。

春秋乱世，发生了多次权臣"乱政""弑君"的事件。董仲舒的春秋学的一个重点就是理顺君臣关系。董仲舒讨论了楚庄王杀陈夏征舒、灵王杀齐庆封、鲁昭公轻计妄讨、赵盾弑君、司马子反擅权、逢丑父杀其身以生其君等故事。这些故事尽管不同，但都涉及君臣关系的处理。董仲舒提到了"《春秋》之法，大夫不得用地""桓之志无王，故不书王"（《玉英第四》）、"《春秋》之法，大夫无遂事"（《精华第五》）、"有天子在，诸侯不得专地，不得专封，不得专执天子之大夫，不得舞天子之乐，不得致天子之赋，不得适天子之贵。君亲无将，将而诛。大夫不得废置君命"（《王道第六》），这里把诸侯、大臣、大夫都作为监督的对象，尤其是不允许他们僭越礼制，享用"天子"的"乐""赋""贵"。而所谓的"君亲无将，将而诛"这里就把"谋反"作为可以诛杀的大逆不道。

而臣子则要服从君主。君主要德威并施。《春秋繁露·保权位》中说："君之所以为君者威也，故德不可共，威不可分。德共则失恩，威分则失权。失权则君贱，失恩则民散。民散则国乱，君贱则臣叛。是故为人君者，固守其德，以附其民；固执其权，以正其臣。"这里的议论比较接近于荀子，强调君主的"威"。相对于而言，孔子更注重德治。这里的威更接近于一种绝对主义的君尊臣卑。

《春秋繁露·保权位》接着提道："为人君者居无为之位，行不言之教，寂而无声，静而无形，执一无端，为国源泉……其行赏罚也，响清则生清者荣，响浊则生浊者辱，影正则生正者进，影枉则生枉者绌。击名考质，以参其实。赏不空施，罚不虚出。"这里就提出了君臣的分工，而这种分工就是要求君主能够驾驭臣下，防止臣下危害君主的名分。君主还要对臣僚的清浊进行赏罚处置——"响清则生清者荣，响浊则生浊者辱，影正则生正者进，影枉则生枉者绌"。

第二，董仲舒倡导任贤的政治文化。董仲舒在《天人三策》中提出："夫人君莫不欲安存而恶危亡，然而政乱国危者甚众，所任者非其人，而所繇者非其道，是以政日以仆灭也。"董仲舒把危机的到来，归结为"所任者非其人，而所繇者非其道"。这里因为"任人不明"导致了"政乱国危"。在人治时代，选择什么样的人当官、提高官员的素质是皇权官僚政体得以长治久安的重要保障。

董仲舒在《精华第五》中提出："鲁僖公以乱即位，而知亲任季子。季子无恙之时，内无臣下之乱，外无诸侯之患，行之二十年，国家安宁。季子卒之后，鲁不支邻国之患，直乞师楚耳。僖公之情非辄不肖而国衰益危者，何也？以无季子也。以鲁人之若是也，亦知他国之皆若是也。以他国之皆若是，亦知天下之皆若是也。此之谓连而贯之。故天下虽大，古今虽久，以是定矣。以所任贤，谓之主尊国安。所任非其人，谓之主卑国危。"这就把"季友"作为鲁国治乱的关键人物。把国家的安危与任贤与否联系起来。

董仲舒在《灭国上第七》中提道："弑君三十六，亡国五十二。小国德薄，不朝聘大国，不与诸侯会聚，孤特不相守，独居不同群，遭难莫之救，所以亡也。"君主虽然造成了危机，但是要拯救危机必须依赖贤能大臣。而失去大臣的护佑，就无法挽救危机。董仲舒列举了春秋时代几个著名的案例说明，失去了大臣的辅佐，君主变成了孤家寡人，就会加速危机到的到来。"卫侯朔"依靠齐国，虞国与虢国团结起来，都使得外界势力难以颠覆。"赵盾""伍子胥"都做到了"弑君"复仇，成为危机的根源。由此而言，君主必须安抚好大臣，否则就有危机出现。类似于的案例说明，防止危机的最好办法在于做好政治安排，防止一些有能力的人形成对现有秩序的挑战。中国古代采取招抚的手段，笼络住各种有才能的人物，防止他们挑战现有的政治秩序。

4. 民生经济的危机及其治理

董仲舒在《天人三策》中提出:"富者奢侈羡溢,贫者穷急愁苦;穷急愁苦而不上救,则民不乐生;民不乐生,尚不避死,安能避罪!此刑罚之所以蕃而奸邪不可胜者也。故受禄之家,食禄而已,不与民争业,然后利可均布,而民可家足。"这就提出了"太古之道"——保障民生,作为这种底线思维,然后再去考虑其他事务。只有解决了基本的民众生活,才能够防止出现大的社会危机。这有类似于"六保"中的保基本民生。由此可见,汉武帝当年面临着一场大考。领导者本身就面临着各种危机。如果举措失当,就会造成巨大的危机。

董仲舒在《度制第二十七》中提到了孔子"不患贫而患不均"的思想,并且用制度来防止贫富分化。他提出:"圣者则于众人之情,见乱之所从生。故其制人道而差上下也,使富者足以示贵而不至于骄,贫者足以养生而不至于忧。以此为度而调均之,是以财不匮而上下相安,故易治也。今世弃其度制,而各从其欲。欲无所穷,而欲得自恣,其势无极。大人病不足于上,而小民羸瘠于下,则富者愈贪利而不肯为义,贫者日犯禁而不可得止,是世之所以难治也。"这就要以制度、调均来处理贫富分化带来的危机,否则就会走向"世之所以难治"的必然结局。

5. 思想的危机及其治理

第一,必须高度重视价值观危机。董仲舒的《立元神》说:"天生之,地养之,人成之。天生之以孝悌,地养之以衣食,人成之以礼乐,三者相为手足,合以成礼,不可一无也。无孝悌则亡其所以生,无衣食则亡其所以养,无礼乐,则亡其所以成也。三者皆亡,则民如麋鹿,各从其欲,家自为俗。父不能使子,君不能使臣,虽有城郭,名曰虚邑。如此,其君枕块而僵,莫之危而自危,莫之丧而自亡,是谓自然之罚。自然之罚至,襄袭石室,分障险阻,犹不能逃之也。明主贤君必于其信,是故肃慎三本。"这里说明失去了天所赐予的孝悌之理、从地里生产出来的衣食、圣人创设的礼乐制度,社会就陷入巨大的系统危机之中。其中又以天的孝悌为主。所谓"孝悌"就是当时最为重要的"儒家价值观"。一旦出现价值观混乱,民众就好比"麋鹿"一样盲目，进而父子解体、君臣解体，那么国家都将会陷入混乱之中。所以，"明主贤君"必须敬畏天、地、人——肃慎三本。董仲舒是把"肃慎三本"上升到"体国之道"的高度。

董仲舒在《仁义法第二十九》中讲："诡其处而逆其理，鲜不乱矣。是故人莫欲乱，而大抵常乱。凡以暗于人我之分，而不省仁义之所在也。是故《春秋》为仁义法。仁之法在爱人，不在爱我。义之法在正我，不在正人。"这就提出了"仁义法"，进而对治精神领域里的价值观危机。

第二，必须以"尊神"加强政治信仰。《立元神》接着提到："体国之道，在于尊神。尊者所以奉其政也，神者所以就其化也，故不尊不畏，不神不化。夫欲为尊者在于任贤，欲为神者在于同心。贤者备股肱则君尊严而国安，同心相承则变化若神，莫见其所为而功德成，是谓尊神也。"按照董仲舒的思路，只有尊"神"，才能更好地理顺天地人物的关系，进而获得吉祥，能够感应符瑞，而不是灾异。就现代社会而言，人们普遍脱离宗教信仰，而进入到政治信仰的阶段。对马克思主义的信仰就是一种政治信仰。董仲舒所言的"尊神"就好比是今天的对马克思主义的信仰。越是面对危机，越是需要有坚定的信仰，更要找到真理作为解决危机的手段，相信真理的威力，保持战略定力。

第三，必须做好意识形态领域的整合工作。"大一统"把中央集权确立为根本政治原则。从此，权力分割再也无法获得人们的认同。董仲舒一方面注意政治大一统，但其最大的贡献则是文化大一统。《天人三策》中讲："《春秋》大一统者，天地之常经，古今之通谊也。今师异道，人异论，百家殊方，指意不同，是以上亡以持一统；法制数变，下不知所守。臣愚以为诸不在六艺之科孔子之术者，皆绝其道，勿使并进。邪辟之说灭息，然后统纪可一而法度可明，民知所从矣。"《天人三策》里的"大一统"，主要意思是要以文化大一统促进政治大一统，从而用文化大一统为政治大一统服务。笔者认为大一统就董仲舒当时而言有三个指向。第一个指向就是用什么教化民众，第二个是任用什么样的人为官，第三个是对诸侯势力的管控。但是在这当中,"教化民众"是最为重要的问题。秦始皇时代是"以愚黔首"。汉武帝则通过"独尊儒术",通过选官制度、举孝廉、太学等相关制度,使得民众对学习儒学如影景从。

第四,要把教化放在首位,成为解决思想危机的抓手。董仲舒的《天人三策》说:"今世废而不修,亡以化民,民以故弃行谊而死财利,是以犯法而罪多,一岁之狱以万千数。……是故王者上谨于承天意,以顺命也;下务明教化民,以成性也;正法度之宜,别上下之序,以防欲也;修此三者,而大本举矣。"这就把教化放在首位,解决人们的思想问题,从而预防社会危机。正如我们当代提出的"理想信念的滑坡是最严重的滑坡。理想信念的动摇是最严重的动摇"。处理危机是最重要的事情。任何危机必然表现为一种精神危机。只要人在精神上、思想上找到了正确的应对策略,那么危机就会被消除,整个危机必然逐渐被消除。而秦朝虽然也重视了价值观建设,设立泰山时刻,对民众进行教化,甚至提出了道德,但却没有在教育领域有作为,没有经典可以依奉,结果使得人们的思想没有统一到维护皇权政体制度上来。

董仲舒在《天人三策》里提道:"王者承天意以从事,故任德教而不任刑。刑者不可任以治世,犹阴之不可任以成岁也。为政而任刑,不顺于天,故先王莫之肯为也。今废先王德教之官,而独任执法之吏治民,毋乃任刑之意与!孔子曰:'不教而诛谓之虐。'虐政用于下,而欲德教之被四海,故难成也。"虐政导致了"德教难成",最终使得危机加深。而对危机治理的最好方法就是"德主刑辅"。只有广泛地"任德不任刑",才能够缓解社会矛盾,进而使人们摆脱危机阴影,治理好人们的恐慌心理与价值观混乱,最终减轻危机对社会稳定与制度长期赓续的威胁。

## 三、董仲舒治理危机的总体方法

以上是对各个方面的危机及其治理的梳理,但是,董仲舒的危机意识是针对总体态势而言。董仲舒对危机进行治理,其根本在于完善制度，防止制度的失效、溃败。这就需要不断深化改革，促使制度适应新的时代状况。在处置危机过程中必须要学会"变通"，不能固执于教条。人类社会本就是一个复杂的矛盾体，克服危机就是要恢复阴阳五行的平衡，进而使得社会事业都畅快地发生发展。而按照天人感应理论，人君要通过祭天、敬天等方式干预天命，从而消除灾异。

1. 用完善制度防范危机

董仲舒把危机归结为制度危机。没有制度，也无所谓危机。人类社会建立起国家制度之后，在运行过程中出现了社会动荡、秩序解体的倾向。儒家作为保守主义者与制度主义者，必然要捍卫制度的稳定性与长久性，克服危机带来的巨大风险。制度危机本质上是治理体系的危机。这就需要在保持天道恒定的同时不断进行制度上的改革、更化，从而化解危机。

董仲舒在《度制第二十七》中提出："凡百乱之源，皆出嫌疑纤微，以渐寖稍长至于大。圣人章其疑者，别其微者，绝其纤者，不得嫌以蚤防之。圣人之道，众堤防之类也。谓之度制，谓之礼节。故贵贱有等，衣服有制，朝廷有位，乡党有序，则民有所让而不敢争，所以一之也。《书》曰：'举服有庸，谁敢弗让，敢不敬应。'此之谓也。"这就是要通过制度、礼制建设减少人们之间的争斗、矛盾，进而让危机之源得以化解。董仲舒在此提出："若去其度制，使人人从其欲，快其意，以逐无穷，是大乱人伦，而靡斯财用也，失文采所遂生之意矣。……今欲以乱为治，以贫为富，非反之制度不可。"如果没有制度，人们都追求自己的欲望，最终是"大乱人伦"。想要"以乱为治、以贫为富"，就要"非反之制度不可"。

2. 以改革更化应对危机

董仲舒在《第一策》中提出："今汉继秦之后，如朽木、粪墙矣，虽欲善治之，亡可奈何。法出而奸生，令下而诈起，如以汤止沸，抱薪救火，愈甚亡益也。窃譬之琴瑟不调，甚者必解而更张之，乃可鼓也；为政而不行，甚者必变而更化之，乃可理也。当更张而不更张，虽有良工不能善调也；当更化而不更化，虽有大贤不能善治也。故汉得天下以来，常欲善治而至今不可善治者，失之于当更化而不更化也。古人有言曰:'临渊羡鱼,不如退而结网。'今临政而愿治七十余岁矣,不如退而更化;更化则可善治,善治则灾害日去,福禄日来。"董仲舒对汉朝建立七十年之后的局限进行分析,认为存在着是十分巨大的危机。要求改革以应对危机。

董仲舒提出:"道之大原出于天,天不变,道亦不变,是以禹继舜,舜继尧,三圣相受而守一道,亡救弊之政也,故不言其所损益也。繇是观之,继治世者其道同,继乱世者其道变。今汉继大乱之后,若宜少损周之文致,用夏之忠者。"这就要求对社会进行变革,从而实现一种"补其弊"的作用。这就好比今天我们强调堵漏洞、补短板、强弱项,就是看到制度的内在缺陷。为了防止人们对制度改革的疑惑,董仲舒区分了"制"与"道"——"故王者有改制之名,无易道之实"(《楚庄王》),从而维护了天道的庄严性,而对制度则可以根据天道的发展而有所改变。这就为改革开通了广阔的空间。改革是为了"救弊"——任何制度都有失效的可能性,这就需要用改革的方式消除弊端。

3. 以变通精神处置危机

董仲舒针对"司马子反为其君使。废君命,与敌情,从其所请,与宋平"的事情,一方面认为其擅君权、废君命,另一方面又肯定了他的变通性。董仲舒提道:"《春秋》之道,固有常有变,变用于变,常用于常,各止其科,非相妨也。今诸子所称,皆天下之常,雷同之义也。子反之行,一曲之变。独修之意也。夫目惊而体失其容,心惊而事有所忘,人之情也。通于惊之情者,取其一美,不尽其失。"司马子反在当时情况下,"间人相食,大惊而哀之",进而采取了变通的非常之道,解救了宋难。《春秋》学本来是严君臣之大防,对臣子擅权保持着极大的警觉性,但却对司马子反的做法采取了"实与而文不与"的变通。董仲舒提出:"今使人相食,大失其仁,安着其礼?方救其质,奚恤其文?"在危机状态下,今文经学家采取了更为务实的做法,而不是顽固地维护礼法。但是这种变通,不能损害原则立场。董仲舒认为"逢丑父杀其身以生其君",并不符合"知权"的精神,而是苟且偷生，进而不符合儒家舍生取义的价值取向①。

4. 以恢复平衡解决危机

危机最大的特点就是社会存在的失衡、自然环境的恶化。按照矛盾分析法而言，危机是矛盾体不能再保持同一性，而与人们的主观愿望发生了严重的背离。

董仲舒的《第二策》提出："故治乱废兴在于己，非天降命不得可反，其所操持誖谬失其统也。"这就把这种失衡归结为前期政策破坏了平衡，进而产生了"治乱废兴"。由"治理的不当"导致了一系列恶化，其中包括"诸侯背叛""刑罚不中"这两大社会治理问题。最终导致"上下不和""邪气积于下"等。董仲舒提出："及至后世，淫佚衰微，不能统理群生，诸侯背畔，残贼良民以争壤土，废德教而任刑罚。刑罚不中，则生邪气；邪气积于下，怨恶畜于上。上下不和，则阴阳缪盭而妖孽生矣。此灾异所缘而起也。"董仲舒把危机归结为"邪气生""上下不和""阴阳缪盭"等"灾异所缘而起"。董仲舒用"邪气"这种具体的自然之物来指代危机的酝酿。而危机表现则是"阴阳缪盭而妖孽生"。就此而言，灾异已经向"危机"方向发展。

董仲舒《第二策》提道："今吏既亡教训于下，或不承用主上之法，暴虐百姓，与奸为市，贫穷孤弱，冤苦失职，甚不称陛下之意。是以阴阳错缪，氛气充塞，群生寡遂，黎民未济，皆长吏不明，使至于此也。"这就在君、臣、民三层结构中把官员作为责任主体。官吏的"暴虐"是导致社会危机的重要原因。董仲舒要求汉武帝用儒学治国，进而启用儒家学校教育人才，进入官吏行列，从而避免酷吏当政。

既然危机的本质是一种失衡，那么解决危机的办法也就是恢复阴阳五行的平衡。董仲舒的阴阳五行理论就是通过进行"人事""政务"上的调整，进而积极主动地应对危机，而不是任凭危机发生发展而无动于衷。这在《五行五事》《五行变救》之中最有体现。董仲舒在

---

① 董仲舒引用曾子"辱若可避，避之而已。及其不可避，君子视死如归"的话语。

《五行变救》提出："五行变至，当救之以德，施之天下，则咎除。不救以德，不出三年，天当雨石。木有变，春凋秋荣。秋木冰，春多雨。此繇役众，赋敛重，百姓贫穷叛去，道多饥人。救之者，省繇役，薄赋敛，出仓谷，振困穷矣……"这里的重点是"五行变至，当救之以德，施之天下，则咎除"。领导者要通过某种相应的道德行为进而拯救五行之变。其具体方法是针对"春天"的其后灾害，作出"省繇役，薄赋敛，出仓谷，振困穷矣"。针对夏天的"气候灾害"，作出"举贤良，赏有功，封有德"的行为。

董仲舒在《五行五事》中提出："王者能敬，则肃，肃则春气得……钦不以议阴事，然后万物遂生，而木可曲直也。春行秋政，则草木凋；行冬政，则雪；行夏政，则杀。春失政则。"这个思想来源于《礼记》的《王制》，即统治者根据阴阳气数规范自己的行为，从而获得良好的天人感应，否则就会出现气候上的紊乱。与"春"类似，董仲舒又提出"王者能治，则义立，义立则秋气得""王者能知，则知善恶，知善恶则夏气得，故哲者主夏""王者无失谋，然后冬气得，故谋者主冬"。这就形成了一整套应对危机、具有一定操作性的办法。虽然这个办法的科学性有待于继续提升，但是就恢复平衡而言，确实是消除矛盾破裂的危害性，进而保证社会有机体的和谐与统一。

人君还要效法天地阴阳运行的春夏秋冬，进而保持天道的正常运行。董仲舒的《如天之为第八十》提道："是故春修仁而求善，秋修义而求恶，冬修刑而致清，夏修德而致宽。此所以顺天地，体阴阳。然而方求善之时，见恶而不释；方求恶之时，见善亦立行；方致清之时，见大善亦立举之；方致宽之时，见大恶亦立去之。"

5. 心理安抚

中国古代农业文明对自然环境有着很强的依赖性，非常脆弱。这就是统治者的首要任务就是解决人们的温饱问题。《汉书》的《五行志》大量记载物候学、天文学方面的异象，提示人们注意农业文明的生存环境。《春秋繁露》记载《求雨》《止雨》，说明董仲舒关注了自然灾害，并企图通过感应的方式加以干涉。

董仲舒的《郊语第六十五》提道："以此见天之不可不畏敬，犹主上之不可不谨事。不谨事主，其祸来至显，不畏敬天，其殃来至暗。暗者不见其端，若自然也。"这就把灾异归结为"天命""天意"，需要天子通过"郊祭""祭天"的形式，进而获得上天的护佑，减少灾异、祸患的发生，进而消除危机的天道根源。从此，祭天变成皇帝的重大责任。尽管这当中存在着迷信色彩，但是在古代却成为安抚人们危机心理的重要途径。

董仲舒在《郊祀第六十九》当中提道："《春秋》讥丧祭，不讥丧郊。"郊祭不能因为"居丧"而废止。董仲舒提道："其祭社稷、宗庙、山川、鬼神，不以其道，无灾无害。至于祭天不享，其卜不从，使其牛口伤，鼷鼠食其角。或言食牛，或言食而死，或食而生，或不食而自死，或改卜而牛死，或卜而食其角。过有深浅薄厚，而灾有简甚，不可不察也。犹郊之变，因其灾而之变，应而无为也。"这就把"祭天"放在"祭社稷、宗庙、山川、鬼神"之上。

董仲舒的天人感应甚至要求人君要以修养来带动天道人世的正常运行，并在《天地之行第七十八》提出："一国之君，其犹一体之心也……亲圣近贤，若神明皆聚于心也；上下相承顺，若肢体相为使也；布恩施惠，若元气之流皮毛腠理也；百姓皆得其所，若血气和平，形体无所苦也；无为致太平，若神气自通于渊也；致黄龙凤皇，若神明之致玉女芝英也。"这就要求君主通过修养身心，间接地为人们化解危机、保持健康乃至于国家太平提供某种榜样作用。这也有利于消除民众的恐慌心理。

## 结语：董仲舒危机治理思想的意义

董仲舒援引阴阳五行入儒学，并以天人感应学说对皇帝进行劝谏。以"危机"为视角可以把董仲舒的天人感应学说、阴阳五行学说、灾异遣告学说、春秋学、教学哲学适当地串联起来。董仲舒对社会危机有着敏锐的觉察，这也是今文经学家关注现实、服务现实的具体体现。但后世官员为了迎合统治者的需要，往往制造各种祥瑞事件。祥瑞事件往往经不住考量，而被证伪。与之相反，灾异却往往十分真实，不容掩盖。从危机视角理解董仲舒的灾异遣告等理论，有助于培养人们面对危机、解决危机的勇气，从而有力地维护制度的有效运行与社会的长治久安。研究董仲舒的危机治理思想，有助于纠正后期谶纬学所带来的妖言惑众等不良倾向，把今文经学的务实精神、开拓精神、改革精神烘托出来。

本文为"2020中国·衡水董仲舒与儒家思想国际学术研讨会"提交的论文。

崔锁江（1977—），男，河北无极人，法学博士，衡水学院马克思主义学院讲师。

# 董仲舒的盛世之忧

曹迎春

西汉的董仲舒"亲见四世",从政为官于封建时代公认的繁华盛世,景帝时为博士,武帝时两相诸侯。然而盛世潜藏忧患,繁华孕育危机,一代大儒董仲舒怀着深沉的历史使命感和高度的社会责任感,对社稷前途、民众命运深情关注、深刻思考。在《春秋繁露》一书中,12篇出现"忧"36次,10篇出现"患"33次,6篇出现"虑"8次,5篇出现"惧"8次,字里行间都透露出其理性清醒的盛世危机意识。董仲舒看到政治稳定背后的国家危殆、经济富足背后的两极分化、思想多元背后的意识形态混乱,从而忧君、忧民、忧天下。他的大一统主张、调均思想、灾异之说无不渗透着浓浓的忧患意识。因此,研究董仲舒的忧患意识是董学研究十分重要的一个课题。

目前学术界关于忧患意识的研究多集中在对传统忧患意识和中国共产党的忧患意识两个方面。对传统忧患意识的研究,则集中在对儒家忧患意识的宏观研究[①]和对孔子、孟子、《诗经》《周易》《尚书》

---

① 参见李定文、任远:《论先秦儒家的忧患意识及其现代转化》,《兰州学刊》2008年第11期,第21—24页;许凌云:《儒家文化与忧患意识》,《齐鲁学刊》2000年第2期,第81—85页;彭华:《儒家忧患意识述论》,《江苏科技大学学报》(社会科学版)2017年第2期,第1—7页;王玉华:《试论儒家的忧患意识》,《临沂师范学院学报》2008年第5期,第72—74页;傅永聚、孔德立:《先秦儒家忧患意识探源——兼论忧患意识与民族精神之关系》2007年第5期,第52—58页。

的微观研究上①。对盛世这一特殊历史时期的忧患意识，集中在对唐代的研究②，关注汉代者极少③。对董仲舒的忧患意识，更没有专门的研究著述，只是在有些文章中偶有涉及，如张实龙在《从〈周易〉视角看董学》④一文中提到，董仲舒受《周易》哲学影响具有浓厚的忧患意识，他的"灾异"说、对"智"的诉求、对"仁"的阐发都体现出对忧患意识的强调。

本文拟在前人研究的基础上，对董仲舒忧患意识的思想渊源、理论基础、核心内容进行探索，以期为当代中国的治国理政提供历史借鉴和智慧启示。

## 一、董仲舒忧患意识的思想渊源

冯天瑜指出："忧患意识是充溢于中华元典的一种基本精神。元典作者多身处横逆，胸抱哀苦，他们怀着对生民家国的忧患，述往思来，方获得一种非凡的具有穿透力的理性思维。"⑤这里所说的"中

---

① 参见王卫东：《论孔子的忧患意识及其美学表现》，《文学评论》2004年第5期，第81—87页；程继红：《"生于忧患而死于安乐"——论孟子的忧患意识》，《江苏工业学院学报》2006年第3期，第4—8页；李金坤：《〈诗经〉忧患意识原论》，《江苏大学学报》（社会科学版）2006年第6期，第49—54页；郑万耕：《〈易传〉忧患意识的历史考察》，《北京师范大学学报》（社会科学版）2007年第3期，第93—98页；丁丽琼：《〈周易〉忧患意识研究》，曲阜师范大学硕士论文2013年；由婧涵：《〈尚书·周书〉中的天命观与忧患意识》，《山西档案》2016年第6期，第171—173页。

② 参见艾科：《盛唐忧患意识及其对当代中国的启示》，《西安电子科技大学硕士论文》2013年；蔡阿聪：《论〈贞观政要〉的忧患意识》，《福建论坛》2007年第10期，第15—19页；吕鹏：《论唐太宗的忧患意识及其现代价值》，《东岳论丛》2011年第10期，第52—55页。

③ 参见吕红梅、宋燕鹏：《试论两汉士大夫的忠君观念与忧患意识》，《河北科技大学学报》（社会科学版）2004年第4期，第42—45页；高飞卫：《面对盛世的忧患——司马迁的忧患意识》，《天水师专学报》（哲社版）1997年第1期，第66—70页。

④ 张实龙：《从〈周易〉视角看董学》，《周易研究》2008年第3期，第62—67页。

⑤ 冯天瑜：《从元典的忧患意识到近代救亡思潮》，《历史研究》1994年第2期，第109—117页。

华元典",也就是董仲舒所特别重视的"六艺"(六经、六学)《诗》《书》《礼》《乐》《易》《春秋》等蕴含民族原创精神的典籍。

在《春秋繁露·玉杯》中,董仲舒对六经的要旨和长处进行了概括和总结:"《诗》《书》序其志,《礼》《乐》纯其美,《易》《春秋》明其知。六学皆大,而各有所长。《诗》道志,故长于质;《礼》制节,故长于文;《乐》咏德,故长于风;《书》著功,故长于事;《易》本天地,故长于数;《春秋》正是非,故长于治人。"① 他将六经的要旨概括为"序其志""纯其美""明其知";将六经的长处总结为"质""文""风""事""数""治人"。六经的要旨明确,长处实用,每一经都有每一经的大义,可以从不同的方面塑造人。

董仲舒重视对六经的学习,他研治《春秋》,对其他几部经典也颇为精通,在著述中常加引用,因此他的忧患意识便来自这些经典的浸润与熏陶。

1. 易学之源

《周易》的卦爻辞中蕴含着深沉的忧患意识。《周易·系辞下》中出现了"忧患"一词:"《易》之兴也,其于中古乎?作《易》者,其有忧患乎?"② 董仲舒对《周易》忧患意识中"居安思危"的治国原则和"见微知著"的敬慎精神予以充分继承。

《周易·系辞下》:"危者,安其位者也。亡者,保其存者也。乱者,有其治者也。是故君子安而不忘危,存而不忘亡,治而不忘乱,是以身安而国家可保也。"这段话所说的"三不忘"治国原则被董仲舒吸收,充分体现在自己的治国理政思想中。在《精华》篇,他引用《周易·鼎卦》九四爻辞"鼎折足,覆公餗",来说明国家如果用人不当,就会陷于危亡的道理。在《玉英》篇,他引用《周易·小畜》初九爻辞"复自道,何其咎",来说明统治者应该主动反省、回归正道,这样就能消除灾祸,转危为安。

---

① 本文所引《春秋繁露》,均为张世亮、钟肇鹏、周桂钿译注,中华书局,2012年。以下引自此书处,只注篇名。

② 周振甫:《周易译注》,中华书局,1991年,第267页。

《周易》强调"知几"的智慧，十分鲜明地提出了"见微知著"的理论命题。坤卦的"履霜，坚冰至"即是说通过细微事物察知未来。《文言》解释说："坤道其顺乎，承天而时行。积善之家必有余庆，积不善之家必有余殃。臣弑其君，子弑其父，非一朝一夕之故，其所由来渐矣，由辩之不早辩也。"任何大善都是由小善积聚而成，任何大祸也都是由小祸积聚而成的，因此对事物的把握必须从其弱小时就十分谨慎小心。

　　董仲舒继承了《周易》的这一思想。他在《基义》篇中以天气寒暑比喻政事时就引用了《周易·坤卦·文言》的"履霜坚冰，盖言逊也"，说明天气不会"乍寒乍暑"，而是徐徐到来，所以人才不会被冻伤热坏，人事和天道应该一致，"人之所为，亦当弗乍而极也"，凡是有变革创新，也不能一蹴而就，而应该慢慢实施，逐步推进。董仲舒在《王道》篇中的"善无细而不举，恶无细而不去"和《盟会要》篇的"善无小而不举，恶无小而不去"，也应该是受到《周易·系辞下》中"小人以小善为无益而弗为也，以小恶为无伤而弗去也"的影响。

　　在《二端》篇，董仲舒指出："夫览求微细于无端之处，诚知小之将为大也，微之将为著也。"在没有端倪显现的细微之处，就凭着谨慎的态度、知几的智慧，看到小将变大、微将变著的发展趋势。《史记·太史公自序》中记载了司马迁闻自董仲舒的一段话："《春秋》之中，弑君三十六，亡国五十二，诸侯奔走不得保其社稷者不可胜数。察其所以，皆失其本已。故《易》曰：'失之毫厘，差以千里。'故曰：'臣弑君，子弑父，非一旦一夕之故也，其渐久矣。'"① 在这里，董仲舒用《易》"失之毫厘，差以千里""臣弑君，子弑父，非一旦一夕之故也，其渐久矣"的理论来解释《春秋》二百四十二年之中"弑君三十六，亡国五十二，诸侯奔走不得保其社稷者不可胜数"的现象，都是积微成巨，不早预防的缘故②。

---

　　① 司马迁：《史记》，中华书局，1959年，第3297—3298页。
　　② 白效咏、黄朴民：《易学与董仲舒"天人合一"思想的关系》，《衡水学院学报》2020年第3期，第57—63页。

## 2. 诗学之源

董仲舒对《诗》十分尊崇。据学者统计，《春秋繁露》中直接引《诗》共29处①，其中26处引自《雅》《颂》，分别是《小雅》的《节南山》《正月》《小宛》《巧言》《小明》《大田》《绵蛮》，《大雅》的《文王》《大明》《棫朴》《皇矣》《文王有声》《假乐》《抑》《云汉》《烝民》《江汉》，《周颂》的《我将》《敬之》，《商颂》的《长发》。《雅》《颂》之诗注重德政教化，其中董仲舒所引的这些篇目，如《节南山》《正月》《小宛》《巧言》《大田》《绵蛮》都是十分典型的政治讽喻诗。在这些政治讽喻诗中，"忧"字出现得特别频繁，如《小宛》中的"我心忧伤，念昔先人"，《节南山》中的"忧心如惔，不敢戏谈"，《正月》中的"忧心京京""忧心殷殷""忧心惸惸""忧心惨惨"。这些政治讽喻诗，揭露政治之黑暗，讽刺朝廷之腐败，哀叹民生之不幸，深刻地表达出诗人们强烈的忧患意识，学者称其为"我国文学史上早期的忧患文学"②。这其中所体现出的周代士人的忧患意识，不仅影响了先秦的孔、孟，也影响了包括董仲舒在内的后世历代士人。

在《春秋繁露》中，董仲舒多处引用《诗》来表达对天、鬼神的敬畏。敬畏意识和忧患意识二者关系紧密。从逻辑顺序看，忧患意识产生于人类社会早期对自然的敬畏；从哲学意义看，敬畏意识则是由忧患意识所引发。牟宗三在《中国哲学的特质》中说："中国人的忧患意识……它的引发是一个正面的道德意识，是德之不修，学之不讲，是种责任感。由之而引生的是敬、敬德、明德与天命等等的观念。"③

在《二端》篇，董仲舒说："灾者，天之谴也；异者，天之威也。谴之而不知，乃畏之以威。《诗》云：'畏天之威。'殆此谓也。"这里

---

① 姚艳慧：《董仲舒〈诗〉学研究》，辽宁师范大学，2012年。
② 徐柏青：《从〈诗经〉中政治讽喻诗看周代士人的忧患意识》，《湖北师范学院学报》（哲学社会科学版）2011年第6期，第42—46页。
③ 牟宗三：《中国哲学的特质》，上海古籍出版社，1997年，第16页。

引用的是《诗经·周颂·我将》："伊嘏文王,既右飨之。我其夙夜,畏天之威,于时保之。"《诗》里的"畏天之威"是表达祭祀时对天或文王的尊敬之意。董仲舒引用这四个字来告诫统治者:上天降下小的灾祸是"谴责",如果不知悔改,上天就会用威力来震慑。

在《奉本》篇,董仲舒说:"海内之心,悬于天子;疆内之民,统于诸侯。日月食,并告凶,不以其行。"其中"日月食,并告凶,不以其行",是对《诗经·小雅·十月之交》中"日月告凶,不用其行"的间接引用。在《十月之交》中,诗人将日食、月食、地震等天象同朝廷不用贤良联系起来,"日月告凶,不用其行。四国无政,不用其良",抒发了深沉的忧虑之情。董仲舒引用此诗句,来说明日食和月食的发生,都是上天谴告的凶兆,同样表达了对天道的敬畏和对政事的忧心。

在《祭义》篇,董仲舒说:"故圣人于鬼神也,畏之而不敢欺也,信之而不独任,事之而不专恃。恃其公,报有德也;幸其不私,与人福也。其见于《诗》曰:'嗟尔君子,毋恒安息。静共尔位,好是正直。神之听之,介尔景福。'正直者得福也,不正直者不得福,此其法也。以《诗》为天下法矣,何谓不法哉?"这里董仲舒引用的是《诗经·小雅·小明》中的诗句,说的是"叹息你们这些君子,不要总是安逸地休息。恭敬地保持住你们的禄位,要从内心喜好正直。神灵会明察到,保佑你们获得大的福禄"。诗中对君子"无恒安处""无恒安息"的告诫,是居安思危的忧患意识的充分体现。董仲舒引用此诗来说明祭祀的重要性,指出对鬼神要有敬畏意识,对自身要有忧患意识,做到内心真诚、行为正直,才能获得神灵的赐福和上天的护佑。

3. 春秋公羊学之源

董仲舒是春秋公羊学博士,对公羊学的研究最为精深。《公羊传》在解经中亦流露出居安思危的忧患意识,是董仲舒忧患意识的重要思想来源之一。

《春秋》僖公九年载:"九月,戊辰,诸侯盟于葵丘。"《公羊传》解释:"桓之盟不日,此何以日?危之也。何危尔?贯泽之会,桓公有忧中国之心，不召而至者，江人、黄人也。葵丘之会，桓公震而矜之，叛者九国。"《公羊传》认为齐桓公的盟会是不记日子的，这次为什么记日子了呢？是因为有危险。什么危险呢？贯泽盟会的时候，齐桓公有忧虑中原国家之心，所以诸侯来服，连边远地区的江人、黄人都不召自来。而这次葵丘会盟，齐桓公八面威风、盛气凌人，不但没有诸侯来服，还有九个国家叛离。在这里，《公羊传》表达了心忧天下则得众、居安不思危则失众的观点。

《春秋》僖公二十六年载："公以楚师伐齐，取谷。公至自伐齐。"《公羊传》："此已取谷矣，何以致伐？未得乎取谷也。曷为未得乎取谷？曰，患之起。必自此始也。"古代诸侯出境与会、与盟、出征等，回国后都要向宗庙报告，行"告至"礼。《春秋》在记载这些"告至"的时候，会根据取得的不同效果使用不同的写法。一般来说，打了胜仗，即书"至自会"；打了败仗，就写"至自伐某"。在僖公二十六年这次战争中，鲁国和齐国伐齐，取得了胜利，夺取了谷地，但是却用的"至自伐齐"的战败写法。《公羊传》认为，这是因为鲁国虽然取得了伐齐之战的胜利，但是祸患的兴起必定从这里开始，胜利的表象后隐藏着更大的危机。虽然因为齐孝公病亡，预料中的报复危机没有出现，鲁国得以幸免，但《公羊传》透露出的忧患意识毫无疑问是十分具有政治远见的。

《公羊传》成公二年，同样发出了"患之起，必自此始"的预言，而且这次应验了。晋国的郤克和鲁国的臧孙许一同去齐国聘问，齐顷公的母亲偷看到郤克是个跛子，臧孙许单眼睛，于是就恶作剧地派了一个跛子和一个单眼睛的人去接待两位使者。齐国人因此慨叹祸患的兴起必定从此开始。果然，受了无端羞辱的两位大夫回国后，共同率军伐齐，这就是历史上有名的鞌之战。结果齐国大败，为自己的愚蠢行为付出了血的代价。

## 二、董仲舒忧患意识的理论基础

董仲舒的思想体系博大精深，其忧患意识有着深厚的理论基础。

他的天人观，既强调天的至尊神圣，又强调人的自觉主动；他的辩证观，既强调吉凶祸福的相互依存、相互转化，又强调转化的条件是人对待吉凶祸福的态度和行为；他的仁智观，既强调仁的有备无患，又强调智的预见先知。

1. 天人观

天人关系是中国传统哲学的重要命题。董仲舒关于天人关系的论述，是其儒学思想体系的基本特征和核心支柱。在天人关系中，董仲舒将"天"置于神圣神秘的地位，具有神灵之天、自然之天、道德之天等多重含义①。他指出，"天地者，万物之本，先祖之所出也"（《观德》），"天者，万物之祖，万物非天不生"（《顺命》），"天者，百神之大君也"（《郊语》），赋予天以造物主的地位。

董仲舒的天人观，虽然强调"天"的至高无上，但落脚点却在"人"上。正如韩星教授所说："就人文精神而言，董仲舒一方面肯定了天对人的根源性、本体性、目的性，另一方面又强调天的一切作用是基于人事而发生作用的，人事具有优先性、主导性、主体性。他之所以如此竭力地以人比附天，是想将人提升到天的高度，以天的神圣性来强调人的神圣性，是对天地人三才并立、以人为主体思想的深入论证。"②徐复观在《两汉思想史》中也说："董氏的基本立足点，依然是人而不是天。"③这些论述都抓住了董仲舒天人观的最本质特征。

正是因为董仲舒天人观的核心是"人"，所以人对于神秘神圣的"天"不是被动的皈依服从，而是具有主观能动性。董仲舒说："虽不祥祸福所从生……无非已先起之，而物以类应之而动者也，故聪明圣神，内视反听。"（《同类相动》）即使是莫名的祸福，也无非就是先从自己发起，然后其他事物感应而动，所以聪明的人都明白福祸是由自己负责的，从而进行自我反省。他还明确地指出，"治乱废兴在于己"

---

① 金春峰：《汉代思想史》，中国社会科学出版社，2006年，第122页。
② 韩星：《董仲舒天人关系的三维向度及其思想定位》，《哲学研究》2015年第9期，第45—54、128页。
③ 徐复观：《两汉思想史》（第二卷），华东师范大学出版社，2001年，第242页。

(《天人三策》),"察身以知天"(《郊语》)。正因为人对于天肩负着不可逃避的责任,所以人应该自觉地敬畏天命、体察天道、效法天道。而忧患意识正是人类这种理性、自觉精神的表现,是积极主动对风险进行预判和防范的大智慧。

首先,真诚敬畏天命。《论语·季氏》载孔子之言:"君子有三畏:畏天命,畏大人,畏圣人之言。"董仲舒对此进行了解释。为什么要"畏天命"?因为人类的认知能力是有限的,很多事情人类并不了解,更无法掌控,所以要"畏天命",这是对超自然物的宗教意义上的敬畏之情。为什么要"畏大人"?因为大人专有诛杀的权力,《春秋》中记载的那五十多个被灭亡的国家,就是因为不知畏天命、畏大人造成的,所以要"畏大人",这是政治伦理意义上的敬畏之情。为什么要"畏圣人之言"?因为鲁宣公实行"初税亩",违背了圣人之言,改变古代的制度和通常的准则,灾祸就立即到来了,所以要"畏圣人之言",这是道德意义上的敬畏之情。"畏天命,畏大人,畏圣人之言",三者相互联系不能分割,而大人是天命的承接者,圣人是天命的阐释者,所以,"畏天命"是"三畏"的核心。

其次,潜心体察天道。董仲舒认为要明晓上天之道,需要读懂"灾异"和"民意"。

关于灾异,《二端》中说:"灾异以见天意。"《天人三策》中有一段非常著名的论述:"观天人相与之际,甚可畏也。国家将有失道之败,而天乃先出灾害以谴告之;不知自省,又出怪异以警惧之;尚不知变,而伤败乃至。"董仲舒对"灾"和"异"做了区分,认为二者有着先后和轻重的差别。"灾"在先,是上天善意的提醒;"异"在后,是上天严厉的批评。降"灾"是因为君主有小过;生"异"则源于君主犯大错。董仲舒认为天心是仁爱的,所以天只有在"灾"之提醒不达目的的情况下,才会进一步施加"异"以警告,而且不管是"灾"还是"异",天的目的都是为了匡正,而不是为了惩罚。所以,君主如果能心存忧患,时刻警惕,及时改过,就不至于败亡。

关于民意,在董仲舒的理论体系中其实就是天意的化身。君对民的态度和行为,是天对君考核的内容。对民有利,君主才会受天奖赏；对民不利，君主就会遭天惩罚①。《尧舜不擅移汤武不专杀》："其德足以安乐民者，天予之；其恶足以贼害民者，天夺之。"《天人三策》："为政而宜于民者，固当受禄于天。"所以，君主如果能心存忧患，以民为本，就能长治久安。

当然，不管是显性的"灾异"还是隐性的"民意"，都需要君主去潜心体察，因为天道大义"弗察弗见"（《竹林》）。这种"人"对"天"的主动自觉的"察"，正是对自身处境心存忧患的表现。

再次，努力效法天道。认知天道需要潜心体察，践行天道需要强勉努力。董仲舒在回答汉武帝第一策关于天命的问题时即明确指出，"事在强勉而已矣。强勉学问，则闻见博而知益明；强勉行道，则德日起而大有功"，告诉汉武帝国家的治乱废兴不是天命所定，而是在于自身努力。董仲舒还引用《诗》中的"夙兴夜寐"，《书》中的"茂哉茂哉"等表达强勉之意的话，来进行说明，借重经典的权威阐明自己的观点。强勉，就是自主的、能动的进取精神。董仲舒在《春秋繁露》中也多处提到强勉的重要性，如在《重政》篇说"圣人思虑不厌，昼日继之以夜"，在《执贽》篇说"不知则问，不能则学"。他勉励汉武帝要"夙夜不懈行善"，强勉学问，立身行道，正己以正百官，将自己所体认到的"天意""善道"外化为行。

2. 辩证观

忧患意识的思维基础是辩证法，忧患意识是辩证观在政治思想上的表现。张岂之说："中国历史上'忧患'意识影响之深远，由于它不是个人一时的感言，也不是政事上的临时措施，而是根植于辩证观的政治哲学，由此才有了强大的生命力。"②

董仲舒有着丰富而深刻的辩证法思想，他提出"百物皆有合偶"，第一次以概念的形式，表述出了对立面统一的思想③。董仲舒所说的

---

① 曹迎春：《董仲舒生态思想研究》，《衡水学院学报》2014年第3期，第20—22，128页。

② 张岂之：《历史上的忧患意识》，《炎黄春秋》2000年第11期，第59—62页。

③ 王永祥：《董仲舒评传》，南京大学出版社，1995年，第197页。

"合偶"有两层含义：其一，合偶的双方是对立的，如远近、亲疏、贵贱、轻重、厚薄、善恶、阴阳、黑白等；其二，合偶的双方是相互依赖、相互结合、相互渗透、相互转化的，也就是"偶之合之，仇之匹之"（《楚庄王》）。如果没有辩证法的思维基础，那么人们在"吉"中就看不到"凶"，在"凶"中更看不到"吉"，忧患意识也就无从谈起。

　　董仲舒的辩证观最显明的特色就是，不但强调吉凶祸福的相互依存、相互转化，而且强调转化的条件是人对待吉凶祸福的态度和行为。

　　《玉英》："凡人有忧而不知忧者凶，有忧而深忧之者吉。"忧与喜、祸与福本就是相互依存、互相转化的，但是对立面的转化又不是随意的、无条件的，而是相对的、有条件的。其中最重要的一个条件就是面对"忧"的态度和所采取的行为。"有忧而不知忧"和"有忧而深忧之"，这两种不同的态度，就会导致两种不同的结果，前者凶，后者吉。董仲舒认为"非其位而即之"的君主是"有忧"的，也就是获得的政权没有合法性依据的君主，地位岌岌可危，情况堪忧。如果他即位后不知道反思、忧惧，那么前途就凶险了；如果他即位后能对自己的处境有危机感，并且积极地做好事得民心，那么就能逢凶化吉。董仲舒以鲁桓公和齐桓公为例，进行对比说明。鲁桓公是杀死自己的哥哥隐公即位的，而且他还不以此为忧，没有得民心、任贤才的举动，最后祸临其身，被齐襄公派公子彭生杀死。齐桓公的即位也不是光明正大的，然而他即位后深感恐惧，尊敬并任用贤人，用贤人来弥补自己的过失，懂得不背弃哪怕是被胁迫签订的盟约，来为自己洗刷过错，于是成为贤明的君主，称霸诸侯。这就是"鲁桓忘其忧而祸逮其身。齐桓忧其忧而立功名"。

　　《竹林》中董仲舒以齐顷公为例，同样阐述了"不知忧，吉也会转凶；知忧，凶也会转吉"的道理。齐顷公作为齐桓公的孙子，有着得天独厚的条件"国固广大，而地势便利矣，又得霸主之余尊"，但是正因为"无敌国以兴患"，骄奢傲慢趾高气扬的齐顷公，最终在鞌之战中被活捉，几乎落到亡国境地。鞌之战之后，齐顷公恐惧不安、痛改前非，"不听声乐，不饮酒食肉，内爱百姓，问疾吊丧，外敬诸侯，从会与盟"，终于挽救了家国命运。因此，董仲舒说："是福之本生于忧，而祸起于喜也。"对于君主来说，没有忧患意识，即使国富民强，也能把一手好牌打烂；有忧患意识，即使几近亡国，也能绝处逢生。

3. 仁智观

董仲舒的仁智观继承孔孟儒学的仁智思想又有所发展，格外强调有备无患之"仁"和预见先知之"智"，而这都是忧患意识的核心要义。

关于仁，为适应汉帝国大一统政治的需要，董仲舒创造性地发展了孔孟儒学之"仁"，跳出家族小圈子，面向天下，将先秦儒家以"亲"为重心的仁，转化为以"远"为重心的仁，提出"仁大远"（《仁义法》）。董仲舒所说的"远"，不仅指"爱及四夷""爱及鸟兽"，更指为民深谋远虑。《俞序》："爱人之大者，莫大于思患而豫防之。"最具仁爱的表现，没有比关心别人的祸患并提前加以预防更大的了。在《仁义法》篇他以鲁僖公和鲁庄公进行对比，说鲁僖公是等敌军侵犯到边境，才去拯救，所以《公羊传》不赞美他，而鲁庄公是在敌人未到的时候就预先防备，所以《公羊传》赞美他，"善其旧害之先也"。提前思考祸患并加以预防，是仁的重要表现，是"爱之大者"。《战国策》中有一名篇《触龙说赵太后》，讲的是战国时期赵国在秦兵压境的情况下，请求齐国援助，齐国提出要赵太后的小儿子长安君为人质，赵太后执意不肯，触龙用"爱子则为之计深远"的道理，说服赵太后，解除了国家危难。对于父母来说，为孩子"计深远"的爱，才是大爱；对于国君来说，为百姓"计深远"的爱，才是大爱。怎样才是为百姓"计深远"呢？董仲舒认为就是"思患而豫防之"，具体来说，就是要做到对和自己有仇怨的人不可亲近，对敌国不过分亲近，对喜欢抢夺盗窃的国家不长久亲近。和"怨人、敌国、攘窃之国"保持距离，不给自己惹麻烦，也就是不给百姓惹麻烦。

关于智，董仲舒将其从孔孟儒学中依附于"仁义"的地位凸显出来，放到与"仁"并列的位置，提出"必仁且智"。在《必仁且智》

篇，董仲舒说："智者见祸福远，其知利害蚤，物动而知其化，事兴而知其归，见始而知其终。"他认为智者的一个重要品质就是拥有先见之明。有先见之明的人对未来有预见性，因而可以清楚地反观当下，并能预测事情的发展动向。董仲舒还用"先言而后当"来解释"智"，意思是，先说出来而后来证明所说的是对的，也是强调有先见之明。当然，仅有先见之明是不够的，还要有谨慎之行。董仲舒说："凡人欲舍行为，皆以其智，先规而后为之。"大凡人们要有行动，都要用他们的智来进行谋划，然后才去实行。谋划正确，行为合乎其想要完成的事业，即所谓"其规是也，其所为得其所事"，才会成功。这与《周易》的"知几"智慧是相契合的①。

有先见之明、谨慎之行，才能防患于未然。《仁义法》中说："夫救蚤而先之，则害无由起，而天下无害矣。"在祸害产生之前就加以预防，那么祸害就无从产生，天下就没有祸害了。防患于未然犹如"治未病"，是最为高明的智慧。

## 三、董仲舒盛世之忧的核心内容

西汉前期，经过几十年的休养生息，汉王朝的经济呈现空前繁荣的景象。景帝时平定七国叛乱，武帝又用"推恩令"等政策继续削弱诸侯势力，封建中央集权进一步加强。武帝时期，北逐匈奴，南平羌夷，汉帝国如日中天，威震四方。生逢盛世的董仲舒，却以一双哲学家的慧眼看到了盛世表象下潜伏的危机，从而心生忧患，不忘危言，苦寻解忧之道。

1. 政治稳定背后的国家危殆之"忧"

首先，皇权无忌之"忧"。汉初实行"一国两制"，皇帝与诸侯王分治天下，因此并没有形成真正意义上的中央集权。王国拥有相当大的政治独立性，与中央王朝分庭抗礼。自文帝开始，削藩便成为汉王

---

① 张实龙：《从〈周易〉视角看董学》，《周易研究》2008年第3期，第62—67页。

朝的中心任务。汉景帝平定七国之乱，削弱诸侯王权，加强皇权。汉武帝颁行"推恩令"，进一步解决了王国问题，在实质上终结了汉初的郡国并行体制，皇权得到空前加强。困扰汉王朝多年的诸侯尾大不掉的问题解决了，但是董仲舒清醒地意识到皇权绝对至上也是不利于长治久安的，于是生发出皇权无忌的盛世之"忧"。

董仲舒提出的解忧之道便是"屈民而伸君，屈君而伸天"。这"两屈两伸"是董仲舒政治哲学最重要的内容之一。"屈民伸君"是为了防止叛乱，巩固大一统政治局面；"屈君伸天"是为了防止君主肆无忌惮，也是为了长治久安。董仲舒将君权的来源归于天，这种"天授君权"说对于君主是把"双刃剑"，它一方面明确了君主权力的合法性和权威性，另一方面又使至高无上的君权受到天的客观限制。有学者认为，和孔子用伦理教化制约君主的"软约束机制"相比，董仲舒这种以天来约束君主权力的约束机制，可以称之为"硬约束机制"①。

董仲舒将"天"置于"君"之上，一方面用"灾异谴告"之说防止君主为恶，强调君主不能滥用权力，为所欲为，否则会受到天的谴责，如果降灾降异也不知悔改，最严重的的后果便是"天夺之"；另一方面，他又用"以君随天"之说引导君主向天道学习，推行仁政。《天地阴阳》："天志仁，其道也义。为人主者，予夺生杀，各当其义，若四时；列官置吏，必以其能，若五行；好仁恶戾，任德远刑，若阴阳。此之谓能配天。"董仲舒在这里指出，君主在推行王道时应如何与天之四时、五行、阴阳相配。作为君王，赐予、剥夺、生存、杀害都要符合义，像四季一样；任用设置官吏，一定要依据各自的才能，像五行一样；喜好仁德而厌恶暴戾，施行恩德而远离刑罚，像阴阳一样。只有这样才能带来治世美世，这是以人道配天的"王者之任"。

其次，旧弊不除之"忧"。董仲舒看到盛世之下的旧弊积习，面对汉武帝的策问，发出盛世危言："今汉继秦之后，如朽木、粪墙矣，

---

① 曾振宇、范学辉：《天人衡中——〈春秋繁露〉与中国文化》，河南大学出版社，1998年，第66页。

虽欲善治之，亡可奈何。法出而奸生，令下而诈起，如以汤止沸，抱薪救火，愈甚亡益也。窃譬之琴瑟不调，甚者必解而更张之，乃可鼓也；为政而不行，甚者必变而更化之，乃可理也。当更张而不更张，虽有良工不能善调也；当更化而不更化，虽有大贤不能善治也。故汉得天下以来，常欲善治而至今不可善治者，失之于当更化而不更化也。"（《天人三策》）董仲舒认为，古代圣王继乱世之后应进行全方位的改革，商继夏、周继商都是这样，所以能够延续五六百年而不衰败。但是秦继周之后却没有改革，结果使得周末弊政不但没有得到改善，反而更加严重，很快就亡国了。一个国家没有忧患意识，便不思变、不改革，也就更不会有开拓和振兴。董仲舒看出了汉朝旧弊不除的病症，并对症下药，开出了"退而更化"的处方，建议汉武帝从政治、经济、思想等方面进行全方位的改革。

再次，贤才匮乏之"忧"。国家治理需要贤才，尤其是对于大一统的汉帝国而言，对于贤才的需求更是数量庞大，所以董仲舒说："天积众精以自刚，圣人积众贤以自强。"（《立元神》）他认为"积众贤""任众贤"是天意，是人主取法于天的王道。天之所以刚健，不是靠一种精气的力量；圣人之所以强大，不是靠一个贤人的德行。只有群贤毕至，各司其事，人君才能立无为之位，获自然之功。齐桓公得到一个管仲可以成霸业，但是只能支撑一时，而不能永保天下无忧；尧就不一样，他有舜、禹、稷等众多贤人辅佐，使教化大行，天下和洽，真正达到了尽善尽美。所以，天道是积聚众精以致其光，圣人更要积聚众善才为有功。

为解贤才匮乏之"忧"，董仲舒提出两个有针对性的建议：养士和举贤。

关于养士，董仲舒在《天人三策》中说："夫不素养士而欲求贤，譬犹不琢玉而求文采也。故养士之大者，莫大虖太学；太学者，贤士之所关也，教化之本原也。……愿陛下兴太学，置明师，以养天下之士，数考问以尽其材，则英俊宜可得矣。"董仲舒的"养士"建议不是空泛之谈，而是提出了具体可行的方案——"兴太学"。对于如何办好太学，董仲舒很注重师资和生源质量。首先，在师资方面，他提出要"置明师"。其次，在生源方面，汉代太学已经冲破了古代贵族教育的限制，开始向平民开放了。"兴太学"是中国高等教育发展史上的一个重要里程碑，汉朝政府"立太学以教于国""设庠序以化于邑"，从学制上确保了人才资源的取之不尽、用之不竭。汉武帝对董仲舒这一建议的积极采纳奠定了后世科举的体制基础。

关于举贤，董仲舒看到汉代官员仕进的弊端："累日以取贵，积久以致官，是以廉耻贸乱，贤不肖浑淆，未得其真。"官吏们耗年头就可以得到高位，日子久了，就可以升官，这样的仕进制度必然难以选到真正的贤才。所以他提出了具体的举贤才措施："臣愚以为使诸列侯、郡守、二千石各择其吏民之贤者，岁贡各二人以给宿卫，且以观大臣之能；所贡贤者有赏，所贡不肖者有罚。夫如是，诸侯、吏二千石皆尽心于求贤，天下之士可得而官使也。遍得天下之贤人，则三王之盛易为，而尧、舜之名可及也。毋以日月为功，实试贤能为上，量材而授官，录德而定位，则廉耻殊路，贤不肖异处矣。"（《天人三策》）一方面使官员举贤制度化，一方面用能力考查取代年资考查。

董仲舒所在的武帝朝涌现出亘古少见的人才群，所以班固赞道："汉之得人，于兹为盛。儒雅则公孙弘、董仲舒、兒宽，笃行则石建、石庆，质直则汲黯、卜式，推贤则韩安国、郑当时，定令则赵禹、张汤，文章则司马迁、相如，滑稽则东方朔、枚皋，应对则严助、朱买臣，历数则唐都、洛下闳，协律则李延年，运筹则桑弘羊，奉使则张骞、苏武，将帅则卫青、霍去病，受遗则霍光、金日磾。其余不可胜记。是以兴造功业，制度遗文，后世莫及。"（《史记·平津侯主父列传》）这种情况与武帝选才、用才、育才的政治智慧是分不开的。据明人李贽统计，在从战国到元末的 1800 年间，共有名臣名将计 340 余人，而汉代自"独尊儒术"后，仅在 350 年间，便有 123 人，多达三分之一还强。这更是与董仲舒的立太学、养贤士、重教化的思想主张密不可分。

2. 经济富足背后的两极分化之"忧"

西汉盛世，改变了汉初经济凋敝的窘况，出现了"京师之钱累百巨万，贯朽而不可校。太仓之粟陈陈相因，充溢露积于外，腐败不可食"(《汉书食货志上》)的富裕景象。但是董仲舒看到了经济富足背后的贫富两极分化,从而心生忧虑。

董仲舒描述了当时富人的情形是"众其奴婢,多其牛羊,广其田宅,博其产业,畜其积委"(《天人三策》),奴婢、牛羊、田宅、产业数不胜数,而且最可怕的是,这些人已经如此富有了,仍然贪得无厌地压榨搜刮贫苦百姓。贫苦百姓则是"日削月浸,浸以大穷",贫富两极分化越来越严重。董仲舒指出,贫富两极分化的后果很严重:"大富则骄,大贫则忧。忧则为盗,骄则为暴,此众人之情也。"(《度制》)两极分化容易造成"盗"与"暴","盗"者起而造反,引发祸乱,"暴"者不守礼法,僭越作乱,这都是社会不安定的重要因素。董仲舒认为秦朝的灭亡与贫富两极分化有着密切的关系。秦时"富者田连阡陌,贫者无立锥之地",再加上官吏横行,人民没有活路,只好"亡逃山林,转为盗贼"。而这种情况在汉朝建立后并没有得到解决,"汉兴,循而未改"(《汉书·食货志上》)这也是汉初社会难以治理的重要原因。

因此,董仲舒提出了针对贫富两极分化的解忧之道——调均。董仲舒的"调均"思想有两个主要内容:"贫富有差"和"贫富有度"。所谓"贫富有差",也就是社会制度要区分上下等级,"贵贱有等,衣服有制,朝廷有位,乡党有序"(《度制》),只有不同等级的人各就各位,社会才能稳定和谐。可见,董仲舒的"调均"不是无差别的"平均",他主张有差别,但是这种差别要适度。那么,适度的标准是什么呢?董仲舒提出是"富者足以示贵而不至于骄,贫者足以养生而不至于忧"(《度制》)。富的能示贵,穷的能生存,这就是那个最合适的"度"。董仲舒在这里不仅提出了要"调均",更提出了明确的调均的标准和原则,这相对于先秦儒家的均平思想是一个进步。

董仲舒尤其指出,官员不应与民争利。他在《天人三策》中说:"故受禄之家,食禄而已,不与民争业,然后利可均布,而民可家足。此上天之理,而亦太古之道,天子之所宜法以为制,大夫之所当循以为行也。"享受俸禄的人家,就不能再从事和百姓争利的产业,这应该是上天之理、太古之道、天子之制、大夫之行。他认为:"夫皇皇求财利常恐乏匮者，庶人之意也；皇皇求仁义常恐不能化民者，大夫之意也。"庶人求利，为官者应该是求仁义，如果"居君子之位而为庶人之行"，为官者也求利的话，那么"其患祸必至也"。董仲舒还提出了一系列具体的"调均"措施，如限制占田、盐铁皆归于民、薄赋敛、省徭役等。董仲舒本人也将"不与民争利"的主张落实到行动中，"及去位归居，终不问家产业，以修学著书为事"。

直到现在，我国的《公务员法》规定，公务员不得有"从事或者参与营利性活动，在企业或者其他营利性组织中兼任职务"等行为。官吏兼商、权钱通兑，违背"上天之理"，会给整个社会的政治、经济造成严重的混乱和危害。董仲舒"不与民争利"的思想，意义深刻，影响深远，值得深思。

3. 思想多元背后的意识形态混乱之"忧"

在战争废墟上建立起来的汉朝，亟需恢复元气。崇尚清静无为的黄老思想适应休养生息的社会需求，成为汉初的治国之术。在黄老思想的指导下，汉初社会经济迅速得到恢复和发展，开创了文景之治的良好局面。但是随着汉王朝羽翼日渐丰满，黄老治国思想产生的种种弊端也暴露无遗。匈奴扰边，诸侯坐大，思想多元难以统一。

在思想领域，黄老无为带来的是思想上的渐趋多元化。在经历了秦的思想专制之后，西汉的"无为而治"给各家各派思想带来了复苏的契机，思想领域再度兴起百家争鸣的局面。不过，面对思想领域的多元化状况，黄老无为而治的政治理念显然无法对社会中产生的各种思想进行有效的约束与控制，而多元的思想格局对于有效治理大一统中央集权大国而言又是极为不利的[1]。因此，董仲舒忧心忡忡地指出"今师异道，人异论，百家殊方，指意不同，是以上亡以持一统；法制数变，下不知所守"（《天人三策》）。他认为，统治阶层没有统一的指导思想，下层百姓不知何去何从，这是西汉社会的一个十分严重的问题。从"大一统"的角度来看，文化可以多元，但意识形态必须一

---

[1] 李国娟：《儒学与秦汉意识形态的建立》，华东师范大学博士论文，2010年。

元,否则就会"法制数变,下不知所守"。

接下来,董仲舒便明确提出了解决意识形态混乱之"忧"的具体办法:"诸不在六艺之科孔子之术者,皆绝其道,勿使并进。邪辟之说灭息,然后统纪可一而法度可明,民知所从矣。"这其中的"皆绝其道,勿使并进"被后人概括为"罢黜百家",尊崇"六艺之科,孔子之术"被概括为"独尊儒术",于是"罢黜百家,独尊儒术"便成为贴在董仲舒身上最醒目的标签。但"六艺之科,孔子之术"并不能用"儒术"加以替换,它与"儒术"有重叠交叉但并不完全相等。秦进才教授指出,"六艺之科"指的是《诗》《书》《礼》《乐》《易》《春秋》等经典体现的规则、大义,这是华夏民族共同的精神财富,并非儒家的一家财产;"孔子之术"指的是《论语》中体现的孔子的思想、主张。因此,董仲舒在这里建议的是"以经取士",而不是"以儒取士"。这是董仲舒最富政治智慧的思想主张,即确立起经典的权威,进而确立儒家在经典诠释中的地位,以经典为中介,沟通政治与儒术。"皆绝其道,勿使并进",只是断绝不治六艺之科、孔子之术的知识分子的仕进之道,而非禁绝其他学派的思想传播[①]。董仲舒的建议被汉武帝采纳,从而完成了汉代意识形态由黄老到儒学的转化和定型。

## 结　语

忧患意识是中华民族的民族精神和优良传统。刘鹗在《老残游记自序》中曾说:"《离骚》为屈大夫之哭泣,《庄子》为蒙叟之哭泣,《史记》为太史公之哭泣,《草堂诗集》为杜工部之哭泣;李后主以词哭,八大山人以画哭,王实甫寄哭泣于《西厢》,曹雪芹寄哭泣于《红楼梦》。"之所以哭泣,是因为有身世之感情、家国之感情、社会之感情、种教之感情,而且感情愈深者,其哭泣愈痛。与此相类,

---

① 秦进才:《董仲舒与"罢黜百家,独尊儒术"关系新探》,《衡水学院学报》2020年第5期。

《春秋繁露》和《天人三策》的字里行间也充满着家国情怀和忧患意识，实乃"董子之哭泣"。

不同的时代所"忧"各异，但大体而言，困境之"忧"更强调责任与奋进，天下兴亡匹夫有责；盛世之"忧"更强调敬慎与预防，居安思危，防患于未然。董仲舒的盛世之忧，继承并发展了《易》《诗》《春秋公羊传》等元典中忧患意识的基本精神，以天人观、辩证观、仁智观为理论基础，构建起一个有机的理论体系，其大一统思想、更化思想、教化思想、调均思想，每一处都尽显其对国家社会的忧患之情，彰显出其忧国忧民的赤子之心。董仲舒生逢盛世，却理智而清醒地看到了政治稳定背后的国家危殆、经济富足背后的两极分化、思想多元背后的意识形态混乱，他不但所忧切中时弊，而且解忧皆有明法。因此董仲舒的忧患意识具有系统性、渗透性、实践性的鲜明特色。

忧患意识是家国之忧、天下之忧，是一种责任、担当，永远不会过时。中华民族是有忧患意识的民族，即使在和平年代，我们依然唱着"中华民族到了最危险的时候"，时刻提醒自己对可能遭遇到的困境和危难保持警惕。当今，环境污染、卫生防疫、生态保护等问题都是值得忧虑的根本性问题，我们应该到董子思想的宝库中，充分发掘其忧患意识的精髓，使其在新时代重新绽放理性之花。

本文为"2020中国·衡水董仲舒与儒家思想国际学术研讨会"提交的论文。

曹迎春（1976—），女，河北景县人，历史学博士，衡水学院学报编辑部教授。

# 董仲舒经学思想研究

# 论董仲舒《春秋》学之"异外内":
# 以何休为参照系[1]

郭晓东

## 一、引言

"异外内"之说,是两汉公羊家最为核心的义旨之一。《春秋说》云:"《春秋》设三科九旨。"宋氏注曰:"三科者,一曰张三世,二曰存三统,三曰异外内,是三科也。"何休在《文谥例》称,三科九旨者,"新周故宋,以《春秋》当新王",此一科三旨也;又云"所见异辞,所闻异辞,所传闻异辞",二科六旨也;又"内其国而外诸夏,内诸夏而外夷狄",是三科九旨也[2]。其中"内其国而外诸夏,内诸夏而外夷狄",又俗称为"异外内"。宋氏、何氏之说,足见"异外内"在两汉公羊家心目中的重要性。

苏舆在《春秋繁露义证》中引钱塘云,"何氏三科九旨之说,实本仲舒"。其又曰:"何氏九科三旨,所谓'张三世',见此篇;'通三

---

[1] 基金项目:本文为国家社科基金重大项目"《春秋》三传学术通史"(19ZDA252);国家社科基金一般项目"董仲舒与何休对《春秋公羊传》诠释的比较研究"(19BZX046)阶段性成果。

[2] 何休注,徐彦疏:《春秋公羊传注疏》,上海古籍出版社,2014年,第5页。

统',见《三代改制篇》;'异外内',见《王道篇》。"① 则学者颇以为何休三科九旨之说渊源于董仲舒。然而,何氏《公羊解诂》于董子未赞一词,则董、何之间,是否有共同的问题意识与相应的学术传承,亦颇启人之疑②。

然而,就董子而言,实甚重视"内外"之论,如其言"以内参外"(《立元神》),又言"正内而外应"(《三代改制质文》),又言"辨乎内外之分"(《仁义法》),又如其言"序尊卑、贵贱、大小之位,而差外内、远近、新故之级"(《奉本》)等等,屡见于《繁露》一书。但这些话头大多不是在公羊学的语境下说。那么,何休的"异外内"之说,是否如钱塘、苏舆等人所说的那样,在董仲舒那里已发其先声,仍有进一步探究的必要。鉴于两汉公羊师说大多失传,董子之说相对零散,唯有何休留下系统性的公羊"异外内"之说,我们不妨以何氏之说为参照系,以此来考察董仲舒的相关学说。

## 二、何休的"异内外"说

"异外内"之说,本之于《公羊传》。《春秋》成十五年,"冬,十有一月,叔孙侨如会晋士燮、齐高无咎、宋华元、卫孙林父、郑公子鳅、邾娄人,会吴于钟离"。《传》曰:

> 曷为殊会吴?外吴也。曷为外也?《春秋》内其国而外诸夏,内诸夏而外夷狄。王者欲一乎天下,曷为以外内之辞言之?言自近者始也。

何休注云:

---

① 苏舆:《春秋繁露义证》,中华书局,2015年,第22页。
② 如杨济襄就认为董、何之解《公羊》有着根本的差异,从而学者对《春秋繁露》的注释,"之所以'于理仍多未明',最主要的症结,便是由何休《解诂》与董氏之学的扞隔而来","掣肘于何休在《公羊》经传'字面用语'所构架出的'义例',无视于董氏所倡'《春秋》无达辞'的治经方法,以至于不仅在《公羊传》的注解释义上无法得到通贯,对董氏春秋学义理之发凡,也往往存有错误的理解。"《董仲舒春秋学义法思想研究》,花木兰文化出版社,2011年,第387、551页。

明当先正京师，乃正诸夏，诸夏正，乃正夷狄，以渐治之。①

按《公羊》传文及何氏《解诂》，其大意可从三个层次来讲：

首先，传本文身是为外夷狄而发，所谓"内诸夏而外夷狄"。吴为夷狄，《春秋》不许吴与诸夏等列，故殊会吴。又如宣十一年秋，晋侯会狄于攒函。《解诂》云：

离不言会。言会者，见所闻世，治近升平，内诸夏而详录之，殊夷狄也。②

殊夷狄，意谓夷狄不得与中国抗礼。《春秋》严夷狄之防，《公羊传》屡言"不与夷狄之执中国"（隐七年）、"不与夷狄之获中国"（庄十年）、"不与夷狄之主中国"（昭二十三年、哀十三年）等等。隐公七年，《公羊传》"不与夷狄之执中国"，何休注云：

中国者，礼义之国也。执者，治文也。君子不使无礼义制治有礼义，故绝不言执，正之言伐也。执天子大夫而以中国正之者，执中国尚不可，况执天子之大夫乎？③

然而从另一方面来讲，夷狄与诸夏亦可以进黜，夷狄行中国之礼则进夷狄为中国，如定公四年，"蔡侯以吴子及楚人战于伯莒"，《公羊传》曰："吴何以称子？夷狄也，而忧中国。"吴为夷狄，本不当书"吴子"，然以其能忧中国，故进而称"子"，如何休注曰："言子，起忧中国。"④徐彦疏曰："然则夷狄之人，能忧中国也，皆进之。"⑤反之，中国为夷狄之行则退中国为夷狄，故《公羊传》昭二十三年有"中国亦新夷狄也"之说，何休注云："中国所以异乎夷狄者，以其能尊尊也。王室乱莫肯救，君臣上下坏败，亦新有夷狄之行。"⑥

其次，"内其国而外诸夏"。《春秋》依托鲁史而作，以鲁为内，

---

① 何休注，徐彦疏：《春秋公羊传注疏》，上海古籍出版社，2014年，第758页。
② 何休注，徐彦疏：《春秋公羊传注疏》，上海古籍出版社，2014年，第657页。
③ 何休注，徐彦疏：《春秋公羊传注疏》，上海古籍出版社，第97页。
④ 何休注，徐彦疏：《春秋公羊传注疏》，上海古籍出版社，2014年，第1070页。
⑤ 何休注，徐彦疏：《春秋公羊传注疏》，上海古籍出版社，2014年，第1170页。
⑥ 何休注，徐彦疏：《春秋公羊传注疏》，上海古籍出版社，2014年，第998页。

是很自然的事。但是，在何休那里，并不是简单地以我与他者的区别来分内外，而赋予了更深的内涵。在何休看来，孔子作《春秋》，是以《春秋》当新王，故其以"新周、故宋，以《春秋》当新王"为一科三旨。然而，《春秋》只是一部书，欲行王者之权，须有所依托，故何休又有"《春秋》托新王受命于鲁"①的说法，此即"王鲁"之意。鲁与诸夏各国俱为诸侯，然而《春秋》既托鲁为王，则通过内外之辞以表现之。如隐公三年，"宋公和卒。"何休注曰：

> 不言薨者，《春秋》王鲁，死当有王文。圣人之为文辞孙顺，不可言崩，故贬外言卒，所以褒内也。②

徐彦疏曰：

> 鲁得尊名，不与外诸侯同文，即是尊鲁为王之义。③

按礼，诸侯去世曰薨，大夫去世曰卒，而宋公作诸侯，《春秋》本当书"宋公和薨"，然而不书"薨"而书"卒"者，是通过贬外以褒内，从而体现《春秋》"王鲁"之意。再比如隐公十一年，"滕侯、薛侯来朝。"《公羊传》曰："其言朝何？诸侯来曰朝，大夫来曰聘。"《解诂》云：

> 传言来者，解内外也。《春秋》王鲁，王者无朝诸侯之义，故内适外言如，外适内言朝聘，所以别外尊内也。④

也就是说，鲁被假托为王者，而王者无朝诸侯之义，所以凡外诸侯来鲁国称"朝"，鲁国朝外诸侯称"如"，以示"王鲁"之意。是以"异外内"之说，当视鲁为内而诸夏为外时，何氏多以此发明"王鲁"之说。钟离之会何氏《解诂》以"京师"视鲁国，亦是"王鲁"之意。

再者，"内其国而外诸夏，内诸夏而外夷狄"，又进而阐明王者之治世，由内而及外，由近而及远，即先治鲁国，再治诸夏；诸夏既

---

① 何休注，徐彦疏：《春秋公羊传注疏》，上海古籍出版社，2014年，第7页。
② 何休注，徐彦疏：《春秋公羊传注疏》，上海古籍出版社，2014年，第64页。
③ 何休注，徐彦疏：《春秋公羊传注疏》，上海古籍出版社，2014年，第64页。
④ 何休注，徐彦疏：《春秋公羊传注疏》，上海古籍出版社，2014年，第108页。

治,乃治夷狄。这是一个由近及远的"以渐治之"的过程。然而,"由近及远"尚是在空间上说,在何休看来,就时间而言,则是一个"由远而近"的"以渐治之"的过程,隐公元年何氏注曰:

> 于所传闻之世,见治起于衰乱之中,用心尚粗觕,故内其国而外诸夏,先详内而后治外,录大略小,内小恶书,外小恶不书,大国有大夫,小国略称人,内离会书,外离会不书是也。于所闻之世,见治升平,内诸夏而外夷狄,书外离会,小国有大夫,宣十一年"秋,晋侯会狄於欑函",襄二十三年"邾娄劓我来奔"是也。至所见之世,著治大平,夷狄进至於爵,天下远近小大若一,用心尤深而详,故崇仁义,讥二名,晋魏曼多、仲孙何忌是也。①

隐公元年传文"所见异辞、所闻异辞、所传闻异辞",何休因之将《春秋》二百四十二年分为三世,即所传闻世、所闻世与所见世。在何休看来,孔子作《春秋》立新王之道,以二百四十二年为王者拨乱反正的过程,然而,世代不同,治法便有所区别,从而书法亦有所不同。王者之治始于所传闻世,亦即衰乱世,王者欲治此衰乱之世,当区分内外,内为己,外为人,欲正人当先正己,当详于治内而略于治外,故先治鲁国后治诸夏,即以鲁国为内而以诸夏为外;到了所闻世即升平世,鲁国之王化已经遍及诸夏,则内外关系也随之发生变化,即以诸夏为内,以夷狄为外,从而详于诸夏而略于夷狄;至于所见世,文著太平,王化遍及诸夏、夷狄,则内外不存在差别,从而天下远近小大若一。这样,就世代而言,由衰乱世而升平世,由升平世而太平世,是为张三世之说;就空间而言,则是先正鲁国而正诸夏,诸夏既正乃正夷狄,此为异外内之说,二者恰好形成对应关系。

## 三、董仲舒之"异外内"说

苏舆称董仲舒之"异外内"说,见于《王道篇》,意谓何休的

---

① 何休注,徐彦疏:《春秋公羊传注疏》,上海古籍出版社,2014年,第38页。

"异外内"说,已在董仲舒那里已有所发明。不过,以何休"异外内"说的三层含义为参照系,则董子之"异外内"说,并不仅仅见于《王道篇》,在《繁露》的其他诸篇,也有诸多体现。

《竹林》篇云:

> 《春秋》之于偏战也,犹其于诸夏也。引之鲁,则谓之外;引之夷狄,则谓之外。

据此,《春秋》之内外,可以在两个层面上说,一是以鲁为内,以诸夏为外;一是以诸夏为内,以夷狄为外。但这一表述仅仅是为了说明《春秋》之偏战,相对于诈战为义战,相对于不战为不义,就像诸夏相对于鲁国为外,相对于夷狄为内,故并没有太多的内涵。更值得注意的是《王道》篇的表述:

> 亲近以来远,未有不先近而致远者也。故内其国而外诸夏,内诸夏而外夷狄,言自近者始也。

凌曙、苏舆、钟肇鹏等人的注均引《公羊》成十五年传及何休注①。显然,在他们看来,就《春秋》"内其国而外诸夏,内诸夏而外夷狄",董、何无异义也。徐勤则说:

> 此董子发明《春秋》所以立内外例之故。盖至治著大同,远近、大小若一,而无内外之殊者,理之所必至者也。先近致远,详内略外,差等秩然者,势之所不能骤变者也。②

就此而言,苏舆称何休之"异外内"说,见于董子之《王道》篇,亦是言之有据。然而,徐勤"治著大同,远近、大小若一,而无内外之殊者"云云,按何休之说,指的是太平世;"先近致远,详内略外,差等秩然者"云云,按何休之说,指的是三世的不同书法。则徐氏显然以何休的"异外内"说视董仲舒,即我们前文所说的,即将

---

① 凌曙注:《春秋繁露》,中华书局,1975年,第136—137页;苏舆:《春秋繁露义证》,中华书局,第112页;钟肇鹏:《春秋繁露校释》,河北人民出版社,2005年,第226页。

② 康有为:《春秋董氏学》卷六,《康有为全集》(第二集),中国人民大学出版社,2007年,第415页。

"异外内"与"张三世"视为一体之两面。那么,徐氏这种解法,是否合理呢?《俞序》云:

> 《春秋》详己而略人,因其国而容天下。

《盟会要》曰:

> 亲近以来远,因其国而容天下。

按:"详己而略人",朱永嘉、王知常两先生曰:"己,指鲁国;人,指诸夏。"① 故"详己而略人",即何休详内略外的书法,即所传闻世,"先详内而后治外,录大略小,内小恶书,外小恶不书"之类,《仁义法》云,"小恶在外弗举,在我书而诽之",亦此之意,此徐勤所谓"先近致远,详内略外,差等秩然者";"因其国而容天下",即何休以鲁国为京师,所谓有"先正京师,乃正诸夏,诸夏正,乃正夷狄",此徐勤所谓"治著大同,远近、大小若一,而无内外之殊者"。

又《奉本》篇:

> 大国齐宋,离言会。微国之君,卒葬之礼,录而辞繁。远夷之君,内而不外。当此之时,鲁无鄙疆,诸侯之伐哀者皆言我。

黄铭认为,这一段讲的是所见世的书法②,是也。在何休看来,所传闻世,内诸夏而外夷狄,内离会书,外离会不书,齐宋相对于鲁国为外,故大国如齐宋,亦离不言会。到所闻世,内诸夏而外夷狄,始书外离会,则"大国齐宋,离言会"。至于所见世,如苏舆所说:"所见世,远近大小若一,当书外离会。"③ 则所见世齐宋亦书离会。所以"微国之君,卒葬之礼,录而辞繁"者,在所传闻世,录大略小,大国之君卒日葬月,小国之君不书卒葬;在所闻世,较所传闻世略详,小国之君卒月葬时;在所见世,远近大小若一,大国小国一视同仁,皆为卒日葬月,故董子曰"录而辞繁"。又所传闻世,不治夷狄,所闻世始内诸夏而外夷狄,所见世则夷狄进至于爵,故董子称

---

① 朱永嘉、王知常:《新译春秋繁露》,台北:三民书局,2012年,第439页。
② 参见黄铭《略论董仲舒春秋学研究的方法论问题》,《海南大学学报》2019年第1期。
③ 苏舆:《春秋繁露义证》,中华书局,2015年,第280—281页。

"远夷之君,内而不外"。至于"当此之时,鲁无鄙疆",此时即所见世,鲁所以"无鄙疆"者,凌曙云:"无鄙疆,言王化所及者远。"① 苏舆曰:"所传闻之世,来接内者书其小恶,其不来者不治,明化自近始,有界域。至于近则内外渐进而从同矣,故云'无鄙疆',此所谓王义也。"② 由此可见,《奉本》一节,董子以"三世"说"内外",与何休之说可谓若合符节。

何休的"外内"说,颇阐发"王鲁"之义,董仲舒亦然。《王道》篇云:

> 诸侯来朝者得褒,邾娄仪父称字,滕、薛称侯,荆得人,介葛卢得名。内出言如,诸侯来曰朝,大夫来曰聘,王道之意也。

按:这句话单独看颇不易理解。朝聘本诸侯之间常礼,何以谓"诸侯来朝者得褒"?何以谓"王道之义"?但如果我们将其置于《公羊传》语境下,同时参之以何休的《解诂》,则其含义自然就能呈现了来。我们先看董仲舒称外诸侯能来朝鲁可以获得褒奖的四个例子:其一,"邾娄仪父称字",指《春秋》隐公元年,"公及邾娄仪父盟于昧"。《公羊传》认为,仪父是邾娄国君之字,而所以不书名而书字,是褒扬他③。之所以要书字以褒扬邾娄之君,何休称:"《春秋》王鲁,讬隐公以为始受命王,因仪父先与隐公盟,可假以见褒赏之法,故云尔。"④ 其二,"滕、薛称侯",指隐十一年,"春,滕侯、薛侯来朝"。滕、薛为小国,爵不至"侯",而称"侯"者,何休《解诂》曰:"称侯者,《春秋》讬隐公以为始受命王,滕、薛先朝隐公,故褒之。"⑤ 其三,"荆得人",指庄二十三年,"荆人来聘",何休《解诂》云:"《春秋》王鲁,因其始来聘,明夷狄能慕王化,脩聘礼,受正朔

---

① 凌曙注:《春秋繁露》,中华书局,1975年,第349页。
② 苏舆:《春秋繁露义证》,中华书局,2015年,第275页。
③ 何休认为,"仪父本在春秋前失爵,在名例尔。"见《春秋公羊传注疏》,第20页。也就是说,邾娄国君此时本来应该书名,故书字是对他的褒扬。
④ 何休注,徐彦疏:《春秋公羊传注疏》,上海古籍出版社,2014年,第20页。
⑤ 何休注,徐彦疏:《春秋公羊传注疏》,上海古籍出版社,2014年,第108页。

者，当进之，故使称人也。"① 其四，"介葛卢得名"，指僖二十九年，"春，介葛卢来。"何休曰："介者，国也。葛卢者，名也。进称名者，能慕中国，朝贤君，明当扶勉以礼义。"② 这四个例子，均是以外朝内，即外诸侯能来朝《春秋》所托之"新王"，以故予以褒赏之。董仲舒进而称"内出言如，诸侯来曰朝，大夫来曰聘"。所谓"内出言如"，指《春秋》的一种独特书法，鲁国国君或大夫到他国行朝聘之礼称"如"，如庄二十五年"公子友如陈"，何休注云："内朝聘言如者，尊内也。"③ 何休所以称"尊内"，是因为"内出言如"，使之与他国之来鲁国朝聘相区别看来。隐十有一年，"春，滕侯、薛侯来朝"。《公羊传》曰："其言朝何？诸侯来曰朝，大夫来曰聘。"何休注云："传言来者，解内外也。《春秋》王鲁，王者无朝诸侯之义，故内适外言如，外适内言朝聘，所以别外尊内也。"④ 在何休看来，《春秋》王鲁，而"王者无朝诸侯之义"，所以鲁国君臣外出朝聘称"如"，使之与外诸侯之来朝来聘的书法区别开来，从而通过"别外"以"尊内"。这样，通过何休的阐释，董仲舒称"内出言如，诸侯来曰朝，大夫来曰聘"为"王道之意"的说法便不难理解。可以认为，《王道》篇董仲舒的这段文字所指向的，就是《三代改制质文》中所提到的"王鲁"，亦即是《奉本》篇所提到的"《春秋》缘鲁以言王义"，故其称"王道之意也"⑤。可见，通过"别外"以"尊内"来体现"王鲁"者，董、何并无异趣⑥。

---

① 何休注，徐彦疏：《春秋公羊传注疏》，上海古籍出版社，第 300 页。
② 何休注，徐彦疏：《春秋公羊传注疏》，上海古籍出版社，第 488 页。
③ 何休注，徐彦疏：《春秋公羊传注疏》，上海古籍出版社，第 312 页。
④ 何休注，徐彦疏：《春秋公羊传注疏》，上海古籍出版社，第 108 页。
⑤ 董仲舒论"王鲁"，明确的文本仅见于《三代改制质文》："故《春秋》应天作新王之事，时正黑统。王鲁，尚黑，绌夏，新周，故宋。"《奉本》篇"今《春秋》缘鲁以言王义"，可以视为董仲舒在发明"王鲁"之义。但相较而言，《王道》篇的这段文字可以认为董子为"王鲁"说赋予了比较明确的内涵，故有"王道之意"云云。
⑥ 苏舆不慊于《春秋》"王鲁"说，于此强分董、何，曰："董子以尊内得王道之意，何休遂以为王鲁。"见《春秋繁露义证》，中华书局，1975 年，第 112 页。然若仅是"尊内"，何以得"王道之意"？董子"王道之意"四字下笔极重，不能不深思之。

上节提到，何休之论"异外内"，又着眼于"内诸夏而外夷狄"，从而有分别夷夏与进退夷夏之两个面向。在这一点上，董仲舒也是如此。《竹林》篇曰：

> 《春秋》之常辞也，不予夷狄而予中国为礼。邲之战，偏然反之，何也？曰：《春秋》无通辞，从变而移。今晋变而为夷狄，楚变而为君子，故移其辞以从其事。

所谓"《春秋》之常辞也，不予夷狄而予中国为礼"，意谓从一般角度来说，《春秋》认为夷夏之间存在区别，即"内诸夏而外夷狄"之意。《观德》篇云：

> 是故吴、鲁同姓也，钟离之会不得序而称君，殊鲁而会之，谓其夷狄之行也。鸡父之战，吴不得与中国为礼。

钟离之会，见前引成十五年经传，《公羊传》以为，吴为夷狄，故殊会吴，此正"内诸夏而外夷狄"。鸡父之战，见昭二十三年，"戊辰，吴败顿、胡、沈、蔡、陈、许之师于鸡父"。经书日而不书战，从书法上讲，该战书日为偏战，但不书战，又是以诈战之辞言之，《公羊传》以为，这是"不与夷狄之主中国"①，故董仲舒称，"吴不得与中国为礼"。此正"《春秋》之常辞也，不予夷狄而予中国为礼"的意思。

从另一方面来讲，董仲舒也认为夷夏之间存在进退关系。董仲舒以邲之战为例来予以说明。宣十二年，"六月，乙卯，晋荀林父帅师及楚子战于邲，晋师败绩"。《公羊传》曰："大夫不敌君，此其称名氏以敌楚子何？不与晋而与楚子为礼也。"徐彦疏曰：

> 内诸夏以外夷狄，《春秋》之常。今叙晋于楚子之上，正是其例。而知其恶晋者，但楚庄德进行修，同於诸夏，讨陈之贼，

---

① 《公羊传》认为，一场战争伐人者为客，被伐者为主，为主者序上言战，鸡父之战，是顿、胡、沈、蔡、陈、许之师伐吴，吴为主，而联军为客。若然，经当书"吴及顿、胡、沈、蔡、陈、许之师战于鸡父"。然而，这样一种书法，又表明吴为中国之主。故《春秋》不书"吴及顿、胡、沈、蔡、陈、许之师战于鸡父"，是"不与夷狄主中国"。

不利其土，入郑皇门，而不取其地，既卓然有君子之信，宁得殊之？既不合殊，即是晋侯之匹，林父人臣，何得序于其上？既序人君之上，无臣子之礼明矣。臣而不臣，故知恶晋也。①

从严夷夏之辨的角度来讲，序晋于楚之上，这是《春秋》之常例。然而，其时楚庄王"德进行修"，"卓然有君子之信"，故当进之为中国，故称楚庄王为"楚子"，即诸夏之爵称称之，从而视楚国为诸夏之一员。楚既进为中国，则经文所书"晋荀林父帅师及楚子战于邲"，即是意味着大夫序于国君之上，从《春秋》常规书法而言，这表明晋国无礼之极，是以如董仲舒所说："今晋变而为夷狄，楚变而为君子。"这里夷夏双方的关系被彻底地颠倒了过来，原是诸夏的晋国被黜为夷狄，原本是夷狄的楚则被称为楚子，从而进为诸夏。可以说，董仲舒这样的一种夷夏观，与何休并无二致。

## 四、董、何"异外内"说之异义

从上一节看，董仲舒之论"异外内"，基本上可以在何休的视域下加以考察，董、何之间并无大的差异。然而，在对一些《春秋》经传具体文本的理解上，董、何虽均以"外内"之辞言之，但其指向又颇有异趣。我们下文可以略举数例以说明之。

《观德篇》云：

> 卫俱诸夏也，善稻之会，独先内之，为其与我同姓也。吴俱夷狄也，柤之会，独先外之，为其与我同姓也。

这一段文字也是董仲舒论内外的重要文本。曾宇康《春秋繁露补证》云："此为《春秋》外内之例。"② 徐勤亦以为此条乃"《春秋》先内后外之例也"③。然而，衡之以何义，董仲舒的理解则明显不同

---

① 何休注、徐彦疏：《春秋公羊传注疏》，上海古籍出版社，2014年，第662页。
② 钟肇鹏：《春秋繁露校释》，河北人民出版社，2005年，第619页。
③ 康有为：《春秋董氏学》卷六，《康有为全集》（第二集），中国人民大学出版社，2007年，第416页。

于何休。

襄五年,"仲孙蔑、卫孙林父会吴于善稻"。何休注云:

> 不殊卫者,晋侯欲会吴于戚,使鲁卫先通好,见使畀故不殊,盖起所耻。①

按:就常规书法而论,经当书"仲孙蔑及卫孙林父会吴于善稻"或"仲孙蔑会卫孙林父,会吴于善稻"。而经文径书"仲孙蔑、卫孙林父会吴于善稻",是为"不殊卫"。以何休之意,之所以"不殊卫",是因为晋国欲会吴,先使鲁、卫通好于吴。"见使畀故不殊。"陈立以为"畀"当为"卑"②。刘逢禄《解诂笺》:"鲁臣见使于大国,未足为耻。此所闻世内诸夏之明文。董子曰:'卫俱诸夏也,善稻之会,独先内之,为其与我同姓也',得之。"③则刘氏颇不以邵公为然。陈立《公羊义疏》引董子之说曰:"意谓殊吴不殊卫,是独见内也,与何义异。"又曰:"所闻世内诸夏,是董义胜也。"④从所闻世内诸夏的角度来说,殊吴不殊卫,确实合乎"内诸夏而外夷狄"之例,而不必如何休所言因有所耻而不殊卫。不过,董子称所以不殊卫,是"为其与我同姓",而非"内诸夏而外夷狄",则董子之论,并非如刘逢禄、陈立所说。若就"内诸夏而外夷狄"而论,齐、陈等国虽为异姓,亦诸夏之国,亦当内之,不独以同姓之国为然。则善稻之会之"不殊卫",就董子而言,重点并不是在"内诸夏而外夷狄",而在于所谓"德等也,则先亲亲"(《观德》)。

襄十年,"春,公会晋侯、宋公、卫侯、曹伯、莒子、邾娄子、滕子、薛伯、杞伯、小邾娄子、齐世子光会吴于柤"。何休此条无注。陈立称此书法与钟离同⑤,是也。则柤之会之殊吴,亦是"内诸夏而

---

① 何休注,徐彦疏:《春秋公羊传注疏》,上海古籍出版社,2014年,第797页。
② 陈立:《公羊义疏》,中华书局,2017年,第2126页。
③ 刘逢禄:《春秋公羊经何氏释例、春秋公羊释例后录》,上海古籍出版社,2013年,第320页。
④ 陈立:《公羊义疏》,中华书局,2017年,第2126页。
⑤ 陈立:《公羊义疏》,中华书局,2017年,第2156页。

外夷狄"之义。陈立云"所闻世始外夷狄,故吴见于经,殊之以张义"①,陈氏之说应合乎何休之意。然而董氏以"为其与我同姓"而外吴,此亦不是在"内诸夏而外夷狄"上立说,实未详董君之意,若强为之解,其或是因为鲁、吴俱为同姓,出于躬自厚而薄责于人,遂对于同姓之夷狄,则独先外之②。

又《奉本》篇:

> 隐、桓,亲《春秋》之先人也,益师卒而不日,于稷之会,言其成宋乱,以远外也。黄池之会,以两伯之辞,言不以为外,以近内也。

按:隐、桓为《春秋》之所传闻世,隐公篇之"公子益师卒",《春秋》不书大夫卒,《公羊传》称"远也";桓公篇稷之会以成宋乱,《春秋》不为桓公讳,《公羊传》亦称"远也"。然而,从何休的角度来说,是由于"恩有厚薄,义有浅深"③,故三世异辞,近辞详而远辞略,其曰"于所传闻之世,高祖曾祖之臣恩浅,大夫卒,有罪无罪皆不日略之也"④,故益师卒不日;又曰"所传闻之世,恩高祖、曾祖又少杀"⑤,故桓之大恶不讳。而董仲舒称"以远外也",隐公、桓公在所传闻之世,其固"远也",但作为"亲《春秋》之先人",又岂可以"外之"?至少可以说,董子这里的以"远"为"外"的说法,并不同于《公羊传》与何休《解诂》的通常用法。

又黄池之会,见哀十三年,"公会晋侯及吴子于黄池"。《公羊传》曰:

> 吴何以称子?吴主会也。吴主会则曷为先言晋侯?不与夷狄之主中国也。其言及吴子何?会两伯之辞也。不与夷狄之主中

---

① 陈立:《公羊义疏》,中华书局,2017年,第2126页。
② 如徐勤曰:"《春秋》之义,德尊则先亲亲,故不特当内者独见内之,即当外者亦独先外之,此《春秋》先内后外之例也。"见康有为:《春秋董氏学》卷六,《康有为全集》(第二集),中国人民大学出版社,2007年,第416页。
③ 何休注,徐彦疏:《春秋公羊传注疏》,上海古籍出版社,2014年,第38页。
④ 何休注,徐彦疏:《春秋公羊传注疏》,上海古籍出版社,2014年,第38页。
⑤ 何休注,徐彦疏:《春秋公羊传注疏》,上海古籍出版社,2014年,第125页。

国,则曷为以会两伯之辞言之?重吴也。曷为重吴?吴在是,则天下诸侯莫敢不至也。

何休《解诂》曰:

> 时吴彊而无道,败齐临菑,乘胜大会中国。齐、晋前驱,鲁、卫骖乘,滕、薛侠毂而趋,以诸夏之众,冠带之国,反背天子而事夷狄,耻甚不可忍言,故深为讳辞,使若吴大以礼义会天下诸侯,以尊事天子,故进称子。①

按传文的意思,《春秋》"不与夷狄之主中国",吴为夷狄,而所以称"吴子"者,是因为吴国事实上主导黄池之会,故使与晋侯并为两伯。何注则认为,吴强会中国,诸夏背天子而事夷狄,耻莫大焉,故为之讳,似乎吴已然以中国之礼义大会天下,从而进而称子。不论那种理解,均非董仲舒所说的"言不以为外,以近内也"。苏舆称"董意以吴进称子,为远近大小若一之征"②。钟肇鹏先生认为:"此言不以吴为外,因在所见世,时代很近,故亲之,内外如一。"③ 就公羊学的一般原理而言,所见世文著太平,确实是如何休所说,"夷狄进至于爵,天下远近大小若一"。但具体就黄池之会而言,传文与《解诂》均不从这个角度来理解。《观德》篇又曰:

> 至于伯莒、黄池之行,变而反道,乃爵而不殊。

徐勤评论曰:

> 至黄池之行,变而反道,乃爵而不殊。夷狄之名,从变从移如此。④

按:据《公羊传》及何氏《解诂》,吴王在黄池之会上不仅没有"变而反道",而且恰恰相反。则董子之说或别有师说传承,亦有可能是董仲舒传《穀梁》家言,以为黄池之会书"吴子",是"变而反道,

---

① 何休注,徐彦疏:《春秋公羊传注疏》,上海古籍出版社,2014年,第1181页。
② 苏舆:《春秋繁露义证》,中华书局,2015年,第276页。
③ 钟肇鹏:《春秋繁露校释》,河北人民出版社,2005年,第644页。
④ 康有为:《春秋董氏学》卷六,《康有为全集》(第二集),中国人民大学出版社,2007年,第415页。

乃爵而不殊"①，这样也就与《奉本》篇的"以两伯之辞，言不以为外"之说统一了起来。但总的来说，就黄池之会吴称"吴子"，董子《观德》《奉本》两篇与《公羊传》及《解诂》显然存在不同的看法。

## 五、小结

综合上述简短的讨论，我们可以看到，何休的"异外内"说，在董仲舒那里大体已具，虽然董子之论说或语焉不详，并没有得到清晰地表述，但通过以何休为参照系，董仲舒的"异外内"说遂可以得到更好的理解。从某种意义上讲，作为汉代《公羊》学者，董仲舒与何休对《春秋》及《公羊》经义不可能没有在宏观上的共同理解。如果从正统公羊家的角度来说，董、何所诠释的公羊微言大义，正是先秦以来师师口传的结果②，他们有着共同的学术与思想渊源。董仲舒与何休年代未远，源流相接，虽然未必密合无失，但大旨应该相差不远。东汉末的何休与宋均虽然家法各异，但都将"异外内"作为《公羊》的核心义旨，亦足见此说由来有自。就此而言，钱塘所谓"何氏三科九旨之说实本仲舒"的说法，在一定程度上是可以成立的。同样，就方法论而言，通过何休来理解董仲舒，亦未必不具合法性③。

---

① 《穀梁传》哀十三年："黄池之会，吴子进乎哉！遂子矣。吴，夷狄之国也，祝发文身。欲因鲁之礼，因晋之权，而请冠端而袭。其藉于成周，以尊天王，吴进矣。吴，东方之大国也。累累致小国以会诸侯，以合乎中国。"《穀梁传》称"吴子进乎哉"，又称其"尊天王""合于中国"，正合董子"变而反道，乃爵而不殊"的说法。

② 如康有为说："《公羊》家不道《穀梁》，故邵公作《穀梁废疾》，而董子说多与之同，又与何氏所传胡毋生义例同。此无他，七十子后学，师师相传之口说也。"见康有为：《春秋董氏学》卷四，《康有为全集》（第二集），中国人民大学出版社，2007年，第356—357页。即使是在政治与学术上都极力反对康有为的苏舆，也不得不承认"师说流传，至汉未泯"。见苏舆：《春秋繁露义证》，中华书局，2015年，第84页。

③ 这正如黄铭所说的："如果从公羊学的理路出发，从内部理解董仲舒与何休的学说，以何解董的诠释方式是合法的，可能还是必要的，因为董仲舒后学的著作并没有流传下来。我们与其另立新解，不如从时代相近的《公羊解诂》去诠释董仲舒的春秋学，不必刻意夸大董何之间的差别。"参见黄铭：《略论董仲舒春秋学研究的方法论问题》，《海南大学学报》2019年第1期。

但是，从另一方面来讲，从西汉到东汉，经学渐渐派生师法与家法。师法与家法的不同，使得对经义的理解渐渐出现歧义。这使得前汉的董仲舒与后汉的何休之间，对经义的理解，不可能不出现某些细微的分歧①。具体到与"异外内"说相关联的《春秋》经传文本，也就很自然地存在董、何之间的不同理解。

本文为"2020中国·衡水董仲舒与儒家思想国际学术研讨会"提交的论文。

郭晓东（1970—），男，福建霞浦人，复旦大学哲学学院教授。

---

① 当然，这个问题相当复杂。其一，从《春秋繁露》文本本身来说，以其长期失传，经后人反复辑校之后才大体可读，但目前呈现在我们面前的《春秋繁露》，是否完全真实客观地体现董氏之思想与学说，此有待于进一步研究。其二，西汉初年没有后来那么严格的师法与家法，同一经师可能有不同的经学源流和口传谱系，如《春秋繁露》中有用《穀梁》经义者，这使得董氏之学较何休来说略显驳杂。其三，何休对经义的理解，也有其时代的烙印，后汉之不同于前汉，则后汉之经学亦不同于前汉。

# "十指""五行"与"三之道"
## ——董仲舒的"天下"观

张丰乾

"天下"或"天之下"是中国文化中特有的观念。《诗》《书》之中屡见:

> 普天之下、莫非王土。率土之滨、莫非王臣。大夫不均、我从事独贤。
>
> ——《诗经·小雅·北山》
>
> 敷天之下、裒时之对、时周之命。
>
> ——《诗经·周颂·般》
>
> 帝光天之下,至于海隅苍生,万邦黎献,共惟帝臣,惟帝时举。
>
> ——《尚书·虞书·益稷》

然而,从"普天之下,莫非王土"到"天下非一人之天下也,天下之天下也"是一大转折——尽管"王天下"也意味着"天下为公",但"王"毕竟是"一人",而当"天下"等同于"天下人"的时候,并直接与"一人"相对立的时候,则意味着"人"是平等的。这样的观念,在秦汉之际,特别是在争议颇多的董仲舒那里,发生了怎样的变化,是值得深入探究的问题。

## 一、"天之大经""正天端"与"治天下之端"

宋儒张载之言"为天地立心"鼓舞了无数儒者;《中庸》则言:"唯天下至诚,为能经纶天下之大经,立天下之大本,知天地之化育。"而董子则讨论更为根本的问题:"何谓天之大经":

> 何谓天之大经?三起而成日,三日而成规,三旬而成月,三月而成时,三时而成功;寒暑与和,三而成物;日月与星,三而成光;天地与人,三而成德;由此观之,三而一成,天之大经也。以此为天制,是故礼三让而成一节,官三人而成一选,三公为一选,三卿为一选,三大夫为一选,三士为一选,凡四选三臣,应天之制,凡四时之三月也。是故其以三为选。取诸天之经;其以四为制,取诸天之时;其以十二臣为一条,取诸岁之度;其至十条而止,取之天端。(《春秋繁露·官制象天》)

董子说理,重视"数",尤其对于"三"的推崇可谓无以复加,这是他的理论特色。他把"三而一成"作为"天之大经",是对"两分法"的重要突破。下文还将论及。他还认为"正天端"是孔子做《春秋》的最高目的:

> 仲尼之作《春秋》也,上探正天端、王公之位、万物民之所欲;下明得失,起贤才,以待后圣。故引史记,理往事,正是非,见王公。史记十二公之间,皆衰世之事,故门人惑。孔子曰:"吾因其行事而加乎王心焉。"① (《春秋繁露·俞序》)

在董子看来,孔子的"上探下明"把"万物民之所欲"与"天端"和"王公之位"相并列,并阐明得失、启发贤才,以为后世圣人的兴起准备条件。

"端"的本字为"耑",《说文·耑部》:"物初生之题也。上象生

---

① 《尚书·商书·咸有一德》:"一哉,王心!"《诗经》中有"王心则宁""王心载宁"之说。《左传》庄公四年有"荡王心"之说。《孔子家语·七十二弟子解》:"祭公谋父作《祈昭》,以止王心。"

形,下象其根也。""端"又有"正"和"极致",以及"原则"的意思。所谓"正天端",就是要对"天"的初始做出正确的规定。董仲舒认为这是孔子作《春秋》的最高宗旨。在"正天端"的理论基础上,阐发《春秋》之大义之后,董子又提出"援天端":

> 《春秋》,大义之所本耶!六者之科,六者之恉之谓也。然后援天端,布流物,而贯通其理,则事变散其辞矣。(《春秋繁露·正贯》)

其意义也在于"天端"可以作为援引的最基础依据。何为"天之端"?董子有明确阐述:

> 何谓天之端?曰:天有十端,十端而止已,天为一端,地为一端,阴为一端,阳为一端,火为一端,金为一端,木为一端,水为一端,土为一端,人为一端,凡十端而毕,天之数也。(《春秋繁露·官制象天》)

在天地、阴阳、五行之外,董子把"人"也作为"一端",并认为"人"是天下最可贵的。

对于"天下",他同样看重"发端",而阐释了"天"和"端"的复数含义,"天之端"即"天之数",进而提出了"治天下之端"的方案。

董子有名言:"天人之际,合而为一",其实,"天下"作为一个指代词,其基本的指向就是"天人合一":

> 治天下之端,在审辨大;辨大之端,在深察名号。录其首章之意,以窥其中之事,则是非可知,逆顺自着,其几通于天地矣。是非之正,取之逆顺,逆顺之正,取之名号,名号之正,取之天地,天地为名号之大义也。古之圣人,而效天地谓之号,鸣而施命谓之名。名之为言,鸣与命也,号之为言,而效也。而效天地者为号,鸣而命者为名。名号异声而同本,皆鸣号而达天意者也。天不言,使人发其意;弗为,使人行其中。名则圣人所发天意,不可不深观也。
>
> 受命之君,天意之所予也。故号为"天子"者,宜视天如父,事天以孝道也。号为"诸侯"者,宜谨视所候奉之天子也。

号为"大夫"者,宜厚其忠信,敦其礼义,使善大于匹夫之义,足以化也。"士"者,事也;"民"者,瞑也。士不及化,可使守事从上而已。各有分。

天人之际,合而为一。同而通理,动而相益,顺而相受,谓之德道。《诗》曰:"维号斯言,有伦有迹。"此之谓也。(《春秋繁露·观德》)

董子把"治天下之端"具体化为"审辨大",并强调"深察名号"是"审辨大"之端。在此基础上,又进一步推衍出"天地为名号之大义"——他所说的"天人之际,合而为一",要紧处是"合于名号"。他认为各种名号是效法天地而叫出来的,其含义一方面是地位,另外一方面是义务和责任——董子所说的"宜",看上去是强调义务,但每一种义务都要和各自的地位相适宜,天子也不例外。董子虽然也承认天"不言""弗为",但强调"圣人"对于"天意"的阐发,而"名"就是圣人阐发天意的载体。

在《春秋繁露·观德》中,董子还以《诗经·小雅·正月》中的"维号斯言,有伦有脊"作为结语,这也体现了他"以《诗》为天下法"的思想,而不是局限于以《春秋》为圭臬:

孔子曰:"吾不与祭,如不祭。祭神如神在。"重祭事,如事生。故圣人于鬼神也,畏之而不敢欺也,信之而不独任,事之而不专恃。恃其公,报有德也;幸其不私,与人福也。其见于《诗》曰:"嗟尔君子,毋恒安息。静共尔位,好是正直。神之听之,介尔景福。"正直者得福也,不正者不得福,此其法也。以《诗》为天下法矣,何谓不法哉?其辞直而重,有再欢之,欲人省其意也。而人尚不省,何其忘哉!孔子曰:"书之重,辞之复。呜呼!不可不察也。其中必有美者焉。"(《春秋繁露·祭义》)

"以《诗》为天下法"的理由,在于《小雅·小明》对于"静恭"和"正直"的推崇,在其他篇章中,董子引《诗》明理的立论特点也很明显:

天子号天之子也。奈何受为天子之号,而无天子之礼?天子不可不祭天也,无异人之不可以不食父。为人子而不事父者,天

> 下莫能以为可。今为天之子而不事天，何以异是？是故天子每至岁首，必先郊祭以离开天，乃敢为地，行子礼也；每将同师，必先郊祭以告天，乃敢征伐，行子道也。文王受天命而王天下，先郊乃敢行事，而兴师伐崇。其《诗》曰："芃芃棫朴，薪之槱之。济济辟王，左右趣之，济济辟王，左右奉璋。奉璋峨峨，髦士攸宜。"此郊辞也。其下曰："淠彼泾舟，丞徒楫之。周王于迈，六师及之。"此伐辞也。其下曰："文王受命，有此武功，既伐于崇，作邑于丰。"以此辞者，见文王受命则郊，郊乃伐崇，伐崇之时，民何处央乎？（《春秋繁露·郊祭》）

在董子看来，"受号"就意味着"受命"，有"不可以不"的义务，天子放弃了祭天之礼，犹如作为儿子而不侍奉父母，不会得到天下人的认可。

> 周宣王时，天下旱，岁恶甚，王忧之。其《诗》曰："倬彼云汉，昭回于天。王曰呜呼！何辜今之人？天降丧乱，饥馑荐臻。靡神不举，靡爱斯牲，圭璧既卒，宁莫我听。旱既太甚，蕴隆虫虫。不殄祀，自郊徂宫。上下奠瘗，靡神不宗。后稷不克，上帝不临。耗斁下土，宁丁我躬。"宣王自以为不能乎后稷，不中乎上帝，故有此灾。有此灾，愈恐惧而谨事天。（《春秋繁露·郊祀》）

"正直""不私"是董子特别看重的德性，他特意多次引用《诗经》之言，来说明圣人君子和帝王对于祭祀和鬼神的重视。在董子看来，"天以天下予尧舜"，而尧舜之间的天下转移，也不是私相授受：

> 尧舜何缘而得擅移天下哉？《孝经》之语曰："事父孝，故事天明。"事天与父，同礼也。今父有以重予子，子不敢擅予他人，人心皆然。则王者亦天之子也，天以天下予尧舜，尧舜受命于天而王天下，犹子安敢擅以所重受于天者予他人也。天有不以予尧舜渐夺之，故明为子道，则尧舜之不私传天下而擅移位也，无所疑也。（《春秋繁露·尧舜不擅移、汤武不专杀》）

他从"事天与父，同礼也"的角度为"家天下"提供了理论支持，但是也同时从"事天"的角度突破了"事父"的狭隘和自私。

## 二、"天下"视域中的"《春秋》十指"

董子毕生致力于《春秋》学,推崇《春秋》之义,在众多的治《春秋》的学者中,唯他达到了"明"的程度,且受到高度重视①。他做《春秋繁露》的视域是基于"《春秋》详己而略人,因其国而容天下。"②中从十个方面概括《春秋》叙事的宗旨,以此作为解说《春秋》的原则:

> 《春秋》二百四十二年之文,天下之大,事变之博,无不有也。虽然,大略之要有十指。十指者,事之所击也,王化之所由得流也。
>
> 统此而举之,德泽广大,衍溢于四海,阴阳和调,万物靡不得其理矣。说《春秋》者凡用是矣,此其法也。(《春秋繁露·十指》)

《春秋》所记之事时空跨度之大,变化之多,到了无所不有的程度。但是,董子总结出了十个主旨,都是与事件的要害有密切关系,而且是王道教化得以流行的根据。兹列表如下:

"《春秋》十指"表

| 名目 | 效果 |
| --- | --- |
| 举事变见有重焉,一指也。 | 举事变见有重焉,则百姓安矣。 |

---

① 《史记·十二诸侯年表序》:"赵孝成王时,其相虞卿上采《春秋》,下观近势,亦着八篇,为《虞氏春秋》。吕不韦者,秦庄襄王相,亦上观尚古,删拾《春秋》,集六国时事,以为八览、六论、十二纪,为《吕氏春秋》。及如荀卿、孟子、公孙固、韩非之徒,各往往捃摭《春秋》之文以著书,不同胜纪。汉相张苍历谱五德,上大夫董子推《春秋》义,颇着文焉。"《史记·儒林列传》:"至卒,终不治产业,以修学著书为事。故汉兴至于五世之间,唯董子名为明于《春秋》,其传公羊氏也。"《汉书·董仲舒传》:"仲舒在家,朝廷如有大议,使使者及廷尉张汤就其家而问之,其对皆有明法。自武帝初立,魏其、武安侯为相而隆儒矣。及仲舒对册,推明孔氏,抑黜百家。立学校之官,州郡举茂材孝廉,皆自仲舒发之。"

② 《春秋繁露·俞序》。

续表

| 名目 | 效果 |
|---|---|
| 见事变之所至者，一指也。 | 见事变之所至者，则得失审矣。 |
| 因其所以至者而治之，一指也。 | 因其所以至而治之，则事之本正矣。 |
| 强干弱枝，大本小末，一指也。 | 强干弱枝，大本小末，则君臣之分明矣。 |
| 别嫌疑，异同类，一指也。 | 别嫌疑，异同类，则是非着矣。 |
| 论贤才之义，别所长之能，一指也。 | 论贤才之义，别所长之能，则百官序矣。 |
| 亲近来远，同民所欲，一指也。 | 亲近来远，同民所欲，则仁恩达矣。 |
| 承周文而反之质，一指也。 | 承周文而反之质，则化所务立矣。 |
| 木生火，火为夏，天之端，一指也。 | 木生火，火为夏，则阴阳四时之理相受而次矣。 |
| 切刺讥之所罚，考变异之所加，天之端，一指也。 | 切刺讥之所罚，考变异之所加，则天所欲为行矣。 |

董子是以"举""见""因""别""论""承""返""切""考"等哲学的方法去考察事件和变化之中的"重""至""干""本""是非"以及人物的才能、百姓的喜好，希望达到"文质彬彬"的理想。同时，他也指出"火"的极端重要性，如《汉书·律历制》所记："汉高祖皇帝，着《纪》，伐秦继周。木生火，故为火德。"

## 三、人最为天下贵；有士君子之行而少过

董子把"人"列入"天之数"，与"物"相区别：

> 天、地、阴、阳、木、火、土、金、水，九，与人而十者，天之数毕也。故数者至十而止，书者以十为终，皆取之此。圣人何其贵者？起于天，至于人而毕。毕之外谓之物，物者投所贵之端，而不在其中。以此见人之超然万物之上，而最为天下贵也。

> 人,下长万物,上参天地。故其治乱之故,动静顺逆之气,乃损益阴阳之化,而摇荡四海之内。(《春秋繁露·天地阴阳》)

他极端强调"人"的尊贵,但并不是"人类"中心主义,而是在与"天地万物"的有机关联中。这种有机关联,在人的寿命方面体现得尤为典型:

> 短长之质,人之所由受于天也。是故寿有短长,养有得失,及至其末之,大卒而必雠,于此莫之得离,故寿之为言,犹雠也。天下之人虽众,不得不各雠其所生,而寿夭于其所自行。自行可久之道者,其寿雠于久;自行不可久之道者,其寿亦雠于不久。久与不久之情,各雠其生平之所行,今如后至,不可得胜,故曰:寿者雠也。然则人之所自行,乃与其寿夭相益损也。其自行佚而寿长者,命益之也;其自行端而寿短者,命损之也。以天命之所损益,疑人之所得失,此大惑也。是故天长之而人伤之者,其长损;天短之而人养之者,其短益。夫损益者皆人,人其天之继。出其质而人弗继,岂独立哉?(《春秋繁露·祭义》)

董子指出"人寿"的长短一方面是"受于天",但是"养"的因素也不可或缺;天命对于寿夭的损益也不用怀疑。人的"独立",基于对"天"的承继。他强调"心为气之君",而天下做导引术的人,都是在内心之中培植其生命之本,故而长寿:

> 孟子曰:"我善养吾浩然之气者也。"谓行必终礼,而心自喜,常以阳得生其意也。公孙之养气曰:"裹藏泰实则气不通,泰虚则气不足,热胜则气,寒胜则气,泰劳则气不入,泰佚则气宛至,怒则气高,喜则气散,忧则气狂,惧则气慑。凡此十者,缺之害也,而皆生于不中和。故君子怒则反中而自说以和,喜则反中而收之以正,忧则反中而舒之以意,惧则反中而实之以精。"夫中和之不可不反如此。故君子道至,气则华而上。凡气从心。心,气之君也,何为而气不随也。是以天下之道者,皆言内心其本也。故仁人之所以多寿者,外无贪而内清净,心和平而不失中

正，取天地之美以养其身，是其且多且治。① （《春秋繁露·祭义》）

在人之中，董子又特别推崇"士君子"，认为天下之人如果拥有士君子的行为方式，那么就会很少有过失：

> 孔子曰："吾因行事，加吾王心焉。"假其位号以正人伦，因其成败以明顺逆，故其所善，则桓文行之而遂；其所恶，则乱国行之终以败。故始言大恶杀君亡国，终言赦小过；是亦始于麤粗，终于精微。教化流行，德泽大洽，天下之人，人有士君子之行而少过矣，亦讥二名之意也。（《春秋繁露·俞序》）

董子引孔子之言指出，可以通过做事影响到君王的心思，而借助于位号及善恶判断来推行教化。

## 四、"五行""五事"与"天下"

董子在金木水火土的五行关系上，在"生""克"之外，提出了"干"的问题，即任何一种元素，都会收到其他四种元素的干犯，从而导致各种失衡和冲突：

> 火干木，蛰虫蚤出，蚿雷蚤行；土干木，胎夭卵毈，鸟虫多伤；金干木，有兵；水干木，春下霜。
>
> 土干火，则多雷；金干火，草木夷；水干火，夏雹；木干火，则地动。
>
> 金干土，则五谷伤有殃；水干土，夏寒雨霜；木干土，倮虫不为；火干土，则大旱。
>
> 水干金，则鱼不为；木干金，则草木再生；火干金，则草木秋荣；土干金，五谷不成。
>
> 木干水，冬蛰不藏；土干水，则蛰虫冬出；火干水，则星坠；金干水，则冬大寒。

---

① 董子论"心"尤其需要重视，参见拙文《董子的心学：以其引〈春秋〉与〈诗〉为基础的探讨》，《衡水学院学报》2017年第6期，第8–14页。

(《春秋繁露·治乱五行》)

五行的失衡和冲突，应当依据美德加以救治，在天下推行；否则，三年之内会出现天灾人祸：

> 五行变至，当救之以德，施之天下，则咎除；不救以德，不出三年，天当雨石。木有变，春凋秋荣，秋木在，春多雨，此繇役众，赋敛重，百姓贫穷叛去，道多饥人；救之者，省繇役，薄赋敛，出仓谷，振困穷矣。火有变，冬温夏寒，此王者不明，善者不赏，恶者不绌，不肖在位，贤者伏匿，则寒暑失序，而民疾疫；救之者，举贤良，赏有功，封有德。土有变，大风至，五谷伤，此不信仁贤，不敬父兄，淫泆无度，宫室荣；救之者，省宫室，去雕文，举孝悌，恤黎元。金有变，毕昴为回三覆，有武，多兵，多盗寇，此弃义贪财，轻民命，重货赂，百姓趣利，多奸轨；救之者，举廉洁，立正直，隐武行文，束甲械。水有变，冬湿多雾，春夏雨雹，此法令缓，刑罚不行；救之者，忧囹圄，案奸宄，诛有罪，宜五日。（《春秋繁露·五行变救》）

董子进一步阐发了《尚书·洪范》篇中"敬用五事"的思想：

> 五事，一曰貌，二曰言，三曰视，四曰听，五曰思。何谓也？夫五事者，人之所受命于天也，而王者所修而治民也。故王者为民，治则不可以不明，准绳不可以不正。王者貌曰恭，恭者敬也。言曰从，视曰明，明者知贤不肖，分明黑白也。听曰聪，聪者能闻事而审其意也。思曰容，容者言无不容。恭作肃，从作乂，明作哲，聪作谋，容作圣。何谓也？恭作肃，言王者诚能内有恭敬之姿，而天下莫不肃矣。从作乂言王者言可从，明正从行而天下治矣。明作哲，哲者，知也。王者明则贤者进，不肖者退，天下知善而劝之，知恶而耻之矣。聪作谋，谋者谋事也，王者聪则闻事与臣下谋之，故事无失谋矣。王者心宽大无不容，则圣能施设，事各得其宜也。（《春秋繁露·五行五事》）

他认为"五事"是人所受命于天，而对于王者的要求，他从"为民"的角度来解释"治民"，也是强调统治者要有奉献和服务意识，并有"哲"的能力和"宽大"的胸怀。

## 五、"一统""三统"与"自三之道以治天下"

董子之"大一统"理论固然是因应当时的历史需要,但也基于他的经学:

> 《春秋》曰"王正月",《传》曰:"王者孰谓?谓文王也。"曷为先言王而后言正月?王正月也。何以谓之王正月?曰:王者必受命而后王。王者和改正朔,易服色,制礼乐,一统于天下,所以明易姓,非继人,通以己受之于天也。王者受命而王,制此月以应变,故作科以奉天地,故谓之王正月也。(《春秋繁露·三代改制质文》)

"一统于天下"的具体体现是"一统于天子":

> 有非力之所能致而自至者,西狩获麟,受命之符是也,然后托乎春秋正不正之间,而明改制之义,一统乎天子,而加忧于天下之忧也,务除天下所患,而欲以上通五帝,下极三王,以通百王之道,而随天之终始,博得失之效,而考命象之为,极理以尽情性之宜,则天容遂矣。百官同望异路,一之者在主,率之者在相。——《春秋繁露·符瑞》

而没有再思想方面的一统,则帝王也没有办法"持一统",从而使臣下无所适从:

> 《春秋》大一统者,天地之常经,古今之通谊也。今师异道,人异论,百家殊方,指意不同,是以上亡以持一统;法制数变,下不知所守。臣愚以为诸不在六艺之科,孔子之术者,皆绝其道,勿使并进。邪辟之说灭息,然后统纪可一而法度可明,民知所从矣。(《汉书·董仲舒传》)

如周桂钿先生所论:

> "大一统"在《公羊传》里主要指统一历法。而在董仲舒那里,"大一统"的思想大大丰富了。元光元年,汉武帝再次诏贤良对策,董仲舒明确提出大一统是宇宙间普遍规律,并提出思想

大一统———独尊儒术的建议。①

在董子看来,《春秋》先言"王",乃是出于对"受命"的凸显。"王"的使命就是通过历法、服色、礼乐的改易和确定使得天下统一。所以,"一统于天下"不能是出于个人私欲,"圣人视天而行","欲合诸天"体现在多个方面：

> 天之道,有序而时,有度而节,变而有常,反而有相奉,微而至远,踔而致精,一而少积蓄,广而实,虚而盈。圣人视天而行,是故其禁而审好恶喜怒之处也,欲合诸天之非其时不出暖清寒暑也；其告之以政令而化风之清微也,欲合诸天之颠倒其一而以成岁也；其羞浅末华虚而贵敦厚忠信也,欲合诸天之默然不言而功德积成也；其不阿党偏私而美泛爱兼利也,欲合诸天之所以成物者少霜而多露也；其内自省以是而外显,不可以不时,人主有喜怒,不可以不时,可亦为时,时亦为义,喜怒以类合,其理一也。故义不义者,时之合类也,而喜怒乃寒暑之别气也。

他强调"时之合类",很好地处理了"常"与"变"的关系②。需要特别注意的是,董子所说的思想一统是以"六艺之科,孔子之术"为基础,而"六艺之科,孔子之术"本身就有很强的包容性、多元性。董子本人则在"一统"之外,也重视"三统"。

董子以"三统"来说明三代的"改正",而且强调"三代必居中国",是"近夷遐方"所没有的：

> 古之王者受命而王,改制称号正月,服色定,然后郊告天地

---

① 周桂钿：《董仲舒政治哲学的核心——大一统论》,《中国哲学史》2007年第4期,第36—43页。

② 如李祥俊先生所论："君臣地位变与不变问题上,董仲舒的观点是较为全面的,他一方面站在儒家民本立场上,承认无道之君可以易位,这是对孟子、荀子等先秦大儒相关思想的继承发展,但在另一方面,他又通过天人感应论,宣扬君主可以通过行道、修道实行君位永固,实现君臣地位确定不变,这是对现实的专制君主的维护。而且,在君臣地位问题上董仲舒还有一个思想上的推进,这就是他把君臣地位问题从具体的人、事上跳出去,把君臣地位问题看作是一个普遍的形式法则,即作为具体人物的君臣地位可以改变,但作为抽象道理的君臣地位却永恒不变。"(李祥俊：《董仲舒与秦汉时期君臣关系新范式的确立》,《衡水学院学报》2017年第5期,第2—7页。)

及群神，远追祖安道尔，然后布天下。诸侯庙受，以告社稷宗庙山川，然后感应一其司。三统之变，近夷遐方无有，生煞者独中国。而三代改正，必以三统天下。曰：三统五端，化四方之本也。天始废始施，地必待中，是故三代必居中国。法天奉本，执端要以统天下，朝诸侯也。是以朝正之义，天子纯统色衣，诸侯统衣缠缘纽，大夫士以冠，参近夷以绥，遐方各衣其服而朝，所以明乎天统之义也。其谓统三正者，曰：正者，正也，统致其气，万物皆应，而正统正，其余皆正，凡岁之要，在正月也。法正之道，正本而末应，正内而外应，动作举错，靡不变化随从，可谓法正也。(《春秋繁露·三代改制质文》)

董子所说的"三正"，当是天地人的三正道①，其意义如余治平先生所论：

> 董子把三统直接与夏、商、周三代历史与礼制相比配的最初目的只是为汉德从夏、取法《春秋》而重建新王道统奠定理论基础，尽管最终并没有对武帝太初改制产生任何实质性的影响，但通过一种循环论历史观、以经学权威的形式规劝乃至制约了那些为所欲为的集权者。②

但需要注意的是，董子的理论中有"绌夏存周""绌王谓帝"之意：

> 《春秋》上绌夏，下存周，以《春秋》当新王。《春秋》当新王者奈何？曰：王者之法必正号，绌王谓之帝，封其后以小国，使奉祀之；下存二王之后以大国，使服其服，行其礼乐，称客而朝；故同时称帝者五，称王者三，所以昭五端，通三统也。是故周人之王，尚推神农为九皇，而改号轩辕，谓之黄帝，因存帝颛顼、帝喾、帝尧之帝号，绌虞，而号舜曰帝舜，录五帝以小国；下存禹之后于杞，存汤之后于宋，以方百里，爵号公，皆使服其服，行其礼乐，称先王客而朝。《春秋》作新王之事，变周之制，

---

① 《尚书·夏书·甘誓》："有扈氏威侮五行，怠弃三正。"孔安国注："怠惰弃废天、地、人之正道。"

② 余治平：《论董子的"三统"说》，《江淮论坛》2013 年第 1 期，第 67—72 页。

> 当正黑统,而殷周为王者之后,绌夏,改号禹谓之帝,录其后以小国,故曰:绌夏、存周,以《春秋》当新王。(《春秋繁露·三代改制质文》)

"绌"为废止之意,为"新王"提供合法性。

董子的思想之中,虽然阴阳二分的模式非常突出,但是他对于"三之道"也格外重视。他提出的"王道通三"为读者所熟知:

> 古之造文者,三画而连其中,谓之王;三画者,天地与人也,而连其中者,通其道也,取天地与人之中以为贯,而参通之,非王者庸能当是。是故王者唯天之施,施其时而成之,法其命而循之诸人,法其数而以起事,治其道而以出法,治其志而归之于仁。仁之美者在于天,天仁也,天覆育万物,既化而生之,有养而成之,事功无已,终而复始,凡举归之以奉人,察于天之意,无穷极之仁也。人之受命于天也,取仁于天而仁也,是故人之受命天之尊,父兄子弟之亲,有忠信慈惠之心,有礼义廉让之行,有是非逆顺之治,文理灿然而厚,知广大有而博,唯人道为可以参天。(《春秋繁露·王道通三》)

"王者"以中正之道贯通天地人,效法天命而遵循人道,其言行举止以"奉人"为目标,以及扮演服务的角色。仁爱忠信、礼义廉让都是"受命"的体现,董子所言"唯人道为可以参天"则突出了"人道"的可贵和尊严。

在具体的制度和人事安排方面,董子认为应该贯彻"三之道":

> 王者制官,三公、九卿、二十七大夫、八十一元士,凡百二十人,而列臣备矣。吾闻圣王所取仪,金天之大经,官制亦角者,此其仪与?三人而为一选,仪于三月而为一时也。四选而止,仪于四时而终也。三公者,王之所以自持也。天以三成之,王以三自持。立成数以为植而四重之,其可以无失矣。备天数以参事,治谨于道之意也。此百二十臣者,皆先王之所与直道而行也。是故天子自参以三公,三公自参以九卿,九卿自参以三大夫,三大夫自参以三士。三人为选者四重,自三之道以治天下,若天之四重,自三之时以终始岁也。一阳而三春,非自三之时与?而天四

重之，其数同矣。(《春秋繁露·官制象天》)

> 有大功德者受大爵士，功德小者受小爵士，大材者执大官位，小材者受小官位，如其能，宣治之至也。故万人者曰英，千人者曰俊，百人者曰杰，十人者曰豪。豪杰俊英不相陵，故治天下如视诸掌上。其数何法以然？曰：天子分左右五等，三百六十三人，法天一岁之数。五时色之象也。通佐十上卿与下卿而二百二十人，天庭之象也。倍诸侯之数也。诸侯之外佐四等，百二十人，法四时六甲之数也。通佐五，而六十人，法日辰之数也。佐之必三三而相复，何？曰：时三月而成大，辰三而成象。诸侯之爵或五何？法天地之数也。(《春秋繁露·爵国》)

"自三之道以治天下"也包括了"四重"，可见董子对于"无失"的追求。他的确也提出了"天下所以永全"的方略。

## 五、天下之所以永全

以文德为上，而以暴力威胁为下是董子为"天下之所以永全"提出的总方略：

> 天地之生万物也以养人，故其可适者以养身体，其可威者以为容服，礼之所为同也。剑之在左，青龙之象也。刀之在右，白虎之象也。韨之在前，朱鸟之象也。冠之在首，玄武之象也。四者，人之盛饰也。夫能通古今，别然不然，乃能服此也。盖玄武者，貌之最严有威者也，其像在后，其服反居首，武之至而不用矣。圣人之所以超然，虽欲从之，末由也已。夫执介胄而后能拒敌者，故非圣人之所贵也。君子显之于服，而勇武者消其志于貌也矣。故文德为贵，而威武为下，此天下之所以永全也。于《春秋》何以言之？孔父义形于色，而奸臣不敢容邪；虞有宫之奇，而献公为之不寐；晋厉之强，中国以寝尸流血不已。故武王克殷，裨冕而笏。虎贲之王说剑，安在勇猛必任武杀然后威。是以君子所服为上矣，故望之俨然者，亦已至矣，岂可不察乎！(《春秋繁露·服制像》)

类似的主张屡见不鲜，董子的特别之处在于他从天地生万物以养人的角度，服饰中前后左右不同图像的寓意来阐明护生止杀的思想。他的理想是"天下无一人之狱"：

> 今废先王之德教，独用执法之吏治民，而欲德化被四海，故难成也。是故古之王者，莫不以教化为大务，立大学以教于国，设庠序以化于邑。教化以明，习俗以成，天下尝无一人之狱矣。至周末世，大为无道，以失天下。秦继其后，又益甚之。自古以来，未尝以乱济乱，大败天下如秦者也。（《汉书·礼乐志》）

同时，他也从多方面提出了"正"的原则。

圣人之所命名，天下以为正：

> 圣人之所命，天下以为正。正朝夕者视北辰，正嫌疑者视圣人。圣人以为无王之世，不教之民，莫能当善。善之难当如此，而谓万民之性皆能当之，过矣。质于禽兽之性，则万民之性善矣；质于人道之善，则民性弗及也。万民之性善于禽兽嗜许之，圣人之所谓善者弗许。吾质之命性者异孟子。孟子下质于禽兽之所为，故曰性已善；吾上质于圣人之所为，故谓性未善。善过性，圣人过善。《春秋》大元，故谨于正名。名非所始，如之何谓未善已善也。（《春秋繁露·深察名号》）

> 孔子曰："名不正则言不顺。"今谓性已善，不几于无教而如其自然！又不顺于为政为道矣。且名者性之实，实者性之质。质无教之时，何遽能善？善如米，性如禾。禾虽出米，而禾未可谓米也。性虽出善，而性未可谓善也。……圣人之所名，天下以为正。今按圣人言中，本无性善名，而有"善人吾不得见之矣"。使万民之性皆已能善，善人者何为不见也？观孔子言此之意，以为善甚难当。而孟子以为万民性皆能当之，过矣。圣人之性不可以名性，斗筲之性又不可以名性，中民之性如茧如卵。卵待覆二十日而后能为雏，茧待缲以涫汤而后能为丝，性待渐于教训而后能为善。（《春秋繁露·实性》）

君命顺，则民有顺命；君命逆，则民有逆命。

> 傅曰："唯天子受命于天，天下受命于天子，一国则受命于

君。"君命顺,则民有顺命;君命逆,则民有逆命。故曰:"一人有庆,兆民赖之。"之谓也。(《春秋繁露·为人者天》)

**圣人为天下同利除害:**

考之法。考其所积也。天道积聚众精以为光,圣人积聚众善以为功。故日月之明,非一精之液也;圣人致太平,非一善之功也。明所从生,不可为源,善所从出,不可为端,量势立权,因事制义。故圣人之为天下同利也,其犹春气之生草也,各因其生小大而量其多少,各顺其势,倾侧而制于南北。故异孔而同归,殊施而钧德,其趣于同利除害一也。是以同利之要在于致之,不在于多少;除害之要在于去之,不在于南北。(《春秋繁露·考功名权》)

生育养长,成而更生,终而复始,其事所以利活民者无已。天虽不言,其欲赡足之意可见也。古之圣人,见天意之厚于人也,故南面而君天下,和以兼利之。为其远者目不能见,其隐者耳不能闻,于是千里之外,割地分民,而建国立君,使为天子视所不见,听所不闻,朝者召而问之也。诸侯之为言,犹诸候也。(《春秋繁露·诸侯》)

《春秋》之所治,人与我也。所以治人与我者,仁与义也。以仁安人,以义正我,故仁之为言人也,义之为言我也,言名以别矣。仁之于人,义之与我者,河不察也。众人不察,乃反以仁自裕,而以义设人。诡其处而逆其理,鲜不乱矣。是故人莫欲乱,而大抵常乱。凡以暗于人我之分,而不省仁义之所在也。是故《春秋》为仁义法:仁之法在爱人,不在爱我;义之法在正我,不在正人。我不自正,虽能正人,弗予为义;人不被其爱,虽厚自爱,不予为仁。昔者晋灵公杀膳宰以淑饮食,弹大夫以娱其意,非不厚自爱也,然而不得为淑人者,不爱人也。质于爱民,以下至于鸟兽昆虫莫不爱。不爱,奚足谓仁?仁者,爱人之名也。酈《传》无大之之辞。自为追,则善其所恤远也。兵已加焉,乃往救之,则弗美。未至豫备之,则美之,善其救害之先也。夫救蚤而先之,则害无由起,而天下无害矣。(《春秋繁露·

仁义法》）

  天常以爱利为意，以养长为事，春秋冬夏皆其用也。王者亦常以爱利天下为意，以安乐一世为事，好恶喜怒而备用也。然而主之好恶喜怒，乃天之春夏秋冬也，其俱暖清寒暑而以变化成功也。（《春秋繁露·王道通三》）

**省繇役，薄赋敛，出仓谷，振困穷：**

  五行变至，当救之，以德施之天下，则咎除。不救以德，不出三年，天当雨石。木有变，春凋秋荣。秋木冰，春多雨。此繇役众，赋敛重，百姓贫穷叛去，道多饥人。救之者，省繇役，薄赋敛，出仓谷，振困穷矣。（《春秋繁露·五行变救》）

**先饮食而后教诲；躬自厚而薄责于外：**

  《诗》曰："饮之食之，教之诲之。"先饮食而后教诲，谓治人也。又曰："坎坎伐辐，彼君子兮，不素餐兮。"先其事，后其食，谓治身也。《春秋》刺上之过，而矜下之苦，小恶在外弗举，在我书而诽之。凡此六者，以仁治人，义治我，躬自厚而薄责于外，此之谓也。且《论》已见之，而人不察，不攻人之恶，非仁之宽与？自攻其恶，非义之全与？此谓之仁造人，义造我，何以异乎？故自称其恶谓之情，称人之恶谓之贼；求诸己谓之厚，求诸人谓之薄；自责以备谓之明。责人以备谓之惑。是故以自治之节治人，是居上不宽也；以治人之度自治，是为礼不敬也。为礼不敬，则伤行而民弗尊；居上不宽，则伤厚而民弗亲。弗亲则弗信，弗尊则弗敬。二端之政诡于上，而僻行之则诽于下，仁义之处可无论乎？夫目不视弗见，心弗论不得。虽有天下之至味，弗嚼，弗知其旨也；虽有圣人之至道，弗论不知其义也。（《春秋繁露·仁义法》）

**天下随阳；天晴除残贼而得盛德大善者再，是重阳也：**

  天之志，常置阴空处，稍取之以为助。故刑者德之辅，阴者阳之助也，阳者岁之主也。天下之草木随阳而生落，天下之三王随阳而改正，天下之尊卑随阳而序位。幼者居阳之所少，老者居阳之所老，贵者居阳之所盛，贱者居阳之所衰。藏者，言其不得当阳。不当阳者臣子是也,当阳者匀是也。故人主南面,以阳为位也。阳贵而阴贱,天之制也。礼之尚右,非尚阴也,敬老阳而尊成功也。(《春秋繁露·天辨在人》)

桀,天下之残贼也;汤,天下之盛德也。天睛除残贼而得盛德大善者再,是重阳也,故汤有旱之名。皆适遭之变,非禹汤之过。毋以适遭之变疑平生之常,则所守不失,则正道益明。(《春秋繁露·暖燠常多》)

**天下和平,则灾害不生。**

今秦与周俱得为天子,而所以事天者异于周。以郊为百神始,始入岁首,必以正月上辛日先享天,乃敢于地,先贵之义也。夫岁先之与岁弗行也,相去远矣。天下福若无可怪者,然所以久弗行者,非灼灼见其当而故弗行也,典礼之官常嫌疑,莫能昭昭明其当也。今切以为其当与不当,可内反于心而定也。尧谓舜曰"天之历数在尔躬。"言察身以知天也。今身有子,孰不欲其有子礼也。圣人正名,名不虚生。天子者,则天之子也。以身度天,独何为不欲其子之有子礼也。今为其天子,而阙然无祭于天,天何必善之?所闻曰:天下和平,则灾害不生。今灾害生,见天下未和平也。天下所未和平者,天子之教化不行也。《诗》曰:"有觉德行,四国顺之。"觉者,着也,王者有明着之德行于世,则四方莫不响应,风化善于彼矣。故曰:悦于庆赏,严于刑罚,疾于法令。(《春秋繁露·郊语》)

可见,董子对于天下永全的向往并不是肤浅的想象,而是基于他对于历史兴衰的深刻洞察和对于政治哲学的缜密思维。

## 六、"天之所弃"与"天下所患"

在董子的理论体系中,也有众多警示之词:

天之所弃,天下弗桀纣是也。天子之所诛绝,臣子弗得立,蔡世子逢丑父是也。天父父所绝,子孙不得属,鲁庄公之不得念母,术辄之辞父命是也。(《春秋繁露·观德》)

人始生有大命，是其体也。有变命存其间者，其政也。政不齐则人有怨怒之志，若将施危难之中，而时有随、遭者，神明之所接，绝续之符也。亦有变其间，使之不齐如此，不可不省之，省之则重政之本矣。进义诛恶绝之本，而以其施，此举汤武同而有异。汤武用之治往故。《春秋》明得失，差贵贱，本之天。王之所失天下者，使诸侯得以大乱之，说而后引而反之。故曰博而明，深而切矣。（《春秋繁露·重政》）

　　有非力之所能致而自至者，西狩获麟，受命之符是也。然后托乎《春秋》正不正之间，而明改制之义。一统乎天子，而加忧于天下之忧也；天下所患，而欲以上通五帝，下极三王，以通百王之道，而随天之终始，博得失之效，而考命象之为，极理以尽情性之宜，则天容遂矣。（《春秋繁露·符瑞》）

　　民无所好，君无以权也；民无所恶，君无以畏也。……所好多则作福，所恶多则作威。作威则君亡权，天下相怨；作福则君亡德，天下相贱。故圣人之制民，使之有欲，不得过节；使之敦朴，不得无欲。无欲有欲，各得以足，而君道得矣。——《春秋繁露·保位权》

他认为君主应该和天下同忧患，顺应民众的好恶，针对不同情况，采取不同措施，使得民众"各得以足"，从而实现"君道"。

## 七、重估董子之学

　　除了董子在世时"为儒者宗"以外，《春秋繁露》一书也代有著录，至清代时更有学问大家予以校勘注释：

　　（卢）文弨孝谨笃厚，潜心汉学，与戴震、段玉裁友善。好校书，所校《逸周书》《孟子音义》《荀子》《吕氏春秋》《贾谊新书》《韩诗外传》《春秋繁露》《方言》《白虎通》《独断》《经典释文》诸善本，镂板惠学者。（《清史稿·儒林列传二》）

凌曙尤其推崇《春秋繁露》：

　　凌曙为仪征阮元校辑经郭，尽见魏、晋以来诸家《春秋》

> 说。深念《春秋》之义，存于公羊，而公羊之学，传自董子。董
> 子《春秋繁露》，识礼义之宗，达经权之用；行仁为本，正名为
> 先；测阴阳五行之变，明制礼作乐之原；体大思精，推见至隐，
> 可谓善发微言大义者。然旨奥词赜，未易得其会通，浅尝之夫，
> 横生訾议；经心圣符，不绝如线，乃博稽旁讨，承意仪志，梳其
> 章，栉其句，为注十七卷。（《清史稿·儒林列传三》）

确如凌曙所言，董子《春秋繁露》"体大思精，推见至隐"，但是旨趣深奥，言辞隐微，不太容易融会贯通。浅尝辄止的人加上先入之见，之前是以为董子是"唯心主义者"，而近年则指责他为思想专制的始作俑者，于是横生出很多讥讽之词，而学理上的探讨反而不够，令人遗憾。

本文为"2020 中国·衡水董仲舒与儒家思想国际学术研讨会"提交的论文。

张丰乾（1973—），男，甘肃古浪人，哲学博士，中山大学哲学系教授。

# 董仲舒:"先经而后权,贵阳而贱阴"
## ——公羊经权观念天道化、德性化的双重改造[1]

### 唐 艳

经权常变,是公羊家的重要范畴与核心观念。"经"与"权"相对,"常"与"变"相反,"经""常"指获得大范围认可的伦理规矩,是较为长久、稳定而已被普遍化的法则定律;"权""变"则为灵活处置,适合融通,短暂性地因事制宜、因时制宜、因人制宜、因地制宜。孔子强调"守死善道"[2],崇"礼"重"仁",至死不离,强调守"经"不踰。《论语·八佾》曰:"尔爱其羊,我爱其礼"[3],对孔子而

---

[1] 基金项目:本文系国家社科基金重大项目"董仲舒传世文献考辨与历代注疏研究"(19ZDA027)、上海交通大学"董仲舒青年学者支持计划"《董仲舒君子"治身不敢违天"思想研究》(HS-SJTU2020B02)阶段性成果。

[2] 《十三经注疏》,何晏注,邢昺疏:《重刊宋本论语注疏附校勘记·卷第八·泰伯》(影印本),台北:艺文印书馆,2013年,第72页上。

[3] 钱穆:《论语新解·八佾》,生活·读书·新知三联书店,2012年,第66页。

言，礼法至高无上，不可违背①。《子罕》曰："子绝四：毋意、毋必、毋固、毋我。"邢昺《正义》曰："孔子则无可无不可，不固行也。"② 可见孔子也崇变礼、活礼，而非死礼。"可与共学，未可与适道；可与适道，未可与立；可与立，未可与权。""共学""适道""与立""与权"，从概念层次关系而言，"权"不同于"经"，非率于礼法，不可轻易"与"之，需灵活应变，见机而作，唯圣贤能为。孟子将"权"延伸至个体伦理实践领域，以"权"处理和解决各种道德两难困境，彰显人之"善端"。《孟子·离娄上》曰："男女授受不亲，礼也。嫂溺，援之以手，权也。"赵岐注曰："权者，反经而善也。"③违背男女之礼，嫂命有存，可谓存仁取善。人人见此情景，本性使然，猝然相救，急不暇虑，礼法岂能胜人之本能性情?!"嫂溺不援，是豺狼也"，紧急情况，不知行权，与禽兽何异？孟子还将"执一"

---

① 颜渊、孔鲤死，孔子悲恸至极，自己虽"非在大夫位"，但仍坚持维护大夫坐车马上朝之礼，不肯卖车厚葬之。父子之亲，师徒之爱，皆不抵礼之尊贵，见其守"礼"之志，"礼"比命贵。《论语·为政》曰："生，事之以礼；死，葬之以礼，祭之以礼。"朱熹注曰："人之事亲，自始至终，一于礼而不苟，其尊亲也至矣。"见朱熹：《四书章句集注·论语·为政》，中华书局，2011年，第56页。人欲孝敬其亲，无论生死，侍奉父母之礼必"无违"。胡适认为，儒最初是"殷商民族的教士"，他们以"治丧相礼"为业，孔子重视丧礼便不足为奇。参阅胡适：《胡适论学近著·卷一·说儒》，见《民国丛书》，上海书店，1989年，第3页。孔子虽守"礼"，但明亲疏之别，《论语·先进》曰："才不才，亦各言其子也。鲤也死，有棺而无椁，吾不徒行以为之椁。以吾从大夫之后，不可徒行也。"孔颖达疏曰："此举亲喻疏也。言渊才鲤不才虽异，各言其子则同，我子鲤也，死时但有棺以家贫而无椁，吾不卖车以作椁，今女子死安得卖我车以作椁乎。"见《十三经注疏》，何晏注，邢昺疏：《重刊宋本论语注疏附校勘记·卷第十一·先进》（影印本），台北：艺文印书馆，2013年，第97页上。孔子认为，亲疏之子，不可等同一视，"礼"必有差等，此非墨家之"兼爱"。颜回视孔子如父，而孔子却"不得视犹子"，爱其所爱，疏其所疏，不容置疑，孔子守"礼"有前提、有分寸、有底线，而非概而论之。参见《十三经注疏》，何晏注，邢昺疏：《重刊宋本论语注疏附校勘记·卷第十一·先进》（影印本），台北：艺文印书馆，2013年，第97页下。

② 《十三经注疏》，何晏注，邢昺疏：《重刊宋本论语注疏附校勘记·卷第九·子罕》（影印本），台北：艺文印书馆，2013年，第77页下。

③ 《十三经注疏》，赵岐注，孙奭疏：《重刊宋本孟子注疏附校勘记·卷第七下·离娄章句上》（影印本），台北：艺文印书馆，2013年，第134页下、135页上。

"执中无权",视为"贼道"①,"权"乃活泼泼之变术,以心量衡,以义审度,通时达变,内不愧对良心,外不挑战礼法,便可行"权"。荀子以"礼"为"权"设限,《荀子·非十二子》篇曰:"宗原应变,曲得其宜",王先谦曰:"宗原,根本也。"② 万变不离其宗,本原不丢失,乃得其宜。《大略》篇曰:"礼之正国家也,如权衡之于轻重也,如绳墨之于曲直也。"③ 礼为"人道之极"④,贯穿人事终始,道德伦理、政治礼法无不以"礼"为本。

董仲舒继孔、孟、荀之后,严判公羊学"反经"⑤ 之说,注入与渗透儒家仁义之道,为权变之法寻求道德人伦依据,既维护纲常伦理,又不失人道性情,关注行权主体之道德动机,充分发挥儒家"仁义"精神之德性力量;还把经、权问题上升至天道高度,以阴阳运行机理诠释经、权,以天道信念构筑经权常变之终极归宿。董仲舒循天道以尽人事,论证出天道法则与德性实情之间的关系结构,保持其适度而合理的张力,展开公羊学"反经合道""反经为善"的面向,严格控制权变的边际,完成了对经权关系的天道构建与德性诠释的双向改造,因而也充实、丰富了公羊家经权常变观念的思想内容。

---

① 《孟子·尽心上》曰:"杨子取为我,拔一毛而利天下,不为也。墨子兼爱,摩顶放踵利天下,为之。子莫执中,执中为近之。执中无权,犹执一也。所恶执一者,为其贼道也,举一而废百也。"杨子过于利己,无天下情怀;墨子太无我,无视人欲;子莫执中而不知权变,与"执一"无异,此皆为不知"权","权"不该被教条化、刻板化、极端化。引文见《十三经注疏》赵岐、孙奭:《重刊宋本孟子注疏附校勘记·卷第十三下·尽心章句上》(影印本),台北:艺文印书馆,2013年,第239页上。
② 王先谦:《荀子集解·非十二子篇》,沈啸寰、王星贤整理,中华书局,2012年,第104页。
③ 王先谦:《荀子集解·大略篇》,沈啸寰、王星贤整理,中华书局,第479页。
④ 王先谦:《荀子集解·礼论篇》,沈啸寰、王星贤整理,中华书局,第347页。
⑤ 许慎《说文解字》中将"权"解释为"反常",见《说文解字·卷六》(影印本),中华书局,1963年,第117页。段玉裁《说文解字注》曰:"一曰反常。《论语》曰'可与立,未可与权';《孟子》曰'执中无权,犹执一也';《公羊传》曰'权者何,权者反于经,然后有善者也'。"可见,孔子"未可与权",孟子"执一",与《公羊传》"反经"之意相通。

## 一、概念规定：权而有衡，终不离经

《说文》曰："经，织也"，《玉篇》曰："经纬以成缯帛也。"经，原指织物纵向之线，引申为绝对、普遍、统一之规定。"权"与"经"相对，即特殊情况、紧急关头应急之施。"经"与"权"，"常"与"变"，各相对应。《广雅·释诂》曰："经，常也。"① 《说文》释"权"为"反常"②，经与权，常与变之间，内容相近，亦有所差异。余治平认为，"常"中有"经"，但是"经"却未必就能代表常；同时，"变"蕴涵着"权"，但是"权"却不能等同于"变"。实际生活中，经权关系，亦被理解为常变关系，即所谓"原则性"与"灵活性"，"坚守真理"与"联系实际"③。权与变、经与常，相互依存，相互作用。

权，《尔雅·释木》曰："权，黄英。"④《说文》曰："权，黄花木也。"权，本意为一种植物，因其木材坚硬致密，不易变形，被用作秤之杆、锤之柄、拄之杖，或雕刻用材，后引申为"衡器"。《玉篇》曰："权，称锤也。"古人称物重，移动秤砣以保持平衡，多则进，少则退，故称锤亦作"铁权"。"权"引申为动词，称重、衡量、称量之意，《论语·尧曰》云："谨权量，申法度"，何晏《集解》引包咸曰："权，称也。"⑤《孟子·梁惠王上》曰："权，然后知轻重"，

---

① 王念孙：《广雅疏证·卷第一上·释诂》，张靖伟等校点，上海古籍出版社，2016年，第38页。
② 参阅桂馥：《说文解字义证》，齐鲁书社，1987年，第476页。
③ 参阅余治平：《经权、常变的智慧》，见《中国的气质——发现活的哲学传统》，中国社会科学出版社，2014年，第214－215页。
④ 《十三经注疏》，郭璞注，邢昺疏：《尔雅注疏·释木》，上海古籍出版社，2010年，第469页。
⑤ 《十三经注疏》，何晏注，邢昺疏：《重刊宋本论语注疏附校勘记·卷第二十·尧曰》（影印本），台北：艺文印书馆，2013年，第178页上。

赵岐注曰："权，铨衡也。"① 荀子曰："欲恶取舍之权"②，"不权轻重"③，权，平轻重之意。程颐曰："权只是称锤，称量轻重。"④ "权"，最初指以器具称物之事，以明轻重之分。

"权""量""衡"，三位一体，不相分离。《汉书·律历志上》曰："衡，平也，权，重也，衡所以任权而均物平轻重也"，"权者，铢、两、斤、钧、石"⑤。权主轻重，衡主均平，无权不衡，无衡不权。颜师古曰："权谓斤两也。量，斗斛也。"⑥ 孟康曰："权、衡、量，三等为参。"⑦ 权与衡、量紧密关联，相互制约，《尚书·虞书·舜典》曰："同律度量衡"，孔安国曰："律法制及尺丈、斛斗、斤两皆钧同。"⑧《礼记·月令》曰："同度量，平权衡。"⑨ 唯有"权""衡""量"保持高度同步、统一、谐和，称物之事方可成功。

秦始皇诏文权，统一度量衡，"秤锤"被赋予政治、文化内涵⑩。权，本普通植物，因其独特属性，用以称重器具之要件。权重，权衡，权量，至经权，其"权"之含义愈发丰富、深刻。《汉书·律历

---

① 《十三经注疏》，赵岐注，孙奭疏：《重刊宋本孟子注疏附校勘记·卷第一下·梁惠王章句上》（影印本），台北：艺文印书馆，2013 年，第 23 页上。

② 王先谦：《荀子集解·不苟篇》，沈啸寰、王星贤整理，中华书局，2012 年，第 51 页。

③ 王先谦：《荀子集解·非相篇》，沈啸寰、王星贤整理，中华书局，2012 年，第 74 页。

④ 程颢、程颐：《二程集》（上册），中华书局，1981 年，第 234 页。

⑤ 班固：《汉书·律历志上》，中华书局，2012 年，第 900、901 页。

⑥ 班固：《汉书·律历志上》，中华书局，第 890 页。

⑦ 班固：《汉书·律历志上》，中华书局，第 901 页。

⑧ 《十三经注疏》，孔安国、孔颖达：《重刊宋本尚书注疏附校勘记·卷第九·商书·盘庚上》（影印本），台北：艺文印书馆，2013 年，第 38 页上。

⑨ 《十三经注疏》，郑玄、孔颖达：《重刊宋本礼记注疏附校勘记·卷第十六·月令》（影印本），台北：艺文印书馆，2013 年，第 327 页上。

⑩ 秦始皇廿六年诏书权，乃生铁铸之秤锤，呈十边棱柱体，表面铸铭文四十字，阳文篆体，自右往左为"廿六年，皇帝尽并兼天下诸侯，黔首大安，立号为皇帝，乃诏丞相状、绾，法度量，则不壹歉疑者，皆明壹之。"《史记·秦始皇本纪》曰："一法度衡石丈尺，车同轨，书同文。"见司马迁：《史记·秦始皇本纪》，中华书局，2011 年，第 205 页。

志上》曰:"权与物均而生衡,衡运生规,规圆生矩,矩方生绳,绳直生准,准正则平衡而钧权矣。"① 权方能衡,衡方能准,准方能正,正不失道,物久存矣。《吕氏春秋·自知》曰:"欲知平直,则必准绳。欲知方圆,则必规矩。"② 有权必衡,衡则能定,定后能安。修身立命,齐家治国,莫不汲汲于权衡之理。若人无规矩,事无底线,则私心泛滥,纵欲无度,恍恍惚惚,浑浑噩噩,身处大地,不知其厚;举头问天,不知其高。生命无所止,本性无所从,难成人性也。

"权"而后知轻重、明暗、善恶、贵贱、荣耻、义与不义之分,人得此理,方能为善。衡乃权之志,权而衡之,亦以善为美。《荀子·礼论》曰:"绳墨诚陈矣,则不可欺以曲直;衡诚悬矣,则不可欺以轻重","绳者,直之至;衡者,平之至"③。绳不畏直,衡不忧平,二者无物可欺。平,《广韵》曰:"和也。"《尔雅·释诂》曰:"易也。"邢昺疏曰:"易者,不难也。和平、均一,皆易直也。"④《穀梁传·宣公三年》曰:"平者,成也。"⑤ 万物平则不偏枉,取其均一,和气致祥,物莫不有成。《小尔雅·广衡》曰:"斤十谓之衡,衡有半谓之秤。"旧注曰:"称,十五斤。"⑥ "衡"亦不离称重,十斤

---

① 班固:《汉书·律历志上》,中华书局,2012年,第900页。
② 许维遹:《吕氏春秋·自知》,中华书局,2017年,第646页。
③ 王先谦:《荀子集解·礼论篇》,沈啸寰、王星贤整理,中华书局,2012年,第347页。
④ 《十三经注疏》,郭璞注,邢昺疏:《尔雅注疏·释诂》,上海古籍出版社,2010年,第62页。
⑤ 《十三经注疏》,范宁注,杨士勋疏:《重刊宋本穀梁注疏附校勘记·卷第十二·宣公三年》(影印本),台北:艺文印书馆,2013年,第117页上。
⑥ 胡承珙:《小尔雅义证·广衡》,石云孙校点,黄山书社,2011年,第155页。

之谓，乃全大之数①，衡有至善之德。权以衡为贵，权之左右进退，以求衡之均和，万物至衡，和谐有序，与天地共美而不殆；衡以权为媒，无权则轻重不明，或多或少，或大或小，或厚或薄，难以成其中和。

称物有标准，权衡有限度，权而有衡，终不离经。桓公十一年，《公羊传》曰："权者反于经，然后有善者也。"何休《解诂》曰："'权'者，称重。"②"权"虽不从"经"，超越"经"之限制、束缚，掂量轻重急缓，比较利害得失，至善而行，与"经"志相孚契，同归殊途而已。《周易·系辞下》曰："巽以行权。"韩康伯注曰："权，反经而合道。"③老子曰："人法地，地法天，天法道，道法自然。"董平认为，"道"为宇宙全部现象所归极统一的本质原点④。"合道"是万物成就自性、追求本真的终极归宿，"合善"是人道德理想之最高境界，"道"与"善"皆是"衡"所意指的和谐完美境地，权而后能衡，何以脱离经？朱熹将"经""权"与"道"作以形象比喻，"称得平，不可增加些子，是'经'；到得物重衡昂，移退是'权'；依旧得

---

① 桓公三年，何休《解诂》曰："十年有'王'者，数之终也。"见《十三经注疏》，何休注，徐彦疏：《春秋公羊传注疏·桓公三年》（上），刁小龙整理，上海古籍出版社，2013年，第133页。《说文》曰："十，数之具也。'一'为东西，'丨'为南北，则四方中央具矣。""十"乃物之全尽、广大之数。《繁露·天地阴阳》以"十端"解释宇宙发生机理，"天、地、阴、阳、木、火、土、金、水，九，与人而十者，天之数毕也。故数者至十而止，书者以十为终，皆取之此。"转引自钟肇鹏主编：《春秋繁露校释·天地阴阳》（校补本），河北人民出版社，2005年，第1085页。宇宙十大构成性元素，始于天，毕于人，天地、阴阳、五行，盘根错节，纠缠往复，缺一不可。《周易·系辞上》曰："天一，地二，天三，地四，天五，地六，天七，地八，天九，地十，"见高亨：《周易大专今注·系辞上》，齐鲁书社，1998年，第396页。易生于一，成于十，天数为奇，地数为偶，天地相交，加之为十。《博雅》曰："人十月而生。"《汉书·窦田灌韩传》曰："利不十者不易业。"见班固：《汉书·窦田灌韩传》，第2092页。"十"乃全、大之数，释天地生生之理，天道、人道皆以其为美。

② 《十三经注疏》，何休注，徐彦疏：《春秋公羊传注疏·鲁桓公十一年》，刁小龙整理，上海古籍出版社，2013年，第175页。

③ 《十三经注疏》，王弼、韩康伯注，孔颖达疏：《重刊宋本周易注疏附校勘记·卷第八·系辞下》（影印本），台北：艺文印书馆，2013年，第173页下。

④ 董平：《老子研读》，中华书局，2015年，第129、135页。

平,便是'合道',故'反经'亦须'合道'也。"① "经"乃斤两准确而平衡,"权"乃斤两不准确,需移动秤砣,重新平衡,两者皆以"平衡"为目标,平衡即是"道",以"道"统合"经""权",二者有内在统一性。

"权",实则"经"之活用、发挥、变易、升华,本质从未脱离"经"。董仲舒基于公羊学"反经有善"之论,以"仁义"解释行权法则,使"权"归于人道之"经";以天道机理推演经、权关系,"以阴为权,以阳为经"②,阴气之虚,佐阳气之实,"阴权"不可脱离天命之"阳经"。黄朴民认为,董仲舒的"'经''权'处事方法论和相对平衡的理论"③,董仲舒上奉天意,下参人事,双向论证了经、权之间的生成逻辑和存在意义,在平衡、谐和、保守的天人关系中,还原"经常""权衡"之本意,启发后世理解经、权关系的学术思路。

## 二、道德注入:以"仁义"释"经权"

《春秋公羊传》极其重视权变问题,董仲舒为公羊学大师,以其独特学术思路与理论视野,将道德与人伦共同灌注于公羊学对经常、权变的解释体系中,促进经权德性化的生成。《春秋繁露·精华》曰:"《春秋》固有常义,又有应变。"④《春秋》一书,既肯定不变之正道礼法,又认同应势变化之历史事实。"所闻《诗》无达诂,《易》无达

---

① 黎靖德编:《朱子语类》(第3册),中华书局,1986年,第988页。
② 苏舆:《春秋繁露义证·阳尊阴卑》,中华书局,1992年,第319页。
③ 黄朴民:《试论董仲舒的"经权""平衡"观》,《烟台大学学报》(哲学社会科学版)1990年第3期,第70-74页。
④ 乾隆三十八年聚珍本影印,董仲舒:《春秋繁露·精华》,上海古籍出版社,1989年,第23页。

占,《春秋》无达辞。从变从义,而一以奉人。"① 达,《广雅·释诂》曰:"通也"②,通行、贯通、贯穿之意,《诗经》蕴意丰厚,不可能仅有一种解释;《易经》卦爻之变,亦无通用之卜辞;《春秋》之记载,更不可能以一种书例、辞法来诠释所有事件。《春秋繁露·竹林》曰:"《春秋》无通辞,从变而移。"③《春秋》之辞,随事而变,因人而异。董氏《春秋》学的各种结论,皆由"辞论"切入和开始,"辞"是董仲舒诠释《春秋》的工具和入口④。"《春秋》慎辞,谨于名伦等物者也。"慎,《尔雅·释诂》曰:"愼、神、溢,慎也。"刑昺曰:"谓谨慎也。"⑤《说文》曰:"谨也。"《春秋》用辞,谨小慎微,明察

---

① "一以奉人"一句,疑有争议,苏舆认为,凌本无"人"字,连下仁人为一句,非。本书言"奉天"者,屡矣,故以"奉天"为是。参见苏舆:《春秋繁露义证·精华》,中华书局,第92页。于首奎引刘师培《春秋繁露斠补》曰:"'奉人'疑'奉仁'之讹。下云'仁人',蒙此'仁'字言。"董天工笺文为"仁人"。见董天工:《春秋繁露笺注·精华》,黄江军整理,华东师范大学出版社,2017年,第55页。而周桂钿则认为,《王道通三篇》:"事功无已,终而复始,凡举归之以奉人。"本书有"奉天"之说,亦有"奉人"字之文,未可擅改。参阅钟肇鹏主编:《春秋繁露校释·精华》(校补本),第183、184页。结合上下之文,《春秋》言人事以明天道,从变从人,因人而异,"一"指天道,"人"指针对具体个人而言。乾隆三十八年聚珍本影印,董仲舒:《春秋繁露·精华》,上海古籍出版社,1989年,第24页。

② 王念孙:《广雅疏证·卷第一上·释诂》,张靖伟等校点,上海古籍出版社,第55页。

③ 转引自钟肇鹏主编:《春秋繁露校释·竹林》(校补本),中华书局,1992年,第76页。

④ 王刚:《"〈春秋〉无达辞"的知识生成与董仲舒的〈春秋〉辞论》,《衡水学院学报》2017年第5期,第8—22页。作者还认为,"《春秋》无达辞"非董仲舒个人创造,其源于《公羊传》最初定型时期。"《春秋》无达辞"乃口传之文,是董仲舒基于其学术立场而选定的。董仲舒摒弃了"无通义"之说,提出《春秋》之"义"在形态上虽有常、有变,但本质上,"大道""大义"却不可随意融通,唯有"辞"在围绕"事义"加以展开时,可变化万千,故有"达辞""通辞",而绝不承认有"通义"。董仲舒在对《春秋》文本赋予特殊性的过程中,《春秋》之"事"具有了无所不包及灵活多变的意义,并且人间意义与天意之间有了互动互感,从而在其天人之学中,将《春秋》改造为最可依凭的基本文本。

⑤ 《十三经注疏》,郭璞注,邢昺疏:《尔雅注疏·释诂》,台北:艺文印书馆,2013年,第77页。

秋毫，名号、伦常、礼法无一疏忽。

《春秋》之微言，辞无达例，善善恶恶，贵贵贱贱，重本逐末，主次分明，颇似妇人细腻之心。《春秋》之道，究经权之理，文辞灵动，书例微妙，人情伦理，体味在其中矣。《春秋繁露·精华》曰：

> 难者曰："春秋之法，大夫无遂事。又曰：出境有可以安社稷利国家者，则专之可也。又曰：大夫以君命出，进退在大夫也；又曰：闻丧徐行而不反也。夫既曰无遂事矣，又曰专之可也；既曰进退在大夫矣，又曰徐行而不反也，若相悖然，是何谓也？"曰："四者各有所处，得其处，则皆是也，失其处，则皆非也。《春秋》固有常义，又有应变。无遂事者，谓平生安宁也；专之可也者，谓救危除患也。进退在大夫者，谓将率用兵也；徐行不反者，谓不以亲害尊，不以私妨公也。此之谓将得其私，知其指。"①

据《春秋》之礼，大夫受君命而行，不得擅自做主，做有违君命之事。《春秋》经，僖公三十年，《公羊传》曰："大夫无遂事，此其言'遂'何？公不得为政尔。"徐彦疏曰："正以臣无自专之道也。"公子遂奉君命如京师回聘，又自作主张聘晋，何休解诂曰："疾其骄蹇自专，当绝之。"②《春秋》"遂"辞，"生事"之意，《公羊传》讥公子遂无礼自傲，矫于君令，擅生是非。又言大夫出使他国，出于国家安定、天下太平考虑，特殊情况可不受君命束缚；大夫受国君之命，后可自行处理进退、取舍之事；大夫奉君命出使他国，父母过世，也不必急于回国奔丧。这些事为何相互矛盾呢？董子认为，事各有其境，需因时制宜、因势制宜，方法与境遇相契合，乃得物之所是，何罪之有？《春秋》固然嘉许之。故公子结奉命送陪嫁陈侯夫人之鲁女，又擅自参加齐桓公之会盟，因其解救鲁庄公之危难，《春秋》

---

① 转引自钟肇鹏主编：《春秋繁露校释·精华》（校补本），河北人民出版社，2005年，第167页。

② 引文参见《十三经注疏》，何休注，徐彦疏：《春秋公羊传注疏·僖公第三十年》（上），上海古籍出版社，2010年，第494页。

无贬抑。

董仲舒认为,《春秋》对公子结、公子遂之不同态度,源于二者不同之处境、动机与结果。《春秋繁露校释·精华》曰:"故有危而不专救,谓之不忠;无危而擅生事,是卑君也。"① 君主有危难,臣子必救其君,此臣之正道,相比"遂"事之罪,前者为重,后者为轻;若无危难之事,臣子擅自生事,便是"卑君",故"行权"非想当然之事,必以当时情境为前提,唯有紧急、关键、必要、迫切之时,方可行权,"权"与"罪"实则一"时(事)"之差,适时、适事用权,才能免其罪责。

人之为人,守经、常之道,亦能应权、变之理,二者相互并用,各司其职。"《春秋》之道,固有常有变。变用于变,常用于常。各止其科,非相妨也。"② 董仲舒认为,《春秋》之法,无一金科玉律,它允许常态、变态共存,且二者仅在各自生存领域中发挥作用、价值与功能,"经"不可囊括"权","权"亦不会妨碍"经"。

经权、常变用于人之礼法,便为"经礼"与"变礼"。《春秋繁露·玉英》曰:

> 《春秋》有经礼,有变礼。为如安性平心者,经礼也;至有于性,虽不安于心,虽不平于道,无以易之,此变礼也。辞穷无称,称主人,变礼也。天子三年然后称王,经礼也;有物故则未三年而称王,变礼也。妇人无出境之事,经礼也;母为子娶妇,奔丧父母,变礼也。③

董仲舒将《春秋》记载之礼节,分为"经礼"和"变礼",英国剑桥大学 M. 鲁惟一教授指出,前者要永远遵守,不变的,而后者则

---

① 转引自钟肇鹏主编:《春秋繁露校释·精华》(校补本),河北人民出版社,2005年,第167页。
② 乾隆三十八年聚珍本影印,董仲舒:《春秋繁露·竹林》,上海古籍出版社,1989年,第16页。
③ 乾隆三十八年聚珍本影印,董仲舒:《春秋繁露·玉英》,上海古籍出版社,1989年,第20页。

可以根据实际情况改变或者摒弃①。《春秋繁露·竹林》曰："无以平定之常义，疑变故之大义，则几可谕矣。"②"平定之常义"和"变故之大义"，均为"义"，不可以"常"排斥、否定"变"，亦不能以"变"挑战、脱离"常"，《春秋》大义以常、变两种方式存在。"经礼"，其旨可循，使人内心安顿、平和；而"变礼"，因事而定，法度难寻，使人恐慌不安，不知所措。"权变"恰恰迎合了人在特殊境遇下之两难与尴尬，董仲舒强调"安其情"，而不可"夺其情"③，人之情实之需，使"权变"存在成为必然。"权变"以"人情"为基础，《礼记·丧服四制》曰："有恩有理，有节有权，取之人情也。"④礼仪法度，权变智慧，皆不可脱离人情。《郭店楚简·性自命出》曰："道始于情，情生于性"，"礼作于情"⑤，人情始发于性，圣王制礼作乐，源于人之常情，非教条规矩所能概论之。按《春秋》之礼，婚礼不称主人，男女往来，必以其父兄之名义，此谓"经礼"；若新郎父亲已死，又无兄长，唯以新郎之名义，此谓"变礼"。天子在父王死后三年，方可即位称王，以明"孝子之心，则三年不忍当也"，此谓"经礼"；《春秋》经，文公九年，《公羊传》曰："民臣之心，不可一日无君；缘终始之义，一年不二君；不可旷年无君"⑥，考虑到国家政治稳定，若有特殊需要，不足三年而即位，亦可行之，此之谓"变礼"。

"经礼"与"变礼"实则都是"礼"之两种表现形式，二者都不违背"礼"最根本的原则、要求。韩婴在《韩诗外传》中曰："夫道

---

① M. 鲁惟一：《董仲舒："儒家"遗产与〈春秋繁露〉》（Dong Zhongshu, a "Confucian" Heritage and the Chunqiu Fanlu），中华书局，2011年，第280页。
② 苏舆：《春秋繁露义证·竹林》，中华书局，1992年，第53页。
③ 董仲舒：《春秋繁露·天道施》，乾隆三十八年聚珍本影印，上海古籍出版社，1989年，第100页。
④ 《十三经注疏》，郑玄、孔颖达：《重刊宋本礼记注疏附校勘记·卷第四十九·丧服四制》（影印本），台北：艺文印书馆，2013年，第1032页下。
⑤ 李零：《郭店楚简校读记·性自命出》，人民大学出版社，2007年，第136页。
⑥ 《十三经注疏》，何休注，徐彦疏：《春秋公羊传注疏·卷第十三·文公第三十年》（上），第546页。

二，常之谓经，变之谓权。怀其常道而挟其变权，乃得为贤"①，"经""权"乃"道"之不同表现形式，一个人既能守"经"，又能用"权"，方可谓有贤德。

"权"之本意为"秤砣"，必以"杆秤"为标准、参照，否则难以"平衡"；"行权"之主体为"人"，人之所以为人，必有其内在限度、规定、要求和底线。《周易·说卦传》曰："立人之道曰仁与义。"②在儒家思想中，"仁义"之道，乃做人之本。《春秋繁露·仁义法》曰："《春秋》之所治，人与我也。所以治人与我者，仁与义也。"③《春秋》之法，无外乎"仁"与"义"，董子重仁贵义，故有"正其道不谋其利，修其理不急其功"之说。董仲舒将儒家仁义道德作为行权之准则，催生出两种不同行权路径，即以"义"行权与以"仁"行权。

《春秋》经，鲁桓公十一年，"宋人执郑祭仲，"④《春秋》之著名权变事例，《公羊传》曰：

> 祭仲者何？郑相也。何以不名？贤也。何贤乎祭仲？以为知权也。其为知权奈何？古者郑国处于留，先郑伯有善于部公者，通乎夫人，以取其国而迁郑焉，而野留。庄公死已葬，祭仲将往

---

① 韩婴撰，许维遹校释：《韩诗外传集释》，中华书局，1980年，第34页。
② 来知德：《周易集注·说卦传》，九州出版社，2004年，第390页。
③ 转引自苏舆：《春秋繁露义证·仁义法》，中华书局，1992年，第243页。
④ 《十三经注疏》，何休注，徐彦疏：《春秋公羊传注疏·鲁桓公十一年》，上海古籍出版社，2010年，第172页。对《春秋》"祭仲行权"之事，《春秋》三传以不同史学观、伦理观为出发点，各抒己见，《左传》认为，以经书"仲"为称名，责祭仲之罪；《公羊》则以"仲"为字，嘉美祭仲"逐忽立突"的权变之贤；《穀梁》则认为，祭仲没能为君死难，恶其不守臣道，董中舒从《公羊》意，并通过对比、举例、论证等方式，辩护"祭仲"行权之"义"。直至宋代，《春秋》学者一致反对《公羊传》之"祭仲行权论"，极力申讨祭仲之大罪，宋代家铉翁、孙复、刘敞、黄仲炎、胡安国等，从叛国僭君、违逆臣道、不为死节、不安其职等方面予以批评。参见孙旭红《权者反经，有善乃为——宋代〈春秋〉经解中的经权关系》，见《孔子学刊》第三辑，上海古籍出版社，2012年，第231-243页。由此观之，不同时代公羊家们也会持不同学术立场，董仲舒作为儒学大家，更多还是继承孔、孟仁义之道，把"权变"落实于人事，把历史人物置于具体情景中还原、考量，彰显"恕"道，而非空谈修养、固化法统。

省于留,途出于宋,宋人执之。谓之曰:"为我出忽而立突。"祭仲不从其言,则君必死,国必亡。从其言,则君可以生易死,国可以存易亡。少遗缓之,则突可故出气而忽可故反,是不可得则病,然后有郑国。古人之有权者,祭仲之权是也。权者何?权者反于经,然后有善者也。①

祭仲,郑国之相,郑庄公薨,祭仲立太子忽为君,即郑昭公。祭仲至留地视察,途径宋国被捕,据《史记·郑世家》记载,宋庄公闻祭仲立忽,使人诱召祭仲而执之②。宋庄公威胁祭仲"出忽立突",祭仲深谋远虑,权衡轻重而许之。后突归郑,立为郑厉公,忽出奔卫。桓公十五年,祭仲逐突居蔡,忽复归郑,立为昭公。

面对宋公逼迫,祭仲若不从其言,国灭君亡,性命不保;若从其言,自己将获逐君之罪。《孟子·尽心下》曰:"民为贵,社稷次之,君为轻。"③国若不保,君何以存?祭仲从长计议,暂许宋,待时机成熟,讨突出,忽归反,此可谓权成矣;若权不能成,祭仲患逐君之罪,必死无疑。祭仲权变之策,非一时冲动,感情用事,而是几经权衡、考量之结果,实则舍小我,救大我。何休《解诂》曰:"祭仲死则忽死,忽死则郑亡。生者,乃所以生忽存郑,非苟杀忽以自生,亡郑以自存。"④ 祭仲处变行权,出于道义,而非贪生怕死。臣为君死,臣之正道,今祭仲废忽立突,虽背礼枉道,但终有保国之志,存国之实,出于仁,合于道,归于义,不当责之。

君臣之礼,国之规约,非刻板僵化之教条,需见机行事,通时达变。祭仲以保国之功除逐君之罪,董仲舒嘉美其权变之贤。日本重泽俊郎引《春秋繁露·王道》曰:"祭仲之出忽立突,此执权存国,行

---

① 《十三经注疏》,何休注,徐彦疏:《春秋公羊传注疏·鲁桓公十一年》,上海古籍出版社,2010年,第172—175页。
② 参阅司马迁:《史记·郑世家》。
③ 朱熹:《四书章句集注·孟子·尽心下》。
④ 《十三经注疏》,何休注,徐彦疏:《春秋公羊传注疏·鲁桓公十一年》,上海古籍出版社,2010年,第172—175页。

正世之义，守悁悁之心，春秋嘉其义焉"①，祭仲扶危救患，怀守国之志，行君臣之义，明忠君之心，臣子之正道也，故《春秋》美其权贤。《盐铁论·论儒》御史曰："祭仲自贬损以行权，时也。故小枉而大直，君子为之。"② 祭仲"自贬损"，蒙逐君之恶；不害人，立突不伤忽，以小过成就大功，其"义"自在其中。

　　董仲舒继承先秦儒家"舍瞽取义"之精神，以"义"为道德要求，衡量生死存亡之际行权之利弊。《春秋》"执权存国"之例，皆以"义"为重，《春秋繁露·王道》："鲁隐之代桓立，祭仲之出忽立突，仇牧、孔父、荀息之死节，公子目夷不与楚国，此皆执权存国，行正世之义，守悁悁之心，《春秋》嘉气义焉，故皆见之，复正之谓也。"③ 鲁隐公"代桓而立"，祭仲"出忽立突"，仇牧、孔父、荀息坚守节操而死，公子目夷虽有篡立之嫌，但却救宋国不被楚国所灭，保存宋公性命，与祭仲同属"自贬损以行权"之例。

　　同为杀身保君之逢丑父，《春秋》却不以"行权"论之。《春秋繁露·竹林》曰：

　　　　逢丑父杀其身以生其君，何以不得谓知权？丑父欺晋，祭仲许宋，俱枉正以存其君，然而丑父之所为，难于祭仲，祭仲见贤，而丑父犹见非，何也？"曰："是非难别者在此，此其嫌疑相似，而不同理者，不可不察。夫去位而避兄弟者，君子之所甚贵；获虏逃遁者，君子之所甚贱。④

　　《春秋》以知权论贤，必别其微，逢丑父以"李代桃僵"之计，欺骗三君，大罪于晋，虽杀身救君，但侮辱齐国宗庙，俘虏逃生，使君有耻，非君子所为。"前正而后有枉者，谓之邪道"，先符合道义，结果却违背义，谓之"邪道"。逢丑父"欺而不中权，忠而不中义"，

---

① 重泽俊郎：《春秋董氏传：左传贾服注拇逸》，崇文书局，2018年，第13页。
② 桓宽撰，王利器校注：《盐铁论校注·论儒》，中华书局，1992年，第150页。
③ 乾隆三十八年聚珍本影印，董仲舒：《春秋繁露·王道》，上海古籍出版社，1989年，第27页。
④ 苏舆：《春秋繁露义证·竹林》，中华书局，1992年，第57页。

苏舆曰:"陷其君于不义"①,有忠无义,不得为"权",虽成功解救齐顷公,《春秋》恶之。而祭仲"出乎立突",鲁隐公"代桓而立",前者保国存君,后者安定社稷,起初虽违背义,结果均符合义。"前枉而后义者,谓之中权"②,中,正也,以"义"为终止、底线,可谓"知权",即使失败,《春秋》爱之。"杀人自生","亡人自存",自私自利,非君子所为,亦不能以此行权。"君子生以辱,不如死以荣"③,逢丑父应视死如归,以身殉国,行君臣之"义"。《春秋繁露·精华》曰:"是故胁严社而不为不敬灵,出天王而不为不尊上,辞父之命而不为不承亲,绝母之属而不为不孝慈,义矣夫。"④ 天不变道不变,唯从"义"可行权讲变。《郭店楚简·性自命出》曰:"始者重情,终者近义。"⑤《论语·里仁》曰:"义之与比",钱穆解曰:"只求合于义便从"⑥,君子以"义"衡量、判断行权之利弊,最为关键、可靠。荀子曰:"以义应变,知当曲直故也。"⑦ 随便而应不离"义",自当明是非善恶。二程曰:"权之为言,秤锤之义也。何物为权?义也。"⑧ 仁义乃为人之本,权不逆人道,由仁行义,存人之"几希"⑨。"权"必有"义"之制约、束缚、检验,否则一切皆在

---

① 苏舆:《春秋繁露义证·竹林》,中华书局,1992年,第59页。
② 苏舆:《春秋繁露义证·竹林》,中华书局,1992年,第57页。
③ 苏舆:《春秋繁露义证·竹林》,中华书局,1992年,第59页。
④ 苏舆:《春秋繁露义证·精华》,中华书局,1992年,第84、85页。
⑤ 李零:《郭店楚简校读记·性自命出》,人民大学出版社,2007年,第136页。
⑥ 钱穆:《论语新解·里仁》,生活·读书·新知三联书店,2012年,第85—86页。
⑦ 王先谦:《荀子集解·不苟篇》,沈啸寰、王星贤整理,中华书局,2012年,第41页。
⑧ 程颢、程颐:《二程遗书·卷十五·伊川先生语一》,中华书局,1981年,第164页。
⑨ 《孟子 离娄下》曰:"人之所以异于禽兽者几希。庶民去之,君子存之。舜明于庶物,察于人伦,由仁义行,非行仁义也。"赵岐注曰:"几希,无几也,知义与不知之间耳。"见《十三经注疏》,赵岐注,孙奭疏:《重刊宋本·孟子注疏附校勘记·卷第八上·离娄章句下》(影印本),台北:艺文印书馆,第145页下。

"可以然之域","经""常"将面临巨大挑战①。

　　董子认为,除"义"以外,行权若处于内心自发之"恻隐之心"②,亦值得称赞。《春秋》经,宣公十五年,"宋人及楚人平",《公羊传》曰:"外平不书,此何以书?大其平乎己也。"③ 据《公羊》辞法,"平"即讲和、停战之意。楚庄王围攻宋国都城,久攻不下,军中只剩七日粮草,便派司马子反窥探宋都境况,司马子反途中巧遇宋大夫华元前来侦察楚军处境,两人互报实情,司马子反在"闻人相食"之情况下,仁爱之心萌动,良心发显,不可遏制,不顾"内专政而外擅名"之嫌,"轻君""不臣"之罪④,终劝阻楚庄王与宋国谈和,停战退兵。司马子反篡权轻君,理应责贬,而《春秋》嘉美之,董仲舒认为是"仁心"发挥作用,"为其有惨怛之恩,不忍饿一国之民,使之相食。推恩者远之为大,为仁者自然为美。今子反出己之心,矜宋之民,无计其闲,故大之也"⑤。司马子反怜悯、同情敌军人民,施恩于他国,仁德厚远,值得称赞。《仁义法》曰:"远而愈贤,近而愈不肖者,爱也。"苏舆说:"爱之为道,愈及远则愈贤,愈

---

　　① 董仲舒对法家"实用主义"权变之术进行了儒家化之仁义限定与改造,《商子·更法》曰:"礼法以时而定,制令各顺其宜,兵甲器备各便其用。"见商鞅:《商子·卷一·更法》,见《钦定四库全书·子部三·商子》(影印本)。礼法、政令、兵器皆需因时制宜,因事制宜。《盐铁论·论儒》曰:"商君虽革法改教,志存于强国利民。"见桓宽撰,王利器校注:《盐铁论校注·论儒》,第150页。礼法从变,保国利民才是王道。"汉儒强调儒家之'经'实用层面、'术'的层面",董仲舒把法家"趋利"之变,转化为儒家"仁义"之道,即使行权目的均为保君存国,儒家仍以"仁义"为本论其功过,义利冲突,应"正其义",而非"谋其利"。引文见刘增光:《汉宋经权观比较析论——兼谈朱陈之辩》,《孔子研究》2011年第3期,第84—94页。

　　② 《十三经注疏》,赵岐注,孙奭疏:《重刊宋本孟子注疏附校勘记·卷第十一上·告子章句上》(影印本),台北:艺文印书馆,第195页上。

　　③ 《十三经注疏》,何休注,徐彦疏:《春秋公羊传注疏·宣公十五年》(下),上海古籍出版社,2010年,第675页。

　　④ 引文转自钟肇鹏主编:《春秋繁露校释·竹林》(校补本),河北人民出版社,2005年,第89页。

　　⑤ 转引自钟肇鹏主编:《春秋繁露校释·竹林》(校补本),河北人民出版社,2005年,第89页。

近则愈不肖，言广狭之异。"泛爱众而亲仁①，仁者，亲其亲爱其疏，待人宽厚而好施恩德。司马子反冒轻君之罪，不顾个人生死、楚国利弊，向敌军实施仁德，诚挚爱人，可谓仁人。

儒家君臣之礼，美誉归其君，唯君配以言之，此谓"人臣之法"，"古之良大夫"②，而司马子反离楚庄王很近，却不禀报谈和之事，一种解释是司马子反占国君之美誉；另一种解释是司马子反不得已而为之，何也？董仲舒认为，前者为"常礼"，"天下之常，雷同之义也"③。荣归于君，枉归于臣，此乃儒家经常之规定；后者是"变礼"，"一曲之变，独修之意也"④。司马子反虽行有不当，但情有可原，"夫目惊而体失其容，心惊而事有所忘，人之情也。通于惊之情者，取其一美，不尽其失。诗云：'采葑采菲，无以下体。'此之谓也。今子反往视宋，闻人相食，大惊而哀之，不意之至于此也，是以心骇目动而违常礼。礼者，庶于仁、文，质而成体者也"⑤。司马子反听说宋人交换孩子相食，震惊万分，哀怜不已，"不忍人之心"发动，无意识地违背让礼，可谓"当仁不让"。此刹那间，完全出于"恻隐之心"之善念，根本来不及思虑礼法之事，

---

① 《论语·学而》曰："泛爱众，而亲仁"，钱穆解曰："于众皆当泛爱，但当特亲其众中之仁者。"见钱穆：《论语新解·学而》，生活·读书·新知三联书店，第9页。儒家强调爱有差等，泛爱不等于无原则地爱，还应"以直抱怨，以德报德"，爱其所爱，恨其所恨，是非分明，才是儒家所坚持的立场。引文见《十三经注疏》，何晏注，刑昺疏：《重刊宋本论语注疏附校勘记·卷第十四·宪问》，上海古籍出版社，2010年，第129页上。
② 转引自苏舆：《春秋繁露义证·竹林》，中华书局，1992年，第51页。
③ 转引自苏舆：《春秋繁露义证·竹林》，中华书局，1992年，第51页。
④ 转引自苏舆：《春秋繁露义证·竹林》，第52页。此处"独"疑作"术"，天启本、凌本作"术"；谭本、苏本、王谟本、卢本"术"均作"独"，周本、孔校"术"作"独"。参阅钟肇鹏主编：《春秋繁露校释·竹林》（校补本），河北人民出版社，2005年，第94页。经苏舆考证，"术"通作"鹬"，则亦通作"遹"，《尔雅》训"遹"为"自遹修"之意，即自修之意；《诗·大雅·文王》曰："聿修厥德"，训为"自修"。参阅苏舆：《春秋繁露义证·竹林》，中华书局，1992年，第52页。董天工笺曰："术，权也。"参阅董天工：《春秋繁露笺注·注 竹林》，第36页。无论是"独修"或"术修"，皆以"自修"来解释二大夫"平乎己"的问题，均体现权变之意。
⑤ 转引自苏舆：《春秋繁露义证·竹林》，中华书局，1992年，第52页。

类似孟子"乍见孺子将入于井"①"嫂溺则援之以手乎"②之紧急情形，必先以仁救人，而后言礼。

"今使人相食，大失其仁，安著其礼，方救其质，奚恤其文。"于首奎曰："'质'者，仁也"，"'文'者，礼也"，"救质为重，恤文为轻，故急救之际，暂违常礼，可也"。文与质，仁与礼，有主次、轻重、本末之分，面对仁道已失之境况，必以救仁为重，礼法为轻③。"质不居文，文安施质"，若无相亲相爱之质，文礼约之，假言伪行，有何益处？"俱不能备而偏行之，宁有质而无文"④，文质不能两备，先质后文，质重于文。荀子曰："王者先仁而后礼，天施然也。"⑤ 王者以仁为先，受天之志，不可违背。任何情况下，"仁心"是根本，以此"行权"，才不会沦为"豺狼"，死守礼法，不知变通，舍本逐末也。苏舆曰："《春秋》贵仁，虽在失礼，犹嘉与之"⑥，《春秋》之微言大义，贵仁心之志，恶者以书例著其恶，贤者以微辞明其志。譬如，赵盾弑君而复见，许世子止未尝药至悼公死而书葬。按《春秋》辞例，弑君贼不复见，贼未讨不书葬，此皆特例书之，以明赵盾不亲弑，许世子不成弑。《春秋》用辞微妙谨慎，不疏其志，贤者不少其功，不肖者不免其罪。

祭仲因"前枉后义"被赞扬，司马子反因"行仁推恩"被嘉美，二者作为道德实践主体，董子贵于二者行权之道德动机与情感投入，所谓"原心定罪"⑦，《春秋繁露·精华》曰："必本其事而原其志"，

---

① 《十三经注疏》，赵岐注，孙奭疏：《重刊宋本孟子注疏附校勘记·卷第三下·公孙丑章句上》（影印本），台北：艺文印书馆，2013年，第65页下。
② 《十三经注疏》，赵岐、孙奭：《重刊宋本孟子注疏附校勘记·卷第七下·离娄章句上》（影印本），台北：艺文印书馆，2013年，第134页下。
③ 转引自钟肇鹏主编：《春秋繁露校释·竹林》（校补本），台北：艺文印书馆，2013年，第95页。
④ 转引自钟肇鹏主编：《春秋繁露校释·玉杯》（校补本），台北：艺文印书馆，2013年，第43页。
⑤ 王先谦：《荀子集解·大略篇》，中华书局，1988年，第473页。
⑥ 苏舆：《春秋繁露义证·竹林》，中华书局，1992年，第53页。
⑦ 班固：《汉书·何武王嘉师丹传》，中华书局，2012年，第3013页。

苏舆曰："事之委曲未悉，则志不可得而见"①，《春秋》贵志，先本于事之原委、境遇，而后论志之正邪、善恶。《说文》曰："志，从心之声"，内心最真实之想法、意念，"行权"一要合事之境遇，二要人心"志于道"②，即内心存于仁，行事循于义③，二者不可或缺。《春秋繁露·玉杯》曰："孔子立新王之道，明其贵志以反和④，见其好诚以灭伪"⑤，《春秋》行权变之理，随事而定，原其心志，心存仁义，可谓权矣。《春秋繁露·郊事》曰："故成王使祭周公以白牡，上不得与天子同色，下有异于诸侯。"⑥ 成王年幼，周公摄政，功德卓越，为周政权的建立和巩固都做出极大贡献，故成王祭祀周公，同于天子规格。若以经礼论之，有僭越之罪；若以变礼论之，细察其志，则明成王之感恩、敬重之心。

"行权"以"仁义"确定得失利弊，衡量伦理蕴意⑦。董仲舒将"仁义"归于"天道"，试图为人伦道德寻求终极依据。"天之为人性命，使

---

① 苏舆：《春秋繁露义证·精华》，钟哲点校，中华书局，1992年，第89页。
② 钱穆：《论语新解·述而》，中华书局，2006年，第154页。
③ 《孟子·尽心上》曰："居仁由义"，孙奭疏曰："仁以为居，义以为行"，仁安于内心，义见著人事。引文见《十三经注疏》，赵岐注，孙奭疏：《重刊宋本孟子注疏附校勘记·卷第十三下·尽心章句上》（影印本），台北：艺文印书馆，2013年，第240页下。
④ 苏舆认为，"和"疑"利"之误，"诚"、"伪"对文可证。参见苏舆：《春秋繁露义证·玉杯》，第28页。钟肇鹏曰："'和''利'形近而误。"见钟肇鹏主编：《春秋繁露校释·玉杯》（校补本），河北人民出版社，2005年，第48页。
⑤ 转引自苏舆：《春秋繁露义证·玉杯》，中华书局，2015年，第28页。
⑥ 乾隆三十八年聚珍本影印，董仲舒：《春秋繁露·郊事》，上海古籍出版社，1989年，第86页。
⑦ 董仲舒以"仁义礼智信"为五常，此乃人之最高道德理想，行权以"仁义"为准，还需有"智"，《礼记·丧服四制》曰："恩者，仁也；理者，义也；节者，礼也；权者，知也。仁义礼智，人道具矣。"孔颖达疏曰："量事权宜，非知不可。"引文见《十三经注疏》，郑玄、孔颖达：《重刊宋本礼记注疏附校勘记·卷第四十九·丧服四制》（影印本），台北：艺文印书馆，2013年，第1032页下。仁在德性等级和序列上一般是高于智的，但仁、智又往往是并列的。而在经权问题中，智也往往被看成首要的德性。参见李彬：《经权与文实——论董仲舒与何休对〈春秋〉"宋人及楚人平"的不同诠释》，《天府新论》2020年第2期，第26—35页。

行仁义而羞可耻,非若鸟兽然,苟为生,苟为利而已。是故《春秋》推天施而顺人理"①,人之性命源于天,天使人好仁贵义。"《春秋》之序辞也,置王于春正之间,非曰上奉天施而下正人",《春秋》开篇首句,置"王"于"春""正"之间,上奉于天,下正于人。董仲舒以"天"为君权设限,在信念本体上为君王构建不可逾越之道德防线。权变之理,亦以天道为准则,一方面,循天之志以行权,居仁由义,明人心之志;另一方面,居其事以用权,顺应人情,因事制宜。

## 三、天道机理:"亲阳而疏阴,任德而远刑"

经权仁义化,仁义天道化,似乎并不能发挥"天"的生命力与解释力,董仲舒以"阴阳五行"为动力支撑,构建了一套完善的宇宙体系,徐复观称其为"天的哲学大系统"②,基于此系统,董仲舒以阴、阳为本,构建了浑圆、灵动、活泼、完整之天道架构,充分施展阴、阳发生发展之机理,将经、权关系置于天道运动系统中予以论证说明。《汉书·董仲舒传》曰:"天道之大者,在阴阳"③,阴阳乃董子之"天"的核心构成与内在关键,亦是董仲舒宇宙论之重要特色。天道不离阴阳,阴阳变动,亦为天增添诸多精彩、丰富内容。传世文献

---

① 转引自苏舆:《春秋繁露义证·竹林》,钟哲点校,中华书局,1992年,第58—59页。
② 徐复观:《两汉思想史》(第二卷),华东师范大学出版社,2001年,第183页。
③ 班固:《汉书·董仲舒传》,中华书局,2012年,第2177页。

《春秋繁露·阴阳位》① 曰：

> 阳气始出东北而南行，就其位也；西转而北入，藏其休也。阴气始出东南而北行，亦就其位也；西转而南入，屏其伏也。是故，阳以南方为位，以北方为休；阴以北方为位，以南方为伏。阳至其位，而大暑热；阴至其位，而大寒冻。阳至其休，而入化于地，阴至其伏，而避德于下。②

据天道运行路线、轨迹、出入各不相同，阳之极盛，位处南方，时已暑热；阴之极盛，位处北方，时在大寒。阳处于北方为"休"，阴居南方则"伏"。阴阳各得其盛，又各有其衰，此消彼长，相伴相随，"同度"但"不同意"③。阴阳不仅在时空点上不并作、不俱出，各自的角色、分工、职能亦不同。

《春秋繁露·阴阳终始》曰："天之道，终而复始。故北方者，天之所终始也，阴阳之所合别也。冬至之后，阴俛而西入，阳仰而东出，出入之处常相反也。多少调和之适，常相顺也。有多而无溢，有少而无绝。春夏阳多而阴少，秋冬阳少而阴多，多少无常，未尝不分

---

① S. A. 桂思卓认为，《春秋繁露》的前两编很少提到宇宙论，而阴阳编的各篇却清晰地阐述了在统治者与阴阳四时之间存在的宇宙论上的关联性；阴阳各篇之间同样存在着某些区别，最大的差异在于它们各自的宇宙论假设；董仲舒可能是阴阳编之部分篇章的作者，而其他见基于多样化宇宙论框架之上的篇章则可能出自于董仲舒的后学。董仲舒赋予天道阴阳宇宙观重要的政治意义，尽管宇宙论观点之间存在差异，但并不能以差异论文本之真伪，差异性本身并不能代表多个作者的存在。参阅【美】S. A. 桂思卓：《从编年史到经典：董仲舒的春秋诠释学》（From Chronicle to Canon: The Hermeneutics of the Spring and Autumn, according to Tung Chung-shu），朱腾译，中国政法大学出版社，2008 年，第 94－101 页、第 99 页。后文在研究《春秋繁露》"阴阳"相关篇目，包括《阳尊阴卑》《天辨在人》《阴阳位》《阴阳终始》《阴阳义》等，皆以谨慎态度处理文本资料。

② 乾隆三十八年聚珍本影印，董仲舒：《春秋繁露·阴阳位》，上海古籍出版社，1989 年，第 70 页。

③ 转引自钟肇鹏主编：《春秋繁露校释·基义》（校补本），河北人民出版社，20055 年，第 791 页。

而相散也。以出入相损益,以多少相溉济也。"① 阴阳二气,此出彼入,互济互补,和洽有度,得其理而不相混杂,不同路相资为用。董仲舒认为,阴阳出入、损益乃天道变化之故,多而无溢,少而无绝,阴阳二气消长相随,强弱伴生,促成岁月四时循环更替。《春秋繁露·官制象天》曰:"天地之理,分一岁之变以为四时,四时亦天之四选也。是故春者少阳之选也,夏者太阳之选也,秋者少阴之选也,冬者太阴之选也。"② 阴阳二气多少顺逆之变化,调适出少阳、少阴、太阳、太阴,共同推动天地四时流转运动,故一岁之时呈现圆润、和谐、均匀之美感③。

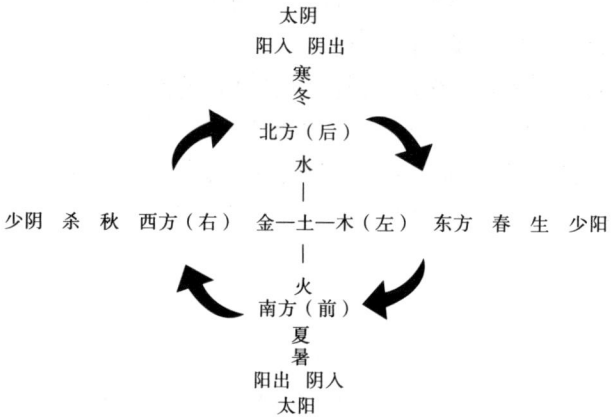

---

① 转引自苏舆:《春秋繁露义证·阴阳终始》,钟哲点校,中华书局,1992年,第331页。

② 转引自苏舆:《春秋繁露义证·官制象天》,钟哲点校,中华书局,1992年,第214页。

③ 在董仲舒看来,阴阳二气,其本性是灵动、活泼、动感、活跃的,而非僵化、刻板、静止的。余治平认为,董仲舒的宇宙发生是从阴阳二气开始的,这里的移、来、遇、合、别、适、上、下、还、出、入、均、平、损、益、始、成、藏、终,每一个概念都具有强烈的动感特征。阴阳变化,四时"更替",因而董仲舒的宇宙观就转动了起来,先秦儒家宇宙观到了汉初就被注入了强劲的动能,也一改过往呆板、凝固、僵死的局面。参见余治平:《"推阴阳"而动天地:董仲舒宇宙图式新探———如何实现对先秦儒家宇宙论的改造与超越》,《河北学刊》2020年第4期。

《春秋繁露》还将五行与四时、方位进行有序搭配、融合，进一步推动、促进阴阳运动，《天辨在人》篇曰："如金木水火，各奉其所主以从阴阳，相与一力而并功，其实非独阴阳也，然而阴阳因之以起，助其所主。故少阳因木而起，助春之生也；太阳因火而起，助夏之养也；少阴因金而起，助秋之成也；太阴因水而起，助冬之藏也。"董天工笺曰："共同成就功业。"① 阴阳变化，五行生胜，四时更替，春生少阳为木，夏养太阳为火，秋成少阴为金，冬藏太阴为水，阴阳与五行为不同概念系统，但各具能量，齐心协力，共显天道之功。

　　阴阳二气在天体运动结构中，互济互从，相存相依，但二者之功用、地位却不可一概论之。阴、阳之"常处"各异，天道始终以"阳"为主导，以"阴"为辅助、丛属。董仲舒的"天"，与人同类，有"喜怒之气、哀乐之心"②，天以"阴阳"明其所好，扬善弃恶，

---

①　董天工：《春秋繁露笺注·天辨在人》，台北：艺文印书馆，2013年，第165页。关于传世文献《春秋繁露》五行诸篇之文字真伪，台湾学者戴君仁在20世纪60年代指出，董仲舒的宇宙观仅涵盖阴阳观念，不包括五行观念，《春秋繁露》中涉及"五行"的九篇皆非出自董仲舒之手。参阅戴君仁：《董仲舒不说五行考》，《中央图书馆馆刊》，中央图书馆印行，1968年，第9—19页。美国学者S. A. 桂思卓在20世纪90年代也说："五行编是整个《春秋繁露》文本中最有问题的部分。"参阅《从编年史到经典：董仲舒的春秋诠释学》（From Chronicle to Canon: The Hermeneutics of the Spring and Autumn, according to Tung Chung-shu），第116—120页。英国剑桥大学M. 鲁惟一教授说："《春秋繁露》共有九篇以'五行'为题，其中七篇集中在一起，这说明它们有可能是从其他文献中增补过来的。"参阅M. 鲁惟一：《董仲舒："儒家"遗产与〈春秋繁露〉》（Dong Zhongshu, a "Confucian" Heritage and the Chunqiu Fanlu），戚轩铭、王珏、陈颢哲译，2017年，香港：商务印书馆，第265—267页。以上推论，从文本分析、内容比较上对中"五行"相关篇目持怀疑态度。2015年，日本北九州市立大学研究生斋目哲郎认为，由阴阳五行思想得出的《春秋繁露》伪书说的证明全部以失败告终。董仲舒的著述是以何种形式被归纳为《春秋繁露》并无充分说明，所以董仲舒的著书和现行版本之间还是存在着一些疑窦。参阅斋目哲郎：《关于〈春秋繁露〉的伪书说》，胡亦名，邓红翻译，《衡水学院学报》2015年第5期，第22—26页。故此，对《春秋繁露》"五行"相关篇目，一方面，没有新的文献发现之前，其真伪依然存疑，有待考证，目前所有说法均为主观推断；另一方面，我们又不得不借助现行《春秋繁露》传本，以其为真，而当作董仲舒、董仲舒学派的作品。

②　转引自苏舆：《春秋繁露义证·阴阳义》，中华书局，2015年，第333页。

辨是非，存私意①。《阴阳义》曰：

> 迹阴阳终岁之行，以观天之所亲而任。成天之功，犹谓之空，空者之实也。故清溧之于岁也，若酸碱之于味也，仅有而已矣。圣人之治，亦从而然。天之少阴用于功，太阴用于空。人之少阴用于严，而太阴用于丧。丧亦空，空亦丧也。是故天之道以三时成生，以一时丧死。死之者，谓百物枯落也；丧之者，谓阴气悲哀也。②

天道阴阳，随时而动，四时交替，活泼泼之宇宙图式，并非机械轮回运转。"天"随阴阳变化，彰显物之大德，近近、远远、好好、恶恶，明其所亲近、任用之对象，圣人必细察其理。苏舆曰："阴处空虚，佐阳成岁，是其实也。"③ 空虚乃阴气之本，寒冷之于年岁，好比酸碱之于味，只能作为阳气之辅助、陪衬。天地万物，无不崇阳厌阴，好生恶死，《周易·系辞下》曰"天地之大德曰生"，韩康伯注曰："施生而不为，故能常生"④，天地贵生，四时皆以"生"为重；人亦乐生，即便生命垂危，定言能活几日，而非几日将死。天地之道，生死有序，少阴润饰秋熟，太阴成全冬衰，皆从属于阳气；人以少阴严罚罪恶，太阴于丧死之事。天道四时，春、夏、秋主物之生成，唯冬一时主丧死，何也？万物皆以生为贵，以死为贱，天道亲阳不任阴，成其生化万物之大德。

"是故天之行阴气也，少取以成秋，其余以归之冬。圣人之行阴

---

① 人有先天之优越性，能体察天道之所旨，"人之超然万物之上，而最为天下贵也。"转引自钟肇鹏主编：《春秋繁露校释·天地阴阳》（校补本），第1085页。"物疢疾莫能偶天地，唯人独能偶天地。"转引自钟肇鹏主编：《春秋繁露校释·人副天数》（校补本），河北人民出版社，第800页。天人合一，同类相动，人之眼、耳、鼻、舌、身、心，触物而动，观象而思，察天道之美，见人道之智。
② 转引自钟肇鹏主编：《春秋繁露校释·阴阳义》（校补本），河北人民出版社，第765、767页。
③ 苏舆：《春秋繁露义证·阴阳义》，钟哲点校，中华书局，2015年，第333页。
④ 《十三经注疏》，王弼注，韩康伯、孔颖达疏：《重刊宋本周易注疏附校勘记·卷第八·系辞下》（影印本），台北：艺文印书馆，2013年，第166页下。

气也，少取以立严，其余以归之丧。"① 天不会滥用阴气，少取之以成物之秋熟，其余皆归于空虚，搁置不用。圣人甚用阴气，少取用于威严，其余用于丧亡之事，明好生之德，仁爱之心。天之阴气归于冬藏，人之终亡归于丧死。"空"与"丧"乃岁之末、物之终，"百物枯落"，"阴气悲哀"，绝不可成为万物之主流。杀然后生，亡然后存，周行不殆，循环往复，天理之所存焉。

天好阳恶阴，一岁四时，三时主生，一时主丧，故生重于丧，养重于杀。"天地之常，一阴一阳。阳者天之德也，阴者天之刑也。"②阳为德，阴为刑，德主刑辅。《淮南子·天文训》曰："日冬至则斗北中绳，阴气极，阳气萌，故曰冬至为德。日夏至则斗南中绳，阳气极，阴气萌，故曰夏至为刑。"刘文典曰："德，始生也"，"刑，始杀也。"③ 冬至阴极阳生，有生发之象，故以德养之；夏至阳极阴生，有肃杀之象，故以刑正之。《大戴礼记·四代篇》子曰："三德率行，乃有阴阳，阳为德，阴为刑"④，天、地、人，皆以阴阳行其德，崇阳之道，避阴之行，此天理也。

《春秋繁露·天辨在人》曰：

> 阴之行，春居东方，秋居西方，夏居空右，冬居空左，夏居空下，冬居空上，此阴之常处也。阳之行，春居上，冬居下，此阳之常处也。阴终岁四移，而阳常居实，非亲阳而疏阴，任德而远刑与！⑤

---

① 转引自钟肇鹏主编：《春秋繁露校释·阴阳义》（校补本），河北人民出版社，第767页。

② 转引自钟肇鹏主编：《春秋繁露校释·阴阳义》（校补本），河北人民出版社，2005年，第765、767页。

③ 刘文典：《淮南鸿烈集解·天文训》，安徽大学出版社、云南大学出版社，1998年，第94页。

④ 王聘珍：《大戴礼记解诂·四代》，王文锦点校，中华书局，1983年，第170页。

⑤ 转引自钟肇鹏主编：《春秋繁露校释·天辨在人》（校补本），河北人民出版社，2005年，第748页。

阴、阳二气有内在运转动能，加之"阴阳合别""阴阳兼合"①，共同促成阴阳二气交替作用，四时运转不休。阴气运行，春季处于东方，秋季处于西方，夏季阳气盛，阴气处右之空位，冬季阳气衰，阴气处左之空位，冬夏阴气分别处于上下之空虚位；阳气运行，春季居上，冬季居下。故阴气一岁四移，飘忽不定；阳气始终处其位，雷打不动。阳实阴虚，阳常阴变，显实隐虚，亲阳疏阴，任德远刑，明天道之意也。

　　阴阳二气运行，各有其理，阴虚善移，阳实常居。《阴阳位》曰："是故夏出长于上，冬入化于下者，阳也；夏入守虚地于下，冬出守虚位于上者，阴也。阳出实入实，阴出空入空，天之任阳不任阴，好德不好刑，如是也。故阴阳终岁各一出。"② 阳气始于东北，向南而行，至北而入，夏盛主长养则出；冬藏主化则为入，万物生息，以阳为实；阴气始于东南，向北而行，至南而入，冬出夏入皆守虚。董天工笺曰："此叙阴阳之位，阳出入俱实，阴出入俱空，以见天之好德不好刑也。"③ 天以阳为主，阴气被置于空虚之位，阳气之实被彰显呈现，而阴气之虚被回避、隐藏，万物皆为其证④。《汉书·董仲舒

---

① 参阅乾隆三十八年聚珍本影印，董仲舒：《春秋繁露·基义》，上海古籍出版社，1989年，第73页开始。

② 转引自苏舆：《春秋繁露义证·阴阳位》，中华书局，2015年，第77页。

③ 董天工：《春秋繁露笺注·阴阳位》，华东师范大学出版社，2017年，第167页。

④ 阴阳、实空之关系，非感官所能体达，而是掺杂个体主观意识、联想、体验、情感、想象的综合产物。《小尔雅·广诂》曰："实，满也，塞也。"见胡承珙：《小尔雅义证·广诂》，石云孙校点，黄山出版社，2011年，第24页。阳气出入，饱满充实，蓬勃向上，物之生生，无阳不成。《孟子·尽心下》曰："充实之谓美，充实而有光辉之谓大。"赵岐注曰："充实善信，使人之不虚。"见《十三经注疏》，赵岐、孙奭：《重刊宋本孟子注疏附校勘记·卷第十四上·尽心章句下》（影印本），台北：艺文印书馆，2013年，第254页上。"美"与"大"，皆以"实"彰显其贵，"实"之豁达、宽广、丰盈，毫无死角，圆润一体，以成就人之善德。"虚"与"实"相对，朱熹曰："乾一而实在，故以质言而曰大，坤一而虚，故以量言而曰广。"见程颐：《易程传·周易本义·系辞上》，台北：文津出版社，1987年，第582页。乾卦全阳为实，坤卦全阴为虚，实无虚不能成其大，虚无实不能成其广，二者不可须离。

传》曰:"阳为德,阴为刑,刑主杀而德主生。是故阳常居大夏而以生育养长为事,阴常居大冬而积于虚空不用之处。"① 阳主生,阴主杀,天道大显物之生,而非张扬物之死,亲阳远阴,自在情理之中矣。

阴、阳为天道范畴,德、刑为人伦概念,董仲舒把天道人伦化,以阴阳法则诠释人伦事物,方可使天道发挥人道作用。《春秋繁露·王道通三》曰:

> 阴,刑气也;阳,德气也。阴始于秋,阳始于春。春之为言犹偆偆也,秋之为言犹湫湫也。偆偆者,喜乐之貌也,湫湫者,忧悲之状也。是故春喜、夏乐、秋忧、冬悲,悲死而乐生,以夏养春,以冬藏秋,大人之志也。是故先爱而后严,乐生而哀终,天之当也,而人资诸天。②

阳气始于春,阴气始于秋,《尔雅·释天》曰:"春为苍天",郭璞注曰:"万物苍苍然而生";"春为青阳","气青而温阳"③。万物有阳则生,有温则育,春乃生命之始。《公羊传·隐公元年》曰:"春者何,岁之始也。"④ 物生发之初,阳气萌动,岁时始于此。

《汉书·律历志上》曰:"春,蠢也,物蠢生,乃运动。"⑤《白虎通·五行篇》曰:"春之为言偆,偆动也"⑥,"偆"同"蠢",皆指万物萌发,蠢蠢欲动,朝气蓬勃之象,如新木使人乐,赤子令人爱,喜悦之貌也。《礼记·乡饮酒义》曰:"西方者秋,秋之为言,愁也。"

---

① 班固:《汉书·董仲舒传》,第 2177 页。
② 苏舆:《春秋繁露义证·王道通三》,中华书局,2015 年,第 323、324 页。
③ 《十三经注疏》,郭璞注,邢昺疏:《尔雅注疏·释天》,上海古籍出版社,2010 年,第 290、292 页。
④ 《十三经注疏》(北大整理本),何休注,徐彦疏:《公羊传·隐公元年》,北京大学出版社,1999 年,第 7 页。
⑤ 班固:《汉书·律历志上》,第 903 页。
⑥ 陈立:《白虎通疏证·卷四·五行·论阴阳盛衰》,吴则虞点校,中华书局,1994 年,第 175 页。

郑玄注曰："愁读为揫，敛也。"① 阴气始出，万物始衰，凄凄惨惨，悲愁之象。春之喜悦，夏之愉快，秋之忧愁，冬之悲凉，皆源自人之性情。生而后杀，爱而后严，此非先后之论，主次、轻重、贵贱皆于其中。《春秋繁露·王道通三》曰："春气爱，秋气严，夏气乐，冬气哀。爱气以生物，严气以成功，乐气以养生，哀气以丧终，天之志也。"苏舆曰："王者喜怒哀乐之发，即礼乐刑政之用"②，春生夏长，秋收冬藏，王者循天之道，重德性，行教化，轻霸权，慎刑罚，"王者承天意以从事，故任德教而不任刑"③。阴阳变化之理，亦为统治者提供天道准则与政治依据。

《天辨在人》曰："故刑者德之辅，阴者阳之助也。阳者，岁之主也，天下之昆虫随阳而出入，天下之草木随阳而生落，天下之三王随阳而改正，天下之尊卑随阳而序位。"④ 昆虫随阳出动、蛰伏；草木从阳生长、凋谢；帝王以阳改正朔，礼法以阳定尊卑，人道之事无不"阳"为主、为尊、为贵。"阳贵而阴贱，天之制也。"⑤ 言人事不离天道，阳尊阴卑，德主刑辅，在董仲舒天道哲学之话语系统中，有其存在之必然性与合法性。

"天之志，常置阴空处，稍取之以为助。"天少取阴以佐阳，故阴气少用、慎用，而非不用。天不亲阴，亦不弃阴，阳不从阴，亦不斥阴。"阳兼于阴、阴兼于阳"，阴、阳之道"无所独行"⑥。《顺命》曰："独阴不生，独阳不生，阴阳与天地参然后生"，董天工笺曰："参，参合"⑦，阴阳参天地而生，二者均不可或缺，相交相合，万物

---

① 《十三经注疏》，郑玄注，孔颖达疏：《重刊宋本礼记注疏附校勘记·卷第六十一·乡饮酒义》（影印本），台北：艺文印书馆，2013年，第1008页下。
② 苏舆：《春秋繁露义证·王道通三》，中华书局，2015年，第323页。
③ 班固：《汉书·董仲舒传》，中华书局，2012年，第2177页。
④ 转引自钟肇鹏主编：《春秋繁露校释·天辨在人》（校补本），河北人民出版社，2013年，第752页。
⑤ 转引自钟肇鹏主编：《春秋繁露校释·天辨在人》（校补本），河北人民出版社，2013年，第753页。
⑥ 转引自苏舆：《春秋繁露义证·基义》，中华书局，2015年，第324、343页。
⑦ 董天工：《春秋繁露笺注·顺命》，华东师范大学出版社，2005年，第200页。

化成,乃天地之美。《穀梁传·庄公二年》曰:"独阴不生,独阳不生,独天不生,三合然后生。"① 阴以空虚为本,必有其自在之理,天无地不生,阳无阴不成。《周易·系辞上》曰:"一阴一阳之谓道。继之者,善也;成之者,性也。"朱熹曰:"善,谓化育之功"②,阳盛阴入,阳衰阴出,缺一不可,万物方能生成变化。高亨解曰:"阴成为阴,阳成为阳,是其本性。"③ 阴阳之气,各守本分,阴不夺阳之主,阳不凌阴之辅,方能各自成就自性。

董仲舒对阴阳关系之讨论,似乎能昒伺出"经""权"意韵。一是,阴阳互济互益成岁时,经权相辅相成尽人事,二者缺一不可,独阴、独阳不生,独"经"、独"权"不仁;二是,天有好恶,近阳而疏阴,一岁四时,以"阳"三时主生,以"阴"一时主丧;天人同类,人爱"经"之有则,畏"权"之变化,是故"经"重"权"轻矣;三是,阴阳常居各异,阳实守位,阴虚四移,动静相合,主次分明;"经"之贯通,"权"之变化,调适有度,先后有序。董仲舒将德刑比附阴阳,把道德元素嵌入天道阴阳法则之中,进一步催生出丰富、有趣之经权论题。

## 四、关系推演:"以阴为权,以阳为经"

"志意随天地,缓急仿阴阳"④,天地阴阳变化,非机械、呆板之循环运动,而是掺兑天之好恶、人之德性的活泼泼宇宙世界,阴阳流转变动,交合损益,谐和有度,经权常变之理,在此清晰、完美之天道本体论中,将呼之欲出。经、常乃维护天道法则与人伦秩序之正道;权、变乃适应特殊情境之方法,乃正道之补充。阳气主生而常

---

① 《十三经注疏》,范甯、杨士勋:《春秋榖梁传注疏附校勘记·鲁庄公二年》(影印本),台北:艺文印书馆,2013年,第46页下。
② 程颐:《易程传·周易本义·系辞上》,第579页。
③ 高亨:《周易大传今注·系辞上》,齐鲁书社,1998年,第388页。
④ 转引自苏舆:《春秋繁露义证·如天之为》,中华书局,2015年,第458页。

居,乃经之常道;阴气主杀而易动,乃权之变道。阴阳交合,经常共存。"阳""德""经"为正道,"阴""刑""权"为偏道,天人相参,融情入理,察其内在机理,颇值得玩味。《春秋繁露·阳尊阴卑》曰:

> 是故推天地之精,运阴阳之类,以别顺逆之理。安所加以不在?在上下,在大小,在强弱,在贤不肖,在善恶。恶之属尽为阴,善之属尽为阳。阳为德,阴为刑。刑反德而顺于德,亦权之类也。虽曰权,皆在权成。是故阳行于顺,阴行于逆;逆行而顺,顺行而逆者,阴也。是故天以阴为权,以阳为经。阳出而南,阴出而北。经用于盛,权用于末。① 以此见天之显经隐权,前德而后刑也。②

阴阳二气,各动其理,交合有度,顺逆有道,几乎贯穿所有大小、强弱、贤愚、善恶等范畴,善者为阳,恶者为阴,此天之定理。阴虽反阳,其功助阳而为善;刑虽反德,其目的亦使人成德向善;权虽反经,其终极归宿为大经。阳与阴,德与刑,经与权,并非对立、矛盾、悖逆之关系,凌曙注曰:"犹权之反于经,然后有善者也。"③ "权"并非破坏、背叛、逃离"经",即"反经合善""反经合道"之说。苏舆认为, "虽曰权,皆在权成",疑当作"虽曰权,皆以经成"④。阳以阴岁成其生养之德,"经"以"权"成就、完善、充实自我;阴以阳为参照其藏伏之时,"权"以"经"度制、限定自我⑤。阴阳二气,互依互存,不相分离;"经""权"之道,相济共存,"权"

---

① 于首奎曰:"'盛'犹言大本,'末'犹言末小。"见钟肇鹏主编:《春秋繁露校释·阳尊阴卑》(校补本),河北人民出版社,2005年,第729页。
② 苏舆:《春秋繁露义证·阳尊阴卑》,中华书局,2015年,第319页。
③ 凌曙:《蜚云阁凌氏丛书·春秋繁露第四十三·阳尊阴卑》,清嘉庆至道光江都凌氏蜚云阁刻本,第1291页。
④ 苏舆:《春秋繁露义证·阳尊阴卑》,中华书局,2015年,第319页。
⑤ 阴阳之气,在董仲舒设定之宇宙模式里,彼此相契,运行通达,损益有度。经权与阴阳,前者哲学范畴,后者宇宙元素,何以相互比附?倘若"以阴为权,以阳为经"之比附成立,此天道完美主义,在经权关系上亦会如此吗?它们会不会有类似四时、四方、五行之宇宙要素来推动、充实经权关系呢?董仲舒模糊化的论证,反是后人继续探究之重要动力。

不反"经","经"不斥"权"。

阴阳二气运行,阳气之行正为顺,东北出而南行;阴之行反为逆,东南出而北行,二者交错而动,虚实相伴,强弱相生,故宇宙生机勃勃,通畅无阻。阴为权,阳为经,阴阳自有本末,经权自有轻重。阳气"前而任事",阴气"后而守空"①,阳为前任岁之事,阴为后守空虚之位,一实一虚,一任一空,一盛一衰,一显一隐,一先一后,故经比阳用于盛,《礼记·月令》曰:"生气方盛,阳气发泄。"郑玄曰:"时可宣出,不可收敛也。"② 阳出万物生,生乃万物之本,天地之养成德。权比阴用于末,《广韵》曰:"末,无也,弱也,远也。"阴气出万物衰,萧萧然有肃杀之气,必藏其恶。经、常是维持天道法则与人世秩序长期稳定之正道,而权、变仅适应于暂时、过渡情状之偏道,作为正道的一种必要补充③。

经为盛,权为末,阳无法替代阴,经无法消解权,但二者并非彼此隔离、泾渭分明,其内在精神实质依然有统一性。《春秋繁露·精华》曰:"教,政之本也;狱,政之末也。其事异域,其用一也。"苏舆曰:"狱与教相辅为用。"④ 于首奎引张之纯《春秋繁露评注》曰:"事虽两途,所以化民则一"⑤,德教乃为政之本,刑罚为末,二者非一事,化民之志同。《淮南子·泰族训》曰:"治之所以为本者,仁义也;所以为末者,法度也。凡人之所以事生者,本也;其所以事死者,末也。本末,一体也;两其爱之,一性也。"刘文典曰:"本末兼

---

① 转引自钟肇鹏主编:《春秋繁露校释·基义》(校补本),河北人民出版社,2005年,第791页。
② 《十三经注疏》,郑玄注,孔颖达疏:《重刊宋本礼记注疏附校勘记·卷第十五·月令》,第303页上。
③ 参阅余治平:《经权、常变的智慧》,见《中国的气质——发现活的哲学传统》,中国社会科学出版社,2004年,第224页。
④ 苏舆:《春秋繁露义证·阳尊阴卑》,中华书局,1992年,第91页。
⑤ 转引自钟肇鹏主编:《春秋繁露校释·精华》(校补本),河北人民出版社,2005年,第181页。

爱，人性皆然。"① 本末实为一体，因其发挥作用之领域不同而已，舍本逐末，崇本弃末，皆非理也。刑之冷血、残酷、暴虐，必在人之道德域中发挥作用，超越人伦基线，与杀牲何异？"权"之活泼、灵动、变化，必在人伦大道中彰显价值，突破"经"之束缚，谓之"非经"，不可称"权"。以"权"反"经"，礼法不兴；以刑治国，民怨国亡；以阴主阳，物皆丧死，此皆悖逆天意，非王道也。

经、权本是抽象哲学范畴，在阴阳比附关系中，被填充以阴阳之善恶、虚实、盛衰、显隐、前后之含义，实则是非常有趣之哲学话题。董仲舒又把经权问题，糅合在"天人合一"的哲学体系中予以诠释，渗透人伦道德与主观性情，打通天道与人伦界限，有理有据，深入人心，《春秋繁露·阳尊阴卑》曰：

> 阳，天之德，阴，天之刑也。阳气暖而阴气寒，阳气予而阴气夺，阳气仁而阴气戾，阳气宽而阴气急，阳气爱而阴气恶，阳气生而阴气杀。是故阳常居实位而行于盛，阴常居空位而行于末。天之好仁而近，恶戾之变而远，大德而小刑之意也。先经而后权，贵阳而贱阴也。②

阴阳的属性、天时、作用、性情、功能之对应关系，可列表式为：

阳——暖——予——仁——宽——爱——生
阴——寒——夺——戾——急——恶——杀

阴阳二气，一德一刑，各存其理，阳主"暖""予""仁""宽""爱""生"，阴主"寒""夺""戾""急""恶""杀"，对应含义皆相反，阳主善善之德，阴主恶恶之刑，阳气温和、美好、积极、善良、生机，人皆向往；而阴气寒冷、阴暗、消沉、邪恶，人皆厌之，此亦"阳盛阴末"之原因。"经"乃不变之大道，"权"乃变化之方法，其

---

① 刘文典：《淮南鸿烈集解·泰族训》，安徽大学出版社、云南大学出版社，1998年，第709页。
② 钟肇鹏主编：《春秋繁露校释·阳尊阴卑》（校补本），河北人民出版社，2005年，第727、728页。

本身并无丰富之道德含义，董子以此为论据证实"阳贵而阴贱""先经而后权"，是其天道人伦化之体现。S. A. 桂思卓认为，《春秋繁露》"阴阳编"的篇章中，阴阳与刑德相对应，几乎都以阴阳来论证自己对德的偏爱①。董仲舒之天道系统，非架空于人之上，而是以人道精神为基质、内容、动力，赋予阴阳不同之德性"气质"，方可被人接纳、吸收、认同，强化"阳尊阴卑"之本体信念。

天好德而近阳，恶刑而远阴，"右阳而不右阴"②，故德为大为主，刑为小为次。经、权之事，亦有尊卑、先后之分，凡事"经"为主，"权"为辅，当"经"无法解决、处理时，方可考虑"权"。阴虚之质，不可成阳之实，"故阴，夏入居下，不得任岁事；冬出居上，置之空处也。养长之时伏于下，远去之，弗使得为阳也。无事之时起之空处，使之备次陈、守闭塞也。"③ 阴气始终处于卑贱、空虚、次等之位，不能任阳之事；"权"之变化，不可亢于"经"之常道，二者不能等量齐观，必有先后、主辅之分。

阳贵阴贱，先"经"后"权"，亦不可否认"权"之价值、意义，甚至"权变"在某些关键时刻发挥着重要功能，《春秋繁露》从阴阳、五行发生关系上，论证"权"之必要性与合理性。《春秋繁露·阴阳终始》曰：

> 天之所起其气积，天之所废其气随。故至春少阳，东出就木，与之俱生，至夏太阳，南出就火，与之俱暖，此非各就其类而与之相起与？少阳就木，太阳就火，火木相称，各就其正，此非正其伦与？至于秋时，少阴兴而不得以秋从金，从金而伤火

---

① 参阅 S. A. 桂思卓：《从编年史到经典：董仲舒的春秋诠释学》（*From Chronicle to Canon：The Hermeneutics of the Spring and Autumn，according to Tung Chung-shu*），中国政法大学出版社，2010 年，第 109 页。
② 转引自钟肇鹏主编：《春秋繁露校释·阳尊阴卑》（校补本），河北人民出版社，2005 年，第 727、728 页。
③ 苏舆：《春秋繁露义证·阳尊阴卑》，中华书局，1992 年，第 319、320 页。

功,虽不得以从金,亦以秋出于东方①,傀其处而适其事以成岁功②,此非权与③?阴之行,固常居虚而不得居实,至于东而止空处,太阳乃得北就其类④,而与水起寒。是故天之道,有伦、有经、有权⑤。

《春秋繁露》构筑宇宙模式,将阴阳、四时、四方、五行及事物属性相匹配,调适有度,推动有序,以成就一岁之生、暑、杀、寒。于首奎曰:"伦,类也;'正其伦'即伦类正。"⑥阴阳之气各归其类,少阳于东方趋于春木;太阳于南方趋于夏火,木主生,火主暑,"各如其序","各致其能"⑦,阴阳变化,四时更替,五行相配,此乃天道"经"之常行,可列表式为:

东方——少阴——木——春——生
南方——太阳——火——夏——暑
中央——兼合——土——季夏——养

---

① 董天工笺改为"西方",参见董天工:《春秋繁露笺注·阴阳终始》,华东师范大学出版社,2017年,第169页。

② 于首奎引张之纯《春秋繁露评注》曰:"秋气本出西方,而秋三月太白星则先日出于东方,既昏而西,西而坠,故曰'傀其处'也。"转引自钟肇鹏主编:《春秋繁露校释·阴阳终始》(校补本),河北人民出版社,2005年,第763页。

③ 于首奎引冒广生校《春秋繁露》曰:"'权与'上夺二字。"钟肇鹏案:"冒以上文'此非正其伦与'句比照,上句有'正其'二字,因疑此亦缺二字,其说不确。参阅钟肇鹏主编:《春秋繁露校释·阴阳终始》(校补本),河北人民出版社,2005年,第763、764页。

④ 苏舆认为,太阳,当为太阴。见苏舆:《春秋繁露义证·阴阳终始》,第三三二页。于首奎曰:"'太阴'旧本均误作'太阳'。"钟肇鹏案:"夏为太阳,冬为太阴。太阳为火,太阴为水。"参阅钟肇鹏主编:《春秋繁露校释·阴阳终始》(校补本),第七六四页。《白虎通·五行篇》曰:"火者盛阴,水者盛阳者也。"见陈立编著:《白虎通疏证·卷四·五行·论五行更王相生相胜变化之义》,中华书局,2007年,第192页。故水为太阴于北,冬之时成其寒也。

⑤ 转引自苏舆:《春秋繁露义证·阴阳终始》,中华书局,1992年,第332页。

⑥ 转引自钟肇鹏主编:《春秋繁露校释·阴阳终始》(校补本),河北人民出版社,2005年,第763页。

⑦ 转引自钟肇鹏主编:《春秋繁露校释·五行之义》(校补本),河北人民出版社,2005年,第715页。

西方——少阴——金——秋——杀
　　北方——太阴——水——冬——寒

　　相比木、金、水、火四者，土虽为五行之一，却又为五行之主，土德之性质、地位、价值似乎更为特殊、尊贵。《尚书·周书·洪范》篇中，"五行：一曰水，二曰火，三曰木，四曰金，五曰土"①，此并无严格先后顺序，而《春秋繁露·五行之义》曰："天有五行，一曰木，二曰火，三曰土，四曰金，五曰水。木，五行之始也；水，五行之终也；土，五行之中也。此天之序也。"②董仲舒强调五行秩序，并将其上升到天道本体高度，并极力推崇和强调"土"，"五行莫贵于土""土者，五行最贵者也"③，土，处四方之中，兼扼四时，作用非同一般。"土者，天之股肱也，其德茂美，不可名以一时之事，故五行而四时者，土兼之也。"④土尊贵至极，涵德广大，故不以时之名加以界定。《白虎通·五行》称："唯有土，才可以'王四季，居中央，不名时。'"⑤土兼有五行、四时之属性、特质。

　　土居夏季，居高临下，既能统摄四时运转，又能引领五行相生，《春秋繁露》将"土"置于夏秋之交，以成岁之功，含火之温暖，守物之长养，可谓权变矣。董天工笺曰："四时木火金水，配五行则木火土金水，以土配于夏秋之交，则五行相生，无妨于火也。"⑥"土"居中，"木生火，火生土，土生金，金生水，水生木"⑦，助五行相生

---

① 参阅曾运乾：《尚书正读·周书·洪范》，中华书局，2015年，第128页。
② 乾隆三十八年聚珍本影印，董仲舒：《春秋繁露·五行之义》，上海古籍出版社，1989年，第65页。
③ 乾隆三十八年聚珍本影印，董仲舒：《春秋繁露·五行对》，上海古籍出版社，1989年，第64页。
④ 参阅凌曙：《春秋繁露注·五行之义》，中华书局，1975年，第392页。
⑤ 参阅陈立：《白虎通疏证·五行·论五行更王相生相胜变化之义》，中华书局，2007年，第190页。
⑥ 董天工：《春秋繁露笺注·阴阳终始》，华东师范大学出版社，2017年，第169页。
⑦ 转引自苏舆：《春秋繁露义证·五行之义》，中华书局，1992年，第313页。

之功,又成就夏火之功。"金木水火虽各职,不因土方不立"①②,金、木、水、火虽各有分司,功用各异,若离开土,它们便无所成就。《白虎通·五行篇》曰:"土所以王四季何?木非土不生,火非土不荣,金非土不成,水非土不停。"土虽不名一方,不占一时,却以德润养万物,木、火、金、水皆资于土③。"土"以"权变"居其位,推动天地阴阳、四时、五行之正常运作,可谓"反经"而"合天道"④。

## 五、边际控制:"必在可以然之域"

董仲舒设计的"天道"图式中,阴阳运动完美无缺,二者似乎不可能相互矛盾、冲突,而天道法则一旦被纳入人道领域,便荆棘丛生,"故障"不断。董仲舒以"天"道原理将经权关系理想化、抽象化,渗透仁义道德将其现实化、具体化,经、权源于天理,归于人

---

① 转引自钟肇鹏主编:《春秋繁露校释·五行之义》(校补本),河北人民出版社,2005年,第716页。

② 立,《释名》曰:"林也。如林木森然,各驻其所也。"《广雅·释话三》曰:"成也。"《说文》曰:"住也。"若无土,东西南北四方,不仅不能守其位,更不能成其用。

③ 《说文》曰:"土,地吐生万物者也。"段玉裁注曰:"吐土叠韵。"口土为吐,口中之液,能润养万物,柔而温,滑而润,可谓养育之极。《周易·象·离》曰:"百谷草木丽乎土。"见来知德:《周易集注·离卦》,胡真校点,上海古籍出版社,2013年,第142页。土养地之万物,五行金、木、水、火,皆地下之物,无土则无跟,失土则不养。《白虎通义·五行篇》曰:"土主吐含万物",见陈立:《白虎通疏证·卷四·五行·总论五行》,第168页。含,亦有包容、隐藏、怜惜之意,以此明土德之深厚。

④ 此处涉及另一问题,五行之中,土独居尊位,统领、主导五行之各个元素,"五声莫贵于宫,五味莫美于甘,五色莫盛于黄,"转引自苏舆:《春秋繁露义证·五行对》,河北人民出版社,2005年,第308页。五声"宫"为贵,五味"甘"为美,五色"黄"为盛,皆与土之特点、属性、品格相挂勾。对于五声、五色、五味、五材,《淮南子·坠形训》称"土其主也",见刘文典:《淮南鸿烈集解·坠形训》,第144页。"土"之功用,似乎显得更为内在、本源、核心、关键,五行之木、火、金、水皆不可与其同日而语,在此意义上,"权"衡轻重、主次、缓急,则非土莫属。

事,终将见著于人伦事物,接受效核、验证。正因如此,经、权关系在具体实践中,极易发生偏离、变异。"权""变"若被过分强调、夸大,将导致对"经""常"之反叛与抗拒,即所谓离经叛道。"权"对经之超脱、背逆、否弃,必将导致礼崩乐坏,纲常伦理混乱不堪,董仲舒深刻地认识到了这一点。《春秋繁露·玉英》曰:

> 夫权虽反经,亦必在可以然之域。不在可以然之域,故虽死亡,终弗为也,公子目夷是也。故诸侯父子兄弟不宜立而立者,春秋视其国与宜立之君无以异也。此皆在可以然之域也。至于郑取乎莒以之为同居,目曰莒人灭郑,此不在可以然之域也。故诸侯在不可以然之域者,谓之大德,大德无踰闲者,谓正经。诸侯在可以然之域者,谓之小德,小德出入可也。①

"可以然之域",于首奎曰:"'然'如此。""权要在可以如此作的范围之内进行。"② 即"经"所允许之范围。苏舆解为"合道"③,"可以然"之说法,意近"道",旨在强调权必合"道"而后可行,符合公羊学"行权有道"之立场④。权必合于人道,存仁居义,何时都不脱离人性本真。"权者反于经,然后有善者也。"⑤ 善、善性、善德,《礼记·大学》曰:"止于至善",朱熹注曰:"至善,则事理当然之极也。"⑥ 善,即人之内在德性、善性,"权变"终究以人性善道为目的、归宿,而不可沦为"非人",此时"经"便是标准、参照,"权"发挥作用之空间、尺度,皆以"经"为限度、底线。苏舆曰:"目夷

---

① 乾隆三十八年聚珍本影印,董仲舒:《春秋繁露·玉英》,上海古籍出版社,1989年,第21页。
② 转引自钟肇鹏主编:《春秋繁露校释·玉英》(校补本),河北人民出版社,2005年,第144页。
③ 苏舆:《春秋繁露义证·玉英》,中华书局,1992年,第76页。
④ 参阅吴震:《从儒家经权观的演变看孔子"未可与权"说的意义》,《学术月刊》2016年第2期第48卷,第23—33页。
⑤ 《十三经注疏》,何休注,徐彦疏:《春秋公羊传注疏·桓公十一年》(上),上海古籍出版社,1989年,第175页。
⑥ 朱熹:《四书章句集注·大学》,中华书局,1983年,第4页。

之立,以救宋君。卫晋之立,以得众心,余祭夷昧之立,以让季子。"① 公子目夷、卫宣公、余祭、夷昧皆不当立而立之,目夷救楚国,卫宣公得民心,余祭、夷昧因"国不可一日无君"而即位,却一心让位于贤德之季扎,虽蒙篡立之嫌,但终能保国利民,此皆在"可以然之域"。

"不在可以然之域",指个体目的、意志、精神、态度、行为、动机、结果等均已背离"经"之基本要求,即便死都不能为之,公子目夷"国为君守之,君曷为不入?"② 篡夺君位,"不在可以然之域",目夷坚决不为,守臣子之道,《春秋》嘉美之;《春秋》经,襄公六年,《公羊传》曰:"莒人灭鄫",何休《解诂》曰:"以异姓为后,莒人当灭也。"③《穀梁传》曰:"莒人灭鄫,非灭也,非立异姓以莅祭祀,灭亡之道也。"④ 鄫国国君娶莒女为后夫人,并立夫人所生之子为嗣君,无视大居正之礼法,关乎宗祖传承、国之安危,"不可以然之域"而为之,《春秋》以"灭"辞贬之。

《论语·子张》子夏曰:"大德不踰闲,小德出入可也。"《说文》曰:"闲,阑也","阑"同"栏",阻挡、隔离、拦截之意。于首奎曰:"指大的原则界限"⑤,朱熹解释为"所以止物之出入"⑥,孔安国曰:"闲犹法也"⑦,即"大德"有绝对严格之规定、法度、边界,不可碰触、跨越。朱熹注曰:"大德、小德,犹言大节、小节","言人

---

① 苏舆:《春秋繁露义证·玉英》,中华书局,1992年,第77页。
② 《十三经注疏》,何休注,徐彦疏:《春秋公羊传注疏·僖公二十一年》(上),上海古籍出版社,1989年,第452页。
③ 《十三经注疏》,何休注,徐彦疏:《春秋公羊传注疏·襄公六年》(上),上海古籍出版社,1989年,第146页。
④ 《十三经注疏》,范宁注,杨士勋疏:《重刊宋本穀梁注疏附校勘记·卷第十五·襄公六年》(影印本),台北:艺文印书馆,2013年,第149页下。
⑤ 转引自钟肇鹏主编:《春秋繁露校释·玉英》(校补本),河北人民出版社,2005年,第147页。
⑥ 朱熹:《四书章句集注·论语·子张》,中华书局,1983年,第177页。
⑦ 《十三经注疏》,何晏注,刑昺疏:《重刊宋本论语注疏附校勘记·卷第十九·子张》,上海古籍出版社,1989年,第172页上。

能先立乎其大者，则小节虽或未尽合理，亦无害也"。"大德""大节"，立足于"大"，即最根本、最重要、最关键、最核心之纲领法则，不逾"大德""大节"之限度，可谓之"经""常"。

"小德""小节"，着眼于"小"，刑昺疏曰："有时踰法而出旋能入守其法，不责其备，故曰可也。"① "小"即有回旋之地，出入有节，虽反于经，但无碍于经之本，谓之"权""变"。《荀子·王制篇》曰："故君人者欲安则莫若平政爱民矣，欲荣则莫若隆礼敬士矣，欲立功名则莫若尚贤使能矣，是君人者之大节也。三节者当，则其馀莫不当矣；三节者不当，则其馀虽曲当，犹将无益也。"王先谦注曰："曲当，谓委曲皆当"②，"平政爱民""隆礼敬士""尚贤使能"乃人君之大节，无论何事，大节不失，即使犯错，亦无大过；若违背大节，舍本逐末，徒劳无益。"权""变"绝非为所欲为，必须以"经""常"为限度、边际、前提、要求，任何人做任何事，脑子里必须绷紧一根弦，不可松懈，时刻提醒自己、规范自己、控制自己，只有"在可依然之域"，才能发挥、展现"权""变"之功能、价值和魅力。

"经"度制"权"之泛滥，"权"离开"经"，无拘无束，随心所欲，忘本弃源，颇似断线之纸鸢，随风飘荡，无迹无踪，哪来孩童追随之乐？"权"一旦脱去"经"之束缚，实质已背离"权"本身。陈柱在《公羊家哲学》中曰："权与诈，至相异而至相似者也。"③ "权"与"非权"需厘清界限，为"权"而"权"，便不可能获得其内在"止义""向善"之规定性，其自身将被异化、扭曲，更无所谓"经""权"相对。

"权变"之首要任务，是分辨、认识、体达"经"之内在本质，否则便是"诈权""乱权""恶权"。例如，《春秋》之道，从"经"言

---

① 《十三经注疏》，何晏注，刑昺疏：《重刊宋本论语注疏附校勘记·卷第十九·子张》，上海古籍出版社，1989年，第172页上。
② 王先谦：《荀子集解·王制篇》，中华书局，1988年，第151页。
③ 陈柱：《公羊家哲学》，台北：力行书局，1970年，第221页。

之,"奉天而法古"①,法天之制,继先古而立人道;从"权"论之,"新王必改制"②,改制以明天立之志,二者看似矛盾,实则相互统一。《春秋繁露·楚庄王》曰:

> 故必徙居处、更称号、改正朔、易服色者,无他焉,不敢不顺天志而明自显也。若夫大纲、人伦、道理、政治、教化、习俗、文义尽如故,亦何改哉?故王者有改制之名,无易道之实。③

"居处""称号""正朔""服色"可改之,《白虎通·三正》曰:"明受之于天,不受之于人。所以变易民心,革其耳目,以助化也。"④易姓更王,改制以明上天之命,正下民之心。而根本之"大纲""人伦""道理""政治""教化""习俗""文义"不可改,即"非改其道,非变其理"⑤,苏舆曰:"申制度之可改,以明道理之决不可改。"⑥新王"法古""改制"皆承天意,"实"为本,"名"为末,变其制,守其道,乃各代君王之使命。"法先王之遗道"⑦,是法其最关键、最核心之规矩、定律,董仲舒称其为"大数",于首奎曰:"犹大法也"⑧,圣贤之道,易治而同理,通达古今,固然能世代相传。"权"需识得"经"之精神实质,而非守其文貌,袭其教条,闹出

---

① 转引自钟肇鹏主编:《春秋繁露校释·楚庄王》(校补本),河北人民出版社,2005年,第25页。
② 转引自钟肇鹏主编:《春秋繁露校释·楚庄王》(校补本),河北人民出版社,2005年,第29页。
③ 转引自钟肇鹏主编:《春秋繁露校释·楚庄王》(校补本),河北人民出版社,2005年,第29页。
④ 陈立:《白虎通疏证·卷八·三正·改朔之义》,中华书局,2007年,第360页。
⑤ 转引自钟肇鹏主编:《春秋繁露校释·楚庄王》(校补本),河北人民出版社,2005年,第29页。
⑥ 苏舆:《春秋繁露义证·楚庄王》,钟哲点校,中华书局,1992年,第18页。
⑦ 转引自钟肇鹏主编:《春秋繁露校释·楚庄王》(校补本),河北人民出版社,2005年,第25页。
⑧ 转引自钟肇鹏主编:《春秋繁露校释·楚庄王》(校补本),河北人民出版社,2005年,第26页。

"自断狸首,悬而射之"之笑柄,实则"闻其名而不知实",苏舆曰:"贸然行之,其极足以亡天下。"①"改制"是改变外在、次要之法则、要求,辅助彰显古今之大道,二者相互统一。

《盐铁论·遵道》曰:"圣王之治世,不离仁义。故有改制之名,无变道之实。"② 王者以仁道为本,更古不变,世代相承。"人之受命于天也,取仁于天而仁也。"董天工笺曰:"取天之仁为仁也。"③ 在董仲舒看来,"经""常"之实,终究要以"天道"为终极归宿,"天不变,道亦不变",④"天"之统一性、绝对性与至上性,绝不动摇,仁义之道变不可能被替代、消解、重构。故权变之理,唯有掌握经常之实,方可不偏离、不变异。而"天数""天制""天志""天理""天命""天意"又非常人能触及、感通、体悟,是故唯圣贤之人,能真正做到以"经"行"权"。

"权"虽在"可以然之域"发挥作用,但从未脱离、破坏、威胁到"经",而是在"经"所承受、接纳、容忍之域限中,填充、润饰、强化、辅助"经"之作用而已。朱熹曰:"经是万世常行之道,权是不得已而用之。"⑤《淮南子·氾论训》曰:"势不得不然也。此权之所设也。"⑥"权"之反"经",受形势所迫,其内在意志、精神从不脱离"经"。故"权"不可被普遍化、庸俗化、常态化,唯有情形紧迫、万不得已之时,方可实行。"权"为"经"而"权",无"经"不"权","权"不离"经","经"为"权"之原心与归宿。"可以然之域"是董仲舒从天道经常中为人道开辟、挖掘出的独特领域,生动而

---

① 苏舆:《春秋繁露义证·楚庄王》,钟哲点校,中华书局,1992年,第16页。
② 桓宽撰,王利器校注:《盐铁论校注·遵道》,中华书局,1992年,第292页。
③ 董天工:《春秋繁露笺注·王道通三》,华东师范大学出版社,2017年,第161页。
④ 班固:《汉书·董仲舒传》,中华书局,2012年,第2190页。
⑤ 黎靖德编:《朱子语类·卷第三十七》(第二册),岳麓书社,1997年,第885页。
⑥ 刘文典:《淮南鸿烈集解·氾论训》,安徽大学出版社、云南大学出版社,1998年,第451页。

灵活,理性而平和,丰富而感性,通天道以尽人事,唯有如此,经权问题在董仲舒"天人合一"哲学系统中才不会显得冒昧、突兀①。

"权谲也,尚归之以奉钜经耳。"② 谲,《说文》曰:"谲,权诈也。"《玉篇》曰:"谲谏,依违不直言也。""权谲"即"权变"之意。《说文》曰:"钜,大刚也。"苏舆曰:"虽权谲,仍以正归之,取其不失大经耳。"③ "大经""钜经"与"经"不同,"经"乃颠覆不破之规定,若先以迂回、变通、婉转之策,反经而后又能归于"经","变而反道"④,其结果谓之"钜经"。"钜经"似乎比"经"更为突出、可贵,辗转曲折,千锤百炼,事缓则圆,终以"权变"还原"经"之本真,可谓圣人之行。

---

① 宋明时代,理学家们纷纷掩盖"权"之特殊性与自由性,逐渐模糊、消解"经""权"界限,以"经"解"权",以"经"融"权",程颐曰:"权只是经所不及者,权量轻重,使之合义,才合义,便是经也。今人说权不经,便是经也",以"义"为载体,程颐将"权"纳入"经","权"仅作为"经"特殊情形之运用,而无独特内涵与性质。引文见程颢、程颐:《二程集》(上册),中华书局,1981年,第234页。朱熹曰:"只是虽是权,依旧不离那经,权只是经之变。""权"乃"经"之变,本源上依然是"经"。赵清文认为,大多数情况下,朱熹是将"经"和"权"作为两个实践性的范畴来理解的。在他看来,在道德实践中,"经"侧重的是行为选择所达到的应当、合宜的状态,而"权"则侧重于行为选择的过程。参阅赵清文:《道德准则的普遍性与情境的特殊性如何兼顾——论朱熹对程颐经权理论的继承与完善》,《海南大学学报人文社会科学版》2018年第2期,第131—136页。而汉儒对"权"之解释,多源自《春秋》公羊学,强调"反经合道","经"与"权"亦非泾渭分明、判若鸿沟,唯有掌握好二者之间适度张力,该经则经,当权则权,方可游刃有余,正确处理经、权关系。杨海文认为,汉儒的"反经合道为权"实则宋儒说的"变则行权",宋儒的经权观已经包含了汉儒的观点,宋儒只是不同意汉儒一味地强调"反经合道为权"而已。进一步看,汉、宋两家积淀并构筑了传统经权观,其实质则是经权互隔之说:经是经,权是权;一般情况下只须坚守经的原则性,特殊情形下才需要调动权的灵活性;常人只有守经的本分,行权则是圣贤的专利。参阅杨海文:《激进权智与温和权慧:孟子经权观新论》,《中山大学学报(社会科学版)》2011年第4期,第114—137页。
② 于首奎引冒广生校《春秋繁露》曰:"'尚'疑'当'。"转引自钟肇鹏主编:《春秋繁露校释·玉英》(校补本),第165页。乾隆三十八年聚珍本影印,董仲舒:《春秋繁露·玉英》,上海古籍出版社,1989年,第21页。
③ 苏舆:《春秋繁露义证·玉英》,钟哲点校,中华书局,1992年,第77页。
④ 苏舆:《春秋繁露义证·观德》,钟哲点校,中华书局,1992年,第265页。

人们善于守"经""常",却难以行"权""变",前者循规蹈矩,不逾矩,不越界,不违礼,坚守人伦道德底线,即可得焉①;而后者需深谋远虑,因势而动,因情而变,权衡轻重得失,考其心志,强其勇智,并非易事,"前枉后义","以奉钜经",非人人所能为之。《春秋》经,僖公元年,《公羊传》曰:"实与而文不与"②,在公羊家看来,暂时违背"文经"而从于"实经",乃符合历史情景之权变智慧,"实经"之历史合法性,不乏其道德价值,与董仲舒所谓"钜经"一脉相通。

　　"权变"是一种处世哲学、人生智慧,更是一门德性艺术。行权之人,有谋略,有格局,有边际,有境界,唯圣人配以用"权"。《论语·子罕》曰:"可与立,未可与权。"朱熹引洪氏曰:"权者,圣人之大用。未能立而言权,犹人未能立而欲行,鲜不仆矣。"③ 权乃做人之高超境界,立足于经,又高于经,若无一番修炼,难有此觉悟。《淮南子·氾论训》曰:"权者,圣人之所独见也。故忤而后合者,谓之知权;合而后舛者,谓之不知权。不知权者,善反丑也。"刘文典曰:"权,因事制宜,权量轻重,无当形势,能令丑反善,合于宜适,故圣人独见之也。"④ 圣人行"权",通晓经权之本,揆情度理,不失分寸,掌握经权变化之节奏,如"庖丁解牛"之自如,通达灵魂,贯

---

① "守经"之所以具有合理性,因人们只有按规律或规则办事,才能使行为付出的代价与成本最低,才能使行为的合理性合法性得到普遍认同。参阅平飞:《守经善道与行权合道:儒家经权思想的伦理意蕴》,《江海学刊》2011年第2期,第60-65页。此解释,更适合西方"有执"之法权观念与理性主义,"守经"乃中国人贵和尚礼民族景愿之体现,人们倾向以统一、稳定、和谐之生存方式与事物共存,以此寻求伦理信念和灵魂依托,"守经"所获得的道德秩序与价值追求,加之浓厚的"权变"传统,共同构建了中国性情哲学的重要特点。
② 《十三经注疏》,何休注,徐彦疏:《春秋公羊传注疏·僖公元年》(上),上海古籍出版社,1989年,第369、370页。
③ 朱熹:《四书章句集注·论语·子罕》,中华书局,1983年,第110页。
④ 刘文典:《淮南鸿烈集解·氾论训》,安徽大学出版社、云南大学出版社,1998年,第451页。

通天人，此谓权变之最高境界。①

然而，如何区分"在可以然之域"与"不在可以然之域"？二者之间界限是什么？何时行"权"，何时守"经"？董仲舒未详尽论述，亦不可能有精确、清晰之结论。《春秋繁露·玉英》曰："明乎经、变之事，然后知轻、重之分，可与适权矣。"董天工笺曰："适权，应变权衡。"② 人唯有掌握经权、常变之规律，方能游刃有余，灵活处理日常事物，分清轻重缓急，比较利害得失，保持通透、理性、应变之心境，不被复杂情势、困境所迷惑、误导，即恰当之时间，合适之情境，实施最优之决定，可谓"适权"。经权、常变推而广之，实则是儒家"中"道，董仲舒谓之"中权"。朱熹《孟子章句集注·离娄上》曰："权，称锤也，称物轻重而往来以取中者也。权而得中，是乃礼也。"③ 取"中"而后能衡，"中"乃权之应有之意，"《春秋》以何为准？无如中庸。欲知中庸，无如权"④。"中庸"与"权变"之理路相互通达，因时制宜，因事制宜，不偏不倚，无过不及，此乃"中庸"之境界，以此为董仲舒"天人合一"之经、权观找到了合适的理论归宿。

## 六、结语

董仲舒以"天"立论，以"阴阳"配"经权"，论证"经""权"各自合理性。又注入"仁义"之道彰显"经""权"内在德性规定，

---

① 杨海文在讨论孟子"经而权"的伦理智慧时，提出了"背反于经"的激进权智，又强调"返归于经"的温和权慧，他认为，行权非圣人之专利，人人可行权而且必须行权。激进权智的使用范围极其有限，温和权慧的作用空间无边无际；激进权智只是醒目的标志，温和权慧却是普遍的风格。参阅杨海文：《激进权智与温和权慧：孟子经权观新论》，《中山大学学报（社会科学版）》2011年第4期，第114—137页。
② 董天工：《春秋繁露笺注·玉英》，华东师范大学出版社，2017年，第46页。
③ 朱熹：《四书章句集注·孟子·离娄上》，中华书局，1983年，第265页。
④ 程颢、程颐：《二程遗书·卷十五·伊川先生语一》，上海古籍出版社，2000年，第164页。

丰富了公羊春秋学"反经合道"观念的解释向度。董仲舒把天道、礼法、政治、人伦揉成一团,在"天人合一"语境中,试图为经权、常变找到终极归宿与道德基础,天人互应,上下贯通,拓展了天道哲学观念之理论宽度。余治平总结了董仲舒在公羊家经权概念史上的地位和贡献,一是,董仲舒用常变、经权的方法作为解读《春秋》经典的基本思路,对汉以后的《春秋》学研究产生出不可忽略的影响。二是,把经权观念总结、提升为王者为政的一般方法,刻板化的行政实施被打开了一个面向事件实情的缺口,也为政治哲学增添了鲜活的内容与力量。三是,董仲舒以天道运行的客观法则为基点,阐释了经、权是天、人世界同有的规律,从而为权的正当性、合法性作了极为有效的论证和建构①。董仲舒完成了"人伦天道化"与"天道人伦化"双重突破,把德性元素嵌入天道法则,又以天道规律诠释道德内容,双向互动,情理交融,将经、权问题解释得有血有肉、丰富有趣。一方面,董仲舒以天道机理为基础,将传统经权观念上升至天道高度,"唯天为大"②,构建人之信念本体,弥补先秦儒学哲学本体论之不足;另一方面,以《春秋》为核心,将经权问题转化为政治法则与道德实践,既关注大格局之方针策略,亦不忽视个体之伦理观照,反对泥古不化、墨守成规,强化"仁义"法则面对具体道德实践情境的生命活力与理论效力,充实了中国古代经权观念的思想内容与精神面向,完成了天道化与德性化的双向改造过程。

本文为"2020 中国·衡水董仲舒与儒家思想国际学术研讨会"提交的论文。

唐　艳(1990—),女,陕西安康人,上海震旦职业学院教育学院讲师。

---

① 参阅余治平:《经权、常变的智慧》,见《中国的气质——发现活的哲学传统》,中国社会科学出版社,2004 年,第 224 页。
② 《十三经注疏》,何晏注,邢昺疏:《重刊宋本论语注疏附校勘记·卷第八·泰伯》(影印本),台北:艺文印书馆,2013 年,第 72 页下。

# 从董仲舒与何休的诠释看《公羊传》的恕道[①]

于超艺

"恕"是儒家思想极为重要的组成部分。孔子语曾子曰"吾道一以贯之",曾子遂称"夫子之道,忠恕而已矣"(《论语·里仁》)。子贡问"一言而可以终身行之者",孔子则曰:"其恕乎!己所不欲,勿施于人。"(《论语·卫灵公》)此足见"恕"道在孔门的重要性。

"恕"字于《论语》仅此两见,一般来说,学者对"恕"字的理解,大体取"己所不欲,勿施于人"之意,强调的是不应将自己不想要的强加给别人,《大学》称"所恶于上毋以使下,所恶于下毋以事上",《中庸》称"忠恕违道不远,施诸己而不愿,亦勿施于人",均取此意。《荀子·法行》亦借孔子之口曰:"君子有三恕:有君不能事,有臣而求其使,非恕也;有亲不能报,有子而求其孝,非恕也;有兄不能敬,有弟而求其听令,非恕也。士明于此三恕,则可以端身矣。"在荀子看来,自己不能事君,却要求臣下可以很好地被自己差遣,这不是恕道;自己不能孝顺亲人,却要求孩子孝顺自己,这不是恕道;自己不能敬兄长,而要求弟弟听从自己,这也不是恕道。可见,恕道当是不应以自己做不到的事情要求别人,这层含义可视为"己所不欲,勿施于人"的延伸。不管是自己"不欲"之事还是"不

---

[①] 基金项目:本文为国家社科基金重大项目"《春秋》三传学术通史"(19ZDA252)阶段性成果。

能"之事,都应该"勿施于人",这体现的是将心比心之后对他人的理解与体谅,并以之约束自己的行为和思想。在《孟子》中,"恕"的含义还有"己欲立而立人,己欲达而达人"的面向。孟子说:"强恕而行,求仁莫近焉。"(《尽心上》)这里的"恕"似乎没有上述"不应"将自己不想要的强加给别人的含义。赵岐释此"恕"为"忠恕之道"①,朱子进而释此曰"推己以及人"②,从某种意义上讲亦取赵岐之意。推己及人,既可理解为"己所不欲,勿施于人",又可理解为"己欲立而立人,己欲达而达人",都是借对己的体会从而理解与体谅他人。

不过,《论语》《孟子》《荀子》之论"恕",大多是只谈及"恕"道之为美德的本身,并没有规定行"恕"之特定情境。而在《公羊传》及董仲舒与何休的诠释中,则力图彰显"恕"道是如何在具体的伦理与政治情境中显现出来,以及在具体情境下如何考虑"恕"与其他原则之间的张力。正如孔子作《春秋》时所说的:"我欲载之空言,不如见之于行事之深切著明也。"(《史记·太史公自序》)因此,透过《春秋》及阐发《春秋》之微言大义的《公羊传》,同时借助于汉代《公羊》先师董仲舒与何休等人对《公羊传》的解读,我们或许可以对儒家之"恕"道有一更为直观而又深入的理解。

一

《春秋公羊传》经传本身并未提到"恕"字,然其提倡严于律己,宽以待人,己有过则治之,人有过可缘情恕之,即孔子所谓"躬自厚而薄责于人"(《论语·卫灵公》)。这一点十分明显地体现于董仲舒、何休等公羊家所理解的《春秋》书法中。而在公羊学的传世文献中,《春秋繁露》是最早提及"恕",并以公羊《春秋》之大义来诠释恕道。在《春秋繁露》中,《俞序》篇一般被认为相当于全书自序,是

---

① 赵岐注,孙奭疏:《孟子注疏》,北京大学出版社,1999年,第353页。
② 朱熹:《四书章句集注》,中华书局,1983年,第350页。

说《春秋》之大旨①。在《俞序》篇的后半部分,"恕"被提到了两次:

> 故世子曰:"功及子孙,光辉百世,圣人之德,莫美于恕。"故予先言《春秋》详己而略人,因其国而容天下。《春秋》之道,大得之则以王,小得之则以霸……或奢侈使人愤怨,或暴虐贼害人,终皆祸及身。故子池言鲁庄筑台,丹楹刻桷,晋厉之刑刻意者,皆不得以寿终。上奢侈,刑又急,皆不内恕,求备于人,故次以《春秋》缘人情,赦小过,而《传》明之曰:"君子辞也。"孔子明得失,见成败,疾时世之不仁,失王道之体,故缘人情,赦小过,《传》又明之曰:"君子辞也。"②

在这段文字中,董仲舒先借世子之语提出"圣人之德,莫美于恕",而后以"《春秋》详己而略人,因其国而容天下"来诠释恕道。清代苏舆注曰:"略人容天下,所谓恕也。详己而先治其国,自厚之谓也。己不自治,则无以治人,何容之有?"③ 颇能得董生之意。《春秋繁露·仁义法》亦曰:"是故《春秋》为仁义法。仁之法在爱人,不在爱我。义之法在正我,不在正人。我不自正,虽能正人,弗予为义。人不被其爱,虽厚自爱,不予为仁。"④ 可以说这一思想是孔子"躬自厚而薄责于人"(《论语·卫灵公》)的延伸,而由《俞序》篇文本可知,这一思想正体现了董仲舒所要推崇的恕道。

在上面引文的后半部分"恕"再次被提及,则是批评当时诸侯崇尚奢侈,严刑峻法,不讲恕道,对人责备求全,所以"《春秋》缘人情,赦小过",这也就是《公羊传》中提到的"君子辞"。依语义,

---

① 康有为《春秋董氏学》之《春秋旨》篇曰:"《俞序》得《春秋》之本。"见《康有为全集》(第二集),上海古籍出版社,1990年,第636页。苏舆注《春秋繁露·俞序》篇曰:"此篇说《春秋》大旨,盖自序之类。"见苏舆:《春秋繁露义证》,中华书局,2019年,第139页。钟肇鹏《春秋繁露校释》亦曰:"似是董子著书之序。"见《春秋繁露校释(上)》,河北人民出版社,2005年,第356页。
② 苏舆:《春秋繁露义证》,中华书局,2019年,第157-160页。
③ 苏舆:《春秋繁露义证》,中华书局,2019年,第142页。
④ 苏舆:《春秋繁露义证》,中华书局,2019年,第244-245页。

"缘人情，赦小过"应当同样也是"恕"的体现。而何谓"缘人情，赦小过"，苏舆则简要地排比了《公羊传》传文及何注，如隐元年《公羊》何注："所传闻之世，外小恶不书"；庄公七年《传》："一灾不书"，《公羊》何注："明君子不以一过责人。"① 董仲舒是汉初公羊学的重要经师，将《公羊传》与《春秋繁露》中《春秋》相关文本互相发明，无疑是理解董仲舒思想、理解《公羊学》的重要途径。在《春秋》的背景下，"缘人情，赦小过"以及"《春秋》详己而略人，因其国而容天下"不只是空洞的说理，其背后的例证有着具体的情境和细致的阐释。并且，由这两种体现恕道的事例，我们还可以推演出与之义理相似的其他事例，探讨其是否也是恕道的体现。

## 二

董仲舒《俞序》篇盛美恕道，称"《春秋》详己而略人，因其国而容天下"。然而，何谓"己"与"人"，又何谓"其国"与"天下"，我们则需要回到《公羊传》来理解。

隐公元年"公子益师卒"，传文："所见异辞，所闻异辞，所传闻异辞"，何休注曰：

> 于所传闻之世，见治起于衰乱之中，用心尚粗觕，故内其国而外诸夏，先详内而后治外，录大略小，内小恶书，外小恶不书，大国有大夫，小国略称人，内离会书，外离会不书是也。②

《公羊传》有"所见异辞，所闻异辞，所传闻异辞"之说，何休遂因之将《春秋》二百四十二年分为所见世、所闻世、所传闻世之三世，而此三世，又是《春秋》之新王从衰乱之时代逐渐建立起礼法秩序的一个过程，也是《春秋》王者之礼法秩序由鲁国及渐及于诸夏，再由诸夏及渐及于夷狄的过程。在这一过程中，因不同世代的特征不同，王者治法也有所不同。在最初的所传闻世，亦即衰乱世，王者是

---

① 苏舆：《春秋繁露义证》，中华书局，2019年，第143页。
② 《春秋公羊传注疏》，上海古籍出版社，2014年，第38页。

"详内而后治外，录大略小，内小恶书，外小恶不书"等等。所谓"内"与"外"，在衰乱世，"内"指的是鲁国，而"外"则是诸夏其他国家。这也就是《俞序》篇所言之"己"与"人"，"其国"与"天下"。而所谓"书"与"不书"，即意味着治其恶与不治其恶。所谓"内小恶书，外小恶不书"，指王者之治世，"内"有过则详而书之，即治其恶；"外"有过则忽略不书，即不治其恶，这也就是所谓"先详内而后治外"。

为什么要"先详内而后治外"？《春秋》隐公十年，"六月，壬戌，公败宋师于菅。辛未，取郜。辛巳，取防"，传文曰："《春秋》录内而略外，于外大恶书，小恶不书，于内大恶讳，小恶书。"何休注释说：

> 于内大恶讳，于外大恶书者，明王者起当先自正，内无大恶，然后乃可治诸夏大恶，因见臣子之义，当先为君父讳大恶也。内小恶书，外小恶不书者，内有小恶，适可治诸夏大恶，未可治诸夏小恶，明当先自正然后正人。①

在何休看来，王者之礼法秩序，要从鲁国而渐及诸夏，那么意味着鲁国不能有大恶②，才可能治诸夏之大恶，故诸夏大恶书；同时因为在衰乱世，鲁国尚存在小恶，虽可以治诸夏之大恶，但不能治诸夏之小恶，所以外小恶不书。此即《大学》所谓"君子有诸己而后求诸人，无诸己而后非诸人"之意。此亦与前文所引《荀子》文本含义相似，不以自己"不能"之事要求他人，待自正无小恶然后才能正人之小恶。

隐公二年"春，公会戎于潜"，何注曰：

> 凡书会者，恶其虚内务，恃外好也。古者诸侯非朝时不得逾竟。所传闻之世，外离会不书，书内离会者，《春秋》王鲁，明当先自详正，躬自厚而薄责于人，故略外也。③

---

① 《春秋公羊传注疏》，上海古籍出版社，2014年，第106页。
② 鲁所以无大恶者，《春秋》为君父讳，所谓"内大恶讳"是也。
③ 《春秋公羊传注疏》，上海古籍出版社，2014年，第47页。

如何休所言，经文书"会"，便体现《春秋》的谴责之意，一则"虚内务，恃外好"，二则非朝时逾境为失礼。在《公羊》家看来，在所传闻世，《春秋》书内离会，不书外离会。"离会"即两国之相会，书内离会，是对鲁国之批评；不书外离会，是对诸夏之宽恕。这便是己正而后方可正人，不以自己尚未做到的高标准要求他人，是以何休说"明当先自详正，躬自厚而薄责于人"。于此一义，董仲舒在《仁义法》中亦有言曰："小恶在外弗举，在我书而诽之。"①

又隐公二年，"九月，纪履緰来逆女"，传曰："外逆女不书，此何以书？讥尔。讥始不亲迎也。始不亲迎，昉于此乎？前此矣。前此，则曷为始乎此？讬始焉尔。曷为讬始焉尔？《春秋》之始也。"何休注云：

> 《春秋》正夫妇之始也。夫妇正则父子亲，父子亲则君臣和，君臣和则天下治，故夫妇者，人道之始，王教之端。内逆女常书，外逆女但疾始不常书者，明当先自详正，躬自厚而薄责于人，故略外也。②

《春秋》所以记载纪国大夫履緰来为国君逆女，是因为这是进入《春秋》以来第一次国君昏礼之不亲迎。出于对乱礼开端的重视，《春秋》记载了纪国的这一小恶以示谴责。然考诸《春秋》常例，鲁国逆女常书，而外逆女本不当记录。在何休看来，这样的详内略外的书法，同样体现了"当先自详正，躬自厚而薄责于人"的精神。

## 三

公羊家以为，孔子作《春秋》是为万世立法。为了秩序法度的公平公正，就需要在过错与处罚之间建立必要的关联，这是政治的要求。但同时，公羊家又从"躬自厚而薄责于人"的角度，缘鲁国在所传闻世尚未"自正"之实情而赦诸夏之小恶。缘实情而宽恕之例不仅

---

① 苏舆：《春秋繁露义证》，中华书局，2019 年，第 249 页。
② 《春秋公羊传注疏》，上海古籍出版社，2019 年，第 53 页。

于此，董仲舒《俞序》中提到"缘人情，赦小过"的"君子辞"，亦本之于《公羊传》，何休则予于了更多的阐发。

《春秋》桓公十三年，"三月，葬卫宣公"。何休注曰：

> 背殡用兵而月，不危之者，卫弱于齐、宋，不从亦有危，故量力不责也。①

《春秋》记载，桓公十二年十一月，"丙戌，卫侯晋卒"。依礼，诸侯死后需殡五月，至十三年三月乃"葬卫宣公"。又依礼制，殡期要守丧礼，不可用兵出战或出会诸侯，否则《春秋》以为不孝②。然葬卫宣公在三月，二月时经文书"己巳，及齐侯、宋公、卫侯、燕人战，齐师、宋师、卫师、燕师败绩"，则卫侯背殡出战明矣。对于背殡出战，《春秋》"书日"以危之，如桓十五年书"夏，四月，己巳，葬齐僖公"，何休注曰"当时而日者，背殡伐郑，危之"③。而葬卫宣公此条却仍依葬诸侯之常例，并没有在书法上体现对背殡出战的谴责。《春秋》之所以不谴责卫背殡用兵，何休认为，卫国弱于齐、宋，卫侯出兵实是被齐、宋裹挟，不敢不从，因而《春秋》考虑实情，恕卫背殡用兵之过，不书日以危之，此谓"量力不责"④。类似的例子又见鲁襄公十五年，"夏，齐侯伐我北鄙，围成。"传曰："其言至遇何？不敢进也。"何休注云：

> 兵不敌，不敢进也。不言止次，如公次于郎以刺之者，量力不责，重民也。⑤

齐侯围成，鲁襄公前往救援，但到遇地，即不敢进兵。如果《春秋》要谴责鲁襄公之畏敌不前的话，当书"公次于遇"以刺之。然而，何休以为，鲁襄之不敢进，是因为"兵不敌"，因此，《春秋》因

---

① 《春秋公羊传注疏》，上海古籍出版社，2014年，第180页。
② 如僖公九年，宋襄公背殡参加葵丘之会，何休即说："襄公背殡出会宰周公，有不子之恶。"见《春秋公羊传注疏》，上海古籍出版社，2014年，第412页。
③ 《春秋公羊传注疏》，上海古籍出版社，2014年，第184页。
④ 董仲舒于此与何休的理解略有出入："苟能行善得众，《春秋》弗危，卫侯晋以立书葬是也。"见《春秋繁露义证》，上海古籍出版社，2014年，第69页。
⑤ 《春秋公羊传注疏》，上海古籍出版社，2014年，第836页。

鲁襄之重民命而"量力不责",仅书"至遇",而不书"次于遇",即对鲁襄之畏敌不前而不加谴责。

对于在某些具体情况下不得已而犯下的错误,《公羊传》亦以同情之心予以宽恕,传文中亦以"君子辞也"书之。桓公十八年《春秋》经书"冬,十有二月,已丑,葬我君桓公"。传曰:"贼未讨,何以书葬?雠在外也。雠在外,则何以书葬?君子辞也。"① 按:鲁桓公为齐襄所弑,国君被弑,为先君复仇是臣子的责任。隐公十一年传云"《春秋》君弑贼不讨,不书葬,以为无臣子也"②。也就是说,国君被弑而臣子不能讨贼,臣子不能尽臣子之心,是为"无臣子",故《春秋》以不书先君之葬的方式表达对臣子的谴责。但鲁桓公被齐人所杀,仇人并未服罪,而《春秋》却书"葬我君桓公",没有通过去葬以谴责臣子,《公羊传》认为,这是"君子辞"。所谓"君子辞",何休注曰:

> 时齐强鲁弱,不可立得报,故君子量力,且假使书葬。③

鲁桓公被弑,鲁臣子当向齐襄公复仇。然缘实情,其时齐强鲁弱,实力相差悬殊,鲁实无力于报仇。故《春秋》体谅其力所不及之不得已,便通过书"葬我君桓公"的方式,恕臣子之不讨贼不复仇之过。这是君子量力知其不可能做到复仇,而为之加"君子辞"。可以说,这也是"量力不责"的另一种表达。

又宣十有二年,"春,葬陈灵公",传文曰:

> 讨此贼者,非臣子也,何以书葬?君子辞也。楚已讨之矣,臣子虽欲讨之,而无所讨也。④

陈灵公为夏徵舒所弑,而宣公十一年经文记载"冬,十月,楚人杀陈夏徵舒",明夏徵舒已被楚庄王治罪。于是陈国臣子虽有讨贼之心,却无贼可讨,故《春秋》不以臣子不讨贼而不书葬以苛责之,其

---

① 《春秋公羊传注疏》,上海古籍出版社,2014年,第193页。
② 《春秋公羊传注疏》,上海古籍出版社,2014年,第109页。
③ 《春秋公羊传注疏》,上海古籍出版社,2014年,第193页。
④ 《春秋公羊传注疏》,上海古籍出版社,2014年,第660-661页。

书"葬陈灵公",即恕臣子之不得已的"君子辞",此正如徐彦疏所说:"君子恕之,不复责臣子矣。"①

除此之外,《春秋》对于因未蒙教化以致无知而犯错,亦为之设身处地地以同情之心谅解而薄责之。隐公元年,鲁隐公为鲁国诸大夫所拥立,而《春秋》以大夫擅立国君为恶②,然《春秋》经传于此并未责隐公,何休解曰:"诸大夫立隐不起者,在《春秋》前,明王者受命,不追治前事。"③即以为鲁隐被立之恶发生在《春秋》教化之前,可以不追治未蒙教化而导致的恶行。何休还援引《论语》中孔子所说"不教而杀谓之虐,不戒视成谓之暴"(《尧曰》)一句来进一步说明这一观点④。又昭公十六年"楚子诱戎曼子,杀之",《公羊传》曰:"楚子何以不名?夷狄相诱,君子不疾也。曷为不疾?若不疾,乃疾之也。"⑤按昭公十一年,"楚子虔诱蔡侯般,杀之于申",经书楚子之名,而"楚子诱戎曼子,杀之"不书名者,传文认为是夷狄相诱,所以君子不疾,又说此不疾,实乃疾之,所以然者,是因为楚与戎皆不知中国之礼义,所以如何休所说的,"顾以无知薄责之"⑥。

从上述事例中我们可以看到,传文的"君子辞",董仲舒之"缘人情,赦小过",何休所谓"量力不责",这些可恕的事例背后都有着相当一致的思考方式,即为当事人设身处地地加以考虑,以同情之心宽恕因种种不得已的因素而造成的过失。从某种意义上讲,此亦是"躬自厚而薄责于人"的体现。由前文所引《公羊传》可知,董仲舒所言恕道落在《春秋》之中,往往体现为对所犯恶行的宽恕。而被

---

① 《春秋公羊传注疏》,上海古籍出版社,2014年,第661页。
② 如隐四年,"卫人立晋",《公羊传》说:"立者,不宜立也。"又说:"众虽欲立之,其立之非也。"何休注曰:"凡立君为众,众皆欲立之,嫌得立无恶,故使称人,见众言立也,明下无废上之义,听众立之,为立篡也。"见《春秋公羊传注疏》,上海古籍出版社,2014年,第73页。
③ 《春秋公羊传注疏》,上海古籍出版社,2014年,第16页。
④ 《春秋公羊传注疏》,上海古籍出版社,2014年,第16页。
⑤ 《春秋公羊传注疏》,上海古籍出版社,2014年,第966页。
⑥ 《春秋公羊传注疏》,上海古籍出版社,2014年,第966页。

《公羊传》宽恕的情境除这两节提到的文本外,还有一类非常重要的文本没有提及,便是对贤者所犯恶行的宽恕。

## 四

对贤者所犯恶行的宽恕,这种宽恕,在《公羊传》中主要表现在"为贤者讳"。"讳"是《春秋》的特殊书法,有避忌、隐讳之义,即有所顾忌不敢说或不愿说,从而隐讳某些言语或举动①。《公羊传》认为"讳"的对象主要有三:闵公元年传文曰:"《春秋》为尊者讳,为亲者讳,为贤者讳。"② 清代孔广森曰:"尊者有过是不敢讥,亲者有过是不可讥,贤者有过是不忍讥,爰变其文而为之讳。"③ 尊者之过不敢讥、亲者之过不可讥,并没有实质上宽恕恶行,可以说均没有"恕"的意味。而贤者之过不忍讥,在具体文本中,则可能有因贤者之贤而宽恕其过失的含义。不过,问题似乎没有这么简单,《公羊传》中"为贤者讳"的宽恕并不能够完全等同于恕道。

我们不妨以《公羊传》对齐桓公的论述来作为考察的对象。齐桓为五霸之首,能尊王攘夷襄助中国,《公羊》许之为贤君。但齐桓之一生,实不乏恶行。庄公三十年秋七月,经文记载"齐人降鄣",传文说:"降之者何?取之也。取之则曷为不言取之?为桓公讳也。"④齐桓事实上是取人之邑,经文不书"齐人取鄣",却书"齐人降鄣",便是以讳的方式,不直书其事以谴责齐桓公取人之邑这一恶行,而用"降"之一字,似乎表明齐桓公以其美德使鄣地之人自愿来服。而《春秋》所以掩齐桓擅取人邑之恶,何休注曰:

> 时霸功足以除恶,故为讳。言降者,能以德见归,自来服者

---

① 在《公羊传》中,不敢说或不愿说而为之讳,多数情况下并不意味着宽恕,反而是以"讳"的方式指出错误。
② 《春秋公羊传注疏》,上海古籍出版社,2014年,第350页。
③ 《春秋公羊通义叙》,收入《春秋正辞 春秋公羊通义》,上海古籍出版社,2014年,第729页。
④ 《春秋公羊传注疏》,上海古籍出版社,2014年,第330页。

可也。①

功恶相除是《公羊传》常见的思维方式。当功大于过时，便可为之讳去恶行，使若无罪。在这一意义上，我们多少可以认为，《春秋》是以"讳"的方式宽恕其恶行。但同样是齐桓公的恶行，如闵公二年，《春秋》书"齐人迁阳"，经书"迁"字，徐彦疏之曰："阳为小国，齐人迁之，亦是迁取王封，当与灭人同罪。"② 可见《春秋》对于齐桓灭阳，却本着直书的精神而不为之讳。所以然者，何休注曰："不为桓公讳者，功未足以覆比灭人之恶也。"③"齐人迁阳"之不讳，与"齐人降鄣"之讳，背后可以说有着共同的逻辑，就是依照功过相除的原则，分析出是否应当宽恕其罪恶。当功不足以除恶则不讳，当功大于过则可讳。可见，功恶相除有着客观计算的一面，并不因齐桓公之后有尊王攘夷、襄助中国之大功，为维护齐桓公的形象而提前为之掩饰恶行。就这一意义上讲，诸如"齐人降鄣"之类的为齐桓公讳，虽然也可以说是宽恕其罪恶，但尚不是一种严格意义上的恕道。

齐桓公薨于僖公十七年冬天，而就在同年夏天，《春秋》最后一次为齐桓公讳。僖公十七年，《春秋》记"夏，灭项"，传曰：

> 孰灭之？齐灭之。曷为不言齐灭之？为桓公讳也。《春秋》为贤者讳，此灭人之国，何贤尔？君子之恶恶也疾始，善善也乐终。桓公尝有继绝、存亡之功，故君子为之讳也。④

《春秋》视灭人之国为大恶，但此处经文只书"灭项"，而不书"齐人灭项"，《公羊传》认为这是齐桓公讳灭人之国。然而，齐桓公既然灭人之国，为何可以被认为是"贤者"而为之讳？传文回答说："君子之恶恶也疾始，善善也乐终。桓公尝有继绝、存亡之功，故君子为之讳也。"这里《公羊传》给出的是不同于功过相除的另外一个原则："善善也乐终。"齐桓公之善，体现在他有继绝、存亡之功。

---

① 《春秋公羊传注疏》，上海古籍出版社，2014年，第330页。
② 《春秋公羊传注疏》，上海古籍出版社，2014年，第351页。
③ 《春秋公羊传注疏》，上海古籍出版社，2014年，第351页。
④ 《春秋公羊传注疏》，上海古籍出版社，2014年，第437—438页。

"继绝"是帮助鲁国平内乱扶立僖公,"存亡"则是存邢、卫、杞等国。在"南夷与北夷交,中国不绝若线"① 的情况下,齐桓公能尊王攘夷,维护诸夏的秩序,可谓功绩甚大;同时,他又有杀子纠,灭谭、遂、项等恶行。召陵之盟后桓公渐渐德衰,"葵丘之会,桓公震而矜之,叛者九国"②。十四年存杞,经文书"诸侯城缘陵",亦见何休所说"桓公德衰,待诸侯然后乃能存之"之意③。晚年德衰的桓公,其一生之功过是否足以直接计算出功大于恶,传文在此并未明示④,而仅仅是指出君子"善善也乐终",乐见贤者能够终其德行。这一表述是值得注意的。这里我们或许不需要考虑齐桓公之功是否足以除恶,而仅仅在主观上出于对贤者的成全之心,以"善善也乐终"的期待来成全了齐桓公一身之令名。

昭公二十年,《春秋》记载"夏,曹公孙会自鄸出奔宋"。按《公羊传》的说法,曹公孙会实是叛国,然而经不书叛,是因为其先人公子喜时有让国之贤行,公孙会为公子喜时之后,故为之讳。为贤者讳尚有一说,为贤者之子孙讳,则让人颇难理解。《公羊传》解释说:"君子之善善也长,恶恶也短;恶恶止其身,善善及子孙。贤者子孙,故君子为之讳也。"何休注说:"故以喜时之让,除会之叛。"⑤ 这仍是从功过相除的角度来加以诠释。但与其说我们可以以一客观的功过相除的标准来衡量,毋宁说,这里是体现了《公羊传》作者的一个主观的美好愿望,希望贤者之"善善也长",贤者之"善善及子孙",从而使贤者一脉不被诛绝,而能长久地保有美名。类似的情况也见所谓

---

① 《春秋公羊传注疏》,上海古籍出版社,2014年,第391—392页。
② 《春秋公羊传注疏》,上海古籍出版社,2014年,第415页。
③ 《春秋公羊传注疏》,上海古籍出版社,2014年,第425页。
④ 何休注曰:"言尝者,时桓公德衰功废而灭人,嫌当坐,故上述所尝盛美而为之讳,所以尊其德,彰其功。传不言服楚,独举继绝存亡者,明继绝存亡,足以除杀子纠,灭谭遂项,覆终身之恶。"见《春秋公羊传注疏》,上海古籍出版社,2014年,第338页。这是认为齐桓公功可以除恶。若诚如此,则传文似乎没有必要增加"善善也乐终"之义来解此处之讳文。
⑤ 《春秋公羊传注疏》,上海古籍出版社,2014年,第977页。

的"圣人之后"。僖公二十三年"杞子卒",何休注曰:"始见称伯,卒独称子者,微弱为徐、莒所胁,不能死位。《春秋》伯、子、男一也,辞无所贬。贬称子者,《春秋》黜杞不明,故以其一等贬之,明本非伯,乃公也。又因以见圣人子孙有诛无绝,故贬不失爵也。"①杞国国君不能死位,本当绝,即不仅本人当诛,其后人也不再有继承君位的合法性。但杞是夏后,乃圣人子孙,所以"有诛无绝",得以保留爵位书为"杞子",使得子孙尊荣得以绵延,从某种意义上讲,这也是"善善也长""善善及子孙"的体现。

总的来说,《公羊传》对贤者之恶的宽恕,出于两种思想:一是功过相抵;一是"善善也乐终""善善及子孙"。由功过相除而"恕",事实上是基于一种客观的计算,计算其功过之大小,从某种意义上讲,它不能算是出于推己及人之将心比心的"恕"道。而出于"善善也乐终""善善及子孙"的观点而为贤者讳、为贤者之后讳,以"讳"的方式宽恕贤者乃至于贤者子孙的罪过,则本之于一种美好的愿望,主观上要"成全"贤者。站在儒家立场上看,对他人的"成全"当源自己"欲立"之心的外推,也是可以认为是一种缘人情以推己及人的恕道体现。

## 结　语

尽管孔子以"己所不欲,勿施于人"为"恕",但自先秦以来,"恕"的含义便不局限于此。就先秦儒家而言,虽然他们对"恕"的诠释有所不同,但我们可以找到一个共同的前提,即相信"我"与"他人"人情的共通,从而我们可以借对自己的体会从而理解与体谅他人,并将之落实于行动中。后世儒者之解"恕",大体上皆立足于此。荀子曰:"圣人者,以己度者也。故以人度人,以情度情,以类度类,以说度功,以道观尽,古今一也。"(《非相》)王弼曰:"恕者

---

①　《春秋公羊传注疏》,上海古籍出版社,2014年,第463—464页。

反情以同物者也。未有反诸其身而不得物之情，未有能全其恕而不尽理之极也。"① 荀子之以己度人、以情度情，王弼之反情以同物，皆得此意。

而在《公羊传》及董仲舒与何休的诠释中，这种"缘人情"的体谅依然备受重视。并且，从《公羊传》及董、何对"恕"道的解读而言，"恕"从来就不是一个抽象的道德原则，而是具体体现为对别人恶行与过失的宽宥。但是，对于某些恶行与过失，如果无原则地薄责与宽宥，那么，对于谨守礼法的人来讲，可能就是不公正的，从而一个正常的政治秩序就有可能遭到破坏。出于制度的公正，规则的维护，法外开恩的宽恕免罪需要有限定条件。因此，公羊学的"恕"道既不是对善恶之间含糊其词，也不是否定公认的善恶评判标准。相反，"恕"是在承认评判标准的基础上，出于在特定情境下人与人之间的将心比心，从而"缘人情，赦小过"，以体现儒家一贯的对他人的理解和体谅。需要注意的是，恕道是"薄责于人"与"躬自厚"的结合，才是儒家为人之道。正如董仲舒曰"以仁治人，义治我，躬自厚而薄责于外"②，宽以待人的背后是严于律己的自我成全。

本文为"2020 中国·衡水董仲舒与儒家思想国际学术研讨会"提交的论文。

于超艺（1993—），女，陕西西安人，复旦大学哲学学院在读博士。

---

① 《王弼集校释》，中华书局，1980 年，第 622 页。
② 《春秋繁露义证》，中华书局，2019 年，第 249 页。

# 董仲舒哲学思想研究

# 大一统政治原则的普遍主义基础
## ——董仲舒"天"观念疏解

干春松

天人关系素来是儒家的核心议题,每一次天人关系的认识的转折都标志着儒家对于秩序和价值的理解的新发展,比如殷商时期,人们对于"天命"转移的新认识,也意味着中国传统思想"敬德保民"观念的兴起,从而奠定儒家政治哲学的基本理念[1]。其实,从三代的文献我们可以看到,古人对于"天"的认识一直具备由从信仰到自然的多重层次的意义,只是各有侧重。到战国后期,诸子对于天道与人事之间关系的认识依然十分复杂,当时的诸子"各著书以言治乱之事",其中多以天道明人事。比如说到邹衍"睹有国者益淫侈,不能尚德,……乃深观阴阳消息而作怪迂之变,终始、大圣之篇十余万言"[2]。这里颇可注意者,即认为邹衍是试图通过"阴阳消息"的规律来警示"有国者""不能尚德"的行为,其手段虽然"怪迂",其目标则与儒家对统治者以德配位的要求接近。对此,《汉书·艺文志》说:"阴阳家者流,盖出于羲和之官,敬顺昊天,历象日月星辰,敬

---

[1] 早期中国思想中的"天""天命"和"天道"观念的转变可以参考干春松:《天、天命、天道——早期中国思想中的"理性"和"信仰"》,载杨慧林主编:《基督教文化学刊》创刊20周年纪念号:《天人之际》,宗教文化出版社,2019年,第2—25页。

[2] 《史记·孟轲荀卿列传》。

授民时,此其所长也。及拘者为之,则牵于禁忌,泥于小数,舍人事而任鬼神。"在这段描述中,强调了阴阳家所长者乃"敬顺昊天""敬授民时",但短处在于"舍人事而任鬼神"。这强调了阴阳家重视天的"主宰性"的一面。而作为这个时期儒家的代表人物荀子,则要重新找回"人"的主动性,通过划分天道与人事之间的界线来舍弃天的神秘性和主宰性的一面①。在荀子看来,天作为自然的存在,人的行为并不能影响和左右天道的运行。他认为天行有常,不为尧存不为桀亡,要明于天人之分。他说:"治乱,天邪?曰:日月、星辰、瑞历,是禹、桀之所同也,禹以治,桀以乱,治乱非天也。时邪?曰:繁启、蕃长于春夏,畜积、收藏于秋冬,是又禹、桀之所同也,禹以治,桀以乱,治乱非时也。地邪?曰:得地则生,失地则死,是又禹桀之所同也,禹以治,桀以乱,治乱非地也。"②在荀子看来,天地日月总是不变地运转,并不因为统治者的圣明与否而有所变化,国家之治乱完全在于治理者自己的措施是否得当。荀子所面对的是亡国乱君充斥于世的时代,他要批评的是这些人"不遂大道而营于巫祝,信機祥,鄙儒小拘,如庄周等又滑稽乱俗,于是推儒、墨、道德之行事兴坏"③。他既批评思孟五行说,又批评庄子等试图通过齐是非的方式来"乱俗",从而提出修身立德、崇礼遵法的政治主张。

荀子的天人观念并没有成为秦汉间天人观念的主流,无论是这个时期一度占据主流的黄老道学,还是儒家群体,对于天人关系的认识呈现出诸子融合的特点,贡献最大的还是阴阳家,建构起人们对于天道运行的基本框架。比如,邹衍把阴阳融入四时,《史记·历书》中说:"是时独有邹衍,明于五德之传,而散消息之分,以显诸侯。"按徐复观先生的解释,"散消息之分"应该被理解为把阴阳消息,散布

---

① 东方朔认为荀子之前,儒家在天人关系上并没有摆脱由早期巫术所遗存的人与天命的沟通,天人之间的统一体并没有破裂,因为人的尊严只及于道德领域,而没有扩展到认知层面。见《解除神秘主义——荀子"明于天人之分"的观念》,载东方朔:《合理性之寻求:荀子思想研究论集》,台大出版中心,2011年,第87—88页。
② 《荀子·天论》,载杨倞注:《荀子》,上海古籍出版社,2010年,第194页。
③ 《史记·孟轲荀卿列传》。

在四时中间去,以看出气候的变化,这形成了十二纪的骨干①。

四时的基础应该是《夏小正》,此属于"自然时间",它具有"百王所同"的普遍有效性,用于"敬授民时",指导人们的日常生活。帝王则通过巡狩、祭祀等行为告知、厘定时间节气以显示其对于天道运行规律的掌握。然在儒家的话语中,还有"政治时间",即通过"王正月"的确定来"改正朔",定符号,显示其统治的合法性。《逸周书》中说:

> 夏数得天,百王所同。其在商汤,用师于夏,除民之灾,顺天革命,改正朔,变服殊号,一文一质,示不相沿,以建丑之月为正,易民之视,若天时大变,亦一代之事。亦越我周王,致伐于商,改正异械,以垂三统。至于敬授民时、巡守、祭享,犹自夏焉。是谓周月,以纪于政。②

这段话明确地点名了两种时间的区分和功能。秦汉之间对于天道的认识,最为重要的著作是《吕氏春秋》,《吕氏春秋》以"一字千金"的方式来强调其权威性,实质上是符合了大一统国家建立所需要的统合各家思想的现实要求。要完成这个使命,最为关键的是要厘清天地人关系。从天人关系上面,其方式是要在"政治时间"和"自然时间"之间建立起相感相应的关系;从天地的角度,则是要将地理空间与天上的日月星辰之间建立起对应关系。而"天地万物,一人之身也"(《吕氏春秋·有始》),也即人作为天地合和而生,其本身亦即是天地万物的缩影。

基于天地人的统合,《吕氏春秋》特别强调"公天下"的意识,强调"天下非一人之天下也,天下之天下也。阴阳之和,不长一类;

---

① 徐复观:《两汉思想史》(二),九州出版社,2014年,第11页。
② 黄怀信等:《逸周书汇校集注》(第6卷),上海古籍出版社,2007年,第619—621页。龙涌霖说:"历象日、月、星辰"所要授民的"时",就非单纯四仲中星与分至四气,而是一套更精细的农业节气预期与置闰参数。这样的一套体系不仅在于授时、祭天,还需巡守制度的维系,从而实现调理阴阳,促进社会安定的功能。见龙涌霖博士论文(中山大学2019年):《月令与帝国——从秦汉农民问题看古典宇宙论的兴起》第102、106页。

甘露时雨，不私一物；万民之主，不阿一人"（《吕氏春秋·贵公》）。非一人之天下的公共性并不是要否认天下秩序的统一性，而是至公而"一"。《吕氏春秋》中有许多关于"执一""取一"的论述，比如，"执一者至贵也，至贵者无敌"（《吕氏春秋·为欲》）；"先王知物之不可全也，故择物而贵取一也"（《吕氏春秋·举难》）。

要建立"一"必然得将政治时间和自然时间统合起来，自然时间提供确定性依据，政治时间提供合理性的价值依据，《吕氏春秋》中有《序意》篇，揭示该书的宗旨，其中说："盖闻古之清世，是法天地。凡十二纪者，所以纪治乱存亡也，所以知寿夭吉凶也。上揆之天，下验之地，中审之人，若此，则是非可不可，无所遁矣。"（《吕氏春秋·季冬纪》）也就是说《吕氏春秋》是发掘天地人之间的无可遁形的统一法则。

徐复观认为作为人格神意义的天，在战国秦汉之际已经"跨掉"，但由气候而发展出来的人的活动与天时的关系，却随着生产的发展而不断得到完善，终于通过阴阳和五行的结合，发展出《月令》等规范人的行为的"政治时间"，如此，天更多体现为自然之天，政令、人的行为都要顺应阴阳四十五行之气来操作。自然的天范导人的行为，人要自觉服从天道运行规律。这个时期的天人关系与殷周之际道德意义上的天命观也有很大不同①。"由阴阳五行所构造的天，不是人格神，不是泛神，不是静态的法则；而是有动力、有秩序、有反应（感通）的气的宇宙法则，及由此所形成的有机体的世界。"② 如此，人对于天地万物的一致性的建立，就是对于自然规律的遵循，即所谓的"法天地"。"天地不能两，而况于人类乎？人之与天地也同。万物之形虽异，其情一体也。故古之治身与天下者，必法天地也。"（《吕氏

---

① 薛梦潇说，秦历法统一了四时的划分，以夏历为基础。"夏正'得天'，相较于殷历、周历更符合农业休作周期。自此，秦代结束了纪时法历出多元的状态，在一条包含时、月的纪时文字中，不再有二者历法不匹配的问题。"见《早期中国的月令与"政治时间"》，上海古籍出版社，2018年，第240页。

② 徐复观：《两汉思想史》（二），九州出版社，2014年，第76页。

春秋·情欲》)

汉初的黄老道学也是从自然的角度来理解天的。黄老道学的"无为"思想是道家"道法自然"观念的延伸,他们对治理之道的理解偏重于遵循自然规律,将君王的行为收纳到天道运行的规律之中。比如,《管子·白心》篇说:"是以圣人之治也,静身以待之,物至而名自治之。正名自治之,奇身名废,名正法备,则圣人无事。"圣人①之功力在于发现规律,制定规则,然而就顺势而为就可以了。

黄老道学对人的智力局限性有充分的强调,所以他们更倾向于重视"法""法式"而不是个人的能力。在《黄帝四经·论约》中,"法式"包含有"天地之理""天地之纪""天地之道"等内容:"四时有度,天地之理也。日月星辰有数,天地之纪也。三时成功,一时刑杀,天地之道也。四时而定,不爽不忒,常有法式……故执道者之观于天下也,必审观事之所始起,审其形名。形名已定,逆顺有位,死生有分,存亡兴坏有处,然后参之于天地之恒道,乃定祸福死生存亡兴坏之所在。是故万举不失理,论天下无遗策。故能立天子,置三公,而天下化之之谓有道。"这就意味着"道"尽管被视为是更为根本的原则,但在这里,天道、天理等都意指自然规律。如此,在政治秩序的选择上,黄老学派并不期待万能的君主,也不盲从先王之道,强调"虚无为本,因循为用",认为遵循法则比依靠贤能更为有利于发挥所有人的积极性。

在殷周之际,天命所归者是德位合一的"圣人",但在秦汉时代,人们接受了德位分离的观念,法天地者则逐渐确定为受天命眷顾的现

---

① 对此问题,目前认识颇有歧义。有人认为这个时期黄老更为强调因循而非创造。但郑开教授则通过对无为而无不为的新解,认为黄老亦强调统治者的"独知"等能力,而非简单的"无为"。郑开说:"黄老盛称'明君''圣王',良有以也。因为黄老政治哲学所致力于推动的'道-法原则'具体而微地体现于明君与圣王,明君和圣王就是'道-法理念'的肉身化。既然如此,黄老政治哲学语境中的统治者(尤其是最高统治者)就相当于老庄哲学中的'体道者''得道者''睹无者'。黄老学以这种理论语言所阐释的统治者,当然仅仅是一种理想而已。儒家政治哲学语境中出现的'圣王'也是如此。"郑开:《道家政治哲学发微》,北京大学出版社,2019年,第300页。

世的"王"。

在秦汉之际的话语体系中，统治权力的获得固然需要道德的依托，但更为重要的却是因为其符合天道的自然运行规则。所以当刘邦被流矢击中，人们要为他寻医的时候，刘邦相信自己是天命所归，无所畏惧，这令人想起纣王在被周武王包围时对于"天命"① 的引述。

虽有贾谊、陆贾等人的宣扬，但儒家思想在汉初并没有占据主导性的地位，《汉书·儒林列传》"孝惠、高后时，公卿皆武力功臣。孝文时颇登用，然孝文本好刑名之言。及至孝景，不任儒，窦太后又好黄老术，故诸博士具官待问，未有进者"。这就是说，在汉初的政治格局中，黄老道学是作为统治者的意识形态的。汉初之后，最为集中体现黄老思想的著作当属《淮南子》，作为一部汇集多人写作而成的作品，《淮南子》的思想倾向也十分多元。不过，从对"天"的认识而言，首先其十分强调"法天"，并强调"天"的自然属性，而圣人之所以为圣人，即是其能因循天道。比如《泰族训》中说："圣人天覆地载，日月照，阴阳调，四时化，万物不同，无故无新，无疏无亲，故能法天。"而圣人缘何能法天呢？是因为其能"定神明"而发现天道运行之客观规律。《精神训》中说："是故圣人法天顺情，不拘于俗，不诱于人，以天为父，以地为母，阴阳为纲，四时为纪。天静以清，地定以宁，万物失之者死，法之者生。夫静漠者，神明之定也；虚无者，道之所居也。"

在《淮南子》中已经有天人相副的说法，此点亦是随后董仲舒天人观的重要理论基础之一。《淮南子》认为人体的基本结构与天的结构类似，《精神训》中说："故头之圆也象天，足之方也象地。天有四时、五行、九解、三百六十六日，人亦有四支、五藏、九窍、三百六十六节。天有风雨寒暑，人亦有取与喜怒。故胆为云，肺为气，肝为风，肾为雨，脾为雷，以与天地相参也，而心为之主。"虽然不能直

---

① 在《史记殷本纪》中，纣王认为他的命在天，而武王则认为纣王不知"天命"。这体现了两种不同的天命观。在战国末期之后，当天的自然属性被强调的时候，天命的道德属性受到自然属性的挑战。

接就认定这些说法影响了董仲舒的"天人相副"的思想,至少我们可以认为在汉武帝前后,人们对于天人关系认识有一些共同的特点,(一)从天人相副,通过"同类相感"来论证天人感应,从而使天意能够干预统治者的行为;(二)强调天道的自然运行,而公羊家则利用了当时的阴阳四时五行的思想来建构以三统、三正为基本格局的统治合法性理论;(三)通过天道运行的客观性来论证其治理方略为"天下公意"的体现。徐复观先生认为董仲舒的天的哲学是从《吕氏春秋》的十二纪首发展而来,其实就是强调了《吕氏春秋》《淮南子》到《春秋繁露》在对天的认识上的连续性。

## 一、天命,天道、天德:自然之天与道德之天的结合

董仲舒所做的天人三策,是应汉武帝之所问而做的回应,尤以第一策对于"天命"所关的合法性关切最为重要,董仲舒的回答亦是以对于"天命"和"天道"的解释为主,并以此来探讨以教化作为长治久安之道。

### (一)天命

相比于殷周之变,汉代秦过程的描述充满着谶纬气息,无论是秦始皇所说的"东南有天子气",还是汉高祖斩蛇过程中的"赤帝"代"白帝"的故事,都没有采用道德性的论证,综合了阴阳学说的黄老道家更愿意将这种政权的转变看作是五行相胜相克的结果①。儒家则将火力集中在批评秦政上。比如贾谊等人则不断强调秦国的灭亡在于仁义不施,礼乐不行。到汉武帝时,社会财富已经有了相当的积累,在汉代统治逐渐稳定,便需要考虑如何使汉代的国祚延续的问题,必

---

① 《吕氏春秋·应同》说:"凡帝王者之将兴也,天必先见祥乎下民。黄帝之时,天先见大螾大蝼。黄帝曰:'土气胜。'土气胜,故其色尚黄,其事则土。及禹之时,天先见草木秋冬不杀。禹曰:'木气胜。'木气胜,故其色尚青,其事则木。及汤之时,天先见金刃生於水。汤曰:'金气胜。'金气胜,故其色尚白,其事则金。及文王之时,天先见火赤乌衔丹书集于周社。……"董仲舒在《春秋繁露》里也经常讨论赤乌衔丹书集于周社之"祥瑞"。

须进行新的理论建构,他要关心三代政权转移的"预兆"、上天对于不良政治的警示,以及落实到人性的教化从何入手的问题。董仲舒在对策中将这些问题归结为"天命"与"情性"。在董仲舒看来,问策即是一种自省之道,体现了天道仁心。至于如何转化为适合的治理之道,董仲舒认为"仁义礼乐"是唯一合适的手段。三代圣王之后,为什么政权还能延续几百年之久,就是赖"礼乐教化之功"①。

对于天命所归的问题,董仲舒采用了"双重证据法"。首先,他说天命是"非人力所能致而自至者",其次是"天下之人同心归之"的诚意,这两者的结合就会出现"天瑞"来预示其得到了上天的眷顾。政权获得后并非一劳永逸,如果后世的继承者"废德教而任刑罚。刑罚不中,则生邪气;邪气积于下,怨恶畜于上"②,那么上天就会通过灾异来警告。董仲舒认为汉武帝继位之后,之所以没有祥瑞出现,主要是没有兴教化。若是能兴儒学,立太学,教化国民,民风习俗就会改善。

董仲舒并不可能在一篇给汉武帝的"对策"中系统地展开他对于"天""天命"问题的认识,作为一个从公羊学角度来展开对汉代统治秩序的合法性进行重新解释的儒生,纵使他是吸纳了阴阳家和谶纬的因素,他的理论根基依然要建立公羊的"受命"说之上的。

董仲舒重新解释了《春秋》中的"西狩获麟"的故事,将"获麟"解释为孔子"受命"当新王,为汉改制立法的瑞应。这解释了孔子有德无位,从而赋予其素王制法的"正当性",但前文已说,汉代的德位观念已非殷周之际的天命靡常、惟德是辅的观念,那是要破除商纣王所坚信的"天命"观念,强调天命是随着有德之君的出现而转移。但"素王"承认了天命与现实权力分离的事实,尤其是当五德始终成为天命转移的自然支撑的时候,天命中所需要的"道德"支撑被"黑白赤"所代表的三统或五行按天道流行的转换所取代。由此,在董仲舒这边,他改造了"受命"观,"受命"被用来解释阴阳尊卑的

---

① 《汉书·董仲舒传》。
② 《汉书·董仲舒传》。

秩序，而非权力来源的道德依据。

在董仲舒的论述中，殷周之际的"道德天命观"虽依然有效，但"自然天命观"已经成为论证的基调。即前述对策中"非人力所能致而自致"的内容。在世袭制的局势下，统治权的更替绝非因为道德因素，而是基于血缘。这一方面使得王权合法性的论证不再集中于皇帝个人，而在于基于"皇族"的"王朝"的更替。对于皇帝本人，他是继承链条中的一员，他要做的是在王朝的秩序下所进行的"改制"以显示权力的继承。董仲舒区分了"改制"和"易道"。这里的"道"可以理解为儒家的王道政治，即任何的王朝是要在坚持王道政治的前提下进行政策性"调整"，这可以理解为是对父权子继的王朝的合理性进行持续性的"维护"。在《春秋繁露·楚庄王》中，董仲舒说：

> 今所谓新王必改制者，非改其道，非变其理，受命于天，易姓更王，非继前王而王也。若一因前制，修故业，而无有所改，是与继前王而王者无以别。受命之君，天之所大显也。事父者承意，事君者仪志。事天亦然。今天大显已，物袭所代而率与同，则不显不明，非天志。故必徙居处、更称号、改正朔、易服色者，无他焉，不敢不顺天志，而明自显也。若夫大纲、人伦、道理、政治、教化、习俗文、义尽如故，亦何改哉？故王者有改制之名，无易道之实。①

这段话可注意处甚多：首先受命于天，易姓更王，乃是一种天命的转移，而不是对于前一王朝的延续。其次，这个改变是"天志"的要求，统治者需要作出改变向上天显示已经完成权力转移。第三，这个改变并非是对于统治原则的改变，而是因为天道运行而要求人类的秩序亦作出相应的变化。从这个意义上说"改制"，虽然也会有文质转换，但服色和正朔的变化，更接近于符号系统的变化，而非人伦、道理层面的更改。

---

① 董仲舒：《春秋繁露·楚庄王》，载苏舆：《春秋繁露义证》，中华书局，1992年，第17—19页。

所以改制虽然有"符号学"上的意义，在实际的生活中，三统三正①的转换更表现为对季节和物候变化的了解，以便更为准确地掌握节气变化，以"授民以时"。

在《春秋繁露》中，"圣人"被赋予一种全新的能力，即察知"自然"的细微变化，他是能够根据阴阳尊卑和"时"的变化制定出与时相谐的秩序的人。"圣人章其疑者，别其微者，绝其纤者，不得嫌，以蚤防之。圣人之道，众堤防之类也，谓之度制，谓之礼节，故贵贱有等，衣服有制，朝廷有位，乡党有序，则民有所让而不敢争，所以一之也。"②作为一个受天命的王者，他要努力完成天意，天意则是"为民"。为了完成这个使命，他要用各种方法来体察天意。《顺命》篇中提出了"五事"。

> 五事，一曰貌，二曰言，三曰视，四曰听，五曰思，何谓也？夫五事者，人之所受命于天也，而王者所修而治民也。故王者为民，治则不可以不明，准绳不可以不正。王者貌曰恭，恭者敬也。言曰从，从者可从。视曰明，明者，知贤不肖，分明黑白也。听曰聪，聪者能闻事而审其意也。思曰容，容者，言无不容。③

由此，"受命"观念被"改造"为"接受指令"。周秦以来人们一直强调天命靡常，惟德是辅。而在《春秋繁露》中，"受命"并非是通过自己的努力来获得机会，而是如何通过修养领受上天的命令。经过这样的转换，人们按照差序格局来接受"指令"，天子听天的指令，而诸侯则要服从天子的指令。

---

① 《汉书·律历志》说："三统者，天施，地化，人事之纪也。……裁成天地之道，辅相天地之宜，以左右民。"而三正则是时间和方位的确定。"其于三正也，黄钟，子，为天正；林钟，未之冲丑，为地正；太族，寅，为人正。三正正始，是以地正适其始纽于阳东北丑位。"

② 董仲舒：《春秋繁露·度制》，载苏舆：《春秋繁露义证》，中华书局，1992年，第231页。

③ 董仲舒：《春秋繁露·五行五事》，载苏舆：《春秋繁露义证》，中华书局，1992年，第389-390页。

> 天子受命于天，诸侯受命于天子，子受命于父，臣妾受命于君，妻受命于夫。诸所受命者，其尊皆天也，虽谓受命于天亦可。①

当自然秩序被伦理化，伦理秩序也被"自然化"，父亲和丈夫也就相当于儿子和妻子的"天"，他们之"受命"也就是要听命于父亲和丈夫。在康有为和苏舆的解读中，将董仲舒的说法与《礼记》之《丧服传》中的"君者，天也；父者，天也；夫者，天也"的继承，甚至与《论语》中的"畏天命"联系起来，认为这样的"受命"过程可以帮助人们建立起父兄子弟之亲和忠信慈惠的行为，体现了人道参天的崇高性②。

> 人之受命于天也，取仁于天而仁也。是故人之受命天之尊，父兄子弟之亲，有忠信慈惠之心，有礼义廉让之行，有是非逆顺之治，文理灿然而厚，知广大有而博，唯人道为可以参天。③

在这里人之受命于天，则是秉承了天所具有的"仁"的特性。董仲舒从仁者爱人的角度，认为人的道德意识源自天，而道德的本质是"爱人"。这里的"参天"从主动性程度看比《中庸》要弱化，《中庸》从尽人之性到与天地参，充满着为仁由己的"参与"感。而在上文中所说的人道可以参天，则是强调了人道对于天道的"领受"。

（二）天道与天德

董仲舒说《春秋》所要确立的法则是人随君，而君随天这样的差序格局。由此，天意必然通过"天道"以使人有途辙之所可循。在《春秋繁露》中，"天道"比较接近于日月运行之自然规律，在《阳尊阴卑》中说："是故天道十月而成，人亦十月而成，合于天道也。"④

---

① 董仲舒：《春秋繁露·顺命》，载苏舆：《春秋繁露义证》，中华书局，1992年，第412页。
② 康有为：《春秋董氏学》，中华书局，1990年，第147页。
③ 董仲舒：《春秋繁露·王道通三》，载苏舆：《春秋繁露义证》，中华书局，1992年，第329—330页。
④ 董仲舒：《春秋繁露·阳尊阴卑》，载苏舆：《春秋繁露义证》，中华书局，1992年，第324页。

在《春秋繁露》中，有一个特别重要的倾向值得关注，即在先秦儒家中，一直强调为仁由己，而人的道德意识或由内在的同情心而激发（比如孟子）或圣人称情立文（荀子）。而在董仲舒这里，人的道德行为的倾向是由"天道"所决定的。其过程是"天施"而后"人受"。在《天道施》一文中，天道的特征是一种积极的"施"。"天道施，地道化，人道义，圣人见端而知本，精之至也；得一而应万，类之治也。"① 在这个天地人的结构中，由天道运行来赋予人们行为的正当性，然后通过教化和培育，构成人道中的道德规范。"施"这个概念在《春秋繁露》中有说明，按照《竹林》的说法，人类之善恶好恶之态度，并不能来自自身，而是要通过"天施"而转化为人类的道德规范②。

"天施"就是自然展示给人类的部分，包括具有"确定性"的日月星辰及其运行，还有阴阳五行这些用以描述"确定性"的元素。天道的运行有阴阳，落实到人的身体上，就会产生贪仁这样不同的人性特征。自然界既然体现为阳对于阴的优势，那么在人类的道德中，自然也会突出仁道而抑制贪念。

> 身之名取诸天，天两，有阴阳之施，身亦两，有贪仁之性；天有阴阳禁，身有情欲栣，与天道一也。③

董仲舒所要强调的是人对于自身的道德节制并非来自人的内心的"道德意识"而是因为身为天所赋予，因此要"禁天所禁"，要追随天道。而王者作为天意的直接接受者，就要视天如父，要小心翼翼地理解天，并据此来确立制度，惩恶扬善。他说：

> 夫王者不可以不知天。知天，诗人之所难也。天意难见也，其道难理。是故明阳阴、入出、实虚之处，所以观天之志。辨五

---

① 董仲舒：《春秋繁露·天道施》，载苏舆：《春秋繁露义证》，中华书局，1992年，第468—469页。

② 董仲舒：《春秋繁露·竹林》，载苏舆：《春秋繁露义证》，中华书局，1992年，第63页。

③ 董仲舒：《春秋繁露·深察名号》，载苏舆：《春秋繁露义证》，中华书局，1992年，第296页。

行之本末顺逆、小大广狭，所以观天道也。天志仁，其道也义。为人主者，予夺生杀，各当其义，若四时；列官置吏，必以其能，若五行；好仁恶戾，任德远刑，若阴阳；此之谓能配天。①

天意不易明晓，要通过阴阳五行之变的"天道"来辨明，从天道之运行看出天意的倾向是"好仁"，因而人间的秩序的建立就应该配合"任德远行"的天意，这就是董仲舒所强调的"配天"。

既然阳尊阴卑、阳多阴少，配天就意味着任德远刑。刑是代表天道中阴的部分，是天道整体运行所不可或缺的，体现在人类的秩序中，是作为德政的辅助，这是"有平有威"。

> 天有和有德，有平有威，有相受之意，有为政之理，不可不审也。……我虽有所愉而喜，必先和心以求其当，然后发庆赏以立其德。虽有所忿而怒，必先平心以求其政，然后发刑罚以立其威。能常若是者，谓之天德，行天德者，谓之圣人。②

虽有阴阳的尊卑而导致德刑的不平衡，但这种差异最终会达成社会和谐的目标，在此，董仲舒又回到儒家的核心追求："中和"，认为中和是天地之道。这样意味着"中"并非是地理上的中心点或价值上的"取中"，而是一个"平衡"和"和谐"的点。

> 和者，天之正也，阴阳之平也，其气最良，物之所生也。诚择其和者，以为大得天地之奉也。天地之道，虽有不和者，必归之于和，而所为有功；虽有不中者，必止之于中，而所为不失。③

> 中者，天地之太极也，日月之所至而却也，长短之隆，不得过中，天地之制也。兼和与不和，中与不中，而时用之，尽以为功。是故时无不时者，天地之道也。顺天之道，节者天之制也，

---

① 董仲舒：《春秋繁露·天地阴阳》，载苏舆：《春秋繁露义证》，中华书局，1992年，第467—468页。
② 董仲舒：《春秋繁露·威德所生》，载苏舆：《春秋繁露义证》，中华书局，1992年，第462页。
③ 董仲舒：《春秋繁露·循天之道》，载苏舆：《春秋繁露义证》，中华书局，1992年，第446—447页。

阳者天之宽也，阴者天之急也，中者天之用也，和者天之功也，举天地之道，而美于和。①

董仲舒结合了阴阳家的天道理论与儒家之道德理想主义，将五德始终之机械的时间转移与以道德为基础的天命转移之间进行对接，从而将儒家之道德哲学转为政治历史之哲学，使儒家之道德理念落实到具体的政治实践成为可能。

## 二、天道与人道

人道作为天道的体现，是基于"人"作为天的"产物"，不仅人的形体是对于天的模仿，而且人的价值观念和道德行为，亦是"天志"的实现。人虽然是父母所生，但父母生人只是天道运行的一个环节而已，至于为什么人的形态会是如此，人的尊严奠基于何，根源于天这个"生命之源"。也就是说，除了父母这个具体的生育系统，人还有一个更为关键的"创生"者：天。《春秋繁露》将这样的创造者，称为"曾祖父"。我们不能从血缘的意义上去理解这个曾祖父，而应该从逻辑上去理解，所谓的曾祖父，就是天提供了生命的意义和身体的形态，然后父母承担"加工"机制，按照"天道""天理"来生儿育女。

> 为生不能为人，为人者天也。人之人本于天，天亦人之曾祖父也。此人之所以乃上类天也。人之形体，化天数而成；人之血气，化天志而仁；人之德行，化天理而义。人之好恶，化天之暖清；人之喜怒，化天之寒暑；人之受命，化天之四时。②

父母可以给我们身体，但"人之为人"，无论是人形还是人性，则要仰仗于"天"。《春秋繁露·身之养重于义》中说：

---

① 董仲舒：《春秋繁露·循天之道》，载苏舆：《春秋繁露义证》，中华书局，1992年，第447页。

② 董仲舒：《春秋繁露·为人者天》，载苏舆：《春秋繁露义证》，中华书局，1992年，第318页。

> 天之生人也,使人生义与利。利以养其体,义以养其心。心不得义不能乐,体不得利不能安。义者心之养也,利者体之养也。体莫贵于心,故养莫重于义,义之养生人大于利。①

这就是说天之生人,赋予了人道德意识,这些道德意识对人的身心愉悦和安泰有重要的影响。由此,与《淮南子》②对于身体的认识有很大的差异,董仲舒突出了儒家"德润身"的传统,只是其论证的逻辑与先秦儒家有所不同,他不是从人的道德自觉入手,而是极大地突出了作为人的道德意识和道德行为根源的"天"。在《春秋繁露·观德》中更直接说君臣、父子、夫妇此三纲亦是对天、地、星这三种自然形态的模仿,并不十分彰显人对于制度的创造。

> 天地者,万物之本,先祖之所出也。广大无极,其德昭明,历年众多,永永无疆。天出至明,众知类也,其伏无不炤也。地出至晦,星日为明,不敢闇。君臣、父子、夫妇之道取之此。③

那么,天人之间何以能通过施与和模仿,他们之间的内在机理是什么呢?

(一)天人感应,天人相副

在汉武帝的举贤良对策的第三问中,突出了"天人之应"的问题,既然三王之教各有所失,那么如何改制以补救之?这些问题亦是董仲舒要系统回应的。

在回应中,董仲舒提出了他对于"天人之应"的一些基本理路,这些想法我们在前面的论述中有的已经涉及:"臣闻天者群物之祖也。故遍覆包函而无所殊,建日月风雨以和之,经阴阳寒暑以成之。故圣人法天而立道,亦溥爱而亡私,布德施仁以厚之,设谊立礼以导之。春者,天之所以生也,仁者,君之所以爱也;夏者,天之所以长也,

---

① 董仲舒:《春秋繁露·身之养重于义》,载苏舆:《春秋繁露义证》,中华书局,1992年,第263页。
② 《淮南子·泰族训》"治身,太上养神,其次养形。"《淮南子》并不排斥道德对于养生的意义,但更多强调全身保身,接受老子功成身退的取向。
③ 董仲舒:《春秋繁露·观德》,载苏舆:《春秋繁露义证》,中华书局,1992年,第269—270页。

德者，君之所以养也；霜者，天之所以杀也，刑者，君之所以罚也。繇此言之，天人之征，古今之道也"①。在这段话中，董仲舒展现了两个理解他的天人关系十分重要的角度：其一是天人之间感应的基础；其二是基于天人感应这一前提人所应采取的制度性应对方案，这被称为"法天而立道"，在《春秋繁露》中更多的用"法天立制"。我们先从天人感应之基础入手来看董仲舒是如何论证"感应"原理的。

《春秋繁露》之《人副天数》篇从"发生学"的角度来说明人与天道之相似性（"偶"）。本篇认为人作为天地之精的产物，所以才能秉受天地之德："仁义"。不仅是人的价值观，即使是人的身体也最为接近天地的结构。人之异于别的物种之直立状态，使得人的身体能以腰为分界而能更为直接对应天地和阴阳，而人的内在身体器官也无不与天之数相符合，这使得人与别的物种拉开距离而独自"参天地"。也就是说，董仲舒是通过人与天地之间的"同类"属性来证明人超越于别的物种的优势地位的。

基于同类相感的原理，天人互相感应，人之善恶能为天所感受到，而天之好恶也会被人所体察。这种互相感应的状态"相动无形"，看上去是自然而然而发生的事情，其实存在着由感应而产生的因果链条。②

在这个"感""动"的过程中，天和人分享着共同的情感的变换。天亦有喜怒，人亦有春秋。这是"合类"。

而春夏之阳，秋冬之阴，不独在天，亦在于人。人无春气，何以博爱而容？人无秋气，何以立严而成功？人无夏气，何以盛养而乐生？人无冬气，何以哀死而恤丧？天无喜气，亦何以暖而春生育？天无怒气，亦何以清而冬杀就？天无乐气，亦何以疏阳而夏养长？天无哀气，亦何以激阴而冬闭藏。故曰：天乃有喜怒

---

① 《汉书·董仲舒传》。
② 董仲舒：《春秋繁露·同类相动》，载苏舆：《春秋繁露义证》，中华书局，1992年，第360页。"同类相动"或"同类相感"是当时人们所普遍接受的天人之间互相影响的原理，在《庄子》和《淮南子》中都有相关的论述。

哀乐之行，人亦有春秋冬夏之气者，合类之谓也。①

既然是"合类"，但天是更为主动的一方，人则是要尽量去"与天同"，避免"与天异"。

> 天之道以三时成生，以一时丧死，死之者，谓百物枯落也，丧之者，谓阴气悲哀也。天亦有喜怒之气，哀乐之心，与人相副，以类合之，天人一也。春，喜气也，故生；秋，怒气也，故杀；夏，乐气也，故养；冬，哀气也，故藏；四者，天人同有之，有其理而一用之，与天同者大治，与天异者大乱。②

物类之感，同气之应，人要在设计秩序和传达价值倾向的时候尽力去"奉天"，如果"逆天"，就不是"王道"了。既然天道尚阳而贱阴，人就应该崇德而远刑。

> 故曰：阳天之德，阴天之刑也。阳气暖而阴气寒，阳气予而阴气夺，阳气仁而阴气戾，阳气宽而阴气急，阳气爱而阴气恶，阳气生而阴气杀。是故阳常居实位而行于盛，阴常居空位而行于末。天之好仁而近，恶戾之变而远，大德而小刑之意也。先经而后权，贵阳而贱阴也。故阴，夏入居下，不得任岁事，冬出居上，置之空处也。养长之时伏于下，远去之，弗使得为阳也。无事之时，起之空处，使之备次陈，守闭塞也。此皆天之近阳而远阴，大德而小刑也。是故人主近天之所近，远天之所远；大天之所大，小天之所小。是故天数右阳而不右阴，务德而不务刑。刑之不可任以成世也，犹阴之不可任以成岁也。为政而任刑，谓之逆天，非王道也。③

"务德不务刑"是董仲舒在策论中要向汉武帝传达的改制的建议，并通过"感应"而强调若非遵循天道而行事，那么，天地就要通过

---

① 董仲舒：《春秋繁露·天辨在人》，载苏舆：《春秋繁露义证》，中华书局，1992年，第335页。

② 董仲舒：《春秋繁露·天辨在人》，载苏舆：《春秋繁露义证》，中华书局，1992年，第335—336页。

③ 董仲舒：《春秋繁露·阳尊阴卑》，载苏舆：《春秋繁露义证》，中华书局，1992年，第327—328页。

"不常之变"来警示,通过灾异来谴告,这亦是天人相感的"极端"方式,"天"先会通过一些征兆来告知统治者要对自己的施政做出适当的变化,以此来观察统治者是否能"奉天",这也是天意之仁的体现。

> 其大略之类,天地之物有不常之变者,谓之异,小者谓之灾。灾常先至而异乃随之。灾者,天之谴也;异者,天之威也。谴之而不知,乃畏之以威,诗云:"畏天之威。"殆此谓也。凡灾异之本,尽生于国家之失。国家之失乃始萌芽,而天出灾害以谴告之;谴告之而不知变,乃见怪异以惊骇之,惊骇之尚不知畏恐,其殃咎乃至。以此见天意之仁而不欲陷人也。①

董仲舒在《春秋繁露·二端》中说,《春秋》并非十分看重灾异谴告这样的说法,春秋重视开端,见微知著,善于从微末的现象中发现政治溃败的线索。这是贵微的动因。但亦有一些不善于察微的统治者需要通过惩罚性的方式来警示,让他们能够修身审己。

> 因恶夫推灾异之象于前,然后图安危祸乱于后者,非《春秋》之所甚贵也。然而《春秋》举之以为一端者,亦欲其省天谴而畏天威,内动于心志,外见于事情,修身审己,明善心以反道者也,岂非贵微重始、慎终推效者哉!②

董仲舒的天人关系序列中,虽然强调了天的主导性,但也没有完全否定人的作用,儒家的政治思想以修身为本,天赋于人以天德,然只是一种"潜在的可能性",要让这种可能性现实化,有两个途径:一是人自身的修身工夫,二是统治者的教化。基于这两个途径,董仲舒重回孔子的性近习远的思想,强调人性之"善质",而非完成体。从某种意义上,我们可以将董仲舒的人性论看作是人回应天赋、珍惜天施的一种态度。董仲舒说:

> 名性,不以上,不以下,以其中名之。性如茧如卵,卵待覆

---

① 董仲舒:《春秋繁露·必仁且智》,载苏舆:《春秋繁露义证》,中华书局,1992年,第259页。

② 董仲舒:《春秋繁露·二端》,载苏舆:《春秋繁露义证》,中华书局,1992年,第156页。

而成雏，茧待缫而为丝，性待教而为善。此之谓真天。天生民性有善质而未能善，于是为之立王以善之，此天意也。民受未能善之性于天，而退受成性之教于王。王承天意以成民之性为任者也。今案其真质而谓民性已善者，是失天意而去王任也。①

性者，天质之朴也；善者，王教之化也。无其质，则王教不能化；无其王教，则质朴不能善。质而不以善性，其名不正，故不受也。②

董仲舒的善质论，有点接近荀子"本始材朴"的意味，认为人性只是天所赋予人的基础性的条件，就如玉之有待于雕琢。没有教化之措施，这些质朴的天性难以成就为"善"。他对人性的另一个更为通俗化的比较就是禾与米。强调天道之"止"。在这个意义上，天人之际更接近于天生人成。虽然强调了天道的优先性地位，但董仲舒并不是要完全否定人在完善自我过程中的意义。

善与米，人之所继天而成于外，非在天所为之内也。天之所为，有所至而止。止之内谓之天性，止之外谓人事。事在性外，而性不得不成德。③

董仲舒突出了天的决定性意义，并从逻辑上奠定天的"曾祖父"的角色，这就意味着天既是万物的创生者，而且，在血缘性的秩序中，必然高于自然血缘的父母，乃至远祖。这样，对天的礼赞和感恩在仪式上具有高于其他祭祀活动的重要性。

《春秋》之义，国有大丧者，止宗庙之祭，而不止郊祭，不敢以父母之丧，废事天地之礼也。父母之丧，至哀痛悲苦也，尚不敢废郊也，孰足以废郊者？故其在礼亦曰："丧者不祭，唯祭

---

① 董仲舒：《春秋繁露·深察名号》，载苏舆：《春秋繁露义证》，中华书局，1992年，第300—302页。
② 董仲舒：《春秋繁露·实性》，载苏舆：《春秋繁露义证》，中华书局，1992年，第313页。
③ 董仲舒：《春秋繁露·深察名号》，载苏舆：《春秋繁露义证》，中华书局，1992年，第297页。

天为越丧而行事。"①

"堂堂如天，殃，言不必立校，默而无声，潜而无形也"②，这就是说，天之谴告，并不是事事立刻显现，人的行为所造成的天之不满，一般只有圣人才能看出来，所以要对天保持足够的敬意，要"郊天"，因为天是百神之大君，要是对天不够恭敬，那么反复祭祀各路神明又有什么用呢？

对于世俗的君主而言，作为天子，则要将祭天作为王教之化的手段。若不知天、敬天，那么天下之和平便难以实现。

> 尧谓舜曰："天之历数在尔躬。"言察身以知天也。今身有子，庸不欲其有子礼也。圣人正名，名不虚生。天子者，则天之子也。以身度天，独何为不欲其子之有子礼也。今为其天子，而阙然无祭于天，天何必善之？所闻曰：天下和平，则灾害不生。今灾害生，见天下未和平也。天下所未和平者，天子之教化不政也。③

（二）法天立制

在汉儒看来，《春秋》为创制立法之作，既是为汉制法，亦是为万世制法。董仲舒在给汉武帝的对策中，提出了"改制"和"易道"的变与不变的辩证法。道之大原出于天，因此，天道循环自有其则，不会改易。这也意味着天道所具有的仁爱、血缘等价值特性也不会变。"夫古之天下亦今之天下，今之天下亦古之天下"，治理天下自有其常道。不过，天道之运行有物有则，必然有所变化，要顺天命，就需"改正朔、易服色"，以符合天道之行。同样的意思在《春秋繁露·楚庄王》中说得更为系统。

> 问者曰：物改而天授显矣，其必更作乐，何也？曰：乐异乎

---

① 董仲舒：《春秋繁露·郊祭》，载苏舆：《春秋繁露义证》，中华书局，1992年，第404页。

② 董仲舒：《春秋繁露·郊语》，载苏舆：《春秋繁露义证》，中华书局，1992年，第397页。

③ 董仲舒：《春秋繁露·郊语》，载苏舆：《春秋繁露义证》，中华书局，1992年，第399—401页。

是。制为应天改之,乐为应人作之。彼之所受命者,必民之所同乐也。是故大改制于初,所以明天命也。更作乐于终,所以见天功也。缘天下之所新乐而为之文曲,且以和政,且以兴德。天下未遍合和,王者不虚作乐。乐者,盈于内而动发于外者也。应其治时,制礼作乐以成之。成者,本末质文皆以具矣。①

这里强调了改制和变乐的不同:改制是应天,而变乐则是"应人",主要是为了表明改制取得成功之后,体现天下和谐的盛况。

改制不易道,体现出对于三代政教的态度,这也是汉武帝策论中所关心的,也就是如何理解三代各有不同的治理方式。对此,董仲舒采用了一种比喻性的说法,他将先王之道比喻成规矩,他们是衡量不同的统治者是否符合天理的尺度。

《春秋》之道,奉天而法古。是故虽有巧手,弗修规矩,不能正方员。虽有察耳,不吹六律,不能定五音。虽有知心,不览先王,不能平天下。然则先王之遗道,亦天下之规矩六律已。故圣者法天,贤者法圣,此其大数也。得大数而治,失大数而乱,此治乱之分也。所闻天下无二道,故圣人异治同理也。古今通达,故先贤传其法于后世也。②

先贤之法用之既久,就会有弊,可以稍作损益,董仲舒给汉武帝的建议是"少损周之文致,用夏之忠"。具体地说,建议汉武帝放弃汉初以来以无为而治为手段的黄老之术,而进行制礼作乐以顺应天道运行。董仲舒也提出了许多具体的政治主张。比如在处理君臣关系的时候,强调君主应该任贤,而"不自劳于事"。并将之说成是"法天之行"。

天高其位而下其施,藏其形而见其光。高其位,所以为尊也;下其施,所以为仁也;藏其形,所以为神;见其光,所以为

---

① 董仲舒:《春秋繁露·楚庄王》,载苏舆:《春秋繁露义证》,中华书局,1992年,第19—20页。
② 董仲舒:《春秋繁露·楚庄王》,载苏舆:《春秋繁露义证》,中华书局,1992年,第14—15页。

明。故位尊而施仁，藏神而见光者，天之行也。故为人主者，法天之行，是故内深藏，所以为神；外博观，所以为明也；任群贤，所以为受成；乃不自劳于事，所以为尊也；泛爱群生，不以喜怒赏罚，所以为仁也。①

重视法则而不是君主的德行多少带有一些黄老道学的影子，不过，董仲舒也做出了他的解释。他指出之所以强调天是"规矩"，而君王是天意的传达者和实现者，是要为大一统的政治秩序提供统一的规则，实质也是要为他收拢权力提供理论支持。用"天道"为世俗的君臣、君民之间的支配和被支配关系来做出普遍性的论证。但董仲舒的思路在于：天固然为尊卑秩序提供了依据，但通过抬高天的地位，他又给君主的施政提供了一个前提条件：遵循天道，他也试图通过这种方式来制约君主的权力范围。

《春秋》之法，以人随君，以君随天。曰：缘民臣之心，不可一日无君。一日不可无君，而犹三年称子者，为君心之未当立也。此非以人随君耶？孝子之心，三年不当而逾年即位者，与天数俱终始也，此非以君随天邪？故屈民而伸君，屈君而伸天，《春秋》之大义也。②

对此，在一篇讨论制度设计原则的《度制》篇中，董仲舒从天道公平无偏的角度，讨论了君主不应该垄断所有的权力和财富，尤其不应该与民争利，并认为这是"天理"。这可能也与汉武帝时期通过盐铁专营，政府在经济活动中挤压百姓的生存空间有关③。

---

① 董仲舒：《春秋繁露·离合根》，载苏舆：《春秋繁露义证》，中华书局，1992年，第164—165页。

② 董仲舒：《春秋繁露·玉杯》，载苏舆：《春秋繁露义证》，中华书局，1992年，第31—32页。

③ 《汉书·食货志》记载了董仲舒对汉初垄断经济的批评。他说："古者税民不过什一，其求易共；使民不过三日，其力易足。民财内足以养老尽孝，外足以事上共税，下足以蓄妻子极爱，故民说从上。至秦则不然，用商鞅之法，改帝王之制，除井田，民得卖买，富者田连阡陌，贫者无立锥之地。……汉兴，循而未改。古井田法虽难卒行，宜少近古，限民名田，以澹不足，塞并兼之路。盐铁皆归于民。去奴婢，除专杀之威。薄赋敛，省徭役，以宽民力。然后可善治也。"

> 天不重与，有角不得有上齿。故已有大者，不得有小者，天数也。夫已有大者，又兼小者，天不能足之，况人乎？故明圣者象天所为，为制度，使诸有大奉禄亦皆不得兼小利，与民争利业，乃天理也。①

董仲舒为汉代的主要政治制度都提供了天道依据，比如他就认为"王道之三纲，可求于天"。在《春秋繁露·基义》中，他以阴阳相配合而形成君臣、父子、夫妇关系为例，认为宗法社会的三个最基本原则是"天道"之"人间化"。

> 阳之出也，常县于前而任事；阴之出也，常县于后而守空处。此见天之亲阳而疏阴，任德而不任刑也。是故仁义制度之数，尽取之天。天为君而覆露之，地为臣而持载之；阳为夫而生之，阴为妇而助之；春为父而生之，夏为子而养之；秋为死而棺之，冬为痛而丧之。王道之三纲，可求于天。②

汉代以孝治天下，董仲舒也是从法天立制的角度来讨论孝道的。在《春秋繁露·五行对》中，记录了河间献王和董仲舒的对话，内容即是询问何以孝道是天经地义的。

> 河间献王问温城董君曰："《孝经》曰：'夫孝，天之经，地之义。'何谓也？"对曰："天有五行，木火土金水是也。木生火，火生土，土生金、金生水。水为冬，金为秋，土为季夏，火为夏，木为春。春主生，夏主长，季夏主养，秋主收，冬主藏。藏，冬之所成也。是故父之所生，其子长之；父之所长，其子养之；父之所养，其子成之。诸父所为，其子皆奉承而续行之，不敢不致如父之意，尽为人之道也。故五行者，五行也。由此观之，父授之，子受之，乃天之道也。故曰：'夫孝者，天之经也。

---

① 董仲舒：《春秋繁露·度制》，载苏舆：《春秋繁露义证》，中华书局，1992年，第229—230页。
② 董仲舒：《春秋繁露·基义》，载苏舆：《春秋繁露义证》，中华书局，1992年，第351页。

此之谓也。'"①

董仲舒即是五行来比对父子之间五种关系类型,虽然这样的证明在今天看上去并不十分贴切,但在汉代由五行而推导出四季的不同特性,并给生养繁衍提供行为准则,这让伦理关系有了坚实的天道支持。

最后,我们或许可以回应一下"天人感应"中的"人"到底所指者为何。这也是许多学者所关心的议题。从我们所了解的"王道通三"等论述我们知道,天子作为受命于天者,其最能了解天意,因此,也有学者在研究董仲舒的著作后指出,其"天人感应"理论中的"人"指的是最高权力者天子和诸侯,或者将范围再扩大一些,也可以指周边的为政者,但主要还是指"王"和"人君"②。天之降灾异所要警告的也主要是接受天命的天子。然在《春秋繁露》中,并没有完全否认一般人对于天意的了解。既然人为天所生,人副天数,那么也就意味着所有人都秉受了"天之数"从而让他们与天之间建立起同类相感的可能。一般人与君主的差别,可能只是感受能力的差距,而并不是将一般人排除在天人感应的系统之外。

## 三、元与天:大一统秩序下的天道形而上学

儒家关注生成论的问题,然对万物的起源的讨论缺乏系统性。比如《易传》中的"太极生两仪,两仪生四象,四象生八卦",看上去有生成论的意味,实质上更接近于探讨八卦的源起,而对事物的生成原理则没有细究。儒家也并非不关注本体现象、形上形下的问题,《易传》中对于道器的认识,就涉及早期儒家对于超越于具体的"形状"的"形而上"的"道"的关切。相比于丰富复杂的人性善恶的争

---

① 董仲舒:《春秋繁露·五行对》,载苏舆:《春秋繁露义证》,中华书局,1992年,第314—315页。

② 池田知久:《中国古代的天人相关》,载沟口雄三、小岛毅主编,孙歌等译《中国的思维世界》,江苏人民出版社,2006年,第56页。

论和政治社会秩序的设计,生成问题和道器问题并非先秦儒家的核心关切。相比之下,道家思想从《道德经》开始,就开始探讨道与万物之间的关系,发展出比较系统的形而上学思想①。在形成时间与《春秋繁露》稍早的《淮南子》中,与道家有极强的亲缘关系,该书在论及"道"与天地万物的关系时,就有浓厚的形而上学色彩②。

从前文对董仲舒的"天"的观念多方面展开的分析看,我们已经能认识到董仲舒对于"天"的自然属性和道德属性的建构有一个理论和现实的双重目标。从现实的角度看,董仲舒希望汉武帝完成统治方式的儒家化转变,这需要借助有意志、对现实有干预性的"天"的存在。然当"天"被纳入伦理化的序列的时候,天的超越性就会受到损害,因此,董仲舒需要一个新的观念来完善其天人观念的超越性维度,董仲舒选择了"元"。

以往的学者对于董仲舒的"元"概念是侧重于从"元气"和万物起源的角度来阐发的。比如康有为在《春秋董氏学》中引用了《周易》之"大哉乾元,乃统天",指出天地之本,主要是气的运行。"孔子之道,运本于元,以统天地,故谓为万物本始终天地。"③ 徐复观、金春峰等先生以"元气"来理解董仲舒的"元"。以元气来解释元是有文献学的依据的,例如在《春秋繁露·玉英》中说道:

> 惟圣人能属万物于一而系之元也。终不及本所从来而承之,不能遂其功。是以春秋变一谓之元。元,犹原也,其义以随天地终始也。

这一段看上去是在讨论万物起源的文字,在注疏家那里就是直接

---

① 郑开说:"道家哲学以阐明'无'为核心旨趣的'道论'不仅可以称为古典学术意义上的形而上学,而且足以媲美古希腊哲学之 metaphysics,甚至我们有理由当仁不让地称之为'真正意义上的形而上学'。"郑开:《道家形而上学》,中国人民大学出版社,2019年,第40页。
② 《淮南子·原道训》说:"夫道者,覆天载地,廓四方,柝八极,高不可际,深不可测,包裹天地,禀授无形。"作为一部思想复杂的作品,《淮南子》中的"道"有生成根源、本体等多重意义。
③ 康有为:《春秋董氏学》,中华书局,1990年,第124页。

将"元"理解为"气"的开端。何休在《春秋公羊传》的注把"变一为元"解释为"元者气也,无形以起,有形以分,造起天地,天地之始也",并将"元"解释为气之始①。

不过,最为贴近公羊学的思路的是将元理解为"开端"。《春秋公羊传》对"元年春王正月"的解释中说"春王正月,元年者何?君之始年也。春者何?岁之始也。王者孰谓?谓文王也"。用"元年"来指称君主执政的开端之年。《春秋繁露·玉英》中说:

> 谓一元者,大始也。知元年志者,大人之所重,小人之所轻。是故治国之端在正名。名之正,兴五世,五传之外,美恶乃形,可谓得其真矣,非子路之所能见。②

这里,董仲舒强调作为开端的元,不过从开端引申出"正名",这主要是要说明君主应该从即位的开始就厘定君臣父子夫妇之名分,如此才能分清美恶,为长治久安奠定基础。如此,也就确定了王道政治的基础。董仲舒说:

> 春秋何贵乎元而言之?元者,始也,言本正也。道,王道也。王者,人之始也。王正,则元气和顺,风雨时、景星见、黄龙下。王不正,则上变天,贼气并见。③

这话也直接说给汉武帝听了,他在天人三策中将这个开端说成是"王道之端",他将"元年春,王正月"进行了梳理,指出:

> 《春秋》之文,求王道之端,得之于正。正次王,王次春。春者,天之所为也;正者,王之所为也。其意曰,上承天之所为,而下以正其所为,正王道之端云尔。

并将一元从大一统的君主权力引申到"正本"的责任。

> 《春秋》谓一元之意,一者万物之所从始也,元者辞之所谓

---

① 苏舆引何休的注:见《春秋繁露义证》,中华书局,1992年,第68页。
② 董仲舒:《春秋繁露·玉英》,载苏舆:《春秋繁露义证》,中华书局,1992年,第67—68页。
③ 董仲舒:《春秋繁露·王道》,载苏舆:《春秋繁露义证》,中华书局,1992年,第100—101页。

大也。谓一为元者,视大始而欲正本也。《春秋》深探其本,而反自贵者始。故为人君者,正心以正朝廷,正朝廷以正百官,正百官以正万民,正万民以正四方。①

董仲舒认以以天道为基础,为君主们确定为政的基础,让他们了解百姓的疾苦以及是非得失,这是孔子作《春秋》的真实用意。

> 仲尼之作《春秋》也,上探正天端王公之位,万民之所欲,下明得失,起贤才,以待后圣。故引史记,理往事,正是非,见王公。史记十二公之间,皆衰世之事,故门人惑,孔子曰:"吾因其行事而加乎王心焉,以为见之空言,不如行事博深切明。"②

然而从"元气"或"开端"来理解董仲舒的"元"并不能覆盖董仲舒的"元"观念的全部。在《春秋繁露》之《玉英》和《重政》篇③中,还有关于"元"的两段文字值得关注。

> 是故春秋之道,以元之深,正天之端,以天之端,正王之政,以王之政,正诸侯之即位,以诸侯之即位,正竟内之治,五者俱正,而化大行。④

这里的"元之深"的"深"的解读,大多亦是追随何休直接解释为"元之气",从气本论的角度来理解"元气"作为天人之大本。或从"深探其本",以正心为政治之本。如果按这样的解释,那么就会从开端方面去体会,而拒绝从形而上的角度去认知。比如黄开国说元是政治哲学概念,意为"王道之始",他认为"联系董仲舒春秋公羊学的整个思想及其对元的全部训释,根本没有把元视为宇宙本原的思想"⑤。但黄著比较自相矛盾的地方则是他在解释上引"以元之深、正天之端"的时候则主张,董仲舒所说的元是与天联系在一起,此解

---

① 《汉书·董仲舒传》。
② 董仲舒:《春秋繁露·俞序》,载苏舆:《春秋繁露义证》,中华书局,1992年,第158—159页。
③ 此两篇中相关文字有重复,也有人认为是编定时的重复抄写。
④ 董仲舒:《春秋繁露·玉英》,载苏舆:《春秋繁露义证》,中华书局,1992年,第70页。
⑤ 黄开国:《公羊学发展史》,人民出版社,2013年,第226—227页。

释说明了"元不过是王道从天寻求到形而上的根据,但元本身并不是天,而只是表示王道一开始就从天得到纯正的规定性"①。此段话疑问颇多:首先,元是如何成为王道从天寻求到形而上的根据;其次,如果反对元气说,那么既然元本身不是天,元是如何成为天的"纯正性依据"的。对此,任蜜林也做过讨论,他认为真正起主宰作用的是"天"。他说:"从生成论上看,'元'是一切宇宙万物的根本,'天'也是由其决定的。但从本体论上来看,则人与万物都由'天'来决定的,人与万物都是从'天'而来的。这实际上把'元'置于比较'虚'的位置,而'天'才有实际的主宰作用。"② 的确,董仲舒的天依然有一定的"主宰性"的因素,然而,当董仲舒的"天道"观日益相"自然秩序"方向转化的时候,天更多是自然秩序的一部分,因而需要元作为天人关系的依据,从这个意义上说,元并不"虚",而是一种逻辑上的"实"。

如果按照董仲舒王道通三的说法,当天、地、人成为世界秩序的共同建构和运转环节的时候,天本身就难以成为这个秩序的终极根据,董仲舒需要寻求一个更为根本的依据以成为日趋自然秩序化的天人运行的"形式"和"目的"。如此,局限于从"元气"的角度来强调元作为天地之本,虽符合汉代人的"常识",但难以凸显其"目的论"上的因素。对此,作为接受过一定西学影响的康有为则强调神气与天地同本于元,这样就把"元"与具体可见的事物区分开来,就像大海与众沤一样,是一种更为"形式性"的存在,故而揭示了董仲舒"元"观念的本体论特质。康有为说:"元为万物之本,人与天同本于元,犹波涛与沤同起于海,人与天实同起也。然天地自元而分别有形象之物矣,人之性命虽变化于天道,实不知几经百千万变化而来,其神气之本由于元,溯其未分,则在天地之前矣。"③ 这里,康有为已

---

① 黄开国:《公羊学发展史》,人民出版社,2013年,第223页。
② 任蜜林:《董仲舒思想的"天""元"关系》,《衡水学院学报》2016年第5期,第28页。
③ 康有为:《春秋董氏学》,中华书局,1990年,第126页。

经明确将元与"有形象之物"进行了区分,从而确定了"元"作为一种形而上的存在的特质。

董仲舒的元理论还必须关照"人"的生成论问题。这关系到人的独特性如何体现的问题。有人就提出了这样的问题:

> 故元者为万物之本,而人之元在焉,安在乎?乃在乎天地之前。故人虽生天气及奉天气者,不得与天元本、天元命而共违其所为也。故春正月者,承天地之所为也。继天之所为而终之也。其道相与共功持业,安容言乃天地之元?天地之元奚为于此恶施于人?大其贯承意之理矣。①

在董仲舒看来,人在天地万物中独为贵,依然要循天道运行之则,"春正月"就是要强调君主是受天之命,循天道而为。所以圣人只是人元,王者所要努力的是与天地合其德,而非天地万物之元。这也从另外的角度坚持了屈民伸君,屈君伸天的逻辑。在《春秋繁露·深察名号》中说:"天人之际,合而为一。同而通理,动而相益,顺而相受,谓之德道。"② 董仲舒的天人论,强调了天的"主导性",人要"奉天",实质上是强调了天人之间奉行共同的原则,这就是"德道"。而从儒家的脉络来看,董仲舒的天的哲学在这方面吸收了道家形而上学的一些因素,以元统天,这样也就给天地秩序和人类道德生活奠定了一个形而上的基础,这也是大一统国家的意识形态建构所必需的。从这个意义上说,与其说董仲舒的哲学是"天"的哲学,毋宁说是"元"的哲学。

本文为"2020 中国·衡水董仲舒与儒家思想国际学术研讨会"提交的论文。

干春松(1965—),男,浙江绍兴人,北京大学哲学系教授,博士生导师。

---

① 董仲舒:《春秋繁露·玉英》,载苏舆:《春秋繁露义证》,中华书局,1992年,第69页。

② 董仲舒:《春秋繁露·深察名号》,载苏舆:《春秋繁露义证》,中华书局,1992年,第288页。

# 董仲舒的思想是否为"宇宙论中心"哲学

杨祖汉

## 前　言

董仲舒的哲学思想一般都重视他的天人相应论、灾异论等，而他的这些说法与孔孟的儒学理论或主要的精神是不一致的，但宋儒对于董子"正其谊而不谋其利"的说法则大加肯定，甚至认为此一说法所涵的义利之辨的义理，比孟子的相关说法还要清楚，"义利之辨"是儒学之核心观念、第一义，于是董子的思想究竟是否为纯粹的儒家义理，或者他的思想理论本身有不一致处？这是本文希望讨论的。

## 一、董子的道德理论与宇宙论中心哲学

劳思光《中国哲学史》论董仲舒，对董子的天人相应之说，做了以下的批评：

> 天人相应之说既兴，价值根源遂归于一"天"；德性标准不在于自觉内部，而寄于天道；以人合天，乃为有德。于是，儒学被改塑为一"宇宙论中心之哲学"。心性之精义不传；而宇宙论

之观念，悉属幼稚无稽之猜想。儒学有此一变，没落之势不可救矣。①

董子确以宇宙论的阴阳五行的结构来说明道德的价值与价值的根源，如云：

> 阳为德，阴为刑。刑主杀而德主生。是故，阳常居大夏，以生育养长为事；阴常居大冬，而积于空虚不用之处，以此见天之任德而不任刑也。②

又根据天人相应的理论，认为上天会对失道的君王给出警告，如果君王不知自省、迁善改过，伤败乃至。这的确是宇宙论中心哲学，即道德价值以天道论或宇宙论作为根据，而人之所以要实践道德，因为如此作才符合天道。照这样的说明，人的为善去恶，是因为上天之好善恶恶，赏善惩恶，这样的为善去恶，就不是因为善该为而恶不该为，而是因为善为恶的后果所决定，这对于孔孟的有关说法，当然是有违背的。孔子言为仁由己，孟子主张义利之辨，仁义的行为基于人的不忍人之心，自发而不容已，并不由于对后果的考虑；由此可见道德行动之源，在于人的本心善性，并非将价值根源归于天。孔子之言畏天命、知天命，及孟子的尽心知性知天，虽然在他们心中究竟是人格神抑天是形上的实体，仍可讨论；但很清楚表示，天是从人的自发自觉的实践仁义而上达的，不是因为先求知道或先行推算天道天命的意义，循之而行，以避免违反天意。因此孔孟所主张的仁义，是由人的自觉心所给出的，并不是由于对宇宙论的条理、规则的了解而来。于是董仲舒对于道德仁义的理解，及对于国君所以要行仁政王道的说明，是属于他律的伦理学，这便无可疑；而这种对道德的理解与由此理解而给出来的实践理论、道德行为，是假的道德之源。即如果按此理论，由此存心来给出道德行动，并不能有道德的价值。

---

① 劳思光：《中国哲学史》，香港：香港中文大学崇基学院，1980年，第8页。
② 《汉书·董仲舒传》。

## 二、宋儒论董仲舒的"义利之辨"

董仲舒有一段很有名的话,对于道德的行动或道德义务的无条件性,讲得非常明白,他说:

> 夫仁人者,正其谊不谋其利,明其道不计其功,是以仲尼之门,五尺之童羞称五伯,为其先诈力而后仁谊也。苟为诈而已,故不足称于大君子之门也。①

按照这一段的说法,董仲舒对于道德行为的价值不在于行为的结果,而在于行为者的存心之义,是很清楚的。他认为五霸的作为所以会遭受仲尼门人的鄙视②,是先诈力而后仁义。即五霸的表面合于道德的行为,是为了取得称霸的力量。五霸是为了要称霸而作出仁义的行为,并不是真心为了仁义王道本身是该行而行,这是所谓"诈",诈就是虚假、虚伪的意思。董子在此也明白区分为仁义而行与为了别的目的而行仁义的区别。为了别的目的而行仁义,也就是诈伪,即上文所谓假的道德。按这一段的意思,董子应该明白如果为了担心上天的惩罚,而不敢不为善,这种为了别的目的而给出的道德行为,是假的道德。如果以此段话为准,好像就不能够说董仲舒的道德理论是他律的伦理学。因为从道德行为是其本身便应当行的,不是借此而遂行别的目的,会很自然推理出作道德行动者之存心,必须是为了仁义而行。而只为仁义该行而行,并不为了其他,这便是"为仁由己",是意志之自律,而非他律。也有把董仲舒这合于道德本意的义利之辨的说法,与其天论的哲学,即天人相应、灾异之说分开来看,认为二者没有关联,如徐复观先生所说:

> 他的"仁人者,正其道,不谋其利。修其理,不急其功"

---

① 《汉书·董仲舒传》。
② 董仲舒此说出于孟子"仲尼之徒无道桓文之事者,是以后世无传焉"(《孟子·梁惠王上》);荀子:"仲尼之门人,五尺之竖子,言羞称乎五伯。"(《荀子·仲尼》)

(……汉书本传作"正其谊,不谋其利,明其道,不计其功"按"不急其功",于义为长。)这正是他的人格的表现。他对政治经济的恳切要求,都在这种地方得到解答。但这却和他的天的哲学系统,毫不相干。①

当然把二者分开来说,会省略了理论冲突的问题,但既然这两方面的理论都是董子的重要说法,也应该可以有二者相连而不冲突的理解方式,本文希望从这个方向做一些讨论,另外徐先生于上引文,认为关于董子这一段说法的两个版本中,"不急其功"比"不计其功"为好,这一论断蕴涵了重要的问题,下文再讨论。

朱子在与吕祖谦共同编纂的《近思录》中,采入了董仲舒"正其义,不谋其利。明其道,不计其功"这段话,而且先后采入两次②,可见朱子非常肯定董仲舒此一说法。这两段的引用都采自二程的《程氏遗书》。在《近思录》卷二(见《二程遗书》卷九,此卷是"二先生语",不确定是明道或伊川语,可能是明道语)所采入的是用孙思邈"胆欲大而心欲小,智欲圆而行欲方"之言来解释董子之语,故曰"可以法矣",意即董子这两句,表达了道德行为必须方正,不能打折扣。在卷一四采用的一条(此条原来在《程氏遗书》卷二五,是伊川语),则以"此董子所以度越诸子"来做评论。伊川认为董仲舒所以超出其他诸子,是因为他此段话所表达的义理是非常纯正的。伊川此语表达了对董子的肯定,当然也代表他对这段话的认同。程伊川的道德意识非常强烈,对于道德行动是行所当行,完全不是为了其他目的,体认十分真切③,这应该是他对董仲舒欣赏的原因。

关于董仲舒这一段言论,朱子有如下的讨论:

---

① 徐复观:《两汉思想史》(卷二),台北:台湾学生书局,1979年,第370页。
② 分别是第二卷第40条与第十四卷第7条,参考张京华注释:《新译近思录》,台北:三民书局,2005年,第88、595页。
③ "伊川先生病革,门人郭忠孝往视之,子瞑目而卧。忠孝曰:'夫子平生所学,正要此时用'子曰:'道者用便不是。'忠孝未出寝门而子卒。"(《二程遗书》卷二一下,《二程集》,第276页)。程伊川这临终之言,表达了他一生学道只是为了该行而行,不是为了"有用",并非为了临终时用得上,完全表现了道德实践的无条件性。

> 建宁出"正谊明道如何论"。先生曰:"正其谊不谋其利,明其道不计其功。"谊必正,非是有意要正;道必明,非是有意要明,功利自是所不论。仁人于此有不能自已者。①

朱子也强调了正谊明道这种实践,本身就是目的,不是为了别的目的而做这种行动,因此道德的行为不能够混入求功利的念头,而人如果能够只因为道德行为是该行而行,排除了其他目的,就可以体会到道德实践是出于内心的"不能自已"。这是朱子的真切体会。即如果能够端正人行动的存心,只因为该行而行,就会产生纯粹的实践力量,这种力量是从人的道德本性直接给出来的,完全不需要感性欲求作为动力。

在《朱子文集》中,也有一些讨论董子此段话的义理的文字,而且与孟子义利之辨的说法做比较,很值得讨论。朱子说:

> 孟子说:"未有仁而遗其亲,未有义而后其君",便是仁义未尝不利。然董生却说:"正其义不谋其利,明其道不计其功。"又是仁义未必有利,则自不免去彼而取此。盖孟子之言,虽是理之自然,然到直截剖判处,却不若董生之有力也。向闻余论似多以利随义而言,今细思之,恐意脉中带得偏僻病患。试更思之,如何?②

上引朱子的文字是《答刘季章》之言,大概刘氏着重了孟子所说的"未有仁而遗其亲,未有义而后其君"之义,即行仁义未尝不利,孟子此说当然不表示为了有好的后果所以实践仁义,仁义的行为的存心只能是为义而行,不能因为行为有利于己的结果所以去行,如果是后者,则是虚伪的、假的道德行为。因此,在存心上,为利就不能为义,二者不能并存;而在行为结果上,仁义的存心与有利的结果可以相关联,当然此关联并不必然。朱子对孟子此章所涵之意,做了很明白的注释:

---

① 黎靖德编:《朱子语类》第一百三十七卷,中华书局,1986年,第3263页。
② 见《朱文公文集》(一)卷五三《答刘季章十六》,台湾:商务印书馆,1975年,第940页。

> 此章言仁义根于人心之固有，天理之公也。利心生于物我之相形，人欲之私也。循天理，则不求利而自无不利；殉人欲，则求利未得而害已随之。所谓毫厘之差，千里之缪。此《孟子》之书所以造端托始之深意，学者所宜精察而明辨也。①

朱子以天理之公来规定义，表示了义的客观普遍性，人的存心如果为了义而行，就是按照普遍的法则来要求自己，而这种要求是人人本有的，每个人都有这一本性，这是道德的本性。能按照这以普遍的道德法则为内容的本性来要求自己，则每个人给出来的行为，虽然因为份位的不同而有不同，但都可以相谐和、不会冲突，如君仁臣忠、父慈子孝，个人表现虽有不同，但相互之间的行为一定可以谐和而一致，于是在结果上来看，也很可能有谐和的、大家相助合而为一的整体的情况。这本来是合理的，亦是于己于人都有利的结果。于是朱子认为按天理之公而行，是"不求利而自无不利"；而如果是为了利而行，由于每个人对如何求得自己的私利，会有不同的想法，就会产生互相冲突的结果，于是"求利未得而害已随之"，朱子这段话区分了在行动之存心上义利不能并存，而在行动之结果上义与利则往往可以连在一起；不求利之公心可以有得利之结果，相反地，以求利为目的，会引致不利于己的结果。道理剖析得非常清楚，也应该就是孟子本文的意思。于是不能因为孟子说行仁义会产生"不遗其亲，不后其君"的好的结果，就认为孟子是因为道德行为会产生有利的结果，于是主张行仁义，而为功利主义的思想理论。这种解释不符合孟子的原义。理学家对于此义利之辨的意思，辨析得非常清楚，这确是儒家之所以为儒家的基本义理，从上述程伊川与朱子对此说之郑重可知。

朱子虽然对孟子言义利之辨有那么清楚的说明，但在上引《答刘季章》书中却认为董仲舒的说法比孟子更为截然，这可能是因为刘季章本人理解不清楚，是有所为而发，但也可能朱子真的是认为，董仲舒所说的，在道理上表达更为清楚。即董子之语，表示了道德行为必

---

① 朱熹：《四书章句集注》，中华书局，1983年，第202页。

须是存心纯粹，必须只因为义，完全不考虑利，只为了明道，而不计算行为可以达到的事功。能有如此纯粹存心的行动，才算是道德的行动。如果内心有一点点希望借着道德行动达成某些好的后果的想法，就不是纯粹的、道德的存心。这里朱子表达了非常严格的对何谓道德，何谓不道德的行动的差别，即是否为道德的行为，该行为的存心是否纯粹，是否能完全不涉及后果上的计较，是很重要的、很关键的。上文徐复观先生认为《汉书》上所关于董仲舒的原话的两种记载中，"明其道不计其功"比不上"修其理不急其功"，表示了徐先生认为在行善的存心上，有对事功上的期待，是可以的，只是不能够急功近利。徐先生这种理解不同于宋儒，可能对于只能是为义务而义务才算是道德行为之意，理解得不够真切。宋代事功学派有认为"功到成处便是有德，事到济处便是有理"（陈傅良《致陈同甫书》，《陈亮集》卷二），清儒又有"正其谊，以谋其利；明其道，而计其功"① 之说，所谓"义利双行""王霸并用"，都是有问题的说法，不合儒学本义。朱子在另一篇《答刘季章》书中，对董子此段话的论辩更为清晰：

> 细看来书，方论董子功利之语，而下句所说曾无疑事，即依旧是功利之见。盖天下只有一理，此是即彼非，此非即彼是，不容并立。故古之圣贤心存目见，只有义理，都不见有利害可计较。日用之间应事接物，直是判断得直截分明，而推以及人，吐心吐胆，亦只如此，更无回互。若信得及，即相与俱入圣贤之域；若信不及，即在我亦无为人谋而不尽底心，而此理是非昭著明白。今日此人虽信不及，向后他人须有信得及底，非但一时之计也。②

在存心上判断，为义就不能为利，为利就不是为义，二者是冰炭般不能相容的；而在行为的结果上看，存心为善的行为可以产生有利的结果，但虽如此，存心不能先作倾斜，有任何一点为了利而行义的想

---

① 颜元：《颜元集》，中华书局，1987年，第163页。
② 见《朱文公文集》（一）卷五三《答刘季章十五》，台湾商务印书馆，1975年，第940页。

法，如果有一点利心加入，则无条件为善就变成有条件为善，有条件为善或为了别的目的而为善，这就使行为的道德性或道德价值完全丧失了，这也就是朱子上引文讲得那么截然的缘故。他说"此是则彼非，此非则彼是"，即表示为义与为利是相矛盾、不能并存的，也因此"古之圣贤心存目见，只有义理，都不见有利害可计较"，存心于为了义而行义，即按道德法则而行，就不能够有任何为利而行义的念头，循此修养久了，内心就可以只见义理，不见利害。朱子在此处的分辨，完全与康德对何谓道德的分析相同①。朱子在此书中最后表示，与朋友论学必须严格遵守此一分际，不能为了迁就对方的想法而自打折扣（即不能为了迁就人而不严分义利）。必须按理当如此的说法来陈述，如果对方同意，就可以一同进入圣贤之域；如果因为按理实说而不被接受，也是尽了自己的责任，而且将来一定有人可以了解这一道理，这不只是一时之计。意即此中涵有超越的、永恒的价值。朱子认为与朋友论学，必须明白陈述此义利之辨的道理，这才算是"为人谋而忠"。朱子的辨析虽严，但其实这道理也十分明白，人所共知。

## 三、董仲舒其他有关说法

上文强调了董仲舒对义利之辨的了解是十分清楚的，他明白到道德行为的关键是在于行动的存心，也可以说道德行为的道德价值在于行动者的动机，故义利之辨是要对行动的存心辨别清楚。此义在他在讨论《春秋》"讥文公以丧取"时，有很清楚的表达：

> 难者曰："丧之法，不过三年。三年之丧，二十五月。今按经，文公及四十一月方取。取时无丧，出其法也久矣。何以谓之丧取？"曰：《春秋》之论事，莫重于志。今取必纳币，纳币之月在丧分，故谓之丧取也。且文公以秋祫祭，以冬纳币，皆失于太

---

① 见康德《道德底形上学之基础》书中的分析。

蚤。《春秋》不讥其前，而顾讥其后。必以三年之丧，肌肤之情也。虽从俗而不能终，犹宜未平于心。今全无悼远之志，反思念取事，是《春秋》之所甚疾也。故讥不出三年于首而已，讥以丧取也。不别先后，贱其无人心也。缘此以论礼，礼之所重者在其志。志敬而节具，则君子予之知礼。志和而音雅，则君子予之知乐。志哀而居约，则君子予之知丧。故曰：非虚加之，重志之谓也。志为质，物为文。文着于质，质不居文，文安施质？质文两备，然后其礼成。文质偏行，不得有我尔之名。俱不能备而偏行之，宁有质而无文。①

虽然文公娶妻在三年之丧之后，但由于他在丧期中便下聘礼了，可见他在丧期中已经想到聘娶的事情，那就违反了三年之丧了，故董子说"春秋之论事莫重于志"，这等于是说存心如何，决定了行动是否有道德的价值。从行为的外表看，文公是父丧后四十一个月才迎娶，不能说违反三年之丧，但由于他已经先下聘礼，证明他没有诚恳的处在守丧的心情中，此处的讨论或分辨，表明了道德行为的价值必须要为了行动该行而行，而不从行为的外表来判是否合于道德，即必须辨其心志。文公表面的行动是合于礼法的，但由于存心不纯粹，他的行为如康德所说，只有合法性，而没有道德性，此意在董仲舒上引文已经清楚地表达出来。

若能了解道德之行动之存心必须是纯粹的，必须是为义务而义务，行动才有真正的道德价值，则必会要求自己的行动要为了道德仁义而行，由此就可以推出意志之自律，这一步的推论是非常重要的，此意董子也有。在《春秋繁露·仁义法》有以下一段：

> 义者，谓宜在我者。宜在我者，而后可以称义。故言义者，合我与宜，以为一言。以此操之，义之为言我也。故曰有为而得义者，谓之自得；有为而失义者，谓之自失。人好义者，谓之自好；人不好义者，谓之不自好。以此参之，义，我也，明矣。是

---

① 董仲舒：《春秋繁露·玉杯第二》，苏舆撰：《春秋繁露义证》，中华书局，1992年，第24—27页。

义与仁殊。①

此篇的本意强调了义是对自我的要求，而仁是对待他人的态度，即是说对己要严格，对别人要先给出爱心，同于孔子说"躬自厚而薄责于人"之义；但上引的一段，可以表达"义"是自我的要求，而此所以要求于自我的，是普遍性的法则。所谓"宜"即代表普遍性，能够普遍地把人与我都考虑在内，才是合宜的做法，而要把这种合宜的、可普遍化的做法，来要求自己。这就可以理解为人要做普遍的自我立法，即人可以自觉地给出可以普遍的，即对对己对人都一样的做法来要求自己。从人能以普遍的法则来要求自己，而就是"义"，可见"义"是人对自己的要求，亦可说，在以普遍的义来要求自己时，才可以见到真正的自己。这正是孟子所谓"义内"的意思，即是说你不能认为凡是从自己出来的想法或要求，都是为了自己的，不能普遍化的想法；人可以给出一个可普遍的法则而人愿意去遵行之，人可作普遍的立法，以普遍的法则来要求他自己。上引文说义是"合我与宜以为一"，及"人好义谓之自好"等，都可如此解释。

这以义来要求自己，自己是否乐意，是否这时表现了真正的自己呢？在《身之养重于义》篇开始便说：

> 天之生人也，使人生义与利。利以养其体，义以养其心。心不得义不能乐，体不得利不能安。义者心之养也，利者体之养也。体莫贵于心，故养莫重于义，义之养生人大于利。奚以知之？今人大有义而甚无利，虽贫与贱，尚荣其行，以自好而乐生，原宪、曾、闵之属是也。人甚有利而大无义，虽甚富，则羞辱大恶。恶深，祸患重，非立死其罪者，即旋伤殃忧尔，莫能以乐生而终其身，刑戮夭折之民是也。夫人有义者，虽贫能自乐也。而大无义者，虽富莫能自存。吾以此实义之养生人，大于利

---

① 董仲舒：《春秋繁露·仁义法》，载苏舆：《春秋繁露义证》，中华书局，1992年，第253—254页。

而厚于财也。①

此段董子区分了养身与养心的不同，养身要以利养，养心要以义养，此处的区分也可以用自然与自由两个概念的不同来说明，人的身体有感性的欲求，而欲求需要满足，那就需要对自然有所需求，那是求在外的事情，外在的自然对于自己的欲求相顺，那就是对自己有利，于是身得其养；但养心不能够用自然供给的利来得到满足，而一定是使心灵得到自由才能养心，而董子养心以义之说，就表示了义或普遍的法则，或以普遍的法则来要求自己的做法，是可以使心得到自由的，故曰"心不得义不能乐"。从身与心相对、利与义相对，而以义养心，心才能乐便可证养心之义是心自己要求实践的，如同上文所说，心可以用普遍的法则来要求自己，而这种自我的要求，如果是违反心的本性的，那人一定会觉得拘束、困难，如果是这样，怎么可以是说义可以养心呢？于是由上所引的文献，好像也可以表达了义内之意。从"以义正我"就是人要反求诸己，要求自己的内心纯正，正其谊不谋其利是要求自己的存心的，这可说是"以义养心"，既然可以说以义养心，又如此作也可以得到养心之乐，则当该有愿意以义来要求自己的动力。"义者，宜也"表达了义是客观的合宜，是大家认为应该的，要求自己要符合这普遍的应该，如果只是以客观普遍的道理来要求自己，在自己的心性上没有根源，就不会有自己愿意依普遍的道理而实践的动力。而从董仲舒的说法来看，这要求自己合于宜，能够使心得其养，有使心快乐的结果。如果肯定真正的自我是愿意以普遍的法则作为自己行为依循的准则，则董仲舒就不必是他律的伦理学，理由是：1. 他对道德义务是无条件的，如孟子所说的义利之辨，了解得十分清楚；2. 义虽然是客观的合宜，但必须先用来要求自己，要求自己真实能实践，而这种个人的存心与客观的道义结合为一，就可以养心而得到快乐的结果。这两点是相连而生的，从这一论述，便可证与董子之见解与孟子相合，起码可说接近孟子的义内或康德所说的意

---

① 董仲舒：《春秋繁露·身之养重于义》，载苏舆：《春秋繁露义证》，中华书局，1992年，第263—264页。

志自我立法之义。若是，则虽然董仲舒用天人相应、灾异的说法劝导人君修德，有宇宙论中心哲学或他律的伦理学之嫌，但他也有自律的伦理学的重要特征，即肯定义利之辨与义是自己本心自发的要求。

上引文说身是用利来养，与养心以义不同，也表示了人之行义，是不能不受感性欲望的限制、影响之意。即满足欲望是身体所需要的，这造成了人要保持正其谊的纯粹存心，是相当困难的。虽然以义养心会有快乐的结果，但是否能长保此乐，不无疑问。这就可以解释董子虽然有上述的对何谓真正的道德，及义是自我之要求的体认，但对于心、性的看法并不同于孟子之故。本来说心可以用义来养，就可以推论出义对于心也是顺的，虽然心会因为欲望的影响而不肯为义而行，但这并不是顺心的行为，行义才可以是顺心，而且有悦乐，那就是孟子以仁义为人性之说。而若仁义为人之本性，开显此本心善性，人便可自发为善，不必依其他力量。在董子并不肯定人性普遍为善，而主张人性有善有恶，认为天有阴阳，故人有仁贪二气，当然人性虽非纯善，但还是有善的作用在，可以教养而成善人，如禾可以成米；又说心可以"枉众恶于内"（《春秋繁露·深察名号》），这也可以说明心的限制贪欲有其内发的要求。

由以上的论述，可见董仲舒对于儒学的基本义理有真切的了解，虽然他的天人相应论得到较大的关注，而且也有重大的影响力，但如果因此就认为董仲舒的思想是以气化宇宙论的说法作为道德价值的基础，应该不是善于体会董子思想的说法。

## 四、结论

上述宋儒对董仲舒正谊不谋利的说法的讨论，都从何谓真正的道德行为，或道德行为的存心必须是纯粹为义来理解，朱子的有关讨论尤为精切。当然，宋儒的解释不一定就是董子的原意，从董子的天人相应、灾异之论来理解其思想，当然不会如宋儒般的纯粹，但是否就表示董子对道德的理解不够明白，或其道德意识不一定强烈，他对所谓仁义的体会不够真切呢？由以上的分析，可知这样的理解是不能成立的。如果是如此，则董仲舒的思想就似乎可以分成两截不同的部分，一个人的思想涵有两种理论型态。这种诠释当然不理想，或许我们可以如此看，董子对于儒家思想的本意是有了解的，儒学的本质是成德之教，而人要成德，必须要从义利之辨做起，而对于通过义利之辨理解到的道德的本意，应该是很容易的，即是说，对于真正的道德行为，一定是出于为了该行而行的存心，不是因为要借此一行为达到另外的目的，如要达到对我有利的目的。此一区别人只要一反省何谓道德行为、何谓义务，就会清楚明白，这绝不是难明的道理。于是我们可说董仲舒对何谓道德、何谓王道，不会不明白，只是他为了要求汉朝天子实践道德，要维持纯粹的存心以实施仁政、行王道，而在当时帝王专制已经成为不可动摇的现实，于是不得不利用阴阳家的理论，根据阴阳五行而来的五德终始、天人相应及灾异之说，来作为对国君的规范、强制。如果没有这种通过上天的警戒，甚至惩罚来告诫君主，便没有任何其他力量可以制衡的当权者，如徐复观先生所主张。于是或许可以这样了解董仲舒的天人论与义利之辨的不一致，即前者是"权说"，后者才是"实说"。以天人相应来增加对人君必须行义的说服力，而要求于人君者，是要人君作出具有真正道德价值的行为，故"正谊不谋利"之说才是实说。若是则不必如劳思光所主张，董仲舒的思想是宇宙论中心，而非心性论中心的哲学。

当然汉朝的思想充满了阴阳五行与灾异的色彩，总的来看，当然是不合孔孟的儒学，而为宇宙论中心，对此董仲舒须负很大的责任，但他本人对道德仁义的了解则并无问题，故上文以权说与实说来解释两种不同的形态何以同在于一个思想家之问题，而董子是否有天人相应、灾异是"权说"之自觉，则是可以讨论的。

本文为"2020 中国·衡水董仲舒与儒家思想国际学术研讨会"提交的论文。

杨祖汉（1952—），男，广东新会人，台湾"中央大学"中文系教授。

# 董仲舒的"天人合一"论：
# 内在逻辑与积极意义

孟祥才

董仲舒是中国古代儒学史上第二个发展阶段即经学时代的代表人物。他的"天人合一"论是先秦儒学"天人合一"论的继承和发展。先秦儒家的"天人合一"论发端于周公。他的"天人合一"是以天为主、人合于天。孔子虽然初步赋予天以模糊的自然属性，但基本上没有离开人合于天的定位。子思和孟子的"天人合一"论较之周公、孔子进一步强调人的主观能动性，认定人能够"赞天地化育""与天地参""上下与天地同流"，这种"天人合一"尽管从形式上还承认天作为人格神的权威，但实际上其基本倾向已经是以人为主，将天合于人了。荀子认定天即自然界，与人类社会是两个完全不同的事物，作为自然界的天按自己的规律运行，丝毫不干预人类的活动；人类的活动也不能改变或干预自然规律，二者是"相分"，即各自运行、互不干涉。但是，由于人类必须存在和生活于自然环境之中，由天、地提供衣、食、住、行的资源，即物质基础，他们又与自然界有着不可分割的密切联系。所以天人关系就既不是人合于天，也不是天合于人，而是天人良性互动、协调发展：人认识自然规律，尊重自然规律，顺应自然规律，利用自然规律为自己服务，这就是"制天命而用之"。荀子的"天人合一"论已经摆脱了周公、孔子、子思、孟子等"天人合一"论的神秘色彩，将天人关系建立在唯物论认识论的基础之上，是最科学的"天人合一"论。

董仲舒充分吸纳和利用了先秦儒学和其他诸子的思想资源，进行创新和发展，创造出自己远较其前辈更细密和精致的"天人合一"论。这个理论是由以下几个部分组成的。

第一，董仲舒的"天"是人格神的上帝，是自然界和人类社会的最高主宰，是至高无上的绝对权威。是最高人格神之天，最高道德之天，最高造物主之天：

> 天者，万物之祖，万物非天不生。（《春秋繁露·顺命》）

> 天地者，万物之本，先祖之所出也。广大无极，其德炤明，历年众多，永永无疆。天出至明，众之类也，其伏无不炤也，地出至晦，星日为明，不敢暗。君臣、父子、夫妇之道取之此。（《春秋繁露·观德》）

> 何谓本？曰天地人，万物之本也。天生之，地养之，人成之。天生之以孝悌，地养之以衣食，人成之以礼乐。三者相为手足，合以成体，不可一无也。（《春秋繁露·立元神》）

> 为生不能为人，为人者天也。人之人本于天，天亦人之曾祖父也。此人之所以乃上类天也。人之形体，化天数而成；人之血气，化天志而仁；人之德行，化天理而义；人之好恶，化天之暖清；人之喜怒，化天之寒暑；人之受命，化天之四时。人生有喜怒哀乐之答，春秋冬夏之类也。（《春秋繁露·为人者天》）

在董仲舒看来，自然界和人世间的一切都是那个冥冥中的上天创造的，这个至上神的上帝提供了人世间一切物质的和精神的泉源，是自然界和人类社会所有事物存在的前提，自然界和人类社会的一切都是天的附属物。离开天，它们一刻也不能存在。这个天是没有任何物质品性的。所谓"自然之天"在他那里根本就不存在。不过，董仲舒又认定，这个天又是绝对公平的，它让自然界的动物只有一种谋生手段，因而要求人也只能以一种职业获取生活资料："夫天亦有所分予，予之齿者去其角，傅其翼者两其足，是所受大者，不得取小也。古之所予禄者，不食于力，不动于末，是亦受大者不得取小，与天同意者也。"(《汉书·董仲舒传》)这就是说,自然界和人类社会的一切都是天的有目的的创造,人只能顺天从命,一切听从天的公正安排。

第二,天是一个绝对独立的存在,它有自己的运行规律,而这个规律是不受其他任何事物,当然也是不受人支配的:

>天高其位而下其施,藏其形而见其光。高其位,所以为尊也。下其施,所以为仁也。藏其形,所以为神。见其光,所以为明。故位尊而施仁,藏神而见光者,天之行也。(《春秋繁露·离合根》)

>天之道,有序而时,有度而节,变而有常,反而有相,微而至远,踔而至精,一而少积蓄,广而实,虚而盈。圣人视天而行,是故其禁而审好恶喜怒之处也,欲合诸天之非其时,不出煖清寒暑也。其告之以政令而化风之清微也,欲合诸天之颠倒其一而以成岁也。其羞浅末华虚而贵敦厚忠信也,欲合诸天之默然不言而功德积成也。其不阿党偏私而美汎爱兼利也,欲合诸天之所以成物者少霜而多露也。其内自省以是而外显,不可以不时。人主有喜怒,不可以不时。可亦为时,时亦为义,喜怒以类合,其理一也。故义不义者,时之合类也,而喜怒乃寒暑之别气也。(《春秋繁露·天容》)

>天之道终而复始。(《春秋繁露·阴阳终始》)

>天道之常,一阴一阳。阳者,天之德也,阴者,天之刑也。(《春秋繁露·离合根》)

>天之道,春煖以生,夏暑以养,秋凉以杀,冬寒以藏。煖暑清寒,异气而同功,皆天之所以成岁也。圣人副天之所行以为政,故以庆副煖而当春,以赏副暑而当夏,以罚副凉而当秋,以刑副寒而当冬。庆赏罚刑,异事而同功,皆王者之所以成德也。庆赏罚刑与春夏秋冬,以类相应也如合符。故曰王者配天,谓其道。天有四时,王有四政。四政若四时,通类也,天人所同有也。庆为春,赏为夏,罚为秋,刑为冬。庆赏罚刑之不可不具也,如春夏秋冬不可不备也;庆赏罚刑当其处不可不发,若煖暑清寒当其时不可不出也;庆赏罚刑各有正处,如春夏秋冬各有时

也。四政者不可以相干也,犹四时不可相干也。四政者不可以易处也,犹四时不可易处也。故庆赏罚刑有不行于其正处者,《春秋》讥也。(《春秋繁露·四时之副》)

你看,在董仲舒眼里,天是按照自己的"道"运行的,"有序而时,有度而节,变而有常,及而有相,微而至远,踔而至精";是循环往复,"终而复始"的;是借助阴阳两种力量良性互动、相反相成的;特别是"四时"与"四政"交相互应,天上与人间交感相融,构成了天人之间的协调运行。

第三,"人副天数",天按照自己的意志和自己的形象形塑了人类和人类社会的一切。首先,人的形体是天按照自己的意愿和形体精心塑造的:

> 天德施,地德化,人德义。天气上,地气下,人气在其间。春生夏长,百物以兴;秋杀冬收,百物以藏。故莫精于气,莫富于地,莫神于天。天地之精所以生物者,莫贵于人。人受命乎天也,故超然有以倚。物疢疾莫能为仁义,唯人独能为仁义;物疢疾莫能偶天地,唯人独能偶天地。人有三百六十节,偶天之数也;形体骨肉,偶地之厚也。上有耳目聪明,日月之象也;体有空窍理脉,川谷之象也;心有哀乐喜怒,神气之类也。观人之体一,何高物之甚而类于天也。物旁折取天之阴阳以生活耳,而人乃烂然有其文理。是故凡物之形,莫不伏从旁折天地而行,人犹题直立端尚正正当之。是故所取天地少者旁折之,所取天地多者正当之,此见人之绝于物而参天地。是故人之身,首□员象天容也,髪象星辰也,耳目戾戾象日月也,鼻口呼吸象风气也,胸中达知象神明也,腹胞实虚象百物也。百物者最近地,故要以下,地也。天地之象,以要为带。颈以上者,精神尊严,明天类之状也;颈而下者,丰厚卑辱,土壤之比也。足布而方,地形之象也。是故礼,带置绅必直其颈,以别心也。带而上者尽为阳,带而下者尽为阴,各其分。阳,天气也;阴,地气也。故阴阳之动,使人足病,喉痹起,则地气上为云雨,而象亦应之也。天地之符,阴阳之副,常设于身。身犹天也,数与之相参,故命与之

相连也。天以终岁之数成人之身，故小节三百六十六，副日数；大节十二分，副月数也。内有五藏，副五行数也；外有四肢，副四时数也；乍视乍瞑，副昼夜也；乍刚乍柔，副冬夏也；乍哀乍乐，副阴阳也；心有计虑，副度数也；行有伦理，副天地也。此皆暗肤着身，与人俱生，比而偶之弇合。于其可数也副数，不可数者副类，皆当同而副天，一也。是故陈其有形以着其无形者，拘其可数者。以此言道之亦宜以类相应，犹其形也，以数相中也。（《春秋繁露·人副天数》）

显然，董仲舒如此将天体与人体一一对应比附，是既不符合天体也不符合人体结构实际的。这正暴露了他所构筑的理论体系的远离科学性的硬伤。将天体人体硬性比附已经很荒唐了，但董仲舒却意犹未尽。他进而又将天子、诸侯、大夫、士之名号说成是"天意"：

名号之正，取之天地，天地为名号之大义也。……天不言，使人发其意；弗为，使人行其中。名则圣人所发天意，不可不深观也。受命之君，天意之所予也。故号为天子者，宜视天如父，事天以孝道也。号为诸侯者，宜谨视所俟奉之天子也，号为大夫者，宜厚其忠信，敦其礼义，使善大于匹夫之义，足以化也。士者，事也。民者，瞑也。士不及化，可使守事从上而已。五号自赞，各有分。分中委曲，曲有名。（《春秋繁露·深察名号》）

再进一步，又将《周官》记载的王者官制与天比附，得出"官制象天"的结论：

王者制官，三公、九卿、二十七大夫、八十一元士，凡百二十人，而列臣备矣。吾闻圣王所取仪，金天之大经，三起而成，四转而终。官制亦然者，此其仪与？三人而为一选，仪于三月而为一时也。四选而止，仪于四时而终也。三公者，王之所以自持也。天以三成之，王以三自持，立成数以为植而四重之，其可以无失矣。……何谓天之大经？三起而成日，三日而成规，三旬而成月，三月而成时，三时而成功。寒暑与和，三而成物；日月与星，三而成光；天地与人，三而成德。由此观之，三而一成，天之大经也，以此为天制。是故礼三让而成，一节官三人而成一

> 选。三公为一选，三卿为一选，三大夫为一选，三士为一选，凡四选。三臣应天之制，凡四时之三月也。是故其以三为选，取诸天之经；其以四为制，取诸天之时；其以十二臣为一条，取诸岁之度；其至十条而止，取之天端。何谓天之端？曰：天有十端，十端而止矣。天为一端，地为一端，阴为一端，阳为一端，火为一端，金为一端，木为一端，水为一端，土为一端，人为一端，凡十端而毕，天之数也。天数毕于十，王者受十端于天，而一条之率。每条一端以十二时，如天之每终一岁以十二月也。十者天之数也，十二者岁之度也。用岁之度，条天之数，十二而天数毕。是故终十岁而用百二十月，条十端亦用百二十臣，以率被之，皆合于天。其率三臣而成一慎，故八十一元士为二十七慎，以持二十七大夫；二十七大夫为九慎，而持九卿；九卿为三慎，以持三公；三公为一慎，以持天子。天子积四十慎以为四选，选十慎三臣，皆天数也。是故以四选率之，则选三十人，三四十二，百二十人，亦天数也。（《春秋繁露·官制象天》）

人们不能不佩服董仲舒丰富的想象力和奇特的比附本领，他硬是为三公、九卿、二十七大夫、八十一元士找到了与天体对应的事物，并将这犹如梦呓般的杜撰弥合得似乎天衣无缝。然而，只要以现代自然科学知识加以检视，就能发现他的无类比附是多么地荒谬绝伦！

第四，董仲舒进而又将阴阳五行引进他的"天人合一"论：

> 天有五行：一曰木，二曰火，三曰土，四曰金，五曰水。木，五行之始也；水，五行之终也；土，五行之中也。此其天次之序也。木生火，火生土，土生金，金生水，水生木，此其父子也。木居左，金居右，火居前，水居后，土居中央，此其父子之序，相受而布。是故木受水，而火受木，土受火，而金受土，水受金也。诸授之者，皆其父也；受之者，皆其子也。常因其父以使其子，天之道也。是故木已生而火养之，金已死而水藏之，火乐木而养以阳，水克金而丧以阴，土之事天竭其忠。故五行者，乃孝子忠臣之行也。五行之为言，犹五行欤？是故以得辞也，圣人知之，故多其爱而少严，厚养生而谨送终，就天之制也。以子

> 而迎成养，如火之乐木也；丧父，如水之克金也；事君，若土之敬天也。可谓有行人矣。五行之随，各如其序，五行之官，各致其能。是故木居东方而主春气，火居南方而主夏气，金居西方而主秋气，水居北方而主冬气。是故木主生而金主杀，火主暑而水主寒。使人必以其序，官人必以其能，天之数也。土居中央，为之天润。土者，天之股肱也。其德茂美，不可名以一时之事，故五行而四时者，土兼之也。金木水火虽各职，不因土方不立，若酸醎辛苦之不因甘肥不能成味也。甘者，五味之本也；土者，五行之主也。五行之主土气也，犹五味之有甘肥也，不得不成。是故圣人之行，莫贵于忠，土德之谓也。人官之大者，不名所职，相其是矣。天官之大者，不名所生，土是矣。（《春秋繁露·五行之义》）

董仲舒在这里充分利用五行的物理性能，以比附人间的君臣父子之序，仿佛让自然之天带给人们一个接近"唯物"的境界。其实，这里的物质木、火、土、金、水，都被董仲舒赋予了道德和秩序的属性，本身的物质性能已经被他掏空了。他又以阴阳配合五行，赋予阴阳以道德的属性：

> 是故春喜、夏乐、秋忧、冬悲，悲死而乐生。以夏养春，以冬丧秋，大人之志也。是故先爱而后严，乐生而哀终，天之当也。而人资诸天，大德而小刑也。是故人主近天之所近，远天之所远，大天之所大，小天之所小。是故天数右阳而不右阴，务德而不务刑。刑之不可任以成世也，犹阴不可任以成岁也。为政而任刑，谓之逆天，非王道也。（《春秋繁露·阳尊阴卑》）

阴阳五行概念在其最早的创始人那里，本来还具有朴素唯物论和辩证法的因素，但到了董仲舒的手里，却被完全改造成政治制度、社会秩序和伦理道德的证物，两种根本不能互证的事物硬拉在一起构筑他需要的体系，只能将其中的唯物论和辩证法的因素剔除净尽。

第五，董仲舒的天人合一论由天主宰、天自运行、名号自天、人副天数、官副天数和阴阳五行等一路走来，最后由"天人感应"画上一个圆满的句号。通过"天人感应"，他将天的意志贯彻到人间，将地上人的作为，尤其是君王的行政上达天庭，由此实现上下交感、天人互动：

> 天地之物有不常之变者谓之异，小者谓之灾。灾常先至而异乃随之。灾者，天之谴也；异者，天之威也。谴之而不知，乃畏之以威。《诗》云"畏天之威"，殆此谓也。凡灾异之本，尽生于国家之失。国家之失乃始萌芽，而天出灾害以谴告之。谴告之而不知变，乃见怪异以惊骇之。惊骇之尚不知畏恐，其殃咎乃至。以此见天意之仁而不欲陷人也。谨按灾异以见天意。天意有欲也，有不欲也。所欲所不欲者，人内以自省，宜有惩于心；外以观其事，宜有验于国。故见天意者之于灾异也，畏之而不恶也，以为天欲振吾过，救吾失，故以此救我也。（《春秋繁露·必仁且知》）

董仲舒特别以灾异谴告说论证王朝的更替："国家将有失道之败，而天乃先出灾害以谴告之，不知自省，又出怪异以警惧之，尚不知变，而伤败乃至。以此见天心之仁爱人君而欲止其乱也。"（《汉书·董仲舒传》）他将五帝三王列为美好治世的代表，认为那时天以大量美好事物出现以示奖励。又将桀纣列为最虐无道时代的代表，将周幽王以后社会作为衰世的代表，认定天先是以大量灾异出示警告之意，最后以改朝换代展示天的惩罚：

> 道，王道也。王者，人之始也。王正则元气和顺，风雨时，景星见，黄龙下。王不正则上变天，贼气并见。五帝三王之治天下，不敢有君民之心，什一而税，教以爱，使以忠，敬长老，亲亲而尊尊，不夺民时，使民不过岁三日。民家给人足，无怨望忿怒之患，强弱之难，无谗贼妒疾之人。民修德而美好，被发衔哺而游，不慕富贵，耻恶不犯，父不哭子，兄不哭弟，毒虫不螫，猛兽不搏，抵虫不触。故天为之下甘露，朱草生，醴泉出，风雨时，嘉禾兴，凤凰麒麟游于郊，囹圄空虚，画衣裳而民不犯，四夷传译而朝，民情至朴而不文，郊天祀地，秩山川以时至。封于泰山，禅于梁父，立明堂，宗祀先帝，以祖配天。天下诸侯各以其职来祭，贡土地所有，先以入宗庙，端冕盛服，而后见先德，

恩之报，奉元之应也。桀纣皆圣王之后，骄溢妄行，侈宫室，广苑囿，穷五采之变，极饰材之工，困野兽之足，竭山泽之利，食类恶之兽，夺民财食，高雕文刻镂之观，尽金玉骨象之工，盛羽族之饰，穷白黑之变，深刑妄杀以凌下，听郑卫之音，充倾宫之志，灵虎兕文采之兽，以希见之意，赏佞赐谗，以糟为工，以酒为池，孤贫不养，杀圣贤而剖其心，生燔人闻其臭，剔妇孕见其化，斩朝涉之足察其拇，杀梅伯以为醢，刑鬼侯之女取其环，诛求无已，天下空虚。群臣畏恐，莫敢尽忠，纣愈自贤。周发兵，不期会于孟津之上者八百诸侯，共诛纣，大亡天下。《春秋》以为戒，曰"亳社灾"。周衰，天子微弱，诸侯力政，大夫专国，士专邑，不能行度制法文之礼。诸侯背叛，莫修贡聘奉献天子。臣弑其君，子弑其父，孽杀其宗，不能统理。更相伐锉以广地，以强相胁，不能制属。强奄弱，众暴寡，富使贫，并兼无已。臣下上僭，不能禁止。日为之食，星霣如雨，雨螽，沙鹿崩，夏大雨水，冬大雨雪，霣石于宋五，六鹢退飞，霣霜不杀草，李梅实，正月不雨至于秋七月，地震，梁山崩，壅河，三日不流。昼晦，彗星见于东方，孛于大辰，鹳鹆来巢。《春秋》异之，以此见悖乱之征。孔子明得失，差贵贱，反王道之本，讥天王以致太平，刺恶讥微，不遗小大，善无细而不举，恶无细而不去，进善诛恶，绝诸本而已矣。(《春秋繁露·王道》)

董仲舒的论述当然是荒诞不经的，但作为一个"天人合一"的体系而言，它又是细密系统的，有着严密的内在逻辑联系。因为在这个体系中，"天"成为绝对主宰自然界和人世的最高神灵，被赋予创造世界万物、推动自然界和人类社会运行的绝对权威。自然界和人类社会的一切都是它有目的的安排，任何超出它的目的的行动都是非法的，都要受到惩罚，都要回归它原定的运行轨道。人的主观能动性主要体现在不折不扣的"体天意"，即所谓"道莫明省身之天"，而这个天意就是它设定的国家和社会制度、礼乐法则、忠、孝、节、义、仁、礼、智、信的核心价值观念，都是世人必须无条件接受和恪守的。在他构筑的这个"天人合一"体系中，人只是天的终极目的的消极承接物，天已经将人彻底吞噬了。董仲舒认为,只有如此,自然界和人类社会才能顺畅有序地运行,人间才能是美好的世界。然而,他的"天人合一"的最大谬误在于,他设定的"天"作为人格神上帝是根本不存在的。因为前提是虚幻的,他看似严密的体系实际上成了空中楼阁。

应该指出,董仲舒的"天人合一"论尽管从体系上讲是唯心主义的,但其中的合理内核和积极意义却值得珍视。

第一,董仲舒以"天人感应"为特征的"天人合一"论,是他对天人关系的一种认识和把握。人类自诞生以来,就面对着天(自然)、人类社会和人自身。这三者共处于一个统一的寰宇中,结出一个彼此紧密相连的共同体。大概人类从其诞生那天起,就开始思索这三者之间的关系。不要说人类初生之时对这三者之间关系的认识尽是盲点,就是到了今天科学已经大为昌明的时代,我们对这三者的认识仍然有着数不清的盲点;就是已经得到的所谓科学认识,其中有些也可能是错误的。人类显然是在不断地攻克盲点的认识过程中逐步前进的。董仲舒在他所处的时代,利用他所掌握的知识资源,充分运用自己的智慧,希图对这三者之间的关系做出一个令人满意的回答。尽管这个回答在后世看来从总体上是非科学的,但是,他认定这三者是一个联系紧密的整体,彼此有着不以人们意志为转移的关系的思想却是正确的。人和人类社会存在于自然界(天)中,自然界的任何变化都与人类密切相关:风调雨顺时,人类的日子过得比较舒畅;风恶雨骤时,人类就面临灾难甚至非正常的死亡。所以,协和顺遂的天人关系是人类的期盼,赋予天以神性,通过人的主观努力协调、理顺天人关系是人自觉施为的的方向。这里,董仲舒的天人整体观、天人沟通观、人类自觉顺从天意的主动施为观,都是有着积极意义的思想。

第二,天人感应论中透出的权力监督意识,阴阳五行理论中幻化出的专制主义中央集权理念、君臣自律理念、德主刑辅理念、选贤用贤理念等,基本上构成了西汉以后中国封建社会的行政理论。这个理论适应中国古代农业宗法社会的需要,对于管理中国这个统一的幅员辽阔的多民族国家是比较行之有效的,在推进中国历史发展的进程中所起的作用基本上是积极的。它倡导的以民为本、君明臣忠、官清民顺、政平讼理的执政理念，基本上构成了良好政治的规范。

第三，董仲舒从"天人感应"的目的论中导出的"禁民二业"的财富分配论，同样是具有积极意义的思想。他从"民本"理念出发，认定要建立一个安定和谐的社会，必须使社会上的所有成员都能安居乐业、起码过上温饱的生活。为此，他推出理想的社会财富分配原则，即既要有一定的贫富差距，又不能使这种差距拉得太大，尤其不能让社会财富集中于少数人手中导致大量贫穷之人无法生存。为达此目的，他要求社会上的每个人只能有一种谋生手段，谁对社会财富的占有都有一个合适的"度"，期望出现一个"富者足以示贵而不至于骄，贫者足以养生而不至于忧"的理想局面。这一思想对后世也具有启示意义。

不论我们能够从董仲舒的"天人感应"的目的论中找到多少积极因素，人们仍然要问：董仲舒何以一定要在荀子唯物的"天人合一"论之后倒退到唯心的"天人合一"论呢？原因说来似乎也简单：因为当时能够理解"天"是自然界的人仍然是绝对少数，而整个社会还需要"天"作为至上神存在！不仅统治者需要，广大百姓也需要，维持对天的敬畏才能维系整个国家和社会的心理恒定！

本文为"2020中国·衡水董仲舒与儒家思想国际学术研讨会"提交的论文。

孟祥才（1940—），男，山东临沂人，山东大学儒学高等研究院教授，博士生导师。

# 董仲舒人学论要

## 涂可国

某种意义上,儒学即是人学。儒家人学本质上是儒家关于人的地位、价值、性质、作用、环境、生活、生存和发展等方面的思想观念,它可以视为历代儒家阐释的有关人如何认识和处理天人关系、自我关系、己他关系、己群关系、群际关系等重大课题的学说。被称为具有"王佐之材"的董仲舒,把人学视为政治学的解释学前提,对人的问题进行了深入的探讨——《春秋繁露》关于"人"的用例达768项之多,从而创构了丰富而独特的人学样态。董仲舒人学在董学中占有极为重要的地位,它是董仲舒政治思想、教育思想、伦理思想、法学思想和心学思想等的逻辑原点。虽然学界以"人学"名篇的论著业已可见[1],特别是对它所包含的天人论、人性论、人生论、人格论和人本论更是做了分门别类地深入研究,然而总体上还较为薄弱。为推进董学的发展,笔者这里重点围绕董仲舒的天人之学、人性之学和为人之学对董仲舒人学提纲挈领地加以探讨。

---

[1] 参见李中华主编:《人学理论与历史·中国人学思想史卷》,北京出版社,2005年,第229-237页;尚明:《中国古代人学史》,中国人民大学出版社,2007年;刘晗:《董仲舒"天人感应"说的"人学"特质与历史定位》,《南都学坛》2006年第5期;董震:《董仲舒哲学思想中的人学研究》,河南大学2007年硕士论文;郭炳洁:《浅析董仲舒的人学思想与道德教育思想》,《菏泽学院学报》2008年第6期;等。

# 一、天人之学

董仲舒的天人之学底蕴十分丰硕,而最集中的是在"究天人之际"过程中他所阐释的天人分合和天人感应两大理论假说方面。

1. 天人分合

董仲舒的天人关系思想既不是一味地讲求天人相分,也不死守天人合一,它揭示了天人合一的事实和理想,这可以归结于他提出来的标志性观点:"天人之际,合而为一。"据此,董仲舒阐释了许多关于天人合一的具体说法。一是人来源于天,大自然造就了人:"为生不能为人,为人者天也。人之人本于天,天亦人之曾祖父也。"① 二是人理应事奉天,合理改造自然,由此显示出人的独特性和主体性:"为人子而不事父者,天下莫能以为可。今为天之子而不事天,何以异是?"②

细究起来,董仲舒的天人合一观念又是建立在天人相分的理念之上的。在他的思想系统里,天人合一与天人相分常常相辅相成,可谓一体两面。他曾经生动地描述了桀纣食类恶之兽、困野兽之足、竭山泽之利、灵虎咒文采之兽等天人相分的境况,而其天人相分观念最为明显地展现在他创建的"人副天数"说,尤其体现在立足于气论而阐述的"莫贵于人"重人命题上:

> 天德施,地德化,人德义。天气上,地气下,人气在其间。春生夏长,百物以兴;秋杀冬收,百物以藏。故莫精于气,莫富于地,莫神于天。天地之精所以生物者,莫贵于人。人受命乎天地,故超然有以倚。物疢疾莫能为仁义,唯人独能为仁义;物疢

---

① 董仲舒:《春秋繁露·为人者天》,张世亮、钟肇鹏、周桂钿译注,中华书局,2012年,第398页。
② 董仲舒:《春秋繁露·郊祀》,张世亮、钟肇鹏、周桂钿译注,中华书局,2012年版,第544页。

疾莫能偶天地，唯人独能偶天地。①

从天、地、人"三才"之道出发，董仲舒诠释了人区别于自然之物的两大特异之处。一则为人能为仁为义，具有道德的创造性；二则为人能配合天地的运行，这乃是人优越于世界万物的地方。正因如此，人才是天地所创造的万事万物之中最为尊贵的东西，才成为自然创造物之中能够独立不倚、自主自由的存在。

董仲舒进一步从宇宙本体论高度强调君主治人必须"崇本"，务必按照天、地、人"三本"行事，并以自己的所作所为致力于建构孝悌之类的道德文明、衣食之类的物质文明和礼乐之类的精神文明："天地人，万物之本也。天生之，地养之，人成之。天生之以孝悌，地养之以衣食，人成之以礼乐，三者相为手足，合以成体，不可一无也。"②

2. 天人感应

迄今国内研究董仲舒的"天人感应"论的成果不可谓不多，但真正把它纳入人学框架之内进行探究的较为缺乏。笔者认为，董仲舒的"天人感应"论建立在"天人相类"说和"人副天数"说两大密切相关的理论前提之上，而它大致又包含下述两个层面。

第一个是人对天的应答。董仲舒讲："人生有喜怒哀乐之答，春秋冬夏之类也。喜，春之答也；怒，秋之答也；乐，夏之答也；哀，冬之答也。天之副在乎人，人之情性有由天者矣，故曰受，由天之号也。"③ 这是说，人的喜怒哀乐感情不过是天的副本，它们分别是对自然界春、夏、秋、冬四季的应答；人的各种情性由秉承天的赋予而来，因此才产生了"秉受"的名号。

第二个是天对人的谴告。董仲舒把春秋大义说成从小大、微著

---

① 董仲舒：《春秋繁露·人副天数》，张世亮、钟肇鹏、周桂钿译注，中华书局，2012年，第473—474页。
② 董仲舒：《春秋繁露·立元神》，张世亮、钟肇鹏、周桂钿译注，中华书局，2012年，第193—194页。
③ 董仲舒：《春秋繁露·为人者天》，张世亮、钟肇鹏、周桂钿译注，中华书局，2012年，第398页。

"二端"论及灾异、吉凶,认为《春秋》所记载的日蚀、星陨、有蜮、山崩、地震、暴雨、暴雪等自然灾变现象是用来解释社会政治衰败结症的;《春秋》之所以申明"二端"之义,旨在"贵微重始、慎终推效"①,目的是使人"省天谴而畏天威,内动于心志,外限于事情,修身审己,明善心以反道者"②。他解释说:"灾常先至而异乃随之。灾者,天之谴也;异者,天之威也。谴之而不知,乃畏之以威。"③根据这种"灾异"说和"天谴"说,董仲舒进一步指出:"灾异以见天意。天意有欲也,有不欲也。所欲、所不欲者,人内以自省,宜有惩于心;外以观其事,宜有验于国。故见天意者之于灾异也,畏之而不恶也,以为天欲振吾过,救吾失,故以此报我也。"④"灾异"体现了天意,而天意既有它想要的也有它不想要的,人应当据此进行自我反省、自我警戒;人应当认识到天降灾异是为了挽救我的过失,以此来告知我如何待人处世。最后,董仲舒指出:"圣主贤君尚乐受忠臣之谏,而况受天谴也?"⑤圣明的君主尚且能够虚心纳谏,面对上天的惩罚更是不会不思悔改。

董仲舒"天人感应"论的要义主要体现在四大方面:一是它把本属于社会人文属性的善与恶看成人的自然本性,把人道推及于天道,推动了社会等级、纲常名教的自然化、天道化。二是它的主要目的是为了戒惧皇帝,以限制君主个人的私欲和至高无上的权力,确保国运的长久。三是它虽然带有较为浓厚的神学目的论色彩,却也从神秘主义角度体现了天人合德的精神。四是正如笔者曾经指出的:"从消极

---

① 董仲舒:《春秋繁露·二端》,张世亮、钟肇鹏、周桂钿译注,中华书局,2012年,第175页。
② 董仲舒:《春秋繁露·二端》,张世亮、钟肇鹏、周桂钿译注,中华书局,2012年,第175页。
③ 董仲舒:《春秋繁露·二端》,张世亮、钟肇鹏、周桂钿译注,中华书局,2012年,第176页。
④ 董仲舒:《春秋繁露·二端》,张世亮、钟肇鹏、周桂钿译注,中华书局,2012年,第177页。
⑤ 董仲舒:《春秋繁露·二端》,张世亮、钟肇鹏、周桂钿译注,中华书局,2012年,第177页。

意义上说，儒家的天赋道德论还可以发挥'道德法庭'的力量，像'天理不容''天怒人怨'之类的说法无疑会对人发挥警戒作用，至于董仲舒依据'天人合一''天人相副'所提出来的'天谴论'，如果剥去神学目的论的外衣，它同样可以对人尤其是封建帝王起到劝诫、约束的道德功能。"①

## 二、人性之学

董仲舒的人性论承上启下，围绕人性的结构、特质和作用等重大理论问题，它较为系统地阐发了"性三品"说、"性情合一"说、"性朴"说、"性善端"说和"性贪"说，从而对中国历史上的人性论建构做出了独特的贡献。

1. 人性的结构

自古以来，中国人对"三"这个数字十分崇拜。董仲舒在中国人性论史上率先提出了人性三品说。根据孔子"唯上智与下愚不移"（《论语·阳货》）、"中人以上，可以语上也；中人以下，不可以语上也"（《论语·雍也》）等思想，董仲舒在批判孟子性善论时，创造性地把人性分成三个层次，借此提出了著名的"性三品"说：

> 观孔子言此之意，以为善难当甚；而孟子以为万民性皆能当之，过矣。圣人之性，不可以名性；斗筲之性，又不可以名性；名性者，中民之性。中民之性如茧如卵，卵待复二十日，而后能为雏；茧待缲以涫汤，而后能为丝；性待渐于教训，而后能为善。善，教训之所然也，非质朴之所能至也，故不谓性。②

董仲舒虽然提出了由"圣人之性""中民之性"和"斗筲之性"组成的人性三元结构，但是也许是因为"圣人之性"不教自善、"斗筲之性"教之也不能为善，两者的强硬结构无从加以改变、无从打

---

① 参见涂可国：《儒学与人的发展》，齐鲁书社，2011年，第135页。
② 董仲舒：《春秋繁露·实性》，张世亮、钟肇鹏、周桂钿译注，中华书局，2012年，第388页。

破，因此他认为这两者严格说来都不能称之为"性"；反观"中民之性"，它可以为善也可以为恶，这取决于后天的教化、改造；人之性先天并无孟子所说的"善"，一切所谓的"善"都不过是经过社会化的教育、训练而获得的。

由董仲舒所首创的"性三品"说，由王充、荀悦、韩愈等人加以发展，宋明一些思想家加以继承。仔细思考不难发现，性三品说在促进人的发展方面具有多种启发意义。

一是它教育我们应因材施教。每个人的禀性存在差异，尤其是由于后天修习带来的精神境界存在高低层次之分，这决定了我们的社会化工作应根据不同的人提出不同的要求，采取不同的教育方式，对于社会中品性好、觉悟高的先进分子，可以要求他们做到大公无私、自我牺牲，但对普通大众则只能要求他们先公后私、互惠互利、尽职尽责。

二是有助于克服非好即坏的二元对立思维方式。在现实社会生活中，的确有好人、善人和坏人、恶人的分别，这是社会建立惩恶扬善、奖优罚劣机制的依据。但是，所谓的好坏、善恶主要是指人在人性外化出来之后其社会行为是否符合礼法道德的效应，恐怕很难说人天生是圣人与习民、是好人与坏人。过去，我们奉行非好即坏、非善即恶的简单二元化思维方式，造成了社会的混乱、分裂，以致产生了大量灭绝人性的现象。殊不知，现实中绝大多数人属于中间状态，不能机械划分为圣人与恶人、良民与习民。人性三品说告诉我们，人有高、中、低三个层次，应该用"三分法"去认识人和教育人。

三是从人性可塑出发去促进人的健康发展。应当说，不论是孔子的"惟上智与下愚不移"，还是董仲舒的"不教自善""教而不善"，均具有一定的片面性。且不说人性善恶并不等于人的行为善恶——受到内外多种因素的左右，即使是人内在固有的人性因素也会受到社会文化的模塑、改造和扰化，而且后天长期的熏习、文化的内化积淀，也可以锻造出人的后天本性来。

2. 人性的特质

董仲舒遵循从阴阳、心物两种维度去界定人性的进路，沿着从性

→情→欲这样的逻辑思路涉及人性的特质。

一是先天性。董仲舒依照"天命之谓性"和"生之谓性"的逻辑，揭示了人性的先验特质。他从天人合一的宇宙本体论出发，不仅阐释了人的来源，认定人是大自然造化的产物："为生不能为人，为人者天也。人之为人本于天，天亦人之曾祖父也，此人之所以乃上类天也。"① 而且还指明人性是人天生的特质："性之名非生与？如其生之自然之资谓之性。性者，质也。"② 董仲舒指出关于"性"的讲法各种各样，要穷究"性"的真义，就应当从它的名称着手；"性"的名称表明，它不过是人得之于天的自然资质。

二是双重性。董仲舒的人性之学不仅明确指明了"人受命于天，有善善恶恶之性，可养而不可改，可豫而不可去"③，而且借鉴传统的阴阳学说阐明了人性的二元特征。董子指出：

> 是正名号者于天地，天地之所生，谓之性、情。性、情相与为一瞑。情亦性也，谓性已善，奈其情何？故圣人莫谓性善，累其名也。身之有性、情也，若天之有阴、阳也。言人之质而无其情，犹言天之阳而无其阴也。④

董仲舒断言人的性情合一，情也是性的一种；就像天具有阴阳之性一样，人也具有阴阳两性，而阳为性、情为阴，人的性情同为天之所赋；既然性情一体，那么就不能只讲性善而不说情善，孟子之类的人不仅讲性善，还居然认为性已善，显然这会造成性与情的割裂，因此为了不违背"正名"的原则，圣人从不言说什么"性善"。

三是价值性。和秦汉之前的所有人性论一样，董仲舒也是从善恶

---

① 董仲舒：《春秋繁露·为人者天》，张世亮、钟肇鹏、周桂钿译注，中华书局，2012年，第398页。
② 董仲舒：《春秋繁露·深察名号》，张世亮、钟肇鹏、周桂钿译注，中华书局，2012年，第398页。
③ 董仲舒：《春秋繁露·玉杯》，张世亮、钟肇鹏、周桂钿译注，中华书局，2012年，第33页。
④ 董仲舒：《春秋繁露·深察名号》，张世亮、钟肇鹏、周桂钿译注，中华书局，2012年，第380页。

道德价值特性角度来解释人性的特征。他在《深察名号》和《实性》两篇中对此做了多角度的探究。他指出：

> 天生民性有善质而未能善，于是为之立王以善之，此天意也。①

> 且名者性之实，实者性之质。质无教之时，何遽能善？善如米，性如禾。禾虽出米，而禾未可谓米也；性虽出善，而性未可谓善也。米与善，人之继天而成于外也，非在天所为之内也。天所为，有所至而止，止之内谓之天，止之外谓之王教，王教在性外，而性不得不遂，故曰：性有善质，而未能为善也。岂敢异辞，其实然也。天之所为，止于茧麻与禾。以麻为布，以茧为丝，以米为饭，以性为善，此皆圣人所继天而进也，非情性质朴之能至也，故不可谓性。②

> 善，教训之所然也，非质朴之所能至也，故不谓性善。……善所自有，则教训已非性也。……善出于性，而性不可谓善。……性者，天质之朴也；善者，王教之化也。无其质，则王教不能化；无其王教，则质朴不能善。③

对董仲舒来说，性虽然能够产生善，却不能说性就是善，也就是不可称为现实的善，从人性的伦理特质来说，人性含有人为善的才质、因素，但这只是一种善的可能性，而不可称为现实的善；天（自然）的创造力具有一定的限度，它只是内在地提供给人加工改造的天性基础，创造人成善的前提，却无法确保人性就是善的；将人性改造为善的，不过是圣王根据人的自然天性进行教化的结晶，或者是外在的"王教"晶化物。

---

① 董仲舒：《春秋繁露·深察名号》，张世亮、钟肇鹏、周桂钿译注，中华书局，2012年年，第381页。
② 董仲舒：《春秋繁露·实性》，张世亮、钟肇鹏、周桂钿译注，中华书局，2012年，第386页。
③ 董仲舒：《春秋繁露·实性》，张世亮、钟肇鹏、周桂钿译注，中华书局，2012年，第388—390页。

董仲舒还解释说,"性有善端,心有善质"①,评价"善"的标准存在层次之分,如果按照孟子确定的人性之中"善"的因素比禽兽多一些标准,那么可以说"性善";但是假如依据圣人确定的"循三纲五纪,通八端之理,忠信而博爱,敦厚而好礼"②标准,那么就不能像孟子那样轻易断定"性善"。董仲舒最后得出结论说"善"超过了"性"的标准,而圣人又超过了"善"的标准:"善过性,圣人过善。"③

董仲舒的人性哲学并未独尊荀而是孟荀兼取,尽管它把人之善完全归结为圣王教化的产物带有精英主义的弊端,但是在人性论史上董仲舒毕竟是第一个明确从可能性和现实性维度去把握人性善恶的儒家学者;他尽管肯定人性有善质,但认为这只是潜在的善还不是现实的善,犹如蔡元培所言他批判地继承了孟子的性善论和荀子的性朴论并加以改造融合④。

3. 人性的作用

董仲舒断言人性的重要作用表现它至少从两点为人的道德养成提供可能性和必要性的基础和条件。

一是性朴论。董仲舒虽然未采用"才"来说明人性,但他吸收了荀子的性朴论,建构了内容更为丰富的性朴论。他不仅明确视"性"为"质"为"朴":"性者,质也。"⑤"性者,天质之朴也"⑥,而且据《汉书·董仲舒列传》载,他在《举贤良对策》中在天命的教义上提出了某种性朴论:"天令之谓命,命非圣人不行;质朴之谓性,性非教化

---

① 董仲舒:《春秋繁露·深察名号》,张世亮、钟肇鹏、周桂钿译注,中华书局,2012年,第383页。
② 董仲舒:《春秋繁露·深察名号》,张世亮、钟肇鹏、周桂钿译注,中华书局,2012年,第383页。
③ 董仲舒:《春秋繁露·深察名号》,张世亮、钟肇鹏、周桂钿译注,中华书局,2012年,第383页。
④ 蔡元培:《荀卿论》曰:"董生察名,未引性恶之说。"
⑤ 董仲舒:《春秋繁露·深察名号》,张世亮、钟肇鹏、周桂钿译注,中华书局,2012年,第375页。
⑥ 董仲舒:《春秋繁露·实性》,张世亮、钟肇鹏、周桂钿译注,中华书局,2012年,第389页。

不成；人欲之谓情，情非度制不节。……下务明教化民，以成性也。"①

如前所述，董仲舒还讲：

性者，天质之朴也；善者，王教之化也。无其质，则王教不能化；无其王教，则质朴不能善。②

这些是说人性是未经人为加工、为人所先天固有的本真之性，它来源于上天的自然秉赋；人的本性是质朴的，并无善恶之分，正因如此，就需要进行王道教化。这表明人的质朴本性为对人进行社会教化提供了必要性和可能性。

荀子阐发的性恶论、才性论和性朴论虽然也涉及去恶成善的可能性，但更多地凸显人趋善避恶的必要性。它们既看到了人性本色、质朴的一面，又看到人的恶性而忽视甚至否定善性。令人遗憾的是，本来包括性恶论和性朴论在内的荀子人性论为人为善、成善既提供必要性又提供可能性，为人成就现实的善做了较为合理的解释，但是性恶说和性朴说丢掉了为宋儒所推崇备至的先验主义、道德主义的"大本大源"，即便他也凸显了人的知善才具、义分族性，仍然摆脱不了程朱将其判定为儒学正统"异端"而打入"冷宫"的历史命运。由于董仲舒只是汲取了荀子的性朴说而未传承他的性恶说，因而躲过了宋明理学家的批判。

二是性贪说。董仲舒指明了人的贪婪本性决定了必须加强社会教化以使人克制自己的非理性欲望。在儒家看来，人的行为之所以出现过失，一个重要根源就在于世俗之人均具有贪欲。董仲舒兼祧孟荀、整合孟荀，既继承了孟子的性善论又吸收了荀子的性恶论。他从天道与人道相统一的名实观出发，断言人具有好仁与贪婪的善恶双重特性："人之诚，有贪有仁。仁、贪之气，两在于身。身之名，取诸天。天两有阴阳之施，身亦两有贪、仁之性。天有阴阳禁，身有情欲栣，与天

---

① 《举贤良对策》，班固：《汉书·董仲舒列传》，中州古籍出版社，1996年，第782页。
② 董仲舒：《春秋繁露·实性》，张世亮、钟肇鹏、周桂钿译注，中华书局，2012年，第389—390页。

道一也。……必知天性不乘于教，终不能枑。察实以为名，无教之时，性何遽若是。"① 连天都能够禁止自己的阴气，根据与天道相契合的要求，人更没有理由不遏制自己的情欲；人的天性如果不进行教化，那么该禁止的就不能禁止，所以必须对人的天生特性实施教化。

## 三、人生之学

人生之学是一个由人生心理学、人生生理学、人生伦理学、人生社会学、人生文化学等所构成的思想体系，而其核心则是人生哲学。人生哲学是关于人生问题的根本原理和总体智慧，它主要探讨人生的本质、内涵、目的、价值、意义和态度等，它能够对人的生活起到指引作用。董仲舒的人生之学作为其人学的有机组成部分，内容非常丰富，这里笔者选取以仁安人、中和养身和贤君修身三方面加以透视。

（一）以仁安人

董仲舒不但继承了孟子的仁政学说，强调"霸王之道，皆本于仁"②，而且在他阐释的著名"仁义法"中提出了"以仁安人"命题。他讲：

> 《春秋》之所治，人与我也。所以治人与我者，仁与义也。以仁安人，以义正我，故仁之为言人也，义之为言我也，言名以别矣。仁之于人，义之于我者，不可不察也。众人不察，乃反以仁自裕，而以义设人，诡其处而逆其理，鲜不乱矣。是故人莫欲乱，而大抵常乱。凡以闇于人我之分，而不省仁义之所在也。是故《春秋》为仁义法，仁之法在爱人，不在爱我；义之法在正我，不在正人。我不自正，虽能正人，弗予为义。人不被其爱，虽厚自爱，不予为仁。③

---

① 董仲舒：《春秋繁露·深察名号》，张世亮、钟肇鹏、周桂钿译注，中华书局，2012年，第376页。
② 董仲舒：《春秋繁露·俞序》，张世亮、钟肇鹏、周桂钿译注，中华书局，2012年，第186页。
③ 董仲舒：《春秋繁露·仁义法》，张世亮、钟肇鹏、周桂钿译注，中华书局，2012，第314页。

> 义者,谓宜在我者;宜在我者,而后可以称义。故言义者,合我与宜以为一言,以此操之,义之为言我也。①
>
> 仁者,人也;义者,我也,此之谓也。②

仁与义自始是孔孟儒家的核心伦范,《周易·说卦传》云:"立天之道曰阴与阳,立地之道曰柔与刚……立人之道,曰仁与义。"《庄子·天道》篇引述孔子应答老子的话说"要在仁义"。韩愈《原道》有说:"后之人其欲闻仁义道德之说,孰从而听之?"③"仁义道德"因其人文主义特质后来发展成为儒家伦理的代称。上述董仲舒立足于人我之分的角度省察仁义之别,既把仁归结为正人爱人、把义归结为正我爱我,同时注意强调正人与正己、爱人与爱我的统一,有助于体认仁与义二者的同与异。仁之正我即是正己,即是用仁爱之心去胜己、克己、律己,一句话就是自我治理,从而使主体自己的心性和行为正直无斜、合理合规。不论是《礼记·乐记》的"义以正之",还是董仲舒的"义以养其心""以义正我",不仅本身就是用义端正自我、完善自我,还是注重道义修养,起到调整个人心性和行为、引人向上向善作用的社会功能。他所说的"义"呈现道义、正理、义务等多种含义,强调一个人如果自身不端正,使自身的品性和行为合理、合规、合宜,那么即使便别人端正,也难以称义,从而揭示了正己是人重要的道德义务。他的"以义正我""义之法在正我""义在我""义主我"等一系列论说,凸显了"义"的道德自我主体性,从特定意义上丰富了儒家义学的内容。

不过,董仲舒仁义法视域中的"以仁安人"人学思想也存在不少需要辩护的问题。第一,把仁归结为爱人,明显否定了仁有自爱的成分。要知道,作为本体论和价值论统一的儒家仁学肯定了"仁"乃是

---

① 董仲舒:《春秋繁露·仁义法》,张世亮、钟肇鹏、周桂钿译注,中华书局,2012年,第319页。
② 董仲舒:《春秋繁露·仁义法》,张世亮、钟肇鹏、周桂钿译注,中华书局,2012年,第320页。
③ 韩愈:《韩昌黎文集·原道》,马其昶校注、马茂元整理:《韩昌黎文集校注》(上),上海古籍出版社,2014年,第15页。

他爱与自爱的结合,无论是孔子还是荀子都指明了"仁"有自爱的一面。第二,把仁归结为爱人、把义归结为正我某种程度上割裂了儒家仁体义用、由内而外的完整思想逻辑链条,而从发生学来说儒家设定的人我关系正是建立在"仁"这一本源道德情感基础之上。实际上,仁与义具有普适性,均存在正己正人两面。第三,儒家的义学表明,"义"不仅可以端正行为主体的自我,也可以端正行为客体的他人,它不失为调节己他关系的共同行为要求和准则。

(二)中和养身

儒家一贯贵和尚中,认为中和不仅可以化育万物,带来政治公正、国泰民安和政治通畅,还能整合人心,使人养身保身、延年益寿。董仲舒传承发展了儒家的"执中""用中""和为贵"等中和之道,主张人应当以中和养身。他推崇的中和之学指出:

> 循天之道以养其身,谓之道也。天有两和,以成二中,岁立其中,用之无穷。……中者,天下之所终始也;而和者,天地之所生成也。夫德莫大于和,而道莫正于中。中者,天地之美达理也,圣人之所保守也。……是故能以中和理天下者,其德大盛;能以中和养其身者,其寿极命。[①]

董子不但站在宇宙天下宏观维度说明了中和之用——"中"是天地的开始和终点,而"和"则是天地的生长和成熟;而且指明了中和对于道德发展的重要作用——"和"是最为重要的德性,而"中"则是最为重要的正道,假如一个人依据中和之道治理天下,那么他的道德定然是完美的;尤其是他从天道与人道相统一的角度揭示了中和之道可以让人养生、养身的道理——如果坚持根据中和原则调理身体,就会延长自己的生命。董子的"中和养身"观念尽管只是一般性地指明了"中和"对于人生的物质化的保养功能,并没有具体而微地展开讨论,但是它毕竟一定意义上体现了儒家的中和之道能够帮助人健康成长的人文理性主义精神;正因如此,它才被宋代司马光加以进一步

---

① 董仲舒:《春秋繁露·循天之道》,张世亮、钟肇鹏、周桂钿译注,中华书局,2012年,第605—606页。

发挥，司马光就把"中和"提升到"养生作乐之本"的人生哲理高度而加以张扬。

（三）贤君修身

正如周春兰所言，与先秦儒家一样，董仲舒也对理想人格进行了探讨[①]。董仲舒着重阐述了圣人观和贤人观，关于他的圣人观将另文撰述，在此笔者仅就其贤人观做一透视。董仲舒大致从两方面阐发了贤君这一理想人格应当注重自我修身的思想。

一方面是助人改过。董仲舒不但提出了"父不父则子不子，君不君则臣不臣耳"[②]的社会角色对待观念，而且把"至贤"视为这类角色伦理的前提之一。在他看来，人的"善善恶恶"天性可以改变却难以完全根除，即便是至贤之人能够包容国君和父亲的恶性也无法彻底杜绝："虽有至贤，能为君亲含容其恶，不能为君亲令无恶。"[③] 不过，贤智的人还是具有相当的作用和担当，就像《尚书》所说的国君如果不像国君应当除去他的毛病（"厥辟不辟，去厥祗"）一样，至贤应当也能够帮助双亲改正缺点，这乃是忠孝的最高道德："事亲亦然，皆忠孝之极也。非至贤安能如是？"[④] 董仲舒的这些论说表明，贤人既要在家尽忠尽孝，也要在社会上助人改过。

另一方面是勉而崇本。董仲舒认为贤明的君主治国理政既表现为要"谋于众贤"[⑤]，也体现在崇尚天、地、人三种万物之本。这是因为"天生之，地养之，人成之。天生之以孝悌，地养之以衣食，人成之以

---

① 参见周春兰：《论董仲舒的理想人格》，《唐都学刊》2009 年第 6 期。
② 董仲舒：《春秋繁露·玉杯》，张世亮、钟肇鹏、周桂钿译注，中华书局，2012 年，第 33 页。
③ 董仲舒：《春秋繁露·玉杯》，张世亮、钟肇鹏、周桂钿译注，中华书局，2012 年，第 33 页。
④ 董仲舒：《春秋繁露·玉杯》，张世亮、钟肇鹏、周桂钿译注，中华书局，2012 年，第 33 页。
⑤ 董仲舒：《春秋繁露·立元神》，张世亮、钟肇鹏、周桂钿译注，中华书局，2012 年，第 193 页。

礼乐,三者相为手足,合以成体,不可一无也"①。如果违背了天、地、人三才之道,就会带来欲望的放纵、风俗的歧义、角色的错乱等社会紊乱现象:"三者皆亡,则民如麋鹿,各从其欲,家自为俗,父不能使子,君不能使臣"②,进而遭受"莫之危而自危,莫之丧而自亡"③ 等自然惩罚。据此他提出明主贤君必须谨慎对待天、地、人三本的各种行为要求:"郊祀致敬,共事祖祢,举显孝悌,表异孝行,所以奉天本也;秉耒躬耕,采桑亲蚕,垦草殖谷,开辟以足衣食,所以奉地本也;立辟雍庠序,修孝悌敬让,明以教化,感以礼乐,所以奉人本也。"④ 在董仲舒看来,坚持以德为国,可以得到自然的报偿,因此圣贤总是勉励自己崇尚天、地、人三本:"圣贤勉而崇本而不敢失。"⑤ 最后他指出贤明的君主身处高位必须做到无为而无不为:"故居倡之位,而不得行倡之势,不居和之职,而以和为德,常尽其下,故能为之上也。"⑥ 意谓君主处于先导的位置,却不实行首倡的权力;虽然君主不担任应和的职位,却具备应和的美德而能够使臣下做到尽职尽责。这里,董仲舒从自然的奖惩维度揭示了贤君必当践履三才之道。

本文为"2020中国·衡水董仲舒与儒家思想国际学术研讨会"提交的论文。
涂可国(1961—),男,湖北麻城人,山东社会科学院国际儒学研究与交流中心研究员。

---

① 董仲舒:《春秋繁露·立元神》,张世亮、钟肇鹏、周桂钿译注,中华书局,2012年,第193—194页。
② 董仲舒:《春秋繁露·立元神》,张世亮、钟肇鹏、周桂钿译注,中华书局,2012年,第194页。
③ 董仲舒:《春秋繁露·立元神》,张世亮、钟肇鹏、周桂钿译注,中华书局,2012年,第194页。
④ 董仲舒:《春秋繁露·立元神》,张世亮、钟肇鹏、周桂钿译注,中华书局,2012年,第194页。
⑤ 董仲舒:《春秋繁露·立元神》,张世亮、钟肇鹏、周桂钿译注,中华书局,2012年,第194页。
⑥ 董仲舒:《春秋繁露·立元神》,张世亮、钟肇鹏、周桂钿译注,中华书局,2012年,第194页。

# 《春秋繁露》论"命"

何善蒙

## 引言:"命":中国思想中的一个基源性观念

"命",在中国早期思想史中是一个极为关键的词汇,这种关键性,不仅是说在思想史的阐释中,"命"是一个不可回避的语词,它构成了思想阐释的重心,尤其是对于中国哲学来说,无论是政治哲学(以天命为中心),还是对于个体的自我完善(以性命为中心)来说,"命"都是当之无愧的核心词汇;而对于人生命的现实安顿来说,"命"同样是无可回避的一个话题,现实政治的天命论和个体的命运,即是非常现实地表达在生活事实中的两个层面。

对于任何一种思想,或者哲学形态的研究,都是需要一定的方法。劳思光先生在《中国哲学史新编》中,基于对三种哲学研究方法(系统研究法、发生研究法和解析研究法)的总结基础上,提出了其具有代表性的"基源问题研究法","所谓基源问题研究法,是以逻辑意义的理论还原为始点,而以史学考证工作为助力,以统摄个别哲学活动于一定设准之下为归宿"①,在劳氏看来,是问题的指向决定了

---

① 劳思光:《新编中国哲学史》(第一卷),生活·读书·新知三联书店,2015年,第11页。

理论的指向，因此，我们在整理理论的时候首先要有一个基本了解，即一切个人或学派的思想理论，根本上必是对某一问题的答复或解答。找到这个问题就可以掌握这一部分理论的总脉络。反过来说，这个理论的一切内容实际上皆是以这个问题为根源。理论上一步步的工作不过是对这个问题提供解答的过程，理论还原的工作，指向的就是对于根本理论意旨的梳理，而这些意旨都是围绕着他们最关心的问题展开的，这样的问题就是基源问题。应该说，劳氏的"基源问题研究法"对于中国哲学的研究来说，是具有非常重要的指导意义的①。基源问题固然是重要的，因为透过这些问题，我们可以很直接地看到这个思想传统所关注的重心所在，由此，该传统的理论特质以及价值系统，都可以很顺利得以架构。但是，如果从思想史的具体脉络来说，比基源问题更为基础的，应当是基源观念。如果思想的表达是以观念为基础要件的，那么，构成思想表达的基本概念就是一个思想系统中的基源性观念。作为一个基源性观念，大概需要符合两个方面的条件。首先，在该思想系统中，此观念是具有基础重要意义的（无论是对于理论的架构来说，还是对于现实的问题意识来说）；其次，在该思想系统中，此观念出现的频率也是极高的，出现频率的高，表明该观念普遍的接受度，反映的是其在该思想系统中具有广泛适用，是众多思想家关注的焦点。如果从一个哲学系统（或者话语）的构建来说，基源性观念是一个特定哲学系统的基础。比如，我们在谈论以孔子为代表的儒家思想时，经常会围绕君子、仁等观念展开讨论，这些观念对于儒家思想的架构来说，具有基础性的意义，由此，我们可以视其为基源性观念。

从上述对于基源性观念的讨论来看，毫无疑问，"命"的观念，

---

① 实际上，对于西方哲学的研究，也是可以在基源问题研究法之下获得一种比较直接的、概括性的认识。

在中国思想中应当是具有基源性的①，因为无论是从思想的构建，还是从话语的使用，甚至是在现实的展开层面，"命"无不具有着基本的影响。其实在早期中国思想史的脉络中，对于"命"的关注是一个非常直接的事实，笔者曾经对中国传统中命论做过一个纵向的考察，发现"在中国的语境中，由天命论开始的思考，直接将人类的存在与天命的决定联系在一起，由此人的现实存在获得了形而上的根据，天命成为决定和评判人间一切行为的最终根据，这与古希腊所确定的命运的至高性如出一辙，反映的都是人类因其有限性的存在而无可奈何的现实困境。与强化命运悲剧的抗争精神不同，从孔夫子开始的中国思想强调了一种理性化的解决进路，即在天命的不可抗拒性之外，更加强调了对个体命运的积极把握和体认，从而将命运的超越性与个体的现实努力联系在了一起。这样，人类存在的基本意义就在于日常生活的完善中被完整地揭示出来，在天命的决定性框架中，人类获得了完善自身存在的现实可能性。但是，这样的解决方式仍然存在着问题，其问题就在于天命与个体命运两者经常会被混淆在一起，这样导致的结果是对于人的生存的现实展开状态的不断质疑，这种质疑主要集中在天命的赏罚与人现实的善恶行为本身的不一致性，从而导致对于天命的怀疑。而佛教思想的进入，在某种意义上回答了这种质疑所带来的问题，由佛教而来的实际上确认的是人的主体行为的选择对于其结果的影响，从而更好地彰显出了个体行为与自身命运之间的逻辑关系和现实呈现，这种观念深刻地影响了普通人的日常生活的基本事实"②。从这个角度来说，"命"的问题是中国思想的基源问题，"命"的观念无疑是基源性观念。

---

① 中国思想中的基源性观念，我在拙著《先秦诸子导读》的引言中曾经提到"天"和"心"的观念，包括这里所谈的"性"的观念，都应该是基源性观念。当然，在中国思想（中国哲学）中，类似的基源性观念还有很多，可以尝试做一番梳理，这对于中国哲学话语的确立，具有基础的意义。

② 何善蒙：《佛教的传入及其对传统命论的改造：以李师政的〈内德论·通命篇〉为例》，《哲学与文化》第39卷第7期（2012年7月1日），第134页。

## 一、目前董仲舒思想研究中的一个缺陷：
## 对于"命"的关注不够

如果我们从基源性的观念出发，作为中国思想中的一个基础性观念，理当在中国思想的具体展开过程中，得到不断的关注和阐发，由此形成具有中国思想特质的理论形态。对于"命"也是如此，中国思想者对于"命"的关注热度，从先秦开始，一直就没有消退过。这种热情主要不是出于纯粹理论架构的一种需要，更多乃是出于现实的需求。在汉代，无论是从社会政治的角度，还是从个体生命的角度来说，对于"命"都有着强烈的需求。就社会政治而言，汉室的建立，自然是需要从天命论的角度加以明确，并由此而进入有效的现实社会政治架构；就个体而言，对于个人命运的追问，也在汉代延续着，比如司马迁在《史记》的很多篇章，都极其明显地表达了对于个体命运问题的诘问，以及汉代所确立的正命、遭命和随命的"三命"说，就是对于命运问题的一个非常直接的讨论，而且影响深远。"三命"说是在两汉法典——《白虎通》中得到确认的，所谓：

> 命有三科，以记验：有寿命以保度，有遭命以遇暴，有随命以应行习。习寿命者，上命也，若言文王受命唯中身，享国五十年。随命者，随行为命，若言息弃三正，天用剿绝其命矣。又欲使民务仁立义，无滔天。滔天则司命举过，言则用以弊之。遭命者，逢世残贼，若上逢乱君，下必灾变暴至，夭绝人命，沙鹿崩于受邑是也。（《白虎通·寿命》）

随后，在王充那里，也是很明显地持此种观念：

> 正命，谓本禀之自得吉也。性然骨善，故不假操行以求福而吉自至。随命者，戮力操行而吉福至，纵情施欲而凶祸到，故曰随命。遭命者，行善得恶，非所冀望，逢遭于外而得凶祸，故曰遭命。（《论衡·命义》）

虽然《白虎通》的讨论和王充的论说，从细节上来说是略有不同的，但是，不管如何，这都表明了对于个体命运复杂性的关注。如果说天命更多是一种政治意义上的建构的话,那么,对于个体命运的关注,则是汉代以来为了解决个体现实遭遇问题的一种非常积极的努力。这种情形的出现,无疑表明"命"显然是理解汉代思想的一个核心词汇。

作为"帝国时代总设计师"①的董仲舒,显然对命运的问题也有比较多的关注。比如,在《汉书·董仲舒传》中,董氏在回应汉武帝策问的时候,就直接指出"陛下发德音,下明诏,求天命与情性,皆非愚臣之所能及也","臣闻命者天之令也,性者生之质也,情者人之欲也"等等说明,实际上就是很明显地涉及了"命"的问题。事实上,无论是对于政治架构问题的探究(天命),还是对于性情问题的辨析(性命),都毫无疑问是基于"命"展开的。以董氏的《春秋繁露》为例,其中论及"命"的达126次,不可谓不重视。若对此126次关于"命"的讨论,做一个简单的梳理,主要涉及命令、命名、天命以及生命(性命)四层含义,经过对《春秋繁露》的简单梳理,其出现的情况大致如下:

《春秋繁露》中"命"字含义及出现频率②

| 命的含义 | 命令 | 命名 | 天命 | 生命(性命) |
| --- | --- | --- | --- | --- |
| 出现的次数 | 41 | 7 | 52 | 26 |

从上述初步统计的情形来看,董氏对于"命"的关注是比较多的。《说文解字》称"命,使也。从口从令。眉病切",从这个角度来说,命令是"命"的基本含义,实际上无论是天命、生命、命名都是从这一基本含义延伸出来的。董氏对于"命"的讨论中,有两个层面

---

① 董仲舒的思想该如何定位,这也是一个非常有争议的话题,笔者认为董氏宜定位为"帝国时代总设计师"。所谓帝国时代,即是指自汉至清的封建帝国时代,亦即通常所言的传统时代。所谓总设计师,是指董氏的天人感应之说,实际上奠定了整个帝国时代制度的基础,影响了整个帝国时代的运作。

② 以上统计是根据《春秋繁露》文本做出,因为是凭个人阅读来统计,难免存在疏漏。

值得关注,一是对于"天命"的重视,这在《春秋繁露》的总体论述中出现了 52 次;其次是对于"生命(性命)"的讨论,这虽然只出现 26 次,但是,这也是关于"命"的一个重要的向度。也就是说,如果我们把"命"限定为天命以及个体之命的两个层面来理解的话,事实上董仲舒对这两方面都有不少的涉及。

然而,遗憾的是,目前关于董氏的研究虽然比较丰富,但是,从相关的研究状况来说,基本上都是侧重在董氏的政治哲学方面,即着力探讨董氏的儒学对于政治思想以及政治结构所具有的开创性意义,而很少人从"命"的角度出发来讨论董氏的学说对于"命"的观念演进所具有的特殊意义。从知网的简单检索来看,涉及董仲舒"命"的相关研究的有 6 种:《法天命而循人事——董仲舒王道思想研究》(崔艳娟,山东大学硕士学位论文,2019 年 5 月);《西汉天命神学和儒学的选择及融合》(肖雁,《华中师范大学学报·人文社科版》,2018 年 11 月);《董仲舒与朱熹"天命观"的比较研究——以〈论语集解〉和〈论语集注〉为参照》(常会营,《衡水学院学报》,2018 年 4 月);《民心即天命:董仲舒政治哲学漫议》(曾振宇,《第八届世界儒学大会学术论文集》,2017 年 9 月);《天人之际与道命之异——董仲舒天人思想探析》(丁海虎,《晋阳学刊》,2004 年 5 月);《仲舒的"天命"论与"变命"论简析》(王永祥、霍艳霞,《国际儒学研究(第五辑)》,1998 年 11 月),1 篇硕士学位论文,5 篇学术论文,这是我们在知网上所看到的目前董仲舒思想研究中涉及"命"的相关研究状况[①],而且上述的文章,基本上都是围绕着政治意义上的天命而展开的,对于个体的命运问题,几乎没有任何涉及。这个状况,跟整个董仲舒研究近十年来形势茁壮、蔚为显学[②]的情形是极不相谐的。

---

[①] 当然,很多关于董学的研究专著中也会对此有所涉及,但是,基本上也是围绕天命观而做简要的讨论。

[②] 近十几年来,董学研究在衡水学院以及上海交通大学余治平教授的推动下,日渐繁荣,相关的研究成果经由《衡水学院学报》的发表即颇为可观,2019 年在余治平教授领衔下,更是成功申报国家社科重大项目,董学研究成为显学,也是非常明显的事实。

因此，本文主要试图从天命观和性命观两个层面入手，以董氏的文献为基础，对其所涉及的关于"命"的两个方面做一番讨论，以呈现其"命"论在中国思想史脉络中的地位，也为董学研究贡献一些绵薄之力。

## 二、董仲舒的天命论：受命与符命的双向互动

天命，是我们在命运观中所看到的第一层级的概念，当然，从中国思想的特色来说，命均是源于天的，亦即天命是最为基本的含义。从天命的角度来说，至少表明两层非常重要的限定。首先，命是源自于天的，这是对于天的权威性和意志性的表达[①]，当然，在这个意义上，具有神学或者宗教的维度，是直接可以看出的。其次，命运的限定性也在这里被无疑地表示出来，既然是来自于天（外在于自我），那就是一种明显的限制性的存在，所谓"莫之致而至者，命也"（《孟子·万章上》）。

在甲骨文的字形中，𠀡很形象地表明了"天"的原初含义，即人的头顶，意味着所谓的"天"乃是超越于人的现实存在之上的，故而许慎在《说文解字》给出的解释为"天，颠也，至高无上"，显然，"天"这个字形的最初产生就带有着超越性的含义的，"凡言元始也，天，颠也，丕大也，吏治人者也，皆于六书为转注而微有差别。元始可互言之。天顚不可倒言之。盖求义则转移皆是，举物则定名难假，然其为训诂则一也。顚者，人之顶也，以为凡高之称。始者，女之初也，以为凡起之称。然则天亦可为凡顚之称。臣于君，子于父，妻于夫，民于食皆曰天是也。至高无上，从一大。至高无上，是其大无有二也，故从一大"（段玉裁《说文解字注》）。按照段玉裁的这个解释，"天"的出现必然意味着其超越性、主宰性意义的最终实现。通常意

---

[①] 中国思想中"天"的独特意义，也在"天命"的这一说法中得到强化，即天是所有意义的来源，一切均是天之所命。

义上，我们都会把西周视为这种转变的完成，甚或会认为周人是传统天命观念的确立者，天命之至高性的主宰意义依旧在周人的价值系统中得以确认。事实上，这也是传统政治的基本设定，世俗政权的合法性基础就在于天命。对于帝、天命这样的观念的重视，体现的乃是人类在其发展过程之中对于超越于其之外的神秘控制力的认识，表达的是人类对于现实生活的确定性的追求，这种追求，自然是伴随着人类历史的过程的。即当人类意识到自身的局限性的时候，天命或者类似天命的观念是必然会出现的。而在传统的时代，我们对于天命的理解，更多是从政治合法性的角度来立论的，从今天的意义来说，它讨论的是政治哲学的问题。

董仲舒的思想在很大意义上被视为是政治哲学，天人感应无疑是其政治哲学（神学）的标志性观念，那么在这种架构之下，天命论在董氏这里又是如何呈现的呢？董氏在回应汉武帝策问中说"臣闻天之所大奉使之王者，必有非人力所能致而自至者，此受命之符也"（《汉书·董仲舒传》），很明显这也就是一种天命论的描述。对于董氏来说，政治的合法性是源于天命的，这一点事实上也是儒者的共识，在《春秋繁露》中，董氏对此立场非常明确，

> 故汤受命而王，应天变夏，作殷号，时正白统，亲夏、故虞，绌唐，谓之帝尧，以神农为赤帝，作宫邑于下洛之阳，名相官曰尹，作濩乐、制质礼以奉天。文王受命而王，应天变殷，作周号，时正赤统，亲殷、故夏，绌虞，谓之帝舜，以轩辕为黄帝，推神农以为九皇，作宫邑于丰，名相官曰宰，作武乐、制文礼以奉天。武王受命，作宫邑于鄗，制爵五等，作象乐，继文以奉天。周公辅成王受命，作宫邑于洛阳，成文武之制，作汋乐以奉天。殷汤之后称邑，示天之变反命，故天子命无常，唯命是德庆。（《三代改制质文第二十三》）

董氏的这段描述，在讨论其政治哲学时，是非常重要的，因为这里涉及了三统的问题，也涉及了受命改制的问题，因此，可以说也是在董氏研究中比较常见的问题。对于天命观来说，这段话主要表达了以下几个非常重要的观念。首先，天命是无常的（即可以转变的），

这其实是自三代以来的一个共识，也是对于政权更替的一种理性化认识的表现，即政权不会永恒不变，天命是会转移的，天命会转移也就为人（族群）的努力提供了可能性，即人可以通过自己的努力来承接天命；其次，天命的转移是以德为依据的，这是殷周变革之际，周公提出来的对于小邦周取代大邑商的解释，在后来的传统中成了对于天命论述的基调，关于这一点，董氏无疑也是认可的；最后，三统（夏、商、周）的改制都是顺应天命的自然结果，而这种自然结果在天命转移中也成为具有典范性意义的事件，成为后世仿效的对象。而对于这样的天命，人所能做的就是顺从。

> 故有大罪不奉其天命者，皆弃其天伦。人于天也，以道受命，其于人，以言受命；不若于道者，天绝之，不若于言者，人绝之；臣子大受命于君，辞而出疆，唯有社稷国家之危，犹得发辞而专安之盟是也。天子受命于天，诸侯受命于天子，子受命于父，臣妾受命于君，妻受命于夫，诸所受命者，其尊皆天也，虽谓受命于天亦可。天子不能奉天之命，则废而称公，王者之后是也；公侯不能奉天子之命，则名绝而不得就位，卫侯朔是也；子不奉父命，则有伯讨之罪，卫世子蒯聩是也；臣不奉君命，虽善，以叛言，晋赵鞅入于晋阳以叛是也；妾不奉君之命，则媵女先至者是也；妻不奉夫之命，则绝夫不言及是也；曰不奉顺于天者，其罪如此。（《顺命第七十》）

顺命是一个理所当然的原则，这当然是由于我们前面所说的天命的独特性（或者说天的独特性）而决定的。所谓"天子受命于天，诸侯受命于天子，子受命于父，臣妾受命于君，妻受命于夫，诸所受命者，其尊皆天也，虽谓受命于天亦可"，这就是对于世间秩序有效性的一种描述，天子受命于天，诸侯受命于天子，子受命于父，臣妾受命于君，妻受命于夫，世间所有的一切关系、秩序，都是源于一个基本的原则，就是"受命"，即这样的关系乃是基于天命自然的结果，所以，人必当顺命，这才是基本的立场，而这样所形成的秩序才是恰当的、合理的。反之，如果不顺命，那就是对于秩序的破坏，就是对于天的那种主宰性、权威性的否定，是必然会遭受惩罚的，所谓"故有大罪不奉其天命者,皆弃其天伦"。

由此,政治制度、世间秩序乃是基于天命而来的,是受命的结果,受命于制度建设有着密切的关系,即所谓"今所谓新王必改制者,非改其道,非变其理,受命于天,易姓更王,非继前王而王也"(《楚庄王第一》),这就为整个政治思想和政治实践提供了合理的基础,基于此而来,人的行为均是顺命的结果,这也是世间秩序和谐的保证。当然,这里需要进一步指出的是,我们何以判断是受命、是顺命的呢?按照董仲舒的说法,这个判断也是非常直接的,因为有符命的存在。

> 有非力之所能致而自至者,西狩获麟,受命之符是也。然后托乎《春秋》正不正之间,而明改制之义。一统乎天子,而加忧於天下之忧也,务除天下所患。而欲以上通五,帝下极三王,以通百王之道,而随天之终始,博得失之效,而考命象之为,极理以尽情性之宜,则天容遂矣。百官同望异路,一之者在主,率之者在相。(《符瑞第十六》)

符命,就是天命的现实表达,以及祥瑞和灾异。作为天人感应的重要的内涵,祥瑞和灾异是董仲舒论述中非常重要的两个方面,在《汉书·董仲舒传》中所言"臣闻天之所大奉使之王者,必有非人力所能致而自至者,此受命之符。天下之人同心归之,若归父母,故天瑞应诚而至。《书》曰'白鱼入于王舟,有火复于王屋,流为乌',此盖受命之符也",跟这里的讨论实际上是一致的,都是在强调天命必然是会有现实的表达,这样的描述表明天命是可以被认识的,是可以"考命象之为",从而来判断天意的。也就是说,受命并非是单向的、不可判断的一个玄虚的结论,而是一个清晰的、可供判断的事实(符瑞)的存在,这样,在天命与人之间就建立起了一种双向的互动关系。受命是来源于天的选择和判断,符命是这种判断的合理性、真实性的表达,由此,顺命才成为一种可靠的选择。这样双向互动的完成,实际上是董仲舒对于天命论的一种有效的改造,这种改造最为重要的意义是可以在现实政治上得到直接使用,而不是仅仅停留在一种理论的抽象描述上,这对于儒学的制度化来说,是非常关键的转变。

当然，我们需要指出的是，董氏的这种双向互动是建立在天人感应的神学基础之上的，也就是说，这个基础本身就是充满着神秘色彩。而董氏的意义则在于，他把这种感应的关系落实到了一个比较扎实的基础上，使得天命论变得不那么玄虚，从而可以更好地适应政治实践的需要。

## 三、大命与变命：董仲舒的性命观

天命观，乃是董氏对于政治层面的一种建构，当然，如果从制度建设的角度来说，这显然是董氏命运观的重点所在，我们在前文也提到，这种含义的"命"在《春秋繁露》中出现是最多的，这也大致可以代表董氏的思想倾向与价值立场。但是，对于个体的命运，董氏也并非没有关注，这部分涉及虽然并不是特别突出（总共26见），但是，从其中我们也可以看出董氏对于个体命运的一种独特的关怀形式。

个体的生命，跟政治上的天命，在董氏看来，其来源都是一致的，都是源于天的，是天决定了个体的存在，这是从"命"的根源处来说的，所谓：

> 《春秋》变一谓之元。元，犹原也。其义以随天地终始也。故人唯有终始也，而生死必应四时之变。故元者为万物之本，而人之元在焉，安在乎？乃在乎天地之前，故人虽生天气，及奉天气者，不得与天元、本天元命、而共违其所为也。（《玉英第四》）

在董氏看来，《春秋》将"一"改称为"元"。元，就是本源，它的意思是随顺天地的产生而产生的，即天地乃是一切万物的终始，是决定性因素。所以人生是有始有终的，而生、死一定要与四季的变化相适应。所以，元就是万物的本源。而人的本源也在其中。在什么地方呢？原来在天地产生之前。所以人虽生于天气和尊奉天气行事，却不能和上天同时以元为本，尊奉天命，而共同违背自己的本。这就是说，个体之"命"乃是源自天的，天是"命"的根源，无可违背。由于天的这种决定性的意义，使得人的性命具有了独特的价值，所谓

"人受命乎天也，故超然有以倚"（《人副天数第五十六》）。既然，人的命是源于天的，那么，天对于人的性命是有基本的规定性的。

> 正也者，正于天之为人性命也，天之为人性命，使行仁义而羞可耻，非若鸟兽然，苟为生，苟为利而已。（《竹林第三》）

> 人之受命于天也，取仁于天而仁也，是故人之受命天之尊，父兄子弟之亲，有忠信慈惠之心，有礼义廉让之行，有是非逆顺之治，文理灿然而厚，知广大有而博，唯人道为可以参天。（《王道通三第四十四》）

天是正的，具有道德属性，人既然受命于天，那么人也是正的、合乎道德规定的，人的这种道德属性，是其性命之中固有之意①。而正是人性命中的这种禀之于天的道德属性，使得人具有了与天地参的可能，所谓"唯人道为可以参天"，这是人之为人的尊严和价值所在。

人受命于天，这在董氏这里是一个基本的立场，所谓的天人感应，也是以此为起点的。个体的性命因为天的决定性意义，所谓"人受命于天，有善善恶恶之性"（《玉杯第二》），由此表现为一种道德的向度，这也是人之发展完善可能性的揭示。而对于个体之性命来说，这样的描述还是过于抽象，因为这样的"命"（授予天的正命）实际上是无法应对现实中人的命运的多样性的，为了更好地回应这个问题，董仲舒提出了"大命"和"变命"的说法，这是董氏在性命观上的一个重要的创见。

> 人始生有大命，是其体也，有变命存其间者，其政也，政不齐，则人有悠怒之志，若将施危难之中，而时有随遭者，神明之所接，绝属之符也，亦有变其间，使之不齐如此，不可不省之，省之则重政之本矣。（《重政第十三》）

这段话就是董氏对于"大命"和"变命"的描述，在董氏看来，人生

---

① 从这个角度来说，董仲舒对人性的论述也并非如牟宗三所言是属于荀子一系（即以气质而论性），董氏在性命之中保存正（即道德）的因素，则有类似于孟子的理路。董氏的性情观（人性论）似有进一步梳理的可能，未必如我们所理解的那么简单。

开始就有"大命",这是人之本。有"变命"存在于现实人生的具体过程之中,这就是政令,即政令会影响人的"命"。政令如不整齐一致,人们就会有忿怒的思想,如果这种思想施于危难之中,就会有时有"随命""遭命"等"变命"形式的产生,这是精神能够感受得到的,出现这种情况是天命断绝继承者的标志。如果生人遇有变命,使政令不齐到这种程度,就不能不仔细分析,分析才是注重政令的根本。这里董氏主要说了两个方面的内容:首先,变命是存在的,是"大命"的具体的、现实的展开;其次,"变命"主要是由于政治导致的,即政治影响人的具体命运。由此,董氏从这样的描述出发,来强调对于具体政治重视的重要性。

如果我们把这段描述主要放置在对于个体性命观讨论上来看待的话,董氏的这段论述的意义也是极为明显的。首先,"大命"是体,这实际上就是正命,即直接源之于天的、具有道德属性的"命",这是人最为根本的属性,或者说,是"命"的内在限定性;其次,"命"的现实展开并不一定是按照"大命"的内在要求的,因为,现实的政治会具体影响个体的"命",由此,可以说,个体的"命"是一种复杂的存在,是在具体社会现实中展开的,命运之所以成为命运,很大意义上就是因为这种现实性;最后,"变命"表现为遭命和随命,正命、遭命、随命的说法,虽然是从《白虎通》到《论衡》逐渐完善出来的汉代对于命运问题解释的标志性观念,而董氏这里的"变命"说无疑是汉代"三命"说的源头。"命"有"变"的可能性,一则表明了在现实中,个体性命的多样性事实;二则表明命运之被改变的可能性①。

基于"变命",我们看到的是个体"命"的可变性和多样性,而这无疑是董仲舒对于个体性命问题解答的一种独特性的回答。这种回答从思想史的角度来说,具有开拓性的意义,直接导致了两汉"三命"说的产生。

---

① 政治上的"革命"(天命转移),在这个意义上看,也可以说是"变命"的一种。

## 四、结语：董仲舒命论的思想史定位

从上述我们对于董氏命论的分梳，我们可以很清楚地看到，董氏在其作品中对于"命"的问题给予了非常多的关注。从论域的角度来说，董氏继承了传统命论的两个基本向度，即天命观与性命观，前者是一个政治维度的限定，后者则是对于个体生命事实的关注。传统的命论就是在这两者层面来完善的，而董氏也是主要围绕着这两个方面来构建自己的命论。

就思想内涵来说，董氏的论述是具有特殊性意义的。首先，在天命观的阐释上，董氏以受命和符命的双向互动，构建起了一个非常扎实的、直接可感的天命论，而非玄虚的、无法观察落实的一种理论描述，从而对儒学的政治化起到了基础性的作用。其次，在对个体性命观的讨论上，董氏除了继承以道德论命的基本传统，在此基础上，董氏进一步从现实的角度来揭示出命运问题的多样性和变化性，从而开启了后世关于个体命运问题讨论的新的视角。由此，董氏的命论在思想史上具有着奠基性和开创性的意义。其奠基性表现在他的双向互动的天命观对于传统政治领域所具有的奠基性的意义，传统政治哲学的基础可以说就是由这种天命观所确定的；其开创性表现在对于个体命运的多样性和可变性的描述，这对于个体命运领域的探讨来说，是更为深入、现实的表现，而此后的"三命"说则是此命论的一种直接继承。

因此，对于"命"这一中国思想史上的基源性观念，董氏的讨论是具有重要意义的，在董学研究中对于其命论的忽视，实际上也是对于董氏思想整体风格的片面理解。

本文为"2020中国·衡水董仲舒与儒家思想国际学术研讨会"提交的论文。

何善蒙（1977—），男，浙江天台人，哲学博士，浙江大学哲学系教授，博士生导师。

# 董仲舒阴阳学说评析

解光宇

董仲舒《春秋繁露》的主旨是什么？"其书发挥《春秋》之旨，多主《公羊》，而往往及阴阳五行。"① 可见，《春秋繁露》主旨在于公羊《春秋》的政治思想，而其政治思想则以阴阳五行的哲学思想为根据。本文就董仲舒的阴阳学说加以解析，以加深对其相关的政治思想的理解。

## 一、阴阳范畴演变

阴阳学说是中国古代哲学的重要范畴。早在远古时代，区分阴阳的观念就产生了。人们在生产劳动实践中，通过观察自然界现象和人本身的生理现象，意识到联系和差别，如上下、男女、雌雄、日月等。如《淮南子》中说，黄帝时代我们的祖先就开始"治日月之行，治阴阳之气，节四时之度，正律历之数，别男女，异雌雄，明上下"②。《易经》曾被解释为"日月为易，象阴阳也"。《易经》中虽不见阴、阳二字，却使用了表示阴阳的两个基本符号，包含着"阴"和

---

① 《四库全书总目》卷二九《经部·春秋类·附录》。
② 《淮南子·览冥训》。

"阳"对立差异的意思。但阴、阳作为哲学概念来使用却比较晚。从人类认识规律的历史进程来看,在原始五行说的形成阶段,人们的认识水平只能从百物中抽象出五材。不仅古代中国是这样,古代外国的认识也经过这样的历程。古印度认为世界是由"四大"即地、水、火、风构成的;古希腊的哲学始祖泰勒士认为万物的始基是水。我国古代哲学家从百物中所抽象出来的五材,即是箕子所说金、木、水、火、土,认为世界上的一切事物是由这样五种物质构成的。箕子还对这五种物质的特点进行了描述:"五行:一曰水,二曰火,三曰木,四曰金,五曰土。水曰润下,火曰炎上,木曰曲直,金曰从革,土爰稼穑。润下作咸,炎上作苦,曲直作酸,从革作辛,稼穑作甘。"① 虽然他们已看到润与燥、曲与直、苦与酸等的差别,但还不能把"五材"的简单多样性抽象成为两端的对立性。

在《易经》形成阶段,人们已能从"五材"的简单多样性,上升到认识否与泰、剥与复、谦与豫、损与益、乾与坤等的对立性,但这种认识仍属感性,而不属于理性。到了两周之际,由于生产力水平的提高,社会实践的发展,人类思维能力提高,唤醒了哲人的理性,对客观事物的认识突破了感性的局限,出现了用阴阳的范畴来解释自然现象和社会现象。如西周末的伯阳甫以阴阳说来解释地震,就是一个典型的例子。伯阳甫认为:"天地之气,不失其序,若过其序,民乱之也。阳伏而不能出,阴迫而不能蒸,于是有地震。"② 这里,首次明确地提出阴阳这对哲学范畴,认为充满天地之间的不仅是"民并用之,废一不可"的"五材",更是矛盾着、运动着的阴阳二气,这就把"五材"抽象为"二气",并且阴阳二气处在不断斗争过程中。阳要出,阴却迫,这种对立超过一定的限度,就会爆发地震。

春秋战国时代,阴阳学说不仅为许多思想家们所接受,而且还有较大的发展。如叔兴在回答鲁僖公关于自然界出现奇特现象是凶是吉

---

① 《尚书·洪范》。
② 《国语·周语》。

的问题时说："君失问。是阴阳之事，非吉凶所生也。"① 越王的谋士范蠡用阴阳的辩证法阐述战争理论："阳至而阴，阴至而阳，日困而还，月盈而匡。"② 老子的天道观认为："道生一，一生二，二生三，三生万物。万物负阴而抱阳，冲气以为和。"③ 荀子亦曰："天地合而万物生，阴阳接而变化起。"④

上述说明，阴阳学说作为中国古代哲学的最高范畴，已被广泛地用来解释自然现象与社会现象，董仲舒在这样的理论环境熏陶下，不可能不受阴阳学说的影响。因而，董仲舒不但研究阴阳学说，而且还发展了阴阳的辩证思想，并用阴阳学说的理论来解释自然界和人类社会，比前人的认识更为深化。

## 二、阴阳与四季

董仲舒认为，天地即自然界的实质是气构成的，虽然气为多种多样，但最根本的是元气，"谓一元者，大始也"，⑤ 一元的元气又有阴阳的特性，"阳，天气也；阴，地气也。"⑥ 即阳气和阴气。"天地之常，一阴一阳，阳者，天之德也，阴者，天之刑也。"⑦ "地之气，合而为一，分为阴阳，判为四时，列为五行。"⑧

董仲舒用阴阳学说解释四时的春夏秋冬，认为春夏属阳，秋冬属阴，并根据阴阳各自的强弱，将阳区分为少阳、太阳；将阴区分为少阴、太阴：

> 天地之理，分一岁之变，以为四时，四时亦天之四选已。是

---

① 《左传·僖公十六年》。
② 《国语·越语》。
③ 《老子·第四十二章》。
④ 《荀子·礼论》。
⑤ 《春秋繁露·玉英第四》。
⑥ 《春秋繁露·人副天数第五十六》。
⑦ 《春秋繁露·阴阳义第四十九》。
⑧ 《春秋繁露·五行相生第五十八》。

> 故春者，少阳之选也；夏者，太阳之选也；秋者，少阴之选也；冬者，太阴之选也。①

即春夏为阳，春天阳气初发为少阳，夏天阳气旺盛为太阳；秋冬为阴，秋天阴气初起为少阴，冬天阴气旺盛为太阴。由于春夏秋冬的阴阳各不相同，所以春夏秋冬有各自的特点：

> 春气爱，秋气严，夏气乐，冬气哀。爱气以生物，严气以成功，乐气以养生，哀气以丧终，天之志也。是故春气暖者，天之所以爱而生之；秋气清者，天之所以严以成之；夏气温者，天之所以乐而养之；冬气寒者，天之所以哀而藏之。春主生，夏主养，秋主收，冬主藏。②

董仲舒认为，自然界的阴阳二气运行有其规律，并形成春夏秋冬，同时也体现了阳实阴虚：

> 阳气始出东北而南行，就其位也，西转而北入，藏其休也；阴气始出东南而北行，亦就其位也，西转而南入，屏其伏也。是故阳以南方为位，以北方为休；阴以北方为位，以南方为伏。阳至其位，而大暑热；阴至其位，而大寒冻；阳至其休，而入化于地；阴至其伏，而避德于下。是故夏出长于上，冬入化于下者，阳也；夏入守虚地于下，冬出守虚位于上者，阴也。阳出实入实，阴出空入空，天之任阳不任阴，好德不好刑如是也，故阴阳终岁各一出。③

自然界为什么有春夏秋冬不同的气候？这是由阴阳二气的运行轨迹决定的。阳气的运行轨迹是从东北出发一直南行，并以南方为位，故大暑至，为烈日炎炎的夏天。阴气的运行轨迹是从东南出发一直北行，并以北方为位，故大寒至，为寒风凛冽的冬天。阳气位南方后不久，西转而北入，藏其休也；阴气位北方后不久，西转而南入，屏其伏也。"春夏，阳多而阴少；秋冬，阳少而阴多。"阴阳二气如此运

---

① 《春秋繁露·官制象天第二十四》。
② 《春秋繁露·王道通三第四十四》。
③ 《春秋繁露·阴阳位第四十七》。

行,便形成自然界的春夏秋冬。由于"夏气温者,天之所以乐而养之""夏出长于上",故阳实;而"冬气寒者,天之所以哀而藏之""冬出守虚位""而止空虚",故阴虚。

> 阳之出,常县于前,而任岁事;阴之出,常县于后,而守空虚;阳之休也,功已成于上,而伏于下;阴之伏也,不得近义,而远其处也。天之任阳不任阴,好德不好刑,如是。故阳出而前,阴出而后,尊德而卑刑之心见矣。①

由于阳实,具有生养功能,正如"天行健,君子以自强不息",入世任事;"阴之出,常县于后,而守空虚",由于阴虚,故"天之任阳不任阴"。

评析:现代天文科学认为,春夏秋冬是地球围绕太阳运转而形成的。但在古代,董仲舒将春夏秋冬与阴阳变化相联系,用阴阳二气的运行来解释春夏秋冬的形成,用抽象理性来探讨自然规律是难能可贵的。春夏秋冬不是天的意志,而是阴阳二气运行的结果;阴阳二气的功能有差异,从而导致阳实阴虚,导致"天之任阳不任阴"。

## 三、阳尊阴卑

在阴阳关系上,董仲舒虽然也提到阴的作用,如"阳不得阴之助亦不能独成岁"②,但主导思想还是"贵阳贱阴""阳尊阴卑":

> 阳气以正月始出于地,生育长养于上,至其功必成也,而积十月;人亦十月而生,合于天数也。是故天道十月而成,人亦十月而成,合于天道也。故阳气出于东北,入于西北,于发孟春,毕于孟冬,而物莫不应是;阳始出,物亦始出;阳方盛,物亦方盛;阳初衰,物亦初衰;物随阳而出入,数随阳而终始;三王之正,随阳而更起;以此见之,贵阳而贱阴也。③

---

① 《春秋繁露·天道无二第五十一》。
② 袁长江等校注:《董仲舒集》,学苑出版社,2003年,第8页。
③ 《春秋繁露·阳尊阴卑第四十三》。

阳为什么"尊"？一年中阳活动十个月，物随阳而出入，生育长养依赖阳，自然界和人类社会离不开阳，阳具有"自强不息、厚德载物"之美德，故阳"尊"。阴为什么"卑"？因为"阴常居大冬，而积于空虚不用之处"①，并且通过阴阳特质的比较，以示阴之"卑"：

> 阳，天之德；阴，天之刑也。阳气暖而阴气寒，阳气予而阴气夺，阳气仁而阴气戾，阳气宽而阴气急，阳气爱而阴气恶，阳气生而阴气杀。是故阳常居实位而行于盛，阴常居空位而行于末。天之好仁而近，恶戾之变而远，大德而小刑之意也。先经而后权，贵阳而贱阴也。故阴，夏入居下，不得任岁事，冬出居上，置之空处也；养长之时伏于下，远去之，弗使得为阳也；无事之时，起之空处，使之备次陈守闭塞也。此皆天之近阳而远阴，大德而小刑也。②

可见，阴具有寒、夺、戾、急、恶、杀、刑等人类不喜欢的特质，并且"养长之时伏于下，远去之"，"居空位而行于末"，即无为懒惰，故"卑"。

董仲舒从阴阳的特质论证了"贵阳贱阴""阳尊阴卑"，并把这种理论用来解释人类社会：

> 阳兼于阴，阴兼于阳，夫兼于妻，妻兼于夫，父兼于子，子兼于父，君兼于臣，臣兼于君，君臣、父子、夫妇之义，皆取诸阴阳之道。君为阳，臣为阴，父为阳，子为阴，夫为阳，妻为阴，阴阳无所独行，其始也不得专起，其终也不得分功，有所兼之义。……阳之出也，常县于前而任事，阴之出也，常县于后而守空处，此见天之亲阳而疏阴，任德而不任刑也。是故仁义制度之数，尽取之天，天为君而覆露之，地为臣而持载之，阳为夫而生之，阴为妇而助之，春为父而生之，夏为子而养之，秋为死而棺之，冬为痛而丧之，王道之三纲，可求于天。③

---

① 袁长江等校注：《董仲舒集》，学苑出版社，2003年，第8页。
② 《春秋繁露·阳尊阴卑第四十三》。
③ 《春秋繁露·基义第五十三》。

在中国古代社会，有君臣、父子、夫妇之义，虽说二者是统一体，但由于"阳尊阴卑"，故君尊臣卑、父尊子卑、夫尊妇卑。《白虎通》继承这一思想，表述为"君为臣纲，父为子纲，夫为妻纲"①。

评析：董仲舒认为阳实阴虚、"阳之出，常县于前，而任岁事；阴之出，常县于后，而守空虚""阳常居实位而行于盛，阴常居空位而行于末"等一系列论证，得出结论为"贵阳贱阴""阳尊阴卑"，并将自然界这一现象用来诠释社会领域。如"君为臣纲，父为子纲，夫为妻纲""天之亲阳而疏阴，任德而不任刑也"等。实际上，任何一个矛盾统一体的双方都是平等的，如《黄帝内经》主张阴阳互根平衡。为什么"阳尊阴卑"？其意义在于社会政治。任德不任刑的思想，继承和发扬了孔子德主刑辅的思想，属于儒家仁政的范畴；"三纲"思想，有为统治者做理论支撑的一面，也有稳定社会秩序的一面。

## 四、阴阳与旱涝

董仲舒认为，自然界的旱涝灾害也与阴阳有关，旱灾是"阳灭阴也"，水灾是"阴灭阳也"，即阴阳失调导致旱涝灾害。如若消除旱涝灾害，则须"正阴阳之序"。

> 难者曰：大旱雩祭而请雨，大水鸣鼓而攻社，天地之所为，阴阳之所起也。或请焉，或怒焉者何？曰：大旱者，阳灭阴也。阳灭阴者，尊厌卑也。固其义也，虽大甚，拜请之而已，敢有加也？大水者，阴灭阳也。阴灭阳者，卑胜尊也，日食也然，皆下犯上，以贱伤贵也，逆节也，故鸣鼓而攻之，朱丝而胁之，为其不义也。此亦《春秋》之不畏强御也。故变天地之位，正阴阳之序，直行其道，而不忘其难，义之至也。②

大旱是由于阳气太盛，以至于灭阴；大水是由于阴气太盛，以至于灭阳。对于这两种灾害，处理的方式也不一样。阳气太盛导致的大

---

① 《白虎通·三纲六纪》，味经堂藏版，嘉庆己未。
② 《春秋繁露·精华第五》。

旱，要"雩祭而请雨""拜请之而已"；阴气太盛导致的大水，要"鸣鼓而攻之，朱丝而胁之"。为什么一种是"拜请"，一种是"攻之"？因为"阳尊阴卑""贵阳贱阴"。

正是旱涝与阴阳有关，所以人们可以利用这一原理来为人类服务：

> 天有阴阳，人亦有阴阳。天地之阴气起，而人之阴气应之而起；人之阴气起，天地之阴气亦宜应之而起，其道一也。明于此者，欲致雨则动阴以起阴；欲止雨则动阳以起阳。故致雨，非神也，而疑于神者，其理微妙也。①

即人们可用阴来求雨，用阳来止雨。比如止雨，首先确定雨多的性质是阴胜阳，那么止雨的工作方针就是"废阴起阳""开阳而闭阴，阖水而开火"。董仲舒还记载了止雨仪式的细节：

> 雨太多，令县邑于土日塞水渎，绝道，盖井，禁妇人不得行入市，令县乡里皆扫社下。县邑若丞合史、啬夫三人以上，祝一人；乡啬夫若吏三人以上，祝一人；里正、父老三人以上，祝一人，皆斋三日，各衣时衣，具豚一，黍、盐、美酒财足，祭社，击鼓三日，而祝。先再拜，乃跪陈，陈已，复再拜，乃起。祝曰："嗟！天生五谷以养人，今淫雨太多，五谷不和，敬进肥牲清酒，以请社灵，幸为止雨，除民所苦，无使阴灭阳。阴灭阳，不顺于天，天之常意，在于利人。人愿止雨，敢告于社。"鼓而无歌，至罢乃止。凡止雨之大体，女子欲其藏而匿也，丈夫欲其和而乐也。开阳而闭阴，阖水而开火，以朱丝萦社十周，衣赤衣赤帻，三日罢。②

同理，大旱是阳胜阴，求雨的方针是"损阳益阴"。在《求雨第七十四》中，董仲舒详细叙述了春夏秋冬如何求雨；在《续汉书·礼仪志》注补中，还有董仲舒《奏江都王求雨》，阐明求雨之方：

> 求雨之方，损阳益阴。愿大王无收广陵女子为人祝者一月

---

① 《春秋繁露·同类相动第五十七》。
② 《春秋繁露·止雨第七十五》。

租,赐诸巫者,诸巫毋大小皆相聚于郭门,为小坛,以脯酒祭,女独择宽大便处移市,市使无内丈夫,丈夫无得相从饮食,令吏妻各往视其夫,皆到即起,雨注而已。①

评析:董仲舒将旱涝与阴阳联系,用阴阳失调解释旱涝,提出了"大旱雩祭而请雨,大水鸣鼓而攻社"的解决办法,在理论上是讲得通的。这在古代常用,可起到安慰心灵的作用,同时可以为旱涝灾害的解决提供思路。在现代来看是不科学的、无用的、可笑的,随着现代科技的进步,遇旱可人工降雨;遇雨可驱云赶雾,科学地解决旱涝灾害的问题。

本文为"2020中国·衡水董仲舒与儒家思想国际学术研讨会"提交的论文。

解光宇(1958—),男,安徽肥西人,安徽大学哲学系教授,博士生导师。

---

① 袁长江等校注:《董仲舒集》,学苑出版社,2003年,第397页。

# 董仲舒的哲学思想对文学的影响

## 刘国民

董仲舒的哲学思想分为两部分,第一部分是天的哲学,第二部分是春秋公羊学思想,学人对此展开了较为深入的阐述。但关于他的哲学思想对文学的影响,学人关注不够,论述较少①。究其原因略有三:一是学人认为董仲舒的哲学思想是"法天道"与天人感应,天是人格神之天,天人感应有神秘性,且"天道""人道"主要指自然法则、道德法则,与文学之道没有什么联系;二是学人多站在中国文化的立场上论述董仲舒"天人合一"的思想,文化的含义非常广泛,包括文学,但文学置于其中,不能独立出来②;三是学人也注意到"《诗》无达诂"对文学阐释的影响,但理解似乎绝对,即解释者可根据主观之意任意曲解③;也未能运用西方哲学诠释学的理论,掘发"《诗》无达诂"学说的现代意义。本文拟从四个方面略论董仲舒的哲学思想对文学的影响,不当之处,方家正之。

---

① 刘怀荣:《论董仲舒的文学思想》,载于《东方论坛》1997年第3期。
② 潘世东等:《"天人合一"在中国文化中的终极理想设定》,《中国文化研究》2000年秋之卷。
③ 张峰屹:《董仲舒"〈诗〉无达诂"与"中和之美"说探本》,《南开学报》2000年第1期。

## 一、奉天、征圣、宗经的文之枢纽

"奉天而法古"（《春秋繁露·楚庄王》），是董仲舒基本的哲学思想。所谓"奉天"，即法天道，天道是人道的根据，《天人三策》曰"道之大原出于天"。所谓"法古"，即法圣人经典之道，《春秋》是圣人的经典，孔子体察天道而作《春秋》；《春秋》是人道之大者，"法古"即法《春秋》之道。

《天人三策》：

> 臣闻天者群物之祖也，故遍覆包涵而无所殊，建日月风雨以和之，经阴阳寒暑以成之。故圣人法天而立道，亦溥爱而无私，布德施仁以厚之，设义立礼以导之。春者天之所以生也，仁者君之所以爱也；夏者天之所以长也，德者君之所以养也；霜者天之所以杀也，刑者君之所以罚也。由此言之，天人之征，古今之道也。孔子作《春秋》，上揆之天道，下质诸人情，参之于古，考之于今。①

天是万物之祖，圣人法天道而立人道：天生育万物，布德施仁；人君法天道，仁爱万民。孔子作《春秋》，上法天道，下切人情。

《天地之行》：

> 天地之行美也。是以天高其位而下其施，藏其形而见其光，序列星而近至精，考阴阳而降霜露。高其位所以为尊也，下其施所以为仁也，藏其形所以为神也，见其光所以为明也，序列星所以相承也，近至精所以为刚也，考阴阳所以成岁也，降霜露所以生杀也。为人君者，其法取象于天。②

董仲舒认识到天地的大美，表现出对美感的欣赏和追求。天地的大美不仅指日月星辰的明丽之美，而且指天地养育万物的仁德之善。

---

① 班固撰、颜师古注：《汉书》，中华书局，1962年，第2515页。
② 苏舆：《春秋繁露义证》，中华书局，1992年，第452页。下文只注篇名，不注页码。

天道是天地自然形态之美与仁德之善的统一，而侧重于仁义之善的道德法则。《俞序》："仁，天心；故次以天心。"《王道通三》："仁之美者在于天。天，仁也。"天，仁也；天地的仁德之善是人伦道德的终极根据。

天道、人道的内容丰富，应包括为文之道，故董仲舒"法天道"的哲学思想蕴含着"文本于天"的观念①。"法天道"，不仅包含对天地自然形态之美的体认和描写，而且包含对天地仁德之善的赞颂和效法。这一方面促进了人们对天地自然之美的重视，另一方面也强化了人们对天地仁德之善的关注。天地的仁德之善构成了文学作品的思想内容，具有感发人心的重要力量，引发了后世文学对道德内容的特别重视。唐代文人韩愈、柳宗元倡导的"古文运动"，明确地提出了"文以载道"，此"道"主要是指儒家的伦理道德。

天道深微，圣人体察之而著书立说，上达天道而下合人情，成为经典。《俞序》："仲尼之作《春秋》也，上探天端正王公之位，万民之所欲，下明得失，起贤才，以待后圣。"《春秋》上深察天道以为王道的根据，正人君以正万民；下建立是非得失的标准，而为后圣所法则。《史记·太史公自序》：

> 余闻董生曰："夫《春秋》上明三王之道，下辨人事之纪，别嫌疑，明是非，定犹豫，善善恶恶，贤贤贱不肖，存亡国，继绝世，补敝起废，王道之大者也。"

《春秋》之义是"王道之大者也"。《春秋》之道包含为文之道，故为文要宗圣人的经典，经典之道是以天道为根据。因此，董仲舒说："圣者法天，贤者法圣，此其大数也。"（《楚庄王》）董仲舒的哲学思想包涵为文之道要法天道、经典之道的内容。

董仲舒"文本于天"的观念对汉大赋的创造产生了重要影响。汉大赋是以巨丽雄奇、包举万端的气势，极力铺陈天地、山川、园囿等大美，表现了对天地自然形态之美的重视。司马相如说："赋家之心，

---

① 刘怀荣先生亦有此论，参见《论董仲舒的文学思想》，《东方论坛》1997年第3期。

苞括宇宙，总揽人物。"(《西京杂记》卷二)同时，汉大赋的道德劝谏内容正是对天道、圣人经典之道德意义的诠释。赵明等主编《两汉大文学史》曰："汉代经学昌盛，不但以宗经、征圣、原道的理论影响了汉人对文学的认识和评价，从而影响了汉赋的内容和意识倾向，而且经学风气影响了汉赋的文风，影响了汉赋的创作特点。"①

董仲舒法天道、圣人经典之道的思想，是刘勰《文心雕龙》"原道、征圣、宗经"的依据。《序志》是《文心雕龙》的序言，阐发了刘勰作此书的目的、意图和内容安排。《序志》曰："盖《文心》之作也，本乎道，师乎圣，体乎经，酌乎纬，变乎骚；文之枢纽，亦云极矣。"《原道》《征圣》《宗经》等，是文之枢纽，而置于《文心雕龙》的首三篇。

"原道"之"道"的含义是什么？陆侃如、牟世金先生认为，"原道"之道是指天地万物的自然法则，"原道"即本于天地之道②。《原道》：

> 文之为德也，大矣；与天地并生者，何哉？夫玄黄色杂，方圆体分，日月叠璧，以垂丽天之象；山川焕绮，以铺理地之形。此盖道之文也。

丽天之象、日月之明丽、山川之焕绮是天道之文（外在的文采之美），文学作品法天道之文而有辞采、藻饰的美丽。"道心惟微，神理设教。光采玄圣，炳耀仁孝。"（《原道》）仁孝是天道之质，构成了文学作品的思想内容。要之，刘勰的为文之道本于天道，天道也包含人伦道德的内容，即董仲舒所谓"文本于天"。

刘勰认为，圣人能把握天地之道，且体察之而为文，所以作文必须以圣人为师、以圣人之道为证验。《征圣》："征之周、孔，则文有师矣。……然则圣文之雅丽，固衔华而佩实者也。天道难闻，犹或钻仰；文章可见，胡凝勿思？若征圣立言，则文其庶矣。"圣人立言作文而成为经典，经典是"恒久之至道，不刊之鸿教也"，是"文章奥

---

① 赵明等：《两汉大文学史》，吉林大学出版社，1998年，第140页。
② 陆侃如、牟世金：《文心雕龙译著引论》，齐鲁书社，1995年，第21—24页。

府""群言之祖",故建言为文须宗经。《宗经》:"故文能宗经,体有六义:一则情深而不诡,二则风清而不杂,三则事信而不诞,四则义直而不回,五则体约而不芜,六则问丽而不淫。"文章六个方面的要求皆根据圣人所作的经典。《宗经》:"建言修辞,鲜克宗经。是以楚艳汉侈,流弊不还;正末归本,不其懿欤。"刘勰认为,楚骚之艳、汉赋之侈的文风,就是因为没有宗经,故为文必须"征圣""宗经",以达到"正末归本"之目的。

综之,董仲舒认为,人道要法经典之道、天道;刘勰认为,建言为文要征圣、宗经、原天地之道。因此,他们的思想基本相同。不尽相同的是,董仲舒之人道、经典之道、天道重于政治和人伦之道,也包含为文之道。刘勰之道重于自然之道、为文之道。章培恒说:"刘勰这里所说的'道'与后来唐宋古文家所说的'道'不尽相同。他是指自然的'天道',而不是指儒家的伦理之道。"① "奉天而法古"已成为中国文化的一个显著性格。

## 二、天人合一的境界

董仲舒认为天人同类相应。《为人者天》:

> 为生不能为人,为人者天也。人之为人本于天,天亦人之曾祖父也。此人之所以乃上类天也。人之形体,化天数而成;人之血气,化天志而仁;人之德行,化天理而义;人之好恶,化天之暖清;人之喜怒,化天之寒暑;人之受命,化天之四时。人生有喜怒哀乐之答,春秋冬夏之类也。喜,春之答也;怒,秋之答也;乐,夏之答也;哀,冬之答也。天之副在乎人,人之情性有由天者矣。

人受命于天,为天所生,天与人同类。一是"人之血气,化天志而仁;人之德行,化天理而义",天人在仁义道德上合一。二是"人

---

① 章培恒、骆玉明:《中国文学史》(上),复旦大学出版社,1996年,第469页。

生有喜怒哀乐之答，春秋冬夏之类也"：天有春秋冬夏，春秋冬夏之气是暖清寒暑，人之喜怒哀乐之气与它们相应，这是天人在情绪上合一。《阴阳义》："天亦有喜怒之气，哀乐之心，与人相副。以类合之，天人一也。"

其一，天人在道德上互相感应：天地的仁德之善感发了人的善心，人的仁善之心省察了天地万物的美德，这构成了天人在道德上合一的境界。《王道通三》：

> 仁之美者在于天。天，仁也。天覆育万物，既化而生之，有养而成之，事功无已，终而复始。凡举归之以奉人。察于天之意，无穷极之仁也。人之受命于天也，取仁于天而仁也。

天生成养育万物，终而复始，不辞劳苦，天有仁德之善，天与人在仁德上合一。

《山川颂》描写了山川的自然之美，但董仲舒之目的是通过自然之美以阐释山川的人伦道德之美，自然山川获得了人伦美德的内涵。

> 水则源泉混混沄沄，昼夜不竭，既似力者；盈科后行，既似持平者；循微赴下，不遗小间，既似察者；循溪谷不迷，或奏万里而必至，既似知者；障防山而能清净，既似知命者；不清而入，洁清而出，既似善化者；赴千仞之壑，入而不疑，既似勇者；物皆困于火，而水独胜之，既似武者；咸得之而生，失之而死，既似有德者。孔子在川上曰："逝者如斯夫，不舍昼夜。"此之谓也。

董仲舒首先描述了水的自然特征，然后予以人伦道德化，水具有了"力者""持平者""知命者""善化者""勇者""武者""有德者"等优良品格；这正是君子所具有的美好德性，从而在山水之间寄寓了君子深厚的道德内涵。因此，人们在观照山水时，不仅陶醉于山水的自然之美中，而且受到了山水道德之美的感发教育，澄汰了内心深处的私意杂念。这种天人合一的观念，是以人伦道德意识对自然山水的理解和解释，淡化了山水的自然之美，而加强了山水的道德教化之善。这种观念无疑受到了先秦儒家思想的影响，孔子所谓"知者乐水，仁者乐山"（《论语·雍也》）。

其二，天人在生命情感上互相感通。董仲舒认为，"天道之大者在阴阳"，阴阳二气的运行形成四时，四时之气与人的生命情绪紧密联系。《阴阳义》：

> 春，喜气也，故生；秋，怒气也，故杀；夏，乐气也，故养；冬，哀气也，故藏。四者天人同有之。

春喜、夏乐、秋怒、冬哀，四时有喜怒哀乐的情绪，与人之喜乐怒哀的情绪相互感通，融合为一。《王道通三》：

> 阴始于秋，阳始于春。春之为言，犹偆偆也；秋之为言，犹湫湫也。偆偆者喜乐之貌也，湫湫者忧悲之状也。是故春喜夏乐、秋忧冬悲，悲死而乐生。

春天，阳气出，温暖和畅，万物开始萌芽生长。春与人的喜乐之情相应。秋天，阴气出，寒冷肃杀，万物衰老凋零，秋与人的悲忧之情相应。这是天人合一的境界，构成了中国文学"春喜秋悲"的永恒主题。《阴阳义》：

> 是故天之行阴气也，少取以成秋，其余以归之冬。圣人之行阴气也，少取以立严，其余以归之丧。丧亦人之冬气，故人之太阴，不用于刑而用于丧，天之太阴，不用于物而用于空。空亦为丧，丧亦为空，其实一也，皆丧死亡之心也。

冬天到来，太阴之气出，寒冷肃杀，万物凋零，空空如一。四时之冬及其衰空之景与人之衰死而葬的悲戚之心感通、感应，使人产生无限的悲伤。

要之，天人合一，即天人在道德和情感上感通，早已深植于先民的内心之中，影响了他们的文学创作和审美。经过董仲舒的诠释，天人合一的思想理论化、理性化了，成为人们自觉的、理性的追求。李炳海先生说："天人合一是中国古代哲学的基本特征，也是中国古代作家普遍的审美追求。天人合一理想在先秦时期就已形成，到汉代又有新的发展，并且在各个领域更加具体化。汉代作家都把天人合一作为自己创作的宗旨，努力去营造他们梦寐以求的那种理想境界，在各类的文学体裁中，都可以见到作家的执着追求。"①

在今日看来，天人不是同类，而是异类。董仲舒之天人在性情与道德上的合一实际上是异类比附，即隐喻。从表面上看，隐喻是文学创作的方法。深层地看，隐喻是古人的思维方式，即隐喻性思维，它把人之内心世界（德性、情感）与天地的外部世界结合成一个有机的整体，构成了"天人合一"的境界。这是对《诗经》之比兴和《楚辞》之香草美人的理性化和理论化。《诗经·桃夭》："桃之夭夭，灼灼其华。之子于归，宜其室家。"桃花之艳丽多彩与少女的姿容之丽及"宜其室家"的德性之美融合为一。《离骚》："纷吾既有此内美兮，又重之以修能。扈江离与辟芷兮，纫秋兰以为佩。"江离、辟芷、秋兰是香草，又指人之美好的道德品质。这是通过隐喻把香草与人之美德相融合。杨义先生谓之"芳草喻""把自然芳草和人生美德这几乎是毫不相干的二者，关联在一种所指和能指互相生发的特殊情景中，以其一点相通（'芳草'）而联想到全部，把难以言说的人的本质化为自然生物现象"②。这种文学创作的手法及隐喻性思维渊源有自，并深刻地影响着人类的现在和未来。

董仲舒天人合一的思想对文学创作、评论产生了深远的影响。武帝《秋风辞》云："秋风起兮白云飞，草木黄落兮雁南归。兰有秀兮菊有芳，怀佳人兮不能忘。……欢乐极兮哀情多，少壮几时兮奈老何。"自然之秋的萧条零落与人生短促、佳人难得的哀情互相感发。《陆机·文赋》曰："遵四时以叹逝，瞻万物而思纷。悲落叶于劲秋，喜柔条于芳春。"四时物色的变化引起感情的激动。《文心雕龙·物色》：

> 春秋代序，阴阳惨舒；物色之动，心亦摇焉。……是以献岁发春，悦豫之情畅；滔滔孟夏，郁陶之气凝；天高气清，阴沉之志远；霰雪无垠，矜肃之虑深。岁有其物，物有其容；情以物迁，辞以情发。

---

① 李炳海：《汉代文学的情理境界》，东北师范大学出版社，2000年，第331页。
② 杨义：《楚辞诗学》，人民出版社，1998年，第63—64页。

四时不同，四时之景不同，人们所感发的情感不同：春天悦豫，夏天郁陶，秋天阴沉，冬天矜肃。这与董仲舒春喜、夏乐、秋怒、冬哀的情绪是一致的。钟嵘《诗品序》："若乃春风春鸟，秋月秋蝉，夏云暑雨，冬月祁寒，斯四候之感诸诗者也。"春风、夏雨、秋蝉、冬月皆感发人之情感，"非陈诗何以展其义？非长歌何以骋其情？"

欧阳修《秋声赋》：

> 夫秋，刑官也，于时为阴；又兵象也，于行用金。是谓天地之义气，常以肃杀以为心。天之于物，春生秋实。故其在乐也，商声主西方之音；夷则为七月之律。商，伤也，物既老而悲伤；夷，戮也，物过盛而当杀。

《秋声赋》受到了天人合一思想的重要影响。董仲舒认为，秋天，少阴出，万物零落，天人相应，人在秋天始行刑，"伐有罪，讨不义"（《五行相生》）。按照五行相生说，秋配金，《五行顺逆》"金者秋，杀气之始也。建立旗鼓，杖把旄钺，以诛贼残，禁暴虐，安集，故动众兴师，必应义理"，《五行五事》"金气也，其音商也"。董仲舒从情绪和理性上揭示了秋天的特征。欧阳修侧重于从情感的层面描绘秋景、抒发秋情。他首先描述了秋之色"其色惨淡，烟霏云敛"，秋之容"其容清明，天高日晶"，秋之气"其气栗冽，砭人肌骨"，秋之意"其意萧条，山川寂寥"，秋之声"其为声也，凄凄切切"等零落悲哀的秋景；接着他抒发了"渥然丹者为槁木，黟然黑者为星星"的生命短促、零落之感。天人同类相应，天人合一。

## 三、"《诗》无达诂"的解释理论

张峰屹《董仲舒"〈诗〉无达诂"与"中和之美"说探本》一文，对"《诗》无达诂"思想进行了探讨。首先认为，自春秋时期的赋《诗》言志，到《荀子》《韩诗外传》的引《诗》为证，都是这一思想方法或隐或显的实践，董仲舒把它总结出来，使之具有一定程度的理论色彩。其次认为，在这种解经方法下，经典实际上成了"尊贵的玩偶"，人们可根据主观之志任意曲解经典，董仲舒对这一解经方法的肯定，是非常易于导致胡说乱道的，这也正是今文经学家们惯常使用的方法。再次认为，"《诗》无达诂"学说给文学思想以很大的启发，它揭示了文学阐释活动中一个实存的特征，即"有一千个观众，就有一千个哈姆雷特"①。董仲舒"《诗》无达诂"的思想，固然受到春秋时赋《诗》言志与汉初三家说《诗》的影响，而主要是在解释《诗》《春秋》实践中概括出来的；它肯定了解释者的创造性与经典之义的多元性、开放性，但经典之义并非"什么都行"，可任意曲解；"《诗》无达诂"揭示了文本解释的一般特征，与西方哲学诠释学的基本观点相似，而有重要的现代意义。

从《春秋繁露》《天人三策》三十余处引《诗》来看，董仲舒往往引一首诗的几句，以证明他的观点。例如《玉英》曰："匹夫之反道以除咎尚难，人主之反道以除咎甚易。《诗》云：'德輶如毛。'言其易也。""德輶如毛"见于《诗经·烝民》，其语义是德轻如毛。《毛传》解释此诗的主旨："尹吉甫美宣王也。任贤使能，周室中兴焉。"此句之义与整首诗的意义相去甚远，这是断章取义。董仲舒由此句的语义"德轻如毛"，引申为"易为"的抽象义，而发挥"人主之反道以除咎甚易"的隐喻义。《荀子·强国》："财物货宝以大为重，政教功名反是，能积微者速成。《诗》曰：'德輶如毛，民鲜克举之。'此之谓也。"荀子征引"德輶如毛"阐发政教功名积微至著的含义。郑玄笺："德甚轻然，而众人寡能。独举之以行者，言政事易耳。"三家的解释不太相同，《诗》义表现出多元性、开放性的特点；但董仲舒谓"人主之反道以除咎甚易"与郑玄云"政事易为"有相似性，这也体现了变中有常。

再例如《竹林》曰：

夫目惊而体失其容，心惊而事有所忘，人之情也。通于惊之情者，取其一美，不尽其失。《诗》云："采葑采菲，无以下体。"此之谓也。今子反往视宋，闻人相食，大惊而哀之，不意之至于

---

① 张峰屹：《董仲舒"〈诗〉无达诂"与"中和之美"说探本》，《南开学报》2000年第1期。

此也，是以心骇目动，而违常礼。

"采葑采菲，无以下体"取于《诗经·谷风》，其语言义：葑菲之菜，上善下恶，食之者取其枝叶之善而弃其根之恶。董仲舒认为，葑菲之叶可食而根不可食，但不因其根不可食而不采其叶，即"取其一美，不尽其失"。他进一步以之阐释司马子反的事情：司马子反私通敌情，有"内专政而外擅名"的过失，但他有仁爱民众的美德，故应取其仁爱之德而弃其专政擅名之失。这是以隐喻的方法把葑菲之菜与司马子反之事联系。《度制》："孔子曰：'君子不尽利以遗民。'……故君子仕则不稼，田则不渔，食时不力珍，大夫不坐羊，士不坐犬。《诗》曰：'采葑采菲，无以下体，德音莫违，及尔同死。'"采葑菲之叶，不能连根都拔除，从而隐喻"君子不尽利以遗民"（以余利遗民）之义。关于"采葑采菲，无以下体"，董仲舒两次阐发的意义不同，表现了"《诗》无达诂"的思想，但他的解释也是有依据的。《左传》僖公三十三年，晋文公与先轸有一段对话：

公曰："其父有罪，可乎？"对曰："舜之罪也殛鲧，其举也兴禹。管敬仲，桓之贼也，实相以济。《康诰》曰：'父不慈，子不祗，兄不友，弟不恭，不相及也。'《诗》曰：'采葑采菲，无以下体。'君取节焉可也。"

《左传》引此两句，隐喻用人取其善节，例如桓公重用管仲，取其才能卓越的善节，而不计较管仲曾与之为敌的过失；这与董仲舒第一种解释是相似的。

要之，董仲舒说《诗》义，不主张通与一，而有权变；他在解释《诗》《春秋》的实践中概括出"《诗》无达诂"的解释方法。

《精华》曰：

难晋事者曰：《春秋》之法，未逾年之君称子，盖人心之正也；里克杀奚齐，避此正辞而称君之子，何也？曰：所闻《诗》无达诂，《易》无达占，《春秋》无达辞；从变从义，而一以奉天。

达，通也，一也；《诗》《易》《春秋》没有恒常不变的通辞、通义。《竹林》曰："《春秋》之常辞也，不予夷狄而予中国为礼，至邲之战，偏然反之，何也？曰：《春秋》无通辞，从变而移，今晋变而为夷狄，楚变而为君子，故移其辞以从其事。"楚为夷狄，根据《春秋》"内诸夏而外夷狄"，应称楚王为"楚人"以贬斥之，这是常辞、常义。但《春秋》在此称"楚子"而褒扬楚王为君子，这是变辞、变义。因此，《春秋》没有通辞、通义，是常与变的结合，变与常相矛盾，但变是合理的。他解释说，楚王在邲之战中表现出仁义之善，所以称楚子以褒之。奚齐是未逾年之君，应称"子"（常辞），但是《春秋》谓"君之子"（变辞）。董仲舒解释了其变辞的合理性："晋，《春秋》之同姓也。骊姬一谋而三君死之，天下之所共痛也。本其所为为之者，蔽于所欲得位而不见其难也。《春秋》疾其所蔽，故去其正辞，徒言君之子而已。"（《精华》）

综之，《诗》《春秋》没有恒常不变的通辞、通义，而是常与变的对立和统一：常为主而变为辅；变与常相对立，但皆有其存在的合理性。常，坚持《诗》《春秋》之辞、之义的经常性；变，表明经典之辞、之义的变化性和多元性。董仲舒在解释《春秋》的实践中反复运用和阐释之。《精华》："《春秋》固有常义，又有应变。"义有常变，常辞表现常义，变辞表现变义。《竹林》："故说《春秋》者，无以平定之常义，疑变故之大则，义几可谕矣。"变义不合常义，表面上相矛盾，但深层地看，变义有合理性，故不能否定变义。《竹林》："《春秋》之道，固有常有变，变用于变，常用于常，各止其科，非相妨也。"《春秋》之道，是常道和变道的统一；常产生于一般的情境，变生成于于特殊的情境。

《诗》无达诂、《春秋》无达辞，否定了经典之义的一元性和恒常不变性；经典义是常与变的对立和统一，常义是经常的意义，易于理解，而变义具有权变性、灵活性，难以解释。因此，董仲舒在解释实践中特别重视对变辞、变义的分析。因为变背离了常而没有一定的标准，所以解释者对变的阐释要积极发挥其主观能动性，以对变作出合理的、创造性的解释。这给经典之义带来了变化性、开放性。但是，变并不表明解释者可以任意曲解，而要受到常的一般限制，经典之义决不是"什么都行"。

董仲舒为何提出"《诗》无达诂"的思想呢？

其一，《春秋》本身没有恒常不变的通辞、通义，而是常辞、常义与变辞、变义的对立统一。《公羊传》正是根据常变对立统一的观念解释《春秋》。此种例子在《春秋》中不胜枚举。例如，鲁国十二公即位是同类之事，但《春秋》未书隐、庄、闵、僖即位，其他诸公书即位。《公羊传》在类比类推中归纳出《春秋》书与不书即位的常辞、常义：人君正常即位的，书即位，如文、成、襄、昭、定、哀；继弑君而立的，不书即位，如庄、闵、僖。据《公羊传》归纳的常辞、常义，隐公非继弑君而立，应书即位，桓公、宣公继弑君而立，不应书即位，但此三公皆书即位。《公羊传》认为这是变辞、变义。《公羊传》隐公元年曰："公何以不言即位？成公意也。何成乎公之意？公将平国反之桓。""公何以不言即位"，是对变辞的质疑，接着解释变辞的合理根据：隐公即位是为了桓公，将反位于桓，《春秋》褒隐公有让德，故不书隐公即位。《公羊传》运用常变对立统一的观念，合理地解释了《春秋》中存在的矛盾问题。因此，"《春秋》无达辞"是《春秋》本身的特点，也是《公羊传》和董仲舒解释《春秋》的基本方法。

其二，董仲舒解释《春秋》，一方面阐发《春秋》的本义，另一方面又要建构他自己的思想体系，论证大一统皇权专制政治的权威性和合法性，故其解释的主观性较强。如果他坚持《诗》《春秋》之义的恒常性，就不能为其主观思想的发挥提供合理的依据。他肯定权变的重要性，即肯定《诗》《春秋》之义的变化性和开放性，也肯定了解释者能发挥其主观能动性、创造性。因此，他明确提出了"《诗》无达诂，《易》无达占，《春秋》无达辞"的思想，且充分运用到具体的解释实践中。

例如《春秋》隐公元年"元年春，王正月"。《公羊传》曰：

> 元年者何？君之始年也。春者何？岁之始也。王者孰谓？谓文王也。何为先言王而后言正月？王正月也。

《公羊传》的解释较平实。董仲舒精心达思，突破了《公羊传》的解释：

> 臣谨案《春秋》之文，求王道之端，得之于正。正次王，王次春。春者，天之所为也；正者，王之所为也。其意曰，上承天之所为，而下以正其所为，正王道之端云尔。然其王者欲有所为，宜求其端于天。（《汉书·董仲舒传》）

"春"代表天，其次序在"王"之先，表明天比王尊贵，所以王必须尊天、法天；"正"的次序在"王"之后，表明王要端正他自己的行为。他由此阐发了尊天、法天的重要思想。人君法天，"道之大原出于天"（《天人三策》），即天道是人道的终极根据。这是董仲舒天的哲学的重要思想，正是从《春秋》"元年春，王正月"中发挥出来的。

董仲舒"《诗》无达诂"的思想，揭示了文本解释中的一般特征，与西方哲学诠释学的基本观点相似，而具有重要的现代意义：经典没有恒常不变的一种本义，经典的意义具有多元性和开放性；解释者可以发挥其主观能动性，创造性地解释经典，董仲舒传承公羊学，但不是传经之儒，而是思想家之儒，他建立了西汉的公羊学；经典之义具有多元性，但不是任意曲解，"什么都行"，经典之义是常与变的对立统一，变表明经典之义的多元性，常坚持经典之义的稳定性，经典之义在变通性和灵活性中坚持常。

## 四、"微言大义"的书法

董仲舒解释《春秋》，揭示了《春秋》文本的基本特征——微言大义。"微言"有两层意义：一指《春秋》文辞简约，一指《春秋》文辞隐晦。一般而言，文辞简约而意义单薄，文辞隐晦而意义深微。但董仲舒认为，《春秋》言辞简约而具有丰富深刻的意义，即刘勰《文心雕龙·宗经》所谓"辞约而旨丰"；《春秋》言辞隐晦而大义著明，即《左传》成公十四年谓"微而显"。因此，解释者要从简约隐晦的言辞推见丰富深刻的《春秋》大义。

《春秋》"微言大义"的表征之一，是《春秋》之辞字面义与深层义的间距性。董仲舒认为，《春秋》之辞有字面义与深层义两个层次，深层义即《春秋》之义；字面义与深层义没有逻辑的联系，而产生了间距化，通过字面义很难理解深层义，故深层义即《春秋》之义是深微隐晦的。董仲舒说："辞不能及，皆在于指，非精心达思者，其孰能知之！……由是观之，见其指者，不任其辞。不任其辞，然后可与适道矣。"（《竹林》）"辞"，即是文辞的字面义；"指"，即是《春秋》之义。文辞的字面义与《春秋》之义产生了间距，这就不能直接从文辞的字面义把握《春秋》之义，所谓"辞不能及，皆在于指"，故解释者必须由文辞的字面义入手，但又要突破其字面义，即"见其指者，不任其辞"。

《春秋》"微言大义"的表征之二，是《春秋》所记之事与事实真相背离，即"讳"。董仲舒认为，"讳"与掩盖事实真相不同，它在记事中已暗示了与事实真相不合，从而启发解释者推见至隐，以把握事实的真相及其蕴含的深刻意义，这即是"讳而不隐"。《春秋》之讳的主要原因是"上以讳尊隆恩，下以避害容身"。孔子生活于定、哀之世。定、哀之君恩义深厚，孔子不忍彰显他们的罪恶，而且直接揭露他们的罪恶，恐招致杀身之祸，但掩盖他们的罪恶，又违背"《春秋》之信史"的实录原则。因此，孔子运用"讳而不隐"的书法。董仲舒说："义不讪上，智不危身。故远者以义讳，近者以智畏。畏与义兼，则世逾近而言逾谨矣。此定、哀之所以微其辞也。"（《楚庄王》）

"微言大义"的书法对史学和文学产生了深远的影响。《史记》是"史家之绝唱，无韵之《离骚》"，具有史学和文学的特质。作为一位史学家，司马迁首先必须具有实录的精神和勇气，不惧当代的权势而敢于揭露事实的真相，但这势必冒犯权势者的忌讳而引起灾祸与阻挠。在此二难困境中，司马迁运用《春秋》"讳而不隐"的书法。《史记·匈奴列传》："太史公曰：孔氏著《春秋》，隐桓之间则章，至定哀之际则微，为其切当世之文而罔褒忌讳之辞也。"司马迁《史记》，多采用"微言""讳"的笔法，以隐约暗示他的真实思想，故解读《史记》者必须推见至隐才能深察司马迁之意。

《史记·秦楚之际月表序》：

> 昔虞、夏之兴，积善累功数十年，德洽百姓，摄行政事，考

之于天,然后在位。汤、武之王,乃由契、后稷修仁行义十余世,不期而会孟津八百诸侯,犹以为未可,其后乃放弑。秦起襄公,彰于文、缪、献、孝之后,稍以蚕食六国,百有余载,至始皇乃能并冠带之伦。以德若彼,用力如此,盖一统若斯之难也。……然王迹之兴,起于闾巷,合从讨伐,轶于三代,向秦之禁,适足以资贤者为驱除难耳。故愤发其所为天下雄,安在无土不王。此乃传之所谓大圣乎?岂非天哉,岂非天哉!非大圣孰能当此受命而帝者乎?①

表面上看,"岂非天哉,岂非天哉!非大圣孰能当此受命而帝者乎",是对刘邦受天命为帝的褒赞。实际上,汉得天下,既没有像夏、商、周积善累德十余世,又未能相秦用力数世,故汉没有得天下之理。这只能归结到不可理喻的"天"上面。"大圣",即超过圣人之圣,是不能以理性加以理解的。这正是怀疑刘邦得天下的合理性,此即"微言"所在。

在楚汉相争中,韩信是一个"得之即得天下"的统帅。他为刘邦取得天下立下了汗马之功,但终以"谋叛"的罪名而被诛杀。《淮阴侯列传》用"微言"的书法暗示了韩信被冤杀的悲剧命运。其一,韩信幽于长安,与陈豨密议谋反。"陈豨拜为巨鹿守,辞于淮阴侯。淮阴侯携其手,避左右与之步于庭,仰天叹曰:'子可与言乎?欲与子有言也。'豨曰:'唯将军令之。'"韩信与陈豨避人携手之语,谁人知之?这种纪录的矛盾,即所谓"微言",暗示了所记之事与事实真相不符。其二,韩信平定三齐后,威振天下。这时,项羽使武涉劝诱韩信背汉助楚,全文二百四十余字,《史记》详细载入。齐辩士蒯通劝韩信自建三分之业,全文一千一百字,《史记》详载之。这两段文字竟占了《淮阴侯列传》的四分之一。这是"微言",表明司马迁深辨韩信谋反的冤屈。赵翼说:"全载蒯通语,正以见淮阴之心乎为汉,虽以通之说喻百端,终确然不变,而他日之诬以反而族之者之冤痛,

---

① 司马迁撰,裴骃集解,司马贞索隐,张守节正义:《史记》,中华书局,1982年,第759页。

不可言也。"(《陔余丛考》卷五)其三,司马迁评论韩信:"假令韩信学道谦让,不伐己功,不矜其能,则庶几哉,于汉家勋可以比周、召、太公之徒,后世血食矣。不务出此,而天下已集,乃谋叛逆,夷灭宗族,不亦宜乎!""天下已集,乃谋叛逆",即是"微言"。韩信在威振天下时不谋反,而在"天下已集"时谋反,这实不可信。

关于《史记》用"微言"的书法,学人多有论述。例如高步瀛说:"太史公造汉武专制之世,法网严密,故论及汉君臣之事,意所不足,不敢昌言之者,往往以诙诡出之。"(《文章源流》)韩兆琦说:"所谓特殊书法,是说它不象一般书法那样一目了然,毫无争议,它是用了一种奇特的,一种委婉含蓄的,甚至有些看来是近于离奇荒诞的方法来写人叙事的。作者有褒贬、有是非,但不易看清楚,稍不经心,甚至可以得出完全相反的结论。学术界之所以对司马迁的思想观点、对《史记》中所涉及的历史人物的评价发生争议,也常常与此相关。"① 徐复观说,《史记》多用微言侧笔,暴露人与事的真实②。

《春秋》微言大义的书法,也影响了刘勰《文心雕龙》的思想。《宗经》:

> 《春秋》辨理,一字见义;"五石""六鹢",以详略成文,"雉门""两观",以先后显旨;其婉章志晦,谅以邃矣。……
> 《春秋》则观辞立晓,而访义方隐……辞约而旨丰,事近而喻远。

首先,《春秋》一字见义,即公羊家所谓"一字褒贬";《文心雕龙·史传》:"(孔子)因鲁史以修《春秋》,举得失以表黜陟,征存亡以标劝戒:褒见一字,贵逾轩冕;贬在片言,诛深斧钺。"其次,董仲舒认为,《春秋》之辞的先后次序具有尊卑贵贱的深层意义。定公二年夏五月,火由两观起,灾及雉门,但《春秋》先序雉门而后及两观,因为雉门尊而两观微,即刘勰所谓"'雉门''两观',以先后显旨"。这表明《春秋》之义深微,"婉章志晦,谅以邃矣"。其三,《春秋》

---

① 韩兆琦:《史记通论》,广西师范大学出版社,1996年,第78页。
② 徐复观:《两汉思想史》(第三卷),华东师范大学出版社,2001年,第251页。

之辞的字面义明白易晓,而《春秋》之义深微难知,"观辞立晓,而访义方隐"。其四,《春秋》"微言大义"的书法与刘勰主张为文之道"辞约而旨丰"一致。刘勰《物色》主张文学作品的创作应遵从"以少总多"的原则,而避免汉赋"繁而不珍"的罗列方法。其五,刘勰《史传》所谓"若乃尊贤隐讳,固尼父之圣旨",而肯定了《春秋》之讳、"微其言"的书法。

本文为"2020中国·衡水董仲舒与儒家思想国际学术研讨会"提交的论文。

刘国民(1964—),男,安徽肥西人,文学博士,中国社会科学院大学人文学院教授,博士生导师。

# 中国感应论初探
## ——从董仲舒的天人感应论谈起

孙福万

## 一、引言

中国文化经典中有关"感应"的文字甚多,其发端当为《周易》的阴阳学说,而最著名者则为董仲舒的"天人感应论"。"感应"作为中国古代哲学中的一个的独特范畴,体现了中国古代独特的思维观,绝不同于西方哲学中的认识论和本体论,有其深刻的内在逻辑,对中国文化产生了极其广泛而深远的影响,值得我们深入研究。

那么,到底什么是"感应"呢?"感"的初字为"咸","咸"又有"皆、共"之意;"应"则为"反应""相应""呼应"等意。所以,从字面上看,"感应"就是"此感彼应"或者"因感而应"的意思,但有时"感"与"应"两字亦可通用,我们又可称之为"共感"。英国著名中国科技史专家李约瑟(Joseph Needham)认为,感应是一种"间距作用"(action of a distance),即"在宇宙之中,彼此不同的事物,会相互发生共振的现象"[1]。这个定义是有一定道理的。

---

[1] 李约瑟(Joseph Needham)著,陈立夫译:《中国古代科学思想史》,江西人民出版社,1990年,第374页。

本文拟从董仲舒的"天人感应论"出发，对中国经典中所讨论的感应现象，初步尝试从类型、特征和产生机制三个方面进行粗线条的勾勒，不当之处，尚望方家指正。

## 二、感应的类型

仔细思考中国文化经典中讨论的感应现象，它们其实并不仅仅发生在天人之间，很多还发生在人神之间、人人之间，甚至物物之间，这里试图对这些类型先做些简单梳理。

（一）天人感应

我们知道，董仲舒继承了《公羊传》中的灾异说，发明了自己的"天人感应论"。他基于"天人同构""天副人数"等理论，认为天能影响人事、预示灾祥，而人的行为也能感应上天。在应汉武帝之对策时，董仲舒说："臣谨案春秋之中，视前世已行之事，以观天人相与之际，甚可畏也。国家将有失道之败，而天乃先出灾害以谴告之，不知自省，又出怪异以警惧之，尚不知变，而伤败乃至。以此见天心之仁爱人君而欲止其乱也……及至后世，淫佚衰微，不能统理群生，诸侯背畔，残贼良民以争壤土，废德教而任刑罚。刑罚不中，则生邪气；邪气积于下，怨恶畜于上。上下不和，则阴阳缪盭（戾）而妖孽生矣。此灾异所缘而起也。"（《汉书·董仲舒传》）这里说得很直白，君王如果治国不当，上天就会通过各种"灾害"现象来谴告他；君王如果还不知悔改，上天就会降下"怪异"；君王如果继续执迷不悟，那么上天就会让他丧失政权、身败名裂了。按照董仲舒的理论，这种灾异谴告，实际上"体现了'天'对于君王的爱护和关心，君王只有不断更正自己的言行与治国策略，上天才会对其进行眷顾与奖赏"[①]。

（二）人神感应

董仲舒所讲的"天"具有多种面相，但和西方基督教的上帝相

---

① 金春峰：《汉代思想史》，中国社会科学出版社，2006年，第143页。

比,毕竟还很难说就是一个"人格神"。其实,我们知道,中国民间的神祇非常多元,那些被民间百姓所崇拜的对象,倒是更接近于西方的"人格神"。因为,中国民间信仰的神祇,大多为人物神(即圣贤、伟人或者英雄等)。比如,在佛教中,有释迦牟尼、观音菩萨、地狱中的判官等;在道教中,有玉皇大帝、托塔李天王与三太子、碧霄元君以及中国历史上的各位道教真人等;在儒教中,孔子及其在孔庙中配享的弟子们,起码在科举时代也是被士子们视为神灵的;而在民俗中,还有龙王、关公、灶王爷、妈祖、月老、送子娘娘等数不清的祭拜对象。这些所谓的"神祇",通过各种各样的形式被中国民间百姓所信仰,通过人们的祈祷,他们也会"显灵",从而和人们发生感应。当然这都是讲的民间的神祇,其实在中国古代知识分子那里,这些神祇都是"神道设教"的产物,目的无非是教化民众而已。中国的知识分子,其实更相信《周易·系辞传》中所说的"阴阳不测之谓神"的"神"。这样的"神",就没有任何人格的意义了,而是在造化背后运作的一种能量了。比如,在中国古代,不管是道教的道士,佛教的和尚,还是儒家的儒生,都有静坐的习惯。当他们闭目而坐的时候,也会产生很多的"感应"——这,其实也是"人神感应"的一种形式。只不过,这时的"神",就和"心""道""性""空""无"等等混为一体了。

(三)人人感应

其实,人人感应可能才是最重要的。这里要提到《周易》的咸卦,因为《彖传》明确说:"咸,感也。"也就是说,咸卦讲的就是感应的事情。我们知道,《周易》咸卦(䷞)下艮上兑,而艮为少男、兑为少女;正如《彖传》所言:此卦少男在少女之下,"柔上而刚下,二气感应以相与",像极了男女恋爱的情况,所以最容易发生感应。《彖传》进而还说:"天地感而万物化生,圣人感人心而天下和平;观其所感,而天地万物之情可见矣!"所以,咸卦还不仅仅指的是男女之间的感应,还包括了圣人对于天下人心的感应,甚至于天地之间的感应。故程颐曾经推展此义说:这里"既言男女相感之义,复推极感道,以尽天地之理,圣人之用。天地二气交感,而化生万物,圣人至诚以感亿兆之心,而天下和平。天下之心所以和平,由圣人感之也。观天地交感化生万物之理,与圣人感人心致和平之道,则'天地万物之情可见矣'。"(《程氏易传》)

(四)物物感应

各种自然事物,包括动植物,其实彼此之间也是有感应的。比如我们现在都知道,有些小动物就比人更能感知地震的前兆,还有著名的"蝴蝶效应",则说明自然界中某个微小的变化就能带动整个系统的巨大而长期的连锁反应。关于"物物感应",这里举个《世说新语·文学》中的例子:"殷荆州曾问远公:'《易》以何为体?'答曰:'《易》以感为体。'殷曰:'铜山西崩,灵钟东应,便是《易》耶?'远公笑而不答。"这里的"远公",即净土宗的创始人慧远(334—416);殷荆州,即殷仲堪(?—399),曾担任荆州刺史。《周易·系辞传》有"神无方而《易》无体"之说,故殷仲堪有此一问。《系辞传》又有"《易》无思也,无为也,寂然不动,感而遂通天下之故"之说,故慧远有此一答。而关于"铜山西崩,灵钟东应"的典故,则出自《汉书·东方朔传》:"孝武皇帝时,未央宫前殿钟无故自鸣,三日三夜不止。诏问太史待诏王朔,朔言恐有兵气。更问东方朔,朔曰:'臣闻铜者山之子,山者铜之母,以阴阳气类言之,子母相感,山恐有崩弛者,故钟先鸣。《易》曰:"鸣鹤在阴,其子和之。"精之至也。其应在后五日内。'居三日,南郡太守上书言山崩,延袤二十余里。"很显然,"铜山西崩,灵钟东应"就是典型的物与物之间的感应。

(五)多元感应

还有一种感应,并不像前面介绍的四种感应那样只是在两者之间进行,参与者往往比较复杂,或可谓之"多元感应"。比如《周易》的卜筮,其中既有求卜者,又有占卜者,还有占卜的道具(蓍草、铜钱以及《周易》书等),以及要求占卜的事情等。举个例子,瑞士著名心理学家荣格(Carl Gustav Jung,1875—1961),在为卫礼贤英文版《易经》撰写的序言中,曾经提到他突然灵光一闪,想"将《易经》人格化，并要求它判断它目前的处境如何，也就是我把它引荐给英语世界的读者，结果将会怎样？"为此他用三个硬币做了一次占卜，得"鼎之晋"。对于这个卦象，他做了很多分析，比如他说："鼎是精致的文明时代的器物，它示意有才能的士人砥砺自己，为国家的利益而牺牲和奉献。"如果回到他的占卜的情景当中，那么"在这里，《易经》是在给自己做见证。"他结合鼎卦九三爻辞"雉膏不食，方雨亏悔，终吉说：《易经》确实是在抱怨，它优良的品质和重要的功能都被人忽视，闲置在地上，可是它预期自己最终一定会再度得到肯定，所以又感到欣慰。"① 在这里，求卜者和占卜者为同一人，其道具有铜钱和英文版《周易》一书，所问之事则是《周易》一书在西方的命运。有意思的是，在荣格看来，他的提问都由《周易》本身给出了完满的回答，这样的感应的确是很奇特的。

## 三、感应的机制

以上我们对感应的类型做了简单的梳理，下面再讨论感应的机制问题，也就是说，这些感应到底是如何发生的呢？过去我们习惯于将这些感应以"迷信"二字一言以蔽之，但事情恐怕没有那么简单。以下试图对古今关于探讨感应机制的理论做些简单归纳和介绍。

（一）阴阳理论

我们知道，无论是《周易》讲的"感应"，还是董仲舒讲的"天人感应论"，其实都和中国人所独有的阴阳理论密切相关。阴阳的含义非常丰富，但其最初的含义应该是指阴阳二气。就阴阳理论和感应之间的关系来说，通常有"阴阳交感"和"同类相感"两种说法。关于"阴阳交感"，比如我们前面介绍的《周易》咸卦，讲到男女的恋爱，《象传》就明确说是"二气感应"的结果。尚秉和先生在其《周

---

① 转引自高岛嘉右卫：《白话高岛易断》，九州出版社，2014年，第670页。

易尚氏学自序》中说:"阴阳之理,同性相敌,异性相感。"① 也就是说,阴和阳彼此之间是互相吸引的、有感应的,而阴与阴、阳与阳则是彼此相斥的、互相敌对的。在此基础上,尚秉和先生对《周易》诸爻象及彼此间的关系有很多高妙的解释。但不能否认的是,《周易·文言》也讲过"同声相应,同气相求",那就是从另外一个意义上讲的感应了,此即"同类相感"。董仲舒喜欢讲"同类相感",比如他说:"百物去其所与异,而从其所与同""鼓其宫,则他宫应之,鼓其商,而他商应之,五音比而自鸣,非有神,其数然也""美事召美类,恶事召恶类""天有阴阳,人亦有阴阳,天地之阴气起,而人之阴气应之而起,人之阴气起,天地之阴气亦宜应之而起,其道一也"(《春秋繁露·同类相动》)。一个是"阴阳交感",一个是"同类相感",两者看似矛盾,但正如《周易》讲到睽卦时所说"天地睽而其事同也,男女睽而其志通也,万物睽而其事类也"(《彖传》),又说此是"以同而异"(《大象传》),所以"阴阳交感"中的阴阳其实是有"同"存在的,也是"同类相感",两者其实是一致的。

(二)有机整体论

我们知道,中国人眼中的宇宙,是一个有机统一的、浑然整体的宇宙,郭齐勇先生称之为"存有连续"和"生机自然",即作为一种"生机自然主义",它没有凌驾于世界之上的造物主,而是"把无生物、植物、动物、人类和灵魂统统视为在宇宙巨流中息息相关乃至互相交融的连续整体",由此,"人类赖以生存的宇宙是一个无限的宇宙,创进的宇宙,普遍联系的宇宙,其包举万有,统摄万象"②。或按照成中英先生所说,中国哲学认为,"自然是一种不断活动的历程,各部分成为一种有生机的整体形式,彼此动态地关联在一起……此种

---

① 尚秉和遗稿:《尚氏易学存稿校理》(第三卷),中国大百科出版社,2005年,第1页。

② 郭齐勇:《中国文化精神的特质》,生活·读书·新知三联书店,2018年,第80页。

活动的历程是阴与阳的相互变动,在时间的历程中来实现自己。"①中国古代哲学家谓之"大化流行",说得大概就是这个意思。在此基础上,中国人主张,作为"大人""君子"或者"仁者",应该与"以天地万物为一体",此正如《周易》所说:"夫大人者,与天地合其德,与日月合其明,与四时合其序,与鬼神合其吉凶。先天下而天弗违,后天而奉天时。"(《文言》)而反过来呢,程颢曾举"手足痿痹"之症说:"医书言手足痿痹为不仁,此言最善名状。仁者,以天地万物为一体,莫非己也。认得为己,何所不至?若不有诸己,自不与己相干。如手足不仁,气已不贯,皆不属己。"由此,那些通达天地的"仁者"或者"大人"等,自然能与天下人心相感通了——此即上述"圣人感人心而天下太平"之意也。

(三)"共时性"理论

荣格提出的"共时性"概念也是对感应论的一种解读。荣格论述"共时性"较为集中的文献主要集中在:收录于卫礼贤著作《金花秘笈》附录中的荣格演讲辞《纪念卫礼贤》(1930)、荣格为贝娜司翻译的《易经》英文版写的序言(1950)、专文《论共时性》(1951)和出版成书的《共时性:一种非因果联系的原则》(1952)。而在这些涉及"共时性"的文献中,荣格都无一例外地都将《易经》及其所代表的中国思想视为其理论在东方的"知音"。"共时性"(Synchronicity)概念非常复杂,荣格曾将其概括为两件或多件事件的"有意义的巧合"(meaningful coincidence)。按照荣格的说法,它不同于西方自然科学中的因果律,而是体现了大自然偶然的、巧合的真实图景,比如《周易》六十四卦为六十四种不同情境的表征,在占卜中,你所占得的任何一个卦象都是某一瞬间特征的呈显,大自然的各种因素在这一刻汇聚和相互作用,而所占得的卦象就成了那个瞬间的象征,同时又能契合占卜者那一瞬间的心灵状态。继续询问下去,荣格认为,这种"共时性"概念的产生和中国人特有的"偶然思维"以及"整体思维"有

---

① 成中英:《中国哲学的四个特性》,《成中英文集》(第一卷),湖北人民出版社,2006年,第18—19页。

关,他曾经这样说:"这就像是:你正站在海岸边,海浪冲刷着一个旧帽子,一个旧盒子,一只鞋,一条死鱼,然后它们躺在岸上。你说:'巧合,没有意义!'中国人的头脑就会问'这些东西一起来是什么意思?'"① 而所谓"感应",也许就是这样发生的,它不能被理性地说明,但却让人能切切实实地感受到。

(四)生态学理论

生态学(Ecology)是德国生物学家恩斯特·海克尔于1866年定义的一个概念,指的是研究有机体与其周围环境(包括非生物环境和生物环境)相互关系的科学,目前已经发展为"研究生物与其环境之间的相互关系的科学",其研究方法经过描述——实验——物质定量三个过程。系统论、控制论、信息论的概念和方法的引入,促进了生态学理论的发展。如今,由于与人类生存与发展的紧密相关而产生了多个生态学的研究热点,如生物多样性的研究、全球气候变化的研究、受损生态系统的恢复与重建研究、可持续发展研究等,同时各种社会科学现在也在大量借用生态学的理论和方法。现在我们讲"生态文明",就是基于生态学的理论而来。生态文明强调以人与自然、人与人、人与社会和谐共生、良性循环、全面发展、持续繁荣为基本宗旨而构建"生态文明社会"。和荣格的"共时性"理论不同,如果用生态学理论来考察中国经典中的那些"感应"现象的话,就不能说它们全是偶然的、非因果性的,如果这些感应是真实的话,那它们一定都是有迹可循、具有一定的规律的。

## 四、感应的特征

从以上我们介绍的感应现象以及对感应现象的机制的分析来看,这些感应到底有哪些特征呢?如果按照经典科学的观点,这些感应或

---

① C. G. Jung, *The Collected Works of C. G. Jung*, Volume18,, Princeton University Press, 1975, p. 144. 转引自曹雅馨硕士论文《遥契与扞格:荣格"共时性"观念对〈易经〉的援用及改造》。

许有大部分应该斥之为"迷信",但是退一步讲,即使是"迷信"吧,那在这些"迷信"的背后,是否也隐藏着中国古人内心深处的某些密码呢?

(一)神秘性

在董仲舒论述的那些灾异和君王言行的感应关系中,其中的神秘性是肯定的。君王"失道",何以上天就有"灾异"呢?这里边的因果链条,即使有,恐怕也是太长了。干旱之年,人们到龙王庙祈雨,天果然就下雨了,这是不是龙王所起的作用呢?那恐怕也难说。其中最靠谱的,还是人和人之间的感应,比如少男少女之间的恋爱,甚至"圣人感人心而天下太平",这些都是可以运用当代生理科学或者民主理论予以解读的。但"感应论"毕竟不是认识论,即便是人和人之间的感应,我们看中国古代经典中记述的那些现象,大多数也还是神秘的,是违背我们通常所信奉的"因果规律"的,按照《周易》的说法,此即"阴阳不测之谓神"(《系辞传》)。但是,这种被西方人称作"东方神秘主义"的感应论思想,是否就没有意义了呢?当然不是!即使从科学的角度讲,我们知道,进入近现代以来,物理学发生了一场革命,比如相对论、量子力学等等的出现,越来越证明这个世界在终极上的"不确定性",或者也可以说"神秘性"。美国高能物理学家卡普拉的《物理学之"道"》等著作,就明确指出了现代物理学和中国的道教、佛教以及《周易》思想的一致性。因此,在排除了各种感应中大量的"迷信"因素之后,肯定其中的某种暂时尚未解释清楚、甚至永远也解释不清楚的"神秘性",也许并非不可以。

(二)实用性

董仲舒提出"天人感应论",是有明确的政治指向的,对此前人的研究已经足够多了。我们知道,在汉初的历史背景下,人们分析秦朝灭亡的原因,董仲舒等人都认识到了限制君权的重要性。正是由于秦始皇缺乏自我约束力,才会推行苛政,滥用民力,进而导致秦朝二世而亡。那如何才能限制君王的权力呢?董仲舒说得很清楚:"春秋之法,以人随君,以君随天……故屈民而伸君,屈君而伸天,春秋之大义也。"① 但要想"屈君而伸天",就得将"天"神化,将本来是自然现象的"灾异"或者"祥瑞",说成是"天"因君王是否施行"仁政"而表现出来的喜怒哀乐,此即董仲舒提出"天人感应"之初衷。如果从这个角度来看的话,那么董仲舒所描述的那些"感应",就很难说是真的"感应"了,而成了"演戏"了,其实用目的是一目了然的。李泽厚曾将中国文化概括为"实用理性"的文化,此或为又一例证也。

(三) 道德性

中国的感应故事,除了具有政治意义之外,还有强烈的道德意味,因为强调"道德教化",始终是儒家知识分子的奋斗目标。比如"孝感天地"的故事,在著名的《二十四孝》中就多次出现:晋代的郭巨,因家庭贫穷,为节省粮食供养老母,决心埋掉儿子,当他挖坑时,在地下二尺处忽见一坛黄金,上书"天赐郭巨,官不得取,民不得夺";三国时的孟宗,为治母病,据医嘱要用鲜竹笋做汤,但适值严冬,没有鲜笋,他就独自一人跑到竹林里,扶竹哭泣,此时忽然地裂,只见地上长出数茎嫩笋;还有孔子的学生曾参,家里来了客人,母亲不知所措,就用牙咬自己的手指,在山上打柴的曾参忽然觉得心疼,知道母亲在呼唤自己,当即赶回家来,等等。这些感应故事的道德教化意义是很明显的。程颐说:"相感之道,利在于正也。不以正,则入于恶矣,如夫妇之以淫姣,君臣之以媚说,上下之以邪僻,皆相感之不以正也。"(《程氏易传》)如果我们仔细考察中国人讲的感应故事,大部分都是蕴含着类似道德教化思想的。

(四) 终极性

如果和西方哲学相比,"感应论"当然不是认识论,但也不是本体论,但它又是认识论,也是本体论,其中的终极性特征还是很明显的。我们可以借用"内在超越"和"一多不分"两个概念对此加以说明。什么是"内在超越"?"内在超越是与外在超越相对应而言的,在

---

① 苏舆:《春秋繁露义证》,中华书局,1992年,第31—32页。

现代新儒学的视阈下，西方宗教、哲学传统中认为人是有限的存在，人是有死的，人必须皈依于外在于人的世界的终极存在，才可以得到终极关怀，这是外在超越；而以儒学为代表的中国传统思想文化则认为，人既是有限的存在，同时又具有无限性，终极存在就在人和人的世界之中，这是内在超越。"①中国文化中没有绝对超然于世的上帝，也没有柏拉图哲学中那样纯粹的理念，但也并不是没有"超越性"，这就是新儒家所说的"内在超越"。比如董仲舒的"天人感应论"中的"天"，就不是上帝，按照"天人相副"理论，这个"天"和我们人是很相像的，但它当然也不同于人——这应该就是"内在超越"之体现。而"一多不分"理论则是唐君毅先生提出来的，按照安乐哲的解释，相对于西方文化的"一多二分"（这里的"一"是上帝式的唯一本源概念，"多"是由上帝创造的一切独立个体万物），"中华文化的'一'和'多'是另外一回事。'一多不分'的'一'（'道'或'理'）是自然宇宙、社会万物以及人与人之间相通、互变、互系的浑然'一体'；'一'不是外在而是内在于'多'（万物）中的，'一'与'多'是互含、不二和'不分'的，故称'一多不分'。"这也就是："所有的人及事物都是不分的关系，是内在地联系在一起的。"② 正因为中国文化强调"一多不分"，所以这种思维方式才被称为"整体思维""有机思维""偶然思维"等，这样一来，就像荣格所认为的那样，万事万物之间的"链接或者""感应"就是完全可以理解的了。所以，中国人的"感应"，其实是有终极关怀在其中的。

## 五、余论

综上所述，中国人所谓的"感应"现象，不但包括的范围极广，而且涉及的问题也非常之多，或可以"中国感应论"称之。作为一种

---

① 李祥俊：《儒学内在超越的信念基础与现实意义辨析》，《南京大学学报》2019年第5期。

② 卞俊峰编著：《豁然：一多不分》，浙江大学出版社，2018年。

迥异于西方文化的独特理论,中国感应论所关注的"感应"到底是什么,有哪些特征,其产生机制如何,这个理论在中国哲学史上是否可以占有一席之地——虽然本文对有些问题做了一些梳理,但还是蜻蜓点水式的,其深层问题或许还没有涉及。在本文的最后,也只想对起其中的三个小问题稍提几句,其他问题只能留待以后讨论了。

第一,"感应"与"迷信"。无需否认,古代的有些感应现象,按照当代人的观点,很多带有迷信色彩。但是,即使是那些明显属于迷信的感应现象,既然为当时的人们所相信,那也是值得研究的,特别是其背后的产生机制以及由此反映出来的中国人的独特的心理状况和思维模式,尤其值得注意。比如《二十四孝》中的"孝感"故事,看似荒唐,但能说它们和中国人的孝文化没有关系吗?更何况,有些感应现象,还是有科学道理的,比如我们前边提到的"铜山西崩,灵钟东应"的故事,就并非空穴来风。

第二,感应论和心理学。中国的感应论,除了可以从政治学、道德学的角度予以研究外,心理学也是一个很好的视角。荣格作为西方著名的心理学家,提炼出了"共时性"的概念,其本义就有"共感"的意思在内,值得我们深入发掘。其实一切的感应,都离不开人,包括我们前边讲到的"物物感应",比如"铜山西崩,灵钟东应",按照东方朔的解释,乃是因为"铜者山之子,山者铜之母,以阴阳气类言之,子母相感"之故。当然,这种解释也未必准确,这毕竟是一种拟人化的表述。但不管怎么说,如果没有人的主观参与,即使是"物物感应",其实也是不会被观察和被表述出来的,它们只能成为"薛定谔的猫",这样所谓的"感应"也就不存在了。如果我们从心理学的角度对中国文化经典中的各种感应现象进行广泛的搜集、整理和研究,我相信,肯定会对我们了解那时人们的文化心理提供重要参考,同时还将对研究普遍的人类心理提供重要参考。

第三,感应论和中国哲学。前边已经讲过,感应论不同于认识论,也不同于本体论,但它也是认识论,也是本体论,这是真正具有中国特色的思维观和方法论。长期以来,中国哲学界对照搬西方模式研究中国哲学多有不满,曾有不少人提出按照中国哲学自己的概念构建中国哲学体系的观点，比如"道论""气论""功夫论"等，这些都是中国哲学所独有的东西。那么，根据以上我们对"感应"的初步归纳，我们是否也可以将"感应论"列入其中呢？比如干春松就曾讨论过"感"的问题，认为儒家提出的"同类相感"问题对于达成"人类共识"很有借鉴意义，其谓之"儒家天下观视野下的'人类理解论'"①。其实，中国感应论的研究范围远远不止这些，比如结合中国哲学来说，关于感应论和道论的关系、和气论以及功夫论的关系等都值得研究。

本文为"2020中国·衡水董仲舒与儒家思想国际学术研讨会"提交的论文。

孙福万（1964—），男，山东临清人，国家开放大学中国传统文化研究中心教授。

---

① 干春松：《"感"与人类共识的形成》，《哲学研究》2018年第12期。

# 董仲舒儒家天人哲学与生态建设及疫病防控

常会营

2020年庚子年春节，新冠病毒疫情席卷湖北武汉，随之向全国扩散。随后，亚洲其他国家、欧洲、美洲、非洲（除了南极洲）亦爆发新冠病毒疫情，一场人类始料未及人类生态危机席卷中国乃至全球。1月23日，听取中央所派调查组钟南山、李兰娟院士等专家建议，在习近平总书记为核心的党和国家政府正确领导和积极干预下，武汉封城，中央政府以及全国各省市自治区纷纷启动公共卫生事件一级响应。由于东西政治文化差异，亚洲国家如中国、日本、韩国等控制疫情非常及时得力，疫情得到有效控制。而西亚及欧洲、美洲等国家应对疫情相对较差，浪费了中国和亚洲其他国家为国际世界赢得的宝贵窗口期。例如意大利、伊朗和西班牙疫情当时就非常严重，后来美国新冠感染者上升到第一位。

这次席卷全球的新冠病毒疫情，需要我们对之进行医学、生态学、哲学、宗教学、政治学、经济学、文化学、教育学、社会学、人类学等各方面正确解读。本文主要从董仲舒与儒家哲学角度，从重新审视天人关系（人与自然、人与社会、人的身心），正确对待中国古代的养生哲学、民本思想、中医与西医之争几个方面，试图结合新冠病毒疫情，对之进行正确的哲学解读，并揭示此次疫情对人类的系列启示和警醒。

## 一、重新审视天人之际

西汉司马迁在《报任安书》中说过一句非常经典的话:"究天人之际,通古今之变,成一家之言。""天人之际"是历代儒家非常重视的一个理论课题。

儒家创始人孔子便是非常重视天人关系的。通过《论语》的相关篇章,我们可以对此予以认知。孔子曰"五十而知天命"(《为政》),其中便蕴含了对历史更替的一种洞彻以及人生使命的了然与承担。

子曰:"获罪于天,无所祷也。"(《八佾》)孔子认为应该修炼自己的品性德行,不然,犯了大的错误,即便祈祷上天,也是没有用的。这里面体现了孔子对于天人关系的深刻体察,他继承和发展了周代"以德配天"的核心思想,从人生价值上进一步挺立起人的道德主体性。如牟宗三先生所言:"中国人因为从开始就关心自己,所以《尧典》里面有'克明俊德',《康诰》有'明德慎罚',《召诰》有'疾敬德',这些观念虽然看起来都是家常便饭,事实上这些就是关心自己的生命。所以我们说中国文化的开端重点是落在生命这个地方。因为关心自己的生命,所以首先有德性的观念出现,对德性有清楚而分明的观念。"[1]47-48 他认为:"儒家的思想开辟价值之源,挺立道德主体,这方面没有能超过儒家者。开辟价值之源,所谓价值就是道德价值、人生价值。儒家对人类的贡献,就在他对夏商周三代的文化,开始作一个反省,反省就提出了仁的观念。……儒家之所以为儒家的本质意义(essential meaning)就在这里。"[1]59-60

子曰:"天生德于予,桓魋其如予何?"(《述而》)孔子此言,足以昭示了其对自身道德主体和人生价值的认可,因为他认为自己秉受了上天所赋予之道德,是承继天命之德性,所以他在宋国面对桓魋拔树欲驱逐加害自己的时候,依然保持着对天命之德信仰的坚定性。在此意义上,它同"获罪于天,无所祷也"的思想主旨是一致的。

当然,孔子的这种对德性信仰的坚定性,也会在一定情势下似乎有所动摇。子畏于匡。曰:"文王既没,文不在兹乎?天之将丧斯文也,后死者不得与于斯文也;天之未丧斯文也,匡人其如予何?"(《子罕》)孔子在匡地为匡人所围困,他感叹自从周文王去世之后,文明文化(主要指礼乐文化)难道从此不在了吗?但他随后话锋一转,认为上天如果将要丧失掉礼乐文化,那么后死之人就不会承继此礼乐文化;如果上天并不是要丧失礼乐文化,那么匡人又会把我怎么样呢?从而再次坚定了自身秉受天命之德性,挺立其道德主体性。

孟子继承了孔子这种对天命道德主体性的挺立,以及对人生价值之源的开决,并且将之继续发扬光大。他不但继承了孔子的仁的思想,而且进一步将其发展为"仁义"学说。孔曰成仁,孟曰取义,其实就是对这种"仁义"思想的精辟概括。孟子的"仁义"学说,概括起来即为仁、义、礼、智"四端"或"四德"。孟子曰:"由是观之,无恻隐之心,非人也;无羞恶之心,非人也;无辞让之心,非人也;无是非之心,非人也。恻隐之心,仁之端也;羞恶之心,义之端也;辞让之心,礼之端也;是非之心,智之端也。人之有是四端也,犹其有四体也。有是四端而自谓不能者,自贼者也;谓其君不能者,贼其君者也。凡有四端于我者,知皆扩而充之矣,若火之始然,泉之始达。苟能充之,足以保四海;苟不充之,不足以事父母。"(《孟子·公孙丑上》)又曰:"恻隐之心,人皆有之;羞恶之心,人皆有之;恭敬之心,人皆有之;是非之心,人皆有之。恻隐之心,仁也;羞恶之心,义也;恭敬之心,礼也;是非之心,智也。仁义礼智,非由外铄我也,我固有之也,弗思耳矣。"(《孟子·告子上》)孟子反复强调:"仁,人之安宅也;义,人之正路也。旷安宅而弗居,舍正路而不由,哀哉!"《孟子·离娄上》要求人们应该"居仁由义,大人之事备矣"《孟子·尽心上》。孔子提出"泛爱众而亲仁"(《论语·学而》),这在孟子那里归结为"亲亲而仁民,仁民而爱物"(《孟子·尽心上》),也就是说,人首先要亲近和爱护自己的亲人(这里主要是指父母),然后再往外推,就是要做到仁德爱民,以仁德之心亲民爱民,这是儒家伦理爱的外化过程中很重要的一步;由仁德爱民再向外推,就是泛爱万物了,这是儒家伦理中爱的最高境界。

西汉大儒董仲舒更是在孟子四端、四德的基础上,进一步提出了

"仁、义、礼、智、信"五常思想。"五常"最早出自《汉书·董仲舒传》:"夫仁、谊、礼、知、信五常之道,王者所当修饬也;五者修饬,故受天之祐,而享鬼神之灵,德施于方外,延及群生也。"意思是说,仁、义(谊)、礼、智、信这五常之道,是作为王者国君所应当好好遵循修饬的。如果这五常之道得到了很好的遵循修饬,那么就会受到上天之福佑,并且能使得鬼神之灵能够得以享祀安宁,道德可以施加于远方各国,并使得群体生灵受益。这是董仲舒在举贤良对策中回答汉武帝策问时所言。这是对孔孟仁学思想的继承和创造性发展。我们可以看出,董仲舒在此的思想与孔子思想是一致的,亦体现了一种人类自身的道德主体性,而此一道德主体性,是秉受自天;若人类自身能做到五常之德性,则天自然会福佑,并且宇宙生命全体会同样受益。这也是对孟子"亲亲、仁民、爱物"思想的继承和发展,并在一定程度上开启了北宋张载的"民胞物与"思想。

　　北宋五子之一的张载在其《西铭》中提出:"民吾同胞,物吾与也。"也就是说,天下人民,是我的同胞兄弟姐妹,天下万物,皆是我的同类。这一思想更是对孔孟之仁义思想的继承和发展,闪耀着德性智慧和仁爱思想的光辉。宋代理学家程颢说:"仁者,以天地万物为一体,莫非己也。认得为己,何所不至?""学者须先识仁。仁者,浑然与物同体,义、礼、智、信皆仁也。"(《河南程氏遗书》卷二)

　　王阳明在《拔本塞源论》中说道:"夫圣人之心,以天地万物为一体,其视天下之人,无外内远近,凡有血气,皆其昆弟赤子之亲,莫不欲安全而教养之,以遂其万物一体之念。……圣人有忧之,是以推其天地万物一体之仁以教化天下,使之皆有以克其私、去其蔽,以复其心体之同然。"又在《答聂文蔚》中说道:"夫人者,天地之心,天地万物本吾一体者也。……视人犹己,视国犹家,而以天地万物为一体,求天下无治不可得矣。"在其名篇《大学问》中他说得更为透彻:"大人者,以天地万物为一体者也,其视天下犹一家,中国犹一人焉。若夫间形骸而分尔我者,小人矣。大人之能以天地万物为一体也,非意之也,其心之仁本若是,其与天地万物而为一也。"这是对程子"仁者,以天地万物为一体""仁者,浑然与物同体"思想及

《礼记·礼运》"以天下为一家,以中国为一人"思想的继承和发展。

如郭齐勇先生所言:"人类应如何对待同类与不同类?对待同类,我们应强调'人类命运共同体';对待不同类,我们应强调'人与天地万物为一体'。……认识、实现人类命运共同体有不同的维度。人类命运共同体的提出,从表层看,是要解决人类群体之间的紧张、冲突,属于人与人的关系的维度。其实,人类命运共同体的另一重要维度,却是人与自然的关系问题。"[2]6—7

从这次新冠疫情来看,最初医学科研工作者包括大部分人,追溯病毒源头的时候,将目光锁定在蝙蝠身上,后来是穿山甲,再后来到北京新发地疫情出现的时候,人们又把目光锁定在三文鱼身上。当然,最后都没有定论,而且在一定程度上——予以排除了。但是全球生态问题,人与自然的边界问题,人和动物和谐共生共存问题,无疑引起了全球广泛关注和重视。这绝对是非同小可的世界性课题。当人类排放的二氧化碳逐年增多,全球温室效应加剧,地球变暖,南极和北极冰雪融化,企鹅和北极熊生存聚居地日渐萎缩,群体大量死亡。两极冰雪融化将导致海平面进一步上升,大片海岛和沿海陆地在不久的将来将被海水淹没,人类栖息地也将逐步日益缩小。海水倒灌,大片耕地将会盐碱化,不再适宜耕种,农作物产量将大量减产,全球粮食危机将进一步加重。2020 年初,非洲蝗虫扑面而来,甚至跨越欧洲大陆,来到亚洲,肆虐印度,可以说让人类的粮食危机进一步雪上加霜。喜马拉雅山、青藏高原上及世界各地高山高原上的冰川将因为全球变暖进一步融化,而埋藏于冰川下面的古老病毒将被释放给人类,可能新冠疫情尚未结束,下一种病毒又将进一步肆虐地球,摧残人类。这次新冠病毒疫情,人类已经付出了近五十万人的代价,那么下一波病毒疫情呢? 真的很难预测和估量。据学者考察:喜马拉雅山的升温速率( 0.06 ℃/a)远高于全球平均水平,使得尼泊尔的疟疾传播从原低地山区扩展到覆盖约 65 个地区的山区。周晓农等研究也发现,随着全球气候变暖,中国血吸虫病的流行区分布范围将逐渐扩大,并在原分布区域向北扩散形成敏感区域。美国疾病控制和预防中心的统计显示,2004—2018 年美国境内一共发现了 9 种由虫媒传播的新型病原体，可能恰是由于平均气温升高、冬天变短等气候变化的原因，导致蚊虫传播疾病数量增加和携带病原体的蚊子、蜱虫等生物种群数量增加，从而增加了感染疾病种类和感染人数。因此可见，全球气候变化对传染病疫情的暴发具有重要影响。极端天气事件同样会通过影响病媒生物、病原体和病毒传播途径导致疾病的大规模传播[3]1559。

澳大利亚森林大火熊熊燃烧，持续数月之久，滚滚浓烟围绕地球蔓延，不但破坏了地球生态系统，而且会进一步破坏臭氧层，将会使得人类所处环境进一步恶化。大火将澳洲袋鼠等大量珍稀动物毁于一旦，数亿动物死伤，这是多么巨大的生态灾难。这种森林大火如果说是天灾，毋宁说更多是人祸，因为人类没有担负起自身应有的保卫自身及其他动植物生存家园的责任。即便不是人类自己制造的火灾，也应该及时地调动全国人力物力，及时予以扑灭。当世界上动物植物都濒于灭亡之时，人类还能够独善其身？当栖息在森林山洞中的蝙蝠由于家园被毁，而不得不逃离家园，飞往全球各地的时候，他们所携带的古老病毒亦将随同它们到达世界各地。当与野生蝙蝠共存了近千年之久的病毒扑向人类的时候，人类是否能迅速生产出杀死和抑制它们的疫苗，或者能像蝙蝠一样与之长期共存呢？故郭齐勇先生言："人的私欲、贪欲膨胀，虐待、虐杀动物，对自然资源的取用毫无节制。应反思人类欲求的放纵对人性完善的损害，在对自然资源的取用方面力求做到有理、有节。因此，我们必须批判人类中心主义，重建生命伦理。……反思新型冠状病毒的起因，我们应从人与动物、人与自然的关系的高度去思考，应当善待其他的类存在，如动物、植物，回到中国传统的人与天地万物为一体的境界。"[2]8

所以，在这种新冠病毒疫情仍在全球肆虐的时候，在国内疫情出现反复反弹的形势下，人类的危机意识确实应该进一步得到加强了。而我们的先圣先贤先哲的智慧，在这个时候愈发显得弥足珍贵。孔子的仁和礼的思想；孟子的"仁义礼智"思想，亲亲、仁民、爱物思想；董仲舒的"五常"思想；张载的"民胞物与"思想；程颢、王阳明的"以天地万物为一体"思想，都是可资借鉴的非常宝贵的文化资源。

如学者所言:"世界已经结成一个命运共同体,各国之间只有努力成为平等对待、互商互谅的'共存体',公道正义、共建共享的'共享体',开放创新、包容互惠的'共容体',和而不同、兼收并蓄的'共生体',才能最终成为尊崇自然、绿色发展的'共赢体'。习近平总书记指出,'人类是一个命运共同体。战胜关乎各国人民安危的疫病,团结合作是最有力的武器'。全世界只有携手共筑'人类命运共同体',才能共同抵御新冠肺炎病毒的侵袭,才能在抗击疫情的斗争中走向胜利。"[4]另有学者指出:"结合当今国内、国际形势,习近平新时代中国特色社会主义思想创新性地提出了构建'人类命运共同体'。综合新冠疫情在世界蔓延以及中国无私的国际救援的现实,'人类命运共同体'实际上已经从理念走向实践,从追求转变为现实! 共商、共建、共治、共享是'人类命运共同体'的核心理念,其发展与升华的理想形态必然是'天下为公、世界大同'。新冠肺炎疫情事实再次表明,人类应该是一个休戚与共的命运共同体。"[5]9

习近平新时代中国特色社会主义思想创新性地提出了构建"人类命运共同体",正是对古代孔子的仁和礼的思想,孟子的"仁义礼智"思想,亲亲、仁民、爱物思想,董仲舒的"五常"思想,张载"民胞物与"思想,程颢及王阳明"仁者,以天地万物为一体"等思想很好地继承发展,是一种创造性转化和创新性发展。而"人类命运共同体"这一思想理念及实践,也必将在今天及未来在世界发挥重要影响和积极作用。

## 二、正确对待中国古代的养生哲学

中国古代的养生哲学,非常讲究饮食规律、营养均衡、动静结合、心理平和。而能够做到这一点,对于我们的先民而言,经过了漫长的历史时期,是非常不容易的。

《礼记·礼运》篇云:"昔者先王,未有宫室,冬则居营窟,夏则居橧巢。未有火化,食草木之实、鸟兽之肉,饮其血,茹其毛。未有麻丝,衣其羽皮。后圣有作,然后修火之利,范金合土,以为台榭、宫室、牖户,以炮以燔,以亨以炙,以为醴酪;治其麻丝,以为布帛,以养生送死,以事鬼神上帝。皆从其塑。"

原始人茹毛饮血,很不卫生,病毒多,环境恶劣,故原始人寿命都很短。而在形成部落之后,虽然随着学会用火,制作使用石制工具,生存能力有了很大增强,但是"僧多粥少",依然不能维持正常生活。直到神农尝百草,创始农业,以五谷为主,辅以肉食,正常生活得以维持。而且远离病毒环境,疾病大为减少,人民寿命增加,相对而言更加安居乐业。由巢居(有巢氏时代)到钻燧取火时代(燧人氏,如北京猿人即新石器时代),再到渔猎时代(伏羲时代),然后到农耕时代(神农炎帝、黄帝时代),随着生产力不断发展,生产工具不断改进,部落联盟到城市国家的出现,生产关系也愈来愈密切,人类征服自然的能力也在不断增强。而在这之中,无论是钻燧取火,学会使用磨制的石头器具,用模型锻造金属器物,和泥土烧制器物来建造楼台亭榭、宫室和门窗,用火烘烤泥土包裹的食物,烧熟食物,煮熟烧制食物,制作甜酒和果实煮成的浆液;制作麻和丝,用来做布帛衣服,用这些来养育活着的人并料理丧事,并用其侍奉鬼神和上帝;还是渔猎文明的进步,一直到农耕文明的正式形成,都伴随着先民筚路蓝缕以启山林的艰难跋涉,与恶劣自然生存条件的艰苦斗争,以及在原始群、部落联盟、国家形成发展过程中所积累的文化文明智慧。特别是通过神农尝百草的传说,我们更可以想见农耕时代我们的先圣先贤,为了黎民百姓的身体健康和生活条件的改善,所做出的的巨大风险和牺牲。

在《春秋繁露·循天之道第七十七》篇,董仲舒则从个人循天道养生的角度,提出了"人其天之继欤"的著名思想,而其中所阐发的"中和养生"思想,尤发人深省。

董仲舒认为:"循天之道,以养其身,谓之道也。"(《春秋繁露·循天之道·第七十七》)人因循上天之道,以便存养其身体,这就是道。这也是从天人关系角度而言的,更直接从人之养生方面切入。天两次和气以成就中春、中秋,每年立于其中,有无穷用处。因此北方之中用来合阴气，而万物开始萌动于地下；南方之中用了合阳气，存养开始醇美于地上。萌动于地下的，如果不得到东方之和气，就不能生长，这就是中春。存养于地上的，如果不能得到西方之和气，也不能收成，这就是中秋。那么天地美好丑恶，在两和气之处，中春中秋万物来归因而成就其所为。所以东方生长而西方收成，东方和气化生北方所起始，西方和气成就南方之所存养成长。起始如果不达到和气就不能生长，存养成长不达到和气就不能有所收成。成于和气，生长必定是和；始于中，止必定是中。

"中者，天地之所终始也；而和者，天地之所生成也。夫德莫大于和，而道莫正于中。中者，天地之美达理也，圣人之所保守也。"也就是说，中，是天地始终必须所立足的；和，是天地之所生长和成就的。德行没有比和更大的，而道则没有比中更正的。中，是天地美好通达之理，是圣人所保持守护的。就像《诗》所云："不刚不柔，布政优优。"这难道不是中和之称谓吗？所以能以"中和"治理天下的，其德行大盛；能以中和养身的，其寿命极长。子思《中庸》亦曾言："喜、怒、哀、乐之未发，谓之中。发而皆中节，谓之和。中也者，天下之大本也。和也者，天下之达道也。致中和，天地位焉，万物育焉。"董仲舒此处的思想与子思《中庸》之思想是一脉相承的。

接着，董仲舒结合天地、阴阳、君子仁人及万物运行之道，对中和思想进行了深入阐发。

董仲舒认为，天地之运行，至东方之中（中春）而所生物受到大的滋养，至西方之中（中秋）而所滋养的生物得以很大收成。一年四季，必立于中。而中之所作为，必须靠和来实现，所以说和是中的枢要。为什么这么说呢？"和者，天之正也，阴阳之平也，其气最良，物之所生也。诚择其和者，以为大得天地之奉也。天地之道，虽有不和者，必归之于和，而所为有功；虽有不中者，必止之于中，而所为不失。"（《春秋繁露·循天之道第七十七》）和，是天地之正气，阴阳之平衡，其气势最良好，万物因此而生长。如果选择了和，那就是大得天地之奉养。天地之道，虽然有不和的，必然还是要归到和上来，那么其所作为便有功绩；虽然有不中的，必须止于中，而其所作为才不会有过失。

"顺天之道，节者天之制也，阳者天之宽也，阴者天之急也，中者天之用也，和者天之功也。举天地之道，而美于和，是故物生，皆贵气而迎养之。"（《春秋繁露·循天之道第七十七》）由此出发，顺应天之道，节制是天之制度，阳是天之宽裕，阴是天之急迫，中是天之发用，和是天之大功。那么举天地之道，而醇美于和气，所以万物生长，皆是贵重中和之气而迎接存养。孟子曰："我善养吾浩然之气者也。"是说所行必终于礼，而心自然喜悦，经常以阳气得生其心意。董仲舒又根据公孙之养气之说"君子怒则反中而自说以和；喜则反中而收之以正，忧则反中而舒之以意，惧则反中而实之以精"（《春秋繁露·循天之道第七十七》），指出君子无论喜怒忧惧，都必须返回到中，从而达到和、正、意、精的良好养生效果。

董仲舒认为，君子达到道，气则升华而上。凡气是跟从心的。心，是气之君主，做什么气都会跟随。所以天下之道，皆言内心是根本。所以仁人之所以多寿，外面无贪欲而内心清净，心地和平而不失中正，取天地美好之物以养其身体，因此他寿长而能平治天下。仙鹤之所以长寿，是因为无郁结之气于身体中，因此所食之物不凝滞。猿之所以长寿，是因为喜欢引导其末气，所以其气能发越。天气常往下施之于地，所以道也是引气于足；天之气常动而不凝滞，因此道也是不郁结其气。如果不善治气，虽看似很满也必然会发虚。因此君子存养而调和，节制而取法，去除其太劳、太佚、太实、太虚，取其众多和气。高台多阳气，广室多阴气，是远天地之和气，所以圣人不为，高低大小适中就可以了。

董仲舒从人民皆知爱衣食而不爱天生之气的角度，论述了养气的重要性。

董仲舒认为，人民都知道爱他们的衣食，却不知道爱其天生之气。天生之气对于人而言，要重于衣食。衣食没有了，还会有一段时间才完结，而气没了马上就完了。"故养生之大者，乃在爱气。气从神而成，神从意而出。心之所之谓意，意劳者神扰，神扰者气少，气少者难久矣。故君子闲欲止恶以平意，平意以静神，静神以养气。气多而治,则养身之大者得矣。"(《春秋繁露·循天之道第七十七》)所以养生之最重大的,乃是爱惜天生之气。气是从精神而生成的,精神是从心意而生出的。心所到的地方就是意,心意劳烦那么精神就都困扰,精神多困扰,气就会减少,气减少了就很难长久。所以君子防止欲望停止罪恶(念头)以平和其心意,平和心意以便安静精神,安静精神以养气。气多便会身得疗治,那么养身之最大最重要的就获得了。董仲舒此处从意、神、气三者密切关系出发,对于其"养气说"进行了很好的阐发。

董仲舒根据道士所言,指出精神不要离形,那么气就多内充,而能忍饥寒。和乐,是生命的外在安泰;精神,是生命的内在充实。外在安泰不若内在充实,何况外在伤害?忿恤忧恨,是生命之伤害;和悦劝善,是生命之存养。君子谨慎小的事物就没有大的失败。"行中正,声向荣,气意和平,居处虞乐,可谓养生矣。"(《春秋繁露·循天之道第七十七》)凡是养生,没有比气更为精华的。因此春居于葛笼,夏居于荫凉,秋避肃杀之风,冬避潮湿,靠近和气。衣服希望常漂洗,食欲常保持适度饥饿。身体欲常劳作,而无长时间安佚。即便从今日养生学角度来看,这些观点依然有相当的科学性。

最后,董仲舒从人们的衣食住行各方面,对养生之道进行了理论概括。

董仲舒认为,男女应该体其盛年,味道应该根据其时令,居处应该靠近和气,劳逸适中,寒暖要适度,饥饱要平衡,喜欢和厌恶要根据正理,动静要顺从其本性,喜怒要止于中不过分,忧惧必须返回到中正,中和之气常存在身上,就是所谓得天地泰。得天地泰的,其寿命便会延长;不得天地泰的,其寿命就会受伤害而短命。短长之本质,是人受命于天。所以寿命有短长,养生有得失,说到最后,大率是得以酬报。于此没有得以离开,所以寿命也叫做酬。天下之人虽多,不得不各酬报其生养,而寿夭便在其间自然运行。自然运行可长久合道,其寿命就酬劳长久;自然运行不能长久合道的,其寿命便酬报其不长久。长久与不长久之情状,各自酬报其生平之行为。所以说:"寿者,雠也。"(《春秋繁露·循天之道第七十七》)寿,就是酬报。那么人之自然行为，乃是与寿夭相互损益。那些自然行安逸而寿命长久的，是命增加的。那些自行端（疑误）而寿命短的，是命减损的。以天命所损益，而怀疑人之得失的，这就是大疑惑了。所以天使得其长寿而人自己伤害的，其长寿便要减损；天使其寿命短而人自己又养生的，其寿命便会增加。

董仲舒从人身养生之天命的角度，提出了"人其天之继欤"的著名思想："夫损益者皆人，人其天之继欤？"（《春秋繁露·循天之道第七十七》）其损益皆在于人，所以说大概人是天之继承者吧？天地显示出气本质，而人不能接续继承，岂不是欲独自立于天地之间！董仲舒认为，人不能继承天之所命，这是要不得的，对于养生而言，亦是有害的。董仲舒根据公孙之养气之说"君子怒则反中而自说以和；喜则反中而收之以正，忧则反中而舒之以意，惧则反中而实之以精"（《春秋繁露·循天之道第七十七》），指出君子无论喜怒忧惧，都必须返回到中，从而达到和、正、意、精的良好养生效果。董仲舒还从意、神、气三者密切关系出发，对于其"养气说"进行了很好地阐发。

## 三、民本思想，通贯古今

早在中国最早的史书《尚书·虞书·皋陶谟》中，便有"天聪明，自我民聪明。天明威，自我民明威"的说法。《尚书·夏书·五子之歌》则进一步指出"民惟邦本，本固邦宁"，人民是国家的根本，根本稳固了，国家才能太平安宁。《尚书·周书·泰誓》（周武王伐纣渡孟津后作）中则曰"天视自我民视，天听自我民听""民之所欲，天必从之"。

这一重民思想一直延续到孔子和孟子。孔子评价子产："有君子之道四焉：其行己也恭，其事上也敬，其养民也惠，其使民也义。"（《论语·公冶长》）孔子赞扬子产能够惠民养民，役使人民合乎正义。孔子曰"出门如见大宾，使民如承大祭"（《论语·颜渊》），他认为役使人民应该就像承办大的祭祀活动一样满怀诚敬；应该"节用而爱人，使民以时"（《论语·学而》），即节约国家支出并爱护人民，按照时令需要来役使人民。

鲁国执政大夫季氏攘夺其君、刻剥其民，比周公还富有，而孔子弟子冉求时为季氏家宰，又为之聚敛赋税增加财富。孔子听说后非常生气，对弟子们说："非吾徒也。小子鸣鼓而攻之，可也。"（《论语·先进》）孔子不承认冉求是其弟子，要求其他弟子联合起来，一起声讨冉求之罪，足见其对民生之重视。

孔子重民之思想对弟子影响很大。哀公问于有若曰："年饥，用不足，如之何？"有若对曰："盍彻乎？"曰："二，吾犹不足，如之何其彻也？"对曰："百姓足，君孰与不足？百姓不足，君孰与足？"（《论语·颜渊》）意思是说，如果百姓富足，那么君主怎么会不富足？如果百姓不富足，君主又怎么能独自富足呢？

孔子弟子子张问："何谓惠而不费？"孔子说："因民之所利而利之，斯不亦惠而不费乎？"根据人民之需要而给予利益，这不就是惠民而不耗费吗？孔子是将人民的需要和利益放在首位的。

鲁国大夫孟氏任命曾子弟子阳肤做典狱官，阳肤向曾子请教。曾子说："上失其道，民散久矣。如得其情，则哀矜而勿喜。"（《论语·子张》）即在上位的人离开了正道，百姓早就离心离德了。你如果能弄清他们的真实情况，应当怜悯他们，而不要沾沾自喜。可见，孔子弟子曾子也是以重民爱民思想来教育其弟子门人的。

儒家重民思想可谓代代延续。孟子则进一步提出"民为贵，社稷次之，君为轻"（《孟子·尽心下》）的思想，他将人民放在第一位，国家社稷在其次，君主排在最后，认为是最轻的。这一思想在古代君主制社会，可称得上革命性的。在此基础上，他主张为政者要施行仁政，减少刑罚，降低赋税，对土地深耕细作。他认为明君治理人民的财产，一定要使得他们仰足以侍奉父母，俯足以养活妻子儿女，年岁好的时候能够饱食暖衣，年岁不好的时候也可以免于死亡。孟子还提出了具体的农业治理方案，即五亩的家宅，周围种植桑树，那么五十岁的人就都有衣服穿了；鸡、狗、猪等家禽家畜，按时饲养，那么七十岁的人就有肉吃了（《孟子·梁惠王上》）。因为"五十非帛不暖，七十非肉不饱。不暖不饱,谓之冻馁。文王之民,无冻馁之老者,此之谓也"(《孟子·尽心上》)。百亩之田地,不要夺农时,那么八口之家可以不致饥饿。然后,可以在农村乡里的学校进行教化,宣传孝悌,那么头发斑白的老年人就不会负重蹒跚于道路。老人们穿丝绸吃肉,黎民百姓不饥不寒,就可以一统天下了(《孟子·梁惠王上》)。

孔子和孟子的重民本思想影响深远。荀子亦曰:"天之生民,非为君也;天之立君,以为民也。故古者列地建国,非以贵诸侯而已;列官职,差爵禄,非以尊大夫而已。"(《荀子·大略》)即天之生人民,不是为了君主;而天之设君主,是为了人民。所以在古代分封土地建立诸侯国,并不只是用来尊崇诸侯而已;设列各种官职,爵禄等级,也不是为了尊崇大夫而已。西汉董仲舒也同样指出"天之生民,非为王也;而天立王,以为民也。故其德足以安乐民者,天予之;其恶足以贼害民者,天夺之"(《春秋繁露·尧舜不擅移汤武不专杀》),即天之生人民,不是为了君王;而天立君王,是为了人民。如果其道德足以能安乐人民,那么天就会授予其王位;如果其罪恶足以贼害人民,天就会褫夺其王位。

而新冠疫情在武汉爆发后,以习近平同志为核心的党中央和国家政府,及时地采纳钟南山、李兰娟院士等的建议,迅速做出了武汉封城、集中整合武汉大中型医院、为市民免费检测治疗的决策,紧急调动北京、上海、山东、广州乃至全国多所著名医院专业医务工作者,前往武汉协助抗击新冠疫情。这种心系民生、不惜代价、全面救助、无偿服务的责任担当和大无畏的牺牲精神,其实便是中国自古以来重视民本、以民为本思想的集中体现。如学者所言:"民生与发展是人类社会的永恒主题与宗旨,也是中国特色社会主义、现代化建设与改革开放的主题与宗旨。民生是发展的目的与归宿,发展是民生的前提与基础。二者相生相存、相辅相成,相向而行,民富国强。换言之,民生与发展也是党的初心与使命的具体体现与实现形式。初心——为中国人民谋幸福,实质乃民生;使命——为中华民族谋复兴,本义求发展。民生稳,发展强劲,社会进步;发展好,民生富裕,民富国强。"[5]5

而在这场声势浩大、可歌可泣的抗疫战争中,也涌现出了一大批抗疫英雄,其中奉献牺牲最多的是我们的医务工作者以及一线民警战士。此外,还有全国各地的全方位支援,例如山东寿光迅速派出的蔬菜援助车队等,还有媒体报道的以一人之力带动出租车接送医务工作者,为他们提供餐饮、生活日用等支援服务的外卖小哥,还有几个饭店老板集体组织的每天免费派饭志愿服务活动,都让我们感受到了浓浓的人间真情和大爱。

如学者所言:"中央政府的决断,白衣天团的拼命,全国同心的支援,各方协力的自救,万千民众的自觉,这就是对当下中国国情的最好诠释。正是我们这样的国情、我们这样的民族品质,使得我们全体社会的边际风险降到了最低。"[6]27 现代的以民为本,其实就是以人为本。我们的党和国家政府只要做到了以民为本,以人为本,就一定能得到广大人民群众的热烈拥护和强力支持,我们就一定能全面建成小康社会,并进一步实现中华民族的伟大复兴。

## 四、中医与西医——第二次科玄论战

最后,我们再来谈一下中医与西医之争,因为民国年间已经有一次科玄论战,中医与西医之争,我们姑且称这次中西医之争为第二次科玄论战。其实这种中西医之争,早在 2003 年 SARS 病毒肆虐期间,就已经存在了,但可能还没有像这次这样强烈。通过这次新冠病毒疫情期间的中西医之争及论战,我们对中西医之间的关系及各自的作用有了更进一步的认识和深入理解。

我们认为,中医主要是防患于未然,也就是治未病,就如同我们平日所言的防火防盗。如学者所言:"疾病防治应该是系统、全面和战略性的,切不可头痛医头脚痛医脚,否则势必后患无穷。防患于未然须先知其所以然。……防病治病的策略万不可只求当下,务必深谋远虑,放眼千秋,以进化医学的伦理观念去应对与人类协同演变的病原物。采取有效措施尽早杜绝背离进化伦理且后患无穷的过度医疗是当务之急。重治疗而轻预防的卫生政策无疑鼠目寸光,防治结合、以防为主才是百年大计。公众健康是重中之重，若失去健康，其他一切均无从谈起。"[7]30 而西医主要是治已病，病然后再治。中医的理论基础是《黄帝内经》《伤寒论》等，主张辩证治疗，有五行（金木水火土）六气（寒暑燥湿风火）等理论作为理论依据，强调"正气存内，邪不可干"，阴阳平衡，整体治疗。而西医的理论基础近现代自然科学机械论，主张宇宙是一部机器，人体亦是一部机器，主张头痛医头，脚痛医脚。当然，现代医学分科愈来愈精细，愈来愈周密，微观性很强。故西医自是属于科学，而其认为中医属两千年前的"猫"，不是科学。

其实综合来看，中医倒是中国传统的自然科学，相对更重形而下之治疗，理论转化为实践，且有自身之医学病理学术语。如西方科学来自哲学，又独立出来一样。只是科学亦有古代科学与现代科学，而中医亦有古代中医与现代中医。一脉相承，又有所不同。中医是治人。古代曾经有"上医医国，中医医人，下医医病"的理论学说，这就是将医学治人与为政治国结合起来了，而且认为最上等的医者治国，中等的医者治人，下等的医者才治病，充分体现了中国哲学之特色。西医是治病，故为传统中医所轻视，因其在思想格局和医学理念上已然低了一等。

中医西医其实皆是经验论，如西方经验主义，亦重视感知感觉和经验积累，是一种对以往案例和治疗经验的归纳总结和理论概括。其实，这是一种不完全归纳。当然，世间少有包治百病的万能神药。秦始皇欲长生不老，受齐燕方士蛊惑，派道士徐福载五百童男童女往东瀛蓬莱三岛追求仙丹（外丹）而终不果。汉武唐宗雍正亦是，魏晋名士官宦亦然，纷纷殒命。故后来南北朝时又重内丹心性修炼，隋唐禅宗吸收道教，北宋道学吸收禅宗，道学（理学）遂大兴于世，影响深远。

其实中西医结合，疗效更好。当然，结合须有主次，是中医为主、西医为辅，还是西医为主、中医为辅，应视具体病情而定，非胡乱混合。中医历史几千年，其间发生瘟疫无数次，确有医治方法，且疗效显著，特别是轻症患者。例如扁鹊见蔡桓公，病轻自然易治，病入膏肓则难治。然而，据天津中医药大学张伯礼院士所言，中医在治